Die Rentensysteme in Polen und Ungarn

Europäische Hochschulschriften
Publications Universitaires Européennes
European University Studies

Reihe V
Volks- und Betriebswirtschaft

Série V Series V
Sciences économiques, gestion d'entreprise
Economics and Management

Bd./Vol. 3118

PETER LANG
Frankfurt am Main · Berlin · Bern · Bruxelles · New York · Oxford · Wien

Angelika Bucerius

Die Rentensysteme in Polen und Ungarn

Herausforderungen durch den Transformationsprozess und den EU-Beitritt

PETER LANG
Europäischer Verlag der Wissenschaften

Bibliografische Information Der Deutschen Bibliothek
Die Deutsche Bibliothek verzeichnet diese Publikation in der
Deutschen Nationalbibliografie; detaillierte bibliografische
Daten sind im Internet über <http://dnb.ddb.de> abrufbar.

Zugl.: Frankfurt (Main), Univ., Diss., 2004

Gedruckt auf alterungsbeständigem,
säurefreiem Papier.

D 30
ISSN 0531-7339
ISBN 3-631-52876-0

© Peter Lang GmbH
Europäischer Verlag der Wissenschaften
Frankfurt am Main 2005
Alle Rechte vorbehalten.

Printed in Germany 1 2   4 5 6 7

www.peterlang.de

Meinen Eltern Helga und Volker,
meiner Schwester Christiane,
MBK und
allen lieben Menschen in meinem Leben.

Vorwort

Einleitend möchte ich mich bei all denjenigen bedanken, die mich auf jeweils ganz besondere Weise bei der Anfertigung dieser Arbeit unterstütz haben. Die Dissertation ist am Fachbereich Wirtschaftswissenschaften an der Johann Wolfgang Goethe-Universität Frankfurt am Main entstanden. Ermöglicht wurde diese Arbeit, die sich mit der Finanzierung der Rentensysteme in Polen und Ungarn im Rahmen des Transformationsprozesses nach 1989 und dem EU-Beitritt im Jahr 2004 beschäftigt, durch die finanzielle und ideelle Unterstützung des Verbands Deutscher Rentenversicherungsträger (VDR).

An erster Stelle danke ich Herrn Professor Dr. Richard Hauser für die Betreuung meiner Doktorarbeit und den großen Freiraum bei der Bearbeitung des Themas. Mein ganz spezieller Dank gilt Herrn Professor Dr. Eberhard Eichenhofer (Lehrstuhl für Sozialrecht und Bürgerliches Recht an der Universität Jena) und Herrn Dr. Bernd Schulte (Max-Planck-Institut für internationales und ausländisches Recht in München) für die außerordentliche Hilfe bei Fragen zum Sozialrecht und für viele anregende Gespräche. Mein Dank gilt auch Herrn Professor Dr. Robert Holzmann (Weltbank) für seine wertvolle Unterstützung. Bei Herrn Dr. Stephan Fasshauer vom VDR bedanke ich mich für die gute Betreuung als Stipendiatin des VDR. Besonders bedanke ich mich bei Matthias Meißner für die Durchsicht meines Manuskripts und seine wertvollen Anregungen, seine Hilfe bei sozialrechtlichen Fragen und die gute Zusammenarbeit bei gemeinsamen Projekten im Rahmen unserer Forschungen. Herrn Professor Dr. Diether Döring (Akademie für Arbeit in der Universität Frankfurt am Main) und Herrn Professor Dr. Bernd Spahn (Professur für Öffentliche Finanzen der Universität Frankfurt am Main) bin ich dankbar, dass sie meine Arbeit begutachtet haben.

Für die außerordentliche Bereitstellung von Daten und Informationen bedanke ich mich bei Frau Maria Lewandowska vom Polnischen Sozialversicherungsfond für selbständige Landwirte (KRUS), Herrn Roman Popiński vom Zentralen Polnischen Statistikamt (GUS), Herrn András Horvath (Ungarischen Regierung), und Herrn Róbert Gál vom ungarischen Forschungsinstitut TÁRKI.

Meinen Freunden und Verwandten möchte ich herzlich für ihren individuellen – und häufig unbewussten – Beitrag zum Gelingen dieser Arbeit danken. Mein größter Dank gilt meinen Eltern, meiner Schwester, meiner Großmutter und M.B.K. für ihre bedingungslose emotionale und tatkräftige Unterstützung und Förderung.

Inhaltsverzeichnis

9

Abbildungsverzeichnis

15

17

Tabellenverzeichnis

Verzeichnis der Übersichten

Abkürzungsverzeichnis

BfA	Bundesversicherungsanstalt für Angestellte
BEN	Leistungsempfänger (hier: Alters-, Hinterbliebenen- und/oder Invaliden-rentner) (*beneficiaries*)
BIP	Bruttoinlandsprodukt
BQ	Beschäftigungsquote
COE	(*Council of Europe*): Europarat
DB	festgelegte Leistungen (*defined benefits*)
DC	festgelegte Leistungen (*defined benefits*)
DG	Deckungsgrad
EBWE	Europäischen Bank für Wiederaufbau und Entwicklung
EEA	Einheitliche Europäische Akte
EG	Europäische Gemeinschaft (später: Europäische Union)
EIB	Europäischen Investitionsbank
EMP	Beschäftigte (*employed*)
ESF	Europäischer Sozialfond
EU	Europäische Union
EU-15	Die 15 Mitgliedstaaten der Europäischen Union bis zum 30. April 2004
EuGH	Europäischen Gerichtshof
EWG	Europäische Wirtschaftsgemeinschaft
EWWU	Europäischen Wirtschafts- und Währungsunion
EXP	Ausgaben (*expenditures*)
EXP[Pen]	Rentenausgaben (des Staates) (*Expenditures for pensions*)
FER	Polnischer Sozialversicherungsfond der Sozialversicherungsanstalt für selb-ständige Landwirte KRUS (siehe unten) (*Fundusz Emerytalno Rentowy*)
FIDESz-MPP	Konservative Partei Ungarns (*Fiatal Demokraták Szövetsége – Magyar Polgári Párt*)
FKgP	Ungarische Partei der Kleinlandwirte (*Független Kisgazda Párt*)
FUS	Polnischer Sozialversicherungsfonds der Sozialversicherungsanstalt ZUS (siehe unten) (*Fundusz Ubezpieczeń Społecznych*)
GUS	Polnisches Statistikamt (*Główny Urząd Statystyczny*)
GWS	Gesetz über die Wirtschaftsstabilisierung
HIF	Staatlicher Gesundheitsfond in Ungarn (*Health Insurance Fund*)
HIS	Ungarische Erhebung zum Haushaltseinkommen (*Household Income Survey*)
HHP	Haushaltspanel
HU	Ungarn (*Hungary*)
HUF	Ungarische nationale Währung (*Hungarian Forinth*)
ILO	Internationale Arbeitsorganisation (*International Labour Organisation*)
Inv.BQ	Inverse der Beschäftigungsquote
ISSA	*International Social Security Association*
IWF	Internationaler Währungsfond
KP	Kommunistische Partei der Sowjetunion

KNUiFE	Kontrollkommission der Versicherungs- und Rentenfonds in Polen (*Komisja Nadzoru Ubezpieczeń i Fundusz Emerytalnych*)
KRUS	polnischer Sozialversicherungsfond für selbständigen Landwirte und ihre Angehörigen (*Kasa Rolniczego Ubezpieczenia Społecznego*)
KSH	Zentrales Statistikamt Ungarn (*Központi Statisztikai Hivatal*)
LN	Leistungsniveau
MDF	Ungarischen Demokratie-Forum (*Magyar Demokrata Fórum*)
MEBO	*Management-employee buy-outs*
MISSOC	Gegenseitiges Informationssystem zur Sozialen Sicherheit in den Mitgliedstaaten der Europäischen Union (*Mutual Information System on Social Protection in the EU Member states and the European Economic Area*)
MOEL	mittel- und osteuropäische Länder (in dieser Studie wird die Bezeichnung ausschließlich für die mittel- und osteuropäischen EU-Beitrittskandidaten Bulgarien, Estland, Lettland, Litauen, Polen, Rumänien, die Slowakische Republik, Slowenien, die Tschechische Republik und Ungarn verwendet)
NBP	Polnische Zentralbank (*National Bank of Poland*)
NDC	*notional defined contributions*
NIP	Steuerzahler-Nummer in Polen
NPÜRG	Nationales Programm zur Übernahme des Rechtsbestands der Gemeinschaft
NRR	Nettoreproduktionsrate
NUSP	Sozialversicherungsnummer für die Beitragszahler in Polen
OADR	Altersabhängigkeitsrate (Relation der Altenbevölkerung zur Bevölkerung im erwerbsfähigen Alter; die Altersgrenzen werden unterschiedlich definiert) (*Old Age Dependency Ratio*)
OECD	Organisation für wirtschaftliche Zusammenarbeit und Entwicklung (*Organisation for Economic Cooperation and Development*)
OFE	Offenen Rentenfonds in Polen (*Otwartego Funduszu Emerytalnego*)
ONYF	Staatliche Rentenversicherungsanstalt in Ungarn (*Országos Nyugdíjbiztosítási Foigazgatóság*)
Pens	Rentner (*pensioners*)
PESEL	persönliche Identifikationsnummer die in Polen eine Person bei der Geburt erhält
PIF	staatlicher Rentenfond in Ungarn (*Pension Insurance Fund*)
PHARE	Vorbereitungsprogramm der EU für die Beitrittskandidaten auf die EU-Mitgliedschaft (*Poland and Hungary Action for Restructury of the Economy*)
PL	Polen
Pop	Bevölkerung (*population*); es werden unterschiedliche Altersgruppen definiert (z.B. Pop (55+): Bevölkerung im Alter von über 55 Jahren; Pop (15-64): Bevölkerung im Alter zwischen 15 und 64 Jahren)
PPF	Privatrentenfonds der gesetzlichen Pflichtvorsorge in Ungarn (*Private Pension Funds*)
PSAL	*Public Sector Adjustment Loan* (Kredit der Weltbank an Ungarn)

PSZÁF	Ungarische, staatliche Überwachungsanstalt für private Vorsorgefonds (*Pénzügyi Szervezetek Állami Felügyelete*)
REGON	Firmennummerierung in Polen
RGW	Rat für Gegenseitige Wirtschaftshilfe
SAL	Strukturanpassungskredite durch die Weltbank (*Structural Adjustment Loans*)
SPAR	Intensivierten Heranführungsstrategie der EU-Beitrittskandidaten durch die EU (*Strategie de Pré-Adhésion Renforcé*)
SAPARD	Spezielles Heranführungsprogramm der EU-Beitrittskandidaten durch die EU für die Landwirtschaft und den ländlichen Raum (*Special Accession Programme for Agriculture and Rural Development*)
SAPRI	*Structural Adjustment Participatory Review Initiative*
SZCSM	Ministerium für Soziales und Familie in Ungarn (*Szociális és Családügyi Minisztérium*)
SZOT	Ungarischer Zentralrat der Gewerkschaften *(Szakszervezetek Országos Tanácsa)*
TFR	Totale Fertilitätsrate
UdSSR	Sowjetunion
UN	Vereinte Nationen (*United Nations*)
UNFE	(ehemals) polnischer Aufsichtsrat für Rentenfonds (*Urząd Nadzoru nad Funduszami Emerytalnymi*)
UNICE	europäischer Unternehmensverband (*Union des Industries de la Communauté européenne*)
Unicef	Kinderhilfsfond der Vereinten Nationen (*United Nations Children's Fund*)
VO	Verordnung
WSA	Wirtschafts- und Sozialausschuss der EU-Kommission
Zloty	Polnische nationale Währung
ZUS	polnische Sozialversicherungsanstalt für Arbeitnehmer und Selbständigen (öffentlicher und privater Sektor) und deren Familienangehörigen mit Ausnahme der selbständigen Landwirte (*Zaklad Ubezpieczen Spolecznych*)

1 Einleitung

Rentenreformen sind in den letzten Jahren in den meisten europäischen Staaten zu einem vorrangigen Politikum geworden. Motiviert durch eine absehbare finanzielle Belastung der sozialen Sicherungssysteme für die Alten, Arbeitsunfähigen und Hinterbliebenen aufgrund der bevorstehenden Alterung der Bevölkerungen suchen die Regierungen nach Wegen, ihre Rentensysteme so zu reformieren, dass sie langfristig finanzierbar sind und von der Bevölkerung akzeptiert werden. Den Schritt von der Planung zur Umsetzung von Reformen eines Teils ihrer gesetzlichen Rentenversicherungssysteme haben die beiden ehemals kommunistischen Staaten Polen und Ungarn bereits Ende der 1990er Jahre getan. Ungarn war im Jahr 1998 das erste Land in Mittel- und Osteuropa, das eine umfassende Reform der Alterssicherung einleitete. Ein Jahr später folgte Polen mit einer ähnlichen Reform. Seitdem haben beide Länder ein Alterssicherungssystem, das sich aus einer umlagefinanzierten, staatlichen Sozialversicherung und einer kapitalgedeckten obligatorischen Zusatzrente zusammensetzt. Die Zusatzrente müssen bestimmte Beschäftigungs- und Altersgruppen mit einem privaten Versicherungsunternehmen abschließen.

Die radikale Systemumstellung von zuvor rein umlagefinanzierten und staatlich organisierten Rentenversicherungen fand in den beiden Staaten in einem ganz spezifischen Umfeld statt, das einmalig in der Geschichte ist. Dieses Umfeld wurde geprägt von den zwei überlappenden Prozessen von erstens der Transformation von kommunistischen Planwirtschaften in demokratische Marktwirtschaften Anfang der 1990er Jahre und zweitens dem angestrebten Beitritt zur Europäischen Union (EU). Die Art und das Ausmaß der Herausforderungen, die Reaktionen der jeweiligen Regierungen und die Wirkungen der jeweils gewählten Strategien in der Rentenpolitik werden in dieser Studie im Detail herausgearbeitet und problematisiert. Ziel ist es, Antworten auf einen umfangreichen Fragenkatalog zu finden, der sich aufgrund der einmaligen und vielschichtigen Herausforderung in Kombination mit der bevorstehenden rapiden Alterung der Bevölkerungen in Polen und Ungarn und sich wandelnden gesellschaftlichen Rahmenbedingungen ergibt. Von Bedeutung ist die Frage, ob die Reformen der Alterssicherung in den beiden Ländern geeignete Antworten auf die absehbaren Schwierigkeiten der Rentenfinanzierung sind.

Die Studie ist als vergleichende empirische Analyse ausgelegt. Schwerpunkt werden Fragen der Finanzierung der Rententensysteme sein. Polen und Ungarn werden auf Basis der gleichen Kriterien und Indikatoren gegenüber gestellt und die Ergebnisse bewertet. Der Studie kommt somit das zugute, was Richard Hauser als die wesentlichen Vorteile der vergleichenden Analyse nennt: „It increases the scientific knowledge about the objectives and problems that dominate social policy in the countries under review; it provides information on the instruments used to pursue these objectives, and on their effectiveness; it tells us more about the economic and political conditions under which new social policy instruments are introduced, and it enlarges the empirical basis for generalizations and theories." (Hauser 1993, S. 79)

Eine vorübergehende Herausforderung an Polen und Ungarn mit allerdings erheblichen Auswirkungen und Nachwirkungen auf das gesamte Staatsgefüge und die Menschen war Anfang der 1990er Jahre der Transformationsprozess. Die Umgestaltung führte unter anderem zu einer erheblich abnehmenden Wirtschaftsleistung, steigender Arbeitslosigkeit und extrem hohen Inflationsraten. Für den Großteil der Bevölkerung gingen die Auswirkungen des Transformationsprozesses mit erheblichen Einbußen im Lebensstandard einher. Die empirische Studie wird aufzeigen, in welcher Hinsicht das „Erbe" des Kommunismus bezüglich der Rentensysteme und die außerordentlichen Einwirkungen des Wandlungs-Prozesses die Rentenfinanzen und die materielle Situation der Rentner und Alten bestimmten. Eine der wichtigsten Anforderungen an die Transformationsstaaten war, ihre Systeme der sozialen Sicherung den neuen Erfordernissen von demokratischen und marktwirtschaftlich organisierten Staaten anzupassen. Parallel dazu mussten soziale Härten des Transformationsprozesses durch eine angemessene Sozialpolitik abgemildert werden.

Die zweite Aufgabenstellung an Polen und Ungarn in den 1990er Jahren bildete der angestrebte EU-Beitritt. Sowohl für die Beitrittskandidaten als auch für die 15 EU-Mitgliedstaaten stellt die Osterweiterung der EU aus wirtschafts- und sozialpolitischer Sicht eine große Herausforderung dar. Die EU-Beitrittskandidaten müssen beispielsweise ihre nationalen politischen, wirtschaftlichen und rechtlichen Strukturen an den Anforderungen der Europäischen Union ausrichten. Interessanterweise wurden an die Kandidatenländer keine sozialen Mindestanforderungen gestellt. Wie sich zeigen wird, hatte die EU hinsichtlich der Reformen der Rentensysteme in Polen und Ungarn einen eher indirekten Einfluss, der sich insbesondere durch Anforderungen des Europäischen Sozialrechts (z.B. Einhaltung der Verordnungen Nr. 1408/71 EWG-Vertrag und Nr. 574/72 EWG-Vertrag), die Berichte der EU-Kommission hinsichtlich der Beitrittsreife und die vorausschauende Einbeziehung in den Koordinierungsprozess der Sozialpolitiken der Mitgliedstaaten (z.B. in die „Methode der offenen Koordinierung") auszeichnete. Polen und Ungarn profitieren jedoch auch im erheblichen Maße von der Aussicht an die künftige EU-Mitgliedschaft. Die Zielvorgabe war ein wichtiger Fixpunkt für die Politiker, um in den rauen Gewässern des Transformationsprozesses auf Kurs zu bleiben. Zusätzlich kamen ihnen die administrativen und finanziellen Hilfen der EU sowie der Vertrauensvorschuss internationaler Investoren zugute. Das Zusammenwirken von Transformationsprozess und EU-Beitrittsbemühungen ergibt die Basis, auf der sich die Rentensysteme in Polen und Ungarn entwickelt haben. Die Ergebnisse des Transformationsprozesses und die EU-Mitgliedschaft werden die Grundlage der künftigen Entwicklung der Rentensysteme bilden.

Langfristig kommen Probleme der absehbaren demographischen Entwicklung erschwerend auf die finanzielle Stabilität der Alterssicherung hinzu. Denn auch in Polen und Ungarn werden die Menschen länger leben, während gleichzeitig weniger Kinder geboren werden. Das hat zur Folge, dass immer mehr alte Menschen von immer weniger Personen im erwerbsfähigen Alter materiell unterstützt werden müssen. Somit werden sich die Sondereinflüsse und Folgewirkungen des Transformationsprozesses mit den mittel- bis langfristigen Problemen einer älter werdenden Gesellschaft kumulieren. Zusätzlich zur demographischen Veränderungen vollzieht sich ein gesellschaftlicher Wandel, der sich beispielsweise in veränderten Erwerbsstrukturen (z.B. mehr Teilzeitbeschäftigte bei gleichzeitigem Rückgang der Vollzeitbeschäftigung, häufiger Arbeitsplatzwechsel auch über nationale Grenzen hinweg und brüchige Erwerbsbiographien) und gesellschaftliche Wertvorstellungen (z.b. höhere oder geringere Erwerbsbeteiligung der Frauen, ein zunehmender Anteil an Ein-Personen-Haushalten, weniger und spätere Eheschließungen, Rückgang der Geburten pro Frau) ausdrückt. Darüber hinaus stehen die nationalen Sozialschutzsysteme im Spannungsfeld der Konkurrenz der Volkswirtschaften um Wettbewerbsfähigkeit, dem zunehmenden Einfluss internationaler Organisationen und transnationalen Unternehmen auf die Nationalstaaten sowie den Auswirkungen einer zunehmenden Öffnung der Grenzen, der Märkte und der politischen Einflusskanäle.

Polen und Ungarn stehen folglich vor der Aufgabe, ihre nationalen Sozialschutzsysteme so zu gestalten, dass sie langfristig stabil sind und ihrem Anspruch gerecht werden, der jeweiligen Zielgruppe soziale Sicherheit zu bieten. Die Reformen der Alterssicherungssysteme waren Ende der 1990er Jahre von den Regierungen in Polen und Ungarn als Antwort auf die langfristigen Probleme der Rentensysteme auf den Weg gebracht worden. Sofern die Reformen langfristig sowohl den Staatshaushalt entlasten als auch angemessene Renten bieten, lassen sich die Reformen trotz erheblicher Übergangskosten rechtfertigen. Auf Basis der derzeitigen Rentengesetzgebung und anhand von Projektionen der Rentenfinanzen bis zum Jahr 2050 wird erläutert werden, warum die Reformen wahrscheinlich nicht die erwarteten bzw. versprochenen Ergebnisse hervorbringen werden. Am Ende der Studie steht die Schlussfolgerung, dass die Rentensysteme in Polen und Ungarn in ihrer derzeitigen Form nicht gerüstet zu sein scheinen, um die absehbaren negativen Folgen des demographischen und des gesellschaftlichen Wandels finanziell *und* sozial verträglich abzufedern.

Um eine strukturierte Analyse zu ermöglichen, wird in dieser Studie ein Schema entwickelt, anhand dessen vier wesentliche Einflussfaktoren auf Rentensysteme und ihre jeweiligen Wirkungen und politische Beeinflussbarkeit beurteilt werden können.

Dieses Schema ermöglicht, die demographischen, gesellschaftlichen, institutionellen und wirtschaftlichen Rahmenbedingungen in Polen und Ungarn detailliert zu untersuchen und die Hintergründe der Entwicklung der Rentensysteme zu ermitteln. Zunächst werden die demographischen Rahmenbedingungen beider Länder untersucht (Kapitel 3.1.1). Dabei wird deutlich werden, dass die Altersstruktur weder in Polen noch in Ungarn ein aktuelles Problem darstellte. Die beiden Einflussfaktoren der gesellschaftlichen und institutionellen Rahmenbedingungen werden getrennt für Polen und Ungarn in Kapitel 3.1.2.1 bzw. 3.1.2.2 für die Zeit seit der Etablierung der Rentensysteme dargestellt. In vielen Studien zu Polen wird nur das Rentensystem der staatlichen Rentenversicherung ZUS für die abhängig Beschäftigten und alle Selbständigen mit Ausnahme der selbständigen Landwirte betrachtet. Besonders hervorzuheben ist deshalb, dass in dieser Arbeit auch das staatliche Rentensystem für selbständige Landwirte und ihre Angehörigen (KRUS) einbezogen wird. Auch werden für Polen und Ungarn nicht nur die jeweiligen staatlichen Altersrentensysteme, sondern die Rentensysteme in ihrer Gesamtheit untersucht und bewertet. Gerade im Transformationsprozess erwies sich die analytische Trennung zwischen Alters-, Invaliden- und Hinterbliebenenrenten als belangreich. Beantwortet wird unter anderem die Frage, warum Polen und Ungarn trotz der ähnlichen Ausgangslage Anfang der 1990er Jahre zum Teil entgegen gesetzte Strategien in der Rentenpolitik gewählt haben. Eine vergleichende Analyse der wirtschaftlichen Rahmenbedingungen folgt in Kapitel 3.1.3 Die Auswirkungen aller vier Faktoren auf die zentralen Elemente der Rentensysteme werden in Kapitel 3.1.4 erläutert. Da sowohl die Rentensysteme von den allgemeinen Staatsfinanzen abhängen als auch der Staatshaushalt von der finanziellen Situation der staatlichen Rentenkassen beeinflusst wird, werden in Kapitel 3.1.5 die allgemeinen Entwicklungen der finanziellen Lage der Staaten für die Zeit nach Beginn des Transformationsprozesses untersucht.

In Kapitel 3.2.1 wird die finanzielle Situation der staatlichen Rentenversicherung untersucht. Zu diesem Zweck werden Einnahmen und Ausgaben der staatlichen Rentenversicherungsanstalten gegenüber gestellt. Es wird sich zeigen, dass zum einen der Transformationsprozess und zum anderen die Reformen der Alterssicherungssysteme zu unterschiedlichen Zeitpunkten mit erheblichen finanziellen Lasten für die Rentenversicherungen verbunden waren und zusätzliche staatliche Transferzahlungen an die Rentenkassen notwendig machten.

Ein Kernstück der Studie ist die Frage, welche Bedeutung die einzelnen Einflussfaktoren und Rahmenbedingungen für die Entwicklung der relativen Rentenausgaben hatten. In Kapitel 3.2.2 werden zum einen die Bestimmungsfaktoren der Ausgabenentwicklung in komprimierter Form dargestellt. Zum anderen wird ihr Anteil an der Veränderung der Rentenausgaben in Prozent des Bruttoinlandsprodukts berechnet. Dadurch wird es möglich, die jeweiligen Belastungsniveaus des Staates durch das Rentensystem in einen sinnvollen Kontext zu bringen und die Vorgehensweisen und Lösungsansätze zu bewerten. Da die Rentensysteme im Zusammenhang mit anderen Sozialausgaben des Staates zu sehen sind, wird als vorletzter Schritt der rückblickenden Analyse die relative Bedeutung der Rentenausgaben im Staatshaushalt betrachtet (Kapitel 3.3). Hierbei wird unter anderem aufgezeigt, dass es aufgrund steigender Ausgabenerfordernisse für Renten zu einem Verdrängungseffekt anderer Staatsausgaben gekommen ist.

In Kapitel 3.4 wird ermittelt, wie sich die materielle Situation der Rentner und Alten relativ zur Gesamtbevölkerung und anderen Bevölkerungsgruppen entwickelt hat. Dabei wird erkennbar werden, dass die Gruppe der Rentner weder in Polen noch in Ungarn zu den relativen Verlierern des Transformationsprozesses gehörte.

Nach dem Blick in die Vergangenheit wird der Blick auf die Zukunft der Rentensysteme in Polen und Ungarn gerichtet. Die langfristige Perspektive ist unerlässlich, um abschätzen zu können, wie sich die Rentensysteme auf Basis der derzeitigen Rentengesetzgebung und vor dem Hintergrund der prognostizierten demographischen (Kapitel 4.1) und geschätzten wirtschaftlichen Rahmenbedingungen entwickeln werden. Für die Analyse der künftigen Rentenfinanzen und der möglichen Auswirkungen auf die Höhe der Transferzahlungen an die Rentner wird der vergleichenden Prognose der OECD aus dem Jahr 2001 jeweils eine nationale Studie für Polen und Ungarn gegenüber gestellt (Kapitel 4.2). In der Schlussfolgerung werden die Ergebnisse anhand der drei EU-Kriterien an Rentensysteme, nämlich die Angemessenheit, die finanzielle Nachhaltigkeit und die langfristige Stabilität des Systems, zusammenfassend bewertet. Abschließend werden politische Handlungsoptionen auf Basis der in Kapitel 2.1.3 entwickelten Einflussfaktoren auf Rentensysteme aufgezeigt und auf ihre politische Beeinflussbarkeit und Wirkungsweisen hin überprüft.

2 Grundbegriffe und Theoretische Grundlagen

2.1 Sozialpolitik, Soziale Sicherung und Sozialrecht

2.1.1 Sozialpolitik

Sozialpolitik beschreibt allgemein staatliche Maßnahmen, „die der Sicherung des Einkommens von Arbeitnehmern und ihren Familien im Falle einer Krankheit, der vorzeitigen Berufs- oder Erwerbsunfähigkeit durch Unfall oder Invalidität, im Alter, beim Tod des Ernährers oder im Falle der Arbeitslosigkeit dienen" (Lampert 1996, S. 3). Diese Existenzsicherung obliegt vorwiegend der Sozialversicherung und deckt - gemessen am Umfang und der Bedeutung der Einkommensersatzleistung - einen Großteil der Sozialpolitik ab (Vgl. ebd.). Weitere Elemente der Sozialpolitik sind nach Lampert „die Arbeitnehmerschutzpolitik, die Arbeitsmarktpolitik, die Ausgestaltung der Betriebs- und Unternehmensverfassung, die Wohnungs-, Familien- und Bildungspolitik, die Politik der Einkommens- und Vermögensumverteilung, die Jugendhilfe-, die Altenhilfe-, die Sozialpolitik und die mittelstandsorientierte Sozialpolitik" (Ebd.).

Sozialpolitik wird nicht ausschließlich von Nationalstaaten betrieben. Zunehmende Bedeutung in der Sozialpolitik erhalten internationale Organisationen (z.b. die Internationale Arbeitsorganisation - ILO, die Organisation für Wirtschaftliche Zusammenarbeit und Entwicklung - OECD, die Weltbank oder der Internationale Währungsfond - IWF), Staatenbündnisse (Europäische Union) und zwischenstaatliche Vereinbarungen[1]. Für die Analyse der Rentensysteme in Polen und Ungarn ist das Zusammenwirken von nationaler und internationaler Sozialpolitik von Bedeutung. Internationale Sozialpolitik[2] zielt zunächst darauf ab, Empfehlungen auszusprechen oder gewisse soziale Mindeststandards festzulegen und zu überwachen, ohne dass im Normalfall Sanktionsmechanismen zur Verfügung stehen. Oftmals kommt internationalen Organisationen eine Beobachterrolle nationaler Sozialpolitik zu (Lampert 1996, S. 413)[3].

---

[1] Darüber hinaus gibt es auch nicht-staatliche Sozialpolitik, die beispielsweise von Kirchen, Unternehmen oder anderen Nichtregierungsorganisationen betrieben wird.

[2] Lampert definiert internationale Sozialpolitik als einen „Komplex von internationalen Vereinbarungen, Einrichtungen und Bestrebungen zur Absicherung nationaler Sozialpolitik und zur möglichst weltweiten Durchsetzung sozialpolitischer Mindeststandards" (Lampert 1996, S. 413). Im Zentrum internationaler Sozialpolitik stehen hauptsächlich der soziale Schutz der Arbeitnehmer, die soziale Sicherheit der Alten, Kranken und Invaliden sowie die Bildungs- und Gesundheitspolitik (Vgl. ebd.).

[3] Dennoch wurden die Transformationsstaaten Mittel- und Osteuropas insbesondere in den ersten Jahren des Transformationsprozesses auf vielfältige Weise von „außen" in ihrer Sozialpolitik beeinflusst. Dies steht im allgemeinen Zusammenhang mit der zunehmenden internationalen Vernetzung der nationalen Volkswirtschaften („Globalisierung") nach dem Zusammenbruch des Kommunismus und der Öffnung der Märkte der Transformationsstaaten. Damit stieg der mittelbare und unmittelbare Einfluss internationaler Organisationen auf die nationalen Politiken der mittel- und osteuropäischen Staaten. Mittelbarer Einfluss kann ebenso wirkungsvoll sein wie direkter, unmittelbarer Einfluss. Beispielsweise kann von internationalen Organisationen ein bestimmtes politisches Klima geschaffen werden, dem sich die Nationalstaaten nicht entziehen (können). Die Reform der Rentensysteme nach dem von der Weltbank Mitte der 90er Jahre propagierten Vorbild ist ein herausragendes Beispiel hierfür. Polen (im Jahr 1999) und Ungarn (im Jahr 1998) orientierten sich inbesondere bei den Reformen ihrer Alterssicherungssysteme an den Weltbank-Vorschlägen, indem sie einen Teil ihrer Alterssicherungssysteme auf ein obliagtorisches und kapitalfundiertes Privatrentensystem umstellten. Der (Mode-) Trend der (Teil-) Privatisierung der Rentensysteme, verlor bereits Ende der 90er Jahre an Attraktivität.

2.1.1.1 Soziale Sicherung

Die Systeme der sozialen Sicherung in der engeren Definition – auch Sozialversicherungssysteme[4] genannt - sind darauf ausgerichtet, die Menschen vor negativen Auswirkungen der Risiken zu schützen, die aufgrund von Krankheit, Mutterschaft, Unfall, Tod des Ernährers (i.d.R. Ehepartner oder Eltern), Alter oder Verlust des Arbeitsplatzes auf sie zukommen (Lampert 1996, S. 220). Von der sozialen Sicherung werden in einer breiteren Definition des Begriffs auch andere, in der Regel steuerfinanzierte Sozialtransfers (z.b. Kriegsopferversorgung, Sozialhilfe, Familienpolitik, Ausbildungsförderung), erfasst (Vgl. ebd.). In der Europäischen Union wird von „Sozialschutzsystem" gesprochen[5]. Häufig handelt es sich um Sozialtransfers an private Haushalte, die dazu dienen, materielle Notlagen der Menschen zu verhindern, die entstehen, wenn das Arbeitseinkommen ausfällt (Andel 1998, S. 227ff.). Form und Inhalt von Sozialschutzsystemen werden durch eine Vielzahl von Einflussfaktoren bestimmt (siehe hierzu am Beispiel der Rentensysteme Kapitel 2.1.3).

Grundsätzlich gibt es keine verbindliche Definition von Sozialschutz. Da Polen und Ungarn im Mai 2004 der Europäischen Union beitreten und somit den Regelungen der EU unterliegen, soll an dieser Stelle die gemeinsame Definition der EU-Mitgliedsländer hinsichtlich des Sozialschutzes stehen. Nach der Definition von ESSOS (Europäisches System der integrierten Sozialschutzstatistik) umfasst der Sozialschutz[6] „alle Eingriffe öffentlicher und privater Stellen, um die Lasten privater Haushalte und Einzelpersonen zu decken, die ihnen durch eine genau festgelegte Zahl von Risiken oder Bedürfnissen entstehen, sofern diese weder eine Vereinbarung auf Gegenseitigkeit erfordern noch im Rahmen individueller Vereinbarungen erfolgen" (Eurostat 1997, S. 14). Systeme des Sozialschutzes sind laut ESSOS[7] aus-

---

[4] Lampert weist darauf hin, dass der Begriff „Sozialversicherungssystem" missverständlich sein kann, weil nicht alle Systeme der sozialen Sicherung auf dem Versicherungsprinzip (siehe unten) beruhen (Lampert 1996, S. 220).

[5] Der Begriff „soziale Sicherheit" wird im Sprachgebrauch der EU in Artikel 4 der Verordnung Nr. 1408/71 (EWG) verwendet (siehe Kapitel 2.3.). In der Gemeinschaftscharta der Sozialen Grundrechte der Europäischen Union wird von „sozialem Schutz" und „sozialer Sicherheit" gesprochen (Igl 1993, S. 90f).

[6] ESSOS verwendet den Begriff „Funktion des Sozialschutzes", um die unterschiedlichen Einrichtungen, Regelungen und Traditionen der Mitgliedstaaten einordnen zu können und vergleichbar zu machen. „Funktionen" werden nach dem Endzweck definiert und *nicht* anhand bestimmter Zweige des Sozialschutzes oder Gesetzesvorschriften. „So können beispielsweise die Leistungen einer Pensionskasse nicht einfach in ihrer Gesamtheit unter der Funktion Alter erfasst werden, da einige Leistungen darauf abzielen können, den Empfänger vor Risiken zu schützen, die sich aus dem Tod eines Erwerbstätigen (die der Funktion Hinterbliebene zuzurechnen sind) oder aus dem Verlust der körperlichen Fähigkeit, wirtschaftliche und soziale Aktivitäten auszuüben, ergeben (welche unter der Funktion Invalidität/Gebrechen erfasst werden)" (Eurostat 1997, S. 15).

[7] Die Risiken, die Sozialschutz begründen, umfassen nach der ESSOS-Definition: 1. Krankheit/Gesundheitsversorgung; 2. Invalidität/Gebrechen; 3. Alter; 4. Hinterbliebene; 5. Fami-

schließlich zur Umverteilung, nicht aber zur Produktion gedacht. Sie werden von institutionellen Einheiten (z.B. Sozialversicherungskassen, Pensionskassen, Wohlfahrtseinrichtungen oder Versicherungen auf Gegenseitigkeit) getragen und sind selbst keine institutionelle Einheit (Vgl. ebd., S. 21).

2.1.1.2 Organisation der sozialen Sicherung

Die soziale Sicherung kann zum einen auf einer freiwilligen Versicherung, auf einer Pflichtversicherung oder auf einer Mischung aus beiden beruhen. Bei Pflichtsystemen ist die Mitgliedschaft obligatorisch[8]. Zum anderen stellen alle beitragsfreie und steuerfinanzierte Sozialschutzsysteme (d.h. Systeme, die auf dem Prinzip der Versorgung beruhen) Pflichtsysteme dar (Eurostat 1997, S. 25). Normalerweise beruhen die sozialen Sicherungssysteme, die vor den Risiken Alter, Krankheit, Tod, Unfall und Arbeitslosigkeit schützen sollen, auf der Versicherungspflicht (Lampert 1996, S. 224f.). In freiwilligen Systemen ist die Mitgliedschaft vom Staat nicht verbindlich vorgeschrieben. Da oftmals nicht alle Personen oder Beschäftigungsgruppen verpflichtend einbezogen werden, existieren freiwillige und verpflichtende Mitgliedschaft in einer Versicherungsgemeinschaft häufig parallel nebeneinander (Lampert 1996, S. 224f.). Es gibt aber auch Bürger- bzw. Volksversicherungen, die an der Eigenschaft einer Person als Staatsbürger eines Landes anknüpfen.

2.1.1.3 Gestaltungsprinzipien und Strukturmerkmale der sozialen Sicherung

Beim internationalen Vergleich ist von Bedeutung, dass die Systeme der sozialen Sicherung auf zum Teil sehr unterschiedlichen institutionellen Grundlagen beruhen. Um die Systeme besser einordnen zu können, ist es sinnvoll, die drei wesentlichen Gestaltungsprinzipien Versicherungs-, Vorsorge- und Fürsorgeprinzip zu unterschieden. Die staatlichen Systeme der sozialen Sicherung insgesamt beruhen zumeist auf einer Mischform der drei Prinzipien (Lampert 1996, S. 221ff.).

Das Versicherungsprinzip zeichnet sich durch die finanzielle Absicherung gegen Risiken aus, denen eine gewisse Gruppe unterliegt. Die Versicherten zahlen Beiträge, die teilweise sogar nach dem individuellen Risiko gestaffelt sind. Im Fall der Sozialversicherung greift im Regelfall das Äquivalenzprinzip[9] von Beiträgen und Leistun-

---

lie/Kinder; 6. Arbeitslosigkeit; 7. Wohnen; 8. Soziale Ausgrenzung, die keiner anderen Kategorie zugeordnet werden kann (Eurostat 1997, S. 14).

[8] Pflichtsysteme sind nach ESSOS „Sozialschutzsysteme, deren Mitgliedschaft vom Staat verbindlich vorgeschrieben wird. Pflichtsysteme können sowohl kraft Gesetzes oder Verordnung eingerichtete Systeme als auch Systeme beinhalten, die aufgrund einer Vereinbarung oder eines Tarifvertrags zwischen Arbeitgebern und Arbeitnehmern oder Angehörigen desselben Berufsstands eingerichtet und daraufhin vom Staat zwingend vorgeschrieben wurden" (Eurostat 1997, S. 25).

[9] Das Äquivalenzprinzip soll für mehr Gerechtigkeit und eine bessere Allokation sorgen. Eine bessere Allokation wird angenommen, weil durch eine stärkere Verknüpfung von geleisteten Bei-

gen, nach dem „der einzelne Bürger nur in dem Maße zur Zahlung verpflichtet wird, wie ihm auch Gegenleistungen zukommen" (Andel 1998, S. 291)[10]. Leistungen werden gezahlt, sobald der Risikofall eingetreten ist. In der Sozialversicherung wird dieses Prinzip dahingegen erweitert, als aus sozialen Gesichtspunkten die sozialen Risiken und deren in der Regel materiellen Folgen nicht nur von den Individuen alleine, sondern innerhalb der Gesellschaft geteilt werden, sodass eine (solidarische) Umverteilung stattfindet (Vgl. ebd., S. 230)[11]. Das System ist auf die Solidarität aller Mitglieder angewiesen in der Annahme, dass „der im Einzelfall nicht vorhersehbare Risikoeintritt und nicht bestimmbare Bedarf an Mitteln für eine größere Gesamtheit der von gleichartigen Risiken Betroffenen zu kalkulierbaren Größen werden" (Lampert 1996, S. 223). Bei der Sozialversicherung werden somit Solidaritäts- und Äquivalenzprinzip berücksichtigt.

Zu unterscheiden sind das Sozialversicherungsprinzip und das Privatversicherungsprinzip. Private Versicherungen basieren auf dem Grundsatz der Freiwilligkeit. Der privat Versicherte entscheidet selbst, vor welchen Risiken er sich in welchem Ausmaß finanziell absichern will. Nach dem Prinzip der Privatversicherung erfolgt eine möglichst enge Verknüpfung zwischen dem individuellen Risiko und den Beitragszahlungen sowie den Leistungen und der Wahrscheinlichkeit des Risikoeintritts. Ebenso wie nach dem Sozialversicherungsprinzip verteilen sich die Kosten auf die gesamte Versicherungsgemeinschaft.

Die Etablierung einer staatlichen Sozialversicherung beruht auf der Annahme, dass nicht alle Risiken (z.B. im Fall des Risikos der Arbeitslosigkeit wegen unabschätzbar hoher Kosten beim Eintritt des Risikofalls, *moral hazard*- oder *adverse selection*-Problemen[12]) privat versichert werden können oder Individuen sich nicht freiwillig

---

trägen und später zu erwartenden Leistungen negative externe Effekte (z.B. das „*free rider*"- bzw. Trittbrettfahrer-Problem) und *moral hazards* (siehe unten) besser verhindert werden können, weil „Budgetentscheidungen [der Individuen] im allgemeinen rationaler werden bzw. weil nach der marginalen Wertschätzung im Optimum differenzierte Steuern dazu führen, dass die Bürger auf die Bereitstellung der allokationspolitisch optimalen Menge öffentlicher Leistungen drängen" (Andel 1998, S. 291).

10 In Polen und Ungarn entfernten sich in der Zeit des Kommunismus die staatlichen Rentensysteme immer weiter von dem Äquivalenzprinzip. Durch degressive Anrechnung von Beitragshöhe bzw. Beitragszeiten in der Rentenformel sowie der Gewährung von Privilegien an bestimmte Bevölkerungs- und Beschäftigungsgruppen wurde der Zusammenhang zwischen gezahlten Beiträgen bzw. Beitragsdauer und Rentenanwartschaften immer loser.

11 In diesem Fall greift das (wirtschaftliche) Leistungsfähigkeitsprinzip. Demnach sollen die Individuen nur nach ihren relativen oder absoluten finanziellen Möglichkeiten zum Zahlen von Beiträgen herangezogen werden. Dieses Prinzip führt in der Regel zur Umverteilung von Einkommen und Vermögen bzw. von Personen/Haushalten mit höherem Einkommen/Vermögen zu Personen/Haushalten mit niedrigerem Einkommen/Vermögen (Vgl. z.B. Andel 1998, S. 293 ff.).

12 *Moral Hazard*-Probleme entstehen, wenn aufgrund von Informationsasymmetrie das Verhalten einer Partei (hier: dem Versicherten) von einer anderen Partei (hier: dem Versicherungsgeber) nur schwer oder gar nicht zu kontrollieren ist und die Personen mit dem Informationsvorsprung die-

versichern werden (z.B. weil sie das individuelle Risiko falsch einschätzen) (Andel 1998, S. 425 ff.). Anders als bei einer Privatversicherung sind die Beiträge in der Sozialversicherung gewöhnlich nicht an das individuelle Risiko bzw. die individuelle Risikowahrscheinlichkeit gekoppelt. Die Leistungen sind zumeist nicht versicherungsmathematisch streng an die individuellen Beiträge gebunden, sondern werden zum Teil durch umverteilende Komponenten (z.b. Mindestrenten, degressive Anrechnung von Versicherungszeiten oder der Beitragshöhe) oder Anrechnung von Kindererziehungs- und Ausbildungszeiten sowie Zeiten der Arbeitslosigkeit ergänzt. Das Versicherungsprinzip gewährt einen Rechtsanspruch auf Leistungen, die teilweise in Art und Höhe festgelegt (DB - *defined benefits*) sind (Lampert 1996, S. 223)[13]. Es ist aber auch möglich, dass innerhalb einer Sozialversicherung keine Zusage über eine bestimmte relative Leistungshöhe gemacht wird, sondern nur die Höhe der Beiträge vorgegeben sind (DC - *defined contributions*)[14]. Privatwirtschaftlich organisierte Altersvorsorgesysteme sind normalerweise beitragsdefiniert.

Gemäß des Versorgungsprinzips werden Leistungen nicht aus (vorher geleisteten) Beiträgen ausgezahlt, sondern in der Regel mit Steuergeldern finanziert, weil die Risiken als „allgemeine Opfer [eingeschätzt werden], die als vom Staat zu kompensieren angesehen werden, insbesondere weil sie von diesem verursacht bzw. erzwungen worden sind" (Andel 1998, S. 230). Auf Versorgungsleistungen besteht in der Regel ein Rechtsanspruch (Lampert 1996, S. 223)[15]. Leistungen nach dem Fürsorgeprinzip werden in der Regel nur dann gezahlt, wenn auftretende Notlagen nicht anders behoben werden können. Art und Höhe der Leistungen bestimmt sich an der Bedürftigkeit[16] und besonderen Notlagen der Betroffenen. Sie sind somit subsidiär und

---

sen Vorteil zu ihren Gunsten und zum Nachteil der anderen ausnutzen können. Das Phänomen der adversen Selektion (*adverse selection*) beruht auf einer Informationsasymmetrie zweier beteiligter Parteien. Im Fall der Versicherung wird angenommen, dass der Versicherungsnehmer gegenüber dem Versicherungsgeber einen Informationsvorsprung über das eigene individuelle Risiko hat. Demnach werden sich vor allem diejenigen freiwillig versichern, die ein hohes Risiko haben, zum Beispiel arbeitslos zu werden (z.B. weil sie einen geringen Ausbildungsgrad haben, allein erziehende Mütter sind, einem „aussterbenden" Wirtschaftszweig angehören, behindert sind o.ä.) oder persönlich einen geringen Arbeitsanreiz haben (siehe hierzu z.B. Kreps 1994, S. 521ff.).

[13] Beispielsweise kann den Versicherten ein bestimmtes Verhältnis zwischen Rentenhöhe und durchschnittlichem Lohn zugesichert werden. In Ungarn – und in Polen vor der Reform von 1999 - beruht die staatliche Rentenversicherung auf festgelegten Leistungen. Für Details über *defined benefits*- und *defined contributions*-Verfahren siehe unten.

[14] Sofern die Beiträge auf dem Kapitalmarkt angelegt sind, hängen die Rentenleistungen von den Zinsen auf das angesparte Kapital abzüglich einer Risikoprämie, möglicher Verwaltungskosten und Gebühren ab. Auch im Umlageverfahren ist ein beitragsdefiniertes System möglich. Ein Beispiel hierfür ist das NDC-Verfahren, das in Polen eingerichtet ist (siehe unten und Kapitel 3.1.2.1.).

[15] Leistungen nach dem Versorgungsprinzip werden z.B. Kriegsinvaliden und Staatsbediensteten gewährt.

[16] Es gibt keine verbindliche Definition von Bedürftigkeit. In der Regel orientiert sich die Definition an der Frage, ob ein gewisser Grundbedarf eines Individuums durch eigene wirtschaftliche

bestimmen sich über das Subsidiaritätsprinzip[17]. Finanziert werden sie in der Regel aus allgemeinen öffentlichen Mitteln (Andel 1998, S. 230 f.; Lampert 1996, S. 224).

2.1.1.4 Anspruchsberechtigung

Ansprüche aus der Sozialversicherung können aus eigenen Ansprüchen[18] (z.b. Alters- oder Invalidenrente) oder abgeleiteten Ansprüchen[19] (z.b. Hinterbliebenenrente) bestehen[20]. In beitragsbezogenen Systemen beruhen eigene Ansprüche in der Regel auf zuvor geleisteten Beiträgen zur Sozialversicherung. Die Beiträge können vom Versicherten oder anderen Parteien (z.b. dem Arbeitgeber) geleistet werden. Es handelt sich um so genannte beitragspflichtige Sozialschutzsysteme (auch Sozialversicherungssysteme). In universellen Systemen werden häufig Maßstäbe wie die Dauer des Wohnsitzes in einem Land oder die Versicherungs- oder Beschäftigungszeit herangezogen. Daneben gibt es aber auch beitragsfreie Systeme, die in der Regel auf dem Versorgungs- oder Fürsorgeprinzip beruhen. Leistungen aus diesen Systemen hängen häufig von der Bedürftigkeit ab (siehe oben).

2.1.1.5 Umfang des Systems

Sozialversicherungssysteme beziehen entweder alle Bürger (universelles System) oder bestimmte Beschäftigungsgruppen (kategorielles System) verpflichtend sein. Anspruch auf Sozialleistungen haben in universellen Systemen alle Gebietsansässigen oder Staatsangehörigen, sofern sie bestimmte Anspruchskriterien erfüllen. Keine Rolle spielt in solchen Systemen der sozio-professioneller Status (d.h. ob und in welcher Form sie beschäftigt sind). Bei Systemen, die vom sozio-professionellen Status

---

Tätigkeit oder eigenes Vermögen gedeckt werden kann und nicht-staatliche Einrichtungen oder Institutionen (häufig wird auf die Familie Bezug genommen) den Bedarf nicht decken können (Vgl. hierzu z.b. Lampert 1996, S. 134 ff.).

[17] Das Subsidiaritätsprinzip verlang „als Recht und Pflicht, dass die Aufgaben, wo immer möglich, vom einzelnen oder von der kleineren Gemeinschaft zu erfüllen sind. Die größere Gemeinschaft darf nur in dem Maße tätig werden, wie dies zur Vermeidung von Überforderung geboten ist." (Andel 1998, S. 229) Der Staat soll demnach nur dort (regulierend) eingreifen, wo eine Selbstregulierung durch Märkte oder Individuen nicht möglich ist oder eine Selbstregulierung zu Ergebnissen führt, die gesellschaftlich nicht akzeptierte Ergebnisse impliziert (Haffner 1993, S. 69).

[18] Eigene Ansprüche entstehen in Sozialversicherungssystemen mit beitragsbezogenen Leistungen zum Beispiel durch eigene Beitragszahlungen während der Erwerbsphase bzw. Beitragszahlungen, die ein Arbeitgeber für die Versicherten leistet und/oder durch die Anrechnung von beitragsfreien Zeiten (z.b. für die Kindererziehung, während des Mutterschaftsurlaubs, in der Ausbildungszeit etc.).

[19] Abgeleitete Ansprüche sind vorwiegend Ansprüche, die Angehörigen (Ehepartner, Kinder, Eltern) von Verstorbenen auf Basis des (Renten-) Anspruchs des Verstorbenen zugesprochen werden. In der Regel steht den Hinterbliebenen nur ein Teil des (Renten-) Anspruchs des Verstorbenen zu.

[20] Polen und Ungarn bieten alle drei Leistungsarten an, die allerdings jeweils unterschiedliche Anspruchskriterien aufweisen (siehe hierzu Kapitel 3.1.2).

abhängen, sind allgemeine Systeme und Sondersysteme[21] zu unterscheiden. Allgemeine Systeme beziehen die gesamte oder den überwiegenden Teil der Erwerbstätigen ein. Sondersysteme dagegen schützen nur bestimmte Bevölkerungsgruppen. Sie sind kategoriell ausgerichteten, da sie für bestimmte Beschäftigtengruppen gelten[22] (Vgl. hierzu z.b. Döring 2000, S. 9 ff.).

2.1.1.6 Finanzierung

Die Sozialversicherungssysteme werden je nach institutioneller Ausgestaltung des Systems durch Beiträge der Versicherten und/oder Arbeitgeber[23], durch Steuern oder einer Kombination von beiden finanziert (Lampert 1996, S. 227). Durch die Beitragsfinanzierung wird das Versicherungsprinzip betont (Andel 1998, S. 237). Eine Verlagerung der Beiträge von den Arbeitgebern auf die Arbeitnehmer trägt prinzipiell dazu bei, den – wahrgenommenen - Zusammenhang zwischen Beiträgen und Leistungen zu fördern, da den Versicherten bewusst wird, dass sie mit ihren Beiträgen ihre spätere Rente finanzieren. Die Beiträge Arbeitsloser werden in der Regel für einen bestimmten Zeitraum vom Staat übernommen oder werden von den Betroffenen auf die Leistungen der Arbeitslosenversicherung erhoben[24].

Eine weitere Entscheidung betrifft die Höhe des Beitragssatzes und die Frage, ob es sich um festgelegte Beiträge (DC - *defined contributions*)[25] oder festgelegte Leistun-

---

[21] ESSOS definiert drei wesentliche Untergruppen der Sondersysteme: Systeme für Beamte, Systeme für Selbständige und ihren unterhaltsbedürftigen Angehörigen und sonstige berufsständische Systeme (Eurostat 1997, S. 26). Sonstige berufsständische Systeme sind zum Beispiel Sozialversicherungssysteme für Landwirte, Bergleute und Eisenbahner.

[22] In Polen gibt es ein allgemeines Sozialsystem (ZUS), in das die meisten Beschäftigungsgruppen (Angestellte und Selbständige außerhalb des landwirtschaftlichen Sektors) einbezogen sind. Darüber hinaus besteht als Sondersystem ein spezielles Sozialschutzsystem für selbständige Landwirte (KRUS). Ein spezielles Rentensystem besteht für Richter und Staatsanwälte (siehe Kapitel 3.1.2.1.).

[23] In Polen und Ungarn waren in der Zeit des Kommunismus die Versicherten gar nicht (Polen bis zur Reform im Jahr 1999, Ungarn bis zum Jahr 1954) oder nur minimal (Ungarn ab dem Jahr 1954) an der Finanzierung der Sozialversicherung beteiligt.

[24] In Polen beispielsweise übernimmt der Staat nach derzeitiger Regelung nur im ersten Jahr der Arbeitslosigkeit die Sozialversicherungsbeiträge. In Ungarn unterliegen die Leistungen aus der Arbeitslosenversicherung der Steuer- und Sozialabgabenpflicht. Die Leistungen werden in der Regel in den ersten neun Monaten der Arbeitslosigkeit erhoben. In den Mitgliedstaaten der EU bestehen hinsichtlich der Beiträge und Sozialabgaben auf Geldleistungen im Fall von Arbeitslosigkeit unterschiedliche Regelungen (Vgl. z.B. Bucerius 2003b, Übersicht 5.2, S. 129).

[25] Bei festgelegten Beiträgen (*defined contributions*) wird den Versicherten keine Rente in einer bestimmten (relativen) Höhe versprochen. Vielmehr bestimmen sich die Leistungen nach den individuell geleisteten Beiträgen bzw. den Beiträgen, die für eine bestimmte Person (z.B. vom Arbeitgeber oder vom Staat) geleistet wurden. Eine Sonderform des Systems der festgelegten Beiträge ist das so genannte NDC-Verfahren (NDC – *notional defined contributions*). Ein solches Verfahren besteht beispielsweise in Schweden, Italien und Polen. Grundsätzlich hängen gemäß dem NDC-Verfahren die Rentenleistungen von den jeweils eingezahlten Beiträgen ab. Das Besondere an NDC ist, dass praktisch ein kapitalfundiertes Kontensystem innerhalb des umlagefinanzierten Sys-

gen (DB - *defined benefits*)[26] handelt. Ein beitragsdefiniertes System soll unter anderem einen stärkeren Zusammenhang zwischen gezahlten Beiträgen und späteren Leistungen ermöglichen[27]. Gleichzeitig wird bei DC-Systemen die Umverteilung innerhalb von Generationen und Geschlechtern eingeschränkt.

Weiterhin von Bedeutung ist in vorwiegend über Beiträge finanzierten Systemen die Höhe der Beitragsrate, die notwendig ist, um (im Umlageverfahren) die Rentenbezieher zu finanzieren bzw. das System finanzierbar zu halten sowie ganz generell den Rentnern ein angemessenes Einkommen[28] zu ermöglichen. Mit allgemeinen Haushaltsmitteln des Staates werden in der Regel Leistungen finanziert, die nicht auf dem Versicherungsprinzip beruhen und den Bürgern ohne Beitragszahlungen zuerkannt werden (Andel 1998, S. 239)[29]. Darüber hinaus werden aus dem Staatshaushalt in der Regel Defizite in den Rentenkassen gedeckt, die entstehen, sobald die Ausgaben der staatlichen Rentenversicherung die (Beitrags-) Einnahmen übersteigen.

Von der Finanzierungsart ist das Verfahren der Finanzierung zu unterscheiden. Auf der einen Seite kann ein System der sozialen Sicherung im Umlageverfahren, auf der anderen im Kapitaldeckungsverfahren finanziert werden[30]. Im Umlageverfahren werden im Prinzip die Beiträge direkt an die nicht (mehr) Erwerbstätigen als Leistungen ausgezahlt. Im Kapitaldeckungsverfahren dagegen werden die individuellen Beiträge eines Versicherten am Kapitalmarkt angelegt. Aus den individuellen Beiträgen und Erträgen der Geldanlage erhält der Versicherte bei Renteneintritt die Leistungen (Lampert 1996, S. 228).

---

tems nachgeahmt wird. Jeder Versicherte erhält ein individuelles Konto, auf dem seine Beiträge zuzüglich versicherungsmathematischer Zinssätze angesammelt werden. Diese Zinssätze bestimmen sich nicht wie bei kapitalfundierten DC-Verfahren auf dem Kapitalmarkt, sondern werden in der Regel gesetzlich bestimmt.

[26] Im Fall festgelegter Leistungen (*defined benefits*) wird den Versicherten eine bestimmte Leistungszusage gemacht. In der Regel geschieht dies durch die (gesetzliche) Festlegung einer bestimmten Lohnersatzrate (Renten-Lohn-Verhältnis).

[27] In diesem Zusammenhang befürwortet die EU-Kommission die Einführung von DC-Systemen: „In a contribution defined pension scheme it becomes obvious that the amount of the contribution payment matters. Thus the introduction of a defined contribution scheme – either as first or as second tier – is intended to stimulate the willingness to pay the contribution and to increase the attention of the employee to check whether the employer had paid its (contribution) part or not." (EU-Kommission 2002e, S. 57)

[28] Die Definition von „angemessen" bestimmt sich dabei vorwiegend nach den nationalen Präferenzen und Werturteilen.

[29] Zu ihnen zählen zum Beispiel Leistungen der Fürsorge (z.B. Sozialhilfe, Mindestrente), Versorgungsleistungen (z.B. für Beamte und Kriegsinvalide) und Unterstützungsleistungen für Familien oder bestimmte Bevölkerungsgruppen (Andel 1998, S. 239).

[30] Für eine Gegenüberstellung der Argumente der Vor- und Nachteile von Umlage- bzw. Kapitaldeckungsverfahren siehe z.B. Barr (2000), Fasshauer (2001, S. 631 ff.) und Orszag/Stiglitz (1999).

2.1.2 Rentensysteme: Sozialer Schutz für Alte, Invalide und Hinterbliebene

2.1.2.1 Grundlagen und Ziele von Rentensystemen

Rentensysteme sind ein wesentlicher Bestandteil der sozialen Sicherung. Sie sind an der Sicherung des Einkommens im Alter, im Fall von Arbeitsunfähigkeit und dem Verlust des Ernährers orientiert[31]. Die Gestaltung von nationalen Rentensystemen hängt wesentlich von den finanziellen Möglichkeiten bzw. dem Wohlfahrtsstatus und den gesellschaftlichen Präferenzen eines Landes und seiner Bürger ab. Ein staatlich organisiertes Rentensystem begründet sich in der Annahme, dass der Markt und die nicht-staatliche Solidargemeinschaft keine ausreichende oder effiziente Vorsorge bereitstellen können. Darüber hinaus werden staatliche Rentensysteme als Instrument zur Einkommensumverteilung genutzt (Heinrich/Koop et.al., S. 82ff). Neben seiner eigentlichen Funktion kann das Rentensystem auch als Mittel für Arbeitsmarktpolitik verwendet – oder schärfer ausgedrückt, missbraucht – werden, um den Arbeitsmarkt zu entlasten, indem ältere, noch arbeitsfähige Erwerbspersonen vorzeitig in den Ruhestand versetzt werden.

Die institutionellen Regelungen der Rentensysteme unterscheiden sich von Land zu Land. Dadurch erschwert sich ein Vergleich zwischen der Finanzierung der Rentensysteme, die Bedeutung der Rentenfinanzen für den Staatshaushalt und die Einkommen der Rentner. Sozialversicherungssysteme nach dem kontinentaleuropäischen Muster (Bismarcksche Systeme) sind im Prinzip auf den Erhalt des (relativen) Lebensstandards der Bevölkerung im Alter ausgerichtet. Dagegen zielen Pauschalleistungssysteme grundsätzlich auf eine allgemeine Grundsicherung der (gesamten) Bevölkerung ab, die von den Individuen durch eigene - normalerweise freiwillige - Zusatzvorsorge aufgestockt werden soll. Pauschalleistungssysteme stehen in der angelsächsischen Tradition, die in der Literatur als Beveridge-Systeme bezeichnet werden (Vgl. hierzu auch Döring 2000)[32]. In der Praxis ist eine exakte Trennung der beiden Systemtypen nicht möglich ist, da auch Bismarcksche Sozialversicherungssysteme Elemente von Pauschalleistungssystemen aufweisen und umgekehrt. Bei-

---

[31] Staatliche Rentensysteme können neben der Auszahlung von Geldleistungen nach Renteneintritt auch Sach- und Dienstleistungen umfassen, die zum Ziel haben, die Erwerbsfähigkeit der Versicherten zu erhalten und wieder herzustellen (berufliche Rehabilitation) (Lampert 1996, S. 251).

[32] Polen und Ungarn haben ihre Rentensysteme an dem Bismarckschen Sozialversicherungsmodell ausgerichtet. Auf diesem Konzept beruhen die meisten kontinentaleuropäischen Rentensysteme. Die Kernalterssicherungssysteme von vier der 15 „alten" EU-Staaten – Dänemark, Großbritannien, Irland und den Niederlanden - basieren auf dem Beveridge-Modell (siehe z.B. Bucerius 2003b, S. 56ff.).

spielsweise garantieren Länder mit Sozialversicherungssystemen Mindestrenten, die eine Art der Pauschalleistung darstellen[33].

Die Rentensysteme umfassen in der Regel die drei großen Hauptrisikogruppen Alter, Invalidität und Tod des Ernährers (Andel 1998, S. 240 ff.; Igl 1993, S. 101f)[34]. ESSOS unterscheidet die drei Rentenkategorien Alter, Invalidität/Gebrechen und Hinterbliebene[35]. Für die Analyse und Interpretation der jeweiligen Daten müssen die unterschiedlichen rechtlichen Regelungen der Rentenkategorien und die Auswirkungen berücksichtigt werden. So gibt es für Alters-, Invaliden- und Hinterbliebenenrenten verschiedene Ersatzraten (Renten-Lohn-Verhältnis)[36].

Sozialleistungen der Funktion „Alter" umfassen nach der Definition von ESSOS alle Leistungen, „die älteren Menschen, die aus dem Erwerbsleben ausscheiden, ein Ersatzeinkommen sichern; bei Erreichen eines festgesetzten Alters ein bestimmtes Einkommen gewährleisten [und] Waren oder Dienstleistungen bereitstellen, die speziell auf die persönlichen oder sozialen Verhältnisse der älteren Menschen zugeschnitten sind" (Eurostat 1997, S. 60)[37]. Diese Leistungen können von verschiedenen Trägern bereitgestellt werden. Ziel der Alterssicherung ist laut ESSOS „die Gewährleistung von Sozialschutz gegen altersbedingte Risiken, wie z.B. Einkommensverlust oder unangemessene Einkommen, Verlust der Selbständigkeit bei der Erledigung der Aktivitäten des täglichen Lebens [oder] eine eingeschränkte Teilnahme am gesellschaftlichen Leben" (Ebd.). Frührenten sind regelmäßige Leistungen an Personen, die noch nicht das gesetzliche Rentenalter erreicht haben aber bereits nach der Definition des nationalen Systems in den offiziellen Ruhestand treten. Unter die

---

[33] Die Abgrenzung erfolgt nach der Bedeutung der jeweiligen Leistungen.

[34] In manchen Ländern gibt es dagegen z.B. keine abgeleiteten Rentenansprüche (d.h. keine Hinterbliebenenversorgung) (mehr) bzw. wird derzeit abgeschafft. Keine Hinterbliebenenrenten gibt es in Dänemark. In Schweden werden abgeleitete Ansprüche seit 1999 schrittweise abgebaut. Die schwedische Witwenrente wird durch eine geschlechtsneutrale befristete Anpassungshilfe ersetzt (Swedish Ministry of Finance/National Insurance Board 2001).

[35] Anhand der Statistiken über den Sozialschutz in Polen und Ungarn wird nicht immer ersichtlich, ob die Erfassungsmethoden den Strukturen der ESSOS-Definitionen entsprichen Allgemein gilt es zu beachten, dass die Definitionen und Abgrenzungen durch ESSOS für Eurostat-Daten gelten. Werden andere Daten (z.B. von der OECD, der Weltbank, der ILO oder nationalen Instituten) verwendet, kommt es zu abweichenden Definitionen. Die jeweilige Begriffsbestimmung wird an gegebener Stelle erläutert.

[36] Interessante Aufschlüsse ergeben sich durch die Betrachtung der einzelnen Rentenkategorien in der Zeit des Transformationsprozesses in Polen und Ungarn. Beispielsweise wurde insbesondere das Invalidenrentensystem zur (personellen) Entlastung des Arbeitsmarktes missbraucht.

[37] Nicht unter die ESSOS-Definition für Sozialleistungen der Funktion Alter fallen dagegen Vorruhestandsgelder, die speziell zur Entlastung des Arbeitsmarktes (z.B. Arbeitslosenruhegeld) gewährt werden. Da in Polen und Ungarn im Transformationsprozess Rentenleistungen gewährt wurden, um die rapide steigende Arbeitslosigkeit abfedern zu können, ist eine entsprechende Zuordnung notwendig, wenn Vergleichbarkeit zwischen den Eurostat-Statistiken und den nationalen Statistiken in Polen und Ungarn erreicht werden soll.

Funktion „Invalidität/Gebrechen" fallen laut ESSOS-Definition alle Leistungen, „die körperlich oder geistig Behinderten, die das im Bezugssystem festgesetzte normale Rentenalter noch nicht erreicht haben und deren Arbeits- und Erwerbsfähigkeit über ein vom Gesetzgeber festgestelltes Mindestmaß hinaus beeinträchtigt ist, ein Einkommen sichern; speziell auf Behinderungen ausgerichtete Rehabilitationsleistungsmaßnahmen bereitstellen; [und] Behinderten Waren und Dienstleistungen außer der medizinischen Versorgung zur Verfügung stellen" (Ebd., S. 57)[38]. Leistungen für Hinterbliebene sind Transferzahlungen, die „der zeitweiligen oder dauernden Einkommenssicherung von Personen dienen, die das im Bezugssystem festgesetzte Rentenalter noch nicht erreicht und den Ehepartner oder einen Angehörigen verloren haben, wobei es sich bei diesen in aller Regel um den Haupternährer des Leistungsempfängers handelt; Hinterbliebene für die Bestattungskosten eines Verstorbenen und für Notlagen entschädigen, die durch den Tod eines Familienmitglieds verursacht werden [und] Waren und Dienstleistungen für anspruchsberechtigte Hinterbliebene bereitstellen" (Ebd., S. 63). Auch bei den Hinterbliebenenrenten sind die Unterschiede zwischen der ESSOS-Definition und den nationalen Definitionen in Polen und Ungarn zu betonen. Während Hinterbliebenenrenten laut ESSOS ausdrücklich nur Leistungen an Personen darstellen, „die das im Bezugssystem festgelegte Rentenalter noch *nicht* erreicht" haben (kursiv durch die Autorin), werden Hinterbliebenenleistungen in Polen und Ungarn in der Statistik auch erfasst, wenn sie an Personen oberhalb des gesetzlichen Rentenalters gewährt werden.

2.1.2.2 Besteuerung von Renten: vorgelagerte versus nachgelagerte Besteuerung

Bei der steuerlichen Behandlung von Rentenversicherungsbeiträgen und Leistungen aus der Rentenversicherung gibt es zwei unterschiedliche Prinzipien. Auf der einen Seite die so genannte vorgelagerte Besteuerung und auf der anderen Seite die so genannte nachgelagerte Besteuerung. Im idealtypischen Fall der vorgelagerten Besteuerung werden alle Beiträge zur gesetzlichen Rentenversicherung aus dem zuvor versteuerten Einkommen gezahlt. Entsprechend ist der Rückzahlungsteil der Rentenleistungen von der Steuer befreit. Nur der (fiktive) Verzinsungsteil bzw. der Ertragswert unterliegt der Besteuerung. Sobald der Staat die Leistungen und nicht die Beiträge besteuert, wird von nachgelagerter Besteuerung gesprochen. Im Gegenzug können die Beiträge zur gesetzlichen Rentenversicherung von dem zu versteuernden Einkommen abgezogen werden. In einer Mischform von vorgelagerter und nachgelagerter Besteuerung können die Beiträge nur zum Teil (z.B. bis zu einem bestimmten Höchstbetrag) steuerlich geltend gemacht werden. Dementsprechend dürfen Rentenleistungen auch nur zu bestimmten Anteilen versteuert werden

---

[38] Im Unterschied zur ESSOS-Definition werden Invalidenrenten in Ungarn auch Personen oberhalb des gesetzlichen Rentenalters gewährt.

(Brall/Bruno-Latocha/Lohmann 2003, S. 468 ff.; Fuest/Kroker 2001, S. 83). In der Praxis gibt es unterschiedliche Arten von vorgelagerter und nachgelagerter Besteuerung. Selten sind „reine" Formen. Die Höhe der Besteuerung kann wiederum sehr unterschiedlich ausfallen.

Als Vorteil der nachgelagerten Besteuerung wird genannt, dass die Arbeitskosten durch die Freistellung der Vorsorgeaufwendungen von Steuern entlastet werden (Fuest/Kroker 2001, S. 82). Davon sollen die Beschäftigten und die Arbeitgeber profitieren. Für die Versicherten/Beitragszahler ist die nachgelagerte Besteuerung in der Regel finanziell vorteilhafter als die vorgelagerte Besteuerung, da bei progressivem Steuersystem und im Alter in der Regel niedrigerem Einkommen die Steuerlast geringer ist. Für den Staat bedeutet diese Art der Besteuerung jedoch eine zusätzliche finanzielle Belastung, da ihm zunächst Steuereinnahmen entgehen, die – zumindest zunächst – nicht von den Einnahmen aus der Besteuerung der Rentenleistungen gedeckt sein werden (Vgl. ebd., S. 84). Wie hoch die Nettorenten im Endeffekt sein werden, kommt unter anderem auf den Steuertarif und die Freibeträge an (Brall/Bruno-Latocha/Lohmann 2003, S. 468 ff.).

2.1.3 Allgemeine Bestimmungsfaktoren der finanziellen Entwicklung von Rentensystemen

Nationale Systeme der sozialen Sicherheit sind komplex und unterliegen ebenso komplexen Rahmenbedingungen. Dies macht es oftmals schwierig, die Wirkungszusammenhänge zu bestimmen und Strategien für dauerhaft finanziell und sozial tragfähige Sozialsysteme zu entwerfen. Ursachen und Wirkung von Veränderungen in den Strukturen der staatlichen sozialen Sicherungssysteme liegen zum Teil zeitlich erheblich auseinander (*time lag*) oder lassen sich nicht eindeutig zuordnen. Gleiches gilt speziell auch für Rentensysteme. Da die Hintergründe der Entwicklung von Rentenausgaben und der Einnahmen der Rentenfonds, die Auswirkungen auf die finanzielle und soziale Lage der Versicherten und der Rentenbezieher und die künftigen Entwicklungen vielschichtig sind, werden Reformen an Sozialsystemen erschwert. Oftmals dienen sinnvolle Änderungen langfristigen Zielen (z.B. Sicherung der finanziellen Stabilität der Rentenversicherungen und des Einkommens der Rentner), die kurzfristig keine oder kaum positive Effekte haben.

2.1.3.1 Reaktionsgeschwindigkeit von Veränderung von Einflussfaktoren

Für eine aussagekräftige Analyse ist es notwendig, zwischen verschiedenen Einflussfaktoren zu unterscheiden. Als Einflussfaktoren auf die Rentensysteme lassen sich vier wesentliche Faktoren unterschieden: Demographische, gesellschaftliche, institutionelle und wirtschaftliche Rahmenbedingungen. Einer der prominentesten Faktoren bei der Diskussion um die Finanzierung von Rentensystemen sind demographische Rahmenbedingungen, da sie das Potential an Beitragsleistenden und Empfängern von Rentenleistungen widerspiegeln. Insbesondere beim internationalen Vergleich von Rentensystemen sowie bei der Diskussion um Reformen müssen darüber hinaus gesellschaftliche Wertvorstellungen beachtet werden. Die Wertvorstellungen wiederum bilden die Basis für die institutionelle Ausgestaltung des Rentensystems. Institutionelle Faktoren bestimmen unter anderem den Kreis der (Pflicht-) Versicherten, die Berechtigungskriterien (gesetzliches Rentenalter, Mindestbeitragszeit etc.), die Leistungsbemessung (Rentenberechnung und Anpassungsverfahren bei der Erstfeststellung, Dynamisierung bestehender Renten etc.) und das Finanzierungsverfahren (Umlageverfahren versus Kapitaldeckungsverfahren; Steuerfinanzierung versus Beitragsfinanzierung etc.). Die Fähigkeit eines Landes, die nicht (mehr) Erwerbstätigen finanziell zu unterstützen, wurzelt maßgeblich in wirtschaftlichen Rahmenbedingungen.

Entsprechend der relativen Geschwindigkeit der Auswirkung sind die Faktoren in der nachfolgenden Übersicht von links (langsam) nach rechts (schnell) angeordnet. Damit soll der Tatsache gerecht werden, dass sich die Veränderungen aus zeitlicher Sicht sehr unterschiedlich auswirken und damit auch politisch unterschiedlich zu bewerten sind. Eine Veränderung im Geburtenverhalten beispielsweise wirkt sich – sofern man von Ein- und Auswanderungen abstrahiert - erst mit einer zeitlichen Verzögerung von knapp zwei Jahrzehnten auf den Arbeitsmarkt und die Beitragszahler sowie von weiteren etwa vier Jahrzehnten auf die Zahl der Alten in der Bevölkerung aus. Veränderungen der wirtschaftlichen Rahmenbedingungen dagegen haben einen nahezu unmittelbaren Einfluss auf die Finanzierung der Rentensysteme. Ein Anstieg des realen BIP, die Zunahme der Beschäftigung und die Verringerung der Arbeitslosigkeit im Land wirken sich relativ schnell auf die Rentenkassen aus. Institutionelle Rahmenbedingungen und Wertvorstellungen dagegen benötigen Zeit. Ein Beispiel der Wandlung der gesellschaftlichen Wertvorstellungen ist ein verändertes Erwerbsverhalten. Verändertes Erwerbsverhalten zeichnet sich unter anderem durch einen zunehmenden Anteil an selbständig Beschäftigten an der Erwerbsbevölkerung, eine höhere Beteiligung der Frauen am Erwerbsleben sowie vermehrte Teilzeitarbeit oder Zeitarbeit aus. Der Wandlungsprozess erfolgt in der Regel allmählich.

Übersicht 2.1.1: Einflussfaktoren der finanziellen Entwicklung von Rentensystemen[1]

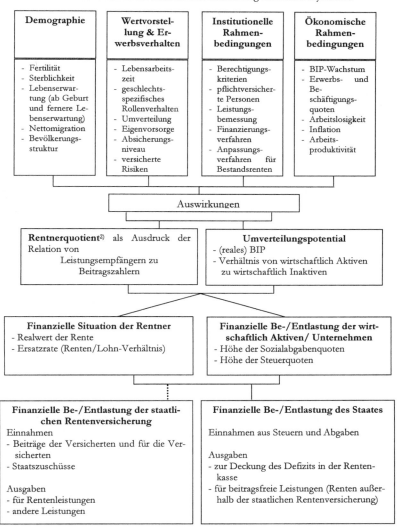

Demographie	Wertvorstellung & Erwerbsverhalten	Institutionelle Rahmenbedingungen	Ökonomische Rahmenbedingungen
- Fertilität - Sterblichkeit - Lebenserwartung (ab Geburt und fernere Lebenserwartung) - Nettomigration - Bevölkerungsstruktur	- Lebensarbeitszeit - geschlechtsspezifisches Rollenverhalten - Umverteilung - Eigenvorsorge - Absicherungsniveau - versicherte Risiken	- Berechtigungskriterien - pflichtversicherte Personen - Leistungsbemessung - Finanzierungsverfahren - Anpassungsverfahren für Bestandsrenten	- BIP-Wachstum - Erwerbs- und Beschäftigungsquoten - Arbeitslosigkeit - Inflation - Arbeitsproduktivität

Auswirkungen

Rentnerquotient[2] als Ausdruck der Relation von Leistungsempfängern zu Beitragszahlern

Umverteilungspotential
- (reales) BIP
- Verhältnis von wirtschaftlich Aktiven zu wirtschaftlich Inaktiven

Finanzielle Situation der Rentner
- Realwert der Rente
- Ersatzrate (Renten/Lohn-Verhältnis)

Finanzielle Be-/Entlastung der wirtschaftlich Aktiven/ Unternehmen
- Höhe der Sozialabgabenquoten
- Höhe der Steuerquoten

Finanzielle Be-/Entlastung der staatlichen Rentenversicherung
Einnahmen
- Beiträge der Versicherten und für die Versicherten
- Staatszuschüsse

Ausgaben
- für Rentenleistungen
- andere Leistungen

Finanzielle Be-/Entlastung des Staates

Einnahmen aus Steuern und Abgaben

Ausgaben
- zur Deckung des Defizits in der Rentenkasse
- für beitragsfreie Leistungen (Renten außerhalb der staatlichen Rentenversicherung)

[1] Die gestrichelte Linie soll verdeutlichen, dass in manchen Rentensystemen die Renten oder ein Teil der Renten nicht von einer gesonderten Institution, sondern direkt aus dem Staatshaushalt bzw. den zuständigen Ministerien ausgezahlt werden.
[2] Der Rentnerquotient ist definiert als die Relation der Anzahl der Rentenbezieher zu den Beitragszahlern
Quelle: Eigene Darstellung

Neue gesetzliche Regelungen in beitragsbezogenen Rentensystemen, wirken nicht (immer) unmittelbar auf die finanzielle Lage der Rentensysteme[39]. Gegebenenfalls werden Übergangszeiten eingerichtet, sodass erst spätere Generationen von neuen Regelungen betroffen sind. Doch selbst bei unmittelbarem Inkrafttreten sind die Auswirkungen oftmals zeitverzögert oder treffen zu unterschiedlichen Zeitpunkten ein. Bei einer Erhöhung der Rentenbeiträge beispielsweise fließen den Rentenkassen zwar unmittelbar höhere Beitragseinnahmen zu. In Zukunft werden jedoch daraus höhere Rentenansprüche entstehen.

Welche Effekte Neuerungen bei der Leistungsbemessung (z.B. Veränderungen bei der Dynamisierung bestehender Renten oder eine neue Rentenformel) zu welchem Zeitpunkt haben, hängt davon ab, ob die Veränderungen unmittelbar für alle Rentner, für die künftigen Rentner, alle Versicherten oder nur bestimmte Gruppen von Versicherten (z.B. Beamte, Selbständige, Arbeiter etc.) gelten. Zielt eine Regierung auf eine schnelle Verbesserung der finanziellen Lage der Rentensysteme, müssen zeitliche Verzögerungen bzw. möglicherweise unmittelbar positive finanziellen Wirkungen mit langfristig höheren finanziellen Verpflichtungen (z.B. Anhebung des Beitragssatzes und/oder der Beitragsbemessungsgrundlage, personelle Ausdehnung der Pflichtversicherung) einkalkuliert werden.

2.1.3.2 Das Ausmaß der politischen Beeinflussbarkeit der Rentenfinanzen

Hinsichtlich der Frage nach der Anpassung der Rentensysteme an veränderte Rahmenbedingungen ist darüber hinaus die Frage nach der politischen Beeinflussbarkeit der Einflussfaktoren und Rahmenbedingungen entscheidend. Die vier zentralen Einflussfaktoren unterscheiden sich zum Teil erheblich ob und in welchem Ausmaß sie von staatlicher Wirtschafts- und Sozialpolitik beeinflusst und verändert werden können. Am geringsten zu beeinflussen sind demographische Entwicklungen. Sie müssen als kurz- bis mittelfristig gegeben angesehen werden. Das Ausmaß der Migration ist hierbei noch die flexibelste Variable[40]. Einen größeren – wenn

---

[39] In Pauschalleistungssystemen wirken sich Änderungen an den institutionellen Faktoren schneller aus als in beitragsbezogenen Systemen, da sich Änderungen in Systemen, die auf Beitragszahlungen beruhen, erst allmählich auf die Leistungsstruktur auswirken. Hintergrund hiervor ist, dass durch Beiträge im Normalfall rechtlich geschützte Rentenanwartschaften entstehen. Sowohl für beitragsbezogene Systeme als auch Pauschalleistungssysteme gilt, dass in der Regel Übergangsfristen eingeräumt werden müssen, damit sich die Versicherten auf Neuerungen im Rentenrecht einstellen können.

[40] Beispielsweise kann ein Land die Einwanderung von Erwerbspersonen durch wirtschaftliche Anreize fördern und somit die Zahl der Beitrags- bzw. Steuerzahler kurzfristig erhöhen, sofern die Einwanderer (unmittelbar) in den Arbeitsmarkt integriert werden. Allerdings wandern oftmals gleichzeitig Personen außerhalb des erwerbsfähigen Alters ein, die durch Sozialleistungen unterstützt werden müssen. Darüber hinaus ist in der Regel eine Nettomigration in einem Ausmaß nö-

auch immer noch relativ geringen - Einfluss als auf die Demographie hat die Sozial-politik auf die Wandlung von gesellschaftlichen Wertvorstellungen. Gesellschaftliche Traditionen und Eigenheiten sind für die Finanzierung der Rentensysteme von Be-deutung, da über sie unter anderem das gewünschte Ausmaß der Umverteilung und der Eigenverantwortung, die Länge der Lebensarbeitszeit, das Geburtenverhalten[41] und das geschlechtsspezifische Rollenverhalten (z.B. die Beteiligung von Frauen am Erwerbsleben) bestimmt werden. Ganz speziell kann staatliche Sozialpolitik zum Beispiel darauf zielen, das Erwerbsverhalten der Menschen zu verändern. Ein wich-tiges Ziel dabei ist angesichts der Alterung der Gesellschaften, die Erwerbsbeteili-gung von Frauen und älteren Erwerbspersonen zu erhöhen[42].

Direkten Einfluss hat die Sozialpolitik auf die institutionelle Ausgestaltung des Rentensystems. Institutionelle Faktoren sind das Instrument, das Regierungen zur Verfügung steht, wenn es darum geht, auf finanzielle Herausforderungen bzw. wan-delnde Rahmenbedingungen zu reagieren. Einfluss hat die Regierung nicht nur auf die staatlichen Rentensysteme sondern auch auf die private (kapitalgedeckte) Ren-tenvorsorge. Denn auch ein (teil-) privatisiertes Rentensystem ist nicht immun gegen politisch motivierte Entscheidungen[43]. Einen indirekten Einfluss auf die Entwick-lung der Rentenfinanzen hat die Situation auf dem Arbeitsmarkt. Sollte die Arbeits-marktlage angespannt sein, besteht ein Anreiz für Unternehmen und Regierungen, zum Mittel der Frühverrentung zu greifen – oder speziell im Fall von Polen und

---

tig, um Wirkung auf die Sozialversicherungssysteme zu zeigen, die gesellschaftspolitisch problema-tisch ist.

[41] Ausdruck von gesellschaftlichen Wandlungsprozessen und Verhaltensänderungen mit mittelba-rem oder unmittelbarem Einfluss auf das Geburtenverhalten sind unter anderem die Einstellung zu Ehe und Familie sowie Familienplanung. Beispielsweise dürften Verhütungsmitteln im katho-lisch geprägten Polen gesellschaftlich weniger akzeptiert sein als in Ungarn. Rund 95 Prozent der polnischen Bevölkerung gehört der römisch-katholischen Kirche an. Besonders bedeutsam ist, dass Schätzungen zufolge drei Viertel der Polen ihren katholischen Glauben praktizieren. In Un-garn gehören dagegen nur 67,5 Prozent der Bürger der römisch-katholischen Kirche an. 20 Pro-zent sind Kalvinisten und ca. 5 Prozent sind Lutheraner (CIA 2003). Ablesen lassen sich soziale und kulturelle Änderungsprozesse unter anderem auch an den Heirats- und Scheidungsraten und dem durchschnittlichen Alter der Frauen bei der Geburt.

[42] Um die Lebensarbeitszeit zu fördern, kann eine Regierung auch darauf zielen, die Menschen früher auf den Arbeitsmarkt zu bringen und/oder später in den Ruhestand treten zu lassen. Er-reicht werden kann dies zum Beispiel durch eine Verkürzung der Ausbildungsdauer bzw. die Be-schränkung der Frühverrentung oder Erhöhung des Renteneintrittsalters.

[43] Beispielsweise kann die Regierung die Besteuerung von Beiträgen oder Leistungen verändern, neue Berechtigungskriterien einführen oder ganz allgemein zum Beispiel durch übermäßige Staatsausgaben die Inflation erhöhen.Steigende Inflationsraten wirken sich negativ auf das Kapi-talvermögen in den privaten Rentenfonds aus (Wagner 2002, S. 35f) Von hohen Inflationsraten sind umlagefinanziertes Rentensysteme in erheblich geringerem Maße betroffen als kapitalfundier-te Systeme, da durch hohe Preissteigerungsraten das angesparte Kapital im Zeitablauf entwertet wird.

Ungarn im Transformationsprozess - Invalidenrenten auch Personen zu gewähren, die eigentlich arbeitsfähig sind. Damit steigt die Zahl der Rentner im Land[44].

2.1.3.3 Wirkungszusammenhänge der Einflussfaktoren

Die vier Einflussgrößen ihrerseits stehen in einem komplexen Wirkungszusammenhang[45] und verursachen komplexe Reaktionen. Veränderungen der Demographie, des wirtschaftlichen und gesellschaftlichen Hintergrunds sowie der institutionellen Rahmenbedingungen zusammen genommen bestimmen die Anzahl der Personen, die eine Rente beziehen und die Anzahl derer, die Beiträge bzw. Steuern zahlen. Auf der anderen Seite ergibt sich das Umverteilungspotential zwischen den Generationen als auch innerhalb der Generationen.

Allgemein ist in beitragsfinanzierten Rentensystemen die Anzahl von Beitragszahlern und Leistungsempfängern ausschlaggebend. Die Anzahl der Beitragszahler bestimmt sich prinzipiell auf Basis institutioneller Regelungen (z.B. Kreis der Pflichtversicherten). Darüber hinaus entscheidend sind die Bevölkerungsstruktur und die Entwicklungen auf dem Arbeitsmarkt. Bei geringer Erwerbsbeteiligung, geringer Beschäftigung und hoher Arbeitslosigkeit werden die sozialen Sicherungssysteme negativ beeinflusst. Werden für oder durch die Arbeitslosen keine oder nur für einen bestimmten Zeitraum Beiträge gezahlt, fließen den Sozialversicherungsfonds geringere Beitragseinnahmen zu. Bei einem relativ strengen Beitrags-Leistungs-Zusammenhang erwerben Betroffene darüber hinaus geringere Rentenansprüche.

Auch die Zahl der Leistungsempfänger einer Rente basiert auf einer Kombination von demographischen, gesellschaftlichen, wirtschaftlichen und institutionellen Rahmenbedingungen. Ganz allgemein steigt – unter der Annahme unveränderter Rahmenbedingungen - die Finanzierungslast auf die Rentensysteme, sobald die Zahl der Leistungsempfänger zunimmt. Stellt man die Anzahl der Leistungsbezieher den Beitragszahlern gegenüber, so erhält man den Rentnerquotienten[46], der ein Indikator der Finanzierungslast ist. Der Rentnerquotient kann steigen, wenn bei unter sonst gleichen Bedingungen die Anzahl der Rentenbezieher steigt und/oder die Anzahl

---

[44] Auf „natürlichem" Weg erhöht sich die Anzahl der Rentner, wenn die Bevölkerung aufgrund längerer (fernerer) Lebenserwartung altert.

[45] Beispielsweise bestimmt sich die Entwicklung der Demographie in einem Land unter anderem über gesellschaftliche Wertvorstellungen (z.B. Trend zum Kinderreichtum). Institutionelle Faktoren basieren auf einer Mischung an Einflüssen von wirtschaftlichen, demographischen und gesellschaftlichen Rahmenbedingungen. Die Lage auf dem Arbeitsmarkt wiederum hängt wesentlich von dem Potential an Arbeitskräften, d.h. der Zahl der Personen im erwerbsfähigen Alter, ab. Diese Vernetzung setzt sich weiter fort. An dieser Stelle sind die Beispiele ausreichend, um einen Eindruck von der Interdependenz der vier Einflussfaktoren zu erhalten.

[46] Der Rentnerquotient ist definiert als die Anzahl der Rentenbezieher in Relation zu der Anzahl der Beitragszahler zur Rentenversicherung.

der Beitragszahler sinkt. Ein steigender Rentnerquotient wiederum ist ein Hinweis darauf, dass der finanzielle Spielraum der Rentenversicherung geringer wird.

Die Einkommen und die relative Einkommensposition der Rentner bestimmt sich unter anderem über die Höhe des Realwerts der Rente, die Höhe der Ersatzrate (durchschnittliche Netto- bzw. Brutto-Rentenleistung in Relation zum durchschnittlichen Netto- bzw. Brutto-Lohn), das Anpassungsverfahren der Rentenleistungen an wirtschaftliche Rahmenbedingungen (z.B. Lohn- oder/und Preisindexierung bestehender Renten; Art der Anpassung der Renten bei der Erstfeststellung etc.) und persönliche Kriterien der Individuen (Beitragszeit, Höhe der Beiträge, ggf. Anrechnung von Kindererziehungs- und/oder Ausbildungszeiten etc.). Von Bedeutung für die materielle Situation der Rentenbezieher sind darüber hinaus auch Elemente außerhalb des staatlichen Rentensystems (z.B. spezielle Subventionen und Vergünstigungen für Rentner und Senioren) sowie die Einkommensumverteilung innerhalb von Familien.

Die Belastung der Aktiven und der Unternehmen zeigt sich in erster Linie in der Höhe von Sozialabgaben und Steuern. Sofern eine Sozialversicherungsanstalt besteht, lässt sich ihre finanzielle Situation anhand mehrerer Faktoren einschätzen[47]. Je nach institutioneller Ausgestaltung der Rentensysteme bestimmen auf der Einnahmenseite die Höhe der Beiträge durch die Versicherten und die Arbeitgeber sowie die Transferzahlungen des Staates (z.B. zur Deckung eines Defizits in der Rentenkasse und gegebenenfalls als Kompensation für versicherungsfremde Leistungen) die finanzielle Situation der Rentenkassen. Auf der Ausgabenseite bestimmen die Höhe der Ausgaben für Rentenansprüche und versicherungsfremde Leistungen die Ausgabenverpflichtung der staatlichen Rentenversicherung. Da es sich in der Regel um staatliche oder staatsnahe Fonds handelt, ist letztendlich der Staat für die Finanzierung der Rente verantwortlich. Darüber hinaus werden manchen Renten (z.B. für Staatsbeamte, Militärangehörige etc.) oder sogar alle Renten (in Pauschalleistungssystemen) vom Staat aus allgemeinen Steuereinnahmen gezahlt. Sofern eine Rentenversicherungsanstalt besteht, bestimmen sich die Rentenausgaben des Staates im engeren Sinn nach rechtlicher Regelung anhand der Höhe der Zahlungsverpflichtung zur Kompensation versicherungsfremder Leistungen, welche von den Rentenfonds ausgezahlt wurden, sowie Transferzahlung zur Deckung des Defizits in der Rentenkasse. Die Ausgaben müssen aus dem allgemeinen Staatshaushalt gezahlt werden und stehen in Konkurrenz zu anderen Sozialleistungen (z.B. für Familien, Gesundheit) sowie anderen Staatsausgaben (z.B. Infrastruktur, Verteidigung).

---

[47] Die gestrichelte Linie in der obigen Übersicht soll verdeutlichen, dass in manchen Rentensystemen die Renten oder ein Teil der Renten nicht von einer gesonderten Institution, sondern direkt aus dem Staatshaushalt bzw. den zuständigen Ministerien ausgezahlt werden.

2.1.3.4 Ursachen und Auswirkungen von Veränderungen der demographische Rahmenbedingungen

Demographischen Rahmenbedingungen sind von herausragender Bedeutung für die Finanzierung der sozialen Sicherung. Allgemein gilt, dass sich die demographische Lage eines Landes aus Sicht der Finanzierung der Rente und der Volkswirtschaft verschlechtert, wenn der Anteil der alten Menschen in der Bevölkerung steigt, während der Anteil der Menschen im erwerbsfähigen Alter und der Kinder und Jugendlichen in einem Land sinkt. Für die Rentensysteme bedeutet eine Verschlechterung dieses Verhältnisses, dass die Transfereinkommen für die Altenbevölkerung vermutlich durch eine schrumpfende Zahl an Personen aufgebracht werden müssen, die Steuern und/oder Sozialbeiträge zahlen. Sinkt der Anteil der Kinder und Jugendlichen in der Bevölkerung, werden zwar geringere Transfereinkommen an die noch nicht aktiven Bürger im Land notwendig[48]. In Zukunft ist jedoch infolge dessen eine Verschlechterung der demographischen Lage abzusehen, sofern der Anteil der Kinder und Jungendlichen im Land nicht nur kurzfristig gering ist bzw. sinkt.

Die Ursachen demographischer Entwicklungen liegen in der Regel Jahrzehnte zurück und sind folglich absehbar[49]. Dies erleichtert einerseits die Planung von Rentensystemen, sind aber andererseits kurzfristig nicht beeinflussbar. Das Wachstum der Bevölkerung und die Bevölkerungsstruktur eines Landes bestimmen sich über die Fertilität (Geburtenverhalten), die Mortalität (Sterblichkeitsverhältnisse; Lebenserwartung ab Geburt; fernere Lebenserwartung) und die Migration (Ein- und Auswanderung). Grob gesprochen ergeben sich aus den Fertilitätsverhältnissen die Anzahl der Geburten und aus der Lebenserwartung (fernere Lebenserwartung und Lebenserwartung ab Geburt) die Sterbefälle in einem Land. Die Anzahl der Lebendgeburten abzüglich der Sterbefälle bestimmen das natürliche Bevölkerungswachstum. Nimmt man die Nettomigration[50] hinzu, ergibt sich das Gesamtbevölkerungswachstum und somit auch die Altersstruktur der Bevölkerung.

Für die finanzielle Situation der Alterssicherung ist es von Vorteil, wenn die Gesamtbevölkerung über einen längeren Zeitraum stärker – oder zumindest gleich

---

[48] Leben weniger Kinder und Jugendliche in einem Land, sind unter sonst unveränderten Bedingungen auch geringere Leistungen für Familien mit Kindern (z.B. Kindergeld, Mutterschaftsgeld etc.) und geringere Ausgaben für die Kinderbetreuung und Bildung notwendig. Die Sozialausgaben des Staates insgesamt könnten sich durch steigende und rückläufige Ausgabenerfordernisse für die verschiedenen Zweige der sozialen Sicherheit im Lande somit die Waage halten. Umgekehrt kann jedoch ein entgegen gesetzter Effekt eintreffen, wenn nämlich der Staat mehr Sozialausgaben auf Familien mit Kindern tätigt (z.B. durch höheres Kindergeld; den Ausbau von Kinderbetreuungseinrichtungen etc.), um auf diese Weise zumindest finanzielle Hindernisse für die Entscheidung zugunsten eigener Kinder zu beseitigen.

[49] Ausnahmen sind Sondereinflüsse wie z.B. Kriege, Seuchen, erhebliche Wanderungen etc.

[50] Die Nettomigration ist definiert als die Anzahl der Einwanderer abzüglich der Auswanderer.

stark - wächst, als zur Reproduktion der jeweils vorangegangenen Generation notwendig wäre. Den potentiell Erwerbstätigen stehen somit noch relativ wenige Alte und damit (potentiell) wirtschaftlich inaktive Mitbürger gegenüber.

Übersicht 2.1.2: Auswirkung der demographischen Einflussfaktoren auf die Finanzierung von Rentensystemen

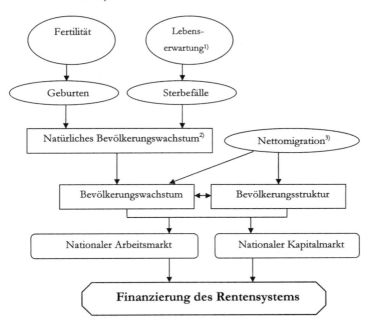

[1] Die Lebenserwartung lässt sich durch zwei Größen beschreiben. Erstens über die so genannte fernere Lebenserwartung (Lebenserwartung ab einem bestimmten Alter – z.b. 65 Jahre) und zweitens über die Lebenserwartung ab Geburt
[2] Das natürliches Bevölkerungswachstum ist definiert als die Anzahl der Geburten abzüglich der Sterbefälle
[3] Die Nettomigration ist definiert als die Anzahl der Einwanderer abzüglich der Auswanderer (auch: Migrationssaldo)
Quelle: Eigene Darstellung

Bei der Interpretation von Bevölkerungsdaten ist zu berücksichtigen, dass Rückschlüsse von den demographischen Daten auf die Auswirkungen der Rentensysteme auf Anhieb nicht immer möglich sind. Bei der Migration kommt es darauf an, wie alt die ein- bzw. auswandernden Personen sind. Wandern beispielsweise vor allem junge Menschen aus, sinkt unter sonst unveränderten Bedingungen der Anteil der jungen Generation an der Bevölkerung. Der gleiche Effekt ergibt sich, sofern mehr alte als junge Menschen in ein Land einwandern. Dies konnte zeitweise in Ungarn beobachtet werden (siehe Kapitel 3.1.1.).

Hintergrundinformationen benötigt man auch für die Interpretation der durchschnittlichen Lebenserwartung ab Geburt. Steigt die Lebenserwartung ab Geburt aufgrund rückläufiger Säuglingssterblichkeit[51], hat dies – unter sonst gleichen Bedingungen - keine negativen Effekte auf die Rentensysteme, da in diesem Fall die Bevölkerung nicht „altert"[52]. Steigt die Lebenserwartung ab Geburt jedoch bei unveränderter oder sogar steigender Säuglingssterblichkeit, ist davon auszugehen, dass die Bürger eines Landes im Durchschnitt älter werden. In diesem Fall kann man von einer Alterung der Gesellschaft sprechen. Eindeutiger ist in dieser Hinsicht die fernere Lebenserwartung[53]. Sie gibt an, wie hoch die durchschnittliche Lebenserwartung von Personen ab einem gewissen Alter (in der Regel 60 oder 65 Jahre) ist. Steigt die durchschnittliche fernere Lebenserwartung der Menschen unter sonst unveränderten Bedingungen, verschiebt sich die Bevölkerungsstruktur in Richtung eines höheren Anteils der Alten in der Bevölkerung. Von einer steigenden ferneren Lebenserwartung wird wahrscheinlich eine zunehmende Finanzierungslast für die Rentensysteme ausgehen. Zusammenfassend wird deutlich, dass eine Verschiebung der Altersstruktur diverse Ursachen haben kann.

Die Entwicklungen auf dem Arbeits- und Kapitalmarkt sind in hohem Maße von der Bevölkerungsstruktur eines Landes abhängig. Eine hohe Anzahl an Personen im erwerbsfähigen Alter muss sich aber nicht zwangsläufig positiv für den Arbeitsmarkt und die Sozialsysteme auswirken. Zum einen kann es sein, dass sich nicht alle Personen im erwerbsfähigen Alter am Erwerbsprozess beteiligen. Frauen können sich beispielsweise gegen einen Berufseinstieg entscheiden bzw. zur Betreuung von Kindern oder pflegebedürftigen Familienangehörigen früher oder temporär aus dem Erwerbsleben ausscheiden. Junge Menschen können sich noch in der Ausbildung befinden bzw. nach der Ausbildung noch keine Beschäftigung gefunden haben. Ältere Erwerbspersonen können sich frühzeitig vom Arbeitsmarkt zurückgezogen haben. Zum anderen sind nicht alle Personen, die sich am Erwerbsprozess beteiligen

---

[51] Die Säuglingssterblichkeitsrate ist definiert als die Anzahl der Kinder pro 1.000 Geburten, die innerhalb ihres ersten Lebensjahrs gestorben sind.

[52] Sobald weniger Kinder innerhalb des ersten Lebensjahres sterben, werden sie – sofern sie das Rentenalter erreichen – den gesamten Lebenszyklus durchlaufen. Falls sie im erwerbsfähigen Alter einer Beschäftigung nachgehen, nicht auswandern und Steuern und Sozialabgaben zahlen, wird eine steigende Lebenserwartung ab Geburt aufgrund geringerer Säuglingssterblichkeit keine negativen, sondern sogar möglicherweise positive Auswirkungen auf die finanzielle Situation der Rentenkassen haben.

[53] Die „fernere Lebenserwartung" wird allgemein definiert als die durchschnittliche Anzahl der Jahre, die eine Person ab einem bestimmten Alter noch leben wird. Oftmals wird hierfür die Altersgrenze von 65 Jahren oder alternativ von 60 Jahren verwendet.

wollen auch tatsächlich beschäftigt. Im Endeffekt entscheidend ist folglich die Höhe der tatsächlichen Beschäftigung in einem Land.

Oftmals unterschätzt wird die Bedeutung der Demographie für den Kapitalmarkt[54]. Auch der (nationale) Kapitalmarkt ist von demographischen Entwicklungen abhängig. Ebenso wie ein umlagefinanziertes System ist ein kapitalgedecktes System auf das Verhältnis zwischen wirtschaftlich aktiven und passiven Menschen in der Bevölkerung angewiesen. Im Umlageverfahren ist die Relation von Beitragszahlern gegenüber Leistungsempfängern ausschlaggebend. Dem entspricht im Kapitaldeckungsverfahren – sofern das Kapital überwiegend im Inland angelegt ist - das Verhältnis von Personen, die ihre Ersparnisse auf dem Kapitalmark anlegen zu den Personen, die das Kapital vom Kapitalmarkt abziehen, um damit ihren Konsum finanzieren zu können (Vgl. hierzu z.b. Hypovereinsbank 2001)[55]. Wenn die Gesellschaft altert, sinken in kapitalgedeckten Systemen tendenziell die Renditen, da eine schwindende Anzahl an Sparern einer steigenden Anzahl an Entsparern gegenüber steht[56]. Die Verkäufer von kapitalgedeckten Vermögensanlagen stehen bei fortgeschrittener Alterung der Bevölkerung vor dem Problem, dass immer mehr Personen ihre Anlagen verkaufen wollen, aber immer weniger Personen zum Kauf zur Verfügung stehen. Denn durch das Schrumpfen der Nachfolgegeneration schrumpft auch die Nachfrage nach Finanztiteln. Eine Möglichkeit ist, das Kapital im Ausland anzulegen. Aber auch diese Option stellt keine befriedigende Lösung dar, da in den meisten Ländern, in denen von einer vergleichsweise sicheren Kapitalanlage (d.h. nicht zu großes Länderrisiko) ausgegangen werden kann, die Bevölkerung ebenfalls altert[57]. Doch selbst für den Fall, dass das Kapital in einem Land mit vergleichsweise günstiger Altersstruktur (derzeit z.B. die Vereinigten Staaten von Amerika) angelegt werden (können), sind die Wechselkursschwankungen zu beachten, die möglicherweise einen Teil des Kapitals aufzehren. Um den negativen finanziellen Auswirkun-

---

[54] Unter anderem sprach sich die Weltbank (Weltbank 1994) für eine stärkere Kapitaldeckung der Alterssicherung aus, um die Folgen der Alterung der Gesellschaften abzufedern. Mittlerweile wird das Kapitaldeckungsverfahren nicht mehr als Allheilmittel gegen die negativen finanziellen Auswirkungen der Alterung der Gesellschaften auf die staatlichen Alterssicherungssysteme angesehen (Vgl. hierzu z.B. Barr 2000, Orszag/Stiglitz 1999).

[55] Die HypoVereinsbank-Studie von 2001 kommt zu dem Ergebnis, „dass die Aktienmärkte im Zuge der demographischen Alterung ähnlichen Risiken ausgesetzt sind wie umlagefinanzierte Alterssicherungssysteme" (Hypovereinsbank 2001, S. 2).

[56] Wagner schreibt hierzu: „In either case, the claims are a type of zero-sum game on the consumption of pensioners versus the rest of the population. All pension schemes are therefore, impacted by the demographic shock, as output growth, all else equal, would decline in the face of a shrinking labour force, thereby eroding the contribution base for a public unfunded system or resulting in deflation of financial assets in private funds." (Wagner 2002, S. 35)

[57] Polen und Ungarn haben eine noch schlechtere Ausgangsposition gegenüber anderen EU-Staaten, da die Alterung ihrer Gesellschaften akut werden, wenn in den meisten EU-Ländern der Alterungsprozess bereits weiter vorangeschritten ist.

gen der Alterung der Bevölkerung entgegenzuwirken, ist deshalb weder das umlagefinanzierte noch das kapitalgedeckte Rentensystem die Ideallösung. Anders ausgedrückt: „[T]he fundamental question is not whether the system is funded or unfunded, but rather how large the economic pie to be shared between the pensioners and others" (Wagner 2002, S. 35).

2.1.3.5 Die Bedeutung der Inflation für Rentensysteme

Bezogen auf die spezielle Situation der Rentenversicherung spielt die Inflation eine diffizile Rolle, da die Auswirkungen von Preissteigerungen auf die Alterssicherung vielfältig sind. Allgemein ergeben sich je nach institutioneller Gestaltung der Rentensysteme direkte und indirekte Auswirkungen der Inflation auf die Finanzierung der Rentensysteme und die Situation der Rentenbezieher. Hierbei spielt insbesondere die Anpassung von Rentenleistungen an wirtschaftliche Rahmenbedingungen (Preise und/oder Löhne bzw. keine automatische Anpassung) eine Rolle[58]. Darüber hinaus kommt es hinsichtlich der Auswirkung der Inflation auf den Blickwinkel (d.h. aus Sicht des Empfängers der Rente, den Beitrags- bzw. Steuerzahlern oder dem Leistungsverpflichteten – dem Staat und/oder der Rentenversicherung) und die zeitliche Perspektive (innerhalb einer Generation oder zwischen den Generationen) an.

Sofern bestehende Renten nicht (mindestens) im Ausmaß der Preissteigerung angepasst werden, ist eine steigende Inflation für die finanzielle Situation der Rentenkassen zumindest kurzfristig gesehen von Vorteil, da die ausgezahlten Renten die Rentenkassen real weniger belasten. Auf der anderen Seite können den Rentenversicherungen aufgrund sehr hoher Inflationsraten zum Beispiel im Fall von administrativen Problemen bei der Beitragserhebung reale Beitragsverluste zugefügt werden, wenn die Zahlung der Beiträge zeitlich hinausgezögert wird. Denn hohe Inflationsraten können als Mittel zur Reduzierung der realen Schuldenlast dienen, sofern kein (wirksamer) Sanktions- und/oder Anpassungsmechanismus der Zahlungsverzögerung vorhanden ist (Voirin 1994, S. 174). Sinkt der Realwert der Renten, hat dies negative Auswirkungen auf die Einkommensposition der Rentner. Nicht zuletzt aus diesem Grund ist eine Strategie, die darauf zielt, das Defizit in der Rentenkasse mit Hilfe der Inflation zu vermindern, nicht sinnvoll. Eine solche Politik führt potentiell zur Verarmung der Rentner, da deren Kaufkraft bei steigender Inflation ohne angemessene Rentenanpassung sinkt. Zudem trägt sie dazu bei, das Vertrauen der Bürger in das Rentensystem zu zerstören. Im Endeffekt kann dies zu Einnahmeausfällen der Rentenkassen führen, wenn heutige (potentielle) Beitragszahler entmutigt werden, Rentenbeiträge zu zahlen, wenn sie davon ausgehen, dass ihre Rente in Zukunft relativ zu dem, was sie einmal eingezahlt haben, deutlich weniger wert ist. Eine Kon-

---

[58] Bei der Erstfeststellung der Rentenansprüche erfolgt die Anpassung in der Regel primär anhand der Lohnzuwächse.

sequenz hieraus ist eine mögliche Zunahme der Schattenwirtschaft, die sich aufgrund der dadurch sinkenden Zahl an offiziell Beschäftigten wiederum negativ auf die Rentenfinanzen auswirkt.

2.2 Transformation

2.2.1 Transformation: Definition und Abgrenzung

Für den Begriff Transformation[59] gibt es im Zusammenhang mit den Ländern Mittel- und Osteuropas (MOEL)[60] in den späten 1980er und frühen 1990er Jahren je nach Fachgebiet[61] bzw. Bezugsobjekt unterschiedliche Definitionen. In dieser Studie wird er in Bezug auf den umfassenden Wandel des gesamten wirtschaftlichen, politischen und gesellschaftlichen Systems in Mittel- und Osteuropa verwendet. Speziell soll der Begriff verdeutlichen, „dass es bei den Wandlungsprozessen in den ehemaligen sozialistischen Gesellschaften um historisch einmalige, radikale gesamtgesellschaftliche Veränderungen geht" (Boxberger 1997, S. 17).

Der angestrebte Beitritt der mittel- und osteuropäischen Länder zur Europäischen Union war ein wichtiger Orientierungspunkt und der Beitrittsprozess ein entscheidender Leitfaden. Wenngleich für alle ehemals sozialistischen Staaten in Mittel- und Osteuropa bei grober Betrachtung die gleichen Aufgaben und Probleme des Wandlungsprozesses entstehen, können sie doch nicht als homogene Einheit betrachtet werden, zumal unterschiedliche gesellschaftliche, politische und wirtschaftliche Voraussetzungen bestanden (Pfadabhängigkeit).

In dieser Arbeit geht es primär um die Umgestaltung der Systeme der sozialen Sicherung für Alte, Invalide und Hinterbliebene. Dieser ganz spezielle Anpassungsprozess vollzieht sich im Kontext der allgemeinen wirtschaftlichen, politischen, institutionellen und gesellschaftlichen Transformation. Anders als bei den „Haupttransformationsprozessen" hatten die Anpassungungen der Rentensysteme an die Bedingungen einer demokratischen Markwirtschaft bzw. marktwirtschaftlichen Demokra-

---

[59] Die Systemumgestaltung nach 1989 in Mittel- und Osteuropa wird auch als „Übergang" (*transition*) und die betreffenden Staaten als Transitländer bzw. Übergangsländer (*transition countries*) bezeichnet (Vgl. z.B. Weltbank 1994). In dieser Studie wird allerdings der Begriff „Transformation" verwendet, weil sich dieser Begriff in der deutschsprachigen Literatur etabliert hat.

[60] Im Zentrum der Analyse stehen die zehn Mittel- und Osteuropäischen Staaten Bulgarien, Estland, Lettland und Litauen, Polen, Rumänien, Slowakei, Slowenien, die Tschechische Republik und Ungarn, die am 1. Mai 2004 der EU beigetreten sind bzw. im Fall Bulgariens und Rumäniens in Beitrittsverhandlungen zur EU stehen (siehe hierzu auch Kapitel 2.3). Auf sie wird nachfolgend Bezug genommen, wenn von den Transformationsstaaten bzw. Mittel- und Osteuropäischen Ländern (MOEL) gesprochen wird.

[61] In der Volkswirtschaftslehre wird Transformation ganz allgemein gesprochen als der Übergang von einer Kommando- bzw. Planwirtschaft zu einer (demokratischen) Marktwirtschaft verstanden (siehe hierzu z.B. Samuelson/ Nordhaus 1998, S. 819-824).

tie den Vorteil, dass sie auf vorhandenen (vor-kommunistischen) Traditionen und Strukturen aufbauen konnten, die auch im Kommunismus nicht vollständig zerstört worden waren[62]. Trotzdem stellte sich nach Ende des Kommunismus heraus, dass viele Elemente der Systeme der sozialen Sicherheit nicht mit demokratischen Marktwirtschaften kompatibel waren und dringend reformiert werden mussten. Wie nachfolgend erläutert wird, gehörte die Umgestaltung der Systeme der sozialen Sicherung - anders als die allgemeinen politischen und makroökonomischen Reformen - nicht zu den Prioritäten der Regierungen.

2.2.2 Die Ausgangssituation: Defizite des Wirtschaftssystems im Kommunismus[63]

Ungeachtet der Streitfrage, ob der Zusammenbruch des politischen und ökonomischen Systems in Mittel- und Osteuropa zu dem speziellen Zeitpunkt Ende der 80er Jahre, früher, später oder gar nicht unumgänglich gewesen war[64], zeigte sich, dass das kommunistische Wirtschaftssystem ungewollte Früchte trug: Es herrschte selbst Mangel an den Mitteln des Grundbedarfs, das „Schlange stehen" vor Geschäften war ein alltäglich und die Planvorgaben für die Produktion gingen häufig am Bedarf der Menschen vorbei (Haffner 1993, S. 62f; Heinrich/Koop et.al. 1996, 1996, S. 14; Zukowski 1993, S. 74f). Die Ausgangssituation in den MOEL war denkbar schlecht: Die für eine Marktwirtschaft notwendige Infrastruktur wie Banken, Kapitalmarkt und Straßen- und Kommunikationsnetze fehlten entweder ganz oder weitgehend. Hinter der angeblichen Vollbeschäftigung verbarg sich tatsächlich eine verdeckte Arbeitslosigkeit, die durch ineffizienten Einsatz von Arbeitskräften („Arbeitslosigkeit am Arbeitsplatz") und Arbeitskräftehortung zum Ausdruck kam. Die Preise konnten nur durch Regulierung künstlich niedrig gehalten werden, sodass es zu einer verdeckten Inflation kam, die nach Freigabe der Preise nach 1989 zwangsläufig in die Höhe schnellen musste. Zudem war der mittel- und osteuropäische Wirtschaftsraum einseitig auf die Sowjetunion ausgerichtet und vom Weltmarkt abgeschottet.

---

[62] Nicht alle Elemente des Sozialschutzes hatten im Kommunismus Bestand. Beispielsweise gab es keine soziale Absicherung des Risikos der Arbeitslosigkeit, weil es Arbeitslosigkeit nach der herrschenden Ideologie im Sozialismus nicht geben konnte und ein Recht auf Arbeit bestand (siehe hierzu Kapitel 2.1.).

[63] Die Darstellung beruht auf Boxberger (1997); Brown (1994); Götting (1994); Haffner (1993); Heinrich/Koop et.al. (1996); (Maydell 1993a); Zukowski (1993)

[64] Befürworter der These, dass nach über 40jähriger kommunistischer Herrschaft der Kollaps des Wirtschaftssystems unvermeidbar war, verweisen auf ineffiziente und extrem monopolisierte Strukturen des Wirtschaftssystems. Ausdruck des kommunistischen Systems war eine Mangelwirtschaft, fehlende Anreizmechanismen zur effizienten Produktion für Betriebe und Beschäftigte und geringe Produktivität der Faktoren Arbeit und Kapital (Mayhew 2001, S. 5). Siehe hierzu z.B. Batt/Lewis/White 1993; Blacker 1991; Brown 1994; East/Pontin 1997; Joppe 1995; Maćkow 1999; Tismaneaunu 1999).

Die geringe Wettbewerbsfähigkeit der ehemals kommunistischen Länder wurde in den veralteten Wirtschaftsstrukturen offensichtlich. Der Anteil der Schwerindustrie am Bruttoinlandsprodukt in den Ländern war im internationalen Vergleich hoch, die ineffiziente und unproduktive Landwirtschaft nahm einen viel zu hohen Stellenwert ein und der Dienstleistungssektor war unterentwickelt (Zukowski 1993, S. 75).

2.2.3 Beginn des Transformationsprozesses

Begonnen hat der Wandlungsprozess im politischen Bereich (Maydell 1993a, S. 13). Fortgesetzt wurde er im wirtschaftlichen, rechtlichen und sozialen Bereich. Verändern und anpassen mussten die Regierungen in Mittel- und Osteuropa fast alle bisherigen Aufgaben und Aktivitäten des Staates. Teilweise kamen neue Aufgaben hinzu, teilweise mussten Funktionen abgeschafft oder an Private abgeben werden. Zu den drei wichtigsten Reformaufgaben zählten die Stabilisierung der Wirtschaft, die Liberalisierung der Güter-, Arbeits- und Kapitalmärkte und ganz allgemein Strukturreformen. Zu diesem Zweck mussten Staatsmonopole aufgelöst, ehemals staatliche Betriebe privatisiert, wirtschaftliche Macht kontrolliert und staatliche Macht beschränkt sowie die Volkswirtschaft nach außen geöffnet werden (Pitschas, 1993, S. 317). Der Privatisierungsprozess implizierte die Überführung staatlichen Eigentums in private Hände. Ziele der Privatisierungspolitik war, möglichst effiziente marktwirtschaftliche Strukturen nach dem Vorbild westlicher Industrienationen zu schaffen. Der Staat soll sich so weit es geht aus dem wirtschaftlichen Geschehen heraushalten, also insbesondere die Preisbildung auf den Güter- und Faktormärkten nicht durch Intervention beeinflussen oder sogar bestimmen[65]. Gleichzeitig müssen die Subventionen abgebaut werden. Aktiv muss der Staat allerdings werden, um die Entwicklung von Kapital- und Arbeitsmärkten zu fördern (Zukowski 1993, S. 76)[66]. Um die Volkswirtschaft zu stabilisieren, musste die Inflation bekämpft werden. Notwendig waren hierfür unter anderem eine restriktivere Geldpolitik (z.B. strenge Begrenzung der Geldmenge, Anhebung der Zinsen) und die Senkung der Defizite im Staatshaushalt (z.B. durch Kürzungen von Subventionen, Staatszuschüssen und Reduzierung der Verantwortlichkeit des Staates). Eine solche Politik stand

---

[65] Nicht mehr staatliche Regulierung und Verordnung sollen die Preise und das Angebot bestimmen, sondern Angebot und Nachfrage. Da ein stabiles Geldsystem für die Funktion einer Marktwirtschaft notwendig ist, wurde die Geldpolitik allmählich aus dem Einflussbereich des Staates genommen.

[66] In der Zeit des Kommunismus existierte kein Kapitalmark, auf dem Privatpersonen ihr Geld zum Beispiel für die Aufbesserung ihrer späteren Rente anlegen konnten. Erst nach der Wende wurde ein Markt für Kapital etabliert, der allerdings immer noch im Stadium der Entwicklung ist. Die Teilprivatisierung der Alterssicherung in beiden Ländern zielte unter anderem auf die Förderung des Kapitalmarkts ab.

allerdings oftmals den sozialen Erfordernissen nach Zusammenbruch des Kommunismus entgegen (siehe unten).

2.2.4 Strategien der Transformation: Schocktherapie versus Gradualismus

Eine wichtige Unterscheidung der Transformationsstrategie ist die Geschwindigkeit, mit der Reformen umgesetzt werden sollten. Ausdruck für das Tempo des Wandels sind die Begriffe Schocktherapie und Gradualismus. Sie beschreiben die Extremversionen der Geschwindigkeit des ökonomischen Wandels von Planwirtschaften zu Marktwirtschaften bzw. des politischen Wandels von kommunistisch zu demokratisch verfassten Staaten. Ein schrittweise vollzogener Übergang von der Planwirtschaft zur Marktwirtschaft wird als Gradualismus bezeichnet. Dagegen soll gemäß der Schocktherapie der Wandel in möglichst kurzer Zeit vollzogen werden (Vgl. z.B. Boxberger 1997, S. 55ff., Samuelson/Nordhaus 1998, S. 822f.) [67].

Polen entschied sich hinsichtlich der makroökonomischen Reformen für die Schocktherapie. Damit verfolgte das Land das Ziel, in möglichst kurzer Zeit, marktwirtschaftliche Strukturen zu etablieren und finanzielle Stabilität zu erreichen. Relativ radikal ging Polen bei der Kürzung der Staatssubventionen vor. Möglich wurde diese Reformstrategie, da ein schneller Wandlungsprozess von breiten Bevölkerungsschichten befürwortet wurde (Boxberger 1997, S. 57; Mayhew 2001, S. 5f.). Jedoch wandte Polen nicht in allen Bereichen von Politik, Wirtschaft und Gesellschaft die Schocktherapie an. Während die Preise und der Handel so schnell wie möglich liberalisiert werden sollten, vollzogen sich die Privatisierung staatlicher Unternehmen, die Strukturreformen[68] und die Reformen der Sozialsysteme graduell (siehe unten). Ungarn indessen wählte für die makroökonomischen Reformen den Gradualismus, da dies eher der Tradition des Landes entsprach. Bereits vor 1989 gab es eine – wenn auch bescheidene – Privatwirtschaft („Gulasch-Kommunismus")[69].

---

[67] Der schnelle Wandlungsprozess („Schock-Therapie") hat nach Ansicht seiner Befürworter den Vorteil gegenüber einer Schritt für Schritt vollzogenen Transformation („Gradualismus"), dass die Wirtschaft sich nach einem ersten, durch die Umstellung bedingten Einbruch der Wirtschaftsleistung und des Arbeitsmarktes, wieder schneller erholt und positive Wachstumsraten verzeichnet. Durch den Gradualismus soll der Bevölkerung vor allem kurzfristig geringere soziale und wirtschaftliche Kosten zugemutet werden. Allerdings wird erwartet, dass sich die Transformationslasten über einen längeren Zeitraum strecken, als bei der Schocktherapie. Nach der Theorie sind in beiden Fällen die anfallenden Transformationskosten gleich (Boxberger 1997, S. 55).

[68] Selbst mehr als zehn Jahre nach Beginn des Transformationsprozesses stehen in Polen noch zentrale Strukturreformen, insbesondere hinsichtlich des Agrarsektors aus. Wie in nachfolgenden Kapiteln noch im Details analysiert und erläutert wird, steht die Agrarreform in Polen in engem Zusammenhang mit einem bedeutenden Teil des staatlichen Rentensystems: der sozialen Sicherung für selbständige Landwirte.

[69] Allerdings beruhte diese Privatwirtschaft weitgehend auf familiäre Wirtschaftseinheiten. Gegenüber den anderen ehemaligen sowjetischen Satellitenstaaten genossen die Bürger Ungarns bereits

Das wirkte sich vorteilhaft auf den Transformationsprozess aus, da die postkommunistische Regierung die bereits begonnen Reformansätze aufgreifen und fortsetzen konnte (Brown 1994, S. 27, Götting 1994, S. 20).

2.2.5 Die Kosten des Transformationsprozesses

Unabhängig von der gewählten Reformstrategie kam es zu erheblichen Auswirkungen der Umgestaltung auf die Länder und ihre Bürger (Augusztinovics, 2001a)[70]. Bei der Diskussion um die wirtschaftlichen und sozialen Auswirkungen des Transformationsprozesses ist es folglich wichtig, auf die sozialen Kosten der Transformation hinzuweisen, da der ökonomische Wandel beinahe zwangsläufig soziale Probleme nach sich zieht (Boxberger 1997, S. 69). Von „sozialen" Kosten des Transformationsprozesses[71] kann ganz allgemein gesprochen werden, sobald Umstellungsprobleme auf gesellschaftlicher Ebene auftreten und auch auf gleicher Ebene durch staatliche Sozialpolitik bekämpft werden sollen (Vgl. ebd., S. 18). Die sozialen Transformationskosten drückten sich unter anderem im Verlust an Realeinkommen, zunehmender Arbeitslosigkeit, Unsicherheit über Arbeitsplätze und Einkommen, Verlust an sozialer Sicherheit und gesellschaftlichem Schutz, Entwertung des Geldvermögens (z.b. durch Währungsreform und Inflation) und Armut breiter Bevölkerungsschichten aus (Boxberger 1997, S. 69; Heinrich/Koop et.al. 1996, S. 1f; siehe hierzu auch Kapitel 3.4).

Die Transformationsstaaten sahen sich insbesondere Anfang der 1990er Jahre einem Dilemma ausgesetzt: Auf der einen Seite erlaubt das staatliche Budgetdefizit nur moderate Sozialausgaben, auf der anderen Seite hat sich die soziale Lage der Bevölkerung infolge des Transformationsprozesses verschlechtert, sodass höhere Sozialausgaben notwendig waren. Daraus folgt, dass Sozialpolitik im Rahmen des Transformationsprozesses gleichzeitig Folge und Voraussetzung für den langfristigen Erfolg der Umgestaltung ist. Zugleich kann es zu einem „trade off" zwischen sozialer und ökonomischer Umgestaltung kommen: „Werden verstärkt finanzielle Mittel für

---

vor der Wende eine relativ große Auswahl an Konsumgütern und Reisemöglichkeiten (Brown 1994, S. 27).

[70] Beispielsweise stiegen die Lebenshaltungskosten in den MOEL, da die umfangreiche Subventions-Politik der Güter für den täglichen Bedarf wegfielen oder eingeschränkt wurden, während gleichzeitig die Reallöhne und der Realwert der meisten staatlichen Transferzahlungen angesichts von Rezession und Inflation sanken.

[71] Die sozialen Kosten der Transformation haben zwei Dimensionen. Zum einen betreffen sie die Gesellschaft als ganzes, zum anderen die Individuen. Für die Gesellschaft entstehen (soziale) Kosten, sobald eine gesamtwirtschaftliche Störung auftritt (z.b. aufgrund hoher Arbeitslosigkeit, hohen Inflationsraten, steigender Armut etc.) und staatliche Transferzahlungen notwendig werden, um die sozialen Notlagen der Bevölkerung zu beheben oder zumindest zu lindern. Zu den gesellschaftlichen Folgekosten der Transformation gehört auch ein möglicher Zerfall der Solidarität und des sozialen Konsenses zwischen den Bürgern (Pitschas 1993, S. 321).

die soziale Abfederung der Reformen verwendet, so fehlen diese Ressourcen für den marktwirtschaftlichen Umbau. Für die Gesellschaft und die Individuen werden so Opportunitätskosten in Form von entgangenen ökonomischen Effizienzgewinnen verursacht." (Boxberger 1997, S. 56) Folglich mussten die Reformer einen Mittelweg zwischen ökonomisch erforderlicher und sozial verträglicher Geschwindigkeit des Transformationsprozesses wählen, um die Akzeptanz der Reformen in der Bevölkerung zu bewahren. Daran schließt sich die Frage, wie Erfolg oder Misserfolg des Transformationsprozesses gemessen werden kann und soll. Bereits auf Basis rein ökonomischer Faktoren ist eine solche Bewertung schwierig[72]. Nimmt man zudem soziale Kriterien hinzu, wird die Beurteilung noch diffiziler (Czúcz 1993, S. 119). Zu unterscheiden ist unter anderem zwischen kurzfristigen und langfristigen Wirkungen. Maßnahmen, die kurzfristig nachteilig für die Volkswirtschaft und die Bevölkerung sind, können langfristig positive Effekte entfalten und umgekehrt (Heinrich/Koop et.al. 1996 1996, S. III). Vor diesem Hintergrund sind Urteile über die gewählte Transformationsstrategie schwierig, da mittel- bis langfristig viele Faktoren auf die wirtschaftliche und politische Entwicklung eines Landes wirken, die derzeit noch nicht abzusehen sind. Am Beispiel der Rentensysteme werden in dieser Studie die Effekte von kurzfristig bzw. langfristig angelegter Politik hervorgehoben.

2.2.6 Die staatlichen Rentensysteme als Verursacher von Transformations-kosten

Transformationskosten durch die Rentensysteme werden nur dann verursacht, wenn die Rentensysteme als Mittel verwendet werden, um politische und/oder wirtschaftliche Ziele zu erfüllen, die nicht im Zusammenhang mit den Risiken „Alter", „Erwerbsunfähigkeit" oder „Verlust des Ernährers" stehen (Boxberger 1997, S. 164)[73]. Ein Beispiel verfehlter Sozialpolitik war der Missbrauch der Rentensysteme in Polen und Ungarn zur Entlastung des Arbeitsmarktes[74] oder die Begünstigung

---

[72] Beispielsweise wird die relativ schnelle wirtschaftliche Erholung in Polen gegenüber Ungarn häufig dem „Verdienst" der Schocktherapie zugeschrieben. Zehn Jahre nach Beginn des Transformationsprozesses steht Ungarn jedoch aus wirtschaftlicher Sicht vergleichsweise besser da als Polen. Die Frage ist, ob die vergleichsweise schlechtere Wirtschaftslage dem Transformationsprozess oder einer von dem Transformationsprozess unabhängigen (fehlerhaften) Wirtschaftspolitik zuzuschreiben ist. Diese wichtige Frage kann an dieser Stelle nicht ausführlich diskutiert werden. In nachfolgenden Kapiteln geben sich jedoch Hinweise darauf, dass im Laufe der 1990er Jahre beide Faktoren über die wirtschaftliche Entwicklung beider Länder bestimmten.
[73] Dieser Zusammenhang kann relativ breit definiert werden. In vielen Ländern werden in Sozialversicherungssystemen beispielsweise so genannte „versicherungsfremde Leistungen" (z.B. zur Anrechnung von Ausbildungs- oder Kindererziehungszeiten) bei der Bemessung der Rentenanwartschaft berücksichtigt.
[74] In der Zeit des Kommunismus existierte keine Arbeitslosenversicherung, da in der Regel ein Recht auf Arbeit bestand und Arbeitslosigkeit in einem sozialistischen System als nicht existent

der Rentner gegenüber anderen gesellschaftlichen Gruppen durch die polnische Regierung Anfang der 90er Jahre. Dies erhöhte die Rentenausgaben des Staates, verzögerte die Anpassung der Sozialsysteme an die neuen Rahmenbedingungen und benachteiligte andere Bevölkerungsgruppen (siehe Kapitel 3.3.). Angesichts der enormen Ausgabenzuwächse kam es in Polen und Ungarn mehrfach zu Änderungen in der Rentengesetzgebung, die in erster Linie kurzfristigen Zielen dienten und langfristig eher negative Wirkungen zeitigten. Insofern ist es gerechtfertigt, in Polen und Ungarn von Kosten der Transformation zu sprechen, die aufgrund der Rentengesetzgebung und für das Rentensystem aufgrund der Politik entstanden sind.

2.2.7 Die Transformation der Sozialpolitik

Ein Sozialsystem wird immer von dem allgemeinen politischen und wirtschaftlichen System geprägt, in das es eingebettet ist. Die Transformation der sozialen Sicherungssysteme ist daher ein integraler Bestandteil des gesamten Transformationsprozesses, der in den Ländern Mittel- und Osteuropas seit 1989 vonstatten geht (Köhler 1993, S. 22). Folglich ist der Rückblick auf die Sozialpolitik im Kommunismus von besonderer Bedeutung, da er die Ausgangslage aller weiteren Entwicklungen bildet. Die Kernprobleme der Sozialpolitik im Kommunismus und die daraus abzuleitende Notwendigkeit der Umgestaltung lassen sich wie folgt zusammenfassen: „Die in sozialistischen Wirtschaftssystemen bestehenden sozialpolitischen Instrumente und Einrichtungen konnten bereits vor Beginn der Wirtschaftsreformen ihre Aufgaben immer weniger erfüllen. Der Leistungsumfang war vielfach unzureichend, horizontale und vertikale Effizienzkriterien wurden erheblich verletzt, die Verwaltung war ineffizient, und die Leistungen waren von abnehmender Qualität. Mit der Entscheidung für ein marktwirtschaftliches System ist es endgültig unmöglich geworden, das System sozialistischer Sozialpolitik fortzuschreiben." (Heinrich/Koop et.al. 1996, S. 1)[75]

2.2.7.1 Sozialpolitik im Kommunismus

Nach kommunistischer Auffassung ist Sozialpolitik in einer sozialistischen Gesellschaftsordnung überflüssig, da sich durch sie soziale Probleme von selbst lösen sollen. Eine Konsequenz dieser Annahme ist die Abschaffung von Sozialhilfe und Ar-

---

galt. Um den Arbeitslosen im Transformationsprozeß Sozialleistungen zu gewähren, wurde in den ersten Jahren nach der Wende in erster Linie auf das bereits etablierte Rentensystem zurückgegriffen.

[75] Die Autoren definieren *horizontale Effizienz* als das Verhältnis zwischen Aufwand und Ertrag einer politischen Maßnahme. Sie wird daran gemessen, ob bestimmte ex-ante festgelegte Kriterien erfüllt werden. Dies wird auch als Effektivität bezeichnet. *Vertikale Effizienz* (auch „Treffsicherheit") von Sozialpolitik wird erreicht, wenn alle diejenigen von einer (sozial-) politischen Maßnahme erreicht werden, für die sie auch gedacht sind (Heinrich/Koop et.al. 1996, S. 9f.).

beitslosenversicherung (Hartl/Vecerník 1992, S. 166; Szurgacz 2000, S. 84). Sozialpolitik im Kommunismus funktionierte zu einem bedeutenden Teil als integraler Bestandteil des wirtschaftlichen Produktionsprozesses. In diesem Sinn war sie darauf ausgerichtet, den vom Staat definierten Bedürfnissen der Arbeiter und ihrer Familien gerecht zu werden (Vgl. z.B. Götting 1994, S. 6). Als eines der Hauptbestandteile der sozialistischen Sozialpolitik galt die komplexe Subventionierung von Grundnahrungsmitteln, des öffentlichen Personenverkehrs, von Wohnungen und Wohnnebenkosten bei gleichzeitiger Nivellierung der Einkommen. Staatliche Subventionen waren somit Teil der sozialistischen Sozialpolitik und übernahmen teilweise die Funktion der sozialen Sicherung (Heinrich/Koop et.al. 1996, S. 15f.; Zukowski 1993, S. 77).

In der „stalinistischen Periode"[76] von 1949 bis 1956 wird die „Sowjetisierung" der Sozialpolitik auch in den MOEL energisch vorangetrieben. Das ehemalige Versicherungsprinzip wird abgeschafft, sodass Leistungen nicht mehr aus Beiträgen zur Sozialversicherung entstehen, sondern aus dem Beschäftigungsstatus an sich. In den mittel- und osteuropäischen Ländern wird auf diese Weise das Versorgungsprinzip etabliert. Sozialpolitik im Kommunismus war stark zentralisiert („*top down*"-Ansatz) und möglichst einheitlich strukturiert. Organisation und Verteilung der Sozialleistungen erfolgte über die staatseigenen Betriebe, denn den Betrieben kam die Aufgabe zu, als Hauptstütze der sozialpolitischen Administration zu fungieren (Boxberger 1997, S. 151 ff.; Heinrich/Koop et.al. 1996, S. 13f.)[77].

Das sozialistische Sozialsystem führte zu einer umfassenden Bevormundung der Menschen (Pawelzig 1993, S. 164). Leistungen erfolgten in der Regel automatisch vom Staat an die Bürger. Dies scheint auf den ersten Blick ein für die Menschen vorteilhaftes System zu sein. Die Realität sah allerdings anders aus, zumal es zu einer erheblichen Ungleichbehandlung der Bürger kam: „The real benefits were…limited to some social and occupational groups" (Hartl/Vecerník 1992, S. 165). Entsprechend war die Einkommensverteilung in den mittel- und osteuropäischen Staaten nicht – wie man angesichts der Zielsetzung der Nivellierung der Einkommen vermuten könnte – gleich, sondern relativ ungleich (Heinrich/Koop et.al. 1996, S. 16). Nichtsdestotrotz war sie weit weniger ungleich als in westeuropäischen Ländern. Angesichts zahlreicher Privilegien wurde das kommunistische Sozialsystem ad absurdum geführt. Das hatte zur Folge, dass „[t]he idea of social equality […] resulted in a shabby egalitarian system" (Hartl/Vecerník 1992, S. 164). Gleichzeitig bewirkte

---

[76] Die Bezeichnung „stalinistische Periode" geht auf den sowjetischen Politiker und Diktator Josef Stalin (1879 bis 1953) zurück.

[77] Den Betrieben oblag es unter anderem, die Rentenversicherungsunterlagen der Arbeitnehmer zu verwalten, die Renten auszuzahlen, Kindergartenplätze für die Beschäftigten zu stellen und teilweise Krankenhäuser und Erholungsheime zu betreiben (Heinrich/Koop et.al. 1996, S. 14)

dieses bevormundende Versorgungssystem eine Konsumhaltung der Bürger gegenüber dem Staat, die sich auch nach dem Ende dieses Systems negativ auswirkte. Dies führte dazu, dass „[d]as Bewusstsein darüber, dass Sozialleistungen erhebliche Kosten verursachen, wofür in der Gesellschaft die finanziellen Mittel bereitgestellt werden müssen, … weitgehend verloren [ging]." (Pawelzig 1993, S. 164).

2.2.7.2 Allgemeines Anforderungsprofil an die Sozialpolitik nach 1989

Als nach der politischen Wende 1989/1990 auch die wirtschaftlichen Strukturen der ehemals kommunistischen Staaten angepasst werden sollten, ging damit auch die Notwendigkeit der Anpassung der Sozialpolitik und der sozialen Sicherheitssysteme an marktwirtschaftliche Bedingungen einher[78]. Sozialpolitik begründete sich nach 1989 auf dem Anspruch, die sozialen Defizite einer Marktwirtschaft zu beheben. Es geht darum, die Bürger vor Risiken zu schützen, über die sie keine Kontrolle haben, oder deren Kosten die finanziellen Möglichkeiten der Individuen übersteigen, falls der Risikofall eintritt (Heinrich/Koop et.al. 1996, S. 13). Ein Erbe des Sozialismus war das große Misstrauen der Bevölkerung gegenüber dem Staat auf der einen Seite und ein ausgeprägtes Anspruchsdenken ihm gegenüber auf der anderen Seite (Zukowski 1994, S. 19). Unmittelbar nach der Wende war die Gefahr groß, dass allein aus den negativen Erfahrungen mit dem kommunistischen Regime in einer Trotz- und Gegenbewegung Strukturelemente des alten Systems unbesehen abgelehnt werden (Jonczyk, 1993, S. 474; Pitschas 1993, S. 322). „Pfadabhängigkeit" bekommt hier eine besondere Bedeutung, da „die postkommunistische Gesellschaft…immer besonders empfindlich auf jeglichen Versuch reagieren [wird], die Wohltätigkeit als Prinzip der Einkommensumverteilung wieder einzuführen" (Rys 2001b, S. 209).

2.2.7.3 Anpassungsmaßnahmen der Institutionen an veränderte Rahmenbedingungen nach 1989

Gleich zu Beginn des Transformationsprozesses werden ehemalige Kernbestandteile des kommunistischen Sozialsystems abgeschafft. Aufgehoben wurden unter anderem die Arbeitsplatzgarantie, die umfangreiche staatliche Subventionierung der Güter des Grundbedarfs (Nahrungsmittel, Mieten etc.) und die Festsetzung der Preise (Boxberger 1997, S. 158 f.). Da parallel dazu nicht in ausreichenden Maßen neue Strukturen des Sozialstaats geschaffen werden konnten, verschlechterte sich der Lebensstandard der Bevölkerung zum Teil erheblich (siehe unten). Notwendig

---

[78] Marktwirtschaft und soziale Sicherung verhalten sich komplementär. „Staatsorganisation, Wirtschaft und Sozialordnung und eine auf die Gestaltung dieser Bereiche abzielende Wirtschafts- und Sozialpolitik verhalten sich interdependent zueinander. Sozialpolitik muss sich dieses Zusammenhangs bewusst sein und daher nach dem Prinzip der Ordnungskonformität organisiert werden, um Funktionsstörungen einzelner Teilsysteme zu vermeiden." (Boxberger 1997, S. 155)

war der möglichst schnelle Aufbau eines Sozialschutzsystems, das dem neuen Wirtschaftssystem und dem neuen politischen Umfeld entsprach. Dieser Anforderung an den Staat wurde allerdings nur zögerlich nachgekommen. Die relativ hohen Leistungen und hohen Kosten der sozialen Versorgungspolitik waren zum großen Teil bereits vor der Wende nicht mehr finanzierbar. Aus rein ökonomischen Gründen hätten sie radikal abgebaut werden müssen. Doch den ökonomischen und strukturellen Notwendigkeiten standen politische, soziale aber auch wirtschaftliche Einwände gegenüber. Die Regierungen mussten gerade im Umbruchsprozess trotz angespannter Haushaltslage die Ängste vor dem Verlust des Arbeitsplatzes und der Möglichkeit der Armut der Menschen berücksichtigen[79]. Dennoch bekam die makroökonomischen Stabilisierung von den Regierungen zunächst eine größere Priorität eingeräumt als die Sozialpolitik (Müller 2000a, S. 1).

Die Sozialpolitik sollte so weit wie möglich von dem im Kommunismus herrschenden Versorgungsprinzip auf das Versicherungs- und Fürsorgeprinzip umgestellt werden. Das machte es unter anderem notwendig, die Arbeitnehmer an der Finanzierung der sozialen Sicherheit zu beteiligen. Parallel dazu sollte die Allzuständigkeit des Staates abgeschafft und durch das Subsidiaritätsprinzip ersetzt werden (Haffner 1993, S. 68). Das hat zur Folge, dass sich der Staat mehr und mehr Aufgaben und Verantwortung an Individuen delegiert. Dies erforderte von der Bevölkerung eine veränderte Einstellung gegenüber dem Staat, der Gesellschaft und dem staatlichen Sozialsystem. Unter anderem bedeutete dies höhere Eigeninitiative und mehr Selbstverantwortung (Boxberger 1997, S. 156). In Anbetracht einer unterentwickelten Zivilgesellschaft[80] in den ehemals kommunistischen Staaten war das Delegieren von Aufgaben nicht so einfach zu durchzusetzen (Haffner 1993, S. 70). Dies erschwerte den Aufbau eines Selbstverwaltungssystems in der sozialen Sicherung und eine stärkere Eigenvorsorge durch die Bürger.

2.2.8 Transformation des Sozialrechts

Eine zentrale Bedeutung nahm im Transformationsprozess und im Zuge des EU-Beitrittsprozesses die Etablierung des Sozialrechts ein. In der Zeit des Kommunismus genoss das Sozialrecht keinen hohen Stellenwert. Da das sozialistische System

---

[79] Eine nicht zu knapp bemessene soziale Sicherung war beispielsweise notwendig, um die sozialen Kosten der Transformation zu mildern und somit die Akzeptanz des Reformprozesses innerhalb der Bevölkerung zu sichern (Zukowski 1993, S. 80).

[80] Eine Zivilgesellschaft (*civil society*) gründet sich auf „the existence of an active part of the population able and willing to assume reponsibility for some aspects of public life" (Brown 1994, S. 26.). In Polen war bereits zur Zeit des Kommunismus eine relativ aktive Zivilgesellschaft vorhanden. Beispiele hierfür sind die katholische Kirche, Stundentenorganisationen, kulturelle Institutionen, die Gewerkschaftsbewegung Solidarność und politische Gruppierungen. In Ungarn dagegen existierte so gut wie keine Bürgergesellschaft (Vgl. ebd., S. 25 ff.).

per se „sozial" sein sollte, wurde ein Sozialrechtssystem als überflüssig angesehen (Jonczyk, 1993, S. 480). Infolge der jahrzehntelangen Negierung der Notwendigkeit eines Sozialrechts mussten die ehemals kommunistischen Staaten ihre Systeme des Sozialrechts erst entwickeln bzw. an die Erfordernisse einer Marktwirtschaft anpassen (Vgl. ebd.).

Ähnlich wie bei der Umgestaltung des gesamten staatlichen Systems in Mittel- und Osteuropa kann man hierbei zwischen Schocktherapie und Gradualismus unterscheiden. Schocktherapie in diesem Zusammenhang bedeutet das Bestreben, die rechtliche und institutionelle Lücke so schnell wie möglich zu schließen[81]. Da eine eigene Erarbeitung von Rechtsgrundlagen Zeit beansprucht und in den meisten Transformationsländern das nötige Wissen fehlte, erfolgte die Etablierung eines Sozialrechtssystems in erster Linie durch die Übernahme von anderen, insbesondere westlichen Rechtsmodellen[82]. Die sozialrechtlichen Regelungen und Empfehlungen der Europäischen Union im Rahmen der *aquis communautaire* stellten einen wichtigen Leitfaden der Sozialrechtsreform und somit eine administrative Erleichterung für die mittel- und osteuropäischen Beitrittskandidaten dar. Da die EU-Regelungen des Sozialrechts allmählich in nationales Recht umgewandelt werden, kann eher von „Gradualismus" gesprochen werden. Gradualismus bedeutet in diesem Zusammenhang, dass die Transformation des Sozialrechts und der institutionellen und organisatorischen Ausgestaltung der sozialen Sicherung in den mittel- und osteuropäischen Staaten eher eine Fortentwicklung bestehender nationaler Gesetze darstellt, als eine komplette Umwälzung und (nahezu) vollständige Negierung der alten Strukturen (Schocktherapie) (Götting 1994, S. 19f.; Maydell, 1993b, S. 486).

Die zentralen Probleme bei der Etablierung des Sozialrechts nach 1989 sind aus dem besonderen Kontext des Transformationsprozesses zu sehen: „Die Erneuerung sozialer Sicherungsstrukturen erfolgt ... nicht über historische Prozesse wie in Westeuropa, sondern durch die herrschenden politischen Eliten unter großem Zeitdruck. Soziale Sicherungseinrichtungen können sich angesichts der sozialen Probleme in den ersten Transformationsjahren nicht an den ‚normalen' Lebensrisiken orientieren, sondern müssen eine Reaktion auf die Besonderheiten sozialer Bedürfnisse im Transformationsprozess sein." (Boxberger 1997, S. 158) Dementsprechend sehen viele Beobachter die ersten Sozialgesetzgebungen nach Beginn des Transformationsprozess zum Teil als vorübergehende Notlösungen ohne strategische Überlegun-

---

[81] Die Strategie, Reformen zu beschleunigen, indem ausländische Modelle kopiert werden, fußt nach Ansicht von Kritikern auf der (trügerischen) Annahme, dass mit der Übernahme des westlichen Modells auch das Niveau der Sozialstandards übernommen wird (Jonczyk 1993, S. 474).

[82] Grundsätzlich ist die Entwicklung des Sozialrechts eine nationale Angelegenheit (Jonczyk 1993, S. 468). Allerdings hatten internationale Organisationen wie die Weltbank und der Internationale Währungsfond sowie die EU maßgeblichen Einfluss auf die Entwicklung von sozialrechtlichen Strukturen.

gen, die dauerhaft nicht bestandsfähig sind oder sogar mittel- bis langfristig mehr Probleme schaffen als lösen (Boxberger 1997, S. 158; Heinrich/Koop et.al. 1996, S. 1ff.)[83]. Problematisch war zudem, dass die Regierung in Polen und Ungarn jeweils nur eine Legislaturperiode im Amt waren. Auf diese Weise konnten umfangreiche Rechtsreformen wie sie die Sozialversicherungssysteme erfordern, nicht oder nur unzureichend geplant und umgesetzt werden.

2.2.9 Die Anpassung der Rentensysteme an veränderte Rahmenbedingungen nach 1989[84]

Nach Zusammenbruch des Kommunismus zeigte die Bestandsaufnahme der Rentensysteme, dass sich die mittel- und osteuropäischen Transformationsländer vergleichsweise teure Rentensysteme leisteten, die allerdings nur relativ geringe Leistungen generierten. Die Systeme waren ineffizient und setzten Fehlanreize. Die institutionellen Eigenschaften der nationalen Rentensysteme in Polen und Ungarn werden in Kapitel 3.1.2. ausführlich diskutiert. An dieser Stelle sollen nur die wesentlichen gemeinsamen Strukturmerkmale und Defizite des Rentensystems aus der Zeit des Kommunismus nachgezeichnet werden.

2.2.9.1 Merkmale und Defizite des Rentensystems aus der Zeit des Kommunismus

Die Rentensysteme aus der Zeit des Kommunismus sind das Erbe, das die Transformationsländer nach der Wende weder ignorieren noch von heute auf morgen verändern konnten. Eines der Hauptmerkmale der Rentensysteme vor der politischen und wirtschaftlichen Wende im Jahr 1989 war, dass sie Bestandteil der „Planwirtschaft" waren. Entsprechend wurde sie ebenso wie die anderen Elemente des politischen, gesellschaftlichen und wirtschaftlichen Systems von dem kommunistischen Modell geprägt. Über Ausgestaltung und Entwicklung des Systems entschieden allein die Organe der Zentralverwaltung unter der Leitung der kommunistischen Einheitspartei. Der selbst gestellt Anspruch war, ein umfangreiches Versorgungssystem für alle Bürger von der „Wiege bis zur Bahre" zu schaffen. Renten in Polen und Ungarn wurden ausschließlich vom Staat bereitgestellt (Schönfelder 1987). Für die Menschen bestand zwar die Möglichkeit zu sparen und ihr Geld zum Beispiel auf ein Sparkonto anzulegen. Allerdings gab es keine Anlagemöglichkeiten der Gelder in

---

[83] Demnach gelang es den Regierungen in den mittel- und osteuropäischen Ländern allenfalls, akute Probleme unter Kontrolle zu halten, nicht aber sie zu lösen oder ihnen gar langfristig vorzubeugen. Dieses „kurzfristige Krisenmanagement" zog jedoch negative Folgen nach sich, da es „auf Kosten der langfristigen Überlebensfähigkeit des Systems" ging (Heinrich/Koop et.al. 1996, S. 23). Beispiele hierfür sind die zunächst nur rudimentären Anpassungen der Rentenversicherungssysteme in Polen und Ungarn nach 1989.

[84] Die nachfolgende Darstellung beruht auf Barr (1994); Czúcz (2000); Heinrich/Koop et.al. (1996); Müller (1999) und Schönfelder (1987).

Wertpapiere, in Investmentfonds oder im Ausland. Eine Option für private Vorsorge für die Zeit des Ruhestands war auch der Erwerb und Besitz von Eigentum (z.B. einer Wohnung oder eines Hauses), sofern es sich nicht um Produktionsmittel handelte.

Auch im Kommunismus wurden Elemente der in der Bismarcksche Tradition stehenden Sozialversicherungssysteme erhalten. Die Renten wurden im Umlageverfahren, d.h. durch laufende Einnahmen, finanziert. Die Arbeitnehmer zahlten in der Regel aber keine oder nur marginale Beiträge (Barr 1994, S. 198). Den Betrieben kam im sozialistischen Sozialsystem eine herausragende Rolle zu. Sie führten in der Regel die Rentenbeiträge pauschal für alle ihre Beschäftigten an die staatliche Rentenverwaltung ab. Somit gab es keine Aufzeichnungen über die Beitragsleistungen einzelner Arbeitnehmer, sondern nur über die des Unternehmens. Infolge dessen bezogen sich in der Zeit des Kommunismus die Leistungsansprüche der Rentner direkt auf das (i.d.R. staatliche) Unternehmen, bei dem sie beschäftigt waren und nicht auf die staatliche Rentenverwaltung. Wollte man dieses System aufrechterhalten, hätte den staatlichen Unternehmen eine Bestandsgarantie eingeräumt werden müssen. In einer Marktwirtschaft ist dies jedoch nicht möglich (Barr 1994, S. 197 ff.; Heinrich/Koop et.al., S. 2).

Die staatliche Rentenversicherung wurde in Polen und Ungarn bis Ende der 80er Jahre auf nahezu alle Beschäftigungsgruppen und ihre Angehörigen ausgedehnt (Heinrich/Koop et.al., S. 15; Rys 2001a, S. 3f). Die Rentenbeiträge flossen - obwohl es spezielle Verwaltungsinstitutionen für die Rentenversicherung gab (z.B. ZUS in Polen) - nicht in ein separates Sozialversicherungsbudget, sondern in den Staatshaushalt ein. Diese fehlende Trennung des Budgets der sozialen Sicherung vom allgemeinen Haushaltsbudget führte unter anderem dazu, dass die Beiträge oftmals zweckentfremdet wurden, indem sie nicht für Rentenleistungen, sondern für anderweitige Staatsausgaben verwendet wurden. Das unterhöhlte die finanzielle Basis der staatlichen Rentenversicherung. Gleichzeitig wurde es verpasst, ein finanzielles Polster für die Jahre zu schaffen, in denen das Alterssicherungssystem im Zeitablauf „reift" und die Relation zwischen Beitragsleistenden und Leistungsbeziehern sich verschlechtert (Müller 1999, S. 60 ff)[85].

Die Rentensysteme waren ganz auf die Staatsräson ausgerichtet und enthielten keine marktwirtschaftlichen Prinzipien. Entsprechend spielte die Äquivalenz von Beiträgen und Leistungen innerhalb des Rentensystems keine Rolle (DB Research

---

[85] Erste Maßnahmen, um diesen Missstand zu beheben, erfolgten zunächst in Polen, später auch in Ungarn. Das polnische Rentenversicherungsbudget wurde bereits 1968 vom Staatsbudget getrennt, das ungarische erst rund zwanzig Jahre später im Jahr 1989. Auf diese Weise sollten die Sozialversicherungssysteme transparenter werden (Czúcz, S. 117; Müller 1999, S. 94) (siehe hierzu Kapitel 3.1.2).

2002a, S. 21). Theoretisch sollten sich die Leistungen im Kommunismus gemäß dem Prinzip des Egalitarismus (d.h. gleiche bzw. gleichwertige Leistungen für alle) kaum unterscheiden. Die Rentenformel enthielt entsprechend stark redistributive Elemente (siehe hierzu Kapitel 3.1.2). Auf diese Weise versuchte der Staat, dem sozialistischen Ideal der Gleichverteilung der Einkommen gerecht zu werden. Die vermeintlich gerechte Absicherung der Alten, Invaliden und Hinterbliebenen ist jedoch unter dem Vorbehalt zu sehen, dass das Rentenniveau für den „regulären", d.h. nichtpriveligierten, Rentner niedrig war. Die geringen Renten führten dazu, dass viele Rentner durch Nebenbeschäftigung versuchten, ihr oftmals spärliches Einkommen aufzubessern (Heinrich/Koop et.al. 1996, S. 15)[86]. Es gab eine Vielzahl von Privilegien. „Helden der sozialistischen Arbeit" erhielten so genannte „Ehrenrenten" (Schönfelder 1987). Bevorzugt wurden in erster Linie „verdiente" Parteifunktionäre, Arbeitnehmer in strategisch wichtigen Bereichen für Staat und Partei sowie Bergleute, Lehrer und Ballerinas durch beispielsweise höhere Rentenleistungen und ein niedrigeres Renteneintrittsalter (Barr 1994; Müller 2001; Schönfelder 1987). Zudem waren die Berechtigungskriterien für Invalidenrenten nicht streng und in Ungarn waren die Altersgrenzen niedrig (Schmähl 1999, S. 33).

Problematisch war die unsystematische ad hoc Anhebung der laufenden Renten. Dies erfolgte in der Logik, dass auch Löhne und Preise von der Regierung geplant und vorgegeben werden. Die ad hoc-Veränderung der Rentenleistungen, die auch die Erstfeststellung der Rentenleistungen betrafen, ermöglichte den Regierungen, die Leistungen „sozial auszugleichen", indem höhere Renten in geringerem Maße angehoben wurden als geringere Renten. Diese Version der Umverteilung allerdings schadete dem Rentensystem und dem Vertrauen der Bürger in das System, da die Rentensysteme in Polen und Ungarn in ihrer Form als Bismarcksche Sozialversicherungssysteme eigentlich zum Ziel haben, den gewohnten Lebensstandard der Bevölkerung im Alter weitgehend aufrecht zu erhalten (Stanovnik 2002, S. 6). Bezogen auf Ungarn kritisieren Beobachter: „One of the worst results of these practices was arbitrary discrimination. Different cohorts of retirees received different treatment. Moreover, the actual date of retirement became a dominant determination of the pension received. Two persons with identical work history [...] could receive quite different pensions in the same month, depending on when they happened to have retired." (Augusztinovits et.al. 2002, S. 34)

Die Bewährungsprobe für die Reformen der sozialen Sicherungssysteme und speziell für die Rentensysteme besteht darin, „inwieweit es ihnen gelingt, den Verwaltungsaufwand gering zu halten, den Missbrauch des sozialen Netzes zu begrenzen und die vorhandenen Mittel dort einzusetzen, wo der dringendste Bedarf besteht"

---

[86] Erkennbar wird dies besonders in Polen auch in der relativ hohen Erwerbsbeteiligung über die Regelaltersgrenze hinaus vor Beginn des Transformationsprozesses (siehe hierzu Kapitel 3.1.3.).

(Heinrich/Koop et.al. 1996, S. 2f). Dies gilt unter der Nebenbedingung, „dass in der Vergangenheit erworbene Ansprüche, insbesondere im Bereich der Altersvorsorge, auch unter einem neuen System befriedigt werden müssen und dass die soziale Absicherung so gestaltet wird, dass sie auf längere Sicht [...] finanzierbar bleibt" (Ebd., S. 3). In dieser Studie wird aufgezeigt werden, dass besonders die ersten Anpassungsmaßnahmen der Rentensysteme unmittelbar nach Beginn des Transformationsprozesses diese Ansprüche nicht erfüllten. Aber auch die umfassenden Reformen der Alterssicherung Ende der 1990er Jahre in Polen und Ungarn lassen Zweifel aufkommen, ob den Reformern ein Ausgleich zwischen finanzieller Nachhaltigkeit der Rentensysteme und hinreichender sozialer Absicherung der Alten gelungen ist.

2.2.9.2 Die Ansätze zur Reform der Rentensysteme nach 1989

In Polen und Ungarn wurden zunächst nur stellenweise Änderungen an den Parametern der Rentensysteme und oftmals nur Notmaßnahmen vorgenommen[87]. Beeinträchtigt wurde das Rentensystem in den ersten Jahren nach Beginn des Transformationsprozesses, als angesichts steigender Arbeitslosigkeit aufgrund von Privatisierung, Rationalisierung und Unternehmens-Zusammenbrüchen vermehrt auf die Möglichkeit der Frühpensionierung bzw. die Gewährung von Invalidenrenten zurückgegriffen wurde. Somit gingen viele Arbeiter und Angestellte schon früher als das offizielle Rentenalter es vorsah in den Ruhestand[88]. Das hatte zwei negative Effekte: Auf der einen Seite stieg die Anzahl an Rentner, auf der anderen Seite fiel die Zahl der Beitragszahler. Einer zunehmend größer werdenden Anzahl von Rentenbeziehern stand somit eine abnehmende Anzahl von Beitragszahlern gegenüber. Damit wurde die finanzielle Basis der Sozialversicherung gleich von zwei Seiten unterhöhlt. Aufgrund rückläufiger Steuereinnahmen des Staates und schwindenden Beitragszahlungen entschlossen sich die Regierungen zu Reformen, die primär dem Ziel folgten, Einnahmen und Ausgaben zu stabilisieren. Dabei kam es teilweise zu langfristig nachteiligen Effekten für das Gesamtsystem. Erst in der zweiten Hälfte der 90er Jahre entbrannten fast parallel in Polen und Ungarn heftige Diskussionen um die künftige Gestaltung der Rentenversicherung[89]. Wie im Detail eine solche

---

[87] Langfristige Strategien wurden durch eine unzureichende Datenlage in den Transformationsstaaten erschwert. Den Regierungen fehlte zudem das nötige Handwerkzeug (z.B. Hochrechnungen und versicherungsmathematische Analysen), um die Auswirkungen von Reformen einschätzen zu können (Fultz 2002b, S. 2).

[88] Folglich liegt das tatsächliche durchschnittliche Rentenalter noch unterhalb des ohnehin relativ niedrigen Renteneintrittsalters (Czibere 1998). Dies führte dazu, dass zum Beispiel in Polen im Jahr 1990 rund ein Drittel der Rentenausgaben für Personen ausgegeben wurden, die noch nicht die Regelaltersgrenze von 60 (Frauen) bzw. 65 (Männer) Jahren erreicht hatten (Barr 1994, S. 196).

[89] Umfassende Reformen der Alterssicherung in den letzten Jahrzehnten des 20. Jahrhunderts gab es als erstes in Lateinamerika. Die Vorreiterrolle spielte Chile, das 1981 sein bis dahin umlagefinanziertes Alterssicherungssystem komplett umgestaltete. Seitdem ist das chilenische Alterssiche-

Neuordnung aussehen sollte, war von Anbeginn jedoch umstritten. In beiden Ländern spalteten sich – grob gesprochen - die Reformer in zwei Lager. Auf der einen Seite standen die radikalen Reformer, deren Ziel im Kern die (Teil-) Privatisierung der Alterssicherung war[90]. Ihnen entgegen standen insbesondere Vertreter aus den Sozialministerien, die eine Privatisierung der Alterssicherung ablehnten und das bestehende Umlageverfahren reformieren wollten.

Ein problematisches Erbe des ungarischen Alterssicherungssystems vor der Transformation war das im internationalen Vergleich relativ niedrige gesetzliche Renteneintrittsalter, das auch nach Beginn des Transformationsprozesses bis Mitte der 1990er Jahre erhalten blieb. Elemente der Umverteilung und des Ausgleichs der Einkommen im Alter, waren über die Zeit des Kommunismus hinaus in die Rentenformeln eingebettet. Durch die Rentenreformen in den Jahren 1998 und 1999 sollen diese Elemente schrittweise verbannt werden (siehe unten).

2.2.10 Zusammenfassung und kritische Würdigung

Polen und Ungarn haben jeweils unterschiedliche Reformstrategien bei der Transformation ihrer ehemals kommunistischen Planwirtschaften in demokratischen Marktwirtschaften Anfang der 1990er Jahre gewählt. Dies gilt sowohl zwischen den beiden Ländern als auch hinsichtlich der einzelnen staatlichen Bereiche innerhalb der Nationen. Polen wählte bei der Anpassung seiner makroökonomischen Strukturen die so genannte „Schocktherapie", verfolgte aber eine graduelle Reform im Sozialbereich und bei der Privatisierung ehemals staatlicher Unternehmen. Ungarn wählte in den wesentlichen staatlichen Bereichen, die es an das neue Umfeld der demokratischen Marktwirtschaft anzupassen galt, eine schrittweise Transformation.

In beiden Ländern waren Reformen der staatlichen Sozialsysteme unmittelbar zu Beginn des Transformationsprozesses notwenig, wurden jedoch jeweils zeitlich hinausgezögert, weil insbesondere makroökonomische Reformen Priorität hatten. Sowohl in Polen als auch in Ungarn griffen die Regierungen angesichts unzureichender Strukturen in der sozialen Sicherung zu Notmaßnahmen. Herausragendes Beispiel ist der Missbrauch der Rentensysteme zur Entlastung des Arbeitsmarktes. Erst

---

rungssystem vollständig privatisiert und basiert auf einem reinen Kapitaldeckungsverfahren. Argentinien implementierte 1994 ein teilprivatisiertes Rentensystem (über die Rentensysteme und Rentenreformen in Lateinamerika siehe unter anderem Bucerius 2003a, Eisen 2000a und 2000b; Müller 2000b und 2001a; Queisser, Monika 1998a und 1998b; Schulz-Weidner 1999; Vittas 1997)

[90] Die Befürworter einer radikalen Umstellung des Rentensystems durch die teilweise oder sogar vollständige Ersetzung der umlagefinanzierten staatlichen Sozialversicherung durch eine kapitalfundierte, obligatorische Privatvorsorge sprachen sich unter anderem für ein Mehr an Markt und eine Rücknahme des Staates aus. Insbesondere die Weltbank, der IMF aber auch Wissenschaftler und Finanzinstitutionen befürworteten ein Rentensystem, das teilweise oder vollständig auf Kapitalfundierung und privatwirtschaftlicher Organisation beruhte.

nachdem der wirtschaftliche Transformationsprozess weitgehend abgeschlossen war, kam es in beiden Ländern zu umfassenden Reformen im Sozialbereich, die allerdings unter erheblichen Problem- und Zeitdruck sowie unter dem Einfluss internationaler Organisationen zustande gekommen sind. Die empirische Analyse wird zeigen, dass dies zum Teil zu unausgegorenen Entscheidungen führte und auch mittel- bis langfristig negative Folgewirkungen nach sich zieht.

2.3 Die Europäische Union, Sozialpolitik der EU und die EU-Osterweiterung

Nahezu zwanzig Jahre nach der letzten Erweiterungsrunde sind Polen und Ungarn am 1. Mai 2004 mit acht weiteren Ländern in die EU aufgenommen worden[91]: Estland, Lettland, Litauen, Malta, die Slowakische Republik, Slowenien, die Tschechische Republik und Zypern[92]. Für Polen und Ungarn steht der EU-Beitritt in engem Zusammenhang mit ihrer Transformation von kommunistischen Planwirtschaften zu demokratischen Marktwirtschaften. Ein wesentlicher Anreiz stellt für die Transformationsstaaten die Aussicht auf dauerhafte wirtschaftliche Prosperität und politische Stabilität dar, die mit der EU in Verbindung gesetzt wird. Gleichzeitig gab und gibt die EU eine Richtung vor, in die sich beide Länder entwickeln können und zum Teil auch sollen. Nach Ansicht von Schulte stellt die Vorbereitung auf den Beitritt zur Europäischen Union „ein spezifisches Element des Transformationsprozesses" dar (Schulte 2000a, S. 285).

Für beide Seiten stellt die Erweiterung eine erhebliche politische, wirtschaftliche und soziale Herausforderung dar. Die zurzeit bestehende Union steht vor der Aufgabe, zehn Länder in ihre Reihen aufzunehmen, ohne dass die EU finanziell, politisch und administrativ überfordert wird. Noch nie hat die Gemeinschaft so viele Staaten auf einmal aufgenommen, von denen zudem die meisten ein deutlich gerin-

---

[91] Bereits am 9. Oktober 2002 hatte die Europäische Kommission die Aufnahme von acht der zehn mittel- und osteuropäischen Staaten (Polen, Ungarn, der Tschechischen Republik, der Slowakei, Slowenien, Estland, Lettland und Litauen) sowie Zypern und Malta noch vor den Wahlen zum Europäischen Parlament im Juni 2004 empfohlen. Nach dem Gipfelbeschluss von Kopenhagen im Dezember 2002 oblag es auf der einen Seite, den Kandidatenländern, die Zustimmung für den EU-Beitritt durch Volksabstimmungen (Ausnahme: in Zypern war kein Referendum geplant) und Parlamentsbeschluss zu bekommen. Auf der anderen Seite müssen die nationalen Parlamente der alten EU-Mitgliedsländer der Erweiterung zustimmen. In Polen stimmten in der Volksabstimmung am 7. und 8. Juni 2003 bei einer Wahlbeteiligung von 58,9 Prozent der Stimmberechtigten 77,5 Prozent der Polen für den EU-Beitritt. In Ungarn hatten sich zuvor am 12. April 2003 83,6 Prozent der Wähler (Wahlbeteiligung: 45,6 Prozent der Stimmberechtigten) für die EU-Mitgliedschaft ausgesprochen.

[92] Zwei weitere Länder – Bulgarien und Rumänien - sollen aufgenommen werden, sobald sie die Beitrittskriterien erfüllen. Die Türkei hat den Status eines Bewerberlandes, steht aber noch nicht in Beitrittsverhandlungen.

geres Wohlstandsniveau aufweisen. Die Beitrittsländer auf der anderen Seite müssen enorme politische, wirtschaftliche und administrative Anstrengungen unternehmen, um die Beitrittskriterien zu erfüllen.

2.3.1 Die Europäische Union (EU)

Die heutige Europäische Union (EU) basiert auf dem ersten Vertragswerk über die Europäische Gemeinschaft für Kohle und Stahl (EGKS) aus dem Jahr 1951 und dem folgenden Vertrag zur Europäischen Wirtschaftsgemeinschaft (EWG) – auch „Römische Verträge" genannt – aus dem Jahr 1957. Zunächst bestand die Europäische Gemeinschaft (EG) aus den sechs Gründungsmitgliedern Belgien, Deutschland, Frankreich, Italien, Luxemburg und den Niederlanden. Die EG/EU ist von Beginn an als Gemeinschaft souveräner Staaten ausgerichtet, die freiwillig Teile ihrer Souveränität auf gemeinsame Institutionen übertragen. Eine Vielzahl von Verträgen, Abkommen, Beschlüssen, Urteilen des Europäischen Gerichtshofs (EuGH) und Verfahren, die die Mitgliedstaaten ratifiziert haben, bestimmt die rechtliche Handhabe der EU. Seit ihrer Gründung Mitte der 50er Jahre hat die Europäische Union neun weitere Staaten aufgenommen[93].

Anfangs war die EU ein hauptsächlich politisches Konstrukt, das nach den Erfahrungen zweier Weltkriege Anfang des 20. Jahrhundert auf dem europäischen Kontinent darauf ausgerichtet war, für Frieden und Freiheit in Europa sorgen soll. Heute allerdings hat die Politik ihre tonangebende Rolle zum Großteil zugunsten einer stärkeren Betonung wirtschaftlicher Aspekte verloren. Der Vertrag von Maastricht aus dem Jahr 1992 und die nachfolgenden Verträge von Amsterdam (1997) und Nizza (2000) untermauerten das Ziel, die politische Integration mit wirtschaftlichen Mitteln voran zu bringen.

2.3.2 Die Osterweiterung der Europäischen Union

Die Entscheidung für die Erweiterung der EU ist in erster Linie politisch motiviert. Aber auch ökonomische Gründe sind wichtige Kriterien für die Aufnahme der Länder Mitteleuropas sowie Maltas und Zyperns in die Union[94]. Insbesondere der Beitritt Polens, des bevölkerungsreichsten und geographisch größten Beitrittslands,

---

[93] Dänemark, Irland und das Vereinigte Königreich schlossen sich 1973 der EU an, 1981 folgte Griechenland, 1986 Spanien und Portugal und 1995 Österreich, Finnland und Schweden.

[94] Hierzu heißt es beispielsweise: „Wenn sie [die EU-Osterweiterung, Anmerkung der Autorin] nicht ökonomisch tragfähig wäre, wären auch ihre politische Durchsetzbarkeit und Dauerhaftigkeit früher oder später ernsthaft gefährdet. Insofern sind die ökonomischen Konsequenzen nicht eine hinzunehmende Begleiterscheinung oder ein ,notwendiges Übel'; vielmehr ist der positive Saldo einer umfassenden Kosten-Nutzen-Analyse eine essentielle Vorbedingung für den nachhaltigen Erfolg des ganzen Projektes." (Deutsche Bank Research 2002b, S. 3).

wird für die bestehende Union von Bedeutung sein[95]. Dem gegenüber steht trotz höheren wirtschaftlichen Wachstumsraten die immer noch vergleichsweise geringere wirtschaftliche Stärke der Beitrittsländer und der noch zum Teil großen Reformbedarf der Institutionen und der Wirtschaft. Eine große Diskrepanz hinsichtlich des Wirtschaftswachstums gibt es auch mehr als zehn Jahre nach Beginn des Transformationsprozesses in beiden EU-Bewerberstaaten gegenüber dem EU-15-Durchschnitt. Der Aufholprozess gegenüber den 15 EU-Staaten verläuft zwar weitgehend stetig, jedoch schleppend.

Tabelle 2.3.1: Vergleich des Bruttoinlandsprodukts (BIP) pro Einwohner in Kaufkraftstandard (KKS)[1] zwischen Ungarn, Polen und dem EU-15-Durchschnitt von 1996 bis 2001

	BIP pro Einwohner in KKS (in Euro)			BIP pro Einwohner in KKS (EU-15 = 100)	
	Polen	Ungarn	EU-15	Polen	Ungarn
1996	6.600	8.600	18.500	35,7	46,5
1997	7.300	9.300	19.400	37,6	47,9
1998	7.700	10.000	20.300	37,9	49,3
1999	8.200	10.700	21.200	38,7	50,5
2000	8.700	11.700	22.500	38,7	52,0
2001	9.210	11.840	23.180	39,7	51,1

[1] Der Kaufkraftstandard (KKS) ist eine fiktive "Währungseinheit", die Unterschiede in der Kaufkraft in unterschiedlichen Ländern eliminiert, die durch unterschiedliche Preisniveaus und Wechselkursschwankungen entstehen.
Quellen: Eurostat (2001d) und Eurostat (2002d)

Ungarn erreichte im Jahr 2000 etwas mehr als die Hälfte des durchschnittlichen Bruttoinlandsprodukts pro Einwohner in der EU. Polen liegt mit 39,7 Prozent noch abgeschlagen. Daran wird das große Wohlstandsgefälle zwischen bestehender EU und den künftigen EU-Staaten deutlich. Berechtigt erscheint aber die These, dass die Aussicht auf den EU-Beitritt das Wirtschaftswachstum gestützt und gefördert hat.

2.3.2.1 Der Prozess der EU-Osterweiterung

Bereits kurz nach dem Fall der Mauer im Juni 1988 hat die Union den zehn Mittel- und Osteuropäischen Staaten mit der „Gemeinsamen Erklärung über die Aufnahme offizieller Beziehungen zwischen der Europäischen Wirtschaftsgemeinschaft und dem Rat für Gegenseitige Wirtschaftshilfe" und in der Folge dem „Bilateralen Handels- und Kooperationsabkommen zwischen der EWG und den MOE-Staaten" wirtschaftliche und politische Hilfe angeboten (Schulte 2000a, S. 287 ff.)[96]. Durch

---

[95] Die politische Bedeutung ergibt sich daraus, dass Polen laut dem Vertrag von Nizza ebenso wie Spanien 27 Stimmen im EU-Rat erhalten soll und somit nur zwei Stimmen weniger hat als Deutschland, Frankreich, Großbritannien und Italien. Ungarn soll 12 Stimmen im EU-Rat erhalten. Dies entspricht dem Stimmengewicht von Belgien, Griechenland und Portugal.

[96] Unter anderem leiteten die Abkommen die schrittweise Heranführung der Transformationsländern Mittel- und Osteuropas an den EU-Binnenmarkt ein. Wichtige Elemente waren unter ande-

das im Jahr 1989 geschaffene Phare-Programm[97] sollte die Transformation der post-kommunistischen Länder durch technische, administrative und finanzielle Unterstützung beschleunigt werden und die Länder an die EU heranführen. Mittels so genannter Assoziierungsvereinbarungen[98] wurden die Beziehungen zwischen den zehn Staaten und der Union auf eine erste rechtliche Grundlage gestellt. Weiter intensiviert wurden die Beziehungen zwischen der EU und den MOEL durch SPAR (*Stratégie de Pré-Adhésion Renforcée*) und SAPARD (*Special Accession Programme for Agriculture and Rural Development*)[99]. Ein Grund für die erhebliche finanzielle Unterstützung der ehemals kommunistischen Staaten ist die Erkenntnis, dass eine Eingliederung in die EU nur erfolgreich sein kann, wenn die Neumitglieder ausreichend wirtschaftlich, politisch und administrativ vorbereitet sind.

Ein weiterer Schritt der Annäherung erfolgte im Jahr 1993 in Kopenhagen, als der Rat der EU förmlich den Weg für die Erweiterung der EU frei machte[100]. Auf diesem Gipfeltreffen der Staats- und Regierungschefs entstanden auch die Kopenhage-

---

rem die schrittweise Abschaffung von bestimmten mengenmäßigen Beschränkungen für die Einfuhr von Erzeugnissen aus dem MOEL in die EU, die Einräumung eines Meistbegünstigten Status, der Zugang zu den Finanzhilfen der Europäischen Investitionsbank und der Europäischen Bank für Wiederaufbau und Entwicklung (Vgl. hierzu auch Schulte 2000a, S. 287 ff.).

[97] Das Phare-Programm (*Poland and Hungary Action for Restructury of the Economy*) ist ein Teil der Instrumente der EU, um die Beitrittskandidaten auf die EU-Mitgliedschaft vorzubereiten (z.B. Unterstützung beim Aufbau und Ausbau der Infrastruktur). Ursprünglich war das Programm für die Länder Polen und Ungarn im Jahr 1989 geschaffen worden. Das Programm wurde auf alle Beitrittskandidatenländer Mittel- und Osteuropas ausgeweitet (EU-Kommission 2000g; EU-Kommission 2002g).

[98] Rechtlich räumt Artikel 238 des EG-Vertrags (in der Fassung vom 1. Januar 1995) die Möglichkeit ein, mit dritten Staaten und internationalen Organisationen Abkommen zu schließen, „die eine Assoziierung mit gegenseitigen Rechten und Pflichten, gemeinsamem Vorgehen und besonderen Verfahren herstellen".

[99] Ziel der intensivierten Heranführungsstrategie SPAR (*Stratégie de Pré-adhésion Renforcée*) ist, die beitrittswilligen Länder Mittel- und Osteuropas auf den Beitritt zur EU vorzubereiten. SAPARD bezieht sich auf die Landwirtschaft und den ländlichen Raum (EU-Kommission 2001d; EU-Kommission 2002g).

[100] Dem Kopenhagener EU-Ratstreffen, der den Beginn der Erweiterung darstellt, folgten weitere Ratstreffen, die den Erweiterungsprozess bestätigten und voranbrachten. Zu nennen ist hier das Gipfeltreffen in Luxemburg im Dezember des Jahres 1997. Hier beschlossen die Staats- und Regierungschefs der 15 Mitgliedsländer, ab dem 30. März 1998 den Erweiterungsprozess mit den zehn Mittel- und Osteuropäischen Staaten sowie Zypern zu beginnen. Gleichzeitig wurde die Gruppe der Beitrittskandidaten geteilt. Die zu diesem Zeitpunkt am weitesten fortgeschrittene Gruppe bildeten Estland, Polen, Slowenien, Tschechien, Ungarn und Zypern („Luxemburger Gruppe"). Mit ihnen nahm die EU im März des folgenden Jahres Verhandlungen über einen Beitritt auf. Auf dem Ratstreffen in Helsinki im Dezember 1999 wurde beschlossen, auch mit den übrigen Beitrittskandidaten („Helsinki Gruppe") ab Februar 2000 in Beitrittsverhandlungen zu treten. Allerdings wurde gleichzeitig beschlossen, dass die Gruppierung keine Vorfestlegung der Beitrittszeit bedeuten. Vielmehr beschloss der Rat in Helsinki, dass jedes Land nach seinen individuellen Fortschritten bewertet und entsprechend der individuellen Beitrittsreife über eine Aufnahme in die EU entschieden wird.

ner Kriterien, die ökonomische, institutionelle und politische Kriterien für den Beitritt festschreiben. Die vier Kriterien erfordern von den künftigen Mitgliedern erstens stabile und demokratische Institutionen, Rechtsstaatlichkeit und die Einhaltung der Menschen- und Minderheitenrechte. Zweitens sind eine funktionierende Marktwirtschaft und die Fähigkeit, den Markt- und Wettbewerbskräften des gemeinsamen Marktes standzuhalten, erforderlich. Drittes Kriterium ist die Fähigkeit der Länder, die politischen, wirtschaftlichen und rechtlichen Verpflichtungen, die mit der Mitgliedschaft einhergehen, einhalten zu können. Vierte Bedingung ist die Angleichung der Verwaltungsstrukturen, sodass das EU-Recht in nationales Recht übersetzt werden kann[101]. Die Kandidatenländer sollten aufgenommen werden, sobald sie den gemeinsamen Besitzstand der EU, die so genannten *acquis communautaire*, übernommen haben[102]. Bei den *acquis communautaire* geht es insbesondere darum, dass die Beitrittsländer den gesamten Rechtsbestand[103] – hierzu zählen auch die für die Renten-

---

[101] Die EU-Kommission bewertet die individuellen Fortschritte der Beitrittskandidaten hinsichtlich der Erfüllung der Kopenhagener Kriterien. Der Europäische Rat entscheidet, welche Länder die nötige Beitrittsreife aufweisen.

[102] Bei den *acquis communautaire* handelt es sich um den gesamten rechtlichen Besitzstand der Europäischen Union. Für die Beitrittsverhandlungen wurde dieser in 31 Kapitel unterteilt. Sofern alle Kapitel abgeschlossen sind, gilt ein Land als beitrittsreif. Die *acquis communautaire* umfassen primäres und sekundäres Gemeinschaftsrecht. Das Primärrecht der EU besteht aus den Gründungsverträgen der europäischen Gemeinschaften, die Ergänzungen hierzu und dem Vertrag über die Europäische Union. Zu ihnen gehören die Einheitliche Europäische Akte, der Vertrag von Maastricht, der Vertrag von Amsterdam und der Vertrag von Nizza. Sie sind mit nationalem Verfassungsrecht vergleichbar. Die Verträge werden unmittelbar zwischen den Regierungen der Mitgliedstaaten ausgehandelt und müssen von den nationalen Parlamenten ratifiziert werden. Das Sekundärrecht basiert auf dem Primärrecht. Das Sekundärrecht wird durch vom Ministerrat auf Basis des Primärrechts beschlossen. Zum sekundären Recht gehören gemäß den Gründungsverträgen der Europäischen Gemeinschaft Verordnungen, Richtlinien, Entscheidungen, Beschlüsse, Empfehlungen, Stellungnahmen und internationale Abkommen, sofern sie sich auf die EU beziehen und im Rahmen der EU aufgestellt wurden. *Verordnungen* werden nach ihrer Verabschiedung direkt in allen Mitgliedsstaaten gültig und rechtlich verbindlich, ohne dass es nationaler Umsetzungsmaßnahmen bedürfte. Sofern nationale Gesetze den Verordnungen widersprechen, müssen sie an die EU-Verordnungen angepasst werden (Vgl. hierzu z.B. Verordnung 1408/71, siehe unten). *Richtlinien* dagegen sind eher ein Leitfaden. Sie müssen innerhalb eines bestimmten Zeitraums von den Mitgliedsstaaten inhaltlich in nationales Recht umgesetzt werden. Den Mitgliedstaaten bleibt es jedoch überlassen, mit welchen Mittel sie die Anforderungen umsetzten. *Entscheidungen* und *Beschlüsse* beziehen sich auf bestimmte Einzelfälle, die rechtlich verbindlich sind und ebenso wie Verordnungen keiner nationalen Umsetzungsmaßnahmen bedürfen. Entscheidungen können an Mitgliedstaaten, Unternehmen oder Einzelpersonen gerichtet sein. Rechtlich unverbindlich sind *Empfehlungen* und *Stellungnahmen*. Dritte rechtliche Bestandteile neben Primär- und Sekundärrecht sind die Urteile des Europäischen Gerichtshofs (EuGH).

[103] Mit Blick auf den Gemeinsamen Besitzstand wird auch deutlich, dass die Anforderungen an die Mittel- und Osteuropäischen Beitrittskandidaten wesentlich höher liegen als bei vorherigen Erweiterungsrunden in den 80er Jahren.

systeme wichtigen Verordnungen Nr. 1408/71 EWG und Nr. 574/72 EWG (siehe unten) – in nationale Gesetze umsetzen und anwenden können[104].

2.3.2.2 Die wirtschaftliche Beitrittsreife

Die wirtschaftlichen Kriterien lassen sich unterteilen in erstens die Frage nach der Existenz einer funktionierenden Marktwirtschaft[105] und zweitens nach der Fähigkeit der Staaten, dem Wettbewerbsdruck innerhalb der Wirtschaftsgemeinschaft der EU standzuhalten[106]. Die Osterweiterung der Europäischen Union soll für alle Beteiligten – also sowohl die 15 Mitgliedstaaten als auch die Beitrittskandidaten – Vorteile mit sich bringen. Wirtschaftliche Vorteile sollen entstehen, indem durch die Erweiterung der EU auch die Freihandelszone erweitert wird und somit eine noch stärkere Spezialisierung zu erwarten ist. Auf diese Weise können sich die einzelnen Länder auf ihre jeweiligen Spezialgebiete konzentrieren und andere Waren oder Dienstleistungen einkaufen bzw. Produktionsbereiche auslagern. Auch die zunehmende Größe des Wirtschaftsraums bedeutet einen Zugewinn für die Union. Berechnungen zufolge ist bereits heute der Handel zwischen der EU und den osteuropäischen Beitrittskandidatenländern halb so groß sei wie der Handel zwischen EU und den USA (Sinn, 2000a, S. 10). Die Beitrittsländer profitieren zudem schon vor ihrem Beitritt von den EU-Fördermitteln und den positiven Erwartungen an die wirtschaftliche Entwicklung, die mit dem Beitritt verbunden sein sollen[107].

---

104 Eine Prüfung der *acquis communautaire* im Bereich der Sozial- und Beschäftigungspolitiken begann am 28. September 1998 mit dem Ziel, den Beitrittskandidaten den gemeinschaftlichen Rechtsbestand in diesem Bereich zu erklären und die Forschritte bei der Umsetzung des gemeinsamen Besitzstandes in den Bewerberländern zu erörtern. Hilfestellung bei der Umsetzung der *acquis communautaire* erhielten die Beitrittsstaaten von Seiten der bestehenden EU durch die so genannte verstärkte Heranführungsstrategie. Sie umfasst Beitrittspartnerschaften, das „nationale Programm zur Übernahme des Rechtsbestands der Gemeinschaft" (NPÜRG) und den regelmäßigen Berichten der Kommission über die Fortschritte der Beitrittsländer bei der Umsetzung der *acquis communautaire* (Vgl. hierzu z.B. EU-Kommission 2000f, S. 6).

105 Eine funktionierende Marktwirtschaft zeichnet sich gemäß der EU-Kriterien durch freie Preisbildung, liberalisierte Märkte und ein funktionierendes Rechtssystem aus. Wichtig sind auch makroökonomische Stabilität (niedrige Arbeitslosenquote, angemessenes Wirtschaftswachstum, niedrige Inflationsraten) und eine klare und zielgerichtete Wirtschaftspolitik. Ein entwickelter Kapitalmarkt und die Abwesenheit von Markteintritts- und Marktaustrittsbarrieren sind nach Ansicht der EU-Kommission unerlässlich für eine effiziente Volkswirtschaft (EU-Kommission 2001h, S. 52).

106 Die Fähigkeit der jeweiligen Wirtschaftssysteme, den Marktkräften des gemeinsamen EU-Binnenmarktes stand zu halten, gründet sich laut EU-Kommision auf der Existenz einer funktionierenden Marktwirtschaft und einem stabilen makroökonomischen nationalen Umfeld (EU-Kommission 2001h, S. 58).

107 Beispielsweise bietet die relativ sichere Perspektive auf die EU-Mitgliedschaft internationalen Investoren eine höhere Rechtssicherheit und somit ein geringeres finanzielles Risiko. So genannte Rating-Agenturen, zur Beurteilung der Kreditwürdigkeit eines Landes oder eines Unternehmens, reduzierten beispielsweise das Länderrisiko der Beitrittsländer (Deutsche Bank 2002d, S. 9).

Aber auch Befürchtungen und Ängste auf beiden Seiten müssten ernst genommen werden. „The key issue is the economy", schreibt beispielsweise der polnische Wirtschaftswissenschaftler Ludwik Florek. „Poland, like other countries, will accede to the Union as a country with an economy that is weaker than of its partners [...] Moreover, Polish economic structure is not modern" (Florek 2002a, S. 1f.). Zweifelsohne ist der Beitritt zur EU für die Kandidatenländer mit erheblichen wirtschaftlichen, politischen und sozialen Kosten verbunden. Der EU-Beitritt erfordert von den potentiellen Neumitgliedern einen umfassenden Strukturwandel der Wirtschaft (z.b. die Rückführung des Agrar- und Bergbausektors und die Aufgabe veralteter Industriezweige) und eine Stärkung der Wettbewerbsfähigkeit. Ein Resultat des Strukturwandels ist zumindest kurz- bis mittelfristig eine steigende Arbeitslosigkeit. Reformen in den mittel- und osteuropäischen Ländern waren und sind indessen unumgänglich. Die Prozesse der Globalisierung und der Transformation von Plan- zu Marktwirtschaften werden ohnehin wirtschaftliche und soziale Härten hervorrufen. Den mittel- und osteuropäischen Ländern kommt durch den angestrebten EU-Beitritt zugute, dass sie nicht nur finanzielle Hilfe[108], sondern auch administrative und politische Hilfe der EU bei ihrem Modernisierungsprozess erhalten[109].

Ein wesentliches wirtschaftliches Problem der mittel- und osteuropäischen Länder ist das Staatsdefizit (siehe auch Kapitel 3.1.3.) vor allem in den größeren Mitgliedsländern Polen, Ungarn und Tschechien. Die verstärkte Kontrolle des Haushaltsdefizits im Zuge des EU-Beitritts und dem anvisierten Beitritt zur Europäischen Wirtschafts- und Währungsunion (EWWU)[110] kann sich auch auf die Rentensysteme auswirken. Sofern auch die neuen EU-Mitglieder der EWWU angehören, wird sich

---

[108] Während den Beitrittsverhandlungen wurde Polen beispielsweise eine zusätzliche finanzielle Hilfe in Höhe von einer Milliarden Euro zur Unterstützung bei der Umstrukturierung der Landwirtschaft zugesprochen (Brusis/ Emmanouilidis/Hofbeck 2003, S. 12)

[109] Um die Anstrengungen der Beitrittskandidaten hinsichtlich der Erfüllung der Aufnahmekriterien nicht abklingen zu lassen, hat die EU-Kommission ein Monitoring-Programm aufgelegt. Ende Oktober 2003 bewertete die EU-Kommission im so genannten „Überwachungsbericht" nochmals die Fortschritte bei der Vorbereitung zum Beitritt. Darin kommt die Kommission zu dem Schluss, dass keines der zehn Länder in ausreichendem Maß vor allem in technischer und administrativer Sicht auf den Beitritt vorbereitet ist. Am stärksten wird Polen kritisiert, das die größte Mängelliste aufweist. Die EU-Kommission droht, gegebenenfalls EU-Subventionen erst dann auszuzahlen, wenn die nötigen Voraussetzungen geschaffen werden. In Polen und Ungarn betrifft dies insbesondere die Agrarsubventionen, da nach Ansicht der EU-Kommission in beiden Ländern die administrativen Voraussetzungen für die Vergabe von EU-Strukturhilfen nicht vorhanden sind (EU-Kommission 2003b und 2003c).

[110] Die im Vertrag von Maastricht festgelegten Kriterien der wirtschaftlichen Konvergenz, die so genannten Maastrichtkriterien, sollen sicherstellen, dass an der Währungsunion nur Staaten teilnehmen, die ähnliche wirtschaftliche Entwicklungen aufweisen. Die zentralen Kriterien sind Preisstabilität, solide Staatsfinanzen, stabile Wechselkurse und niedrige langfristige Zinsen. Die EU-Mitgliedschaft führt nicht zwangsläufig zum Beitritt zur EWWU.

der Druck auf die Reduzierung des Staatsdefizits steigen[111]. Da Rentenausgaben ein wesentlicher Ausgabenfaktor im Haushaltsbudget aller aktuellen und künftigen EU-Staaten sind (Vgl. hierzu 3.3.), werden die Regierungen möglicherweise bei drohendem hohen Defizit unter anderem auf Maßnahmen zur Reduzierung der Ausgabenlast durch die Rentensysteme zurückgreifen[112].

2.3.2.3 Chancen und Risiken der EU-Osterweiterung: Die Öffnung der Arbeitsmärkte

Die Erweiterung um zehn neue Mitgliedstaaten ist für die EU und ihre Mitgliedsländer unzweifelhaft eine enorme politische, ökonomische und institutionelle Herausforderung. Hier sind insbesondere die Finanzierung der Osterweiterung der EU[113] und die (vollständige) Öffnung der Arbeitsmärkte für die neuen Mitgliedsländer zu nennen. Von Belang für die Sozialversicherungssysteme in den Beitrittsländern wird die potentielle Wanderung von Bürgern aus den neuen in die alten Mitgliedstaaten nach der Erweiterung. Gravierende Probleme aufgrund der Öffnung der Grenzen – mit oder ohne Übergangszeit – sind nicht zu erwarten, da bereits nach Ende des Kommunismus die Arbeitsmärkte stellenweise geöffnet wurden. Insbesondere in der Übergangsphase und in den Grenzregionen können allerdings Probleme nicht ausgeschlossen werden. Das Problem der Migration muss von zwei Seiten betrachtet werden. Auf der einen Seite aus Sicht der Neumitglieder, auf der anderen Seite aus Sicht der alten EU-Mitgliedstaaten. Die Neumitglieder fürchten insbesondere, nach der vollständigen Öffnung der Arbeitsmärkte ihre gut ausgebildeten Fachkräfte an den Westen zu verlieren („*brain drain*")[114]. Die Altmitglieder – insbe-

---

[111] Die Konvergenzkriterien müssen auch nach der Aufnahme in die EWWU eingehalten werden. Zu diesem Zweck wurde der so genannte Stabilitäts- und Wachstumspakt zwischen den EWWU-Teilnehmerstaaten geschlossen. Der Stabilitätspakt ist im Jahr 1997 (EU-Kommission 1997c) mit dem Ziel eingerichtet worden, die Mitgliedstaaten der EWWU zur Disziplin in ihren Staatshaushalten (u.a. Rückführung des Staats- und Haushaltsdefizits) und einer auf Stabilität ausgerichteten Wirtschaftspolitik (u.a. moderate Inflationsraten, stabiles Wirtschaftswachstum) anzuhalten. Wirksam wurde er mit der Einführung der Gemeinschaftswährung, dem Euro, am 1. Januar 1999. Auf der anderen Seite verweist die EU-Kommission darauf, dass die Stabilitätskriterien gelockert werden könnten, wenn die soziale Dimension der EU unter den fiskalischen Kriterien zu stark leidet (EU-Kommission 2002e, S. 242).

[112] Diese könnten beispielsweise Ausdruck in einer Reduzierung der Rentenleistungen, Verschärfung der Berechtigungskriterien und/oder eine weitergehende Privatisierung der Altersvorsorge liegen.

[113] Eine Analyse und Diskussion der Finanzierung der Osterweiterung kann aufgrund der umfassenden Problematik an dieser Stelle nicht vorgenommen werden.

[114] Hinsichtlich der Gefahr, dass insbesondere Personen im erwerbsfähigen Alter aus Polen und Ungarn abwandern, wird kritisiert, dass die Auswirkungen der Migration nach dem EU-Beitritt auf die Rentensysteme unterschätzt werden: „Migration of labour in its effects on pension schemes in transition countries seems to be a topic that has not yet received much attention, but may become

sondere die Länder, die an der derzeitigen östlichen EU-Außengrenze liegen (Deutschland und Österreich) – fürchten einen erheblichen Zustrom von gering qualifizierten Arbeitskräften aus den neuen Mitgliedsländern, die für einen niedrigeren Lohn arbeiten und inländische Arbeitskräfte verdrängen. Tatsächlich sind Wanderungsbewegungen von Ost nach West unter anderem aufgrund der Wohlstands- und Einkommensunterschiede sowie der angenommenen besseren Arbeitsmarktchancen im Westen Europas zu erwarten. Abzusehen ist ein steigender Konkurrenzdruck von Seiten der Arbeitnehmer aus den mittel- und osteuropäischen Ländern[115]. Nach Berechnungen des Max-Planck-Insituts für internationales und ausländisches Recht und des Münchener Ifo-Instituts lag beispielsweise das deutsche Lohnniveau auf Basis der Kaufkraftparität[116] im Jahr 2001 gegenüber dem Lohnniveau in Polen 3,9 Mal und gegenüber Ungarn 4,3 Mal so hoch (Maydell/Schulte 2001). Allerdings liegen die Schätzungen über die Wanderungsbewegungen aufgrund der EU-Erweiterung zum Teil erheblich auseinander[117].

Problematisch sind übermäßige Wanderungsbewegungen von Ost nach West, sofern sie durch die im Westen höheren Leistungen des Sozialstaats verursacht werden. Dabei gilt zu beachten, dass das Gemeinschaftsrechts bereits zwischen der Freizügigkeit von erwerbstätigen Personen (Arbeitnehmern und Selbständigen) und nicht erwerbstätigen Personen (z.B. Rentner, Studenten) unterscheidet. Uneingeschränkte Freizügigkeit wird grundsätzlich nur den Erwerbstätigen eingeräumt.

---

an important topic in the process of integrating these countries into the EU." (EU-Kommission 2002e, S. 62)

[115] Der zunehmende Druck auf die Löhne wird je nach Standpunkt und Betroffenheit als Vor- oder Nachteil bewertet. Schulte sieht eine durch verstärkte Konkurrenz induzierte moderatere Lohnentwicklung in Westeuropa beispielsweise als Vorteil, weil hierdurch die Schaffung von mehr Arbeitsplätzen angeregt werden kann (Schulte 2000a, S. 299). Populäre Klagen sind hingegen Warnungen vor „Lohndumping" und dem Import von „billigen Arbeitskräften", die heimische Erwerbspersonen ersetzen. Allerdings wurde auch bei der Erweiterung der Union um die südlichen EU-Staaten Griechenland, Spanien und Portugal vor erheblichen Migrationsströmen aufgrund des Wohlstands- und Einkommensgefälles gewarnt, die jedoch niemals Realität wurden.

[116] Durch die Berechnung nach Kaufkraftparität werden die nationalen Unterschiede in den Lebenshaltungskosten berücksichtigt. Vergleichsweise geringere Löhne sind somit zum Teil durch geringere Lebenshaltungskosten in einem Land oder einer Region wirtschaftlich und politisch zu rechtfertigen.

[117] Einer Prognose des Münchner Ifo-Instituts aus dem Jahr 2000 zufolge, werden die alten EU-Mitgliedsländer jährlich Immigranten aus den neuen Mitgliedsländern im Umfang von vier bis fünf Prozent ihrer Bevölkerung aufnehmen müssen. Für Deutschland würden das 200.000 bis 300.000 Personen pro Jahr bedeuten. Schätzungen von Franzmeyer und Brücker aus dem Jahr 1997 gehen von 340.000 bis 680.000 Immigranten pro Jahr aus Polen, Slowenien, der Slowakei, der Tschechischen Republik und Ungarn nach Deutschland aus (zitiert in: Fassmann/Münz 2002). Die Differenzen in den Schätzungen über die Wanderungsbewegungen beruhen vorwiegend auf unterschiedlichen Annahmen hinsichtlich des Zeitpunkt des Beitritts und der vollständigen Öffnung der Arbeitsmärkte für die neuen Mitgliedsländer, den künftigen Lohndifferenzen, der Arbeitslosigkeit in der EU und den Beitrittsländern sowie dem Wirtschaftswachstum.

Nichterwerbstätige müssen unter anderem einen Krankenversicherungsschutz und ausreichend eigene finanzielle Mittel (z.b. eigenes Privatvermögen, Renteneinkommen, Stipendien) vorweisen können, um in ein anderes EU-Mitgliedsland einwandern zu können. Auf diese Weise soll eine Migration zwischen den Mitgliedstaaten verhindert werden, die primär von Unterschieden in den Sozialstandards oder Sozialleistungen induziert ist (Vgl. ebd.)[118]. Eine niedrigere Entlohnung für Arbeiter, die aus den neuen Mitgliedsländern kommen, ist indessen mit dem EU-Recht nicht vereinbar[119]. Darüber hinaus besteht seit dem Jahr 1996 die so genannte Entsenderichtlinie. Dennoch ist es im politischen Prozess zur Beschränkung der Arbeitnehmerfreizügigkeit gekommen, um die Arbeitsmärkte in den alten Ländern vor einem zu großem Zustrom von Arbeitern aus den neuen Mitgliedsländern zu schützen[120]. Wird die Übergangsfrist von maximal sieben Jahren vollständig ausgeschöpft, würde die vollständige Arbeitnehmerfreizügigkeit erst ab dem Jahr 2011 gelten. Zu diesem Zeitpunkt wird in den meisten alten EU-Mitgliedstaaten erwartet, dass ein Arbeitskräftemangel aufgrund des demographischen Wandlungsprozesses entsteht. Aber auch in den mittel- und osteuropäischen Staaten wird zu diesem Zeitpunkt der Anteil der Personen im erwerbsfähigen Alter drastisch sinken (siehe hierzu Kapitel 3.1.1. und 4.1). Sowohl die Altmitgliedstaaten als auch die Neumitglieder werden spätestens mittel- bis langfristig ein Interesse an Zuwanderung von Arbeitskräften haben. Dementsprechend wird es für die alten EU-Mitgliedsstaaten angesichts der zunehmenden Alterung der Gesellschaften von Vorteil sein, wenn insbesondere jüngere – im Idealfall gut ausgebildete – Arbeitskräfte einwandern.

Die Migration von jungen Arbeitskräften stellt demzufolge eher für die Länder ein Problem dar, aus dem die Erwerbspersonen auswandern. Bei einem möglichen „*brain drain*" - der Abwanderung gut ausgebildeter Arbeitskräfte – reduziert sich das Wachstumspotential der von der Abwanderung betroffenen Volkswirtschaften. Sollten Arbeitskräfte – zum Beispiel aufgrund des höheren Lohns im Westen, den gege-

---

[118] Eine mögliche finanzielle Belastung für die sozialen Sicherungssysteme in den alten EU-Mitgliedstaaten kann potentiell von der Zusammenführung von Familien von Beschäftigten aus den künftigen Mitgliedstaaten, die bereits vor dem Beitritt in der EU arbeiten, ausgehen (Schulte 2000a, S. 300).

[119] Laut Artikel 48, Paragraph 2 der Verordnung 1408/71 umfasst die Freizügigkeit der Arbeitnehmer „die Abschaffung jeder auf der Staatsangehörigkeit beruhende unterschiedlichen Behandlung der Arbeitnehmer der Mitgliedstaaten in Bezug auf Beschäftigung, Entlohnung und sonstige Arbeitsbedingungen".

[120] Die Regelungen sehen vor, dass die Arbeitnehmerfreizügigkeit nicht unmittelbar nach dem EU-Beitritt gilt, sondern eine Übergangsfrist von fünf Jahren eingeräumt wird, die um zwei Jahre verlängert werden kann. Nach den ersten zwei Jahren sollen die Regelungen der Übergangsfristen überprüft werden. Den alten EU-Mitgliedstaaten steht es indes frei, ihre Arbeitsmärkte unmittelbar nach dem Beitritt für die Neumitglieder zu öffnen. Auch beim Beitritt Spaniens und Portugals im Jahre 1986 sind Übergangsfristen für die Freizügigkeit der Arbeitnehmer von sieben Jahren vereinbart worden.

benenfalls höheren Sozialleistungen, dem höheren Wohlstand oder ähnlichen Gründen – in größerem Ausmaß abwandern, wäre das ein herber Rückschlag für den wirtschaftlichen Aufholungsprozess in den Beitrittsländern. Verlieren sie gut ausgebildete Arbeitskräfte an den Westen, dann haben sie Investitionen in Humankapital getätigt, das anderen Ländern zugute kommt.

2.3.3 Sozialpolitik und Sozialrecht in der Europäischen Union

Die Europäische Union will sich nicht nur als Bündnis zur Bewahrung des militärischen Friedens, sondern auch als Bündnis zur Bewahrung des sozialen Friedens sehen. Die sozialpolitische Aufgabe der EU soll Ausdruck in der gemeinsamen Beschäftigungs- und Sozialpolitik finden, deren Ziel es ist, „allen Bürgerinnen und Bürgern eine angemessene Lebensqualität und einen entsprechenden Lebensstandard zu sichern" (Europäische Kommission 2000g, S. 3)[121]. Vor dem Hintergrund des angestrebten Beitritts Polens und Ungarns zur Europäischen Union (EU) sind die vorhandenen sozialpolitischen Strukturen in der Gemeinschaft von Interesse, zumal sich die Beitrittsländer in sie einfügen müssen. Nachfolgend werden die Grundlagen der EU-Sozialpolitik und zentrale Grundlagen des Gemeinschaftsrechts, die auf die soziale Sicherung in den Nationalstaaten zurückwirken, vorgestellt.

2.3.3.1 Die Grundlage der EU-Sozialpolitik: Die Römischen Verträge von 1957

Die Diskussion um eine Sozialpolitik in der Gemeinschaft der Europäischen Staaten[122] ist so alt wie die Gemeinschaft selbst. Im Zentrum steht der entstehende EU-Binnenmarkt mit seinen vier Grundfreiheiten[123]. Sozialpolitische Maßnahmen die-

---

[121] Die gemeinsame Wirtschafts- und Finanzpolitik soll mit sozialen Elementen begleitet werden. Denn „Dank dem so genannten ‚europäischen Sozialmodell' sind die Menschen in der EU nicht dem ‚freien Spiel der Marktkräfte' ausgeliefert. Ganz im Gegenteil: Sie können auf eines der besten sozialen Sicherungsnetze der Welt zählen." (Europäische Kommission 2000g, S. 3.) Das ehrgeizige Ziel wird jedoch in sofern beschränkt, als die Sozialpolitik gemäß dem Subsidiaritätsprinzip weiterhin zu den Kernkompetenzen der Mitgliedstaaten gehört (Vgl. ebd., S. 3f.).

[122] „Europäischer Sozialpolitik" definiert Schmähl einerseits als „die von supranationalen Akteuren auf der Ebene der Europäischen Union angestrebten Ziele und durchgeführten Maßnahmen im Bereich praktischer Sozialpolitik" und andererseits als „sozialpolitisch relevante Wirkungen, die sich aus den Maßnahmen ergeben, die zur Verwirklichung der Europäischen Union getroffen werden" (Schmähl 1997, S. 10f.).

[123] Der Vertrag der Europäischen Wirtschaftsgemeinschaft (EWG-Vertrag) aus dem Jahr 1957 sieht „vier Grundfreiheiten" des gemeinsamen Marktes vor. Es handelt sich dabei um den freien Waren- und Dienstleistungsverkehr, die Freizügigkeit der Arbeitnehmer, die Niederlassungsfreiheit sowie die Freizügigkeit von Kapitaltransaktionen innerhalb der Gemeinschaft. Nicht vereinbar mit dem EU-Grundsatz auf freien Kapitalverkehr sind zum Beispiel die derzeit geltenden Investitionsbeschränkungen in Polen und Ungarn im Rahmen der gesetzlichen Rentenversicherung. Für das Anlagekapital in der obligatorischen Privat-Alersvorsorge in Ungarn galt in den ersten Jahren bei-

nen folglich zunächst dem Ziel, die Freizügigkeit in der Gemeinschaft zu sichern (Schmähl 1997, S. 11). Anfangs wurde der Sozialpolitik keine zentrale Bedeutung innerhalb der Gemeinschaftspolitik zugesprochen. Politische und wirtschaftliche Fragen dominierten den Integrationsprozess. Primäres Ziel der Gründerväter war, mögliche Mobilitätshindernisse vor allem der Arbeiter zu beseitigen und somit die Voraussetzungen für einen europäischen Binnenmarkt zu schaffen[124]. Dennoch werden im EWG-Vertrag von 1957 bereits sozialpolitische Handlungsfelder niedergelegt. Sie betreffen die Angleichung der Sozialversicherungssysteme und die soziale Sicherheit von Wanderarbeitnehmern (Artikel 51 EWG-Vertrag), die Verbesserung der Arbeits- und Lebensbedingungen (Art. 117 EWG-Vertrag), die Förderung der Zusammenarbeit in sozialpolitischen Fragen (Art. 118 EWG-Vertrag) und die Förderung der beruflichen und räumlichen Mobilität durch Hilfen des Europäischen Sozialfonds (ESF) (Art. 123-127 EWG-Vertrag). Für die soziale Sicherung in der Europäischen Gemeinschaft von Bedeutung sind in erster Linie die Artikel 48 bis 51 EWG-Vertrag, die unter dem Titel „Freizügigkeit" zusammengefasst sind. Im Rahmen der zunehmenden wirtschaftlichen Integration stellt sich die Frage nach dem Ausmaß der sozialpolitischen und sozialrechtlichen Integration der EU-Mitgliedstaaten. Die beiden Pole zwischen denen sich die Sozialpolitik der EU bewegen kann, sind auf der einen Seite eine Harmonisierung der nationalen Sozialpolitiken[125] und auf der anderen Seite ein zunehmender „institutioneller Wettbewerb"[126] der sozialen Systeme und Wohlfahrtsstaaten (Berthold 1998a, S. 17 ff.).

---

spielsweise das Verbot, in ausländische Aktien zu investieren. Erst seit dem Jahr 2000 sind Anlagen des Rentenkapitals im Ausland erlaubt. Sie unterlagen zunächst der Beschränkung, dass sie maximal 10 Prozent der Gesamtanlagen ausmachen durften. Seit dem Jahr 2002 darf bis zu 30 Prozent des Kapitals in OECD-Länder investiert werden. In Polen galt bis zuletzt die Regelung, dass nur fünf Prozent des Kapitals aus der obligatorischen Privatrente im Ausland investiert werden darf (siehe hierzu z.B. Stańko 2003). Die EU-Kommission mahnte mehrfach die Deregulierung der Anlagevorschriften an (Vgl. EU-Kommission 2002e, S. 221).

[124] Folglich stand die Wirtschaftspolitik seit der Gründung der Gemeinschaft im Vordergrund. Europäische Sozialpolitik sollte als „Schmiermittel des ökonomischen Motors" (Heise 1998, S. 7) dienen. Eine eigenständige Rolle spielte die Sozialpolitik erst in den 1990er Jahren (siehe unten).

[125] Durch eine Harmonisierung soll ein sozialer Unterbietungswettbewerb („Sozialdumping") verhindert werden, argumentieren Befürworter.

[126] Der so genannte „institutionelle Wettbewerb" kann auch als ein Mittel zur Angleichung der nationalen Sozialpolitiken angesehen werden. Am Beispiel der sozialen Sicherungssysteme lässt sich das anschaulich verdeutlichen. Demnach wird durch den Wettbewerb zwischen den sozialen Sicherungssystemen das Systemvorbild reüssieren, das den besten bzw. den als besten angesehenen Lösungsweg der derzeitigen und künftigen Herausforderungen bieten kann.

2.3.3.2 Die Grundlage des EU-Sozialversicherungsrechts: die Verordnungen 1408/71 und 574/72 (EWG)

Wichtige Fortschritte hinsichtlich der sozialen Sicherung in der EU als Gemeinschaft gab es in den Jahren 1971 und 1972. In den beiden Jahren wurden die heute noch bedeutsamen Verordnungen Nr. 1408/71 (EWG) und Nr. 574/72 (EWG)[127] verabschiedet. Hierbei handelt es sich um internationales (sekundäres[128]) Sozialversicherungsrecht, das zwischen den Mitgliedstaaten der EU gilt. Hintergrund der Verordnungen ist, dass im Allgemeinen in Bezug auf die nationalen Sozialversicherungen das Territorialprinzip gilt. Das heißt, dass nur Personen in das Sozialversicherungssystem integriert sind, die im Inland beschäftigt sind bzw. dort leben. Entsprechend erhalten auch nur diejenigen Leistungen im betreffenden Land, die Ansprüche erworben haben (z.b. durch die Erfüllung bestimmter nationaler Anspruchskriterien wie die Dauer des Wohnsitzes im Land oder Beitragszahlungen). Die Ausnahmen regeln die Verordnungen Nr. 1408/71 EWG[129] und Nr. 574/72 EWG. Mittels dieser Verordnungen soll verhindert werden, dass Beschäftigte innerhalb der EU in mehreren Mitgliedstaaten gleichzeitig Beiträge zur Sozialversicherung zahlen bzw. keinen Versicherungsschutz erhalten. Geregelt wird darüber hinaus die Zuständigkeit für Arbeitnehmer, Selbständige und deren Familienangehörigen, die zwischen den Mitgliedsstaaten wandern. .

Die gesetzlichen Regelungen der EU lassen sich in vier Grundprinzipien der Koordinierung aufteilen (Vgl. hierzu Schulte 2000a, S. 307 ff.). Erstens wird festgelegt, dass die Rechtsvorschrift des Mitgliedsstaats anzuwenden ist, in dem der Erwerbstätige (Arbeitnehmer oder Selbständiger) arbeitet. Der Wohnort ist demnach nicht das entscheidende Kriterium, sondern der jeweilige Arbeitsplatz („Beschäftigungslandprinzip"). Die Ausnahme hiervon ist, dass eine Person parallel in mehreren Mitgliedstaaten beschäftigt ist. In diesem Fall gilt das Wohnortsprinzip. Zweitens stehen den EU-Bürgern, die ihren Arbeitsplatz in einem anderen Mitgliedsland als ihrem Heimatland haben, die gleichen Rechte und Pflichten der Staatsangehörigen hinsichtlich der nationalen Rechtsvorschriften zu („Inländergleichbehandlung"). Ausdrücklich einbezogen sind die Rentenleistungen im Fall von Alter, Invalidität und für Hinter-

---

[127] Die Verordnung Nr. 574/72 (EWG) ist die Durchführungsverordnung zur Verordnung 1408/71. Durch sie wird die Vorgehensweise zur Umsetzung der Regelungen von Verordnung 1408/71 spezifiziert.

[128] Im Gegensatz zum sekundären Gemeinschaftsrecht wird primäres Gemeinschaftsrecht durch Verträge (z.B. Römische Verträge, Vertrag von Amsterdam) gebildet (siehe oben).

[129] Die Verordnungen 1408/71 regelt die Anwendung der sozialen Sicherungssysteme auf Studierende, Arbeitnehmer, Selbständige und ihre Familienangehörigen und Hinterbliebenen „soweit sie Staatsangehörige eines Mitgliedsstaats sind oder als Staatenlose oder Flüchtlinge im Gebiet eines Mitgliedsstaats wohnen" (Verordnungen 1408/71 Artikel 2 I). Speziell auf Rentner bezogen ist der Abschnitt 5 der Verordnung 1408/71.

bliebene (Verordnungen 1408/71 Artikel 4 I b-c). Die Regelungen sollen gemäß Artikel 4 II der Verordnung gleichermaßen auf beitragsfinanzierte und beitragsfreie Systeme angewendet werden. Für die Rentensysteme besonders wichtig sind das dritte und vierte Koordinierungsprinzip. Die so genannte „Wohnortklausel" besagt, dass erworbene Sozialversicherungsansprüche auch bei einem Wechsel des Wohnorts in ein anderes EU-Mitgliedsland bestehen bleiben müssen. Entsprechend dürfen Länder die Auszahlung der Leistungen nicht an die Bedingung knüpfen, dass der Leistungsberechtigte seinen Wohnort im Land hat[130]. Die Freizügigkeit der Arbeitskräfte soll zudem durch das vierte Koordinierungsprinzip gefördert werden, das sicherstellt, dass Wanderarbeitnehmer die Arbeitszeiten bzw. Verdienste in einem anderen EU-Mitgliedsland auf die Anwartschaft angerechnet bekommen. Gemäß diesem „Grundsatz der Zusammenrechnung/Aggregation" werden alle Versicherungszeiten, die in einem EU-Mitgliedstaat erzielt wurden, bei der Berechnung der Sozialleistungsansprüche genauso berücksichtigt, als hätte ein Erwerbstätiger nur in einem Mitgliedsland gearbeitet. Artikel 27 VO 1408/71 regelt, dass einer Person im Ruhestand dieselben Leistungen in seinem Wohnland zu Lasten des Wohnlands zustehen, auch wenn sie in zwei oder mehreren Mitgliedsländern (darunter auch die im Wohnland) einen Rentenanspruch erworben hat und somit theoretisch die Rechtsvorschriften mehrerer Mitgliedsstaaten gelten[131].

2.3.3.3 Vom Mittel zum Zweck: Die Weiterentwicklung der EU-Sozialpolitik

Seit der Gründung der Europäischen Gemeinschaft hat die gemeinsame Sozialpolitik – zögerlich – an Bedeutung gewonnen. Im Jahr 1974 startete die Gemeinschaft ein „sozialpolitisches Aktionsprogramm". Als Ziele werden die Sicherung der Vollbeschäftigung in der Gemeinschaft, die Verbesserung und Angleichung der Lebens- und Arbeitsbedingungen innerhalb der Gemeinschaft und eine zunehmende Beteiligung der Sozialpartner an wirtschafts- und sozialpolitischen Entscheidungen genannt. Da das Programm allerdings nur als unverbindliche Erklärungen formuliert wurde, dem keine finanziellen oder rechtlichen Mittel zur Verwirklichung zur Seite gestellt wurden, blieb das sozialpolitische Aktionsprogramm ohne nennbare Auswirkungen (Heise 1998, S. 9).

Die Revision der Römischen Verträge durch die Einheitliche Europäische Akte (EEA) im Jahr 1986 brachte die EU-Sozialpolitik ein Stück weit voran. Neben der

---

[130] Dies gilt im Rahmen der EU-Regelung nur, soweit ein Anspruchsberechtigter innerhalb der EU-Grenzen seinen Wohnort verlegt (Artikel 10 I VO 1408/71).

[131] Falls ein Anspruch auf Leistungen im Wohnland nicht erworben wurde, die betroffene Person in zwei oder mehreren Mitgliedsstaaten jedoch einen Anspruch auf Rentenleistungen erworben hat, erhält sie und ihre Angehörigen im Grundsatz gemäß Artikel 28 VO 1408/71 eine Rente aus dem Wohnland. Die Leistungen bemessen sich nach den Regelungen des Mitgliedsstaats bzw. der Mitgliedsstaaten, in dem bzw. in denen die betreffende Person vorher Ansprüche erworben hat.

wirtschaftlichen Integration sollte auch die soziale Integration angestrebt werden. Allerdings zielen sozialpolitische Beschlüsse laut EEA nach wie vor überwiegend auf die der Erleichterung der wirtschaftlichen Integration und die Realisierung des Binnenmarktes. Der Schwerpunkt lag auf dem Abbau bestehender tarifärer und nichttarifärer Handelshemmnisse.

Bedeutende Fortschritte hinsichtlich der Europäischen Integration erfuhr die Gemeinschaft mit der Ratifizierung des Maastrichter Vertrages im Jahr 1992[132]. Demnach fallen drei Hauptthemenfelder in die Regelungskompetenz der Gemeinschaft: Mindeststandards für Arbeitsbedingungen können nunmehr mit qualifizierter Mehrheit erlassen werden. Einstimmig müssen die Mitglieder über Fragen der sozialen Sicherheit, des Kündigungsschutzes und der Mitbestimmungsrechte entscheiden.

Weitere Fortschritte in der EU-Sozialpolitik ergaben sich durch den Vertrag von Amsterdam. Gemäß Artikel 136 des Amsterdamer Vertrags (ehemals Artikel 117 EWG-Vertrag) fällt die Sozialpolitik in die gemeinsame Zuständigkeit der Europäischen Gemeinschaft und der Mitgliedstaaten. Im Vertrag von Amsterdam wurde das Abkommens zur Sozialpolitik in den Text des EG-Vertrags (Titel XI Kapitel 1, neue Artikel 136 - 145) eingegliedert.

Ein Schritt in Richtung einer stärkeren Betonung der Sozialpolitik in der EU war die Verabschiedung der Charta der sozialen Grundrechte der Arbeitnehmer (auch „Sozialcharta"). Durch sie sollten Befürchtungen entgegen gewirkt werden, dass soziale Standards auf dem kleinsten gemeinsamen Nenner festgeschrieben und somit ein „*race to the bottom*" eingeleitet wird. Der Ministerrat auf dem Gipfeltreffen von Straßburg am 9. Dezember 1989 nahm die Charta als „feierliche Erklärung" an[133]. Wie die Bezeichnung „feierliche Erklärung" bereits nahe legt, hatte dieses Dokument keinen rechtsverbindlichen Charakter. Die deklarierten „Grundrechte" wie Arbeitsschutz, Mitbestimmungs-, Gleichstellungs- und Freizügigkeitsrechte müssen daher eher als Absichtserklärungen angesehen werden (Heise 1998, S. 10f.). Ein weiteres Element der Sozialpolitik ist das so genannte „Grünbuch über die Europäische

---

[132] Auf sozialpolitischem Gebiet geht der Maastrichter Vertrag allerdings aufgrund der Blockadehaltung der britischen Regierung nur unwesentlich über die Formulierungen der Einheitlichen Europäischen Akte (EEA) hinaus. Damit die Briten dem Vertrag von Maastricht an sich zustimmen konnten, wurden sozialpolitische Themenfelder in einem separaten, dem Vertrag angehängten Kapitel „Maastrichter Abkommen über die Sozialpolitik" festgeschrieben. In dem Protokoll zur Sozialpolitik des Maastrichter Vertrags beschreiben die elf Unterzeichnerstaaten (das Vereinigte Königreich unterzeichnete das Protokoll zunächst nicht) als gemeinsames Ziel: „Die Förderung der Beschäftigung, die Verbesserung der Lebens- und Arbeitsbedingungen, einen angemessenen sozialen Schutz, den sozialen Dialog, die Entwicklung des Arbeitskräftepotentials im Hinblick auf ein dauerhaft hohes Beschäftigungsniveau und die Bekämpfung der Ausgrenzung" (Artikel 1 des Abkommens über die Sozialpolitik, Protokoll zum EU-Vertrag von Maastricht).

[133] Die Charta wurde zunächst nicht vom Vereinigten Königreich unterzeichnet. Erst im Jahr 1998 unterzeichnete der neue britische Premierminister Tony Blair die Charta.

Sozialpolitik - Weichenstellung für die Europäische Union" (EU-Kommission 1993). Darin wird ein Fragenkatalog über die Zukunft der Sozialpolitik in der Europäischen Union aufgestellt. Das Weißbuch (EU-Kommission 1994) geht zurück auf den Fragenkatalog des Grünbuchs[134].

In den vergangenen Jahren haben zudem sozialpolitische Themen an Bedeutung in der Gemeinschaftspolitik gewonnen. Auf der Konferenz von Nizza erfolgte die feierliche Deklaration der EU-Charta der Grundrechte (vgl. Alexander Fischer 2001, S. 61 f.). In der Charta sind auch soziale Grundrechte verankert (vgl. hierzu Schulte 2002a, S. 337)[135] Die Charta der Grundrechte soll als Teil II in die Verfassung eingehen, die am 18. Juni 2004 von den 25 Staats- und Regierungschefs der Europäischen Union verabschiedet wurde. Sofern die Verfassung in Kraft treten sollte, würde die bisher rechtlich unverbindliche Grundrechtcharta Verfassungsstatus erhalten.

Es ist abzusehen, dass damit auch die Rechtssprechung des Europäischen Gerichtshofs (EuGH) zusätzlich an Bedeutung für die Sozialpolitik gewinnt. Gerade mit Blick auf die gemeinsame Sozialpolitik wäre dies belangreich, da der Entwurf über die Europäische Verfassung die Kompetenzen der EU im Bereich der Sozial- und Beschäftigungspolitik stellenweise erweitert[136]. An prominenter Stelle in Artikel 3 II des Verfassungsentwurfs steht, dass in Zukunft von der EU „soziale Gerechtigkeit und sozialer Schutz" gefördert werden sollen. Nach geltendem EU-Recht geht es bislang lediglich um „ein hohes Maß an sozialem Schutz". Darüber hinaus werden als Ziele der EU „die Gleichstellung von Frauen und Männern" und die „Solidarität zwischen Generationen" genannt. Bekämpft werden sollen zudem „soziale Ausgrenzung und Diskriminierung". Bedeutend sind auch die geplanten Änderungen hinsichtlich der Wanderarbeitnehmer. Laut Verfassungsentwurf soll über Regelungen im EU-Rat künftig nur noch mit qualifizierter Mehrheit - und nicht mehr einstimmig - unter Berücksichtigung des EU-Parlaments abgestimmt werden. Gleichzeitig erhalten die Mitgliedstaaten aber das Recht, den Europäischen Rat anzurufen, falls sie ihre Systeme der sozialen Sicherheit durch die Beschlüsse beeinträchtigt oder gefährdet sehen. Das Gesetzgebungsverfahren kann vom EU-Rat aufgehoben werden, sofern Einstimmigkeit vorliegt. Die EU-Verfassung tritt voraussichtlich in zwei

---

[134] In ihm werden die geplanten Maßnahmen und Vorgehensweisen der EU in Fragen der Sozialpolitik für die folgenden Jahre aufgeführt. Insbesondere geht es um die Themen Arbeitsrecht, Gesundheit und Sicherheit, Freizügigkeit sowie Chancengleichheit von Männern und Frauen. Unter anderem wird eine bessere Koordinierung der Regelungen zur betrieblichen und zusätzlichen Altersvorsorge und der Vorruhestandsregelungen auf Basis von Tarifvereinbarungen angeregt.

[135] Zu den sozialen Grundrechten des Nizza-Vertrags zählen folgende Artikel: Art. 21: Nichtdiskriminierung, Art. 32: Einklang von Familien- und Berufsleben, Art. 34: Soziale Sicherheit und soziale Unterstützung, Art. 35: Gesundheitsschutz, Art. 36: Zugang zu Dienstleistungen von allgemeinem wirtschaftlichem Interesse.

[136] In einem Zusatzprotokoll zur Verfassungskonferenz wurde jedoch festgehalten, dass die Nationalstaaten primär für die Sozialpolitik zuständig bleiben.

oder drei Jahren in Kraft, weil sie zuvor von allen Mitgliedsstaaten - nach Parlamentsbeschluss bzw. Volksabstimmung - ratifiziert werden muss.

2.3.3.4 Die EU-Sozialpolitik in der Praxis und Zukunft der EU-Sozialpolitik

Wie aus der vorangegangenen Darstellung ersichtlich wurde, bewegt sich die gemeinsame Sozialpolitik im Vergleich zur gemeinsamen Wirtschaftspolitik noch in bescheidenem Rahmen. Trotz der Zielvorgaben, Verordnungen, Absichtserklärungen und politischen Bekenntnissen kann derzeit von einer genuinen EU-Sozialpolitik nicht die Rede sein. Selbst wenn ihr Aufgaben in der Sozialpolitik zuerkannt werden, hat die Union bislang oftmals nicht die Instrumente und Kompetenzen die sie zur Wahrnehmung dieser Aufgaben benötigt. Sollte EU-Verfassung dagegen angenommen werden, könnte die Bedeutung der Sozialpolitik in der Gemeinschaftspolitik erheblich steigen.

Bis dahin ist weiterhin ein vorwiegend indirekter Einfluss der EU auf die Sozialpolitik der Mitgliedstaaten auszugehen. Die stärkere Koordinierung der Wirtschaftspolitiken sowie die Verlagerung von ehemals nationalen Kompetenzen auf EU-Ebene wirken auf die nationalen Sozialpolitiken zurück. Mit der Europäischen Wirtschafts- und Währungsunion gingen auch stärkere Kontrollen der nationalen Finanzpolitiken einher. Da die Sozialschutzsysteme – und hierbei insbesondere die Renten- und Gesundheitssysteme - bedeutenden Anteil an den nationalen Staatsausgaben haben, werden Reformen an den Systemen zunehmend auch von EU-Institutionen gefordert, obwohl der Sozialschutz zu den Kompetenzen der Nationalstaaten gehört. Da durch die zunehmende wirtschaftliche Integration die EU-Staaten zunehmend voneinander abhängen, sind die Sozialschutzsysteme in sofern Gegenstand des gemeinsamen Interesses geworden. Ein weiteres Beispiel für die zunehmende externe Beeinflussung (sowohl durch die EU als auch durch andere internationale Einflüsse) der nationalen Sozialpolitik ist die Neuorientierung in der Finanzierungsmethode der sozialen Sicherung. Unter anderem zur Erhöhung bzw. Erhaltung der Wettbewerbsfähigkeit von Unternehmen in Zeiten der steigenden internationalen wirtschaftlichen Vernetzung, versuchen einige Regierungen, die Finanzierung der Sozialschutzsysteme stärker auf Steuerfinanzierung umzustellen, um die Lohnnebenkosten zu senken.

Die Erfahrungen aus der Vergangenheit haben gezeigt, dass Sozialpolitik auf EU-Ebene in der Praxis nur funktionieren wird, sobald gemeinsame Interessen vorliegen. Zu nennen sind hier insbesondere demographische Einflüsse auf die nationalen Systeme der sozialen Sicherung, da alle EU-Staaten von der zunehmenden Alterung ihrer Bevölkerung betroffen sind. Als ein Ausdruck dieser Entwicklung kann die Methode der offenen Koordinierung angesehen werden, die nachfolgend dargestellt wird. Von dem gemeinsamen Interesse der Mitgliedstaaten wird jedoch auch abhängen, welche Wirkungen von der geplanten EU-Verfassung auf die Sozialpolitik ausgehen.

2.3.3.5 Die Methode der offenen Koordinierung[137]

Die Methode der offenen Koordinierung ist ein formalisiertes – rechtlich jedoch nicht bindendes - Verfahren der Zusammenarbeit der EU-Mitgliedstaaten, mit dem Zweck, gemeinsame Ziele im Bereich der Wirtschaft- und Sozialpolitik zu formulieren und durch Informations- und Erfahrungsaustausch eine bessere Abstimmung der nationalen Politiken zu ermöglichen[138]. Gleichzeitig soll es den – auf dem Gebiet der Sozialpolitik weitgehend souveränen - Staaten bei der Entwicklung der eigenen Politiken helfen[139]. Ein Vorteil der Methode der offenen Koordinierung ist, dass eine größere Transparenz der Sozialschutzsysteme für die europäische Gemeinschaft, die Regierungen und die Bürger geschaffen werden.

Im Jahr 2000 beschloss der Europäische Rat in Lissabon (23. und 24. März 2000)[140], eine gemeinsame Strategie in der Wirtschafts-, Sozial- und Finanzpolitik zu entwickeln und hierfür das Verfahren der offenen Methode der Koordinierung anzuwenden. Durch das Verfahren – auch „Lissabon-Prozess" genannt - sollen auf freiwilliger Basis gemeinsame Ziel bestimmt, festgelegt und von den EU-Mitgliedsstaaten in nationale Politik umgewandelt werden. Jedes Mitglied wird auf Basis gemeinsamer Indikatoren, die freiwillig und einstimmig aufgestellt werden, bewertet. Durch diese einheitlichen Indikatoren soll der Vergleich zwischen unterschiedlichen Herangehensweisen ermöglicht und vorbildliche Verfahren identifiziert werden, an denen sich die anderen Mitgliedsländer orientieren können[141]. Die Methode der offenen Koordinierung wird auf dem Gebiet der Beschäftigungspolitik,

---

[137] Die folgende Darstellung beruht auf Behrendt (2002), Hauser (2002), Rahn (2001) und Schmähl (2002).

[138] Da die Beschlüsse und Empfehlungen der Methode der offenen Koordinierung nicht rechtlich bindend sind, werden sie auch als „*soft aquis*" bezeichnet (Vgl. z.B. EU-Kommission 2002e, S. 237). Diese *soft aquis* entfalten ihre Wirkung vor allem in ihrer politischen Bedeutung, da durch die Verfahren eine größere Transparenz der Strukturen und finanziellen Situation der Sozialschutzsysteme erreicht wird und somit der politische Druck auf die nationalen Regierungen steigt, ihre Sozialschutzsysteme zu modernisieren.

[139] Die Methode der offenen Koordinierung wird jedoch auch als ein Schritt zu einer zunehmend aktiven EU-Sozialpolitik angesehen, die aufgrund der größeren Transparenz und des Wettbewerbsdrucks (*peer pressure*) „mittelfristig eine Angleichung der historisch und gesellschaftlich verwurzelten Sozialstaaten zur Folge haben wird" (Brusis 2002, S. 4f.).

[140] Rechtsgrundlage der „Methode der offenen Koordinierung" ist der Vertrag von Amsterdam.

[141] Darüber hinaus soll jedes teilnehmende Land einen Nationalen Aktionsplan zum Thema soziale Ausgrenzung bzw. einen Strategie-Bericht zum Thema Alterssicherung erstellen, der von der Europäischen Kommission bewertet wird. An Empfehlungen der Kommission oder des EU-Rates sind die Mitgliedsländer nicht gebunden.

der sozialen Ausgrenzung und Armut, der Gesundheits- sowie der Rentenpolitik angewendet.

Die Methode der offenen Koordinierung speziell für die Rentenpolitik geht zurück auf das Treffen des Europäischen Rats in Stockholm vom 23. bis 24. März 2001. Der Rat setzte drei Rahmenprinzipien, nach denen die Rentensysteme untersucht und bewertet werden sollen: Erstens die Bewahrung der Fähigkeit der Systeme, ihren sozialen Zielen gerecht zu werden, indem sie angemessene und sichere Renten gewährleisten (Angemessenheit)[142]. Zweitens die Erhaltung der Finanzierbarkeit der Rentensysteme (Nachhaltigkeit), um auch bei fortschreitender Alterung der Gesellschaften langfristig die finanzielle Stabilität der Rentensysteme und der Staatshaushalte nicht zu gefährden. Drittens die Anpassung der Rentensysteme an die sich wandelnden demographischen, sozialen und wirtschaftlichen Rahmenbedingungen (siehe hierzu z.B. Briet 2001, S. 21-26). An dieser dreifachen Priorität wird deutlich, dass mit der Methode der offenen Koordinierung ein Ausgleich zwischen der wirtschaftlichen und sozialen Dimension der Gemeinschaft erreicht werden soll[143].

In die Methode der offenen Koordinierung werden auch die künftigen Mitgliedsländer eingebunden. Aus diesem Grund ist die Methode der offenen Koordinierung für die jeweiligen Wirtschafts- und Sozialpolitiken der Beitrittskandidaten bereits vor dem Beitritt von Bedeutung. Nach Einschätzung der EU-Kommission sind die Beitrittskandidaten gut vorbereitet, um an der Methode der offenen Koordinierung teilzunehmen (EU-Kommission 2002e, S. 243)[144]. Potentiell zum Nachteil wird allerdings die zunehmende Komplexität der Methode der offenen Koordinierung aufgrund der zunehmenden Anzahl der Mitgliedsländer. Um ein Erstarren der Koordi-

---

[142] Die Angemessenheit der Renten definiert die EU-Kommission wie folgt: „Member states should ensure that older people are not placed at risk of poverty and can enjoy a decent standard of living; that they share in the economic well-being of their country and can accordingly participate in public, social and cultural life" (EU-Kommission 2002e, S. 244).

[143] In der Praxis stößt die Methode auf erhebliche Probleme, die insbesondere im Zusammenhang mit der Datenerhebung und der Abgrenzung der einzelnen Elemente des Sozialschutzes stehen. Beispielsweise gibt es (noch) keine koordinierte Vorgehensweise oder gar Methode der Erfassung der Anzahl der Rentner in einem Land. Eine Abgrenzungsschwierigkeit ergibt sich daraus, dass manche Staaten z.B. alle Rentenbezieher oberhalb des gesetzlichen Rentenalters unter der Kategorie „Altersrentner" erfassen, unabhängig davon, ob sie eine Invalidenrente oder eine Altersrente beziehen. Dadurch wird die Vergleichbarkeit der Systeme erschwert. (Quelle: Eigene Nachforschungen im Zuge der Studie „Alterssicherung in der Europäischen Union" (Bucerius 2003b)).

[144] Die Kommission sieht die mittel- und osteuropäischen Beitrittsländer angesichts der umfangreichen Reformen sowie die Neugestaltung bzw. erstmalige Einrichtung von Sozialschutzsystemen im Zuge des Transformationsprozesses strategisch gegenüber den alten EU-Mitgliedsländern im Vorteil (EU-Kommission 2002e, S. 243 ff.). Die Methode der offenen Koordinierung kann ihnen Leitfaden und Unterstützung sein. Nicht immer wird diese optimistische Einschätzung geteilt. Hintergrund sind Zweifel an der finanziellen und administrativen Fähigkeit der Beitrittsländer, die Vorschläge und Empfehlungen im Rahmen der Methode der offenen Koordinierung zu übernehmen und anzuwenden (Brusis 2002, S. 5).

nierungsmethode zu vermeiden raten Beobachter zu einer Vereinfachung der Prozesse (Vgl. z.B. EU-Kommission 2002e, S. 245)[145].·

2.3.4 Der Einfluss der EU auf den Transformationsprozess der mittel- und osteuropäischen Beitrittskandidaten

2.3.4.1 Allgemeine Einflusskanäle der Europäischen Union

Primäres Ziel der EU-Beitrittskriterien ist es sicherzustellen, dass die beitretenden Länder eine ausreichende politische[146], administrative und wirtschaftliche Stabilität aufweisen. Dies impliziert ein Mindestmaß an Konvergenz zwischen den alten und den neuen Mitgliedsländern. Damit haben die Kopenhagener Kriterien Einfluss auf die Wirtschafts- und Sozialpolitik der Beitrittskandidaten[147]. Darüber hinaus versucht die Kommission in stärkerem Ausmaß sozialpolitische Reformen in den MOEL zu beeinflussen, als sie es bei vorherigen Beitritten zur EU getan hat[148]. Hintergrund hiervon sind unter anderem die potentiellen wirtschaftlichen und sozialen Probleme, die mit der Osterweiterung einhergehenden.

Der Einfluss der EU auf den Transformationsprozess in den Mittel- und Osteuropäischen Staaten betraf auch die Systeme der sozialen Sicherung in den Kandidaten-

---

[145] Unter anderem vor diesem Hintergrund soll auf Vorschlag der EU-Kommission die Methode der offenen Koordinierung in Zukunft effizienter gestaltet werden. In einer Mitteilung vom 27. Mai 2003 schlug die Kommission eine Straffung (*Streamlining*) der Methode der offenen Koordinierung im Sozialschutz vor. Unter anderem sollen die bisher separat behandelten Teilbereiche „Soziale Eingliederung und Bekämpfung der Armut", „Renten" und „Gesundheitswesen und Altenpflege" anhand gemeinsamer Ziele in einem gemeinsamen Bericht integriert werden. Eine effizientere Gestaltung der Methode der offenen Koordinierung wird weitgehend begrüßt. Allerdings wird auch vor einem „schleichenden Autonomieverlust der Einzelstaaten" (GVG 2003, S. 7) gewarnt. Neben der Sicherstellung, dass die Mitgliedstaaten auch in Zukunft selbständig über die Modernisierung ihrer Sozialschutzsysteme verfügen werden, darf nach Ansicht von Beobachtern nicht ein Ausgleich zwischen sozialpolitischen und finanziellen Aspekten der Systeme aus dem Auge verloren werden (Vgl. ebd.).

[146] Die politischen Kriterien (z.B. Demokratie und Menschenrechte) mussten schon erfüllt werden, bevor die Union mit den Kandidatenländern in Beitrittsverhandlungen trat.

[147] Neben allgemeinen Empfehlungen der Europäischen Kommission hinsichtlich der Gestaltung der Sozialpolitiken gibt es auch konkrete Aufforderungen an die Beitrittsländer. Speziell in der Sozialpolitik mussten die künftigen Mitglieder den Anforderungen genügen, die die EU an sie gestellt hat (z.B. Begrenzung der Arbeitszeit, Mindestsicherheitsstandards am Arbeitsplatz, Gewährung eines angemessenen Sozialschutzes, Gleichbehandlung von Männern und Frauen). Keine Vorschriften gibt es hingegen hinsichtlich des Lohnniveaus, der Ausgestaltung der Sozialschutzsysteme, der Höhe der Sozialabgaben und der direkten Besteuerung.

[148] Beobachter betonen: „[T]he Copenhagen criteria has created a kind of encompassing mandate for the EU which is reflected in the encompassing role concept the European Commission displayed in its assessments and policy recommendations on welfare reform in the CEEC [Central and East European Countries, Anmerkung der Autorin]. [...] The benchmarks and objectives set in the accession process will affect this relationship which is characterized by an increasing Europeanization of social policy" (Brusis 1998, S. S. 20).

ländern. Streng genommen haben die *acquis communautaire* keinen (direkten) Einfluss auf die nationalen Systeme der sozialen Sicherheit der Mitglied- bzw. Bewerberstaaten, da die Ausgestaltung der jeweiligen Sozialschutzsysteme grundsätzlich den einzelnen Staaten überlassen bleibt. Dennoch werden durch Empfehlungen der EU-Kommission Prozesse zur Lösung gemeinsamer Probleme (z.b. die Folgen der Alterung der Gesellschaften; die Finanzierungsprobleme der sozialen Sicherung) eingeleitet. Hierzu zählt die Methode der offenen Koordinierung, deren Prozess auch die Kandidaten bereits vor dem Beitritt berücksichtigen mussten.

Die Einflussnahme von außen hatte Auswirkungen auf die Sozial- und Wirtschaftspolitik der mittel- und osteuropäischen Länder. Sofern nicht die Vorgaben von Weltbank und IWF von den nationalen Regierungen als Grund für die sozialen Härten der wirtschaftlichen Umgestaltung herangezogen wurden, diente die Aussicht auf den Beitritt zur EU als moralische und finanzielle Stütze des Reformprozesses. Durch einen „Reformzwang", der sowohl von den Regierungen selbst bestimmt wurde als auch von außen ausging und zum Teil weiter ausgeht, wurden Veränderungen in der Ausgestaltung der Sozial- und Wirtschaftspolitik ermöglicht. „Europa" diente hierbei stellenweise als Sündenbock für Maßnahmen, die von der Bevölkerung Opfer verlangen und somit äußerst unbeliebt sind. Durch eine Politik der ‚blame avoidance'[149] können mögliche politische Kosten von den nationalen Regierungen auf die europäische Ebene abgewälzt werden[150].

2.3.4.2 Direkte und indirekte Einflussnahme der EU auf die Sozialpolitiken in Polen und Ungarn

Polen und Ungarn haben im Laufe des Transformationsprozesses ihre Systeme der sozialen Sicherung an internationalen Anforderungen ausgerichtet. Sobald Polen und Ungarn der Europäischen Union beitreten, müssen sie auch den „Gemeinsamen Besitzstand" (*acquis communautaire*) zwingend und unmittelbar übernehmen. Hierzu gehören auch die Verordnungen des EWG-Vertrags Nr. 1408/71 und Nr. 574/72. Anpassungen an das EU-Recht und EU-Regelungen wurden dementsprechend notwendig. In ihrem Weißbuch vom 3. Mai 1995 mit dem Titel „Vorbereitung der assoziierten Staaten Mittel- und Osteuropas auf die Integration in den Bin-

---

[149] Gemäß dieser politischen Strategie werden unpopuläre Reformen durchgesetzt, die zwar auf dem eigenen Interesse der handelnden Politiker beruhen bzw. politische, wirtschaftliche oder rechtliche Notwendigkeiten darstellen, aber als „äußere Zwänge" dargestellt werden, um Widerstände gegen die eigene Politik zu umgehen. Allerdings ist auch vor den potentiell negativen Folgen einer solchen Politik zu warnen. Indem die EU zum Sündenbock erklärt wird, leidet die Akzeptanz der EU in der Bevölkerung.

[150] Aufgrund des angestrebten EU-Beitritts waren vor allem kurzfristig zusätzliche Anpassungskosten an das EU-Recht (*acquis communautaire*) erforderlich. Die Anpassungsmaßnahmen wurden für die Bürger (z.B. aufgrund von Strukturreformen und den damit verbundenen wahrscheinlichen Arbeitsplatzverlusten) zum Teil als negativ empfunden.

nenmarkt der Union" (EU-Kommission 1995) hat die Kommission der Sozialpolitik ein Kapitel gewidmet[151]. Ziel des Weißbuches ist, den assoziierten Staaten bei der Übernahme des Gemeinschaftsrechts im Bereich der Sozialgesetzgebung zu helfen[152]. Die EU-Kommission kommt in ihrem Bericht über die Vereinbarkeit der Systeme der sozialen Sicherheit in den Kandidatenländern mit den EU-Regelungen zu dem Schluss, dass „in general no important further changes ... [are] necessary in pension schemes after the period of preparing for negotiations with the EU" (EU-Kommision 2002e, S. 65). Einschränkend fügt die Kommission jedoch an, dass stellenweise weiterhin Anpassungen an das Gemeinschaftsrecht notwendig sind. Dies betrifft insbesondere den Grundsatz der Gleichbehandlung von Männern und Frauen, der im Rentensystem insbesondere die Frage des Renteneintrittsalters anbelangt (Vgl. ebd.). Während Ungarn bereits ein einheitliches gesetzliches Rentenalter vorsieht, liegen die Regelaltersgrenzen von Männern und Frauen in Polen noch fünf Jahre auseinander.

Eine Vielzahl von Konferenzen und Treffen von Regierungsvertretern aus EU-Mitgliedsländern und den Beitrittskandidaten sollte die künftigen Unionsmitglieder auf die Anforderungen der EU an die gemeinschaftliche Sozialpolitik vorbereiten. Ein Beispiel hiervon ist die „Prager Konferenz"[153]. Als Ergebnis wurde festgestellt, dass „der soziale Schutz nicht zu Gunsten anderer politischen Maßnahmen an den Rand gedrängt werden [darf], sondern ... ganz im Gegenteil modernisiert werden [muss], damit er sich besser den demographischen Entwicklungen anpassen [...] kann" (EU-Kommission 2000f, S. 19). Hinsichtlich der Rentensysteme ist interessant, dass von Seiten der Bewerberländer die Aufforderung an die EU-Kommission ging, den Informations- und Erfahrungsaustausch zwischen den Mitgliedstaaten und den Beitrittsländern über die Reformen der Rentensysteme zu fördern (Vgl. ebd.).

Die Umsetzung des Gemeinschaftsrechts erforderte zum Teil erhebliche Änderungen in der Sozialgesetzgebung der Beitrittsstaaten und den existierenden bi- und multilateralen Vereinbarungen vor allem mit anderen mittel- und osteuropäischen Ländern. In der Regel zahlten Polen und Ungarn keine Sozialleistungen, sofern ein

---

[151] Das Weißbuch über die assoziierten Staaten der MOEL (EU-Kommission 1995) ist von dem Weißbuch über die Europäische Sozialpolitik (EU-Kommission 1994) zu unterscheiden.

[152] Hierbei geht es insbesondere um rechtliche und administrative Fragestellungen. Behandelt werden die wichtigsten Mindestvorschriften und Maßnahmen für die Bereiche Chancengleichheit von Frauen und Männern, Abstimmung der Systeme der sozialen Sicherheit, Gesundheitsschutz und Sicherheit am Arbeitsplatz, Arbeitsrecht und Arbeitsbedingungen sowie Bestimmungen über Tabakerzeugnisse. Hinsichtlich der Abstimmung der Systeme der sozialen Sicherheit sollen die (damals) assoziierten Staaten ihre Rechtssysteme insbesondere an die Verordnungen Nr. 1408/71 und Nr. 574/72 EWG anpassen.

[153] Auf der EU-Konferenz vom 11. bis 12. Mai in Prag, an der Vertreter der Ministerien und von den Sozialpartnern aus den EU-Mitgliedsländern und den Bewerberländern teilgenommen haben, stand die Sozial- und Beschäftigungspolitik im Zuge des Erweiterungsprozesses im Mittelpunkt.

Bürger in ein anderes Land auswanderte. Renten wurden folglich nur dann ausgezahlt, wenn der Bürger seinen Lebensabend auch im Land verbrachte. Mit EU-Recht ist diese Regelung nicht zu vereinbaren, denn insbesondere Artikel 51 EG-Vertrag sieht diesen so genannten Leistungsexport vor[154].

Praktische Probleme[155] sieht die Kommission hinsichtlich der Koordination der Anrechnung von Beitragszeiten und Beitragsleistungen, sofern ein Wanderarbeitnehmer Rentenansprüche aus Rentensystemen mit sowohl festgelegten Leistungen (*defined benefits*) als auch festgelegten Beiträgen (*defined contributions*) – wie im neuen polnischen Alterssicherungssystem - erwirbt. Gerade hinsichtlich der Teilprivatisierung der Rentensysteme in Polen und Ungarn ist es zudem entscheidend, ob Wanderarbeitnehmer ebenfalls Beiträge für die obligatorische Zusatzrenten in Polen und Ungarn leisten müssen. Sofern der Aufenthalt anderer EU-Bürger in Polen bzw. Ungarn nur befristet geplant ist, ist abzusehen, dass sie nur kurzfristig Beiträge zahlen und nicht genügend Kapital ansparen können, um eine Rente zu erzielen. Da zur Berechnung der Annuität im polnischen NDC-Verfahrens die erwartete fernere Lebenserwartung zugrunde gelegt wird, muss bestimmt werden, ob die durchschnittliche Lebenserwartung eines Polen oder der Nation, aus dem der Wanderarbeitnehmer stammt, zugrunde gelegt werden muss (Vgl. z.B. EU-Kommission 2002e, S. 65).

Der Einfluss der EU auf die Sozialpolitiken beider Länder wird insbesondere in den jährlichen Berichten der EU-Kommission zum Stand der Beitrittsreife der Bewerberländer deutlich. In der Stellungnahme der Europäischen Kommission vom Juli 1997 (EU-Kommission 1997a) mahnte sie beispielsweise weitere Anstrengungen vor allem im Bereich des Gesundheitsschutzes und der Sicherheit am Arbeitsplatz in Polen an. Stärkere Anstrengungen der polnischen Regierung im sozialen Bereich wurden in den Kommissionsberichten im November 1998 (EU-Kommission 1998a) und Oktober 1999 (EU-Kommission 2000c) eingefordert. Ein wesentlicher Kritikpunkt der Kommission ist seit dem Jahr 2000 die Beschäftigungslage in Polen[156]. Positiv bewertet wurde bereits im Jahr 2000, dass die Bestimmungen zur Gleichbehandlung von Männern und Frauen in Polen im nationalen Rentenrecht verankert

---

[154] Die Angleichung des Rechts der Beitrittsländer an die EU-Verordnung muss nicht zwangsläufig zu höheren Ausgaben führen, da den Ausgaben durch den „Leistungsexport" geringere Ausgaben für Leistungen gegenüber stehen, die der Staat für einwandernde EU-Bürger zahlen müsste (für Details siehe Schulte 2000a, S. 313ff.).

[155] Unproblematisch ist, wenn ein Leistungsexport bereits durch zwischenstaatliche Vereinbarungen sichergestellt wurde. Dies ist zum Beispiel zwischen Deutschland und Ungarn der Fall (Vgl. hierzu z.B. BfA 2001).

[156] Im Jahresbericht von 2002 wird Polen konkrete Zielrichtungen vorgegeben: „[Es] sollte die Förderung niedrig qualifizierter Arbeitnehmer im Fordergrund stehen, um deren Bildungsstand zu verbessern und ihre Qualifikationen den Anforderungen des Arbeitsmarktes anzupassen. […] Die Beschäftigungspolitik muss sich auf präventive und aktive Maßnahmen konzentrieren" (EU-Kommission 2002b, S. 103).

wurden und im April 2000 in Kraft traten. Dies lässt allerdings das unterschiedliche Rentenalter von Männern und Frauen in Polen außer Betracht. Denn gemäß dem Anspruch der Gleichbehandlung beider Geschlechter ist eine Angleichung der Regelaltersgrenze von Männern und Frauen in der polnischen Rentenversicherung notwenig. Speziell bezogen auf die Reform der Alterssicherung werden im Kommissionsbericht von 1999 die Probleme der Umstellung der Sozialversicherungsanstalt (ZUS) auf Computerbetrieb kritisiert, die zu erheblichen Einnahmenausfällen der ZUS geführt haben (Vgl. hierzu Kapitel 3.1.2.1.). Entsprechend positiv bewertet die EU-Kommission in ihrem Bericht im Jahr 2002 die Einführung des computergestützen Erfassungssystems im Juni 2002 (EU-Kommission 2002b, S. 102)[157]. Ein zentrales Problem der polnischen EU-Integration ist die Landwirtschaft. Dies ist nicht nur für die Strukturpolitik und allgemeine Wirtschaftspolitik von Bedeutung, sondern auch für die Rentenpolitik. Die vertiefte Integration in den EU-Binnenmarkt hat unter anderem zur Folge, dass das polnische Rentensystem für selbständige Landwirte (KRUS) auch für andere EU-Bürger geöffnet werden muss. Da KRUS in hohem Maße vom Staat subventioniert wird, könnte hier eine erhebliche finanzielle Belastung für den Staatshaushalt entstehen.

Ungarn wird im EU-Kommissions-Bericht vom Oktober 1999 (EU-Kommission 1999a) empfohlen, stärkeres Augenmerk auf die Umsetzung des gemeinschaftlichen Besitzstandes im Bereich Gesundheit, Sicherheit am Arbeitsplatz und Arbeitsrecht zu richten. Die schlechte Gesundheitslage im Land wird auch im Bericht vom Oktober 2000 (EU-Kommission 2000e) angemahnt. Bezogen auf die Rentenreform von 1998 heißt es im Kommissionsbericht aus dem Jahr 2002, dass in Ungarn „die Umsetzung der bereits eingeleiteten Reformen [...] mit Nachdruck vorangetrieben werden [muss], um den Standard und die Effizienz des sozialen Schutzes weiter zu verbessern" (EU-Kommission 2002c, S. 95).

Die Unterbrechung des Reformprozesses der Alterssicherung durch die Regierung Orbán, um kurzfristig das Defizit in der Rentenkasse zu senken (siehe Kapitel 3.1.2.2), wird von der EU-Kommission kritisiert: „This could put the longer-term viability of the pension system at risk and could create a potential for future budgetary liabilities." (EU-Kommission 2001h, S. 56) Entsprechend wurde die ungarische Regierung im Kommissionsbericht aus dem Jahr 2001 dazu aufgerufen, die Unsicherheiten über die Zukunft des Rentensystems zu beenden und zu einer Politik des fiskalischen Disziplin zurückzukehren (Vgl. ebd., S. 61).

Im letzten Untersuchungsbericht der EU-Kommission vor dem Beitritt Ungarns zur EU werden weitere Reformanstrengungen im Bereich der Rentensysteme und

---

[157] In einem Kommissionsbericht von 2002 heißt es, die Einführung des Computersystems stellt „einen wesentlichen Fortschritt dar, der die Durchführung der Rentenreform ermöglichen sollte, die sich in den vorangegangenen Jahren erheblich verzögert hat" (EU-Kommission 2002b, S. 102).

der Sozialschutzsysteme allgemein angemahnt, „um so zu einer weiteren Verbesserung des Niveaus und der Wirksamkeit des Sozialschutzes beizutragen" (EU-Kommission 2003c, S. 43). Insgesamt steht nach Ansicht der EU-Kommission aus sozialrechtlicher Sicht der Osterweiterung nichts entgegen, da sich beide Seiten in hinreichendem Ausmaß vorbereitet haben (EU-Kommission 2002e, S. 238).

2.3.5 Mögliche Rückwirkungen der EU-Osterweiterung auf die Sozialpolitik der EU

Die Osterweiterung der EU ist auch hinsichtlich der Strukturen des Sozialschutzes keine Einbahnstraße. Diese Einschätzung vertritt auch die EU-Kommission: „[T]here will certainly be administrative challenges with regard to the co-ordination of social security schemes for the candidate countries and the Member states. The extend will largely depend on the future labour migration between the new and old member states. It will be, furthermore an interesting question to what extent the structure of the new emerging pension schemes in the CEE [Central and East European states, Anmerkung der Autorin] will stimulate and speed up the European development and discussion on the co-ordination of benefits of the second pillar" (EU-Kommission 2002e, S. 222). Dies ist unter anderem darauf zurückzuführen, dass der Gemeinschaft ab dem Jahr 2004 Länder beitreten, deren Rentensysteme sich zum Teil erheblich von denen der Altmitglieder unterscheiden. Die Sozialschutzsysteme in der EU waren zwar immer unterschiedlich. Die Vielfalt wird jedoch nach dem Beitritt der MOEL noch zunehmen. Beispielsweise haben fünf der zehn MOEL eine obligatorische, kapitalfundierte Zusatzrenten neben der umlagefinanzierten staatlichen Rente eingeführt[158].

2.3.6 Zusammenfassung und kritische Würdigung

Die Europäische Union hat sich seit ihrer Gründung durch sechs Staaten nicht nur hinsichtlich der Anzahl ihrer Mitgliedsländer, sondern auch inhaltlich erweitert. Seit dem 1. Mai 2004 gehören der EU insgesamt 25 Mitglieder an. Im Zuge der Erweiterung um zehn Staaten ist die Union noch differenzierter in ihrer sozialen, wirtschaftlichen, politischen und gesellschaftlichen Zusammensetzung geworden.

Im Laufe der Zeit gewannen wirtschaftliche Faktoren zunehmend an Bedeutung und wurden zum bestimmenden Motor des Integrationsprozesses. Im Zuge der wirtschaftlichen Integration entwickelten sich die Grundzüge eines gemeinsamen Sozialrechts und einer gemeinsamen Sozialpolitik. Deren Hauptaufgabe lag zunächst darin, die wirtschaftliche Integration zu fördern. Wesentliche Bestandteile des euro-

---

[158] 1998: Ungarn; 1999: Polen; 2001: Litauen sowie 2002: Estland und Bulgarien (EU-Kommission 2002e, S. 35f.).

päischen Sozialrechts mit Bedeutung für die (nationalen) Rentensysteme in der EU sind die Verordnungen 1408/71 und 574/72 EWG-Vertrag mit denen die Zuständigkeit für den Sozialschutz von Wanderarbeitnehmern geregelt werden. Nach wie vor liegen die Kompetenzen über die nationalen Sozialschutzsysteme bei den Nationalstaaten. Beschränkte sich die EU-Sozialpolitik zunächst vorwiegend auf unverbindliche Vereinbarungen und Absichtserklärungen, hat sich der Einfluss der EU auf die Mitgliedstaaten erheblich ausgeweitet. Dies gilt insbesondere nach den Verträgen von Amsterdam, Maastricht und Nizza. Speziell die Entscheidungen des EuGH und ihre direkten und indirekten Auswirkungen auf die nationale Sozialgesetzgebung sind hier hervorzuheben. Sollte die EU-Verfassung in Kraft treten, ist davon auszugehen, dass der Einfluss der EU auf die Sozial- und Beschäftigungspolitik steigen wird. Art und Ausmaß dieses Einflusses wird jedoch voraussichtlich weiterhin in hohem Maße von den Interessen der Mitgliedsländer abhängen. Gleichwohl ist bei Annahme der EU-Verfassung von zunehmenden Kompetenzen im Bereich der Sozialpolitik des einflussreichen EuGH auszugehen. Dessen Rechtssprechung könnte somit noch stärker als bisher auf die Sozialgesetzgebung der Mitgliedsstaaten wirken.

Der Beitritt der mittel- und osteuropäischen Staaten zur Europäischen Union wird nicht nur für die Neumitglieder, sondern auch auf die soziale Dimension der EU Folgen haben. Alleine aufgrund der stark unterschiedlichen Wohlstandsniveaus werden sich die Interessen in der Union erheblich verändern. Die Beitrittskandidaten wurden durch die Europäische Union vor allem durch die Notwendigkeit der zukünftigen Eingliederung in das EU-Regelwerk (*aquis communautaire*) in ihrer Transformations- und Sozialpolitik beeinflusst. Darüber hinaus stellte die EU-Kommission in ihren regelmäßigen Fortschrittsberichten konkrete Forderungen an die Wirtschafts- und Sozialpolitiken der Beitrittskandidaten. Nach dem Beitritt werden die Neumitglieder in den voranschreitenden Prozess der gemeinsamen Sozialpolitik der EU (z.B. die Methode der offenen Koordinierung) in verstärktem Maße einbezogen werden.

Da sowohl die Altmitglieder als auch die Neumitglieder vor den gleichen oder ähnlichen Problemen – demographischer Wandel, verändertes Erwerbsverhalten etc. – stehen, die die langfristige Finanzierung der Rentensysteme negativ beeinflussen können, kann ein gegenseitiges Lernen für beide Seiten zu besseren Lösungsergebnissen führen. Insofern sollte die EU-Osterweiterung gerade hinsichtlich der Rentenpolitiken als eine Chance angesehen werden.

3 Vergleichende empirische Analyse der Rentensysteme in Polen und Ungarn

3.1 Rahmenbedingungen für die Entwicklung der Rentensysteme in Polen und Ungarn

3.1.1 Demographische Rahmenbedingungen

Die Alterung der Bevölkerung war Mitte der 1990er Jahre in Polen und Ungarn noch kein aktuelles Thema. Vor allem in Polen kann bis Ende des 20. Jahrhunderts noch von einer „günstigen" Altersstruktur gesprochen werden. Auf absehbare Zeit werden sich die demographische Lagen in Polen und Ungarn jedoch zum Nachteil der finanziellen Stabilität der staatlichen Alterssicherungssysteme verschlechtern. Der so genannte demographische Wandel in Polen und Ungarn hat zwar gegenüber den EU-Staaten und anderen westlichen Industrienationen später eingesetzt. Verschärft wird die Situation ebenso wie in den anderen mittel- und osteuropäischen Staaten dadurch, dass die finanziellen Lasten des demographischen Wandels auf die Länder zukommen, ohne dass sie den wirtschaftlichen Wohlstand der westlichen Nationen zu besitzen (Vgl. Kapitel 3.1.3.). Die demographischen Rahmenbedingungen wirken sich nicht nur auf die Rentensysteme, sondern auch direkt oder indirekt auf die gesamte Volkswirtschaft eines Landes aus, die auf die staatlichen Rentensysteme zurückwirken[159].

3.1.1.1 Veränderung des Bevölkerungszuwachses

Die Hintergründe für das Wachstum bzw. Schrumpfen der Bevölkerung zwischen den Jahren 1960 und 2000 werden in den nachfolgenden beiden Tabellen getrennt für Polen und Ungarn dargestellt. Der vierzigjährige Zeitraum ermöglicht es, wichtige Erkenntnisse über die Ursachen der Bevölkerungsentwicklung zu erhalten[160].

Ein Vergleich der Größe der Bevölkerung offenbart auf dem ersten Blick, dass Polen im Jahr 2000 mit 38,65 Millionen Einwohnern annähernd vier Mal so viele Einwohner zählte wie Ungarn[161]. Vierzig Jahre zuvor lag diese Relation noch bei einem Drittel. Zurückzuführen ist die zunehmende Diskrepanz der Anzahl der Einwohner

---

[159] Beispielsweise spielen die Entwicklungen auf dem Arbeitsmarkt eine entscheidende Rolle für die Finanzierung der Alterssicherung. Sobald sich die Geburtenhäufigkeit eines Landes verändert, wirkt es sich mit einer zeitlichen Verzögerung auf den Arbeitsmarkt aus. Geht die Fertilität zurück, wird sich das Arbeitsangebot in einer absehbaren Zeit von ca. 20 Jahren verringern.

[160] Beispielsweise geben die Geburtenziffern Hinweise darauf, wann besonders geburtenstarke Jahrgänge auf den Arbeitsmarkt kommen und wann sie voraussichtlich in Rente gehen werden.

[161] Die Größe der polnischen Bevölkerung macht auch die Bedeutung des Landes im Beitrittsprozess zur EU aus. Von allen EU-Beitrittskandidaten ist Polen (lässt man die Türkei außen vor) das bevölkerungsreichste Land.

zwischen beiden Ländern auf die moderate Zunahme der ungarischen Bevölkerung von rund 53.000 Personen bzw. 1,6 Prozent gegenüber der Bevölkerungszunahme von 9,17 Millionen Personen bzw. 31 Prozent in Polen zwischen 1960 und 2000. Die Betrachtung im Detail gibt wichtigen Aufschluss über die demographische Entwicklung in der Vergangenheit aber auch für die Zukunft. Im Beobachtungszeitraum zwischen 1960 und 2000 schrumpfte die ungarische Bevölkerung leicht von rund 9,96 Millionen auf rund 9,9 Millionen Einwohner. Auffällig ist die gegenläufige Entwicklung der Bevölkerungsgröße in den beiden Zeitabschnitten von 1960 bis 1980 und 1980 bis 2000. Während die Population in den ersten zwanzig Jahren des Beobachtungszeitraums um 748.500 Personen wuchs, schrumpfte sie in den folgenden zwanzig Jahren um 814.440 Personen und machte damit den vorangegangenen Zuwachs zunichte. Diese Entwicklung stellt ein ernstzunehmendes Problem in Ungarn dar. Immerhin schrumpfte die Bevölkerung um rund 7,6 Prozent innerhalb von nur 20 Jahren. In Polen ist die demographische Situation bis Ende des 20. Jahrhunderts vergleichsweise günstig[162].

Tabelle 3.1.1: Demographische Kennziffern und ihre Veränderungen in Polen zwischen den Jahren 1960 und 2000

	Gesamt-bevölkerung[1]	Gebur-ten-ziffer[2]	Sterbe-ziffer[3]	natürliches Bevölkerungs wachstum[4]	Netto-Migrations-rate[5]	Bevölke-rungs-wachstum[6]
	in Mio. Personen	pro 1.000 Einwohner				
1960	29,48	22,7	7,6	15,1	-4,4	10,7
1965	31,34	17,5	7,4	10,0	-3,2	6,8
1970	32,67	16,8	8,2	8,5	-10,6	-2,0
1975	33,85	19,1	8,8	10,2	-0,2	10,0
1980	35,41	19,6	10,0	9,7	-0,6	9,1
1985	37,06	18,3	10,4	8,0	-0,5	7,5
1990	38,04	14,4	10,3	4,1	-0,3	3,8
1995	38,58	11,2	10,0	1,2	-0,5	0,7
2000	38,65	9,8	9,5	0,3	-0,5	-0,2
Δ (1960-1980)	5,93	-3,06	2,37	-	-	-
Δ (1980-2000)	3,24	-9,86	-0,45	-	-	-
Δ (1960-2000)	9,17	-12,92	1,92	-	-	-

Δ: Veränderung (in Mio. Personen bzw. in ‰-Punkten)
[1] Bevölkerung am 1. Januar des jeweiligen Jahres
[2] Geburten je 1000 Einwohner
[3] Sterbefälle je 1000 Einwohner
[4] Geburten (je 1000 Einwohner) abzüglich Sterbefälle (je 1000 Einwohner)
[5] Immigranten abzüglich Emigranten (je 1000 Einwohner)
[6] Natürliches Bevölkerungswachstum zuzüglich des Wanderungssaldos
Quelle: Council of Europe (2001 und 2002) und eigene Berechnungen

---

[162] Jedoch ist auch in Polen bereits der Trend zur schrumpfenden Gesamtbevölkerung abzusehen.

Tabelle 3.1.2: Demographische Kennziffern und ihre Veränderungen in Ungarn zwischen den Jahren 1960 und 2000

	Gesamt-bevölkerung[1]	Geburten-ziffer [2]	Sterbe-ziffer[3]	natürliches Bevölkerungs-wachstum[4]	Netto-Migrations-rate[5]	Bevölke-rungs-wachs-tum[6]
	in Mio. Personen	pro 1000 Einwohner				
1960	9,96	14,7	10,2	4,5	0,1	4,6
1965	10,14	13,1	10,7	2,5	0,1	2,5
1970	10,32	14,7	11,6	3,1	-0,2	2,9
1975	10,50	18,5	12,5	6,0	-0,1	5,9
1980	10,71	13,9	13,6	0,3	-0,7	-0,4
1985	10,60	12,3	13,9	-1,6	-2,0	-3,7
1990	10,37	12,1	14,0	-1,9	-2,4	-4,4
1995	10,33	11,0	14,3	-3,3	-1,2	-4,5
2000	10,12	9,9	13,7	-3,8	-1,9	-5,8
Δ (1960-1980)	0,75	-0,8	3,4	-	-	-
Δ (1980-2000)	-0,59	-4,0	0,1	-	-	-
Δ (1960-2000)	0,16	-4,8	3,5	-	-	-

Δ: Veränderung (in Mio. Personen bzw. in ‰-Punkten)
[1] Bevölkerung am 1. Januar des jeweiligen Jahres
[2] Geburten je 1000 Einwohner
[3] Sterbefälle je 1000 Einwohner
[4] Geburten (je 1000 Einwohner) abzüglich Sterbefälle (je 1000 Einwohner)
[5] Immigranten abzüglich Emigranten (je 1000 Einwohner)
[6] Natürliches Bevölkerungswachstum zuzüglich des Wanderungssaldos
Quelle: Council of Europe (2001 und 2002), KSH 2002b (Tabelle 1.8.3., S. 91) und eigene Berechnungen.

Zwischen 1960 und 2000 kam es zu einem stetigen Bevölkerungszuwachs von knapp 9,2 Millionen Einwohnern auf knapp 38,7 Millionen im Jahr 2000[163]. Im letzten Jahrzehnt des 20. Jahrhunderts hat sich die Bevölkerungszunahme erheblich verlangsamt. Prozentual ausgedrückt wuchs die Einwohnerzahl in Polen zwischen 1960 und 1980 um 20,1 Prozent und zwischen 1980 und 2000 um 9,2 Prozent.

Hinweise auf die künftige Entwicklung der Bevölkerung gibt die Geburtenziffer[164]. Die Geburtenraten in Polen liegen beinahe während des gesamten Zeitraums zwischen 1960 und 2000 über denen in Ungarn. Im Jahr 2000 haben sich die Geburtenziffern der beiden Länder angeglichen, wobei die Rate in Ungarn sogar diejenige in Polen leicht übersteigt[165].

---

[163] Damit vergrößerte sich die polnische Bevölkerung in den betrachteten vierzig Jahren fast im Ausmaß der gesamten ungarischen Bevölkerung.

[164] Die Geburtenziffer ist definiert als die Anzahl der (Lebend-) Geburten je 1000 Einwohner.

[165] Als Gründe für die drastische Reduktion der Geburtenraten werden veränderte Wertvorstellungen und gesellschaftliche Rahmenbedingungen genannt, die auch in anderen Ländern anzutreffen waren. Dazu zählte die effektivere Geburtenkontrolle, ein Rückgang der Eheschließungen, steigende Scheidungsziffern und das höhere durchschnittliche Alter der Frauen bei der Geburt (OECD 2002b, S. 4).

Zwischen 1960 und 1970 sank die Geburtenziffer in Polen von 22,7 pro 1.000 Einwohner auf rund 16,8 pro 1000 Einwohner[166]. Danach stieg sie wieder auf 19,7 im Jahr 1980. In den folgenden Jahren sank die Geburtenziffer kontinuierlich und halbierte sich innerhalb von 20 Jahren auf 9,8 pro 1.000 Einwohner im Jahr 2000.

Abbildung 3.1.1: Geburtenziffern[1] in Polen und Ungarn zwischen 1960 und 2000

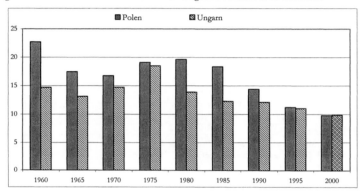

[1] Geburten pro 1000 Einwohner
Quelle: Eigene Darstellung nach Council of Europe (2001 und 2002)

In Ungarn erreichte die Geburtenziffer 1975 innerhalb des Beobachtungszeitraums ihr Maximum von 18,5 Geburten pro 1.000 Einwohner (gegenüber 14,7‰ in den Jahren 1960 und 1970). Diese Entwicklung ist unter anderem eine Folge des Nachkriegs-Baby-Booms in den 1950er Jahren. Mit Beginn der 80er Jahre kehrt sich der Trend um. Bis zum Jahr 2000 ist sie auf eine Rate von nur noch 9,9‰ abgerutscht.

Keine relative Annäherung zwischen den Ländern gab es bei den Sterbeziffern[167]. Der Unterschied zwischen den Todesfällen pro 1.000 Einwohner zwischen Polen und Ungarn betrug relativ kontinuierlich rund 3 bis 4 Sterbefälle pro 1.000 Einwohner. Auffällig ist die gleichförmige Bewegung der Raten. Allerdings stieg die Sterbeziffer in Ungarn noch bis Mitte der 90er Jahre, während die Sterbeziffer in Polen bereits Ende der 80er Jahre zurückging. Mitte der 80er Jahre belief sich die Sterbeziffer in Polen auf 10,4 ‰ und sank leicht auf 9,5‰ im Jahr 2000. In Ungarn stieg die Sterbeziffer von einer Rate von 10,2‰ im Jahr 1960 auf 12,5‰ im Jahr 1975 an. Anders als bei der Geburtenziffer stieg die Sterberate bis Mitte der 90er Jahre in Un-

---

[166] Ähnlich hohe Geburtenziffern im Jahr 1960 hatten nur die südlichen EU-Mitgliedsländer Portugal (24,1 Geburten pro 1000 Einwohner) und Spanien (21,5 Geburten pro 1000 Einwohner). Beide Länder verzeichneten auch vergleichsweise drastische Einbrüche in der Geburtenziffer zwischen 1960 und 2000 (Bucerius 2003b, Tabelle 5.1, S. 83).

[167] Die Sterbeziffer ist definiert als die Anzahl der Sterbefälle je 1000 Einwohner.

garn kontinuierlich an[168]. 1995 erreichte sie die höchste Rate innerhalb des Beobachtungszeitraums in Höhe von 14,3‰. Danach erst sank sie auf einen Wert von 13,7‰ im Jahr 2000. Der schlechte Gesundheitszustand der Bevölkerung in Ungarn ist maßgeblich für die hohen Sterberaten in Ungarn verantwortlich[169].

Betrachtet man die jeweiligen Geburten- und Sterbeziffern nebeneinander, wird ersichtlich, warum die Bevölkerung in Polen gewachsen ist, während die ungarische geschrumpft ist. Während die Geburtenziffern in Polen im gesamten Beobachtungszeitraum über denen in Ungarn liegen, hat Ungarn die höheren Sterbeziffern. Der Trend von sinkenden Geburtenraten bei steigenden Sterbeziffern führt zu einem Rückgang des natürlichen Bevölkerungswachstums[170]. In Ungarn betrug es 1960 nur rund ein Drittel des natürlichen Bevölkerungswachstums in Polen. Im Jahr 1975 schrumpfte die Differenz der Raten auf weniger als die Hälfte. Als das natürliche Bevölkerungswachstum in Ungarn Anfang der 80er Jahre jedoch drastisch einbrach, nahm die Schere zwischen Polen und Ungarn wieder zu. Zwischen den Jahren 1960 und 1980 überwiegen in Ungarn noch die höheren Geburtenzahlen gegenüber den Sterbefällen. Entsprechend kommt es zu einem positiven natürlichen Bevölkerungswachstum, auch wenn im Jahr 1980 die Trendumkehr bereits eingeleitet ist. Deutlich wird die Trendwende durch den krassen Abfall des natürlichen Bevölkerungszuwachses zwischen den Jahren 1975 (6,0 ‰) und 1980 (0,3 ‰).

---

[168] Besonders Besorgnis erregend ist, dass die Sterbeziffern der 35- bis 65-jährigen ungarischen Männer Mitte der 90er Jahre fast genauso hoch lagen wie in den 1920er Jahren. Allgemein war die Sterbewahrscheinlichkeit für die über 30-Jährigen Mitte der 90er Jahre höher als in den 60er Jahren (WHO/EU-Kommission 2000, S. 9).

[169] In einer gemeinsamen Studie von WHO und der Europäischen Union heißt es dazu: „Hungary has by far the highest premature mortality rates among the reference countries for [...] cancer..., and its relative position has...worsened [...]. This situation is unlikely to improve in the medium term [...] as Hungarian mortality rates from these causes are still increasing" (WHO/EU-Kommission 2000, S. 8). Während des Kommunismus existierte zwar ein staatliches Gesundheitssystem, das allen Bürgern kostenlose Leistungen anbot. Seit 1972 ist der Zugang zu Gesundheitsleistungen an die ungarische Staatsbürgerschaft gebunden. Allerdings war das System ineffektiv und ineffizient. Ein Indikator für das Versagen des ungarischen Gesundheitssystems ist die dramatische Verschlechterung des Gesundheitszustands der Bevölkerung (Vgl. ebd., S. 31f.). Ein weiterer Faktor der hohen Sterbeziffer sind die vergleichsweise hohen Selbstmordraten, die in den 70er und 80er Jahren in Ungarn das Dreifache des EU-Durchschnitts betrugen. Die Selbstmordrate sank seitdem zwar bis Ende der 90er Jahre um ein Drittel. Allerdings war sie im Jahr 1998 weiterhin drei Mal so groß wie im EU-Durchschnitt (Vgl. ebd., S. 16f.).

[170] Das natürliche Bevölkerungswachstum ist definiert als die Anzahl der Lebendgeburten abzüglich der Sterbefälle pro 1.000 Einwohner.

Abbildung 3.1.2: Natürliches Bevölkerungswachstum[1] in Polen und Ungarn zwischen 1960 und 2000

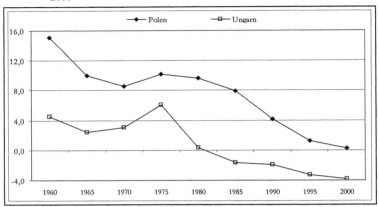

[1] Anzahl der Lebendgeburten abzüglich der Sterbefälle pro 1000 Einwohner
Quelle: Eigene Berechnung und Darstellung nach Council of Europe (2001 und 2002)

Seit Mitte der 80er Jahre sterben in Ungarn mehr Menschen als Kinder geboren werden. Das führte zu einem negativen natürlichen Bevölkerungswachstum von minus 1,6‰ im Jahr 1985 und sogar minus 3,8‰ fünfzehn Jahre später. Ende der 90er Jahre erreicht Polen immer noch ein leicht positives natürliches Bevölkerungswachstum von 0,3‰ im Jahr 2000. Indes lag diese Rate vierzig Jahre zuvor noch bei 15,1‰.

Werden die Wanderungsbewegungen einbezogen, verändert sich das Bild in beiden Ländern zum Negativen. Anders als zum Beispiel in den westeuropäischen EU-Staaten konnten in Ungarn seit Mitte der 80er Jahre die negativen Raten des natürlichen Bevölkerungszuwachses nicht durch Migration ausgeglichen werden[171].

Im Jahr 1980 führte der negative Wanderungssaldo in Ungarn sogar dazu, dass trotz positivem natürlichen Bevölkerungswachstums die Gesamtbevölkerung um 0,4‰ schrumpfte. Der Schrumpfungsprozess beschleunigte sich seit Mitte der 80er Jahre. Im Jahr 2000 schrumpfte die ungarische Bevölkerung um 5,7‰.

---

[171] Beispielsweise wurden die negativen natürlichen Bevölkerungswachstumsraten in Deutschland und Schweden Ende der 90er Jahre durch das Positivsaldo von Einwanderungen und Auswanderungen überkompensiert. Aufgrund eines positiven Wanderungssaldos von 2,2 Personen pro 1000 Einwohner in Deutschland im Jahr 2001 betrug das Bevölkerungswachstum insgesamt 1,2 Personen pro 1000 Einwohner. Das Wanderungssaldo in Schweden betrug im selben Jahr 3,4 Personen pro 1000 Einwohner bei einem natürlichen Bevölkerungswachstum von minus 0,4 ‰. Daraus ergab sich ein Bevölkerungswachstum von 3‰ (Bucerius 2003b, Tabelle 5.1, S. 83 und S. 84f.).

Abbildung 3.1.3: Gesamtes Bevölkerungswachstum[1] in Polen und Ungarn von 1960 bis 2000 (in 1.000 Personen)

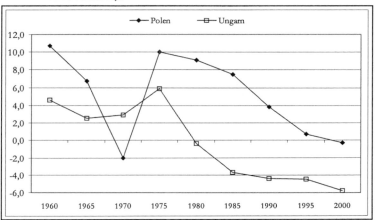

[1] Anzahl der Lebendgeburten abzüglich der Sterbefälle pro 1000 Einwohner (natürliches Bevölkerungswachstum) zuzüglich des Migrationssaldos (Einwanderung abzüglich Auswanderung)
Quelle: Eigene Berechnung und Darstellung nach Council of Europe (2001 und 2002) und KSH 2002b (Tabelle 1.8.3., S. 91).

Zusätzlich problematisch war die Migration aufgrund der Altersstruktur der ein- und auswandernden Personen. In den 90er Jahren kamen zunehmend ältere Immigranten nach Ungarn[172]. Zurückgeführt wird diese Verschiebung in der Altersstruktur auf Anreizwirkungen des ungarischen Rentensystems. Da Ungarn aufgrund bilateraler Verträge mit einigen Nachbarländern Rentenanwartschaften akzeptiert, die in den Vertragsländern erworben wurden, selbst wenn in dem anderen Land geringere Renten gezahlt werden, ist es für ältere Menschen attraktiv, nach Ungarn einzuwandern (Gál et.al. 2003, S. 8).

In Polen waren die Wanderungssaldi im gesamten betrachteten Zeitraum negativ. Besonders hoch waren die Auswanderungen gegenüber den Einwanderungen Anfang der 70er Jahre. Die Folge war, dass trotz des positiven natürlichen Bevölkerungswachstums ein Negativwachstum der Gesamtbevölkerung erzielt wurde. In den folgenden Jahren kam es dank deutlich geringeren negativen Wanderungssaldi bei immer noch positiven natürlichen Wachstumsraten der Bevölkerung zu keinem Schrumpfen der Gesamtbevölkerungszahl. Ende der 90er Jahre kehrte sich das posi-

---

[172] Beispielsweise lag im Jahr 1990 der Anteil der über 50-Jährigen (über 60-Jährigen) ausländischen Immigranten bei 4,9 Prozent (1,9 Prozent) an allen ausländischen Immigranten. Dieser Anteil stieg auf 15,1 Prozent (8,2 Prozent) im Jahr 1998 und sank bis zum Jahr 2000 wieder leicht auf 14,4 Prozent (7,5 Prozent). Im Gegenzug reduzierte sich der Anteil der ausländischen Einwanderer im Alter von 20 bis 49 Jahren von 64,1 Prozent im Jahr 1990 auf 59,2 Prozent im Jahr 1998 (KSH 2002b, Tabelle 1.8.5, S. 93).

tive Bild allerdings wieder um. Diese Situation ist zu diesem Zeitpunkt jedoch nicht primär auf das negative Wanderungssaldo, sondern vielmehr auf die gesunkene Geburtenrate zurückzuführen.

3.1.1.2 Veränderung des Geburtenverhaltens

Das Geburtenverhalten ist ein wesentlicher Bestimmungsfaktor der künftigen Größe der Alterskohorten. Als Indikatoren dient hierfür die totale Fertilitätsrate (TFR)[173]. Die TFR ist ein wichtiger Indikator, um vorausschätzen zu können, wann die geburtenstarken bzw. geburtenschwachen Jahrgänge auf den Arbeitsmarkt und wann sie in das Rentenalter kommen[174].

Abbildung 3.1.4: Totale Fertilitätsraten[1) in Polen und Ungarn zwischen 1950 und 2000[2)

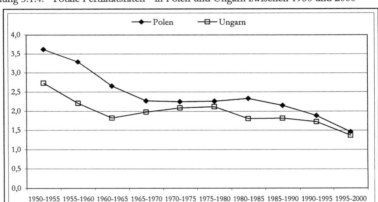

[1) Geburten pro Frau im gebärfähigen Alter
[2) 5-Jahres-Durchschnitt
Quelle: Eigene Darstellung nach UN (2002b)

Die Totalen Fertilitätsraten Ende des 20. Jahrhunderts sind besorgniserregend, da unter der Annahme einer unveränderten Lebenserwartung eine TFR von ca. 2,1 notwendig ist, um eine Generation zu ersetzen. In Ungarn war dies bereits seit den

---

[173] Die Totale Fertilitätsrate ist definiert als Geburten pro Frau im gebärfähigen Alter. Ein alternativer Indikator ist die Netto-Reproduktionsrate, die das Verhältnis von Mädchengeburten pro Frau im gebärfähigen Alter ausdrückt. Hier ist die Annahme, dass eine Netto-Reproduktionsrate von ca. 1,05 notwendig ist, um eine weibliche Generation vollständig ersetzen zu können.

[174] Die geburtenstarken Jahrgänge in Polen der 1950er Jahre sind 15 bis 20 Jahre nach ihrer Geburt – also in den 70er Jahren - auf den Arbeitsmarkt gekommen und werden – sofern sie nicht vorzeitig in Rente gegangen sind - weitere rund 40 bis 50 Jahre später – also in den ersten zwei Jahrzehnten des 21. Jahrhunderts – in den Ruhestand überwechseln. Die Baby-Boom-Generation der 1970er Jahre drängt in Polen seit dem letzten Jahrzehnt des 20. Jahrhundert auf den Arbeitsmart und wird vermutlich in den 2030er Jahren in Rente gehen.

60er Jahren nicht mehr der Fall. Erschwerend kommt hinzu, dass in Ungarn die Lebenserwartung im Betrachtungszeitraum sogar teilweise sank, sodass eine höhere Totale Fertilitätsrate zur Aufrechterhaltung des Bevölkerungsbestands nötig gewesen wäre. Eine Ausnahme bildete die Zeit Mitte bis Ende der 70er Jahre, als es in Ungarn zu einem sprunghaften Anstieg der Fertilitätsraten oberhalb des kritischen Wertes auf 2,12 Geburten pro Frau im gebärfähigen Alter kam. Ende der 90er Jahre betrug die Totale Fertilitätsrate jedoch nur noch rund 1,4.

Deutlich höhere Fertilitätsraten hatte Polen gegenüber Ungarn bis etwa Mitte der 60er Jahre. Noch bis Ende der 80er Jahre lagen die Raten in Polen über dem kritischen Wert von 2,1. Danach allerdings fiel die TFR rapide und reduzierte sich innerhalb von kurzer Zeit auf nur noch durchschnittlich 1,46 im Zeitraum von 1995 bis 2000. Im gesamten Beobachtungszeitraum reduzierte sich in Polen die Totale Fertilitätsrate um 2,16 Prozentpunkte. Das heißt, innerhalb von 40 Jahren hatte sich der Wert mehr als halbiert.

Speziell problematisch dürfte der steile Abfall der Fertilitätsraten zwischen 1950 und Mitte der 1960er Jahre und später nochmals Ende des 20. Jahrhunderts sein. Je steiler der Abfall der Raten, desto krasser ist das Missverhältnis der Größen zwischen den nachfolgenden Generationen, denn die nachfolgenden Kohorten sind jeweils sichtlich kleiner. Das hat zur Folge, dass sich in Zukunft die Kluft zwischen Beitrags- bzw. Steuerzahlern und Empfängern von Rentenleistungen und anderen staatlichen Sozialtransfers weitet. Es ist zu erwarten, dass Ungarn noch eher als Polen vor diesem Problem steht.

Vergleicht man die jeweiligen Fertilitätsraten in den beiden Ländern, zeigen sich einige Gemeinsamkeiten jedoch auch ein paar deutliche Unterschiede. Interessant ist der ähnliche Verlauf der Kurven, die sich leicht wellenförmig nach unten bewegen[175]. Die Schwankungen und später die krasse Reduktion der TFR Ende der 80er Jahre sind zum Teil gesellschaftspolitisch bedingt. Die politischen Unruhen im Jahr 1956 in Ungarn und der Einmarsch der Sowjettruppen im selben Jahr, sind mögliche Erklärungen für den deutlichen Einbruch der Fertilitätsrate in Ungarn Anfang der 60er Jahre. Der politische und wirtschaftliche Umsturz nach 1989 trug in erheblichem Maße zur Unsicherheit in der Bevölkerung bei. Auch der Wegfall der ehemals weitgehend garantierten Betreuungsangebote für Kinder durch den Staat und möglicherweise auch die deutliche Reduzierung der Sozialleistungen für Familien in den 90er Jahren sind Gründe für die geringer werdenden Geburten.

---

175 Im Unterschied dazu stiegen die Totalen Fertilitätsraten in den „alten" 15 EU-Mitgliedstaaten nach dem Zweiten Weltkrieg bis etwas Mitte der 60er Jahre an. Allerdings war das Ausgangsniveau auch niedriger. Die höchste durchschnittliche Totale Fertilitätsrate im Zeitraum von 1950 bis 1955 erreichte Irland mit einem Wert von 3,38 Geburten pro Frau, den niedrigsten Luxemburg mit 1,98 Geburten pro Frau. Am Ende der Beobachtungsperiode sind die Werte jedoch nicht so stark abgefallen wie in Polen oder Ungarn (Bucerius 2003b, Tabelle 5.2., S. 87).

3.1.1.3 Veränderung der Lebensdauer

Die Alterung der Bevölkerung ist nicht nur auf rückläufige Geburtenraten zurückzuführen, sondern auch auf die längere Lebensdauer der Menschen. Zwei Indikatoren der Lebensdauer werden im Folgenden betrachtet: Erstens die Lebenserwartung ab Geburt und zweitens die so genannte fernere Lebenserwartung. Letztere misst, wie lange Personen im Alter von 65 Jahren statistisch gesehen noch im Durchschnitt leben[176]. Für die Finanzierung der Rentensysteme ist die fernere Lebenserwartung von zentraler Bedeutung. Je länger die Menschen ab einem gewissen fortgeschrittenen Alter (hier: 65 Jahre) im Durchschnitt noch leben, desto länger muss der so definierten inaktiven Bevölkerung ein Ersatzeinkommen gezahlt werden. Eine längere Lebenserwartung ab Geburt dagegen muss sich per se nicht negativ auf die finanzielle Lage der Rentensysteme auswirken. Sofern die durchschnittliche Lebenserwartung ab Geburt steigt, weil sich die Säuglingssterblichkeit reduziert hat, hat dies − unter sonst gleichen Bedingungen - keine negativen Auswirkungen auf die Rentensysteme[177]. Steigt die Lebenserwartung ab Geburt allerdings, weil die Menschen länger leben, ist diese Größe ein Indikator für eine potentiell in Zukunft steigende finanzielle Belastung der Rentenversicherung. Denn je älter die Menschen werden, desto länger muss ihnen eine Rente gezahlt werden, sofern sie nicht später in den Ruhestand überwechseln oder die Rentenansprüche (proportional) zur steigenden (ferneren) Lebenserwartung gesenkt werden[178].

Die Lebenserwartung ab Geburt stieg zwischen 1960 und 2000 in Polen und in Ungarn für beide Geschlechter an. Auffällig ist, dass die Lebenserwartung der Polen

---

[176] Die „fernere Lebenserwartung" wird allgemein definiert als die durchschnittliche Anzahl der Jahre, die eine Person in einem bestimmten Alter noch leben wird. Alternativ kann als Altersgrenze zum Beispiel auch eine Grenze von 50, 55 oder 60 Jahren herangezogen werden. Da das gesetzliche Rentenalter in Polen (mit Ausnahme der Männer) und Ungarn unterhalb von 65 Jahren liegt, wäre die 60-Jahres-Grenze geeigneter gewesen. Aufgrund der Datenlage wurde jedoch die 65-Jahre-Grenze gewählt.

[177] Die Säuglingssterblichkeit (Die Säuglingssterblichkeitsrate ist definiert als die Anzahl der Babys pro 1000 Geburten, die innerhalb ihres ersten Lebensjahrs gestorben sind) in Polen und Ungarn ist seit Mitte des 20. Jahrhunderts deutlich zurückgegangen. In der ersten Hälfte der 1950er Jahre lag die Säuglingssterblichkeitsrate in Polen im 5-Jahres-Durchschnitt bei 95 Babys pro 1.000 Geburten, in Ungarn bei 71,2 Babys pro 1.000 Geburten. Fünfzig Jahre später, in der zweiten Hälfte der 1990er Jahre, lag die Säuglingssterblichkeitsrate in Polen bei 10 verstorbenen Kindern bis zum ersten Lebensjahr pro 1.000 Geburten und in Ungarn bei 9,7 Babys pro 1.000 Geburten (UN 2003). Die steigende Lebenserwartung ab Geburt in Polen und Ungarn ist somit zum Teil auf die rückläufigen Säuglingssterblichkeitsraten zurückzuführen.

[178] Hieran schließen sich Forderungen nach einer Verlängerung der Lebensarbeitszeit. Erreicht werden kann dies unter anderem durch eine Straffung der Ausbildung und daraus folgendem früherem Erwerbsbeginn sowie einem späteren Ausscheiden aus dem Erwerbsleben durch die Erhöhung des tatsächlichen Renteneintrittsalters (z.B. durch die Erhöhung der Regelaltersgrenze oder die Schaffung von Anreizen für eine längere Lebensarbeitzeit − möglicherweise sogar über das gesetzliche Rentenalter hinaus) und die Vermeidung von Frühverrentungen.

mit Ausnahme der Männer in den 60er Jahre höher lag als die der Ungarn. Die Lebenserwartung polnischer Männer ab Geburt lag im Durchschnitt im Jahr 1960 bei 64,9 Jahren und stieg auf 67,2 Jahren vierzig Jahre später. Polnische Frauen hatten eine deutlich höhere Lebenserwartung. Sie betrug im Jahr 1960 70,6 Jahre und im Jahr 2000 77,9 JahreZwischen 1960 und 2000 erhöhte sich in Polen die Lebenserwartung ab Geburt der Frauen um 7,3 Jahre, bei Männern um lediglich 4,8 Jahre. Der Anstieg der Lebenserwartung verlief bei den polnischen Männern im Gegensatz zu den Frauen jedoch nicht gleichmäßig. Ende der 70er Jahre sank die Lebenserwartung der Männer ab Geburt und stieg erst wieder Anfang der 90er Jahre. Im Jahr 1960 lag die Lebenserwartung ab Geburt der ungarischen Männer bei 65,9 Jahre und die der Frauen bei 70 Jahren. Die Lebenserwartung ab Geburt der Männer ist innerhalb von 40 Jahren nur marginal um 1,3 Jahre gestiegen, die der Frauen stieg dagegen deutlicher um 5,7 Jahre. Diese unterschiedlichen Zuwächse hatten zur Folge, dass die Differenz der Lebenserwartung beider Geschlechter deutlich zunahm. Ein Grund hierfür ist, dass zwischen Ende der 60er Jahre und Mitte der 80er Jahre die Lebenserwartung der ungarischen Männer sank, während die der Frauen kontinuierlich stieg. Die Lebenserwartung ab Geburt ist im Vergleich zu Ungarn und den anderen mittel- und osteuropäischen Staaten relativ hoch, im Vergleich zum EU-Durchschnitt jedoch gering[179]. Ein ähnliches Bild wie bei der Lebenserwartung ab Geburt ergibt sich in Polen und Ungarn bei der ferneren Lebenserwartung. Die Lebenserwartung der über 65-Jährigen Polen stieg zwischen den Jahren 1960 und 2000 bei Frauen mehr als doppelt so stark gegenüber den Männern. Lag die durchschnittliche Lebenserwartung der 65-jährigen Frauen im Jahr 1960 noch bei 14,9 Jahren, stieg sie bis zum Jahr 2000 auf 17,3 Jahre.

---

[179] Gegenüber dem EU-Durchschnitt sind auch die Zuwächse in den Lebenserwartungen geringer. Im Vergleich zur EU lag die durchschnittliche Lebenserwartung ab Geburt von polnischen Männern im Jahr 2000 rund fünf Jahre und bei Frauen rund drei Jahre unter dem EU-Mittelwert (Vgl. hierzu Bucerius 2003b, S. 88 ff.). Diese Unterschiede sind erwähnenswert, da sie hinsichtlich der Integration der mittel- und osteuropäischen Länder in die EU und das EU-Sozialschutzsystem für manche Länder von Belang sein wird. Beispielsweise gibt es in der neuen polnischen Altersrentenformel einen „demographischen Faktor", der die Summe der Rentenleistung aus der staatlichen Alterssicherung und der obligatorischen Privatrente in Relation zur (ferneren) Lebenserwartung einer Altersgruppe setzt. Falls EU-Bürger mit durchschnittlich höherer Lebenserwartung in dem künftigen Mitgliedsland Polen Rentenansprüche erwerben, ist zu klären, ob die durchschnittliche fernere Lebenserwartung der Betroffenen gemäß der polnischen Sterbetafel oder der Sterbetafel der betreffenden Nation bestimmt wird.

Tabelle 3.1.3: Lebenserwartung ab Geburt und fernere Lebenserwartung[1] in Polen und Veränderung zwischen 1960 und 2000 in Jahren

| | Lebenserwartung ab Geburt | | | | | | Fernere Lebenserwartung | | | | | |
| | Polen | | | Ungarn | | | Polen | | | Ungarn | | |
	Männer	Frauen	Differenz	Männer	Frauen	Differenz	Männer	Frauen	Differenz	Männer	Frauen	Differenz
1960	64,9	70,6	5,7	65,9	70,0	4,1	12,7	14,9	2,2	12,3	13,7	1,4
1965	66,6	72,4	5,8	66,7	71,4	4,7	12,8	15,1	2,3	12,1	14,0	1,9
1970	67,5	73,3	5,8	66,3	72,0	5,7	12,6	15,3	2,7	12,0	14,3	2,3
1975	68,3	74,3	6,0	66,3	72,4	6,1	13,3	15,5	2,2	11,9	14,5	2,6
1980	66,0	74,4	8,4	65,5	72,7	7,2	12,0	15,5	3,5	11,6	14,6	3,0
1985	66,5	74,8	8,3	65,1	73,1	8,0	12,1	15,6	3,5	11,7	14,9	3,2
1990	66,5	75,5	9,0	65,2	73,7	8,5	12,4	16,1	3,7	12,0	15,3	3,3
1995	67,6	76,3	8,7	65,3	74,5	9,2	12,8	16,4	3,6	12,1	15,7	3,6
2000	69,7	77,9	8,2	67,2	75,7	8,5	13,6	17,3	3,7	12,6	16,3	3,7
Δ (1960-1980)	1,1	3,8	2,7	-0,4	2,7	3,1	-0,7	0,6	1,3	-0,7	0,9	1,6
Δ (1980-2000)	3,7	3,5	-0,2	1,7	3,0	1,3	1,6	1,8	0,2	1,0	1,7	0,7
Δ (1960-2000)	4,8	7,3	2,5	1,3	5,7	4,4	0,9	2,4	1,5	0,3	2,6	2,3

[1] Lebenserwartung der 65-Jährigen
Δ: Veränderung in Jahren
Quelle: Eigene Berechnung nach Council of Europe (2001 und 2002)

Eine deutlich niedrigere fernere Lebenserwartung hatten die polnischen Männer. Männer lebten nach Erreichen des 65. Lebensjahres im Durchschnitt im Jahr 1960 noch 12,7 Jahre. Innerhalb von 40 Jahren stieg die fernere Lebenserwartung um lediglich 0,9 Jahre auf 13,6 Jahre. Ähnlich wie bei der Lebenserwartung ab Geburt der Männer sank die fernere Lebenserwartung Ende der 70er Jahre. Allerdings stieg die fernere Lebenserwartung männlicher Polen bereits Mitte der 80er Jahre wieder leicht an. Ebenso wie die Lebenserwartung ab Geburt ist die fernere Lebenserwartung der Menschen in Ungarn geringer als die der Menschen in Polen. Bei 65-Jährigen ungarischen Männern stieg die Lebenserwartung – nach einem deutlichen Rückgang zwischen 1960 und 1980 – im gesamten Beobachtungszeitraum nur marginal um 0,3 Jahre auf 12,6 Jahre. Die fernere Lebenserwartung der 65-Jährigen Frauen stieg dagegen kontinuierlich von 13,7 Jahren im Jahr 1960 auf 16,3 Jahre im Jahr 2000.

3.1.1.4 Der Alterungsprozess der Bevölkerung

Die sinkenden Geburtenraten zusammen mit der längeren Lebenserwartung bewirkten in Polen und Ungarn zwischen 1950 und 2000 eine Steigerung des Anteils der älteren Personen an der Gesamtbevölkerung. Das führte zu einer Veränderung der Altersstruktur. Gerade im Hinblick auf die – etwa seit Ende der 80er Jahre – nahezu vollständige Einbeziehung der Erwerbsbevölkerung in die Sozialversicherung in den beiden Ländern ist die Größe der Gruppen der potentiell Beschäftigten (Personen im erwerbsfähigen Alter), der noch nicht Beschäftigungsfähigen (d.h. der Kinder und Jugendlichen) und der nicht mehr Beschäftigten (Altenbevölkerung) bedeutend. Auch Ende des 20. Jahrhunderts ist die Bevölkerungsstruktur in Polen noch als relativ günstig anzusehen.

Besonders günstig für die Sozialversicherung ist der leicht gestiegene Anteil der Personen im erwerbsfähigen Alter an der Gesamtbevölkerung. Dieser stieg von 65,4 Prozent im Jahr 1950 auf 68,6 Prozent im Jahr 2000. 1950 lag der Anteil der Personen im erwerbsfähigen Alter in Ungarn mit 67,6 Prozent an der Gesamtbevölkerung sogar noch höher als in Polen. Im Jahr 2000 erreichte er das Maximum in der gesamten Beobachtungsperiode von 68,4 Prozent. Daran erkennt man, dass Ende der 90er Jahre die Generation der „Baby Boomer" auf den Arbeitsmarkt kam[180].

---

[180] Diese eigentlich positive demographische Lage kann jedoch auch problematisch sein, wie Polen als Negativbeispiel belegt. Ein großer Anteil an Personen im erwerbsfähigen Alter führt zu einem Anstieg der Anzahl der potentiellen Arbeitskräfte. Sofern wie in Polen nach 1990 die Wirtschaft schrumpft oder nur schwach wächst, finden nicht alle Arbeitsfähigen und Arbeitswilligen einen Arbeitsplatz. Ausgenommen dem Fall, dass sich eine Vielzahl von den erwerbsfähigen Personen vom offiziellen Arbeitsmarkt zurückzieht, erhöht sich die Zahl der Arbeitslosen. Wäre dagegen die ökonomische Situation in Polen aufgrund eines kräftigen Wirtschaftswachstums günstiger, würde ein großes Arbeitskräftepotential zu einem starken Wirtschaftswachstum beitragen und es verstetigen.

Tabelle 3.1.4: Entwicklung der Bevölkerungsstruktur in Polen und Ungarn zwischen 1950 und 2000 und ihre Veränderung[6]

	Pop (0-14 Jahre)[1]		Pop (15-64 Jahre)[2]		Pop (65 Jahre und älter)[3]		Pop (80 Jahre und älter)[4]		Altersabhängigkeitsrate[5]	
	Polen	Ungarn	Polen	Ungarn	Polen	Ungarn	Polen	Ungarn	Polen	Ungarn
1950	29,4	25,1	65,4	67,6	5,2	7,3	0,7	0,8	8,0	10,9
1955	31,0	25,6	63,5	66,2	5,5	8,2	0,7	0,9	8,7	12,4
1960	33,5	25,3	60,8	65,6	5,8	9,0	0,7	1,1	9,5	13,8
1965	31,0	23,2	62,1	66,5	6,8	10,3	0,8	1,3	11,0	15,5
1970	27,0	20,8	64,8	67,6	8,2	11,5	0,9	1,5	12,7	17,1
1975	24,0	20,3	66,4	67,0	9,5	12,6	1,2	1,7	14,4	18,9
1980	24,3	21,9	65,6	64,6	10,1	13,4	1,5	2,1	15,4	20,8
1985	25,5	21,5	65,1	66,2	9,4	12,4	1,7	2,2	14,5	18,7
1990	25,1	20,2	64,8	66,4	10,1	13,3	2,0	2,5	15,5	20,1
1995	22,8	18,1	66,1	67,8	11,1	14,1	2,1	2,9	16,8	20,8
2000	19,2	17,0	68,6	68,4	12,1	14,6	2,0	2,5	17,7	21,4
Veränderung[6]: 1950-1975										
Anteile	-5,4	-4,8	1,0	-0,6	4,3	5,3	0,5	0,9	6,4	8,0
absolute Anzahl	12,0	-8,7	39,2	11,9	149,9	94,3	119,1	142,5	-	-
Veränderung[6]: 1975-2000										
Anteile	-4,8	-3,3	2,2	1,4	2,6	2,0	0,8	0,8	3,3	2,5
absolute Anzahl	-9,1	-20,6	17,5	-3,0	44,7	9,9	90,5	39,0	-	-
Veränderung[6]: 1950-2000										
Anteile	-10,2	-8,1	3,2	0,8	6,9	7,3	1,3	1,7	9,7	10,5
absolute Anzahl	1,9	-27,5	63,5	8,5	261,6	113,6	317,5	237,0	-	-

1) Anteil der Kinder und Jugendlichen: Pop (0-14 Jahre): Personen zwischen 0 und 14 Jahren an der Bevölkerung (in Prozent)
2) Anteil der Personen im erwerbsfähigen Alter: Pop (15-64 Jahre): Personen zwischen 15 und 64 Jahren an der Bevölkerung (in Prozent)
3) Anteil der Altenbevölkerung: Pop (65 Jahre und älter): Personen über 65 Jahren an der Bevölkerung (in Prozent)
4) Anteil der Hochbetagten: Pop (80 Jahre und älter): Personen über 80 Jahren an der Bevölkerung (in Prozent)
5) Altersabhängigkeitsrate: Relation der über 65-Jährigen zu den 15- bis 64-Jährigen (in Prozent)
6) Veränderung in Prozentpunkten der Anteile bzw. in Prozent der absoluten Anzahl
Quelle: UN (2003) und eigene Berechnungen

Bis Ende des 20. Jahrhunderts war die Bevölkerungsstruktur in Polen und Ungarn unproblematisch, da der Anteil der Altersgruppe der 15- bis 64-Jährigen relativ konstant blieb. Diese positive Situation wird allerdings von problematischen Entwicklungen in den anderen Altersgruppen getrübt. Besonders kritisch wird in beiden Staaten der bevorstehende Ruhestand der „Baby Boomer" angesichts sinkender Geburtenraten und des bereits abnehmenden Bevölkerungsanteils der unter 15-Jährigen. Denn die nachfolgende Generation wird bedeutend kleiner sein. Eine künftig kleinere Erwerbsbevölkerung wird folglich das Bruttoinlandsprodukt erwirtschaften müssen, aus dem eine zunehmend größer werdende Altenbevölkerung materiell unterstützt werden muss.

Die auffälligste Veränderung in der Bevölkerungsstruktur erlebten beide Länder hinsichtlich des Anteils der Kinder und Jugendlichen an der Bevölkerung. Die bis zu 14-Jährigen stellten in Ungarn zwischen 1950 und 1960 rund ein Viertel der Gesamtbevölkerung. In Polen stieg ihr Anteil sogar auf ein Drittel im Jahr 1960. Nicht zuletzt aufgrund der rapide sinkenden Geburtenraten zwischen 1950 und 2000 sank ihr Anteil um 10,2 Prozentpunkte in Polen und 8,1 Prozentpunkte in Ungarn. Im Jahr 2000 stellten Kinder und Jugendliche in beiden Ländern nicht einmal mehr ein Fünftel der Bevölkerung.

Während der Anteil der jungen Menschen an der Bevölkerung kontinuierlich abnahm, erhöhte sich der Anteil der über 65-Jährigen. In der letzten Hälfte des vorigen Jahrhunderts stieg der Anteil der Altenbevölkerung an der Gesamtbevölkerung in Ungarn von 7,3 Prozent im Jahr 1950 auf 14,6 Prozent im Jahr 2000. Mehr als doppelt so hoch lag der Anteil der Altenbevölkerung in Polen sogar im Jahr 2000 (12,1 Prozent) gegenüber Jahr 1950 (5,2 Prozent).

Ein Indikator für eine längere Lebensdauer der Menschen ist der Anteil der über 80-Jährigen (der Hochbetagten) an der Bevölkerung. Ihr Anteil nahm von unter einem Prozent an der Bevölkerung im Jahr 1950 in beiden Ländern deutlich zu. Hervorzuheben ist, dass in Ungarn der Anteil dieser Altersgruppe Ende der 1990er Jahre sank. Dies ist hauptsächlich auf den schlechten Gesundheitszustand der ungarischen Bevölkerung und die daraus folgende geringe fernere Lebenserwartung zurückzuführen.

Die leicht steigende Quote der Bevölkerung im erwerbsfähigen Alter bei gleichzeitig stark ansteigender Quote der Alten in der Bevölkerung führte zu seiner steigenden Altersabhängigkeitsrate[181]. Diese Relation ist ein Indikator für die potentielle Ausgabenentwicklung der Alterssicherung[182]. Sobald der Anteil der (altersbedingten)

---

[181] Die Altersabhängigkeitsrate ergibt sich als Verhältnis von der Anzahl der über 65jährigen in Relation zu der Bevölkerung im erwerbsfähigen Alter (hier definiert als die 15- bis 64-Jährigen).

[182] Die Betonung hierbei liegt auf „Indikator", weil das Verhältnis von bestimmten Altersgruppen zueinander nicht ausreichend ist, um die Belastung der Rentensysteme durch die Alterung der Be-

inaktiven Bevölkerung gegenüber dem Anteil der (potentiell) aktiven Bevölkerung steigt, müssen die jungen und alten Menschen von einer schwindenden Anzahl Erwebspersonen unterstützt werden[183]. Die Altersabhängigkeitsrate stieg in den Jahren 1950 bis 2000 in Polen und Ungarn nahezu im gleichen Ausmaß um rund 10 Prozentpunkte an. Interessant ist auch die relativ gleichförmige Wellenbewegung der Raten. Allerdings war das Ausgangsniveau in Polen mit 8 Prozent im Jahr 1950 gegenüber 10,9 Prozent in Ungarn geringer. Da es zu keinem Aufholprozess kam, hatte Ungarn auch im Jahr 2000 noch die höhere Altersabhängigkeitsrate. Da die nachfolgende Generation viel kleiner ist, ist eine Verschlechterung der Altersabhängigkeitsraten absehbar.

Abbildung 3.1.5: Altersabhängigkeitsraten[1)] in Polen und Ungarn von 1950 bis 2000 (in Prozent)

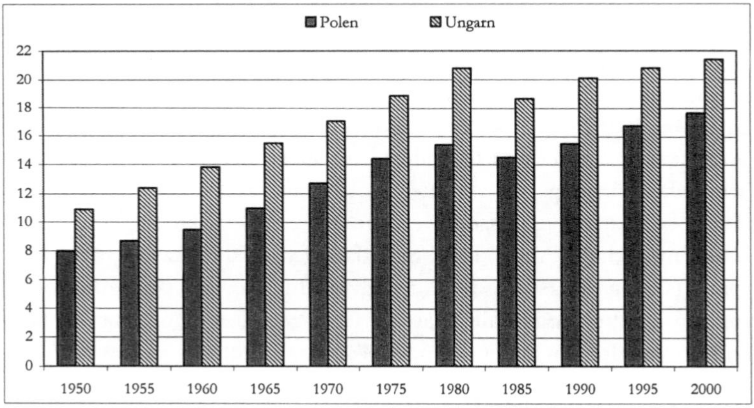

[1)] Die Altersabhängigkeitsrate ist definiert als die Relation der Anzahl der über 65-Jährigen zu den 15- bis 64-Jährigen in der Bevölkerung (in Prozent)
Quelle: Eigene Berechnungen und Darstellung nach UN (2003)

Den größten Zuwachs in diesem Quotienten gab es in beiden Ländern zwischen 1960 und 1970, als der Anteil der 15- bis 64-Jährigen in der Bevölkerung sogar sank,

---

völkerung abzubilden. Entscheidend sind zudem das gesetzliche Rentenalter und das tatsächliche Renteneintrittsalter (Letzteres steht unter anderem in Abhängigkeit vom Gesundheitszustand der Bevölkerung, der Situation auf dem Arbeitsmarkt und Regelungen für einen vorzeitigen Rentenbezug), die Lebensarbeitszeit (hierbei ist auch der Eintritt und Austritt aus dem Arbeitmarkt entscheidend), die Berechtigungskriterien für den Bezug einer Rente, die Erwerbsbeteiligung älterer Erwerbspersonen und das Ausmaß der Einbeziehung der Bevölkerung in die Versicherungspflicht (z.B. ob nur bestimmte Beschäftigungsgruppen, alle Beschäftigte oder die gesamte Bevölkerung pflichtversichert ist).
[183] An dieser Stelle werden nur die potentiell inaktiven Alten gegenüber den potentiellen Erwerbstätigen betrachtet (Altersabhängigkeitsrate). Werden die Kinder- und Jugendlichen zusammen mit den Alten den Erwerbspersonen gegenüber gestellt, ergibt sich die demographische Abhängigkeitsrate.

während der Anteil der Alten in der Bevölkerung im selben Zeitraum unvermindert zunahm. Nach 1965 in Ungarn und 1970 in Polen stieg der Anteil der Erwerbsbevölkerung wieder, sodass es zu einem relativ moderaten Anstieg der Abhängigkeitsrate kam. Als die Generation der Baby-Boomer der 1970er Jahre Mitte der 1980er Jahre in das erwerbsfähige Alter kam, reduzierte sich die Altersabhängigkeitsrate.

3.1.1.5 Zusammenfassung und kritische Würdigung

Die demographischen Rahmenbedingungen in Polen und Ungarn waren in der zweiten Hälfte des 20. Jahrhunderts aufgrund der vergleichsweise hohen Geburtenraten und der noch relativ hohen Sterblichkeitsraten aus Sicht der Finanzierung der Rentensysteme vorteilhaft. Die polnische Bevölkerung wuchs sogar trotz negativer Nettoimmigrationsraten noch Ende der 1990er Jahre. Dagegen setzte in Ungarn bereits in den 1980er Jahren der Schrumpfungsprozess der Bevölkerung ein. Verantwortlich hierfür sind neben den rückläufigen Geburtenraten die negativen Wanderungssaldi sowie in Ungarn die hohe Sterblichkeitsraten, die wiederum primär auf die schlechte gesundheitliche Lage der Bevölkerung zurückzuführen sind. In Ungarn kann nahezu von einem Bevölkerungsschwund gesprochen werden, da in den letzten zwei Jahrzehnten des 20. Jahrhunderts die Bevölkerung um 7,6 Prozent bzw. rund 800.000 Personen schrumpfte. Die Gegenüberstellung der Veränderung der Altersstrukturen in Polen und Ungarn im Zeitraum zwischen 1950 und 2000 zeigte, dass sich die beiden Länder in der Tendenz der Bevölkerungsentwicklung ähneln und zum Teil angleichen.

In den 1990er Jahren kam es in beiden Ländern zu einem erheblichen Einbruch der Fertilitätsraten. Um die Jahrtausendwende näherte sich das Fertilitätsmuster der beiden Staaten dem EU-15-Durchschnitt an. Parallel dazu erhöhte sich die Lebenserwartung der Polen und Ungarn. Vor dem Hintergrund dieses Geburtenknicks und der steigenden Lebenserwartung wird sich die Alterung der Bevölkerungen in Polen und Ungarn in den kommenden Jahren beschleunigen.

Da der Rückgang des Anteils der Kinder und Jugendlichen bis 15 Jahren an der Bevölkerung in den letzten beiden Jahrzehnten in Polen ausgeprägter war als in Ungarn, wird in Zukunft die Bevölkerung im erwerbsfähigen Alter in Polen deutlicher schrumpfen als in Ungarn. Sollte die (fernere) Lebenserwartung weiter steigen und die Geburtenraten weiter sinken, wird sich die Situation noch weiter verschärfen. Dieser demographische Wandlungsprozess wird sich nachteilig auf die Rentensysteme in beiden Ländern auswirken. Die Generation der Baby-Boomer wird schätzungsweise ab 2010 das Rentenalter erreichen. Ihnen werden jedoch zunehmend schrumpfende Nachfolgegenerationen gegenüber stehen. Sofern es nicht gelingt, eine Trendumkehr zu steigenden (oder zumindest stabilen) Geburtenraten und positiven Wanderungssaldi zu erreichen, wird sich der Schrumpfungsprozess der Gesamtbevölkerung weiter fortsetzen, die Bevölkerungsstruktur noch weiter ins Ungleichgewicht geraten und am Ende die Finanzierbarkeit der Rentensysteme zweifelhaft werden.

3.1.2 Institutionelle Rahmenbedingungen

3.1.2.1 Das polnische Rentensystem[184]

Die Etablierung des staatlichen Rentensystems in Polen ist im engen Zusammenhang mit der Landesgeschichte zu sehen. Die über Jahrzehnte andauernde Fremdherrschaft auf polnischem Territorium führte dazu, dass die polnische Geschichte als Legitimationsquelle der eigenen Nation diente. Trotz oder gerade aufgrund der Fremdherrschaft und der Beschränkung ihrer Freiheit während des Kommunismus gelang es den polnischen Bürgern immer wieder, sich der Steuerung von „oben" zu entziehen und eigene Wege zu gehen (Boxberger 1997, S. 26 ff.)[185]. Die Besetzung und Teilung des Landes sowie wechselnde Ideologien und politische Strömungen wirkten sich auch auf die Gestaltung der Sozialpolitik und der sozialen Sicherheit aus. Aus politischer Sicht entwickelte sich die Sozialversicherung in Polen in vier Abschnitten: Erstens in der Zeit von den Anfängen der Sozialversicherung bis Ende des Ersten Weltkriegs (1792 bis 1918), gefolgt von dem Zeitraum zwischen dem Ersten und dem Zweiten Weltkrieg (Zwischenkriegszeit), der Zeit unter kommunistischer Herrschaft von 1945 bis 1989 und der Zeit nach der politischen und wirtschaftlichen Wende im Jahr 1989. Trotz dieser Brüche in der Entwicklung der sozialen Sicherung weist das Sozialversicherungssystem in Polen ein beachtliches Maß an Kontinuität auf.

Die Entwicklung des polnischen Rentensystems bis 1989

Die Anfänge der Sozialpolitik in Polen sind von uneinheitlichen Systemen innerhalb der Landesgrenzen geprägt. In der Zeit zwischen 1792 bis 1918 fanden die ersten Bestrebungen statt, ein System der sozialen Sicherheit zu entwickeln. Zu dieser Zeit war Polen zwischen Deutschland, Österreich und Russland aufgeteilt. Im Jahr 1889 bekam Polen seine erste Alters- und Invaliditätsversicherung[186] auf dem von Deutschland besetzten Gebiet. Die Sozialgesetzgebung orientierte sich am deutschen Vorbild und bezog Arbeiter und Angestellte ein. Dagegen beschränkt sich die

---

[184] Die Darstellung beruht auf Boxberger (1997), Golinowska/Zukowski (2002), Florek (1993), Müller (1999), Szurgacz (2000).

[185] Jüngste Beispiele sind der Volksaufstand von 1956, die landesweiten Streiks Anfang der 70er Jahre und in den 80er Jahren die Solidarność-Bewegung, die maßgeblich zum politischen und wirtschaftlichen Umbruch in den Jahren 1989 und 1990 beitrug.

[186] Davor wurde im Jahr 1883 eine Arbeiterkrankenversicherung und im Jahr 1884 eine Unfallversicherung in Polen eingeführt (Boxberger 1997, S. 149).

Sozialpolitik in den von Russland und Österreich besetzten Landesteilen zunächst weitgehend auf die Armenfürsorge (Boxberger 1997, S. 149). Erst im Jahr 1906 wurde im Landesteil unter der Administration Österreichs eine Alterssicherung für Angestellte eingeführt. Auf dem von Russland besetzten Territorium dagegen gab es keine landesweite Absicherung der Alten, Invaliden oder Hinterbliebenen[187].

Als Polen nach dem Ersten Weltkrieg im Jahr 1918 seine Unabhängigkeit erlangte und der Staat neu gegründet wird, mussten die drei verschiedenen Sozialsysteme zusammengeführt und vereinheitlicht werden. Allerdings war lediglich das Sozialfürsorgesystem zumindest ansatzweise in allen Landesteilen vorhanden, sodass es als Ausgangsbasis für die Entwicklung der gemeinsamen Sozialversicherung diente (Boxberger 1997, S. 150). In der Zwischenkriegszeit wurde das polnische Sozialversicherungssystem innerhalb der Landesgrenze ausgebaut. Dabei entstanden unterschiedliche Rentenversicherungssysteme für verschiedene Beschäftigungsgruppen. Ein Rentenversicherungssystem für Angestellte, das beitrags- und einkommensbezogene Leistungen vorsah, wurde im Jahr 1927 geschaffen. Das System war an den Modellen ausgerichtet, die in den ehemals von Deutschen und Österreichern besetzten Gebieten bestanden. Ebenso wie in Deutschland und Österreich war das polnische Rentensystem kategoriell[188] ausgestaltet und basierte auf dem Beitragsprinzip (Bismarcksches System). Das gesetzliche Rentenalter für Angestellte betrug 60 Jahre für Frauen und 65 Jahre für Männer.

Erst im Jahr 1933 wird eine einheitliche Rentenversicherung für alle Arbeiter eingeführt. Das gesetzliche Rentenalter in der Arbeitersozialversicherung betrug für Frauen und Männer einheitlich 65 Jahre. Anders als in der Angestelltenversicherung sind die Rentenleistungen zweigeteilt: Auf der einen Seite wird eine Grundrente gewährt, die unabhängig von den individuellen Einkommen ist. Auf der anderen Seite wird zusätzlich eine einkommensbezogene Rente gezahlt, die in der Arbeiter-Rentenversicherung allerdings niedriger ist als in der Versicherung für Angestellte. Beiden Rentensystemen ist gemein, dass sie vorwiegend kapitalgedeckt sind und sich aus Beiträgen von Arbeitgebern und Arbeitnehmern finanzieren (Florek 1993, S. 40f.). Für Beschäftigte im Bergbau und bei der Eisenbahn wurden jeweils andere Rentensysteme geschaffen. Keine Absicherung gab es für die Selbständigen und selbständige Landwirte, obwohl die Bauern in der Zwischenkriegszeit rund ein Drittel der Bevölkerung stellten. Auch die Staatsbeamten und Berufssoldaten wurden

---

[187] Lediglich einige wenige Arbeitgeber boten ihren Arbeitnehmern eine Betriebsrente an (Golinowska/Zukowski 2002, S. 185f.). Für Bergleute bestanden am Ende dieser ersten Entwicklungsperiode in allen drei Landesteilen Alterssicherungssysteme, die sich allerdings in ihrer Art unterschieden (Golinowska/Zukowski 2002, S. 186).

[188] In kategoriell ausgerichteten Rentensystemen werden nur bestimmte Beschäftigungsgruppen und in der Regel auch ihre Angehörigen einbezogen. Im Gegensatz dazu beziehen Pauschalleistungssysteme im Prinzip die gesamte Bevölkerung ein (siehe Kapitel 2.1).

nicht von der Sozialversicherung erfasst. Jedoch wurde für beide Berufsgruppen bereits im Jahr 1923 ein gesondertes staatliches, steuerfinanziertes Ruhegeldversorgungs-Systeme geschaffen.

1933 entstand die Sozialversicherungsanstalt ZUS (*Zaklad Ubezpieczen Spolecznych*), die in veränderter Form immer noch existiert. Sie verwaltet unter anderem das Rentensystem[189]. Im Jahr 1939 verliert Polen erneut seine Souveränität, als deutsche und russische Truppen das Land besetzten. Ein Jahr später entzogen die deutschen Besatzer der polnischen Sozialversicherung sämtliche finanzielle Mittel (Florek 1993, S. 40; Müller 1999, S. 93f.).

Nach Ende des Zweiten Weltkrieges setzt ein Prozess der „Sowjetisierung" in Polen ein, von der auch das Sozialversicherungssystem betroffen ist. Der Aufbau des Sozialversicherungssystems geschah auf Basis der rechtlichen Grundlagen aus der Zwischenkriegszeit[190]. In den ersten zehn Jahren nach Ende des Zweiten Weltkriegs wurde das Sozialversicherungssystem grundlegend verändert. Die Sozialversicherung wird nicht mehr im Kapitaldeckungsverfahren, sondern im Umlageverfahren finanziert. Das Prinzip der Beitragsfinanzierung blieb erhalten. Die kommunistische Ausgestaltung verlieh dem System aber einen völlig anderen Charakter, indem beispielsweise das Versicherungsprinzip zugunsten des Versorgungsprinzips geschwächt wurde. Gerecht und einheitlich war das Rentensystem auch im Kommunismus nicht, da die Beschäftigten nunmehr nach privilegierten oder nicht privilegierten Arbeitskategorien eingeteilt wurden. Diese reflektierten die strategische Bedeutung der Arbeitsleistung für den Staat[191]. Die Leistungen von den Bürgern waren außerdem nicht einklagbar, da kein explizites Anrecht auf eine Rente bestand, sodass die Rentner von dem Wohlwollen der zentralen Verwaltung abhängig waren. Ein lange Zeit lang ungelöstes Problem war ein sinkender Realwert der Renten, da die Rentenleistungen diskretionär von der Regierung bestimmt wurden.

---

[189] Für die die selbständigen Landwirte und ihre Angehörigen wurde später, im Jahr 1976, eine gesondertes Sozialversicherungssystem geschaffen.

[190] Da das gesamte Vorkriegsvermögen der Sozialversicherungen von den Besatzern während des Krieges beschlagnahmt worden war, war kein Kapital und somit auch keine finanzielle Ausgangsbasis mehr vorhanden.

[191] Zur ersten Kategorie gehörten Arbeiter und Angestellte, die schwere, gesundheitsbelastende oder anderweitig „spezielle" Arbeit verrichteten wie Beschäftigte in Bergwerken, Lehrer, Hochschulprofessoren, Journalisten, Feuerwehrleute und Zollbeamte. Ihnen wurden in der Regel höhere Rentenleistungen gewährt. Zudem konnten sie früher als andere Beschäftigte in den Ruhestand treten. Während das gesetzliche Rentenalter für Frauen bei 60 Jahren und für Männer bei 65 Jahren lag, konnten Beschäftigte, die zur „ersten Kategorie" zählten, bereits jeweils fünf Jahre früher eine Rente ohne Abzüge beziehen (Müller 1999, S. 94). Ebenso wie in anderen sozialistischen Ländern konnten Bürger ihre Rente während des Kommunismus durch ,verdienstvolle Tätigkeiten' für den Staat aufbessern. Diese als „Brot-Orden" bezeichneten Auszeichnungen wurden in großer Anzahl verteilt. Aus dieser „Inflation der Orden" resultierte, dass sie „zu einem für breite Bevölkerungsgruppen relevanten Faktor der Rentenerhöhung" wurden (Schönfelder, 1987, S. 93).

Die Sozialpolitik während des Kommunismus entwickelt sich in verschiedenen Phasen. Das Recht auf Arbeit wurde im Jahr 1952 in die polnische Verfassung aufgenommen (Boxberger 1997, S. 150; Szurgacz 2000, S. 84)[192]. Da das Versicherungsprinzip abgeschafft wurde, entstanden Leistungen nicht mehr aus Beiträgen zur Sozialversicherung, sondern aus dem Beschäftigungsstatus an sich. Beiträge leisten seit 1945 nur noch die Arbeitgeber. Die Beiträge zur Sozialversicherung wurden pauschal für alle Beschäftigten von den staatseigenen Betrieben gezahlt. Diese pauschale Abführung der Beiträge hatte eher die Eigenschaft von Steuern als von Beitragszahlungen(Florek 1993, S. 42). Im Jahr 1949 wird das Sozialversicherungsbudget aus der ZUS herausgelöst und in den allgemeinen Staatshaushalt integriert. Dies zog negative Folgen für die künftige Finanzierung der Renten nach sich, da der Einnahmenüberschuss im allgemeinen Staatshaushalt einging und keine Reserve für später steigende Leistungsansprüche gebildet wurde (Florek 1993, S. 44). Dies steht auch im engen Zusammenhang mit der Ausweitung des in die Sozialversicherung einbezogenen Personenkreises. Die Renten für die „uniformierten Staatsbediensteten" (u. a. Soldaten, Polizisten und Gefängniswärter) wurden wie bereits in der vorkommunistischen Periode aus dem Staatshaushalt bezahlt[193].

1954 wurde die polnische Alterssicherung weiter vereinheitlicht, indem alle Unterschiede zwischen Arbeitern und Angestellten beseitigt wurden. Um eine Vollrente zu beziehen, war für Frauen eine Beschäftigungszeit von mindestens 20 Jahren und für Männer von mindestens 25 Jahren vorgesehen. Allerdings gab es diverse Ausnahmen von dieser Regel. Zur Berechnung der Rentenleistungen wurden die jeweiligen Verdienste der letzten zwölf Monate vor Eintritt in den Ruhestand als Basis genommen. Ab dem Jahr 1956 wurde der Berechnungszeitraum ausgedehnt. Seitdem werden die besten zwei aufeinander folgenden Verdienstjahre der letzten zehn Kalenderjahre zur Berechnung der Rente herangezogen[194]. Kalkuliert wurden die Ren-

---

[192] Auf den ersten Blick scheint dies eine weniger relevante Tatsache für das Rentensystem zu sein. Wie sich jedoch nach 1989 herausstellte, führte die fehlende Arbeitslosenversicherung dazu, dass angesichts von Massenentlassungen nach Beginn des Transformationsprozesses auf die großzügige Gewährung von Invalidenrenten oder Mittel der Frühpensionierungen zurückgegriffen werden musste, um arbeitslosen Menschen einen Einkommensersatz zu bieten.

[193] Erst Ende der 90er Jahre wird die beitragsfreie Rente für „uniformierten Staatsbediensteten" abgeschafft. Mit Ausnahme der Kriegsinvaliden werden alle Berufsanfänger der Beschäftigungskategorie ab dem 1. Januar 1999 in das allgemeine Sozialversicherungssystem, das von ZUS verwaltet wird, integriert.

[194] Diese Methode der Leistungsbemessung war und ist zum Teil auch in westlichen Nationen die Regel. Indem nicht die gesamte Dauer der Verdienstzeit, sondern nur die letzten Jahre angerechnet werden, entstehen in der Regel automatisch höhere Leistungsansprüche. Denn es ist davon auszugehen, dass insbesondere in den ersten Jahren der Berufstätigkeit geringere Löhne erzielt werden als am Ende der Erwerbsbiographie.

ten nach einer degressiven Rentenformel. Die Mindestrente verstärkte die redistributive Form des Rentensystems (Müller 1999, S. 94).

Die zweite Phase begann mit den Arbeiterunruhen in Polen im Juni 1956[195]. Die Arbeiterproteste verdeutlichten den kommunistischen Machthabern, dass ein sozialistisches System nicht automatisch alle sozialen Probleme innerhalb eines Landes löst. Der Verdienst der 1956er-Bewegung ist folglich, dass der Sozialpolitik in Polen wieder Bedeutung zugesprochen wird (Fischer 1992, S. 3 f.). Schritt für Schritt versucht die neue polnische Regierung, die Sowjetisierung der Sozialpolitik wieder rückgängig zu machen[196]. Im Jahr 1968, rund zehn Jahre nach den Aufständen, führte Polen eine umfangreiche Rentenreform durch. Damit war die Absicht verbunden, wieder an die sozialpolitische Tradition der Zwischenkriegszeit anzuknüpfen (Boxberger 1997, S. 151). Die dritte Phase der polnischen Sozialpolitik ist ebenfalls auf gesellschaftliche Unruhen zurückzuführen. Erneut aufflammende Unzufriedenheit in der Bevölkerung leitete 1980 den allmählichen Niedergang des kommunistischen Regimes ein. Aufgrund zunehmender Versorgungsprobleme, Korruption, einer desolaten Wirtschaftslage, einem für viele Bürger unbefriedigenden Lebensstandard und einer zunehmenden Auslandsverschuldung kam es im Juli und August 1980 zu landesweiten Streiks[197]. Für die Sozialpolitik waren die Aufstände von Bedeutung, da die Streikenden sozialpolitische Forderungen wie den Ausbau des Sozialleistungssystems, eine Modernisierung des Gesundheitswesens und bessere Arbeitsbedingungen forderten (Vgl. ebd., S. 151 f.).

Im Jahr 1982 wird die Rentenversicherung reformiert. Wesentliche Bestandteile der Reform sind die Einführung von flexiblen Altersgrenzen und die Dynamisierung der Rente ab dem Jahr 1986. Damit wird ein Missstand behoben, der seit den 60er Jahren beklagt, jedoch niemals behoben wurde (Müller 1999, S. 95 f.; Szurgacz 2000, S. 84). Da die Anpassung in der Regel nicht oder mit erheblicher zeitlicher Verzögerung erfolgte, entstand das in Polen als Altes Portefeuille (*stary portfel emerytalny*) bezeichnete Problem, dass Renten einige Jahre nach ihrer Zuerkennung einen Großteil ihres Werts verloren (Florek 1993, S. 44). Die Renten der älteren Rentnergeneration

---

[195] Zwar wurden die Aufstände von der sowjetischen Armee blutig niedergeschlagen, jedoch führten sie dazu, dass der gemäßigte Kommunist Wladyslaw Gomulka als Parteiführer eingesetzt wurde. Gomulka gelang es, die sowjetischen Machthaber von der Bündnistreue Polens zur Sowjetunion zu überzeugen und gleichzeitig den sowjetischen Einfluss zu reduzieren. Damit war der Weg zu Reformen der polnischen sozialen Sicherung möglich (Fischer 1992, S. 3 f.).

[196] Unter anderem wird 1956/1958 die Arbeiterselbstverwaltung in sozialistischen Betrieben eingeführt und die Sozialversicherungen in der Sozialversicherungsanstalt ZUS wieder zusammengeschlossen (Boxberger 1997, S. 151)

[197] Im September 1980 formte sich die vom Staat unabhängige Gewerkschaft Solidarność (Solidarität). Sie ist die erste unabhängige Gewerkschaft in den damals kommunistischen Ländern Mittel- und Osteuropas. Solidarność hatte breiten Rückhalt in der Bevölkerung und bildete somit für den Staat auf sozialpolitischem Gebiet eine ernst zu nehmende Herausforderung.

hinkten folglich den Renten der jüngeren Rentengeneration hinterher. Die Konsequenz war, dass die Kaufkraft einer Rente immer weiter sank, je länger die Rente bezogen wurde. Der Zeitpunkt der Erstfeststellung war somit wichtiger als die Dauer der Beschäftigung oder die Höhe der Verdienste in der Zeit der Erwerbstätigkeit (Golinowska/Zukowski 2002, S. 187; Müller 1999, S. 95 f.). Trotz der neuen Indexierung wurden die Probleme der mangelnden Absicherung der Rentner nicht gelöst. Aufgrund der Lohnindexierung war das System nicht in der Lage, die Rentner vor den Auswirkungen der extremen Inflation zu schützen, die 1988 ihren Lauf nahm. Um die protestierenden Arbeiter zu befrieden und den eigenen Machterhalt zu sichern, führte die Regierung weitere Privilegien für einzelne Beschäftigungsgruppen innerhalb des Rentensystems ein. Aufgrund anhaltender Proteste und den zunehmenden ökonomischen Schwierigkeiten des Landes wurden immer mehr Beschäftigungsgruppen Privilegien zugestanden. Es entstand ein Sozialversicherungssystem, in dem mehr Ausnahmen als Regeln zu bestehen schienen (Golinowska/Zukowski 2002, S. 213). Der Staat stand einer zunehmenden finanziellen Belastung durch Rentenleistungen gegenüber (Florek 2000, S. 106).

Die institutionellen Merkmale der polnischen Rentensysteme bis zum Ende der kommunistischen Periode sind in der nachfolgenden Übersicht dargestellt.

Übersicht 3.1.1: Institutionelle Gestaltungsmerkmale der polnischen Rentenversicherung von 1927 bis 1991

	1927 bis 1945	1945-1991
Rentenversicherungsträger	Seit 1933: Sozialversicherungsanstalt ZUS (Zakład U-bezpieczeń Społecznych)	1945-1955: ZUS (Leitung: Ministerium für Arbeit und Soziales) 1955-1960: Staatliche Verwaltung Seit 1960: ZUS
Einbezogener Personenkreis	Seit 1927: Angestellte Seit 1933: Arbeiter	Seit 1945: Arbeiter und Angestellte, seit 1950-1954: abhängige Beschäftigte in der Landwirtschaft, Beschäftigte des öffentlichen Dienstes, seit 1962: Mitglieder von landwirtschaftlichen Genossenschaften, seit 1972: Handwerker; seit 1973: Künstler; seit 1976: Selbständige Landwirte (mit gesondertem Sozialversicherungssystem), seit 1989: Geistliche
Grundkonzept	Angestellten-Rentenversicherung: Beitragsabhängig (einkommensbezogen, kapitalgedeckt) Arbeiter-Rentenversicherung 1. Grundrente (steuerfinanziert) 2. Beitragsabhängige Rente (einkommensbezogen, kapitalgedeckt)	ZUS und Sozialversicherung für selbständige Landwirte: - einkommensbezogen und beitragsabhängig - umlagefinanziert Für „uniformierte Staatsbedienstete" (u.a. Militärangehörige, Gefängniswärter): beitragsfrei und steuerfinanziert
Beiträge	k. A.	45 % nur durch Arbeitgeber (ZUS)
Zusatzvorsorge	k. A.	Nicht möglich
Gesetzliches Rentenalter	Angestellten-Rentenversicherung Frauen: 60 Jahre; Männer: 65 Jahre Arbeiter-Rentenversicherung: Frauen/Männer: 65 Jahre	Für ZUS-Versicherte: Frauen: 60 Jahre Männer: 65 Jahre
Rentenanpassung	Keine automatische Dynamisierung der Renten	Bis 1986: Keine automatische Dynamisierung der Renten Ab 1986: Nettolohn-Indexierung
Berechtigung für Vollrente	k.A.	Frauen: 20 Dienstjahre; Männer: 25 Dienstjahre
Budget	Sozialversicherungsbudget (ZUS)	1949-1968: Allgemeines Haushaltsbudget Ab 1986: ZUS bzw. Sozialversicherungsfond für selbständige Landwirte

k.A. keine Angaben
Quellen: Boxberger (1997), Florek (2000), Golinowska/Zukowski (2002), Müller (1999) und Szurgacz (2000)

Das polnische Rentensystems nach Beginn des Transformationsprozesses

Die Ausgangsvoraussetzungen des staatlichen Rentensystems in Polen waren angesichts der Unzulänglichkeiten des alten Systems schlecht. Neben den institutionellen Defiziten des kommunistischen Rentensystems sind auch ganz allgemeine institutionelle Defizite des gesamten wirtschaftlichen und politischen Systems zu nennen. Beispielsweise waren keine Strukturen zur Privatvorsorge vorhanden[198].

Die polnische Rentenversicherung war bis 1989 zu einem universellen System ausgebaut worden, da alle beschäftigten Personen Pflichtversichert waren (siehe auch Kapitel 3.1.4)[199]. Da die Sozialpolitik im Transformationsprozess gegenüber der politischen und makroökonomischen Transformation zunächst als nachrangig angesehen wurde, kam es zu keiner umfassenden Anpassung des Rentensystems an die neuen Anforderungen einer demokratischen Marktwirtschaft. Veränderungen im Rentenrecht waren vorwiegend aus der Not geboren oder politisch motiviert und reagierten auf kurzfristige Problemlagen. Trotz der bereits vorhandenen und weiter absehbaren Finanzierungsprobleme der Rentenversicherung wurde das Rentensystem nach Beginn des Transformationsprozesses finanziell weiter belastet, indem es von der Regierung für politische Zwecke und als transformationsbedingte Notlösung genutzt wurde. Politisch wurde das Rentensystem verwendet mit dem Ziel, die Unterstützung der Altenbevölkerung für den Transformationsprozess zu gewinnen, um sie nicht in eine Nostalgie für das ehemals kommunistische Regime fallen zu lassen (Golinowska/Zukowski 2002, S. 213). Dies führte dazu, dass die Rentner gegenüber anderen Gruppen (z.B. Familien mit Kindern und den Beschäftigten) bevorzugt wurden (siehe Kapitel 3.3 und 3.4).

Drei Rentensysteme bestanden nach 1989 und bestehen in zum Teil veränderter Zusammensetzung weiterhin nebeneinander. Die Sozialversicherungsanstalt ZUS (*Zaklad Ubezpieczen Spolecznych*) verwaltet die Renten aller Arbeitnehmer und Selbständigen des öffentlichen und privaten Sektors und deren Familienangehörigen mit Ausnahme der selbständigen Landwirte. Im Sozialversicherungsfond KRUS (*Kasa*

---

[198] Ebenso wie in den anderen postkommunistischen Staaten fehlte es in Polen an einem funktionierenden Geld-, Kredit- und Finanzsystem und einem geordneten Rechtsstaat. In dieser Hinsicht dürfte der Beitritt zur EU positive Effekte gehabt haben und weiterhin haben, da die EU nicht nur Vorgaben zu Anforderungen machte, sondern die Kandidatenländern auch finanziell und ideell unterstützte.

[199] 1950 war rund die Hälfte aller Beschäftigten in die Sozialversicherung einbezogen. Aufgrund der Ausweitung des Pflichtversichertenkreises stieg diese Relation bis 1980 alle zehn Jahre um rund zehn Prozentpunkte und erreichte die Quote von 80,9 Prozent im Jahr 1980 (ohne selbständige Landwirte). Im Jahr 1990 lag der Anteil der Versicherten an der beschäftigten Bevölkerung bei 86,8 Prozent (ohne selbständige Landwirte). Durch die Einbeziehung der selbständigen Landwirte stieg die Versichertenquote bis Mitte der 90er Jahre auf rund 95 Prozent (GUS 2002, S. 542 ff. und eigene Berechnungen).

Rolniczego Ubezpieczenia Społecznego) sind die selbständigen Landwirte und ihre Angehörigen integriert. Für „uniformierte Beschäftigte" (z.b. Polizisten, Soldaten und Gefängniswärter) wird eine gesonderte Vorsorge getroffen. Die Leistungen für diese Beschäftigungsgruppe werden aus dem allgemeinen Staatshaushalt bezahlt. Dieses System soll jedoch allmählich auslaufen (siehe unten). ZUS ist der bedeutendste Bestandteil des staatlichen Rentensystems. Von den gesamten Rentenzahlungen, die an die polnischen Alten gehen, trug ZUS Anfang der 90er Jahre rund 65 Prozent. An zweiter Stelle steht mit 31 Prozent von den Gesamtrentenleistungen die Absicherung der selbständigen Landwirte. Den geringsten Anteil hatte die Alterssicherung der „uniformierten Beschäftigten" mit rund drei Prozent (Strunk et. al. 1994, S. 250).

Das Rentensystem der Sozialversicherungsanstalt ZUS[200]

Zu den Aufgaben der ZUS zählen die Bestimmung der Sozialversicherungspflicht und des Anspruchs auf Leistungen sowie die Auszahlung der Leistungen. Darüber hinaus bemisst und fordert sie die Beiträge zur Sozialversicherung ein, rechnet die fälligen Beiträge mit den Arbeitgebern ab, führt (seit der Rentenreform im Jahr 1999) individuelle Versicherungskonten und Beitragszahlerkonten und ist für die Umsetzung von internationalen Verträgen im Bereich der Sozialversicherung zuständig. Neben der Altersrente verwaltet ZUS auch Invaliden- und Hinterbliebenenrenten[201]. Die Alterssicherung von Polizisten, Soldaten und Gefängniswärter wird ebenfalls von der Sozialversicherungsanstalt verwaltet. Allerdings zahlen die Beschäftigten dieser „uniformierten Berufsgruppen" keine Beiträge. Alle Zahlungen der ZUS an diese Gruppe werden aus dem allgemeinen Staatshaushalt wieder an das ZUS in Form von zweckgebundenen Zuschüssen zurückerstattet. Das Leistungsrecht der gesetzlichen Rentenversicherung wurde durch Gesetze in den Jahren 1990 und 1991 an mehreren Stellen verändert. Die neuen Regelungen führten zu einer deutlichen Besserstellung der Rentner gegenüber anderen Bevölkerungsgruppen (Vgl. hierzu auch Kapitel 3.2.2., 3.3. und 3.4.)[202].

---

[200] Die Darstellung des polnischen ZUS-Rentensystems seit Beginn des Transformationsprozesses beruht auf ZUS (2002) sowie Florek (1993), Golinowska et.al. (2003), Golinowska/Zukowski (2002), Heinrich/Koop et.al. (1996), Mackiewicz et.al. (2001), Müller (1999), Strunk et. al. (1994) und Zukowski (1995). Speziell für Invalidenrenten wird zusätzlich Woycicka/Ruzik/Zalewska (2002) als Quelle herangezogen.

[201] Darüber hinaus ist es zuständig für Sozialleistungen, die im Fall von Krankheit, Schwangerschaft, Mutterschaft und Beerdigungen ausgezahlt werden.

[202] Trotz der nachweisbaren relativen Bevorzugung der Rentner im Transformationsprozess gegenüber anderen Bevölkerungsgruppen behaupteten viele Politiker vor allem im Wahlkampf, dass die Politik der jeweiligen Regierung zu Lasten der Rentner ginge (Golinowska/Zukowski 2002, S. 214). Offensichtlicher Hintergrund war der Versuch, die Wählerstimmen der Alten zu gewinnen. Diese bewusste Fehlinformation der Bevölkerung trug jedoch dazu bei, die Bevölkerung zu verunsichern und Unzufriedenheit insbesondere bei den Rentnern zu schaffen.

Die gesetzlichen Regelungen aus dem Jahr 1982 blieben erhalten, sofern sie nicht durch die neuen gesetzlichen Regelungen aufgehoben oder modifiziert wurden (Zukowski 1994, S. 12)[203]. Die Veränderungen im Gesetz aus dem Jahr 1990 waren im Wesentlichen Reaktionen auf die unmittelbaren Probleme der Wirtschaft, insbesondere auf dem Arbeitsmarkt[204] und auf die Hyperinflation (siehe unten). Die unzureichende Rentenanpassung in der Vergangenheit machte es notwendig, bestehende „ältere" Renten neu zu berechnen. Nach einigen Abänderungen des Anpassungsmechanismus wurde im Jahr 1994 bestimmt, dass bestehende Renten angehoben werden, wenn der Durchschnittslohn um zehn Prozent seit der vorangegangenen Rentenanhebung gestiegen ist (Heinrich/Koop et.al. 1996, S. 89). Die Koppelung der Renten an die Löhne[205] wurde als großer sozialer Fortschritt gewertet, da sie es erlaubte, die Rentenleistungen im Vergleich zu den Durchschnittslöhnen relativ konstant zu halten und den Realwert der Renten nach der Rückführung der Inflationsraten anzuheben. Für die finanzielle Situation der Rentenversicherung barg sie auch Nachteile, da in Zeiten relativ geringer Preissteigerung gegenüber relativ höheren Lohnzuwächsen die realen Rentenausgaben stiegen

Die Haupteinnahmequelle von ZUS sind Beitragszahlungen. Bis 1999 wurden die Beiträge zur Rentenversicherung alleine von den Arbeitgebern entrichtet. Es gab keine maximale Beitragsbemessungsgrundlage. Je nach Beschäftigungskategorie mussten in der Regel 45 Prozent des Lohnes an ZUS abgeführt werden. Die Renten unterliegen seit dem 1. Januar 1992 der Einkommensteuer (nachgelagerte Besteuerung). Für bestimmte Beschäftigungsgruppen wie Arbeitnehmer in der Landwirtschaft galt ein reduzierter Beitragssatz (Golinowska/Zukowski 2002, S. 198 und S. 217). Neben den Beiträgen für die Versicherten sind die Staatszuschüsse die zweite wesentliche Einnahmequelle der Sozialversicherungsanstalt (siehe Kapitel 3.2.1). Das gesetzliche Rentenalter liegt auch nach den Reformen von 1990 und 1991 unverändert bei 65 Jahren für Männer und 60 Jahren für Frauen. Für den Bezug einer Vollrente ist eine Mindestbeitragszeit von 25 Jahren für Männer und 20 Jahre für Frauen erforderlich[206]. Es wird zwischen Beitragszeiten und beitragsfreien Zeiten unterschieden. Beitragszeiten sind in erster Linie die Zeiten, in denen für die Versicherten

---

203 Der Umstand, dass die noch unter Regie der Kommunisten zustande gekommenen Regelungen nicht außer Kraft gesetzt wurden, zog teilweise erhebliche Probleme nach sich. Hier sind insbesondere die Privilegien für bestimmte Beschäftigungsgruppen und das Fehlen alternativer Vorsorgemöglichkeiten für das Alter zu nennen.

204 Bereits im Januar 1990 wurde festgelegt, dass Männer nach einer Beschäftigungsdauer von 40 Jahren und Frauen von 35 Jahren vorzeitig in den Ruhestand treten können.

205 Da ab 1992 die Rentenleistungen besteuert werden (nachgelagerte Besteuerung), erfolgt die Anpassung bestehender Renten seither an den durchschnittlichen Bruttolohnsteigerungen.

206 Da in der Zeit des Kommunismus die Beschäftigungszeiten als Maßstab genommen wurden, werden diese im neuen System als Beitragszeiten behandelt.

Sozialversicherungsbeiträge gezahlt wurden. Seit dem 15. November 1991 werden der Zeitraum des Bezugs von Mutterschafts- und Krankengeld, die Zeiten der Kindererziehung[207], der Pflege von Schwerbehinderten, des Hochschulstudiums und die Zeiten des Militärdienstes, des Polizeidienstes sowie der Beschäftigung beim Staatsschutz, beim Grenzschutz und im Gefängnis als beitragsfreie Beschäftigungszeiten angerechnet. Insgesamt dürfen die beitragsfreien Zeiten nicht mehr als ein Drittel der tatsächlichen Beitragszeiten ausmachen (Zukowski 1994, S. 14).

Wie schon in der Zeit vor der Wende gibt es auch in dem neuen Rentensystem zahlreiche Ausnahmen von der Regel, so dass viele polnische Beschäftigte vor Erreichen der gesetzlichen Altersgrenze in den Ruhestand traten[208]. Aufgrund der vielen Ausnahmeregelungen sank das tatsächliche durchschnittliche Rentenalter zwischen 1989 und 1996 um jeweils zwei Jahre auf 55 Jahre bei den Frauen und 59 Jahre bei den Männern. Deutlich wird dieser Missstand auch, wenn man sich vor Augen führt, dass 1996 80.4 Prozent der Männer und 81.6 Prozent der Frauen in den Ruhestand wechselten, obwohl sie noch nicht das gesetzliche Rentenalter erreicht hatten (Golinowska/Zukowski 2002, S. 218). Daraus resultierte eine immer weiter steigende Anzahl an Empfängern einer Rente. Personen, die das offizielle Rentenalter noch nicht erreicht haben, für die keine Ausnahmeregelungen gelten und die nicht die erforderliche Anzahl an Beitragsjahren vorweisen können, erhalten im Grundsatz keine Rente. Falls die Betroffenen nicht genügend Eigenvorsorge getroffen haben[209], um ihr Existenzminimum zu erreichen oder das Haushaltseinkommen pro Kopf geringer ist als die Mindestrente[210], erhalten sie eine „Permanente Sozialhilfe" (Vgl. ebd., S. 201).

In Polen wurde 1997 ein Vorruhestandsgeld als neue Leistung eingeführt. Anspruch auf dieses Vorruhestandsgeld hat, wer noch nicht das gesetzliche Rentenalter erreicht hat, jedoch Anspruch auf Arbeitslosengeld hat[211] und mindestens 24 Jahre

---

[207] Für jedes Kind werden drei Jahre angerechnet. Maximal können sechs Jahre berücksichtigt werden (Zukowski 1994, S. 13).

[208] Beispielsweise können Frauen nach 30 Beitragszeiten und beitragsfreien Zeiten bis zu fünf Jahre früher in den Ruhestand gehen. Männer können ab dem 65. Lebensjahr bei mindestens 20 beitrags- und beitragsfreien Jahren eine Altersrente beziehen. Unabhängig vom Alter können Lehrer nach 30 Jahren Versicherungszeit, von denen sie mindestens 20 Jahre lang als Lehrer gearbeitet haben müssen, in Rente gehen (Zukowski 1994, S. 13).

[209] Personen, die privat für ihr Alter vorsorgen wollten, konnten Lebensversicherungen abschließen. Sie werden im Gesetz über Versicherungen vom 28 Juli 1990 geregelt (Gesetzesblatt Nr. 59, Artikel 344). Der Finanzminister entscheidet über die Zulassung privater Versicherungsanstalten und überwacht ihre Aktivitäten. Die Gesetze von 1990 und 1991 sahen keine Betriebsrenten vor.

[210] 1994 wurde die Mindest-Altersrente von 35 Prozent des nationalen durchschnittlichen Lohns auf 39 Prozent des nationalen Durchschnittslohns und die Mindest-Invalidenrente von 24 Prozent des durchschnittlichen Lohns auf 29 Prozent angehoben (Golinowska/Zukowski 2002, S. 209).

[211] Dazu zählen seit Inkrafttreten des Gesetztes am 1. Januar 1997: Personen, denen a) kein Arbeitsangebot vorliegt, und die b) innerhalb der vorangegangenen zwölf Monate vor der Arbeitslosenregistrierung mindestens 180 Tage (seit dem 1. Juli 1997 gilt: innerhalb der vorangegangenen 18

(Männer) bzw. 20 Jahre (Frauen) Versicherungszeit vorweisen kann. Frauen, die das 58. Lebensjahr und Männer, die das 63. Lebensjahr erreicht haben, können unter gewissen Umständen eine vorzeitige Rente (Frührente) beziehen. Die Rentenleistungen aus der Frührente betragen 80 Prozent der Leistungen, die die betreffende Person erhalten hätte, wenn sie das gesetzliche Rentenalter erreicht hätte. Allerdings dürfen die Leistungen nicht geringer sein als das Vorruhestandsgeld. Spezielle Regelungen gibt es für die Invaliden- und Hinterbliebenenrenten.

Die polnische Invalidenrente

Prinzipiell haben alle Personen in Polen, die seit ihrer Kindheit behindert sind, ab dem 18. Lebensjahr ein Recht auf eine pauschale Sozialhilfe, die unabhängig vom Einkommen der Familie gezahlt wird. Wird eine Person im Laufe des Erwerbslebens invalide, können die Betroffenen ab einer bestimmten Mindestbeitragszeit eine Invalidenrente und andere Sozialversicherungsleistungen erhalten. Die Mindestbeitragszeit ist nach Alter gestaffelt[212]. Es werden auch beitragsfreie Zeiten angerechnet (z.B. Zeiten der Kindererziehung und der Ausbildung). Diese dürfen jedoch nicht mehr als ein Drittel der tatsächlichen Beitragsjahre übersteigen. Die Invalidenrente basiert vollständig auf dem Umlageverfahren[213]. Die Leistungen aus der Invalidenversicherung in Polen sind im Gegensatz zur Alterssicherung festgelegte Leistungen (*defined benefits*) und berechnen sich in ähnlicher Weise wie im (nicht-reformierten) Alterssicherungssystem (siehe unten). Allerdings wird bei der Leistungsbemessung für eine Invalidenrente der unterschiedliche Grad der Behinderung berücksichtigt und die tatsächlichen Beitragsjahre zur Kalkulation der Rente herangezogen.

Das polnische Invalidenrentensystem geriet im Transformationsprozess unter Druck, weil es zur Entlastung des Arbeitsmarktes missbraucht wurde. Auf eine Rückkehr auf den regulären Arbeitsmarkt zielten Invalidenrentenprogramme in Polen zumindest in den ersten Jahren nach Beginn des wirtschaftlichen Transformati-

---

Monate vor der Registrierung für mindestens 365 Tage) beschäftigt waren (im In- oder Ausland) oder einen Lohn bezogen, der über dem Mindestlohn lag (Uscinska 2001, S. 211).

[212] Per Gesetz vom 17. Dezember 1998 wurden die Mindestbeitragszeiten zur Rentenversicherungszeit in Abhängigkeit vom Alter der Betroffenen festgelegt. Beiträge zur Rentenversicherung müssen demnach von:
- bis zu 20-Jährigen (d.h. bis vor Vollendung des 20. Lebensjahrs) ein Jahr
- 21- bis 22-Jährigen zwei Jahre
- 23- bis 25-Jährigen drei Jahre
- 26- bis 30-Jährigen vier Jahre
- über 31-Jährigen fünf Jahre
lang geleistet werden. Gezählt werden die Beitragsjahre innerhalb der zehn Jahre vor dem Antrag auf Invalidenrente. Der Zeitraum verkürzte sich proportional für Personen unter 30 Jahren (Golinowska et.al. 2003, S. 27; Woycicka/Ruzik/Zalewska 2002, S. 147 ff.).

[213] Leistungen für die Rehabilitation im Rahmen der Invalidenrente speisen sich aus unterschiedlichen Quellen. Dazu gehören allgemeine Steuergelder sowie Mittel aus der Sozial- und der Gesundheitsversicherung (Golinowska et.al. 2003, Tabelle 2.2, S. 24).

onsprozesses nicht ab[214]. Um die Zahl der Invalidenrentner möglichst gering zu halten, sind heute verschiedene Instanzen vor die Zuerkennung einer Invalidenrente vorgeschaltet[215].

Polen reformierte das System der Invalidenrente[216] sukzessive in den Jahren 1995 und 1997[217] mit dem Ziel, die Kosten der Invalidenrente zu senken. Dazu wurden die Berechtigungskriterien verschärft und Anreize für den Wiedereinstieg ins Arbeitsleben geschaffen (Woycicka/Ruzik/Zalewska 2002, S. 165ff.). Die Anpassung bestehender Renten entspricht der Vorgehensweise bei der Rentenanpassung von Alters- und Hinterbliebenenrenten. Das heißt, dass die laufenden Renten der Rentner im neuen, im Jahr 1999 reformierten Systems nicht mehr vollständig, sondern nur noch zu 20 Prozent an die Lohnsteigerung und zu 80 Prozent an einen speziellen Preissteigerungsindex (siehe unten) angepasst werden. Da zu erwarten ist, dass die Löhne in Zukunft stärker steigen als die Preise, werden die Renteneinkommen gegenüber den Einkommen aus Löhnen und Gehältern weniger steigen. Die unmittelbaren Folgen der Invalidenrenten-Reformen in Polen waren aus Sicht der Sozialversicherung und des Staates positiv. Die Anzahl der Neuzugänge war ebenso rückläufig wie die relativen Ausgaben für Invalidenrenten[218]. Für letzteres war insbesondere die neue Indexierungsmethode in Polen ausschlaggebend.

Allerdings bleiben handwerkliche Fehler in der institutionellen Gestaltung der Invalidenrente bestehen. In Polen besteht für die Invalidenrentner nach Erreichen des gesetzlichen Rentenalters die Wahlfreiheit zwischen einer Invaliden- und einer Altersrente. Das führte zu einem relativ hohen Durchschnittsalter der Invalidenrent-

---

[214] Zudem fehlte es an Fort- und Weiterbildungsmöglichkeiten und Rehabilitationsprogrammen, um die Rückkehr auf den Arbeitmarkt für die Betroffenen eine reelle Option werden zu lassen.

[215] Bevor die Betroffenen eine Invalidenrente erhalten, wird ihnen in der Regel zunächst das Krankengeld gewährt Das Krankengeld für abhängig Beschäftigte beträgt regulär 80 Prozent des vorherigen Lohnes. Die Leistungen werden in der Regel ein halbes Jahr lang gezahlt. Auf Anraten des Arztes kann die Lohnfortzahlung um drei Monate verlängert werden. Nach Ablauf der Lohnfortzahlung im Krankheitsfall und fortdauernder Arbeitsunfähigkeit des Betroffenen kann ein Antrag auf Rehabilitationsmaßnahmen gestellt werden, sofern davon ausgegangen werden kann, dass der Antragsteller innerhalb der folgenden 12 Monate wieder die Arbeitsfähigkeit zurück erlangen wird. Seit dem Jahr 1996 besteht ferner die Möglichkeit der Umschulung, falls der vorherige Beruf aus gesundheitlichen Gründen nicht mehr ausgeübt werden kann. Erst nachdem alle Optionen ausgeschöpft sind, kann ein Antrag auf eine (temporäre oder dauerhafte) Invalidenrente gestellt werden (Golinowska et.al. 2003, S. 28).

[216] Um dem Zweck des Einkommensersatzes bei der körperlichen und mentalen Behinderung zu betonen, wurde die Invalidenrente in Polen im Jahr 1997 umbenannt in „Arbeitsunfähigkeitsrente" (Woycicka/Ruzik/Zalewska 2002, S. 167)

[217] Diskussionen um die Reform der Invalidenrente begannen bereits im Jahr 1993 (Woycicka/Ruzik/Zalewska 2002, S. 165).

[218] Beispielsweise sanken die relativen Invalidenrentenausgaben von 3,7 Prozent des BIP im Jahr 1997 auf nur noch 3,2 Prozent im Jahr 1998 (Chlon-Dominczak 2002a, S. 106).

ner[219]. Da die Reform der Alterssicherung (siehe unten) die durchschnittlichen Ersatzraten der Altersrentner deutlicher senken wird als die der Invalidenrentner, wird für Personen, die nur geringe Leistungsansprüche aus der neuen Altersrente erwarten[220] ein Anreiz bestehen, sich um eine Invalidenrente – anstelle einer Altersrente – zu bemühen. Zudem bieten die Invalidenrenten in Polen noch vergleichsweise großzügige Leistungen und geben somit insbesondere für Geringverdienende keinen Anreiz zur Rückkehr in die Berufstätigkeit[221]. In einer ILO-Studie heißt es dazu: „Although the reforms [...] succeeded in slowing down the growth rate of pensions and reducing expenditures as a precentage of GDP, the struggle for a more effective and less costly disability policy in Poland is far from over" (Woycicka/Ruzik/Zalewska 2002, S. 195). Darüber hinaus wird der hohe „Bestand" an transformationsbedingten Invalidenrentnern in den kommenden Jahren eine erhebliche Belastung für die Rentensysteme in Polen darstellen[222]. Da viele Polen wegen zum Teil vermeintlicher Arbeitsunfähigkeit bereits weit vor Erreichen des gesetzlichen Rentenalters in Rente gingen, werden sie über einen vergleichsweise langen Zeitraum finanziell unterstützt werden müssen. Das Problem verschärft sich zudem angesichts der zu erwartenden steigenden ferneren Lebenserwartung.

Die polnische Hinterbliebenenrente

Die Renten für Hinterbliebene in Polen sind organisatorisch eng mit der Altersrentenversicherung verknüpft. Die in Polen als Familienrente bezeichnete Sozialleistung kommt Witwen und Witwern, den Kindern der Verstorbenen bis zum 16. Lebensjahr (bzw. länger, sofern sie noch in der Ausbildung sind) und den Eltern der Verstorbenen zu, sofern sie in einem gemeinsamen Haushalt gelebt haben. Ob ein Recht auf eine Familienrente besteht, bestimmt sich nach jeweils unterschiedlichen Kriterien. Witwer und Witwen müssen entweder das 50. Lebensjahr erreicht haben,

---

[219] Im Jahr 1996 waren laut einer Arbeitskräfteerhebung (Labour Force Survey) des Polnischen Statistikamts 47,2 Prozent aller Invalidenrentner 60 Jahre und älter. 26,4 Prozent der Invaliden war zwischen 50 und 59 Jahre alt. Genauso hoch lag der Anteil der wesentlich größeren Altersgruppe der 15- bis 49-Jährigen (Woycicka/Ruzik/Zalewska 2002, S. 210).

[220] Dies sind in der Regel die besonders sozial „gefährdeten" Gruppen Frauen, gering Qualifizierten und Personen mit brüchigen Erwerbsbiographien (vor allem durch Arbeitslosigkeit).

[221] Der geringe Anreiz für Geringverdienende zur Rückkehr auf den offiziellen Arbeitsmarkt wird deutlich, wenn man die durchschnittliche Netto-Invalidenrente (nur ZUS-Rentner) dem Netto-Mindestlohn gegenüberstellt. In der zweiten Jahreshälfte des Jahres 2000 beispielsweise betrug die Netto-Invalidenrente im Durchschnitt 130 Prozent des Netto-Mindestlohns. Bei den selbständigen Landwirten lag diese Relation bei 87 Prozent (Woycicka/Ruzik/Zalewska 2002, S. 173).

[222] Im internationalen Vergleich ist der Anteil der Invalidenrentner im erwerbsfähigen Alter in Polen relativ hoch. Im Jahr 1997 betrug der Anteil in Polen 10,1 Prozent gegenüber zum Beispiel 1,1 Prozent in Griechenland (einem der wirtschaftlich schwächsten EU-Mitgliedsländern) oder 2,3 Prozent in Deutschland (der größten Volkswirtschaft in der EU) im Jahr 1995. Relativ hohe Anteile von Invalidenrentnern im erwerbsfähigen Alter hatten im Jahr 1995 Finnland (9,1 Prozent), die Niederlande (8,1 Prozent) und Norwegen (7,3 Prozent) (Woycicka/Ruzik/Zalewska 2002, S. 202).

laut medizinischem Gutachten invalide sein, Kinder unter 16 Jahren (bzw. 18 Jahren bei Kindern in der Schulausbildung) haben oder ein behindertes Kind erziehen bzw. betreuen[223], um eine Hinterbliebenenrente zugesprochen zu bekommen. Die Höhe der Leistung bemisst sich nach dem Rentenanspruch des Verstorbenen aus der Alters- oder Invalidenrente. Für einen Hinterbliebenen beträgt die Familienrente 85 Prozent des Rentenanspruchs. Für den zweiten und dritten Hinterbliebenen im selben Haushalt, der die Berechtigungskriterien erfüllt, wird dieser Prozentsatz jeweils um 5 Prozentpunkte erhöht. Die Hinterbliebenenrente kann maximal 95 Prozent des Rentenanspruchs des Verstorbenen betragen[224]. Das angesparte Kapital in der obligatorischen Privatrentenversicherung geht an die Hinterbliebenen über.

Rentenberechnung

Strukturelle Änderungen erfolgten mit dem Rentengesetz aus dem Jahr 1991. Seit dem Jahr 1991 werden – mit Ausnahme der Renten für selbständige Landwirte - alle Alters- und Invalidenrenten nach denselben Regeln berechnet. Es wurde eine neue Rentenformel eingeführt. Da die Renten mit der Hyperinflation von 1989 und 1990 entwertet wurden, wurden sämtliche Rentenansprüche im Jahr 1991 nach der neuen Rentenformel neu berechnet, um einen Ausgleich für die inflationsbedingten Verluste zu schaffen. Bestandteile der alten Rentenformel, die den Anstieg der Ausgaben bremsten und/oder der Umverteilung dienten, wurden zum Teil beseitigt.

Unter anderem werden nach der neuen Berechnung längere Arbeitszeiten nicht mehr durch degressive Anrechnung „bestraft". Die neue Berechnungsformel der Rentenleistungen aus dem Jahr 1991 (Vgl. Übersicht) führte aufgrund eines großzügigen fiktiven Anrechnung vergangener Leistungen, für die keine individuellen Aufzeichnungen geführt worden waren, und vergleichsweise großzügiger Anrechnungen von beitragsfreien Jahren zu einem relativ günstigen Renten-Lohn-Verhältnis (Ersatzrate)[225].

Die Höhe der Rente (R) wird von zwei Faktoren bestimmt. Zum einen erhalten alle Rentner unabhängig von ihren Beitragszahlungen 24 Prozent des Basisbetrags (L). Es ist der soziale Faktor in der Rentenformel mit maßgeblicher Umverteilungsfunktion. Ursprünglich sollte dieser Basisbetrag dem nationalen Durchschnittslohn des vorangegangenen Quartals entsprechen. Angesichts steigender Löhne führte dies zu

---

[223] Sollte ein Witwer oder eine Witwe keine der vier Kriterien erfüllen und ohne eigenes Einkommen verfügen, besteht ein Anrecht auf eine „temporäre Familienrente", die ein Jahr lang ausgezahlt wird. Der Zeitraum kann für *weibliche* Hinterbliebene um ein Jahr verlängert werden, falls sie sich in einer Aus- oder Weiterbildung befinden.

[224] Im Vergleich zu Ungarn ist dies eine großzügige Leistungsbemessung. Ein ungarischer Hinterbliebenenrenter stehen derzeit maximal 50 Prozent des Rentenanspruchs des Verstorbenen zu (siehe Kapitel 3.1.2.2).

[225] Die großzügige Rentenberechnung wurde durch die Anpassungsmethode bestehender Renten gesteigert (siehe unten).

erheblichen Ausgabensteigerungen. Um die Ausgaben zu beschränken, wurde dieser Betrag im Jahr 1993 auf 91 Prozent des Durchschnittslohns gesenkt, nach dem Regierungswechsel im selben Jahr jedoch wieder schrittweise auf 100 Prozent angehoben (Golinowska/Zukowski 2002, S. 199 ff.). Als der wirtschaftliche Erholungsprozess mit sinkenden Inflationsraten und steigenden Reallöhnen einsetzte, führte die Koppelung der Renten an die Löhne zu einem höheren durchschnittlichen realen Rentenwert und in der Folge auch höheren realen Rentenausgaben (siehe Kapitel 3.2.1).

Übersicht 3.1.2: Rentenformel aus dem Jahr 1991

$$R = 0,24\,L + (0,013\,B_t + 0,007\,B_f)*G$$

R = monatliche Rente (Alters- und Invalidenrente)
L = Basisbetrag
B_t = Summe der (tatsächlichen) Beitragsjahre
B_f= Summe der beitragsfreien Jahre
B = Gesamtbeitragsdauer (B = B_t + B_f)
G = Grundlage für die persönliche Beitragsbemessung

Zu dem Basisbetrag wird in Abhängigkeit von der individuellen Gesamtbeitragsdauer (B) pro tatsächlichem Beitragsjahr (B_t) 1,3 Prozent der einkommensabhängigen Bemessungsgrundlage hinzuaddiert. Für Jahre, in denen keine Beiträge gezahlt wurden, die aber dennoch als Beitragsjahre angerechnet werden, werden 0,7 Prozent der Beitragsbemessungsgrundlage pro Nicht-Beitragsjahr (B_f) hinzugerechnet.

Die für Rentner vorteilhafte Leistungsberechnung zeigte sich auch in der Anrechnung der Einkommen für die persönliche Grundlage der Rentenberechnung (G). Prinzipiell basiert sie auf dem Durchschnittslohn eines bestimmten Bezugszeitraums. Eine weitere Maßnahme, die die Stabilisierung der Finanzen der Sozialversicherung zum Ziel hatte, war die Ausdehnung der Anrechnung der Beitragsjahre auf die Renten. Zur Berechnung der Rente wurde mit dem Gesetz von 1990 eingeführt, dass die besten drei aufeinander folgenden Jahre der letzten 12 Verdienstjahre herangezogen werden (Zukowski 1994, S. 11). Bis 1991 wurden die besten zwei aufeinander folgenden Verdienstjahre der letzten zehn Jahre vor Renteneintritt als Bezugszeitraum gewählt. Diese für die Rentenversicherung finanziell kostspielige, für die Rentner jedoch günstige Gestaltung wurde im Laufe der Jahre verändert. Ziel war es, den Zeitraum der Lohnanrechnung auszudehnen[226]. Zwischen 1992 und 1998 wurde dieser Zeitraum schrittweise verlängert. Seit dem Jahr 2000 werden die besten zehn aufeinander folgenden Verdienstjahre der letzten 20 Jahre vor Renten-

---

[226] Prinzipiell wird durch die Ausweitung des Anrechnungszeitraums von Löhnen und Gehältern der Rentenanspruch gesenkt, da Löhne und Gehälter aus früheren Beschäftigungsjahren in der Regel geringer sind als am Ende der Erwerbsphase.

eintritt zur Berechnung herangezogen[227]. Die Höhe der persönlichen Bemessungsgrundlage (G) wird berechnet, indem der in den gewählten Jahren erzielte Verdienst des Versicherten in Relation zum Landesdurchschnittslohn in dem jeweiligen Jahr gesetzt wird. Die so errechnete Relation wird mit dem aktuellen Landesdurchschnittslohn multipliziert. Die Berechnung wird beispielhaft für 1995 vorgenommen, in dem die besten sechs Beitragsjahre als Berechnungsgrundlage dienten.

Übersicht 3.1.3:   Berechnung der persönlichen Bemessungsgrundlage (G) für das Jahr 1995

$$G\,(1995) = \left[\frac{\left(\dfrac{V_1}{L_1} + \dfrac{V_2}{L_2} + \ldots + \dfrac{V_6}{L_6} \right)}{6} \right] * L \quad \leq 2{,}5\,L$$

G (y) = Grundlage für die persönliche Beitragsbemessung im Jahr y
V_i = monatlicher individueller Durchschnittsverdienst im Jahr i
L_i = monatlicher nationaler Durchschnittslohn im Jahr i
L = Zum Zeitpunkt der Berechnung aktueller nationaler Durchschnittslohn
Quelle: Zukowski 1994, S. 15.

Um die Kosten der Rentenversicherung zumindest ansatzweise im Zaum zu halten, wurde die Beitragsbemessungsgrundlage beschränkt. Die Grundlage für die persönliche Beitragsbemessung (G) darf das 2,5-fache des aktuellen nationalen Durchschnittslohns nicht übersteigen (G ≤ 2,5*L). Als ein weiterer Mechanismus zum Bremsen der Rentenausgaben wurde verfügt, dass die Rente nicht höher als 100 Prozent ihrer Bemessungsgrundlage sein darf.

Ingesamt wird deutlich, dass das polnische Rentensystem auch nach den Reformen der Jahre 1990 und 1991 redistributiv gestaltet war. Die umverteilende Wirkung wurde dadurch gesteigert, dass es keine Beschränkung in der Höhe der Beitragszahlungen gab.

Grundsätzlich ist es Rentnern erlaubt, bei Bezug von Rentenleistungen weiterzuarbeiten. Allerdings dürfen sie nicht beliebig viel zur staatlichen Rente hinzuverdienen. Ohne Rentenkürzungen können Rentner bis zu 60 Prozent des Landesdurchschnittslohns (= 0,6 L) hinzuverdienen. Ab einem zusätzlichen Einkommen zur staatlichen Rente in Höhe von 120 Prozent des Landesdurchschnittslohns (= 1,2 L) wird die Rente suspendiert. Bei einem Einkommen von 60 bis 120 Prozent des Landesdurchschnittslohns wird die Rente anteilig reduziert.

Das reformierte Alterssicherungssystem von 1999

Während es sich bei den Veränderungen im polnischen Rentensystem der Jahre 1990 und 1991 weitgehend um Änderungen der Rentenformel und der Berechti-

---

[227] Alternativ können die Versicherten als Berechnungsgrundlage die vergangenen 20 Beitragsjahre vor Renteneintritt wählen.

gungskriterien handelte, wurde das gesetzliche Rentensystem mit der Reformgesetzgebung, die am 1. Januar 1999 in Kraft trat, grundlegend verändert. Das neue Rentensystem setzt sich aus zwei obligatorischen Bestandteilen zusammen. Erstens der (reformierten) staatlichen Sozialversicherung, die weiterhin im Umlageverfahren finanziert wird. Auf sie entfallen rund vier Fünftel der Beiträge. Zweitens der neu geschaffenen kapitalgedeckten Zusatzvorsorge bei einem privaten Versicherungsunternehmen, der das restliche Fünftel der Beitragszahlungen zufließt. Beide Bestandteile sind beitragsdefinierte Systeme (*defined contributions*). Das gesetzliche Rentenalter blieb unverändert. Im neuen System soll ein vorzeitiger Renteneintritt (Frührente) nicht möglich sein.

Das unweigerlich entstehende Defizit in der Rentenversicherung durch die Teilprivatisierung[228] der Alterssicherung soll in Polen zu zwei Dritteln durch Leistungskürzungen in der gesetzlichen Rentenversicherung („interne Finanzierung"), zu rund einem Viertel durch staatliche Kreditaufnahme und zu etwa zehn Prozent durch Privatisierungserlöse finanziert werden (Chłon-Domińczak 2002, S. 170ff.; Fultz 2002b, S. 10). Folglich müssen die Versicherten weitgehend selbst für die Umstellungskosten aufkommen.

Seit dem Jahr 1999 werden die Berufsanfänger, die zu den „uniformierten Staatsbediensteten" gehören, im allgemeinen Sozialversicherungssystem ZUS versichert. Ausdrücklich nicht im neuen System integriert sind Militärangehörige, die vor dem 1. Januar 1999 in den Ruhestand wechselten, sowie selbständige Landwirte, Richter und Staatsanwälte[229]. Das neue System ist verpflichtend für alle bei der ZUS versicherten Personen, die nach dem 31. Dezember 1968 geboren sind, d.h. diejenigen, die zum Zeitpunkt der Reform 30 Jahre und jünger sind. Freiwillig beitreten konnten die nach dem 31. Dezember 1948 und vor dem 1. Januar 1969 Geborenen, also die im Jahr 1999 31- bis 50-Jährigen. Alle diejenigen, die vor dem 31. Dezember 1948 geboren sind, müssen in dem „alten" – allerdings reformierten - Sozialversicherungssystem bleiben[230].

---

[228] Nach Berechnungen von Chłon-Domińczak erreichen die kumulierten Transformationskosten des Alterssicherungssystems bis 2050 insgesamt 100 Prozent des BIP (Chłon-Domińczak 2002, S. 172).

[229] Selbständige Landwirte sind nach wie vor bei der Sozialversicherungsanstalt für selbständige Landwirte (KRUS) (siehe unten) versichert. Die Renten für Kriegs- und Militärveteranen werden aus dem Staatshaushalt gezahlt. Richter und Staatsanwälte haben einen gesonderten Sozialschutz in einem steuerfinanzierten System für Staatsbedienstete. Die Sonderstellung von Richtern und Staatsanwälten hinsichtlich der Rentenversicherung wird als ungerechtfertigte Privilegierung kritisiert: „These good risks are … in a privileged position not only in comparison with employees and self-employed but also with other groups of state servants like soldiers or policemen who were integrated in the general scheme" (Golinowska et.al. 2003, S. 47).

[230] Grund für den Ausschluss der Altersgruppe ist die Annahme, dass die über 50-Jährigen in der verbleibenden Zeit bis zur Rente nicht genügend Kapital ansparen können. Somit bleiben zwei

Eine der zentralen Veränderungen ist, dass die vier Risiko-Typen Alter, Invalidität, Krankheit und Unfall, die von der ZUS versichert werden, fortan von unterschiedlichen Sozialversicherungsprogrammen geregelt werden.

Für die operativen Aufgaben ist der Sozialversicherungsfonds FUS (*Fundusz Ubezpieczeń Społecznych*) zuständig[231]. Den Arbeitgebern kommt weiterhin eine wichtige Rolle zu. Unter anderen haben die Arbeitgeber Teile der Verwaltungsaufgaben der Alterssicherung übertragen bekommen[232].

Wesentliche Änderung ist die Umstellung von ehemals festgelegten Leistungen (*defined benefits*) auf festgelegte Beiträge in der speziellen Form von *„notional defined contributions"* (NDC). Grundsätzlich hängen gemäß NDC die Rentenleistungen von den jeweils eingezahlten Beiträgen ab. Das Besondere an NDC ist, dass praktisch ein kapitalfundiertes Kontensystem innerhalb des umlagefinanzierten Systems nachgeahmt wird. Jeder Versicherte erhält ein individuelles Konto, auf dem seine Beiträge zuzüglich staatlich festgelegter (fiktiver) Zinssätze angesammelt werden. Sobald der Versicherte in Rente geht, wird das jeweilig akkumulierte Kapital auf dem Konto in eine Annuität verwandelt. Das angesparte Kapital wird durch die durchschnittliche zu erwartende fernere Lebenserwartung der betreffenden Alterskohorte geteilt[233]. Mit diesem „demographischen Faktor"[234] soll der projizierten steigenden Lebensdauer Rechnung getragen werden[235]. Auf diese Weise geht das „Risiko" des Alterns ebenso wie das Inflations- und Wachstumsrisiko im Rentenverlauf auf die Individuen über. NDC impliziert eine enge Kopplung von Beitragszahlungen und späteren Rentenleistungen. Gleichzeitig wird die Umverteilung innerhalb der Sozialversicherung sowohl innerhalb einer Kohorte als auch zwischen den Generationen minimiert.

---

unterschiedliche Alterssicherungssysteme innerhalb der ZUS für einen bisher noch nicht abschätzbaren Zeitraum nebeneinander bestehen.

[231] FUS ist ein staatlicher zweckgebundener Fonds, dessen Mittel sich aus Sozialversicherungsbeiträgen, Zinsen auf das Kapital aus den Beiträgen und Subventionen des Staatshaushalts speisen. Seine Hauptaufgabe auf der Ausgabenseite ist die Auszahlung von Rentenleistungen im Fall von Alter und Invalidität. Darüber hinaus zahlt der FUS Hinterbliebenenrenten, Pflege- und Sterbegeld aus (Florek 2000, S. 104f). FUS existierte bereits seit 1986. Durch die Rentenreform im Jahr 1999 wurde er sozusagen neu gegründet, indem er auf eine neue rechtliche Grundlage gestellt wurde (Mackiewicz et.al., 2001, S. 43).

[232] Beispielsweise sind die Arbeitgeber beauftragt, ihren Arbeitnehmern bei der Beantragung ihrer Rentenansprüche zu helfen. Zudem sind sie dafür verantwortlich zu bestimmen, ob ein Arbeitnehmer die Berechtigungskriterien für den Bezug einer Altersrente erfüllt.

[233] Es muss noch bestimmt werden, ob der ferneren Lebenserwartung eine geschlechtsneutrale (*„unisex"*) Sterbetafel zugrunde gelegt oder zwischen Frauen und Männern unterschieden wird.

[234] Eine Alternative zur ferneren Lebenserwartung ist die Relation zwischen tatsächlichen Versicherten/Beitragszahlern und Rentnern.

[235] Sobald die fernere Lebenserartung steigt, verringert sich auch die monatlich auszuzahlende Rente, da annahmegemäß mit steigender Lebensdauer die Rente über einen längeren Zeitraum ausgezahlt wird.

Versicherte, für die das neue Altersrentensystem gilt, schließen einen Vertrag mit einem offenen Rentenfonds (OFE - *Otwartych Funduszach Emerytalnych*)[236]. Ein Fünftel der Gesamtbeiträge zur Alterssicherung aller Teilnehmer an dem teilprivatisierten System wird in private Pensionsfonds investiert. Die Beiträge stammen ausschließlich von den Arbeitnehmern, mit denen lediglich Altersrenten finanziert werden[237]. Die Rentenleistungen berechnen sich auf ähnliche Weise wie die Leistungen aus der Sozialversicherung. Vereinfacht ausgedrückt bestimmen sich die Renten aus der Summe der Beiträge und der darauf gezahlten Zinssätze abzüglich der Verwaltungsgebühren. Die Summe wird durch die durchschnittliche fernere Lebenserwartung der jeweiligen Alterskohorte geteilt. Die Annuitäten dürfen nicht nach Geschlecht, Gesundheitszustand oder Religion gestaffelt werden. Wesentlicher Unterschied zur Rentenformel der staatlichen Alterssicherung ist, dass die Rentenhöhe im Endeffekt in hohem Maße von den Entwicklungen auf dem Kapitalmarkt und der Anlagestrategie der jeweiligen Rentenfonds abhängt[238].

Um die Versicherten vor möglichem Verlust ihrer Einlagen bei den privaten Rentenfonds – zum Beispiel durch unsolide oder riskante Anlage-Strategien der Versicherer - zu schützen, sind mehrere Sicherungsmechanismen eingeführt worden[239]. Überwacht wurden die privaten Pensionsfonds zunächst von dem neu geschaffenen Aufsichtsrat für Rentenfonds UNFE (*Urząd Nadzoru nad Funduszami Emerytalnymi*). Aus politischen Gründen wurde UNFE am 1. April 2002 durch die Kontrollkommission der Versicherungs- und Rentenfonds KNUiFE (*Komisja Nadzoru Ubezpieczeń i Fundusz Emerytalnych*) ersetzt[240]. Gesetzlich ist ein Mindestertrag eines Rentenfonds festgelegt[241]. In letzter Instanz ist der Staat verpflichtet, die nötigen finanziellen Mit-

---

[236] Die Fonds der Pflicht-Privatvorsorge müssen ausdrücklich „offene" Rentenfonds sein. Weder dürfen sie die Teilnahme an dem Fonds für Pflichtversicherte beschränken noch dürfen sie das Recht beschränken, aus ihm auszutreten (Florek 2000, S. 110). Die Möglichkeit zum Wechseln des Rentenfonds nahmen jedoch nur relativ wenige Versicherte in Anspruch. Im Jahr 2001 machten 1,75 Prozent der Mitglieder eines OFE von ihrem Recht gebrauch. Ein Jahr später waren es 3,15 Prozent der OFE-Mitglieder (KNUiFE 2003, Tabelle 2.4.).

[237] Invalidenrenten werden nur durch die staatliche Rentenversicherung abgedeckt. Invalidenrentner bleiben auch nach Erreichen des gesetzlichen Rentenalters im umlagefinanzierten Basissystem.

[238] Die Auszahlungsmodalitäten sind noch nicht festgelegt.

[239] Grundsätzlich müssen Anbieter von Rentenfonds ein Mindestkapital von 4 Millionen Euro vorweisen, um überhaupt zugelassen zu werden. Darüber hinaus müssen alle Fonds Rückstellungen bilden (Müller 1999, S. 118). Falls ein Fondsbetreiber dieser Anforderung nicht nachkommt, wird er mit einer Strafe von bis zu maximal 500.000 Zloty (ca. 125.000 Euro) belegt (Borowczyk 2002, S. 4).

[240] UNFE war personell überwiegend durch Anhänger der alten Regierungskoalition besetzt. Das neue Überwachungsgremium sollte im Gegenzug mit regierungsnahen Personen besetzt werden (Golinowksa et. al. 2003, S. 55).

[241] Der Mindestertrag beträgt entweder 50 Prozent des gewichteten Ertrages aller Offenen Rentenfonds oder 4 Prozentpunkte unterhalb dieses Mittelwertes. Es wird jeweils der geringere der beiden Werte als Grenze gewählt. Sollte ein Rentenfond 24 Monate lang einen geringeren Ertrag

tel aus dem Staatshaushalt bereitzustellen, um den Mindestertrag zu gewährleisten. Beobachter werten dies als eine per Gesetz verbürgte Mindest-Ertragsicherung der privaten Rentenfonds (Borowczyk 2002, S. 5)[242]. Vorgesehen sind auch Investitionsbeschränkungen[243]. Da das neue Rentensystem erst seit wenigen Jahren in Kraft ist und die ersten Renten aus dem teilprivatisierten System erst ab dem Jahr 2009 ausgezahlt werden, ist an dieser Stelle nur eine vorläufige Bewertung der Anfangsjahre möglich. Die Anzahl der Mitglieder stieg relativ schnell von 9,67 Millionen Mitgliedern im Dezember 1999 auf 10,28 Millionen Mitglieder im September 2000. Im Februar erreichte die Mitgliederzahl bereits 11,2 Millionen Personen. Parallel dazu setzte ein Prozess der Marktkonzentration ein.

Tabelle 3.1.5: Struktur und erste Ergebnisse der Rentenfonds der privaten Pflichtvorsorge in Polen 1999 bis 2003

	Dezember 1999	September 2000	September 2001	September 2002	Februar 2003
Anzahl der Mitglieder (Gesamt)	9.665.819	10.281.180	10.563.233	10.888.067	11.214.407
Anzahl der Anbieter	21	21	18	17	16
Konzentration (Mitglieder in den größten 4 OFE)	65 %	64,3 %	63,8 %	63,3 %	63,5 %
Netto-Vermögen (in Mio. Zloty)	k. A.	k. A.	k. A.	27.492,4	32.360,3
Netto-Vermögen pro Versicherten (in Zloty)	k. A.	k. A.	k. A.	2.525,0	2.885,6
Durchschnittliche Jahresrendite	k. A.	k. A.	8,682	10,964	k. A.

k. A.: keine Angaben
Quelle: KNUiFE (2002a und 2002b) und UNFE (2000, Tabelle 3, S. 14) eigene Berechnungen

---

als vom Gesetz erfordert erwirtschaften, muss der Fonds nach Ablauf dieser Zeit innerhalb der nächsten drei Tage die Differenz aus seinen Rückstellungen decken. Sind die Rückstellungen nicht ausreichend, um das Defizit zu decken, ist die Allgemeine Rentenvereinigung (*Universal Pension Society*) verpflichtet, das Defizit innerhalb von 14 Tagen von den Einlagen zu decken. Der Dachverband „*Universal Pension Society*" hält für jeden Fonds die Mindesteinlage von 4 Millionen Euro, von dem mindestens die Hälfte auf einem Bankkonto jederzeit Verfügbar sein muss (Borowczyk 2002, S. 4). Sofern weder der Rentenfond noch der Dachverband in der Lage sind, das Defizit zu decken, wird der Garantiefond in die Pflicht genommen, der sich aus den Pflichtbeiträgen aller Mitglieder der Allgemeinen Rentenvereinigung zusammensetzt. Innerhalb von 21 Tagen muss aus seinem Kapital das Defizit gedeckt werden. Falls auch der Garantiefonds nicht in der Lage ist, das Defizit zu decken, muss der Staat die Renten gewährleisten.

[242] Einschränkend muss jedoch gesagt werden, dass es sich bei den Mindesterträgen um relative Größen handelt. Tritt der Fall ein, dass die Erträge aus den Einlagen der Versicherten in allen Rentenfonds rückläufig sind, schützt der Sicherungsmechanismus die Versicherten nicht vor dem relativen Verlust ihrer Rentenbeiträge (Borowczyk 2002, S. 3f.).

[243] Laut Kapitel 15 des Gesetzes vom 28 August 1997 dürfen Anlagen aus der kapitalgedeckten Pflichtvorsorge nur zu maximal 40 Prozent in Aktien angelegt werden. Bankanleihen und Bankschuldverschreibungen (Obligationen) dürfen maximal 20 Prozent des Nettokapitals ausmachen. Bisher haben die privaten Versicherer die Investitionslimits jedoch noch nicht ausgeschöpft. Der größte Teil des Kapitals wird in festverzinsliche Wertpapiere (Ende 2001: 65,9 Prozent; Ende 2002: 67,2 Prozent) angelegt. An zweiter Stelle folgen Aktien mit rund 28 Prozent in den Jahren 2001 und 2002 sowie an dritter Stelle Bankguthaben und Obligationen mit 2,9 Prozent Ende 2001 und 2,6 Prozent im Jahr darauf (KNUiFE 2003, Tabelle 2.5).

Gesetzlich noch nicht geregelt ist, wie die Leistungen aus der privaten Altersvorsorge in eine Rente umgewandelt werden sollen. Unklar ist folglich, ob der Versicherte bei Renteneintritt die Altersrente von nur einer Rentenversicherung, von konkurrierenden Rentenversicherungen oder durch die Versicherungsbranche allgemein ausgezahlt bekommen soll. Zu klären ist weiterhin, wie die Berechnung der Rente erfolgt. Es bedarf zum Beispiel Richtlinien an die Versicherer, welche Faktoren in die Sterbetafel einbezogen werden sollen, ob diese Faktoren für Männer und Frauen gleichermaßen gelten („Unisex-Tarife") oder ob die längere Lebenserwartung von Frauen einbezogen wird (Fultz 2002b, S. 7). Für die Versicherten, denen eine Wahl für oder gegen das neue System zugestanden wurde, sind diese ungeklärten Regelungen nicht zu unterschätzen. In ihre individuelle Kalkulation der Risiken und Chancen des neuen Alterssicherungssystems fehlt somit eine wichtige Größe, die unter Umständen eine Fehlentscheidung verursachen kann, wenn die Betroffenen mit höheren Leistungen durch die kapitalfundierte Komponente rechnen.

Wesentliche Neuerung des Systems ist die Einführung von Arbeitnehmer-Beiträgen zur Sozialversicherung. Der unverändert hohe nominale Beitragssatz für die soziale Sicherung in Polen von insgesamt rund 46 Prozent des Bruttolohns wird zu rund 26,5 Prozent des Bruttolohns von den Arbeitgebern und zu 20,3 Prozent des Bruttolohns von den Arbeitnehmern getragen[244]. Anders als zum Beispiel in Ungarn gibt es keine Beitragsbemessungsgrundlage. Da aus dem Sozialversicherungsfond nicht nur Renten, sondern auch andere Sozialleistungen gezahlt werden, werden die Beiträge nochmals aufgespalten. Das Gros der Beiträge an die Sozialversicherung ist der Rentenversicherung vorbehalten[245]. Insgesamt werden 32,5 Prozent der Bruttolöhne für die Rentenversicherung in Anspruch genommen. Dieser Beitragssatz wird paritätisch von Arbeitnehmern und Arbeitgebern getragen. Davon zahlen Arbeitnehmer und Arbeitgeber jeweils 9,76 Prozent der Lohnsumme als Alterssicherungsbeitrag.

Die Beiträge der Versicherten für die Altersrentenversicherung unterteilen sich nochmals in 11,22 Prozent, die an den Sozialversicherungsfonds FUS fließen und 7,3 Prozent, die durch ZUS an private Rentenfonds weiter geleitet werden. Mit den Beiträgen zu den privaten Rentenfonds werden ausschließlich Altersrenten finanziert. Invaliden- oder Erwerbsunfähigkeitsrenten werden nur durch die staatliche

---

[244] Der vergleichsweise hohe Beitragssatz zur Sozialversicherung führt aufgrund der Lohngebundenheit zu relativ hohen Lohnnebenkosten. Sie können zu einem Anstieg der illegalen Beschäftigung, sinkender Wettbewerbsfähigkeit polnischer Unternehmen und zunehmender Arbeitslosigkeit führen, sobald sie Neueinstellungen behindern oder sogar verhindern. Schätzungen zufolge waren Mitte der 90er Jahre mehr als zwei Millionen Personen illegal beschäftigt. Die entsprach annähernd der Anzahl der Arbeitslosen im Land (Golinowska/Zukowski, 2002, S. 207).
[245] Die Rentenbeiträge machen insgesamt rund 69,5 Prozent der Sozialbeiträge aus. Bei den Arbeitnehmern beträgt diese Relation 61,5 Prozent, bei den Arbeitgebern sogar 80 Prozent.

Sozialversicherung abgedeckt. Seit dem Jahr 2002 fließt zusätzlich 0,1 Prozent der Lohnsumme in einen so genannten „Demographischen Rücklagenfonds", der für die staatliche Rentenversicherung gebildet wird.

Übersicht 3.1.4: Sozialbeiträge (ZUS)[1] von Arbeitgebern und Arbeitnehmern in Polen nach Versicherungstypen in Prozent des Bruttolohns (Stand vom 1. März 2002)

	Arbeitnehmer	Arbeitgeber	Gesamt
Altersrentenversicherung, *davon*	9,76	9,76	19,52
Staatliche Sozialversicherung			11,22
Obligatorische Privatrente			7,30
Demographischer Rücklagen-fonds[2]			1,00
Invaliditäts-, Hinterbliebenen- und Bestattungsgeldversicherung	6,50	6,50	13,0
Rentenversicherung insgesamt	**16,26**	**16,26**	**32,52**
Krankengeldversicherung	2,45	-	2,45
Unfallversicherung	-	1,62	1,62
Sozialversicherung insgesamt	**18,71**	**17,88**	**36,59**
Arbeitslosigkeit	-	2,45	2,45
Gesundheitsversicherung	7,75	-	7,75
Sozialbeiträge insgesamt	**26,46**	**20,33**	**46,79**

[1] Für KRUS-Versicherte gelten andere Beitragssätze (siehe unten)
[2] Die Beitragsrate für den demographischen Rücklagenfonds betrug im Jahr 2002 0,1 Prozent des Lohns. Er wird seit dem Jahr 2002 für die staatliche Alterssicherung gebildet.
Quelle: ZUS (2002a, S. 23) und eigene Berechnungen.

Außerhalb des Rentensystems in der gesetzlichen Sozialversicherung werden die Versicherungsbeiträge zum Gesundheitssystem alleine von den Arbeitnehmern getragen. Die Unfallversicherungsbeiträge von 1,62 Prozent der Lohnsumme zahlen hingegen alleine die Arbeitgeber. Zusätzlich zahlen die Arbeitgeber noch Beiträge zur Arbeitslosenversicherung, die jährlich durch den Staat neu kalkuliert wird und in der Regel zwischen zwei und drei Prozent der Lohn- und Gehaltssumme ausmacht. Im Jahr 2002 betrug sie 2,45 Prozent des Lohns. Für die Gesundheitsversicherung wiederum zahlen nur die abhängig Beschäftigten Beiträge, die ebenfalls jährlich festgelegt werden. Sie betrugen im Jahr 2002 7,75 Prozent des Lohns. Für die Arbeitslosen zahlen die Kreisarbeitsämter die Beiträge aus einem so genannten Arbeitsfonds für maximal ein Jahr (Florek 2000, S. 104).

Dynamisierung bestehender Renten

Um die Ausgabenzuwächse für staatliche Renten abzuschwächen, entschied sich die Regierung für eine Preis-/Lohnindexierung der bestehenden Rentenleistungen[246]. Die individuellen Beiträge zur Sozialversicherung, die auf einem Konto für

---

[246] Für den Preisindex wird ein Koeffizient des Preisanstiegs gebildet, der sich aus einem Warenkorb aus Waren und Dienstleistungen zusammensetzt, der die Lebenshaltungskosten eines durchschnittlichen Rentners repräsentieren soll.

jeden Versicherten gutgeschrieben werden, sollen laut Gesetz mit dem Koeffizienten zu 20 Prozent gemäß der Lohnsteigerung und zu 80 Prozent gemäß der Preissteigerung indexiert werden[247]. Derzeit ist der Dynamisierungs-Mechanismus allerdings ausgesetzt. Stattdessen werden bestehende Renten jährlich auf Basis der jährlichen Haushaltsplanungen angehoben (Golinowska et. al. 2003, S. 41)[248].

Die Rentenberechnung

Grundlage der Rentenberechnung ist die Summe der Beiträge sowie die Beitragszeit des Versicherten. In dem Maße, wie die obligatorische Privatvorsorge einen Teil der Versicherungsleistung übernimmt, werden die Leistungen aus der staatlichen Sozialversicherung reduziert. Insbesondere in der Übergangsperiode ist das Berechnungsverfahren kompliziert, da auch die Beiträge hinzugerechnet werden müssen, die vor der Reform von 1999 geleistet wurden. Problematisch für die Rentenberechnung ist zunächst, dass ZUS bis 1989 keine Aufzeichnungen über Beitragsleistungen für einzelne Versicherte geführt hat.

Dieses Problem wurde durch die Rentenreform von 1999 gelöst, indem ein so genanntes Startkapital (V_i) berechnet wird. Für jeden Versicherten wird auf Basis der alten Rentenformel und der Versicherungszeit bis Ende 1998 ein hypothetischer Rentenwert berechnet, indem zunächst ein Standardbetrag für den Versicherten i (S_i) berechnet wird.

Übersicht 3.1.5: Berechnung des individuellen Standardbetrags zur Anrechnung der im alten Rentensystem geleisteten Beiträge

$$S_i = 0{,}24 * L \, (1998_{II}) * \frac{A_i}{B_{ti} + B_{fi}}$$

S_i = Standardbetrag für den Versicherten i
$L \, (1998_{II})$ = Nationaler Durchschnittslohn im zweiten Quartal des Jahres 1998
A_i = Alter des Versicherten i zum Zeitpunkt der Berechnung des Startkapitals
B_{ti} = Summe der (tatsächlichen) Beitragsjahre des Versicherten i
B_{fi} = Summe der beitragsfreien Jahre des Versicherten i

Der individuelle Standardbetrag setzt sich zusammen aus 24 Prozent des durchschnittlichen nationalen Lohns im zweiten Quartal 1998 multipliziert mit der Relation des Alters des Versicherten (A_i), das ins Verhältnis zu den tatsächlichen Beitragsjahren (B_{ti}) zuzüglich der beitragsfreien Versicherungsjahre (B_{fi}) gesetzt wird, die bis

---

[247] Laut Gesetzt vom 17. Dezember 1998 sollen bestehende Renten eins bis zwei Mal im Jahr angepasst werden. Sobald der prognostizierte, speziell für Rentnerhaushalte gebildete Waren- und Dienstleistungspreisindex für das betreffende Jahr auf 110 Prozent gestiegen ist, werden die Renten zwei Mal im Jahr – am 1. März und am 1. September – angehoben. Sollte der geschätzte Wert niedriger als 110 Prozent liegen, werden die Renten nur am 1. Juni erhöht (ZUS 2002, S. 31).

[248] 1999 und 2000 wurden Renten um 15 Prozent und im Jahr 2001 um 20 Prozent angehoben (Woycicka/Ruzik/Zalewska 2002, S. 167).

zum 31. Dezember 1998 von dem Versicherten erreicht wurden. Der Standardbetrag fließt in das Startkapital (V_i) ein. Das Startkapital ergibt sich aus der Summe von Standardbetrag (S_i) sowie aller nachweislich geleisteten Beiträge (C_{ti}) sowie der „Beiträge" innerhalb der beitragsfreien Jahre (C_{fi}) im neuen System.

Übersicht 3.1.6: Berechnung des Startkapitals zur Anrechnung der im alten Rentensystem geleisteten Beiträge

$$V_i = S_i + (C_{ti} + C_{fi})$$

V_i = Startkapital des Versicherten i
S_i = Standardbetrag für den Versicherten i
C_{ti} = nachweislich geleistete Beiträge während der (tatsächlichen) Beitragsjahre des Versicherten i
C_{fi} = nachweislich geleistete Beiträge während der beitragsfreien Jahre des Versicherten i

Die Altersrente des Versicherten (R_i) setzt sich nunmehr zusammen aus der Summe der Ersparnis aus der obligatorischen kapitalgedeckten Privatvorsorge (E_i) zuzüglich der darauf gezahlten Zinsen (r) und abzüglich der Verwaltungskosten (K_v) und zuzüglich des Startkapitals (V_i), dividiert durch die durchschnittliche fernere Lebenserwartung der betreffenden Altersgruppe, der die Person zum Zeitpunkt des Renteneintritts (T_{fy}) angehört.

Übersicht 3.1.7: Berechnung der Altersrente

$$R_i = \frac{(E_i + r - K_v) + V_i}{T_{fy}}$$

R_i = monatliche Altersrente des Versicherten i
E_i = Ersparnis des Versicherten i (Summe des angesammelten Kapitals der obligatorischen Privatvorsorge)
r = (Kapitalmarkt-) Zinsen auf die Ersparnis
K_v = Verwaltungskosten
V_i = Startkapital des Versicherten i
T_{fy} = fernere Lebenserwartung der betreffenden Altersgruppe y

Die Mindestrente

Der Staat gewährt unter gewissen Voraussetzungen Mindestrenten an versicherte Personen. Die Mindestrente beträgt ca. 30 Prozent des durchschnittlichen nationalen Nettolohns[249]. Die Mindestrente wird vollständig aus Steuereinnahmen aus dem allgemeinen Staatshaushalt finanziert. Voraussetzung für den Bezug einer Mindestrente sind 25 Beitragsjahre und das Erreichen des 65. Lebensjahrs. Sofern die Leistungen aus dem staatlichen Rentenfond *und* der obligatorischen Privatrente geringer

---

[249] Seit dem 1. Juni 2002 betragen die garantierten Leistungen aller drei Rentenkategorien (Alter, Invalidität, Hinterbliebene) mindestens 532,91 Zloty (ca. 133 Euro). Dies entsprach rund 26 Prozent des nationalen Durchschnittslohns (ZUS 2002a, S. 32; Borowczyk 2002, S. 3)

sind als die Mindestrente, stockt der Staat die Differenz aus allgemeinen Haushaltsmitteln auf.

Das neue polnische Rentensystem in der Praxis: Erste Erfahrungen

Ein wichtiger Kritikpunkt ist die überstürzte Legalisierung und Umsetzung der Rentenreform, die zu teilweise unausgegorenen Entscheidungen und Regelungen mit negativen finanziellen und nicht-finanziellen Auswirkungen geführt hat[250]. Teilweise waren die notwendigen administrativen Voraussetzungen nicht vorhanden, um eine störungsfreie Umsetzung der Reform zu ermöglichen. Das führte dazu, dass die Einführung der obligatorischen Privatrentenversicherung um drei Monate auf den April 1999 verschoben wurde. Doch trotz dieser zeitlichen Verschiebung gelang es der Regierung nicht, die Voraussetzungen für einen reibungslosen Ablauf zu schaffen (Chłon-Domińczak 2002, S. 140ff.).

Für wesentliche Anfangsschwierigkeiten war die mangelhafte Informationstechnologie verantwortlich[251]. Dies machte die Erfassung und Verbuchung der individuellen Beiträge zum Teil unmöglich und legte das System in den ersten Jahren lahm (Fultz 2002b, S. 6). Somit gelang es der ZUS nicht oder nur unzureichend, für jeden Versicherten ein eigenes Konto zu führen und die Beitragszahlungen zurückzuverfolgen. „When…contribution payers realised that their compliance, or lack thereof, could not be detected by ZUS, the payment rate fell precipitously, triggering a financial crisis at ZUS." (Chłon-Domińczak 2002, S. 142)[252]. Im Endeffekt musste die ZUS die finanziellen Nachteile tragen.

ZUS ihrerseits sah sich aufgrund der chaotischen Erfassung nicht in der Lage, die Beitragsanteile an die privaten Rentenfonds abzuführen. Im ersten Jahr des Rentensystems konnten rund 30 Prozent der Beiträge nicht an die privaten Rentenfonds übertragen werden. Auch im folgenden Jahr verbesserte sich die Situation nicht grundlegend, da noch mehr als ein Viertel der Rentenbeiträge nicht übertragen worden waren (Vgl. ebd., S. 140ff.). Neben dem finanziellen Schaden, der ZUS ebenso

---

[250] In den Jahren 1999 und 2000 wurden insgesamt 17 Ergänzungs- und Verbesserungsanträge zum Gesetz von 1998 (Gesetz über das Sozialversicherungssystem) und sechs Ergänzungs- und Verbesserungsanträge zum Gesetz von 1997 (Gesetz über die Organisation und die Funktion der privaten Rentenfonds) verabschiedet (Chłon-Domińczak 2002, S. 143.)

[251] Geplant war ein spezielles IT-System (KSI), das allerdings auch im April 1999 noch nicht funktionsfähig war. Insbesondere im Hinblick auf die Etablierung von individuellen Konten für die Versicherten war dies ein entscheidendes Defizit (Chłon-Domińczak 2002, S. 140ff.).

[252] Nicht nur private Unternehmen, sondern auch der Staat zögerte Zahlungen an den Sozialversicherungsfond heraus.

wie dem Staat entsteht[253], hat die geringe Zahlungsmoral negative Folgen für das Vertrauen der Bevölkerung in das Sozialversicherungssystem.

Das Rentensystem der Sozialversicherungsanstalt KRUS[254]

Die vergleichsweise große Bedeutung der Landwirtschaft in Polen kommt auch dadurch zum Ausdruck, dass für selbständige Landwirte ein gesondertes Sozialversicherungssystem besteht[255]. Das ursprüngliche Sozialversicherungssystem für selbständige Landwirte wurde im Jahr 1976 eingerichtet. Zunächst bestand die Versicherungspflicht nur für die Besitzer eines landwirtschaftlichen Betriebs. Erst im Jahr 1982 wurde der Sozialschutz auch auf die Angehörigen ausgedehnt, die auf dem Bauernhof mitarbeiteten. Die wichtigste Änderung in der Gesetzgebung der Sozialversicherung für selbständige Landwirte nach Beginn des Transformationsprozesses erfolgte mit einem Gesetz vom 20. Dezember 1990. Auf Basis des Gesetzes wurde im Jahr 1991 das spezielle Sozialversicherungssystem für selbständige Landwirte KRUS *(Kasa Rolniczego Ubezpieczenia Społecznego)* eingerichtet. KRUS ist eine selbst verwaltete Sozialversicherungsanstalt. Im Wesentlichen decken die KRUS-Leistungen Alters- und Invalidenrenten sowie in geringem Ausmaß Hinterbliebenenrenten ab[256]. Der Sozialversicherungsfond FER *(Fundusz Emerytalno Rentowy)* ist für die operativen Aufgaben zuständig.

Selbständige Landwirte haben ein Anrecht auf eine Altersrente, wenn sie die Altersgrenze von 60 Jahren (Frauen) bzw. 65 Jahre (Männer) erreicht und mindestens 100 Quartalsbeiträge gezahlt haben. Frauen können mit 55 Jahren und Männer mit 60 Jahren vorzeitig eine Rente beziehen, wenn sie mindestens 120 Quartalsbeiträge gezahlt haben und nicht mehr in der Landwirtschaft tätig sind. Da die Landwirte keine Beiträge oder nur geringe Beiträge zahlen, ist der die Aufnahme einer landwirtschaftlichen Tätigkeit attraktiv.

Im Jahr 1999 wurden im Rahmen der Gesundheitsreform per Gesetz neue Aufgaben an das Sozialversicherungssystem für selbständige Landwirte übertragen. KRUS ist ab diesem Zeitpunkt verpflichtet, allen Landwirten und ihren erwachsenen Fami-

---

[253] Durch eine deutliche Verbesserung der Informationstechnologie und unverzügliche Transferzahlungen des Staates hätte der Staat nach Schätzungen der Weltbank rund eine Milliarde Zloty pro Jahr einsparen können (Weltbank 2003b, S. viii).

[254] Die Darstellung beruht auf Golinowksa et.al. (2003), Golinowska/Zukowski (2002), Weltbank (2002b) und Informationen durch Maria Lewandowska von KRUS in der Korrespondenz vom 23. Juli 2003. (Die Korrespondenz kann bei der Autorin eingesehen werden).

[255] Die unselbständigen Beschäftigten in der Landwirtschaft sind zwar bei der ZUS versichert. Allerdings gelten für sie auch besondere Rentenregelungen. Beispielsweise gilt für sie ein reduzierter Beitragssatz zur Sozialversicherung in Höhe von 35 Prozent des Lohns. Die restlichen zehn Prozent werden vom Staat getragen (Golinowska/Zukowski 2002, S. 198).

[256] Hinterbliebenenrenten machen nur einen verschwindend geringen Teil der Leistungen aus, zumal sie nicht vom Staat subventioniert werden (Weltbank 2002b, S. 34).

lienangehörigen (d.h. Ehepartnern sowie Kindern über 16 Jahren, die keiner eigenen Erwerbstätigkeit nachgehen und keinen anderen Versicherungsschutz haben) eine Krankenversicherung anzubieten. Sobald sich die Landwirte für die KRUS-Sozialversicherung entscheiden, erhalten sie automatisch eine Krankenversicherung. Dies setzte Anreize, trotz geringer beruflicher Perspektive in der Landwirtschaft eine landwirtschaftliche Tätigkeit aufzunehmen bzw. sogar wieder in die Landwirtschaft zurückzukehren[257]. Auf diese Weise stieg die Zahl der Versicherten an, ohne dass es sich im Sozialversicherungsbudget der KRUS merklich in Form von höheren Beitragseinnahmen widerspiegeln konnte. Während die Zahl der Beitragszahler stieg, sank die Zahl der Leistungsbezieher. Dies ist vor allem auf eine Verschärfung der Kriterien für den Erhalt einer Rente zurückzuführen[258].

Die Rentenleistungen für selbständige Landwirte setzen sich aus einer steuerfinanzierten Grundrente (M) und einem einkommensbezogenen und von der Dauer der Beitragszeit abhängigen Bestandteil (B) zusammen. Bei der Berechnung der Höhe der individuellen Rente wird zudem zwischen einer Beitragszeit bis zu 20 Jahren und über 20 Jahren unterschieden. An den Formeln wird der redistributive Charakter der Rentenleistung im KRUS-System deutlich.

Übersicht 3.1.8:   Rentenformel für KRUS-Rentner für eine bis zu 20-Jährige Beitragszeit

$$R = M\,(0,01\ B + 0,95) \qquad \text{für } B \leq 20$$

R = monatliche Rentenleistung
M = Basisbetrag (entspricht der Mindestrente im ZUS-Rentensystem)
B = Summe der individuellen Beitragsjahre

Übersicht 3.1.9:   Rentenformel für KRUS-Rentner ab einer Beitragszeit von 20 Jahren

$$R = 0,01\,M*B + B\,(\,0,95\text{-}0,005[B\text{-}20]) \qquad \text{für } B > 20$$

R = monatliche Rentenleistung
M = Basisbetrag (entspricht der Mindestrente im ZUS-Rentensystem)
B = Summe der individuellen Beitragsjahre

---

[257] Zum Teil kehrten arbeitslos gewordene Personen, die ihre landwirtschaftliche Tätigkeit zuvor aufgegeben hatten, um eine andere Beschäftigung zu finden, zu ihrer Beschäftigung als Landwirte zurück. Es wird vermutet, dass einige von ihnen vor allem den Krankenversicherungsschutz erhalten wollten (Quelle: Informationen durch Maria Lewandowska von KRUS in der Korrespondenz vom 23. Juli 2003. Die Korrespondenz kann bei der Autorin eingesehen werden).

[258] Durch eine Gesetzesänderung vom 12. September 1996, das im Jahr 1997 in Kraft trat, bekam KRUS die Autorität, die Gewährung von (Invaliden-) Renten auf Basis eigener medizinischer Untersuchungen zu beschließen. Auch werden die Ursachen und mögliche Wege zur Wiederherstellung der Arbeitsfähigkeit erörtert (Quelle: Informationen durch Maria Lewandowska von KRUS in der Korrespondenz vom 23. Juli 2003. Die Korrespondenz kann bei der Autorin eingesehen werden).

Die Grundrente orientiert sich an der Mindestrente für die Versicherten bei der ZUS. Maximal darf die Grundrente des Sozialversicherungsfonds für Landwirte 135 Prozent der durchschnittlichen nationalen Mindestrente erreichen.

Die zunehmende Bedeutung der Rentenversicherung für selbständige Landwirte im polnischen Sozialsystem sowie für die Gesellschaft und die Staatsfinanzen wird deutlich, wenn die Finanzierungsseite betrachtet wird. Das Rentensystem für selbständige Landwirte finanziert sich aus Beiträgen und Staatszuschüssen. Selbständige Landwirte zahlen in der Regel zehn Prozent der niedrigsten monatlichen Altersrente als Rentenbeitrag. Die Beitragseinnahmen machen jedoch nur einen geringen Anteil an den KRUS-Einnahmen aus. In den 90er Jahren lag der Anteil der Staatszuschüsse bei über 90 Prozent (Golinowska/Zukowski 2002, S. 197f.). Seit dem Jahr 1992 betragen die staatlichen Subventionen an KRUS rund zwei Prozent des BIP (IMF 2002a, Tabelle 23, S. 25 und eigene Berechnungen).

Die Sozialversicherung für selbständige Landwirte stellt aufgrund der hohen Staatszuschüsse und der steigenden Zahl der KRUS-Rentner ein noch ungelöstes Problem innerhalb des polnischen Rentensystems dar. Problematisch sind auch die großzügigen Berechtigungskriterien, die Landwirte gegenüber anderen Beschäftigungsgruppen bevorzugen. Insbesondere die Gleichbehandlung von einkommensstarken Großlandwirten und einkommensschwachen Kleinlandwirten hinsichtlich der Freistellung von Steuern und nur minimalen Sozialversicherungsbeiträgen in Höhe von 3,4 Prozent des Einkommens ist kritikwürdig. Für einige selbständige Bauern ist die spezielle Finanzstruktur von KRUS zu rechtfertigen. Landwirte, die vor allem für den Eigenbedarf produzieren oder nur geringe Einkommen aus dem Verkauf ihrer Produkte haben, sind oftmals nicht in der Lage, eine eigene Risikovorsorge zu treffen. Auch die Beiträge zur Sozialversicherung in Höhe von 3,4 Prozent des Einkommens dürften in der Regel nicht für ein angemessenes Renteneinkommen ausreichen. Vor diesem Hintergrund ist der relativ hohe Staatszuschuss zu sehen. Allerdings gibt es auch Landwirte in Polen, die aus dem Verkauf ihrer Erzeugnisse durchaus genügend Einkommen generieren, um (sofern der Beitragssatz angehoben wird) mit ihren Beitragszahlungen einen ausreichenden eigenen Rentenanspruch zu erwerben bzw. Eigenvorsorge zu betreiben.

Die Reform der Sozialversicherungsanstalt für selbständige Landwirte erscheint auch mit Blick auf den EU-Beitritt unumgänglich[259]. Hinderungsgrund für den drin-

---

[259] Reformen werden von internationalen Organisationen – beispielsweise von der EU, der ILO und der Weltbank – ebenso wie von Wissenschaftlern angemahnt. Die ILO schreibt beispielsweise: "Significant changes in the system of social insurance and subsidies in the agricultural sector need to be considered. Since KRUS is, in effect, a social welfare program, the benefits must be focused on those most in need of assistance now and during restructuring the agricultural sector. [...] Without such a shift, Poland will be unable to achieve its economic potential." (ILO 2002a)

gend notwendigen strukturellen Wandel in Polen ist unter anderem die Forderung nach einer Reduzierung des landwirtschaftlichen Sektors. Als Maßnahmen schlägt die ILO einen Aufnahmestopp neuer Mitglieder im KRUS-System, den Transfer von gut verdienenden selbständigen Landwirten in das allgemeine Sozialversicherungssystem ZUS und die Gewährung bedürftigkeitsprüfter Leistungen für diejenigen, die im KRUS-System verbleiben, vor (ILO 2002a). Zudem besteht für selbständige Landwirte gerade mit ineffizienten und unproduktiven Höfen kein Anreiz, sich eine alternative Beschäftigung in zukunftsträchtigen Branchen zu suchen. Auf diese Weise trägt KRUS zur Verzögerung der unumgänglichen Strukturreform in Polen bei.

Reformvorschläge setzen an diesem Kritikpunkt an. In einer Weltbank-Studie (Weltbank 2003b) werden zwei Schritte für die Reform der sozialen Sicherung der selbständigen Landwirte gefordert. Zum einen sprechen sich die Autoren der Studie für die Einführung einer Besteuerung der Einkommen der Landwirte und zum anderen für die Überführung der Besitzer großer landwirtschaftlicher Betriebe in das allgemeine Sozialversicherungssystem ZUS aus. Die Erhebung von Einkommenssteuern soll es dem Staat ermöglichen, zwischen den Landwirten zu unterscheiden, deren Einkommen gering ist (z.B. weil sie vor allem für den Eigenbedarf produzieren) und denen mit vergleichsweise hohem Einkommen. Da kleine landwirtschaftliche Betriebe mit so gut wie keinem Einkommen weder Steuern noch Sozialversicherungsbeiträge in nennenswertem Maße abführen können, ist für sie ein Verbleib im KRUS-System sinnvoll[260]. Großbauern hingegen würden behandelt wie andere selbständig Beschäftigten. Das heißt, zusammen mit dem bisherigen Beitrag zum KRUS-Beitragsfond in Höhe von 3,4 Prozent der Einkommen – der dann wegfiele - ergäbe sich ein Beitragssatz zum ZUS-Fond (FUS) in Höhe von 13,4 Prozent der Einkommen. Dies läge noch deutlich unter dem Beitragssatz, den die meisten anderen Beschäftigten zahlen müssen[261]. Eine solche Maßnahme hätte mehrere Effekte. Auf der einen Seite würde KRUS kurzfristig finanziell entlastet. Auch der Staat wird kurzfristig weniger Transferzahlungen an KRUS tätigen müssen. Allerdings wären Übergangsregelungen zu treffen, sodass die Versicherungszeiten der von KRUS auf ZUS transferierten selbständigen Landwirte auf die späteren Leistungen angerechnet werden. Dies wird je nach Übergangsregelung kurz- bis mittelfristig höhere Staatszu-

---

[260] Einem Zensus aus dem Jahr 1996 zufolge leben über zwei Drittel der polnischen Landbevölkerung auf nicht-genossenschaftlich organisierten Bauernhöfen. Von diesen privaten Bauernhöfen waren über die Hälfte kleiner als 5 Hektar. Eine Hofgröße zwischen einem und zwei Hektar hatten rund 100.000 landwirtschaftliche Betriebe (zitiert in: Weltbank 2003b, S. 45)

[261] Von dieser Reform betroffen wären rund 450.000 selbständige Landwirte. Damit blieben die meisten selbständigen Landwirte im KRUS-System (ca. 1,15 Millionen Personen) (Weltbank 2003b, S. 46).

schüsse implizieren. Kurz- bis mittelfristig konnte auf diese Weise dem allgemeinen Sozialversicherungsfond FUS höhere Beitragseinnahmen zufließen[262].

Zusammenfassung und kritische Würdigung

Das polnische staatliche Rentensystem ist in besonderem Maße von gesellschaftlichen, politischen und wirtschaftlichen Rahmenbedingungen geprägt worden. Es basiert auf dem kontinentaleuropäischen Modell der beitragsfinanzierten Sozialversicherung und orientierte sich bei seiner Etablierung an den Modellen von Deutschland und Österreich (Bismarcksches System). Die zunächst nur auf wenige Beschäftigungsgruppen bezogene Sozialversicherung wurde insbesondere in der Zeit des Kommunismus auf nahezu die gesamte Erwerbsbevölkerung und ihre Angehörigen ausgedehnt. Versichert werden im gesetzlichen Rentensystem das Risiko des Alterns, der Invalidität und des Verlusts des Ernährers. Die Finanzierung der Altersrenten erfolgte bis zur Reform der Alterssicherung im Jahr 1999 ausschließlich im Umlageverfahren. Das Risiko der Arbeitsunfähigkeit wird weiterhin nur von der staatlichen Rentenversicherung versichert. Die Rentenformel war in der Zeit des Kommunismus und bis zur Alterssicherungsreform im Jahr 1999 stark redistributiv gestaltet. Die Renten wurden in den 1990er Jahren an die Lohnsteigerung angepasst. Diverse ad-hoc Anhebungen bestehender Renten lassen derzeit keine einheitliche Dynamisierungsstruktur erkennen, obwohl im Gesetz ab dem Jahr 1999 eine Anpassung von 20 Prozent an den Bruttolohnsteigerungen und zu 80 Prozent an Löhnen vorgesehen ist. Das gesetzliche Rentenalter beträgt 60 Jahre für Frauen und 65 Jahre für Männer. Eine Mindestrente wird bei einer gewissen Mindestbeitragszeit gewährt.

Mit Ausnahme der selbständigen Landwirte, der uniformierten Staatsbediensteten sowie der Richter und Staatsanwälte sind alle abhängig und unabhängig Beschäftigten in der Sozialversicherungsanstalt ZUS versichert. ZUS bezieht seine Einnahmen primär über Beiträge und sekundär über Staatszuschüsse. Bis zum Jahr 1999 zahlten lediglich die Arbeitgeber Sozialversicherungsbeiträge für ihre Beschäftigten. Für selbständige Landwirte wurde bereits in der Zeit des Kommunismus ein gesondertes System geschaffen, das im Jahr 1992 in die Sozialversicherungsanstalt für selbständige Landwirte (KRUS) umgewandelt wurde. KRUS finanziert sich vorwiegend über Staatszuschüsse. Die Renten der uniformierten Beschäftigungsgruppen wurden zunächst aus dem allgemeinen Staatshaushalt bezahlt. Mit Ausnahme der Militärange-

---

[262] Die Weltbank schätzt, dass FUS auf diese Weise jährlich 750 Millionen Zloty zusätzliche Beitragseinnahmen pro Jahr erzielen kann. Auch zum Vorteil des Staatsbudgets soll sich der Transfer der Großlandwirte auswirken. Geschätzt werden Einsparungen in Höhe von 0,1 Prozent des BIP pro Jahr. Sofern der Staat einen Teil der Mittel aus dem EU-Agrarfond für die Umstrukturierung von KRUS als Entschädigung für die Landwirte, die vom KRUS-System in das ZUS-System wechseln sollen, verwendet, könnte der Staat laut Weltbank sogar 0,5 Prozent des BIP pro Jahr einsparen (Vgl. ebd., S. 46 und S. ix).

hörigen werden seit 1999 die Berufsanfänger dieser Beschäftigungsgruppe seit 1999 in das ZUS-System einbezogen. Ein gesondertes Rentensystem besteht zudem für Richter und Staatsanwälte.

In der Zeit des Kommunismus entstand eine Vielzahl von strukturellen Defiziten im Rentensystem. Dazu zählten unter anderem die zahlreichen Privilegien für bestimmte Beschäftigungsgruppen sowie die degressive Anrechnung von Beiträgen in der Rentenformel. Nach Beginn des Transformationsprozesses wurde die Rentenversicherung mittels der Instrumente der Frühverrentung und der großzügigen Gewährung von Invalidenrenten zur Entlastung des Arbeitsmarktes missbraucht. Die polnische Regierung verfolgte zudem das Ziel, die Rentner nicht zu den Verlierern des Transformationsprozesses werden zu lassen. Die Rentengesetzgebung aus den Jahren 1990 und 1991 stabilisierte das Einkommen der Rentner, führte aber in Zeiten des Wirtschaftsabschwungs zu erheblich ansteigenden relativen Rentenausgaben. Im Jahr 1999 wurde die gesetzliche Alterssicherung für ZUS-Versicherte auf ein teilprivatisiertes und zum Teil kapitalfundiertes System umgestellt. Das neue System ist für die Geburtsjahrgänge ab 1968 verpflichtend und für Jahrgänge von 1948 bis 1969 eine Option. Die staatliche, umlagefinanzierte Alterssicherung blieb als Hauptbestandteil erhalten. Dem staatlichen Rentenfond (FUS) fließen rund 60 Prozent und den Privatrentenfonds (OFE) knapp 40 Prozent der Alterssicherungsbeiträge zu. Die Invaliden- und Hinterbliebenenrenten sowie das KRUS-Rentensystem unterlagen nicht der Reform aus dem Jahr 1999.

Die Rentenpolitik der polnischen Regierung im Transformationsprozess war angesichts der großzügigen Rentenbemessung für die Rentner vergleichsweise vorteilhaft, schuf jedoch erhebliche Fehlanreize und strukturelle Mängel, die langfristig nachteilige Wirkungen haben. Die Rentengesetzgebung war mit höheren Ausgaben für die Rentenversicherung verbunden, sodass die staatliche Rentenversicherung und in der Folge auch der Staat angesichts der angespannten Wirtschaftslage finanziell durch die Renten überfordert wurden. Die Teilprivatisierung der Alterssicherung sollte einer langfristigen Entlastung des staatlichen Rentenfonds und infolge dessen des Staatshaushalts dienen. Die aufgrund der neuen Rentenberechnung geringeren Rentenleistungen aus der staatlichen Rentenversicherung sollen durch die Leistungen aus dem Privatrentenfonds zumindest zum Teil kompensiert werden.

Es ist allerdings zu früh, um von den ersten Ertragsergebnissen der Privatrentenfonds auf die künftigen Erträge schließen zu können, da sie erst seit dem Jahr 1999 bestehen. Da die Beiträge auf dem Kapitalmarkt angelegt und die Leistungen nicht festgelegt sind, besteht eine erhebliche Unsicherheit, welches Renteneinkommen sie künftigen Rentnergenerationen bieten. Daraus folgt auch, dass höhere Beitragszahlungen nicht zwangsläufig höhere Renteneinkommen bedeuten, da Leistungen von der Anlagestrategie, den Verzinsungen, den Kommissionen der Versicherungsgesellschaften und den daraus folgenden Renditen abhängen.

Ein Kritikpunkt am derzeitigen polnischen Rentensystem ist das Rentenalter. Die EU-Forderung der Gleichbehandlung der Geschlechter auch in der gesetzlichen Rentenversicherung betreffen auch die Regelaltersgrenzen, die derzeit jedoch noch fünf Jahre auseinander liegen. Eventuell wird es auf einen Kompromiss hinauslaufen, indem das gesetzliche Rentenalter der Männer auf 62 oder 63 Jahre abgesenkt und das der Frauen auf die entsprechende Altersgrenze angehoben wird. Insbesondere mit Blick auf die erwartete steigende Lebenserwartung in Polen sollte die reguläre Altersgrenze von Frauen auf 65 Jahre angehoben werden. Ob durch eine solche Maßnahme auch das tatsächliche Rentenalter steigt, hängt unter anderem von den Entwicklungen auf dem Arbeitsmarkt und anderen Regelungen ab, die einen früheren Renteneintritt ermöglichen bzw. verhindern. In Polen gilt es besonders zu beachten, dass seit den 90er Jahren die geburtenstarken Jahrgänge auf den Arbeitsmarkt kommen (siehe hierzu Kapitel 3.1.1) und somit der politische und gesellschaftliche Druck auf eine Beibehaltung der derzeitigen Regelaltersgrenze hoch ist. Langfristig allerdings wird Polen ebenso wie die meisten Industriestaaten vor dem Problem der fortschreitenden Alterung der Bevölkerung und einem geringer werdenden Anteil an Personen im erwerbsfähigen Alter stehen. Da eine Anhebung der Altersgrenze langfristig angelegt werden muss und auch erst langfristig wirkt, ist eine rechtzeitige Änderung der Gesetzgebung notwendig.

Interessanterweise wurde das Rentensystem für selbständige Landwirte nicht wie das ZUS-Rentensystem umfassend reformiert. Dabei erscheint KRUS noch dringender reformbedürftig als ZUS, da es aufgrund seiner institutionellen Gestaltung wesentlich mehr Fehlanreize setzt. Politisch werden sich Reformen von KRUS nur mit erheblichen Anstrengungen und unter erheblichen Druck der einflussreichen landwirtschaftlichen Interessengruppen umsetzen lassen. Der EU-Beitritt bietet hierbei eine Chance für Befürworter einer Reform, da die polnische Landwirtschaftspolitik in der Gemeinschaft nicht durchgehalten werden kann und zudem der Druck von Seiten der EU auf die polnische Regierung steigen wird, die Bevorzugung des landwirtschaftlichen Sektors einzuschränken. Zudem können gemäß der Verordnung 1408/71 EWG Landwirte aus anderen EU-Staaten im Fall einer Beschäftigung als selbständige Landwirte in Polen Ansprüche gegenüber KRUS geltend machen. Da das System vorwiegend über Steuern finanziert wird, hat der Staat vermutlich ein Interesse an einer Reform des KRUS-Systems.

3.1.2.2 Das ungarische Rentensystem[263]

Die Entwicklung des ungarischen Rentensystems bis 1989

Die soziale Sicherung der Bevölkerung in Ungarn hat eine lange Tradition. Ungarn führte nach Deutschland und Österreich im Jahr 1912 als drittes Land der Welt ein Sozialschutzsystem ein, das zunächst allerdings nur den Beschäftigten des öffentlichen Dienstes eine Alterssicherung bot. Finanziert wurde es aus dem Staatsbudget. Das erste gesetzliche Alterssicherungssystem in Form einer Sozialversicherung für Arbeiter und Angestellte in der Industrie in Ungarn ist am 1. Januar 1929 eingeführt worden. Seit 1933 bestehen die Invaliditäts- und eine Hinterbliebenenvorsorge. Das Rentenversicherungssystem war auf Basis der Selbstverwaltung der Versicherungsgeber organisiert. Die Leistungen teilten sich in eine pauschale Grundrente und eine einkommensbezogene Rente. Es war ein beitragsbezogenes System mit festgelegten Beiträgen (*defined contributions*), das auf dem Kapitaldeckungsverfahren beruhte[264]. Das gesetzliche Renteneintrittsalter betrug für Männer und Frauen gleichermaßen 65 Jahre. Im Jahr 1944 – ein Jahr vor dem Zusammenbruch des Systems - wurde das gesetzliche Rentenalter für beide Geschlechter auf 60 Jahre gesenkt. Von dieser ersten Rentenversicherung wurde nur ein geringer Teil der Bevölkerung erfasst. Im Jahr 1938 betrug der Deckungsgrad nur rund 31 Prozent der Bevölkerung. Grund hierfür ist, dass die Arbeitskräfte in der Landwirtschaft – die damals den Hauptteil der Beschäftigten ausmachten – von dem System ausgeschlossen waren (Müller, 1999, S. 60). Erst allmählich wurde die Alterssicherung auf andere Beschäftigungsgruppen ausgedehnt[265]. Im Zweiten Weltkrieg kollabierte das kapitalfundierte System. Das Vermögen des Rentenfonds wurde durch den Krieg weitgehend vernichtet. Das verbliebene Kapital wurde durch die Hyperinflation nach dem Zweiten Weltkrieg entwertet[266].

Mit der politischen und gesellschaftlichen Systemveränderung nach der Machtübernahme durch die kommunistische Partei folgte ein vollständiger Bruch mit der

---

[263] Die Darstellung beruht auf Czúcz/Pintér (2002, S. 282 ff.), Ferge (1992), Gál et.al. (2003), Gedeon (2000); Kraus (1999), Müller (1999), ONYF (2002a), Rocha/Vittas (2001) und Informationen von András Horváth, Büro des ungarischen Premierministers in der Korrespondenz vom 20. März 2003 (Die Korrespondenz kann bei der Autorin eingesehen werden).

[264] Die Beiträge wurden in gleichen Teilen von Arbeitgebern und Arbeitnehmern gezahlt und in Aktien, Staatsanleihen und städtische Immobilien investiert. Der Kapitalstock der Rentenfonds stieg in den ersten Jahren schnell an (Czúcz/Pintér 2002, S. 282).

[265] Die Rentenversicherungspflicht wurde am 1. Januar 1939 auf die männlichen Beschäftigten in der Landwirtschaft ausgedehnt Erst unter kommunistischer Ägide wurden ab dem 1. April 1947 auch die weiblichen Beschäftigten in der Landwirtschaft in die Rentenversicherung einbezogen.

[266] Die Vernichtung des Vorsorgekapitals war ein wichtiger Grund, warum sich die Nachkriegsregierung gegen die Kapitalfundierung und für die Umlagefinanzierung der Rentenversicherung entschied.

sozialpolitischen Tradition des Landes (Ferge 1992, S. 204)[267]. Die Rentenreform im Jahr 1949 bedeutete einen Paradigmenwechsel. Unter dem neuen kommunistischen Regime wurde das reine Umlageverfahren für die Rentenversicherung eingeführt. Die Rentenleistungen basierten einerseits auf einer pauschalen Grundrente, die sich auf die Verdienste der vergangenen Jahre bezog, und einer einkommensbezogenen Rente, die an der Anzahl der Beschäftigungsjahre orientiert war[268]. Im Gegensatz zum vorherigen Rentensystem entstand ein System mit festgelegten Leistungen (*defined benefits*).

Die Sozialversicherung wurde zentralisiert. Die ehemals getrennten Systeme für Arbeiter, Angestellte und Beschäftigte des öffentlichen Dienstes wurden integriert und das Rentenrecht für alle Lohnabhängigen vereinheitlicht. Die Selbstverwaltung der Sozialversicherungsträger wurde 1950 abgeschafft[269]. Im Jahr 1951 wurden die Berechtigungskriterien für eine Rente, die Rentenberechnungsmethode und die Art der Beitragserhebung festgelegt. Sozialversicherungsbeiträge mussten auf alle Arten der Arbeitseinkommen (d.h. unabhängig vom Beschäftigungsstatus und inklusive Sonderzulagen sowie Sachleistungen) gezahlt werden. Die Beiträge sollten zunächst ausschließlich von den Arbeitgebern aufgebracht werden. Ursprünglich führten Arbeitgeber drei Prozent der Löhne als Beitragszahlungen für ihre Beschäftigten ab. Später wurde dies auf vier Prozent angehoben. Ab dem Jahr 1954 beteiligten sich auch die Arbeitnehmer mit drei Prozent ihrer Löhne und Gehälter an den Beiträgen zur Rentenversicherung. Die Arbeitgeber zahlten zunächst weiterhin vier Prozent der Einkommen. Da immer mehr Menschen in den Ruhestand gingen, stiegen auch die Leistungsverpflichtungen des Staates. Um die staatliche Sozialversicherung finanzierbar zu halten, wurden die Beitragssätze bis zum Jahr 1990 auf insgesamt 53 Prozent der Nettolöhne als Beitragssatz zur Renten- und Krankenversicherung angehoben. Die Arbeitgeberbeiträge wurden in vollem Ausmaß unabhängig von der Höhe der Einkommen gezahlt. Dagegen gibt es eine Beitragsbemessensgrundlage für die Arbeitnehmerbeiträge[270]. Das gesetzliche Renteneintrittsalter von 60 Jahren für Männer wurde beibehalten. Das Rentenalter von Frauen wurde um fünf Jahre

---

[267] In Artikel 70E der Ungarischen Verfassung aus dem Jahr 1949 ist das Recht auf soziale Sicherung in Ungarn festgeschrieben. Demnach haben die Bürger einen Anspruch auf den Schutz vor Risiken wie Krankheit, Invalidität und Verlust des Ernährers.

[268] Anfang der 50er Jahre betrug die Grundrente 15 Prozent des Lohndurchschnitts der letzten Jahre vor Renteneintritt, wenn der Versicherte zum frühstmöglichen Zeitpunkt in Rente ging. Die maximale Grundrente betrug 30 Prozent des Lohndurchschnitts der letzten Jahre vor Renteneintritt (Czúcz/Pintér 2002, S. 282f.).

[269] Ab dem Jahr 1950 war der von der kommunistischen Partei abhängige Zentralrat der Gewerkschaften (SZOT - *Szakszervezetek Országos Tanácsa*) für die Verwaltung des vereinheitlichten Sozialversicherungssystems zuständig.

[270] Im Jahr 1989 lag die Beitragsbemessungsgrundlage bei 240.000 HUF pro Jahr bzw. 20.000 HUF pro Monat (Czúcz/Pintér 2002, S. 285).

auf 55 Jahre gesenkt. Parallel dazu wurde das Leistungsniveau erhöht. Nach dem Jahr 1954 gewährte der Staat eine Grundrente in Höhe von 50 Prozent des Lohnes der letzten zwei bis fünf Beschäftigungsjahre vor dem Ruhestand. Die Grundrente wurde degressiv zur Anzahl der Beschäftigungsjahre gesteigert. Ab dem 42. Beschäftigungsjahr wurde die Rente um 0,5 Prozent pro Beschäftigungsjahr erhöht. Je mehr Beschäftigungsjahre eine Person vorweisen konnte, desto geringer war folglich der Anstieg der individuellen Ersatzrate[271]. Zweiter wichtiger Faktor bei der Erstfeststellung der Rentenleistung war der individuelle Lohn. Um Unterschiede in der Höhe der Rentenleistungen zu verringern, wurden die vorangegangenen Löhne nicht in vollem Umfang angerechnet[272]. Die bestehenden Renten wurden nicht automatisch dynamisiert, sondern durch Regierungsbeschluss angehoben. Die umverteilende Wirkung des Rentensystems wurde dadurch gesteigert, dass die Anpassung in abgestufter Form erfolgte. Renten von geringerer Höhe wurden stärker gesteigert als höhere Rentenleistungen. In der Regel ergab sich aus dieser Anpassungsmethode, dass der Anhebungssatz geringere Rentenleistungen höher als die Inflationsrate war, während die Steigerung höhere Rentenleistungen unter der Inflationsrate lag (Czúcz/Pintér 2002, S. 285 ff.)[273]. Insgesamt ergab sich daraus ein stark redistributives Rentensystem.

Die Anzahl der Jahre, die zum Bezug von Rentenleistungen berechtigte, wurde im Jahr 1958 – zwei Jahre nach der gescheiterten Revolution von 1956 - erhöht. Eine Rente ohne Leistungskürzungen erhielten Arbeiter und Angestellte nach 25 Dienstjahren und Beschäftigte in der Landwirtschaft nach zehn Dienstjahren[274].

Das ungarische Rentensystem unter kommunistischem Regime wurde im Jahr 1975 vervollständigt. Höhere Beitragseinnahmen sollten durch die Ausweitung des Kreises der Pflichtversicherten erzielt werden. Schritt für Schritt wird bis zum Jahr 1975 die Alterssicherung auf die gesamte Erwerbsbevölkerung ausgedehnt. Entsprechend steigt auch der Anteil der Versicherten an der Gesamtbevölkerung. Am Ende

---

[271] Gerechtfertigt wurde die degressive Anrechnung der Beitragsjahre damit, dass viele Beschäftigte (z.B. in der Landwirtschaft) nicht seit Beginn ihrer Beschäftigung in das Rentensystem einbezogen waren und sie somit unverschuldet weniger Beitragsjahre aufweisen als andere Beschäftigungsgruppen, die schon früher der Versicherungspflicht unterlagen (Czúcz/Pintér 2002, S. 284f.).

[272] Ende der 80er Jahre wurden z.B. monatliche Verdienste zwischen 10.000 und 12.000 HUF zu 90 Prozent; zwischen 12.000 und 14.000 HUF zu 80 Prozent und ab 14.000 HUF zu 60 Prozent angerechnet (Czúcz/Pintér 2002, S. 301).

[273] Zudem war das Rentensystem so verfasst, dass es eher den Bedürfnissen des Staates – insbesondere des Staatsbudgets – und den jeweiligen Staatszielen diente, als den eigentlichen Zielpersonen, nämlich den Rentnern: „Consequently, social insurance contributions were not only part of the state's finances but also a functioned as an income regulation tool affecting the cost of labour" (Czúcz/Pintér 2002, S. 286).

[274] Im Jahr 1970 wurde geregelt, dass Versicherte mit einer Beitragszeit zwischen zehn und 25 Jahren eine vorzeitige Rente erhalten konnten.

der kommunistischen Periode in den späten 1980er Jahren hatte sich ein weitgehend uniformes Rentensystem in Ungarn herausgebildet. Gesonderte Rentensysteme gab es nur für eine geringe Anzahl von Beschäftigten. Dazu zählten Berufssoldaten und Beamte in Ministerien, die mindestens ein Ministeramt innehatten (Czúcz/Pintér 2002, S. 284 und S. 301).

Das Gesetz von 1975 regelte die Berechtigungskriterien zum Bezug einer Rente neu. Einheitlich für alle Beschäftigungsgruppen galt, dass die Versicherten zum Bezug einer Vollrente mindestens 25 Jahre lang Beiträge zur Rentenversicherung geleistet haben mussten. Nach 42 Beschäftigungsjahren war die höchstmögliche Rente erreicht. Berechnungsgrundlage waren nach 42 Beschäftigungsjahren 75 Prozent der Verdienste der letzten drei Jahre vor dem Ruhestand. Alternativ konnten die drei besten Jahre der letzten fünf Beschäftigungsjahre gewählt werden. Vorgesehen war darüber hinaus eine weitere Vereinheitlichung der Leistungsbezüge, indem von nun an auch den Beschäftigten in der Landwirtschaft dieselben Leistungen wie den anderen Beschäftigten zugesprochen wurden. Damit wurden alle Unterschiede zwischen den einzelnen Wirtschaftssektoren hinsichtlich des Rentensystems im Wesentlichen beseitigt. Allerdings blieben weitere Unterschiede aufgrund von Privilegien einzelner (Beschäftigungs-) Gruppen erhalten. Die Sozialversicherung ist seit dem 1. Januar 1989 vom Staatsbudget wieder getrennt. Auf diese Weise sollte das System der sozialen Sicherung transparenter werden.

Die wichtigsten institutionellen Gestaltungsmerkmale des ungarischen Rentensystems vor und während der Zeit des Kommunismus sind in der nachfolgenden Übersicht gegenübergestellt.

Übersicht 3.1.10: Institutionelle Gestaltungsmerkmale des ungarischen Rentensystems von 1929 bis 1989

	1929 bis 1946	1949 bis 1989
Organisation	Staatliche Rentenversicherung	Eingebettet in ein Einheitssystem der sozialen Sicherheit ohne getrennte Verwaltung und Budget für Gesundheitswesen, Alters- und Hinterbliebenenversorgung
Einbezogener Personenkreis	Seit 1929: Arbeiter und Angestellte in der Industrie / Ab 1939: männliche Beschäftigte in der Landwirtschaft	Ab 1947: weibliche Beschäftigte in der Landwirtschaft / Seit 1949: alle Arbeiter und Angestellte des öffentlichen und privaten Sektors / Ab 1961: selbständige Genossenschaftsbauern und weitere Beschäftigungsgrupen (siehe Text)
Grundkonzept	- festgelegte Leistungen (*defined benefits*) / - Kapitalgedeckt	1949-1975: Umlagefinanziert: Grundrente + Beitrags und Beitragszeit bezogene Rente / Ab 1975: Nur noch die beitragsbezogene Rente
Beiträge (Sozialversicherungsbeiträge insgesamt)	Arbeitgebern und Arbeitnehmern	ursprünglich: 4 Prozent (nur durch Arbeitgeber) / Seit 1954: 3 Prozent durch Arbeitnehmer, 4 Prozent durch Arbeitgeber; in den Folgejahren allmähliche Anhebung auf 43 Prozent durch Arbeitgeber und 10 Prozent durch Arbeitnehmer
Maximal-Rente	Keine	70 % des Einkommens
Zusatzvorsorge	Keine	Keine
Gesetzliches Rentenalter	Bis 1943: 65 Jahre (Frauen und Männer) / Ab 1944: 60 Jahre (Frauen und Männer)	Bis 1953: 60 Jahre (Frauen und Männer) / Ab 1954: Frauen: 55 Jahre Männer: 60 Jahre
Rentenanpassung	Keine automatische Dynamisierung	Keine automatische Dynamisierung (ad-hoc-Anpassung nach Regierungsbeschluss)
Mindestbeitragsjahre für eine Vollrente	keine	1951-1957: 10 Jahre (Männer und Frauen) / Ab 1958: Arbeiter und Angestellte: 25 Dienstjahre Beschäftigte in der Landwirtschaft: 10 Dienstjahre / Ab 1975: Für alle Beschäftigten: 25 Dienstjahre
Rentenversicherungsträger	Selbstverwaltung	Zentralrat der Gewerkschaften (SZOT - *Szakszervezetek Országos Tanácsa*)
Budget	Sozialversicherungsbudget	bis 31. Dezember 1988: Allgemeines Haushaltsbudget / ab 1. Januar 1989: Sozialversicherungsbudget

Quelle: Czúcz/Pintér (2002); Ferge (1992); Gedeon (2000); Kraus (1999); Müller (1999)

Einige Gestaltungsmerkmale des Rentensystems aus der Zeit des Kommunismus in Ungarn stellten sich als problematisch heraus. Ein Problem war der fehlende Zusammenhang zwischen Beiträgen und Leistungen aufgrund der stark umverteilenden Berechnung der Rentenleistungen. Dieses Missverhältnis war mit ausschlaggebend für die sich allmählich entwickelnde Krise des Systems, denn es fehlte der Anreiz für Arbeitnehmer, ihre Beiträge zu leisten. Auch ist auf das im internationalen Vergleich relativ niedrige Renteneintrittsalter von 55 Jahren für Frauen und 60 Jahren für Männer hinzuweisen. Aufgrund laxer Berechtigungskriterien und zahlreicher Privilegien sind zudem viele Ungarn schon vor Erreichen der Regelaltersgrenze in den Ruhestand gewechselt. Drittens war das Rentenversicherungsbudget bis zum Jahr 1989 in das zentrale Staatsbudget integriert, sodass kein finanzielles Polster für die Jahre geschaffen wurde, in denen eine steigende Anzahl von Versicherten in den Ruhestand gehen würden. Diese Faktoren trugen dazu bei, dass das ungarische Rentenversicherungssystem bereits vor der politischen und wirtschaftlichen Wende im Jahr 1989 aus Finanzierungsgesichtspunkten schlecht aufgestellt war.

Die ohnehin schon problematische Lage der ungarischen Rentenversicherung wurde durch den Transformationsprozess seit 1990 verstärkt. Angesichts der finanziellen und systembedingten Defizite des geerbten Rentensystems aus der Zeit des Kommunismus und den neuen Gegebenheiten wären bereits in der Anfangsphase des Transformationsprozesses institutionelle Reformen notwendig gewesen. Da das Rentensystem weder bankrott noch in extremen finanziellen Schwierigkeiten war, entstand kein unmittelbarer Druck auf die Regierung, Veränderungen vorzunehmen[275]. Die Maßnahmen, die vorgenommen wurden, um das Rentensystems mit den neuen Rahmenbedingungen in Einklang zu bringen, blieben zunächst Flickwerk[276], zumal Reformen des Wohlfahrtsstaates gegenüber der Reform insbesondere des Unternehmenssektors eine geringe Priorität eingeräumt wurde. Die Folge dieser Politik war, dass sich die Probleme der Sozialversicherungssysteme zum Teil verschärften[277].

---

[275] Zwar erwog die Regierung Anfang der 90er Jahre eine umfassende Reform der Alterssicherung, allerdings wurde sie nie in die Praxis umgesetzt.

[276] In der SAPRI-Studie (SAPRI: *Structural Adjustment Participatory Review Initiative*) der Weltbank über Ungarn wird bemängelt, dass „[d]uring the years of transition, the reform of public finances was never outlined as a complex program […] instead of reform we can speak only about adjustments within some segments of social systems" (SAPRI 2001, S. 36). Im SAPRI-Report wurden in Ungarn seit Juni 1998 die Auswirkungen von Strukturanpassungskrediten durch die Weltbank (SALs: *Structural Adjustment Loans*) von nationalen Experten, Vertretern der Weltbank und von Nichtregierungsorganisationen analysiert.

[277] Czúcz rechtfertigt die Verschiebung von umfassenden Reformen des Wohlfahrtsstaats mit der Überforderung der Menschen in den ersten Jahren des Transformationsprozesses (Czúcz 2000a, S.

Die ersten Jahre nach Beginn des Transformationsprozesses waren von den vorsichtigen Aufbau einer marktwirtschaftlichen Wirtschaftsordnung und der Anpassung der Strukturen der sozialen Sicherung an die Erfordernisse einer Marktwirtschaft geprägt[278]. Die politisch Verantwortlichen in Ungarn sahen sich mit einem Dilemma konfrontiert. Auf der einen Seite erforderten wirtschaftliche und fiskalische Gebote die Beschränkung von Sozialleistungen. Auf der anderen Seite mussten sie die Bürger gerade in der Transformationsphase vor negativen Auswirkungen der wirtschaftlichen Transformation schützen. Dem Rentensystem kam hier eine herausragende Rolle zu. Da es das einzige etablierte Sozialschutzsystem nach der Wende war, konnte mit ihm ein Großteil der sozialen Härten des Transformationsprozesses abgefangen werden. Dies allerdings wirkte sich nachteilig auf die finanzielle Situation des Rentensystems aus, da aus der Rentenkasse Leistungen gezahlt wurden, für die die Mittel nicht gedacht waren. Beispiele hierfür sind die großzügige Gewährung von Invaliden- und Frührenten zur Entlastung des Arbeitsmarktes. Da das System für politische und soziale Zwecke benutzt wurde, war das Rentensystem finanziell überlastet.

Zunächst arbeitete das Alterssicherungssystem nach dem Ende des Kommunismus auf Basis der Rentengesetzgebung aus dem Jahr 1975. Obwohl das Rentensystem an sich nicht reformiert wurde, stellte die Regierung in den ersten Jahren nach Beginn des Transformationsprozesses wichtige Weichen für die Reform der Alterssicherung, die darauf zielten, Systemelemente, die aus der Zeit des Kommunismus stammten, zu beseitigen[279]. Allerdings handelte es sich um vorwiegend partielle An-

---

122.). Dieses Argument vernachlässigt jedoch die Tatsache, dass viele Probleme der sozialen Sicherungssysteme unter dem alten kommunistischen Regime „hausgemacht" waren, sodass eine Verzögerung der notwendigen Anpassungsmaßnahmen weitere finanzielle und soziale Probleme nach sich zog.

[278] In diesem Zeitabschnitt (1990 bis 1994) war die erste demokratisch gewählte Regierung unter Premierminister József Antall vom Ungarischen Demokratischen Forum im Amt. Die Koalition aus christlich-konservativ und nationalistisch geprägten Parteien versprach die Etablierung einer sozialen Marktwirtschaft. Generell orientierte sich Antall in seiner Sozialpolitik zum Teil am deutschen Modell, indem er ein Sozialversicherungssystem schaffen wollte, das weitgehend unabhängig vom Staat war und gleichzeitig die Gewerkschaften einbezog (Henderson et. al., 2001, S. 11). Die Wirtschaftspolitik wurde von Beobachtern als „neoliberal" eingestuft. Schwerpunkt der Regierungspolitik war, die Auslandsschulden zu reduzieren, die sich in der Zeit vor 1989 angesammelt hatten. Dies geschah nicht zuletzt auf Druck des Internationalen Währungsfonds IWF (Vgl. ebd., S. 10). Wenige Änderungen nahm die Regierung unter József Antall bei den Sozialleistungen vor. Jedoch kam es durch die Marktliberalisierung zu Kürzungen von Preissubventionen, die teilweise erhebliche Auswirkungen auf die soziale Lage der Bevölkerung hatten (Ferge 2001, S. 128).

[279] Die erste Regierung nach der Wende versuchte, einige Ungerechtigkeiten des alten Rentensystems rückgängig zu machen und Benachteiligte zu entschädigen. Ein eigens eingerichtetes Komitee zur Untersuchung von ungesetzlicher Vorteilsgewährung sollte die Übervorteilung bestimmter Gruppen gegenüber anderen (z.B. ethnische Minderheiten) untersuchen und entsprechende Elemente beseitigen. In der Folge erhielten manche Rentner eine einmalige Entschädigungszahlung,

passungen, die häufig nur indirekt das Rentensystem betrafen[280]. Mit dem Gesetzt über die „Selbstverwaltung der Sozialversicherung" vom 12. Dezember 1991 wurden die ersten institutionellen Voraussetzungen für die Reform der Alterssicherung eingeleitet[281]. Durch das Gesetz wurden die Renten- und die Krankenversicherung organisatorisch getrennt, um die Einnahmen und Ausgaben der jeweiligen Sozialversicherungszweige abgrenzen zu können.

1991 wurde eine Frührente gesetzlich eingeführt. Eine Frührente konnten Personen erhalten, die innerhalb von drei Jahren vor Erreichen des gesetzlichen Rentenalters arbeitslos geworden sind und nur geringe Chancen auf einen Arbeitsplatz haben. Ab 1990 galt eine Mindestbeitragszeit zur Rentenversicherung von zwanzig Jahren[282]. Aufgrund der steigenden Arbeitslosigkeit und hohen Langzeitarbeitslosigkeit wurde dies für viele Versicherte eine hohe Hürde. Um Personen mit geringeren Versicherungszeiten im Alter vor der Verarmung zu bewahren, wurde 1991 eine Teilrente geschaffen. Ursprünglich war der Bezug einer Teilrente nach zehn Beitragsjahren möglich. 1993 wurde die Mindestbeitragszeit auf 15 Jahre erhöht.

Der Großteil der unmittelbar nach Beginn des Transformationsprozesses eingeleiteten Veränderungen am Rentensystem führte zu steigenden Ausgaben in der Sozialversicherung (siehe unten). Die Regierung suchte daher nach Möglichkeiten, die Finanzen der Rentenversicherung zu stabilisieren. Eine Ausweitung des Versichertenkreises war aufgrund der bereits universellen Einbeziehung der Erwerbstätigen keine Option. Weitere Möglichkeiten waren die Anhebung des gesetzlichen Renteneintrittsalter und die Erhöhung des Beitragssatzes. Die Anhebung des Rentenalters

---

die abhängig von dem individuellen Rentenanspruch 2.400 bis 4.000 HUF betragen konnte (Czúcz/Pintér 2002, S. 287).

[280] Eine der größten Einschnitte bezieht sich auf die neue Definition der Anspruchsvoraussetzungen für den Bezug von Leistungen aus der sozialen Sicherung. Die unter kommunistischem Regime vorherrschende Regel des mehr oder weniger automatischen Zugangs zu Sozialleistungen auf Basis der (Voll-)Beschäftigung in der sozialistischen Arbeitswelt wurde allmählich durch beitragsorientierte Systeme der sozialen Sicherung ersetzt (Borbely 2001, S. 148). Eine der wesentlichen Faktoren in dieser Phase war die Einführung von Sozialleistungen im Fall von Arbeitslosigkeit und die Etablierung einer Arbeitslosenversicherung. Dies ist von Bedeutung, da das Rentensystem in der ersten Umstellungsphase angesichts einer fehlenden Arbeitslosenversicherung zur Entlastung des Arbeitsmarktes und finanzieller Absicherung der Arbeitslosen missbraucht wurde.

[281] Die Sozialversicherungssysteme sollten gemeinsam von Arbeitgebern und Arbeitnehmern geleitet werden. Dahinter steckte die Absicht, sowohl Beitragszahler als auch Leistungsempfänger an der Abwicklung der Sozialversicherung zu beteiligen (Czúcz 2000a, S. 125; Müller 1999, S. 65).

[282] Im internationalen Vergleich ist die ungarische Mindestbeitragszeit für die Berechtigung zu einer Rente hoch. In den EU-15-Mitgliedstaaten sind die Anforderungen für den Erwerb einer Rentenanwartschaft („Wartezeiten") in der Regel deutlich geringer. In Belgien und den Niederlanden gibt es keine Wartezeit. In Deutschland liegt sie bei 60 Versicherungsmonaten. Am höchsten sind die Wartezeiten in den südlichen EU-Mitgliedstaaten Italien (20 Beitragsjahre im alten Rentensystem; 5 Beitragsjahre im reformierten Rentensystem) sowie Portugal und Spanien mit jeweils 15 Beitragsjahren (EU-Kommission 2002h).

war allerdings ausgesprochen unpopulär in der Wahlbevölkerung[283]. Da der Beitragssatz in Ungarn bereits relativ hoch lag, war die Beitragssatzerhöhung für die Regierung ein problematischer Weg. Dennoch erfolgte eine leichte Beitragssatzerhöhung, die allerdings auf Umwegen in Zuge der Trennung von Renten- und Gesundheitsfond. Der Arbeitgeberbeitrag für beide Fonds wurde im Jahr 1992 um einen Prozentpunkt auf 44 Prozent angehoben. Der Arbeitnehmerbeitrag blieb unverändert bei zehn Prozent (siehe unten). Allerdings wurde die Beitragsbemessensgrundlage für die Arbeitnehmer erheblich angehoben, um kurzfristig die Liquidität der Rentenkassen zu sichern.

Dem Ziel der Ausgabenbegrenzung sollten unter anderem auch die Anpassung der bestehenden Renten an der Nettolohnentwicklung und die degressive Anrechnung der Beitragsjahre dienen. Beide Neuerungen traten am 1. Januar 1992 in Kraft. Die Rentenleistungen stiegen zwar aufgrund der Nettolohnindexierung nominal an. Die hohen Inflationsraten machten diesen Anstieg jedoch zunichte, sodass der Realwert der Renten sank (siehe unten). Dies entlastete zwar die Rentenkasse, trug jedoch zur Verunsicherung und Unzufriedenheit der Rentner bei. Die zweite Neuerung in der Rentenberechnung war eine degressive Anrechnung der Beitragszeit auf die späteren Rentenleistungen, sodass Personen mit kürzeren Erwerbszeiten im Rentenalter finanziell relativ besser gestellt wurden. Wie nachfolgend erläutert wird, ist die Rentenformel in Ungarn stark re-distributiv.

Die individuelle Rente R_i bestimmte sich bis zum Jahr 1998 anhand der Beitragsdauer (B_i) und den individuellen Nettolöhnen (L_i). Hierbei werden tatsächliche Beitragsjahre (B_{ti}) und beitragsfreie Jahre, die Renten steigernd angerechnet werden (B_{fi}), zur Kalkulation verwendet. Allerdings gibt es keine versicherungsmathematisch korrekte Anrechnung von Beitragszeit und Lohnhöhe.

Bei einer Beitragszeit von 10 Jahren zum Beispiel (dies entsprach der Mindestbeitragszeit für eine Teilrente in den Jahren 1991 bis 1993) wurden 33 Prozent des Lohnes zur Kalkulation der Rente einbezogen. Für zusätzliche Jahre wird dieser Prozentsatz um jährlich zwei Prozentpunkte auf 63 Prozent bei 25 Beitragsjahren

---

[283] Ein höheres Rentenalter war dringend erforderlich, zumal es im internationalen Vergleich außerordentlich niedrig lag. In den EU-Mitgliedstaaten lag das gesetzliche Rentenalter im Jahr 2000 für Frauen mindestens bei 60 Jahren. Am höchsten liegt es in Dänemark bei 67 Jahren für Frauen und Männer, am niedrigsten in Frankreich mit 60 Jahren für beide Geschlechter (Europäische Kommission 2001a). Bereits im Jahr 1991 beschloss das ungarische Parlament, das Renteneintrittsalter zu erhöhen. Ab dem 31. Januar 1994 sollte es für Frauen alle zwei Jahre um ein Jahr erhöht werden. Im Jahr 2003 sollten Frauen ebenso wie Männer erst ab dem sechzigsten Lebensjahr in Rente gehen können. Dieser Reformvorschlag stieß jedoch in der Bevölkerung und bei den Gewerkschaften auf heftigen Widerstand. Der Regierungswechsel brachte die Pläne endgültig zu Fall. Als eine der ersten Maßnahmen der neuen sozial-liberalen Regierung unter Premierminister Antall wurde diese neue Regelung suspendiert. Erst im Jahr 1996 wurde ein weiterer Versuch unternommen, die Rentenaltersgrenze für Frauen heraufzusetzen (siehe unten).

gesteigert. Ab dieser Anzahl von Versicherungsjahren wird der Basisbetrag um nur noch jährlich einen Prozentpunkt gesteigert, ab 33 Beitragsjahren sogar nur noch um jährlich 0,5 Prozentpunkte. Personen, die länger beschäftigt waren, wurden für ihre längere Beschäftigungsdauer sozusagen „bestraft".

Übersicht 3.1.11: Formel zur Berechnung der Rentenleistungen in Ungarn (gültig bis zum Jahr 1998)

$$R_i = e_i(B_i) * g_i (L_i)$$ wobei: $B_i = B_{ti} + B_{fi}$

R_i = Altersrente der Person i
e_i (B_i) = Ersatzrate der Person i in Abhängigkeit von der individuellen Beitragsdauer, wobei $B_i = B_{ti} + B_{fi}$, d.h. die Beitragszeit setzt sich aus der Summe der Anzahl der tatsächlichen Beitragsjahre B_{ti} und der Anzahl der beitragsfreien Jahre, die zur Rentenberechnung angerechnet werden (B_{fi}), zusammen
B_{ti} = Anzahl der tatsächlichen Beitragsjahre
B_{fi}= Anzahl der beitragsfreien Jahre, die zur Rentenberechnung angerechnet werden
g_i (L_i) = Gewichtungsfaktor, mit denen die individuellen Nettolöhne angerechnet werden (in Abhängigkeit vom individuellen Nettolohn L_i)
L_i = individueller Nettolohn der Person i

Übersicht 3.1.12: Anrechnung der Beitragsjahre[1] bei der Erstfeststellung des individuellen Rentenanspruchs in Ungarn bis zum Jahr 1998

Beitragszeit [B_i] [1] (in Jahren)	Lohnanrechnung: [e_i (B_i)] (in Prozent bzw. in Prozentpunkten des individuellen Nettolohns)
10 Jahre	33 Prozent
11-25 Jahre	33 Prozent + 2 Prozentpunkte pro Jahr
25 Jahre	63 Prozent
26-32 Jahre	63 Prozent + 1 Prozentpunkt pro Jahr
ab 33 Jahren	70 Prozent + 0,5 Prozentpunkte pro Jahr

[1] Die Beitragszeiten (B_i) ergeben sich als Summe der Anzahl der tatsächlichen Beitragsjahre (B_{ti}) und der Anzahl der beitragsfreien Jahre, die zur Rentenberechnung angerechnet werden (B_{fi})
Quelle: Gedeon (2000, S. 14)

Zweitens wurde eine degressive Anrechnung der Lohnhöhe eingeführt. Höhere Einkommen flossen zu geringeren Anteilen in die Kalkulation ein als niedrige Einkommen. Da es vor dem Jahr 1988 keine Aufzeichnungen über individuelle Löhne gibt, werden nur die durchschnittlichen Einkommen seit dem Jahr 1988 in die Kalkulation einbezogen[284]. Damit wird automatisch der Zeitraum der Anrechnung der Einkommen ausgedehnt, sodass im Durchschnitt zunehmend das Lebenseinkommen und nicht die – in der Regel höheren – Einkommen kurz vor dem Ruhestand einbezogen werden. Allerdings wurde die Leistungsbemessung als zu günstig für Personen mit höheren Einkommen angesehen. Infolge dessen wurde bestimmt, dass

---

[284] Bis zum Jahr 1992 wurden die letzten drei Beitragsjahre vor dem Ruhestand zur Berechnung herangezogen. Um den Ausgabenanstieg weiter abzubremsen, wurde dieser Zeitraum im Jahr 1992 um ein Jahr auf vier Jahre vor Beginn des Renteneintritts ausgedehnt. Im Jahr darauf wurde beschlossen, ab dem 1. März 1993 alle Einkommen, die ab dem 1. Januar 1988 erzielt wurden, in die Rentenberechnung einzubeziehen.

bei der Erstfeststellung der Rentenhöhe nicht die Lohnsteigerung des gesamten Nettolohns, sondern - in Abhängigkeit von der Lohnhöhe - nur ein Teil davon einbezogen wird. Einkommen, die in die unterste Einkommensgruppe fallen, werden zu 100 Prozent angerechnet. Dieser Anrechnungsfaktor wird in 10er-Prozentpunkte-Schritten stufenweise auf nur noch zehn Prozent des individuellen Nettolohnes der obersten Einkommensschicht reduziert[285]. Zusammenfassend ist festzuhalten, dass die Bestimmung des Rentenanspruchs bei der Erstfeststellung in Ungarn keine für die Versicherten im Voraus kalkulierbare Rentenleistung ermöglichte und teilweise mehr negative als positive Auswirkungen auf die Versicherten hatte[286].

Eine erwähnenswerte Neuerung im ungarischen Rentensystem war die Einführung einer privaten freiwilligen Altersvorsorge im Jahr 1993. Um die private Vorsorge attraktiv zu machen, wurde sie vom Staat steuerlich gefördert[287]. Dies hatte allerdings zur Folge, dass dem Staat durch die Steuererleichterungen Einnahmen entgingen und für die staatliche Förderung zusätzliche Ausgaben entstanden[288].

Die gesetzliche Rentenversicherung in Ungarn seit dem Jahr 1998

Mitte der 1990er Jahre verschlechterte sich die finanzielle Lage der ungarischen Rentenversicherungsanstalt. Die Einnahmen gingen zurück, während die Ausgaben nicht in gleichem Umfang zurückgeführt werden konnten (siehe unten)[289]. Gleich-

---

[285] Als problematisch stellte sich heraus, dass die Einkommensgruppen nicht dynamisiert wurden, sodass dasselbe Einkommen im Zeitablauf in unterschiedlicher Weise in die Rentenberechnung einbezogen wurde. Auf diese Weise kam es zu erheblichen Schwankungen in der Leistungsfeststellung. Somit hing es vor allem davon ab, zu welchem Zeitpunkt eine Person in den Ruhestand ging. Denn aufgrund dieser Berechnungsweise war die Höhe der Leistungsansprüche in hohem Maße von der erheblichen Preissteigerung Anfang und der drastischen Reduzierung der Reallöhne Anfang der 90er Jahre abhängig. Eine Person, die zum Beispiel im Jahr 1992 in den Ruhestand wechselte, war – aufgrund der Reallohnverluste im Jahr 1991 - gegenüber einer Person, die im Jahr zuvor in Rente gegangen ist, benachteiligt (Augustsztinovics et.al. 2002, S. 34).

[286] Kritiker bemängeln:„First, the lack of full actualization of past wage history in the benefit formula resulted in an erosion of real entry pensions. Second, the brackets or bend point in the redistributive benefit formula were not fully adjusted to wage growth, leading to a ‚reverse bracket creeping' effect. These two factors resulted in a sharp drop of entry level pensions, both in real terms and in relation to average wage in the economy. Third, less than full indexation of pensions to gross wages also contributed to the reduction in the ratio of the average pension to the average gross wage." (Palacios/Rocha 1997, S. 11)

[287] Die Beiträge zur privaten Vorsorge sind zum Teil von der Steuer befreit. Beispielsweise können Beiträge in Höhe von 20 Prozent für die private Lebensversicherung und 30 Prozent für Beiträge zum privaten Rentenfond von der Steuer abgezogen werden (Gál et.al. 2003, S. 29).

[288] Schätzungen zufolge wären rund drei Viertel der Beiträge zur freiwilligen Vorsorge entweder als Steuer oder als Sozialversicherungsbeiträge der Sozialversicherungsanstalt bzw. dem Staat zugute gekommen (Gál et.al. 2003, S. 29).

[289] Nach Berechnungen von Rocha und Vittas (Rocha/Vittas 2001), wäre das Defizit der staatlichen Alterssicherung in Ungarn ohne eine Reform auf rund 2 Prozent des BIP im Jahr 2010 und auf 6,5 Prozent des BIP im Jahr 2070 gestiegen. Ohne Reform hätte die Beitragsrate zur Renten-

zeitig nahm die Unzufriedenheit der Bürger mit der Rentensicherung zu, da die Ersatzrate seit Beginn des Transformationsprozesses kontinuierlich sank. Ende der 1990er Jahre setzte sich in Ungarn die Meinung durch, dass eine grundlegende Reform des Rentensystems unumgänglich war (Palacios/Rocha 1997, S. 17)[290].

Eine bedeutende Rolle spielen neben den finanziellen Leistungen aus der Rentenversicherung auch andere staatliche Sozialleistungen[291] sowie Sach- und Dienstleistungen[292] speziell für ältere Menschen. Darüber hinaus spielt insbesondere in den ländlichen Gegenden von Ungarn intra-familiäre Transfers eine Rolle bei der sozialen Sicherung der Alten[293].

Die Reform der Alterssicherung im Jahr 1998

Die sozialliberale Koalition unter Premierminister Gyula Horn verabschiedete das Gesetz zur grundlegenden Umstrukturierung der Alterssicherung Mitte des Jahres 1997, dessen Vorbereitungen bereits Anfang des Jahres 1996 begonnen hatten[294].

---

versicherung auf 55 Prozent angehoben oder die Ersatzrate von 60 Prozent auf rund 35 Prozent abgesenkt werden müssen, um das staatliche Rentenversicherungssystem langfristig finanzierbar zu machen (Vgl. ebd., S. 5ff.).

[290] Am hitzigsten diskutierten die politischen Entscheidungsträger die Frage, ob das bestehende System nur an einzelnen Stellen verändert und durch eine staatlich unterstützte private *freiwillige* Altersvorsorge ergänzt werden sollte. Diese Option hat Deutschland zum Beispiel mit der Einführung der so genannten „Riester-Rente" im Jahr 2001 gewählt. In Ungarn bildeten sich zwei Hauptgruppen von Reformvorschlägen aus. Auf der einen Seite propagierten das Wohlfahrtsministerium und die Gewerkschaften eine „soziale Reform" ohne Teilprivatisierung des Rentensystems. Auf der anderen Seite standen die Befürworter einer Teilprivatisierung des ungarischen Rentensystems nach den Vorschlägen der Weltbank (Vgl. Müller 1999).

[291] Seit dem Jahr 1998 können Personen ab dem 62. Lebensjahr bzw. dem geltenden gesetzlichen Rentenalter eine Sozialrente (*Időskorúak járadéka*) beantragen, die von der Bedürftigkeit abhängt. Die Leistungen werden aus Steuermitteln zu drei Vierteln vom Staat und zu einem Viertel von den Gemeinden finanziert. Voraussetzung für den Bezug einer bedürftigkeitsgeprüften Sozialrente ist, dass das eigene monatliche Einkommen der Betroffenen bzw. das gemeinsame durchschnittliche Einkommen von Ehepaaren geringer ist als 80 Prozent der Mindestrente. Bei einer allein lebenden Person gilt die Grenze von 95 Prozent der Mindestrente. Jeder Hinzuverdienst aus Erwerbsarbeit wird vollständig von der Sozialrente abgezogen. Dies entspricht einer Besteuerung der Sozialrente von hundert Prozent (Burns/Cekota 2002, S. 12).

[292] Zu den Sach- und Dienstleistungen, die speziell alten Menschen gewährt werden, zählen unter anderem die freie Nutzung öffentlicher Verkehrsmittel, die stationäre und häusliche Pflege von pflegebedürftigen Alten, Subventionen für „Essen auf Rädern" (Lieferung von Mahlzeiten an Alte durch Sozialeinrichtungen nach Hause) und kommunale Sozialeinrichtungen für Ältere (Burns/Cekota 2002, S. 12).

[293] Diese Elemente des Sozialschutzes, die nicht auf der staatlichen Rentenversicherung beruhen, tragen häufig positiv zu der materiellen Lage der Rentner und der Alten bei, ohne dass dies in den Ersatzraten erkennbar wird. Erfasst werden nicht-staatliche Transferzahlungen in Verteilungsanalysen (siehe hierzu Kapitel 3.4.).

[294] Dabei folgten sie weitgehend dem Rat der Weltbank und den Erfahrungen in der Schweiz und in Großbritannien. Die Reform des Rentensystems wurde von der Weltbank ideell durch eine Vielzahl von Studien und wirtschaftspolitischen Empfehlungen (z.B. Palacios/Rocha 1997; Rocha/Vittas 2001; Weltbank 1994) sowie finanziell im Rahmen des so genannten *Public Sector Ad-*

Am 1. Januar 1998 wurde das neue Rentensystem eingeführt, das aus zwei verpflichtenden Bestandteilen besteht: Erstens der (reformierten) staatlichen Rentenversicherung, die weiterhin im Umlageverfahren finanziert wird und auf Leistungszusagen (*defined benefits*) beruht. Zweites verpflichtendes Element ist die kapitalgedeckte Zusatzvorsorge (*defined contributions*). Die Regierung Horn, die das Rentenreformgesetz auf den Weg brachte, wurde schon im ersten Jahr der Implementierung abgewählt. Die Nachfolgeregierung unter Viktor Orbán, die Mitte 1998 an die Regierung kam, verfolgte einen völlig anderen politischen Stil als die Vorgängerregierung[295]. Kurz nach Umsetzung der Reformgesetzgebung kam es zu Änderungen in der institutionellen Gestaltung der Alterssicherung und zu einer Verlangsamung des Reformprozesses, ohne dass allerdings die Reform rückgängig gemacht wurde. Eine Legislaturperiode später, im Mai 2002, wechselte die Regierung erneut. Die neue linksliberale Regierung unter dem parteilosen Premierminister Medgessy kehrte in der Rentenpolitik zu den ursprünglichen Reformplänen von 1997 zurück.

Von der Amtsübernahme durch Victor Orbán bis zur Abwahl im Jahr 2002 herrschte große Unsicherheit über die zukünftige Gestaltung und Entwicklung der ungarischen Rentenversicherung[296]. Die Eingriffe rechtfertigte die Regierung mit unerwartet hohen Übergangskosten, die das Haushaltsdefizit steigen ließen. Eine der wesentlichen Änderungen war, den Beitrag zur obligatorischen Privatrente bei 6 Prozent zu belassen und nicht wie im Gesetzt vorgesehen, ab dem Jahr 1999 anzuheben[297]. Für die Mitglieder im neuen System war diese Maßnahme problematisch, da sie durch die reduzierten Beiträge weniger Kapital ansammeln können, dafür aber keinen Ausgleich durch die umlagefinanzierte Komponente zugesprochen bekamen. Gleichzeitig reduzierte sich durch das Abweichen von den ursprünglichen Plänen die Altersgrenze, die implizit festlegte, ab welchem Alter ein Wechsel zum neuen

---

justment Loan (PSAL) erheblich unterstützt. Über Reformoptionen und die politische Ökonomie der Rentenreform siehe Czúcz/Pintér 2002, S. 296-301; Müller (1999) und Orenstein (2000).

[295] Die neue liberal-konservative Regierung setzte sich aus der Allianz Junger Demokraten (FIDESZ) und der Bauernpartei (FKGP) zusammen. Ebenso wie die post-kommunistischen Vorgängerregierungen blieb die Regierungskoalition lediglich eine Legislaturperiode lang im Amt.

[296] Welche kurz- bis langfristigen Auswirkungen das Abweichen von den Reformplänen hat, kann derzeit noch nicht beziffert werden. Aber alleine die Unsicherheit der Bevölkerung durch das Hin und Her in der Rentengesetzgebung drohte ein wichtiges Gut von Sozialversicherungssystemen zu zerstören: das Vertrauen der Bürger.

[297] Ab dem 1. Januar 1999 sollten die Arbeitgeberbeiträge bei 23 Prozent und die Arbeitnehmerbeiträge bei 2 Prozent für die staatliche Rentenversicherung sowie 6 Prozent für die obligatorische Privatvorsorge festgelegt werden. Studien zufolge hätte die Anhebung des Beitragssatzes zur obligatorischen Privatrente nur geringe fiskalische Auswirkungen gehabt. Demnach wäre das Defizit in der staatlichen Rentenversicherung um 0,3 bis 0,4 Prozent des BIP gestiegen (SAPRI 2001, S. 25). Kritiker bewerteten das Einfrieren des Beitragssatzes als „antiliberal" (Ferge 2001, S. 130).

Rentensystem potentiell vorteilhaft ist (Ferge 2001, S. 130)[298]. Um mehr Personen zurück ins alte System zu schleusen und somit die Beitragseinnahmen der gesetzlichen Rentenversicherung kurzfristig zu erhöhen, dehnte die Regierung den Zeitraum bis zum 31. Dezember 2002 aus, in dem die freiwillig Versicherten zum rein staatlichen System wechseln konnten. Danach allerdings soll ein Wechseln nicht mehr möglich sein (Rocha/Vittas 2001, S. 6). Weitere Einschnitte in das ursprüngliche Rentenreformgesetz von 1997 erfolgten im November 2001 durch ein so genanntes Reformpaket. Ab dem 1. Januar 2002 wurde die Pflicht zur Teilnahme an dem teilprivatisierten System für Berufsanfänger abgeschafft (Wagner 2002, S. 26f.)[299].

Ebenfalls am Januar 2002 wurde die zuvor eingeführte garantierte Mindestrente aus der obligatorischen Privatvorsorge abgeschafft. Der Garantie-Fond bleibt zwar weiterhin bestehen, jedoch erfolgen Zahlungen aus diesem Fond nur noch im Fall von Betrug, Missmanagement oder ähnlichen Gründen. Die Abschaffung dieser Garantie reduziert die Verbindlichkeiten des Staates und hat somit potentiell entlastende Effekte auch auf die Staatsfinanzen (SAPRI 2001, S. 25f.)[300]. Im Jahr 1999 ignorierte die Regierung den Mechanismus der Nettolohnindexierung, indem sie die Renten nur um 14 Prozent statt der eigentlich erforderlichen 18 Prozent anhob (Rocha/Vittas 2001, S. 8ff.)[301]. Parallel dazu kam es zu einer Beschränkung in der Höhe der Rentenleistung. Im Jahr 1999 beispielsweise konnte jeder Rentner höchstens eine monatliche Rente von 3500 HUF erhalten (Vgl. ebd.). Trotz der erheblichen Anreize, welche die Regierung zur Rückkehr zum alten System gesetzt hat, reagierte die ungarische Bevölkerung nur verhalten auf die Umkehrung der Rentenpolitik. Nur

---

[298] Schätzungen zufolge ist das teilprivatisierte System bei einer dauerhaften Beitragsrate von 6 Prozent zur obligatorischen Privatvorsorge nur noch für diejenigen potentiell vorteilhaft, die nicht älter sind als 28 bis 33 Jahre (Wagner 2002, S. 27).

[299] Diese Maßnahme kann dem eigentlichen Ziel der Rentenreform zuwider laufen, das staatliche Rentensystem von Ausgabenverpflichtungen zu entlasten. Kurzfristig ist es durchaus möglich, dass die umlagefinanzierte Rentenversicherung aufgrund der Beitragszahlungen der jüngeren Beschäftigten (eher) in der Lage ist, die Leistungen an die Rentner zu finanzieren, sofern sich mehr Berufsanfänger für das rein staatliche System entscheiden. Langfristig jedoch erwerben die Versicherten in dem beitrags- und einkommensbezogenen System Ansprüche, die in Zukunft von der staatlichen Rentenversicherung aufgebracht werden müssen.

[300] Die kapitalfundierte Komponente war ursprünglich unverhältnismäßig großzügig gestaltet. Der potentiell höheren Rendite der Anlage der Rentenbeiträge auf dem Kapitalmarkt stand aufgrund des Garantiefonds ein nur geringes Risiko gegenüber. Aus diesem Grund war die Teilnahme an dem neuen Rentensystem äußerst attraktiv. Mit der Abschaffung des Garantiefonds sollten diese Fehlanreize beseitig werden (SAPRI 2001, S. 25f.).

[301] Im Jahr 2000 wurden die Renten wieder nach der vorgesehenen Lohn-Indexierung angepasst. Allerdings kam es zu keiner Ausgleichszahlung für die Einkommensverluste des Vorjahres (Rocha/Vittas 2001, S. 8).

wenige Versicherte machten von ihrem Recht Gebrauch, zum rein staatlichen Rentensystem zurückzukehren (Borbély 2000, S. 5; Rocha/Vittas 2001, S. 11f.)[302]. Nach der Amtsübernahme durch Medygessy im Mai 2002 erfolgte wiederum ein Strategiewechsel in der Rentengesetzgebung. Ziel der Regierung war es, zu der ursprünglichen Reformgesetzgebung aus dem Jahr 1997 zurückzukehren. Darüber hinaus kam es zu Änderungen, die über die 1997er-Rentenreform hinausgehen. Dies wird besonders deutlich in der Anhebung der Beitragsrate zur obligatorischen Zusatzrentenversicherung. Die verpflichtende Teilnahme von Berufsanfängern am teilprivatisierten Rentensystem ist zum 1. Januar 2003 wieder eingeführt worden. Darüber hinaus wurde allen Arbeitnehmern unter 30 Jahren erlaubt, zum neuen Rentensystem zurückzukehren, wenn sie bereits vom neuen System zum alten System gewechselt sind. Bislang war ein nochmaliges Wechseln nicht möglich gewesen[303].

Mehrere Maßnahmen zielen darauf, die Einkommensposition der Rentner zu verbessern. In der rein staatlichen Rentenversicherung wird für Hinterbliebene allmählich eine so genannte „13. Monats-Leistung" eingeführt[304]. Damit gehen zusätzliche Belastungen des staatlichen Rentenfonds einher, die nach Regierungsangaben im Jahr 2003 bei rund 35 Milliarden HUF bzw. 0,19 Prozent des BIP liegen sollen. Darüber hinaus wird ein Teil der Leistungen an Witwen erhöht (siehe unten), um den Lebensstandard allein stehender älterer Frauen zu erhöhen. Parallel zu den Maßnahmen, die die staatlichen Ausgaben für die Rentenversicherung tendenziell erhöhen, werden von der ungarischen Regierung Möglichkeiten der Ausgabensenkung erörtert. Gegenwärtig wird ein Vorschlag zur Änderung der Invalidenrenten und Frührentenprogramme ausgearbeitet. Ersten Schätzungen zufolge könnten Re-

---

[302] Im ersten Jahr entschieden sich rund 6.000 Versicherte, von dem Rückkehr-Angebot Gebrauch zu machen. Ein Jahr später, im Jahr 1999, waren es rund 15.000 Versicherte. Dies entsprach im September 1999 0,75 Prozent der Gesamtmitglieder der privaten Rentenfonds und kann entsprechend als ein verschwindend geringer Anteil angesehen werden (Borbély 2000, S. 4f und Statistischer Annex S. 8).

[303] Die Änderungen führte die ungarische Regierung unter der Inkaufnahme von kurzfristig höheren Defiziten des Rentensystems und infolge dessen höheren Staatszuschüsschen durch. Nach offiziellen Schätzungen wird durch die Änderungen das Defizit im Jahr 2003 um 42 Milliarden HUF (rund 0,23 Prozent des BIP) höher liegen als im Jahr 2002. Davon sollen rund acht bis zehn Milliarden HUF des Defizits alleine durch die zusätzlichen Einnahmenverluste der Rentenversicherung aufgrund der höheren Beiträge zur obligatorischen Zusatzrente verursacht werden. Für das Jahr 2003 wurde ein zusätzliches Haushaltsdefizit von 4,5 Prozent des BIP erwartet. Im Jahr 2004 sollen die Änderungen das Staatsdefizit um weitere 30 Milliarden HUF bzw. rund 0,15 Prozent des BIP belasten (Informationen bereitgestellt durch András Horváth vom Büro des ungarischen Premierministers in der Korrespondenz vom 20. März 2003. Die Korrespondenz kann bei der Autorin eingesehen werden).

[304] Im ersten Jahr der Gewährung einer 13. Monats-Leistung wird 25 Prozent der durchschnittlichen Monatsrente angerechnet. Dieser Prozentsatz wird jährlich um 25 Prozentpunkte angehoben und soll im Jahr 2006 100 Prozent der durchschnittlichen Monatsrente erreichen.

formen an den beiden Stellen die Rentenkassen langfristig um 20 bis 25 Milliarden HUF entlasten[305].

Das neue System der Alterssicherung wird in verschiedenen Gesetzen aus dem Jahr 1997 geregelt, die am 15. Juli 1997 vom Parlament bestätigt wurden (ONYF 2001a, S. 12f.). Demnach ist der Staat verantwortlich für die Gestaltung und den Betrieb der gesetzlichen Rentenversicherung. Dies soll einerseits durch die Etablierung eines Systems der obligatorischen Alterssicherung und andererseits die Förderung eines privaten, freiwilligen Zusatzvorsorgesystems erreicht werden. Versichern müssen sich alle abhängig Beschäftigten in einer Voll- und in Teilzeitarbeit, Personen, die auf Honorarbasis beschäftigt sind, Mitglieder von Kooperationen, Selbständige sowie Privatunternehmer und bei ihnen beschäftige Familienangehörige. Leistungen aus der Rentenversicherung werden Versicherten aufgrund von Alter, Behinderung, Unfällen, die zur Behinderung führen, und an Hinterbliebene gewährt. Alters- und Hinterbliebenenrenten sowie Invalidenrenten für Personen oberhalb des gesetzlichen Rentenalters und Arbeitsunfähige der I. und II. Invalidenkategorie oberhalb und unterhalb des gesetzlichen Rentenalters werden aus dem Rentenversicherungsfond PIF (*Pension Insurance Fund*) gezahlt. Dagegen werden die Invalidenrenten für arbeitsunfähige Personen der III. Invalidenkategorie unterhalb des gesetzlichen Rentenalters und Unfallsrenten mit Mitteln des Gesundheitsfonds HIF (*Health Insurance Fund*) finanziert. Aus dem allgemeinen Staatshaushalt werden Vorruhestandsgelder, Frührenten, Pensionszahlungen an Bergarbeiter und Rentenleistungen für landwirtschaftliche Genossenschaften ausgezahlt.

Das neue ungarische Rentensystem setzt sich zusammen aus der umlagefinanzierten, einkommensbezogenen staatlichen Rentenversicherung und einer kapitalgedeckten, obligatorische Zusatzrente. Die staatliche Rente ist weiterhin Hauptbestandteil des gesetzlichen Rentensystems in Ungarn, da auf sie rund drei Viertel der Beiträge zur gesetzlichen Rentenversicherung entfallen. Sie wird von der Nationalen Rentenversicherungsanstalt ONYF (*Országos Nyugdíjbiztosítási Foigazgatóság*) verwaltet. Der Anteil der obligatorischen Zusatzversicherung soll schrittweise erhöht werden (siehe unten). Die staatliche Rentenversicherung wurde institutionell in Teilen reformiert. Änderungen betreffen unter anderem die Berechtigungskriterien (z.B. längere Mindestbeitragszeit für einen Rentenanspruch) und die Dynamisierung bestehender Renten (Wechsel von der reinen Lohnindexierung zur Lohn/Preis-Indexierung). Allerdings wurde die Umsetzung einiger Neuerungen zeitlich gestreckt bzw. durch politische Beschlüsse verschoben.

---

[305] Informationen bereitgestellt durch András Horváth vom Büro des ungarischen Premierministers in der Korrespondenz vom 20. März 2003. Die Korrespondenz kann bei der Autorin eingesehen werden.

Die Beiträge zur obliatorischen Zusatzvorsorge werden auf individuelle Konten eingezahlt, die von privaten Versicherungsunternehmen angeboten werden. Die Auszahlung der Versicherungssummen im privaten Vorsorgefond erfolgt entweder über eine Annuität und/oder als Pauschalbetrag[306]. Den Versicherten steht es frei, den Versicherungsgeber zu wechseln[307]. Die privaten Rentenfonds werden vom Finanzministerium überwacht. Zu diesem Zweck wurde die staatliche Überwachungsanstalt für private Fonds PSZÁF (*Pénzügyi Szervezetek Állami Felügyelete*) geschaffen. Ihre Aufgabe besteht unter anderem darin, private Rentenfonds zuzulassen und die Mindestrendite festzulegen (ONYF 2002a, S. 9 ff.). Ein weiterer Sicherungsmechanismus für die Renten in der obligatorischen Altersrentenversicherung ist der Garantiefonds, der von den privaten Fondsgesellschaften aufgebaut und unterhalten werden muss, um den Beitragszahlern eine Mindestrente zu garantieren[308]. Sollte es ein Versicherungsfond nicht schaffen, eine Mindestrendite zu erwirtschaftet, wird der betreffende Fond geschlossen und die Mitglieder einem anderen Versicherungsgeber übertragen (Borbely 2001, S. 149 ff.)[309]. Darüber hinaus sind die Investitionsmöglichkeiten des Kapitals der Versicherten reglementiert. Zehn Prozent des Kapitals muss mindestens in Anlagen mit „geringem" Risiko (z.B. Staatsanleihen), höchstens 60 Prozent innerhalb der Kategorie „mittlere Risikoanlage" und maximal 30 Prozent in Anlagen mit hohem Risiko investiert werden. Zur letzten Kategorie gehören auch Aktien. In den ersten Jahren war es nicht erlaubt, in ausländische Aktien zu investieren. Erst ab dem Jahr 2000 wurden gesetzliche Voraussetzungen für Auslandsinvestitionen innerhalb der obligatorischen Zusatzrente geschaffen. Auslandsanlagen durften zunächst höchsten 10 Prozent der Gesamtanlagen betragen. Seit dem Jahr 2002 darf bis zu 30 Prozent des Kapitals im Ausland investiert werden.

---

[306] Eine Annuität kann auf vier verschiedene Arten ausgezahlt werden. Erstens als Rente, die bis zum Tod des Versicherten gezahlt wird; zweitens als Rente, die bis zu einem bestimmten Zeitpunkt an den Versicherten oder im Todesfall den Erben ausgezahlt wird; drittens als Rente, die bis zum Tod des Versicherten und danach bis zu einem bestimmten Zeitpunkt an die Erben ausgezahlt wird, und viertens als eine so genannte „Gemeinsame Lebensrente" (*Joint Life Annuity*), die Ehepaaren ab einem bestimmten Zeitpunkt bis zum Lebensende beider ausgezahlt wird. Pauschale Rentenzahlungen werden in Ungarn in zwei Fällen gewährt. Zum einen kann ein Versicherter eine pauschale Rentenauszahlung fordern, wenn das angesparte Kapital eine bestimmte Höhe überschreitet. Zum anderen wird das Kapital bei Erreichen der Rentenaltersgrenze pauschal ausgezahlt, wenn ein Versicherter weniger als 180 Monatsbeiträge eingezahlt hat (ONYF 2002a, S. 9 ff.). Sollte ein Versicherter während der Ansparphase sterben, wird das Kapital den Erben zugesprochen.

[307] Nur wenige Versicherte wechselten in den Anfangsjahren die Anbieter. Lediglich 15.000 Mitglieder – dies entspricht einem Anteil von weniger als einem Prozent der Versicherten – wechselten im Jahr 2000 den Versicherungsgeber (PSZÁF 2002).

[308] In den Garantiefond fließen 0,4 Prozent der Beiträge der Versicherten.

[309] Sollten die Leistungen die Beiträge an den Rentenversicherungsfond übersteigen, war der Staat nach der ursprünglichen Reformgesetzgebung aus dem Jahr 1997 dazu verpflichtet, diese Differenz aus dem Staatshaushalt auszugleichen (Borbely 2001, S. 149 ff.). Diese Regelung wurde jedoch wieder abgeschafft.

Allerdings ist eine Anlage in Nicht-OECD-Mitgliedsländer nur in Höhe von zehn Prozent erlaubt (Rocha/Vittas 2001, S. 23). Nach dem EU-Beitritt ist zu erwarten, dass die Restriktionen für Kapitalinvestitionen gelockert werden.

Einbezogener Personenkreis und Struktur der Versicherten im neuen Alterssicherungssystem

Derzeit bestehen – ebenso wie in Polen - zwei unterschiedliche Alterssicherungssysteme in Ungarn nebeneinander, da das teilprivatisierte neue System nur für diejenigen verpflichtend ist, die nach dem 30. Juni 1998 in das Arbeitsleben eingetreten sind[310].·Personen, die zu diesem Zeitpunkt bereits beschäftigt waren oder bereits Beiträge zu dem alten System gezahlt haben, konnten wählen, ob sie im alten, jedoch reformierten reinen Umlagesystem bleiben, oder zu dem neuen System wechseln[311]. Alle Versicherten, die ein Wahlrecht hatten, ob sie dem neuen System beitreten oder nicht, stand nach den ursprünglichen Plänen die Möglichkeit offen, bis zum 31. August 1999 wieder zum alten System zurückzukehren[312]. Eine Rückkehr zum teilprivatisierten System ist nach der ursprünglichen Rentengesetzgebung aus dem Jahr 1997 nicht mehr möglich. Die Ausnahme bildet der Fall, dass ein Versicherter zum Beispiel aufgrund eines Unfalls oder einer Behinderung erwerbsunfähig wird, da die privaten Rentenfonds nicht das Risiko der Invalidität absichern.

Die Anzahl Personen, die dem neuen System beitraten, übertraf die Prognosen der Reformer erheblich. Bereits im ersten Quartal von 1998 hatten sich 700.000 Personen für das neue Rentensystem entschieden (Borbély 2000, S. 4)[313]. Am Ende des

---

[310] Ursprünglich sollte eine Altersgrenze festgelegt werden. Geplant war, dass alle Beschäftigten, die zum Zeitpunkt der Umsetzung der Reform jünger als 40 Jahre alt sind, zum neuen System wechseln und alle die älter als 40 Jahre alt sind, im reformierten alten System bleiben sollten. Befürchtungen, eine strikte Grenze ohne Wahlmöglichkeiten könnte gerichtliche Klagen nach sich ziehen, ließen die Regierung von diesen Plänen wieder abrücken (Rocha/Vittas 2001, S. 9).

[311] Diese Regelung impliziert, dass es keine Altersbeschränkung gibt, die die Bürger davor bewahrt, an dem teilprivatisierten Rentensystem teilzunehmen, auch wenn es sich für sie nicht lohnt, da ihnen nicht genügend Zeit bleibt, Kapital anzusparen. In Polen wurden Altersgrenzen nach Geburtstag (und nicht der Zeitpunkt der Erstbeschäftigung) als Kriterien festgelegt.

[312] Kehrt ein Versicherter zur rein staatlichen Rentenversicherung zurück (z.B. aufgrund von Erwerbsunfähigkeit, oder weil er den möglichen Zeitraum zur Rückkehr genutzt hat), bestehen zwei Möglichkeiten für die Behandlung des bereits angesammelten Kapitals in der obligatorischen Zusatzrentenvorsorge. Zum einen kann das Kapital auf den Rentenversicherungsfond (PIF) übertragen werden. Die Rente wird im Endeffekt so kalkuliert, als hätte der Versicherte nur an dem alten, reformierten Rentensystem teilgenommen. Werden die angesparten Summen nicht transferiert, bekommt der Versicherte bei Renteneintritt das Kapital abzüglich der Verwaltungsgebühren und zuzüglich der Zinsen ausgezahlt, das er bis zum Zeitpunkt des Verlassens des privaten Rentenfonds angespart hat. Entsprechend reduziert sich seine Rente aus der staatlichen Rentenversicherung (ONYF 2001a, S. 7f.).

[313] Im alten System blieben vor allem ältere Arbeitnehmer, für die sich eine Teilnahme an dem neuen System nicht lohnte, da sie nicht genügend Zeit zum Ansparen von Kapital haben. Allerdings gab es auch einen auffällig hohen Anteil an Personen, die sich dem neuen System anschlossen, obwohl dies für sie geringere Leistungen aus der Alterssicherung bedeutete. Am 31. Dezem-

Jahres 1998 war die Gesamtmitgliederzahl bereits auf fast 1,4 Millionen angestiegen. Dies überstieg bereits die prognostizierte Mitgliederzahl von 1,3 Millionen Personen, die bis zur ursprünglichen Frist am 31. August 1999 erreicht werden sollte. Im September 1999 hatten sich 2,1 Millionen Personen für das neue System entschieden (SAPRI 2001, S. 28)[314]. Dies entsprach ungefähr einem Fünftel der Gesamtbevölkerung bzw. rund der Hälfte der erwerbstätigen Bevölkerung[315].

Die Mindestrente in Ungarn

Die monatliche Mindestrente wird jährlich bestimmt und gezahlt, sobald die Rente aus der gesetzlichen Rentenversicherung (d.h. aus dem staatlichen Rentenfond und der obligatorischen Privatrentenversicherung) geringer ist als die Hälfte der monatlichen Durchschnittsrente[316]. Die Mindestrente aus der gesetzlichen, umlagefinanzierten Rentenversicherung beträgt ca. 30 Prozent des durchschnittlichen Nettolohns[317]. Sie ist allerdings nur noch vorgesehen für Personen, die vor dem 1. Januar 2009 in Rente gehen. Voraussetzung für den Erhalt einer Mindestrente ist eine mindestens 20-jährige Versicherungszeit und das Erreichen des 62. Lebensjahres. Die Leistungen sind bedürftigkeitsgeprüft (ONYF 2002a, S. 6; Rocha/Vittas 2001)[318].

Berechtigungskriterien

Bereits im Jahr 1996 beschloss die Regierung, das gesetzliche Rentenalter anzuheben. Es wird schrittweise von 55 Jahren für Frauen und 60 Jahren für Männer, auf ein einheitliches Rentenalter von 62 Jahren angehoben. Der Zielwert bei den Män-

---

ber 2001 waren zum Beispiel ein Prozent aller Mitglieder in privaten Rentenfonds über 50 Jahre alt (PSZÁF 2002, Tabelle 45, S. 76).

[314] Die Folgen dieser unerwartet hohen Mitgliederzahl im neuen Rentensystem waren erhebliche Einnahmenverluste der staatlichen Rentenversicherung und somit ein höheres staatliches Defizit (siehe unten).

[315] Ende des Jahres 2000 erreichte die Mitgliederzahl 2,16 Millionen Versicherte. Rund 90 Prozent von Ihnen schlossen sich freiwillig dem teilprivatisierten System an. Ende des Jahres 1999 waren 80 Prozent der freiwilligen Mitglieder jünger als 40 Jahre alt. Von den 20- bis 30-Jährigen, die bereits vor der Reform Versicherungsbeiträge gezahlt hatten, entschlossen sich rund 80 Prozent zum Systemwechsel (Rocha/Vittas 2001, S. 11).

[316] Urspünglich gab es auch in der obligatorischen Zusatzrentenversicherung eine garantierte Mindestrente, unter der Voraussetzung dass der Versicherte 15 Jahre lang Beiträge gezahlt hat. Sie sollte gezahlt werden, sobald die angesparte Summe aus der obligatorischen Zusatzrente geringer ist als ein Viertel der Leistungen aus der rein staatlichen Rentenversicherung. Sie wurde jedoch von der Regierung Orbán wieder abgeschafft, weil sie als langfristig zu teuer angesehen wurde und Fehlanreize setzte. (ONYF 2002a, S. 6, Rocha/Vittas 2001, S. 8).

[317] 2002 betrug die Mindestrente 20.100 HUF. Dies entsprach rund der Hälfte der Durchschnittsrente (ONYF 2002a, S. 6).

[318] Gemäß der Bedürftigkeitsprüfung erhält eine staatliche Mindestrente im Grundsatz nur, wer selbst über kein ausreichendes Einkommen verfügt und auch keine finanzielle Unterstützung von der Familie erwarten kann.

nern wurde bereits im Jahr 2000 erreicht. Frauen erreichen das gesetzliche Rentenalter von 62 Jahren erst im Jahr 2009.

Um eine Rente zu erhalten, müssen die Versicherten mindestens 20 Beitragsjahre aufweisen[319]. Eine Teilrente kann nach 15 Beitragsjahren erreicht werden. Eine Vollrente erhalten ab dem Jahr 2009 Männer und Frauen nach mindestens 40 Dienstjahren und einem Mindestalter von 59 Jahren. Entscheiden sie sich für einen vorzeitigen Ruhestand, reduzieren sich die Renteneinkünfte. Die Höhe der Rentenkürzungen hängt neben der Dienstzeit auch vom Alter der jeweiligen Person bei Rententeintritt ab (ONYF 2002a, S. 5)[320]. Ausnahmen bleiben bestehen. Personen mit einer langen Beschäftigungszeit und gesundheitsbelastenden oder körperlich anstrengenden Beschäftigungsverhältnissen dürfen vor dem gesetzlichen Rentenalter ohne Abschläge in Rente gehen[321]. Darüber hinaus soll ein vorzeitiger Renteneintritt aus beschäftigungspolitischen Gründen möglich sein (ONYF 2001a, S. 4). Die Anhebung des Rentenalters hat entscheidende fiskalische Auswirkungen, denn auf diese Weise konnte der Eintritt der in den 1950er Jahren geborenen „Baby Boomers" in den Ruhestand zeitlich hinausgezögert werden.

Mit Wirkung vom 1. Januar 1998 ändert sich auch die Anrechnung von Erziehungs- und Ausbildungszeiten auf die Rente. Neben den Kindererziehungszeiten werden Zeiten des Militärdienstes, der Arbeitsunfähigkeit, der weiterführenden Ausbildung und des Bezugs von Arbeitslosengeld angerechnet[322]. Die Rentenleistungen sind bis einschließlich 2012 steuerfrei. Sobald die ersten Renten aus der obligatorischen Privatrente ausgezahlt werden, unterliegen alle Renteneinkommen der Besteu-

---

[319] Bis auch für die Frauen im Jahr 2009 das gesetzliche Renteneintrittsalter von 62 Jahren gilt, gelten bei den Mindestbeitragszeiten Übergansregelungen.

[320] Während der Umstellungsphase zwischen 1996 und 2009 gelten für Männer und Frauen unterschiedliche Regelungen hinsichtlich der Frühpensionierung.

[321] Männer müssen in der Regel eine Mindestbeitragszeit von zehn Beschäftigungsjahren und Frauen von acht Beschäftigungsjahren für eine vorzeitige Rente im Fall von erschwerten Arbeitsbedingungen vorweisen. Sonderregelungen gelten für Astronauten, die aufgrund des hohen atmosphärischen Drucks bereits nach sechs Beschäftigungsjahren eine vorzeitige Rente beantragen können (ONYF 2002a, S. 5).

[322] Zu einer Kindervergünstigung sind nur noch Frauen berechtigt, die vor dem 1. Januar 1947 geboren wurden. Voraussetzung für die Vergünstigung ist, dass sie das Kind geboren oder im eigenen Haushalt mindestens zehn Jahre lang erzogen haben. Für Männer gilt die Regelung nur, wenn sie vor dem 1. Januar 1940 geboren und das Kind mindestens zehn Jahre lang im eigenen Haushalt aufgezogen haben. Die Kindererziehungszeit wird jedoch nicht auf die Dienstzeit angerechnet, sondern spielt nur eine Rolle, wenn Personen früher als es das normale Rentenalter vorsieht, in Ruhestand treten wollen, ihnen aber noch Dienstjahre fehlen, um in den Vorruhestand treten zu können. Pro Kind wird ein Jahr der Dienstzeit angerechnet. In Anspruch genommen können die Vergünstigungen für höchstens drei Kinder (ONYF 2002a, S. 6).

erung (nachgelagerte Besteuerung)[323]. Nach offiziellen Informationen existieren in Ungarn derzeit keine Regelungen über die Besteuerung der Renten nach 2013[324].

Beiträge

Die Höhe der Sozialversicherungsbeiträge in Ungarn änderte sich seit Beginn des Transformationsprozesses[325]. Eines der Ziele der Regierung war die Senkung der Arbeitgeberbeiträge. Dennoch trugen und tragen die Arbeitgeber die Hauptbeitragslast. Die Arbeitgeber zahlten zwischen den Jahren 1992 und 1996 24,5 Prozent des Nettolohns als Beitrag zur staatlichen Rentenversicherung. Diese Höhe wurde schrittweise auf 18 Prozent im Jahr 2003 gesenkt.

Die Arbeitgeber zahlen keine Beiträge an die obligatorische Zusatzvorsorge. Interessant ist, dass zwischen 2002 und 2003 der Beitragssatz zur gesetzlichen Rentenversicherung um 0,5 Prozentpunkte des Nettolohns angehoben wurde. Von der Anhebung waren nur die Arbeitnehmer betroffen. Die zusätzlichen Beiträge flossen allerdings nicht dem staatlichen Rentenfond zu. Im Gegenteil: Die Beiträge zur staatlichen Rentenversicherung wurden um 0,5 Prozentpunkte zwischen 2002 und 2003 auf 1,5 Prozent der Löhne gesenkt. Im Gegenzug wurden die Beiträge zur obligatorischen Zusatzrente im Jahr 2003 auf 7 Prozent des Lohns anstelle der 6 Prozent des Lohns im Jahr zuvor erhöht. Die Arbeitnehmer in der Rentenversicherung wurden folglich im Laufe der 1990er Jahre in zunehmendem Maße an ihrer sozialen Sicherung beteiligt. Ihr Beitrag zur Rentenversicherung stieg von 6 Prozent des Lohns im Jahr 1992 auf 7 Prozent im Jahr 1998, 8 Prozent in den Jahren 1999 bis 2002 und 8,5 Prozent im Jahr 2003. Entlastet wurden die Beschäftigten dagegen Ende der 1990er Jahre von Beiträgen zur Gesundheitsversicherung und zum Arbeitsmarktfond.

---

[323] Ab diesem Zeitpunkt werden die Rentenleistungen an den Bruttolöhnen bemessen und entsprechend die Rentenanpassung bestehender Renten an den Bruttolöhnen vorgenommen.

[324] Da die Art und das Ausmaß der Besteuerung in Ungarn noch nicht klar sind, kann das künftige Nettorentenniveau praktisch nicht prognostizierbar werden.

[325] Bereits zur Zeit des Kommunismus lagen die Lohnnebenkosten auf relativ hohem Niveau. Da die ungarische Volkswirtschaft nach Beginn des Transformationsprozesses in zunehmendem Maße dem internationalen Wettbewerb ausgesetzt wurde, war die Senkung der Sozialabgabenlast ein wichtiges politisches Ziel.

Tabelle 3.1.6: Sozialversicherungsbeiträge in Ungarn zwischen den Jahren 1990 und 2003 in Prozent des Nettolohns oder als Pauschale in HUF[1]

	Rentensystem					Gesundheitssystem				Arbeitsmarktfond				(Maximale) Sozialversicherungsbeiträge[5] (in Prozent des Nettolohns bzw. in HUF)
	Beiträge				Beitragsbemessungsgrundlage[2]	Gesundheitsversicherung		Gesundheitsvorsorgung					AG	
	AG	AN		Gesamt		AG	AN	AG		AN	AG	Berufliche Beiträge	Rehabilitations-Beiträge[6]	
		Rentenversicherung (PIF)	Private Rentenvorsorge					Pauschaler Beitrag	Proportionaler Beitrag[3]					
	in Prozent des Nettolohns				HUF/Tag	in Prozent des Nettolohns		in HUF pro Monat		in Prozent des Nettolohns			in HUF	
1990	Gesamt: 53, davon: Arbeitgeber: 43, Arbeitnehmer: 10									-	-	1,5	-	54,5 %
1991										1,5	0,5	1,5	-	56,5 %
1992	24,5	6	-	30,5	-	19,5	4	-	-	5,0	1,0	1,5	-	61,5 %
1993	24,5	6	-	30,5	2.500	19,5	4	-	-	7,0	2,0	1,5	-	64,5 %
1994	24,5	6	-	30,5	2.500	19,5	4	-	-	7,2; 5	1,5	1,5	-	62 %
1995	24,5	6	-	30,5	2.500	19,5	4	-	-	4,2	1,5	1,5	-	61,2 %
1996	24,5	6	-	30,5	2.500	18	4	-	-	4,2	1,5	1,5	-	59,7 %
1997	24	6	-	30	3.300	15	4	1.800	-	4,2	1,5	1,5	-	67,2% + 1.800 HUF
1998	24	1	6	31	4.290	15	3	2.100	-	4,2; 4	1,5	1,5	11.000	67% + 13.100 HUF
1999	22	2	6	30	5.080	11	3	3.600	11 HUF * n	3	1,5	1,5	20.600	61% + 24.200 HUF + 11 HUF * n
2000	22	2	6	30	5.520	11	3	3.900	11 HUF * n	3	1,5	1,5	24.400	61% + 28.300 HUF + 11 HUF * n
2001	20	2	6	28	6.020	11	3	4.200	11 HUF * n	3	1,5	1,5	27.800	59% + 32.000 HUF + 11 HUF * n
2002	18	2	6	26	6.490	11	3	4.500	11 HUF * n	3	1,5	1,5	31.600	46% + 36.100 HUF + 11 HUF * n

2003	18	1,5	7	26,5	10.700	11	3	3.450	11 HUF *n	3	1,0	1,5	37.300	46 % + 40.750 HUF + 11 HUF * n
2004[6]	18	0,5	8	26,5	11.550	11	4	3.450[7]	11 HUF *n	3	1,0	1,5	44.100	47 % + 47.550 HUF + 11 HUF * n

[1] Auf die Rentenleistungen werden bis zum Jahr 2012 keine Steuern oder Sozialabgaben erhoben. Erst ab dem Jahr 2013 unterliegen die Rentenleistungen der Steuerpflicht (so genannte „nachgelagerte Besteuerung" der Renten). Gleichzeitig werden die Beiträge ab dem Jahr 2013 nicht mehr von den Nettolöhnen, sondern von den Bruttolöhnen erhoben.

[2] Die Beitragsbemessungsgrundlage gilt nur für die Arbeitnehmerbeiträge. Die Beitragsbemessungshöchstgrenze bemisst sich an dem doppelten monatlichen Durchschnittslohn. Die Arbeitgeberbeiträge werden auf die volle Lohnhöhe erhoben.

[3] Der „proportionale Beitrag" zur Gesundheitsversorgung wird nur von Arbeitgebern mit mehr als 20 Beschäftigten erhoben. Nicht gezahlt werden muss dieser Beitrag von Arbeitgebern, bei denen mehr als fünf Prozent der Belegschaft behindert bzw. beschränkt arbeitsfähig ist. Die zu zahlende Summe berechnet sich, indem die fehlende Anzahl an Personen (n) mit der in der Tabelle aufgeführten pauschalen Höhe multipliziert wird.

[4] Pauschale Rehabilitationsbeiträge zum Arbeitsmarktfond werden auf bestimmte Einkommensarten erhoben, die nicht für die Beitragsbemessung zur Gesundheitsversicherung herangezogen werden.

[5] Die Sozialversicherungsbeiträge insgesamt stellen die maximale Beitragshöhe für Arbeitgeber und Arbeitnehmer auf den Lohn zuzüglich der Pauschalbeiträge dar.

[6] geplante Sozialversicherungsbeiträge für das Jahr 2004

[7] Laut Planung soll für Langzeitarbeitslose über 50 Jahren und Erwerbstätige, die Kindergeld beziehen, der pauschale Beitrag zur Gesundheitsversorgung ab dem Jahr 2004 entfallen.

AG: Arbeitgeber
AN: Arbeitnehmer

Quelle: Zusammenstellung nachgefragter Daten durch András Horváth vom Büro des ungarischen Premierministers in der Korrespondenz vom 10. Juli und 21. Oktober 2003 (die Daten können bei der Autorin eingesehen werden)

Rentenberechnung

Im neuen wie im alten System hängt die Höhe der Rente von der Versicherungszeit und den Beiträgen ab. Bis Ende 2012 gilt eine degressive Anrechnung der Beschäftigungsjahre. Allerdings wurde die Degressivität seit der Reform der Alterssicherung abgemildert. Kalkulationsbasis ist der durchschnittliche Nettolohn, der in der Zeit seit dem 1. Januar 1988 erzielt wurde.

Übersicht 3.1.13: Anrechnung der Beitragsjahre bei der Erstfeststellung des individuellen Rentenanspruchs in Ungarn zwischen den Jahren 1998 bis 2012 (in Prozent des individuellen durchschnittlichen Nettolohns)

Beitragszeit [B_i] [1] (in Jahren)	Lohnanrechnung: [e_i (B_i)] (in Prozent/Prozentpunkten des individuellen Nettolohns)
10 Jahre	33,0 Prozent
11-25 Jahre	33,0 Prozent + 2,0 Prozentpunkte pro Jahr
25 Jahre	63,0 Prozent
26-36 Jahre	63,0 Prozent + 1,0 Prozentpunkte pro Jahr
36 Jahre	74 Prozent
ab 37 Jahre	74,0 Prozent + 1,5 Prozentpunkte pro Jahr
40 Jahre	80,0 Prozent

[1] Die Beitragszeiten (B_i) ergeben sich als Summe der Anzahl der tatsächlichen Beitragsjahre (B_{ti}) und der Anzahl der beitragsfreien Jahre, die zur Rentenberechnung angerechnet werden (B_{fi})
Quelle: Zusammenstellung angefragter Daten durch Róbert Gál vom TÁRKI Social Research Centre in der Korrespondenz 6. Oktober 2003 (die Daten können bei der Autorin eingesehen werden).

Erst nach 2012 soll die degressive Anrechnung der Beitragszeiten bei der Erstfeststellung der Rentenansprüche vollständig abgeschafft werden. Jedes Beitragsjahr soll dann in gleichem Maße zählen. Das heißt, dass die degressive Anrechnung der Beitragsjahre in eine stetig steigende und versicherungsmathematisch korrekte Anrechnung umgewandelt werden soll.

Übersicht 3.1.14: Anrechnung der Beitragsjahre bei der Erstfeststellung des individuellen Rentenanspruchs in Ungarn ab dem Jahr 2013 (in Prozent des individuellen durchschnittlichen Bruttolohns) im alten und neuen Alterssicherungssystem

Beitragszeit [B_i] [1] (in Jahren)	Lohnanrechnung: [e_i (B_i)] (in Prozent/Prozentpunkten des individuellen Bruttolohns) [2]	
	Altes Rentensystem	Neues Rentensystem
20 Jahre [3]	33 Prozent	24,4 Prozent
21-39 Jahre	33 Prozent + 1,65 Prozentpunkte pro Jahr	24,4 Prozent + 1,22 Prozentpunkte pro Jahr
40 Jahre	66 Prozent	48,8 Prozent

[1] Die Beitragszeiten (B_i) ergeben sich als Summe der Anzahl der tatsächlichen Beitragsjahre (B_{ti}) und der Anzahl der beitragsfreien Jahre, die zur Rentenberechnung angerechnet werden (B_{fi})
[2] Da die Rentenleistungen ab dem Jahr 2012 besteuert werden, wird bei der Erstfeststellung des Rentenanspruchs nicht mehr der individuelle Nettolohn, sondern der individuelle Bruttolohn zur Kalkulation herangezogen.
[3] Die Mindestbeitragszeit zur gesetzlichen Rentenversicherung beträgt 20 Jahre.
Quelle: Zusammenstellung angefragter Daten durch Róbert Gál vom TÁRKI Social Research Centre in der Korrespondenz 6. Oktober 2003 (die Daten können bei der Autorin eingesehen werden)

Ab 2013 sollen als Basis der Rentenberechnung nicht länger die Nettolöhne sondern die Bruttolöhne dienen. Entsprechend sind die Renten nur noch bis zum Jahr 2012 steuerfrei, danach unterliegen sie der Besteuerung. Ab dem Jahr wird auch zwischen Rentnern aus dem alten und dem neuen Alterssicherungssystem unterschieden. Versicherte, die im alten System geblieben sind, erhalten nur Leistungen aus dem Umlagesystem. Dabei handelt es sich um festgelegte Leistungen (*defined benefits*). Sie erhalten pro Beitragsjahr 1,65 Prozent ihres individuellen durchschnittlichen Bruttoeinkommens angerechnet. Nach den mindestens erforderlichen zwanzig Beitragsjahren zur umlagefinanzierten Rentenversicherung erhalten Rentner, die im alten System geblieben sind, 33 Prozent ihres durchschnittlichen Bruttolohns als Altersrente ausgezahlt[326]. Pro zusätzlichem Beitragsjahr erhöht sich das Verhältnis zwischen dem vorherigen Bruttolohn und der späteren Rente. Daraus ergibt sich nach 40 Beitragsjahren im alten Rentensystem aus der umlagefinanzierten Rentenversicherung eine Rentenzusage von 66 Prozent des individuell erzielten Durchschnittslohns.

Da Rentner aus dem neuen System einen Teil ihrer Rente aus der obligatorischen Zusatzrentenversicherung beziehen, erhalten sie eine proportional reduzierte Rente aus dem Umlagesystem. Ihnen wird die reduzierte Rate von 1,22 Prozent[327] des individuellen durchschnittlichen Bruttoeinkommens (L_i) in der staatlichen Rentenversicherung angerechnet[328]. Ihnen wird ab dem 20. Beitragsjahr eine staatliche Rente von 24,4 Prozent ihres durchschnittlichen Bruttolohns zugesichert, den sie seit dem Jahr 1988 erzielt haben. Nach 40 Beitragsjahren erhalten sie eine Rentenzusage von 48,8 Prozent des individuell erzielten Durchschnittslohns.

Zusätzlich gibt es einen Anreizmechanismus, um die Bürger zu einer längeren Arbeitszeit als das gesetzliche Rentenalter vorsieht, zu ermutigen. Diejenigen, die das gesetzliche Rentenalter von 62. Lebensjahren überschritten haben und mindestes 38 Jahre lang Beiträge gezahlt haben, erhalten ab jeder weiteren Beitragszeit eine monatliche Steigerung der Anrechnung von 0,3 Prozent (bzw. 3,6 Prozent im Jahr) ihres durchschnittlichen Bruttoeinkommens (ONYF 2001a, S. 5)[329].

---

[326] Sofern die Mindestbeitragskriterien nicht erfüllt sind, erhalten die Versicherten im Prinzip keine staatliche Rente. Sie sind auf andere staatliche Sozialleistungen, Eigenvorsorge und/oder die Unterstützung der Familie angewiesen.

[327] Der Prozentsatz beruht auf der proportionalen Reduzierung der Gewichtungsfaktoren zwischen den Beiträgen zur staatlichen Rentenversicherung in Höhe von 23 Prozent und den Gesamtbeiträgen von 31 Prozent gemäß den ursprünglichen Reformvorhaben aus dem Jahr 1997: 1,22 Prozent ≈ 1,65 Prozent * 23/31 (wobei 1,65 Prozent ist die Anpassungsrate des reinen, staatlichen Rentensystems).

[328] Hintergrund dieser Konzeption ist der Versuch der Regierung, alle diejenigen von einer Teilnahme am neuen Rentensystem abzuhalten, die vor 1957 geboren sind. Bis zu diesem Jahrgang ist es für die Versicherten günstiger, im rein umlagefinanzierten System zu bleiben.

[329] Bis für Frauen das gesetzliche Rentenalter von 62 Jahren gilt, gelten Übergangsregelungen.

Die im Jahr 1990 geschaffene degressive Anrechnung der Löhne soll erst allmählich wegfallen. In der nachfolgenden Tabelle sind die Gewichtungen nach Einkommensgruppen für das Jahr 1998 aufgelistet.

Tabelle 3.1.7: Gewichtung der Löhne nach Höhe der Nettolöhne für das Jahr 1998 nach Einkommensgrenzen [1]

Monatlicher Nettolohn (in HUF)	Gewichtung (g) (in Prozent)
0-35000	100
35001-40000	90
40001-45000	80
45001-50000	70
50001-55000	60
55001-60000	50
60001-70000	40
70001-80000	30
80001-90000	20
über 90001	10

[1] Die Einkommensgrenzen werden jährlich um acht Prozent zuzüglich des jährlichen Anstiegs der durchschnittlichen Nettolöhne angehoben. Dadurch verringert sich allmählich die degressive Lohnanrechnung.
Quelle: Zusammenstellung angefragter Daten durch Róbert Gál vom TÁRKI Social Research Centre in der Korrespondenz 6. Oktober 2003 (die Daten können bei der Autorin eingesehen werden)

Seit 1998 werden die Einkommensgruppen jährlich um acht Prozent zuzüglich des jährlichen Anstiegs der durchschnittlichen Nettolöhne angehoben. Das heißt, dass die Einkommensstufen stärker als die durchschnittlichen Nettolöhne steigen. Dadurch verringert sich allmählich die degressive Lohnanrechnung. Schätzungen zufolge wird die degressive Lohnanrechnung im Zeitraum zwischen 2005 und 2010 auslaufen (Gál et. al. 2003, S. 35). Für das alte und das neue Alterssicherungssystem gelten unterschiedliche Rentenformeln.

Im Gegensatz zum alten Alterssicherungssystem setzt sich die Altersrente aus dem teilprivatisierten System aus Leistungsansprüchen gegenüber der staatlichen Rentenversicherung und den privaten Rentenfonds zusammen. Der reduzierte Rentenanspruch gegenüber dem umlagefinanzierten System soll durch das angesparte Kapital (E_i) abzüglich der Verwaltungskosten (K_v) und zuzüglich der Zinsen (r) aus der obligatorischen Privatvorsorge kompensiert werden.

Übersicht 3.1.15: Berechnung der monatlichen Altersrente aus dem rein umlagefinanzierten Rentensystem in Ungarn (altes Alterssicherungssystem) [1]

$$R_i{}^{alt} = e_i{}^{alt}(B_i) * g_i(L_i) \qquad \text{wobei } B_i = B_{ti} + B_{fi} \text{ und } e_i{}^{alt}(B_i) > e_i{}^{neu}(B_i)$$

[1] Bis zum Jahr 2012 unterliegen die Rentenleistungen keiner Besteuerung. Die Leistungs-Erstfeststellung erfolgt anhand des individuellen Nettolohns. Nach dem Jahr 2013 werden Rentenleistungen besteuert. Zum selben Zeitpunkt wird der Bruttolohn als Kalkulationsbasis herangezogen.

$R_i{}^{alt}$ = Altersrente der Person i aus dem rein staatlichen, umlagefinanzierten System (altes Alterssicherungssystem)

$e_i(B_i)$ = Lohnanrechnung (1998-2012: Nettolohn; ab 2013: Bruttolohn) in Abhängigkeit von der individuellen Beitragsdauer, wobei $B_i = B_{ti} + B_{fi}$, d.h. die Beitragszeit setzt sich aus der Summe der tatsächlichen Beitragsjahre B_{ti} und der Anzahl der beitragsfreien Jahre, die zur Rentenberechnung angerechnet werden (B_{fi}), zusammen. Der Anrechnungsfaktor ändert sich ab dem Jahr 2013 (siehe oben).

B_{ti} = Anzahl der tatsächlichen Beitragsjahre der Person i

B_{fi} = Anzahl der beitragsfreien Jahre der Person i, die zur Rentenberechnung angerechnet werden

$g_i(L_i)$ = Gewichtungsfaktor, mit dem die individuellen Nettolöhne (bis 2012)/Bruttolöhne (ab 2013) der Person i angerechnet werden (in Abhängigkeit vom individuellen Nettolohn L_i); der Gewichtungsfaktor g_i wird allmählich reduziert und wegfallen (siehe oben)

L_i = individueller Nettolohn (bis 2012)/Bruttolohn (ab 2013) der Person i

Übersicht 3.1.16: Berechnung der monatlichen Altersrente aus dem teilprivatisierten Rentensystem ab dem Jahr 1998 (neues Alterssicherungssystem) [1]

$$R_i{}^{neu} = e_i{}^{neu}(B_i) * g_i(L_i) + (E_i + r*x - K_v) \qquad \text{wobei } B_i = B_{ti} + B_{fi} \text{ und } e_i{}^{neu}(B_i) < e_i{}^{alt}(B_i)$$

[1] Bis zum Jahr 2012 unterliegen die Rentenleistungen keiner Besteuerung. Die Leistungs-Erstfeststellung erfolgt anhand des individuellen Nettolohns. Nach dem Jahr 2013 werden Rentenleistungen besteuert. Zum selben Zeitpunkt wird der Bruttolohn als Kalkulationsbasis herangezogen.

$R_i{}^{neu}$ = Altersrente aus dem (neuen) teilprivatisierten System der Person i

$e_i{}^{neu}(B_i)$ = Lohnanrechnung (1998-2012: Nettolohn; ab 2013: Bruttolohn) der Person i in Abhängigkeit von der individuellen Beitragsdauer, wobei $B_i = B_{ti} + B_{fi}$, d.h. die Beitragszeit setzt sich aus der Summe der Anzahl der tatsächlichen Beitragsjahre B_{ti} und der Anzahl der beitragsfreien Jahre, die zur Rentenberechnung angerechnet werden (B_{fi}), zusammen. Der Anrechnungsfaktor ändert sich ab dem Jahr 2013 (siehe oben).

B_{ti} = Anzahl der tatsächlichen Beitragsjahre der Person i

B_{fi} = Anzahl der beitragsfreien Jahre der Person i, die zur Rentenberechnung angerechnet werden

$g_i(L_i)$ = Gewichtungsfaktor, mit denen die individuellen Nettolöhne (bis 2012)/Bruttolöhne (ab 2013) der Person i angerechnet werden (in Abhängigkeit vom individuellen Nettolohn L_i); der Gewichtungsfaktor g_i wird allmählich reduziert und wegfallen (siehe oben)

L_i = individueller Nettolohn (bis 2012)/Bruttolohn (ab 2013) der Person i

E_i = Ersparnis der Person i (Summe des angesammelten Kapitals der obligatorischen Privatvorsorge)

K_v = Verwaltungskosten

r = (Kapitalmarkt-) Zinsen

x = zu verzinsendes Kapital

Wie die Einkommensposition künftiger Rentner sein wird, hängt unter anderem von der Höhe der Löhne, der künftigen Inflationsrate, der Art der Rentenanpassung, der Entwicklungen auf dem Kapitalmarkt (für die Versicherten im neuen Rentensystem) und der Frage ab, ob die Versicherten die Mindestbeitragszeit erreichen. Auch ist nicht mit Sicherheit zu beantworten, ob das neue System für die Rentenbezieher gegenüber dem alten System zu wesentlichen Verschlechterungen oder wesentlichen Verbesserungen führt. Diese Frage wird näherungsweise in Kapitel 4.2. beantwortet.

Dynamisierung bestehender Renten

Mitte der 90er Jahre trat der „normale" Effekt der Nettolohnindexierung ein, dass bei sinkenden Inflationsraten und steigenden Löhnen höhere reale Rentenausgaben erforderlich werden. Um die Rentenkasse zu entlasten, entschieden sich die ungarischen Reformer für den Mittelweg zwischen Preis- und Lohnindexierung, indem sie die so genannte „Schweizer Formel" als Dynamisierungsmethode bestehender Renten wählten. Demnach werden bestehende Renten zu jeweils 50 Prozent gemäß der Lohn- und der Preisentwicklung dynamisiert. Sozialpolitisch ‚entschärft' wurde die Neuerung dadurch, dass sie nicht sofort, sondern erst ab dem Jahr 2001 gelten sollte. In den Jahren 1998 und 1999 wurde die Lohnanpassung beibehalten. Im Jahr 2000 wurden die Renten zu 70 Prozent an den Löhnen und zu 30 Prozent an die Preissteigerung angepasst. Seit dem Jahr 2001 gilt die „Schweizer Formel".

Die ungarische Invalidenrente[330]

In Ungarn hängt die Gewährung und Höhe von Invalidenrenten ebenso wie bei der Altersrente grundsätzlich von der Beschäftigungszeit, dem Lohn während der Erwerbsphase und dem Alter ab. Im Unterschied zur Altersrente allerdings werden bei der Invalidenrente in Ungarn der Grad der Behinderung[331] berücksichtigt und die *tatsächlichen* Beitragsjahre zur Kalkulation der Rente herangezogen[332]. Nach Erreichen des Rentenalters wird die Invalidenrente in Ungarn nicht in eine Altersrente umgewandelt, sondern weiter als Invalidenrente „oberhalb des gesetzlichen Rentenalters" ausgezahlt.

Allgemein muss ein Antragsteller für eine Erwerbsunfähigkeitsrente mindestens zwei Drittel seiner Arbeitsfähigkeit verloren haben, um sich für eine Invalidenrente zu qualifizieren. Darüber hinaus darf der Antragsteller keiner regelmäßigen Beschäftigung nachgehen oder zu einer alternativen (ggf. geringer bezahlten) Arbeit fähig

---

[330] Die Darstellung beruht auf ONYF (2001a, S. 5-6) und ONYF (2002b, S. 110 ff.) sowie Burns/Cekota (2002, S. 17).

[331] Es werden drei Gruppen von Invaliden unterschieden:
I. Gruppe: Pflegebedürftige Personen
II. Gruppe: Arbeitsunfähige Personen, die keiner (fremden) Pflege bedürfen
III. Gruppe: Personen mit eingeschränkter Arbeitsfähigkeit (mindestens zwei Drittel der Arbeitsfähigkeit muss verloren sein)

[332] Im Jahr 2001 betrug in Ungarn die durchschnittliche Invalidenrente in der I. und II. Invalidengruppe für Personen oberhalb des gesetzlichen Rentenalters monatlich 44.274 HUF pro Person und für Personen unterhalb des gesetzlichen Rentenalters 36.502 HUF pro Person. Personen oberhalb des gesetzlichen Rentenalters mit leichter Behinderung und vorübergehender Erwerbsunfähigkeit (III. Invalidengruppe) erhielten im Durchschnitt 37.156 HUF pro Monat (ONYF 2002c, Tabelle 8, S. 12).

sein. Generell ist für eine volle Invalidenrente für Personen im Alter von bis zu 22 Jahren eine Arbeitszeit von zwei Jahren erforderlich. Diese Mindestzeit steigt allmählich bis zu 20 Jahren für Personen im Alter von 55 Jahren und älter. Für eine Teil-Invalidenrente ist die Mindestbeschäftigungszeit um ein Viertel geringer. Sofern die Behinderung durch einen Arbeitsunfall oder eine berufsbedingte Krankheit hervorgerufen wurde, ist keine Mindestbeitragszeit erforderlich. Empfänger einer Invalidenrente der dritten Kategorie werden alle zwei bis drei Jahre auf ihre Arbeitsfähigkeit hin überprüft. Personen, die vor ihrem 25. Lebensjahr arbeitsunfähig geworden sind und die Kriterien für eine Rente oder eine Leistung aus der Unfallversicherung erfüllen, erhalten ein aus dem Staatshaushalt finanziertes Erwerbsunfähigkeitsgeld. Diese Art von Sozialleistung an Invalide wird erst ab dem 18. Lebensjahr ausgezahlt.

Einem Versicherter im neuen Rentensystem, der in der Ansparzeit zur obligatorischen Zusatzrente invalide wird, steht es offen, zum rein umlagefinanzierten Rentensystem zurückzukehren. In diesem Fall geht das Kapital an die staatliche Rentenversicherung über. Die Rente wird so berechnet, als habe der Versicherte nur in das staatliche, umlagefinanzierte Rentensystem eingezahlt. Alternativ kann der Betroffene das angesparte Kapital beim privaten Rentenfond belassen und erhält eine reduzierte Rente aus der staatlichen Rentenversicherung. Da Personen, die während ihrer Erwerbstätigkeit arbeitsunfähig werden, in der Regeln nur wenig Kapital angespart haben, wird es normalerweise günstiger für den Betroffenen sein, zum rein umlagefinanzierten System zurückzukehren.

Die ungarische Hinterbliebenenrente[333]

Grundsätzlich gibt es zwei verschiedene Arten von Witwen-/Witwerrenten. Erstens eine Übergangshinterbliebenenrente (*özvegyi nygdíjasokkal együtt*), die der Witwe bzw. dem Witwer die Anpassung an die veränderte Situation ohne den verstorbenen Ehegatten erleichtern soll. Sie wird für mindestens ein Jahr nach dem Tod der Ehefrau bzw. des Ehemanns bzw. so lange gewährt, bis ein dauerhaft krankes oder behindertes Kind das dritte Lebensjahr erreicht hat oder ein Kind zu versorgen ist, das jünger als anderthalb Jahre ist und Anspruch auf eine Waisenversorgung hat. Zweitens gibt es die dauerhafte Witwen-/Witwerrente (*özvegyi nyugdíj*), die hinterbliebenen Frauen bzw. Männern zusteht, sofern der Hinterbliebene zum Zeitpunkt des Todes oder innerhalb der folgenden zehn Jahre selbst zu einer Altersrente berechtigt ist (d.h. das reguläre Rentenalter erreicht hat), mindestens zwei Kinder mit Waisenren-

---

[333] Die Darstellung beruht auf ONYF (2001a, S. 6-7 und 2002b, S. 110 ff.), Augustinovics et.al. (2002) und Erläuterungen durch András Horváth vom Büro des Premierministers in der Korrespondenz vom 20. März 2003 und 24. November 2003 (Die Erläuterungen können bei der Autorin eingesehen werden.).

tenanspruch versorgt oder selbst behindert ist. Darüber hinaus gibt es noch eine Elternrente (*szülői nygdíj*) und eine Waisenrente (*áraellátás*). Elternrenten werden an hinterbliebene Eltern, Großeltern und zum Teil auch Pflegeeltern[334] eines Verstorbenen gezahlt, sofern der Tod des Verstorbenen aufgrund eines Arbeitsunfalls oder einer berufsbedingten Krankheit verursacht wurde.

Witwen, Witwer und andere Familienangehörige des Verstorbenen können eine Hinterbliebenenrente entweder als Hauptleistung oder als Zusatzleistung zu ihrer eigenen Alters- oder Invalidenrente beziehen. Hinterbliebenenrenten als Hauptleistungen werden an Hinterbliebene gezahlt, die keine eigene Rentenleistung erhalten. Die Witwen-/Witwerrente bemisst sich nach der Alters- oder Invalidenrente, die der verstorbenen Person zum Zeitpunkt des Todes zugestanden hätte. Übergangshinterbliebenenrentner, Hinterbliebene im Rentenalter und behinderte Hinterbliebene steht die Hälfte des Rentenanspruchs des Hinterbliebenen zu, sofern er oder sie (noch) keine eigene Rente bezieht[335]. Sofern die hinterbliebene Person eine eigene Rente bezieht oder sie die Hinterbliebenenrente aufgrund der Versorgung von mindestens zwei Kindern erhält, hat sie einen Anspruch auf eine Zusatz-Hinterbliebenenrente. Die Zusatz-Hinterbliebenenrente betrug zunächst nur rund 20 Prozent des Rentenanspruchs des Verstorbenen. Im November 2003 wurde sie um 25 Prozent angehoben. Für November 2004 ist eine weitere Anhebung um 20 Prozent geplant. Im Jahr 2004 soll die Hinterbliebenen-Zusatzrente 30 Prozent des Rentenanspruchs des Verstorbenen betragen. Die Rente für Hinterbliebene ohne eigenen Rentenanspruch (Hinterbliebenenrente-Hauptleistung) soll von der Anhebung nicht betroffen sein[336]. Sofern eine versicherte Person des neuen Rentensystems noch in der Ansparphase - d.h. vor Erreichen des offiziellen Rentenalters - stirbt, erbt eine vorher benannte Person das angesparte Kapital.

Die Waisenrente wird hinterbliebenen Kindern regulär bis zum 16. Lebensjahr ausgezahlt. Sollte sich die Waise noch in der Ausbildung befinden, wird die Rente bis maximal zum 25. Lebensjahr gewährt. Die Höhe der Waisenrente beträgt 30 Prozent des Rentenanspruchs des Verstorbenen. Sofern beide Elternteile verstorben sind, stehen dem Kind insgesamt 60 Prozent der Rentenansprüche der Eltern zu. Die Rente an Waise muss eine bestimmte festgelegte Mindesthöhe haben, die jähr-

---

[334] Pflegeeltern erhalten eine Hinterbliebenenrente, sofern sie das verstorbene Kind mindestens zehn Jahre lang gepflegt haben.

[335] Ursprünglich sah das Reformgesetz eine Absenkung des Leistungsniveaus für Hinterbliebenenrenten von 50 auf 20 Prozent der Rente des Verstorbenen vor. Das Verfassungsgericht erklärte diese Absenkung jedoch als unzulässig, sodass das ursprüngliche Niveau von 50 Prozent wieder hergestellt wurde (Augustinovics et.al. 2002, S. 39).

[336] Quelle: András Horváth vom Büro des Premierministers in der Korrespondenz vom 24. November 2003. Die Erläuterungen können bei der Autorin eingesehen werden.

lich festgelegt wird und in der Regel knapp 85 Prozent der Mindestaltersrente beträgt. Hinterbliebenenrenten werden seit dem Jahr 2002 besteuert.

Da die Leistungen für Hinterbliebenenrentner aus dem staatlichen Rentenfond (PIF) langfristig als zu gering eingeschätzt wurden, ist ab dem Jahr 2003 eine so genannte 13te-Monats-Rente eingeführt worden. Demnach erhalten Hinterbliebenenrentner eine zusätzliche Rentenleistung in Höhe von 25 Prozent der monatlichen individuellen Rentenleistung vom November des betreffenden Jahres. In den folgenden Jahren soll die zusätzliche Leistung um jeweils 25 Prozentpunkte bis auf 100 Prozent der monatlichen Rentenleistung vom November des jeweiligen Jahres gesteigert werden. Entsprechend soll die 13te-Monats-Rente im Jahr 2004 50 Prozent der monatlichen Rentenleistung vom November 2004 betragen. Schätzungen der Regierung zufolge führt die Anhebung der Hinterbliebenenrenten zu zusätzlichen Ausgaben in Höhe von 35 Mrd. HUF im Jahr 2003[337].

Das reformierte Alterssicherungssystem in der Praxis: Erste Ergebnisse

Für das neue System entschieden sich mehr Menschen als Prognosen vorausgesehen hatten. Positiv formuliert, kann man sagen, dass das neue System von den Bürgern angenommen wurde. Zum anderen gibt es Hinweise darauf, dass viele Menschen aus Mangel an Information voreilige und unüberlegte Entscheidungen zugunsten des neuen Systems getroffen haben. Beispielsweise haben sich einige Personen über 40 Jahren für das neue System entschieden, obwohl es aus finanzieller Sicht für sie zum Nachteil ist (Borbély 2001, S. 5). Die Altersstruktur der Fonds ist im Durchschnitt jung. 2000 und 2001 waren rund vier Fünftel der Mitglieder zwischen 15 und 40 Jahre alt (PSZÁF 2002, Tabelle 45, S. 76)[338].

Bereits kurz nach Einführung der privaten Rentenfonds hat der Konzentrationsprozess der Anbieter von privaten Rentenfonds eingesetzt. Zu Beginn im Jahr 1998 waren insgesamt 38 Rentenfonds zugelassen[339]. Ende des Jahres 1999 gab es aufgrund von Zusammenschlüssen nur noch 25 Fondsanbieter.

---

[337] Quelle: András Horváth vom Büro des Premierministers in der Korrespondenz vom 20. März 2003 und 24. November 2003. Die Erläuterungen können bei der Autorin eingesehen werden.

[338] Die größte Altersgruppe innerhalb der privaten Rentenfonds bildeten jeweils die 25- bis 29-Jährigen (31. Dezember 2000: 23,4 Prozent aller Mitglieder; 31. Dezember 2001: 24,2 Prozent aller Mitglieder). Allerdings waren am 31. Dezember 2000 0,7 Prozent und ein Jahr später sogar 1 Prozent aller Rentenfondsmitglieder über 50 Jahre alt (PSZÁF 2002, Tabelle 45, S. 76). Bei ihnen kann davon ausgegangen werden, dass die verbleibende Arbeitszeit unter Umständen nicht ausreicht, um genügend Kapital anzusparen.

[339] Im Vergleich zu Polen ist dies eine hohe Anzahl. Dennoch sprechen Beobachter auch in Ungarn von einer relativ geringen Anzahl an Fonds, die aufgrund von strengen Zulassungskriterien zustande gekommen ist. Die Fonds der obligatorischen Privatrente müssen mindestens 2000 Mitglieder und ein Mindestkapital-Bestand in Höhe von 100 Millionen HUF vorweisen können (Rocha/Vittas 2001, S. 22f).

Obwohl die privaten Rentenfonds im Prinzip ihren Mitgliedern „gehören", da es sich um so genannte Fonds auf Gegenseitigkeit (*mutual funds*) handelt, stehen hinter den Fonds in Praxis Unternehmen und Finanzinstitute. Die meisten privaten Pensionsfonds wurden im Jahr 2000 von Banken oder Versicherungsgesellschaften getragen (insgesamt 12). Aber auch große Unternehmen wie die Ungarische Eisenbahn und die Ungarische Ölgesellschaft betrieben einen eigenen Rentenversicherungsfond.

Tabelle 3.1.8: Marktstruktur des der obligatorischen Privatvorsorge Ende des Jahres 2000 in Ungarn

	Fonds		Mitglieder		Vermögen		Mitglieder pro Rentenfond (Personen) im Jahresdurchschnitt	Vermögen pro Rentenfond (in Mrd. HUF) im Jahresdurchschnitt
	Anzahl	in % der Gesamt-anzahl	Personen	in % der Gesamt-anzahl	Anzahl in Mrd. HUF	in % der Gesamt-anzahl		
Banken	7	28	741.000	34,4	56,8	32,4	105.857	4,63
Versicherungen	5	20	1.216.000	56,4	97,6	55,7	243.200	11,14
Arbeitgeber	8	32	74.000	3,4	12,2	6,9	9.250	0,86
Kooperation	5	20	126.000	5,8	8,7	5	25.200	1,00
Gesamt	25	100	2.157.000	100	175,3	100	86.280	4,00

Quelle: PSZÁF (2001, S. 43).

Die meisten Versicherten entschieden sich im Jahr 2000 für einen privaten Rentenfonds, der von einer Versicherung angeboten wurde (46,4 Prozent der Gesamtmitgliederzahl aller privaten Rentenfonds), gefolgt von den Banken (34,4 Prozent). Relativ wenige Mitglieder haben private Rentenfonds, die von den Arbeitgebern angeboten werden (3,4 Prozent). Nimmt man Banken und Versicherungen zusammen, zeigt sich die Bedeutung dieser Anbieter: Zusammen unterhalten sie Ende des Jahres 2000 48 Prozent der privaten Rentenfonds, vereinen jedoch über 90 Prozent der Mitglieder auf sich. Auch das Vermögen konzentriert sich auf Banken und Versicherungen. Zusammen verwalten sie rund 88 Prozent des Kapitals in den privaten Rentenfonds.

In den ersten drei Jahren seit Bestehen der privaten Rentenfonds haben sich die Betreiber im Wesentlichen auf eine eher „konservative" Investitionsmethode verlassen. Diese eher vorsichtige Art der Kapitalanlage zeigt sich in dem überragend hohen Anteil an Staatspapieren im Portfolio der privaten Rentenfonds. Allerdings gewinnen Aktien an Bedeutung im Portfolio. Ihr Anteil stieg von 9,9 Prozent im Jahr 1999 auf 13,5 Prozent im Jahr 2000. Die zunehmende Anlage in Aktien ist zum Teil darauf zurückzuführen, dass die Fonds vom Staat ermutigt werden, die Beiträge auf dem Kapitalmarkt anzulegen. Dies ist mit der Hoffnung verbunden, dass die langfristigen Kapitalanlagen die Entwicklung des ungarischen Kapitalmarkts vorantreibt. Gegenüber dem Aktienanteil im Portefeuille polnischer privater Rentenfonds (ca. 28

Prozent aller Kapitalanlagen im Jahr 2001 und 2002) ist der entsprechende Anteil in Ungarn gering.

Tabelle 3.1.9: Zusammensetzung des Portfolios der privaten Rentenfonds (in Prozent des Gesamtportfolios) in den Jahren 1999, 2000 und 2001

	1999	2000	2001 (31. Dez.)
Bankguthaben und Bargeld	2,7	1,3	1,1
Bankeinlagen	0,3	0,2	0,0
Ungarische Staatspapiere	83,4	77,7	80,0
Aktien	9,9	13,5	11,6
Obligationen	1,7	3,4	k. A.
„Investment voucher"	1,7	3,7	2,6
Andere	0,3	0,2	k. A.

k. A. keine Angaben
Quelle: PSZÁF (2001, S. 38) und PSZÁF 2002 (Tabelle 46, S. 78)

Die Erträge aus der Privatvorsorge entsprachen in den ersten Jahren seit Bestehen des neuen Systems nicht den (hoch gesteckten) Erwartungen. Das Einkommen der privaten Rentenfonds setzte sich im Jahr 2000 aus 80 Milliarden HUF (1999: 60 Mrd. HUF) an Beiträgen von Mitgliedern und sieben Milliarden HUF an Erlösen aus Investitionen zusammen. Bis Ende 2000 erreichte das Vermögen der privaten Rentenfonds eine Höhe von 175 Milliarden HUF, das einem Anteil von 1,35 Prozent des BIP entsprach. Das Vermögen pro Versichertem betrug im selben Zeitraum durchschnittlich 80.000 HUF. Dies war eine erhebliche Steigerung gegenüber dem Vorjahr, als es noch durchschnittlich 43.000 HUF pro Versichertem betrug[340]. Die laufenden Beiträge der Versicherten reichten allerdings nicht aus, um die laufenden Kosten des Betriebs der Rentenfonds zu decken. Deshalb waren die Rentenfonds auf finanzielle Unterstützung von „Mutterunternehmen" angewiesen (PSZÁF 2000, S. 37ff.). Die relative kurze Zeit, seitdem die privaten Rentenfonds existieren, lässt noch kein konsistentes Urteil über ein Gelingen oder Misslingen zu. Allerdings sollten die Verwaltungskosten im Auge behalten werden, die in den Anfangsjahren einen Großteil der Renditen aufgezehrt haben.

Ebenso wie in Polen kam es bei der Einführung der obligatorischen Privatrente zu erheblichen administrativen Problemen, da noch nicht die notwendigen Vorkehrungen zur Erfassung und Verbuchung der Beiträge auf die individuellen Konten vorhanden waren. Ausdruck der administrativen Unzulänglichkeiten war unter ande-

---

[340] Die Gemeinkosten der Rentenfonds betrugen 2000 rund 5 Milliarden HUF gegenüber 4 Milliarden HUF im Vorjahr. 23 Prozent davon wurden durch Ausgaben für Material, Marketing und sonstige Kosten, 8 Prozent für die Löhne der Angestellten des Fonds, 5 Prozent für Beratungsdienstleistungen und das Entgelt für (externe) Vertreter und 6 Prozent für allgemeine Aquisitionsaufgaben ausgegeben. Im Jahr 2000 mussten die Versicherungsanbieter 0,4 Prozent der Beiträge der Mitglieder in den Garantie-Fond einzahlen und 0,02 Prozent der Mitgliedsbeiträge für den Überwachungsgebühr ausgeben. Die Überwachungsgebühr wurde am 1. Januar 2001 auf 0,035 Prozent der Beiträge erhöht (PSZÁF 2000, S. 37).

rem, dass es keine Aufzeichnungen über die tatsächlich geleisteten Beiträge gab[341]. Infolge dessen konnten die Überweisungen von Arbeitgebern an die privaten Rentenversicherungen nicht immer nachvollzogen werden. Eine Prüfung, ob die Unternehmen ihren Verpflichtungen nachgekommen sind, war insbesondere zu Beginn der Systemumstellung nahezu unmöglich (Fultz 2002a, S. 4).

Zentral sind die Fragen, wie das neue Alterssicherungssystem von den Bürgern wahrgenommen wird, und ob es den Alten tatsächlich im Ruhestand soziale Sicherheit bietet. Eine ILO-Studie (Ferge/Tausz/Darvas 2002) über die Beurteilung ihrer zukünftigen Renteneinkommen bei den Menschen, die zum Zeitpunkt der Erhebung als arm klassifiziert wurden[342], bietet Grund zur Besorgnis. Die Studie lässt darauf schließen, dass sich die Risikogruppen nicht darüber im Klaren sind, dass sie im Alter mit großer Wahrscheinlichkeit keine oder nur eine geringfügige Rente erwarten können. Der Großteil der Befragten war zudem nicht darüber informiert, wie die Rentenversicherung funktioniert. Der neu eingeführte enge Zusammenhang zwischen Beiträgen und Leistungen war den meisten nicht bewusst. Beispielsweise erwarteten 76 Prozent der Befragten, die zu dem Zeitpunkt nicht versichert waren (d.h. keine Beiträge zahlten), dass sie später eine Altersrente erhalten. Darüber hinaus hatten Personen mit geringem Einkommen auch keine oder nur geringe Ersparnisse, die sie für ihren Ruhestand zurücklegten (Vgl. ebd., S. 45 und S. 109)[343].

Die Diskrepanz zwischen erwartetem Renteneinkommen und tatsächlicher Vorkehrung für eine Altersrente wird deutlich, wenn man gegenüberstellt, dass 86 Prozent der Befragten eine Rente erwarteten, jedoch 37 Prozent von ihnen über keine Form der finanziellen Vorsorge verfügten (Vgl. ebd., S. 46). Es ist abzusehen, dass insbesondere die Personen mit geringem Erwerbseinkommen auch im Alter nur geringe oder sogar gar keine Rentenleistungen aus der gesetzlichen Rentenversicherung oder aus der freiwilligen Vorsorge erwarten können (Vgl. ebd., S. 64)[344].

---

[341] Als problematisch stellte sich heraus, dass die Arbeitgeber für die Überweisung der Beiträge der Arbeitnehmer an die privaten Zusatzrentenfonds zuständig waren. Dies erschwerte es der staatlichen Verwaltung nachzuvollziehen, ob die Beiträge in der tatsächlich erforderlichen Höhe bzw. überhaupt geleistet wurden. Auch mangelte es an der nötigen Informationstechnologie, um die Beitragszahlungen zurückzuverfolgen.

[342] 1.047 Personen, die in Haushalten leben, die zu dem ärmsten Drittel gehören bzw. über ein pro-Kopf-Einkommen von weniger als 20.000 HUF (ca. 55 US-Dollar) im Monat verfügen, wurden durch ein Zufallsauswahlverfahren befragt. Die Befragten waren im Alter zwischen 18 und 60 Jahren. Ein (geringer) Teil der Befragten war Rentner (Ferge/Tausz/Darvas 2002, S. 19).

[343] 37 Prozent der Befragten gaben an, überhaupt keine finanzielle Absicherung für das Alter zu haben. In der Gruppe der Nicht-Erwerbstätigen lag dieser Anteil sogar bei 70 Prozent. Freiwillige Vorsorge hatte so gut wie keiner der Befragten getroffen (Ferge/Tausz/Darvas 2002, S. 109).

[344] Als Lösung des Problems schlagen die Verfasser die Einführung einer steuerfinanzierten Grundsicherung in einer „anständigen Höhe" vor (Ferge/Tausz/Darvas 2002, S. 46).

Zusammenfassung und kritische Würdigung

Das ungarische Rentensystem hat eine langjährige Tradition als vorwiegend beitragsfinanziertes Sozialversicherungssystem. Die erste staatliche Rentenversicherung entstand im Jahr 1929 und bezog zunächst nur wenige Beschäftigungsgruppen in die Versicherungspflicht ein. Das System beruhte auf dem Kapitaldeckungsverfahren. Vor allem in der Zeit des Kommunismus wurde die Versicherungspflicht auf nahezu alle Beschäftigten und ihre Angehörigen ausgeweitet. Die Finanzierung wurde vom Kapitaldeckungs- auf das Umlageverfahren umgestellt und beruhte im Prinzip - das heißt, wenn von den zahlreich gewährten Privilegien und den vielfältigen Ausnahmeregelungen abgesehen wird – auf einheitlichen Regelungen für alle abhängig und unabhängig Beschäftigten. Die Rentenformel war bis über die Zeit nach Beginn des Transformationsprozesses stark re-distributiv, sodass längere Beitragszeiten und höhere Beiträge zur gesetzlichen Rentenversicherung in geringerem Maße angerechnet wurden. In den frühen 1990er Jahren wurde die gesetzliche Rentenversicherung als Mittel zur Entlastung des Arbeitsmarktes verwendet. Ausdruck hiervon waren die großzügige Gewährung von Invalidenrenten und eine gezielte Politik der Frühverrentung. Angesichts zunehmender finanzieller und institutioneller Schwierigkeiten der gesetzlichen Rentenversicherung entschied sich die Regierung für eine Teilprivatisierung des Rentensystems, die im Jahr 1998 umgesetzt wurde. Die Beiträge zum derzeitigen gesetzlichen Rentensystem fließen zu knapp drei Vierteln dem staatlichen Rentenfond und rund einem Viertel der obligatorischen Zusatzvorsorge zu. Den Rentnern werden aus der staatlichen Rentenversicherung Leistungszusagen (*defined benefits*) gemacht, während die Leistungen aus den Zusatzrentenfonds (*defined contributions*) auf den eingezahlten Beiträgen zuzüglich der daraus generierten Kapitalmarktzinsen und abzüglich der Verwaltungskosten beruhen. Da bisher jede Regierung in Ungarn nur eine Legislaturperiode im Amt blieb, kam es angesichts unterschiedlicher Vorstellungen über die Rentenpolitik zu wiederholten Änderungen in der Rentengesetzgebung.

Das ungarische Rentensystem in der Zeit des Kommunismus und in den ersten Jahren des Transformationsprozess bis zur Rentenreform setzte viele Fehlanreize, da es unter anderem Personen mit längerer Beschäftigungszeit gegenüber Personen mit kürzerer Beschäftigungszeit benachteiligte. Für viele Rentner bedeutete die redistributive Gestaltung der Rentenformel eine Kluft zwischen dem, was sie während ihres Erwerbslebens an Beiträgen eingezahlt hatten und dem, was sie am Ende an Leistungen erhielten. Dadurch sank die Bereitwilligkeit der Beschäftigten, in die Rentenkasse einzuzahlen. Eine Folge davon war, dass sich immer mehr Arbeiter vom offiziellen Arbeitsmarkt zurückzogen. Die Gestaltung der Rentenformel bewirkte darüber hinaus, dass es wichtiger war, wann eine Person in den Ruhestand wechselte und weniger, wie lange sie in welcher Höhe Beiträge gezahlt hatte. Alle diese Faktoren dienten zwar der Verringerung der Unterschiede in der Höhe der Renteneinkommen und der Entlastung des Staatshaushalts. Beschädigt wurde hierdurch jedoch das Vertrauen der Bürger in das gesetzliche Rentensystem.

Das teilprivatisierte Altersrentensystem sollte die staatliche Rentenkasse finanziell entlasten und den Ungarn verlässliche und angemessene Renten bieten. Das Vertrauen der Versicherten und Rentner in das neue System wurde allerdings durch häufige Änderungen in der Rentengesetzgebung unterminiert. Trotz der Reform bestehen weiterhin institutionelle Probleme in der gesetzlichen Rentenversicherung. Ungeklärt sind unter anderem die Besteuerung der Rentenbeiträge und -einkommen ab dem Jahr 2013. Eines der primären Ziele muss es sein, eine Doppelbesteuerung zu vermeiden. Es ist absehbar, dass die Umstellung von der vorgelagerten auf die nachgelagerte Besteuerung eine erhebliche administrative und finanzielle Herausforderung darstellen wird, die die Regierung jedoch nicht länger vor sich herschieben sollte, um Klarheit über die künftige Entlastung der Arbeitkosten, die Belastung des Staates und die Entwicklung der Renteneinkommen zu schaffen. Veränderungsbedarf besteht darüber hinaus in der Invalidenrentenversicherung, da angesichts der verschärften Berechtigungskriterien für den Bezug einer Altersrente ein Anreiz für die Bewerbung um eine Rente wegen Arbeitsunfähigkeit besteht. Die Hinterbliebenenrenten sind gering, sodass sie vor allem für nicht-erwerbstätige Hinterbliebene (z.B. Hausfrauen) keinen ausreichenden Schutz gewähren.

3.1.3 Wirtschaftliche Rahmenbedingungen

Wirtschaftswachstum, Beschäftigung und Arbeitslosigkeit sind in hohem Maße für die finanzielle Entwicklung der Rentensysteme verantwortlich. Wächst die Wirtschaft in realen Größen, vergrößert sich der „Kuchen", der zwischen den Bürgern im Land verteilt werden kann. Sofern die Maßzahl für die gesamtwirtschaftliche Produktion von Gütern und Dienstleistungen in einem Land, das Bruttoinlandsprodukt (BIP), steigt und die Rentenleistungen nicht oder nicht vollständig an die wirtschaftliche Entwicklung angepasst werden, führt dies in der Regel zu unterproportionalen relativen Ausgabensteigerungen für die Renten und damit einem niedrigeren Anteil der Rentenausgaben am BIP. Auch die Inflationsraten sind eine wichtige Kenngröße im Rentensystem, da sie unter anderem bei einer vollständigen oder teilweisen Preisindexierung bestehender Renten die Rentenerhöhung und den Realwert der Rente und damit letztendlich die Kaufkraft der Rentenbezieher bestimmen. Ebenso wichtig ist auch die Situation auf dem Arbeitsmarkt. Da in den Systemen in Polen und Ungarn annähernd alle Beschäftigten und ihre Angehörigen in das Rentensystem einbezogen sind, wirkt sich eine geringe Beschäftigung für die Rentenversicherung nahezu unmittelbar negativ auf das Verhältnis von Beitragszahlern und Leistungsempfängern aus.

Anhand dieses kurzen Überblicks wird bereits erkennbar, dass ein komplexes Bündel an wirtschaftlichen Rahmenbedingungen direkt oder indirekt die finanzielle Lage der Rentensysteme und die Einkommensposition der Rentner beeinflusst. Vor dem Hintergrund der Transformation der ehemaligen sozialistischen Planwirtschaften in Marktwirtschaften, die insbesondere zu einem rückläufigen Wirtschaftswachstum, Hyperinflation und Massenarbeitslosigkeit führte, war es unvermeidlich, dass auch die Rentensysteme von der prekären Wirtschaftslage in Mitleidenschaft gezogen wurden. Da die Zeit nach 1989/1990 nur ein beschränktes Bild eines Ausnahmezustandes vermitteln würde, werden Daten aus der Zeit davor – sofern sinnvoll und verfügbar – ebenfalls erläutert.

3.1.3.1 Wirtschaftswachstum und Inflation im Transformationsprozess

Das Bruttoinlandsprodukts (BIP) ist nicht nur eine wichtige Größe für das Umverteilungspotential innerhalb eines Landes zwischen wirtschaftlich aktiven und wirtschaftlich nicht (mehr) aktiven Einwohnern. Die relative Höhe des BIP ist auch ein wichtiger Maßstab, um zwischen der ökonomischen Entwicklung von Ländern vergleichen zu können. Angesichts der sehr unterschiedlichen Bevölkerungsgrößen beider Länder ist das Bruttoinlandsprodukt je Einwohner (BIP pro Kopf) ein sinnvoller Vergleichsmaßstab. Auf diese Weise wird deutlich, in welcher Höhe Ressourcen pro Kopf der Gesamtbevölkerung zur Verfügung stehen. Um den unterschiedlichen Lebenshaltungskosten gerecht zu werden, wird das Einkommen in Kaufkraftstandard (KKS)[345] gemessen.

Ein Vergleich der Daten zeigt, dass das Bruttoinlandsprodukts pro Einwohner in Ungarn unter Berücksichtigung der Lebenshaltungskosten während des gesamten Beobachtungszeitraums höher war als in Polen[346]. Dies impliziert einen relativ höhe-

---

[345] Der Kaufkraftstandard (KKS) ist eine fiktive "Währungseinheit", die Unterschiede in der Kaufkraft in unterschiedlichen Ländern eliminiert, die durch unterschiedliche Preisniveaus und Wechselkursschwankungen entstehen. In Ländern mit hohen Lebenshaltungskosten ist ein höheres BIP notwendig als in einem Land mit zwar entsprechend hohem BIP jedoch geringeren Lebenshaltungskosten, um einen vergleichbaren Lebensstandard zu erreichen. Sollten in einem Land die Lebenshaltungskosten steigen, wird dies die Relation BIP (pro Einwohner) in KKS senken und vice versa.

[346] Bei der Interpretation der Daten gilt es zu beachten, dass in Ungarn zwischen 1990 und 1999 die Bevölkerung um rund 309.000 Personen (bzw. 3 Prozent) geschrumpft ist, während sie in Polen im gleichen Zeitraum um 570.000 Personen (1,5 Prozent) gewachsen ist (eigene Berechnungen nach UN 2003). Selbst ohne Wirtschaftswachstum, hätte allein der Rückgang der Einwohnerzahl in Ungarn zu einem Anstieg des BIP pro Kopf geführt. Umgekehrt ist die Situation in Polen. Da die Anzahl der Einwohner gestiegen ist, musste auch ein höheres BIP erwirtschaftet werden, um ein stabiles pro Kopf BIP zu erreichen.

ren durchschnittlichen Lebensstandard der ungarischen Bevölkerung gegenüber der polnischen in diesem Beobachtungszeitraum[347].

Tabelle 3.1.10: Bruttoinlandsprodukt pro Kopf in Kaufkraftstandards (KKS) [1] (internationaler Dollar) in Polen und Ungarn zwischen 1975 und 1999

	Polen	Ungarn
1975	k.A.	3.349
1980	k.A.	5.501
1985	k.A.	7.249
1989	k.A.	9.769
1990	5.922	9.485
1991	5.574	8.507
1992	5.847	8.529
1993	5.791	8.634
1994	6.210	9.083
1995	6.795	9.577
1996	7.227	9.786
1997	7.705	10.247
1998	7.965	10.746
1999	8.450	11.430

[1] Der Kaufkraftstandard (KKS) ist eine fiktive "Währungseinheit", die Unterschiede in der Kaufkraft in unterschiedlichen Ländern eliminiert, die durch unterschiedliche Preisniveaus und Wechselkursschwankungen entstehen.
k.A.: keine Angaben
Quelle: Weltbank (2001)

Deutlich wird auch, dass nach 1989 bzw. 1990 das BIP pro Kopf in KKS in beiden Ländern kurzfristig einbrach, in beiden Ländern aber bereits wieder ab dem Jahr 1992 zunahm. Das Niveau von 1989 (1990) erreichte Ungarn erst wieder im Jahr 1996 (1995). Das Niveau von 1990 erzielte Polen bereits vier Jahre später im Jahr 1994[348].

Da im Zentrum des Interesses die wirtschaftlichen Rahmenbedingungen nach Beginn des Transformationsprozesses in Polen und Ungarn stehen, werden nachfolgend wichtige Kenngrößen für die Zeit nach 1989 betrachtet.

Die dreistelligen Zuwachsraten des nominalen BIP in Polen in den Jahren 1989 und 1990 sind im Wesentlichen auf die hohen Inflationsraten zurückzuführen, denn

---

[347] Ungarn galt zu Beginn des Transformationsprozesses als das wirtschaftlich am weitesten fortgeschrittene Land in Mittel- und Osteuropa (Europäisches Parlament 2000, S. 14). Dabei kam dem Land zugute, dass es bereits in der Zeit des Kommunismus im Vergleich zu anderen MOEL eine liberalere Wirtschaftspolitik verfolgte ("Gulasch-Kommunismus").
[348] Das Wirtschaftswachstum in einem Land kann beispielsweise durch einen erhöhten quantitativen Einsatz von Arbeit und/oder Kapital sowie einen besseren qualitativen Einsatz der beiden Produktionsfaktoren Arbeit und Kapital (z.B. Innovationen, höherer Bildungsstand, Import von Wissen und Technik) erreicht werden.

in realen Größen erlebte das Land bis einschließlich 1991 eine Rezession[349]. Das ungarische BIP zu Markpreisen stieg ebenso wie die Inflationsrate dagegen nur vergleichsweise moderat an. Aufgrund des Preisauftriebs schrumpfte auch die ungarische Wirtschaft. Dieser Schrumpfungsprozess hielt in Ungarn länger an als in Polen[350].

Tabelle 3.1.11: Wachstum des nominalen und realen Bruttoinlandsprodukts (BIP) und Zuwachsraten der Konsumentenpreise in Polen und Ungarn zwischen 1989 und 2001 (in Prozent)

	Nominales BIP-Wachstum		Reales BIP-Wachstum		Zuwachsraten der Konsumentenpreise	
	Polen	Ungarn	Polen	Ungarn	Polen	Ungarn
1989	299,4	19,6	k. A.	0,7	244,6	17,0
1990	391,4	21,3	-7,5	-3,5	555,4	29,0
1991	46,8	19,9	-7,0	-11,9	76,7	34,2
1992	42,8	17,8	2,6	-3,1	45,3	23,0
1993	36,2	20,6	3,8	-0,6	36,9	22,5
1994	35,0	23,0	5,2	2,9	33,3	18,9
1995	36,8	28,6	7,0	1,5	25,1	28,3
1996	25,8	22,8	6,0	1,3	19,8	23,5
1997	21,8	23,9	6,8	4,6	15,1	18,3
1998	17,1	20,0	4,8	4,9	11,7	14,1
1999	11,3	11,9	4,1	4,2	7,3	10,0
2000	12,0	14,3	4,0	5,2	10,2	9,9
2001	5,3	19,0	1,2	3,8	5,5	9,2

k. A. keine Angaben
Quelle: Deutsche Bank Research Online (2003a und 2003b); UN 2002a (Tabelle B.1.) und Weltbank (2001, 2003)

Während die polnische Wirtschaft in realen Größen bereits im Jahr 1992 auf den Wachstumspfad zurückkehrte, gelang dies in Ungarn erst zwei Jahre später. In Polen schwächte sich das Wirtschaftswachstum nach erheblichen Zuwächsen seit Mitte der 90er Jahre ab. Auffällig ist der Rückgang der BIP-Wachstumsraten in Ungarn in den Jahren 1995 und 1996. Dies ist primär auf die Kürzungen der Gehälter im öffentlichen Dienst sowie Kürzungen bei den Transferzahlungen des Staates für Soziales[351] in den ersten Jahren des Transformationsprozesses und in der daraus folgenden Abschwächung des Konsums im Inland Mitte der 90er Jahre zurückzuführen. Seit dem Jahr 1997 kann in Ungarn jedoch von einem Wachstumsboom gesprochen wer-

---

[349] Für den Begriff Rezession qualifiziert sich in der Regel ein Abschwung der Wirtschaft in der die Wachstumsraten des Bruttoinlandsprodukts zwei Quartale hintereinander negativ sind (siehe z.B. Samuelson/Nordhaus 1998, S. 455 und S. 868).
[350] Hierbei wird auch die unterschiedliche Transformationsstrategie der beiden Staaten deutlich. Während sich Polen für die so genannte Schock-Therapie entschied, ging Ungarn den moderateren Weg der graduellen Transformation seiner Wirtschaft (siehe hierzu Kapitel 2.2).
[351] Hintergrund der Gehaltskürzungen war der Versuch der ungarischen Regierung, die Staatsausgaben zu senken und das Haushaltsdefizit unter Kontrolle zu halten.

den[352]. Die wirtschaftliche Belebung wird in erster Linie auf die zunehmende Exporttätigkeit zurückgeführt (Europäisches Parlament 2000, S. 14f)[353]. Nach 2000 nimmt das Wirtschaftswachstum in Ungarn einen positiveren Verlauf an[354]. Ende der 90er Jahre verläuft das reale BIP-Wachstum in den beiden Ländern fast identisch. Im Jahr 2001 sind nicht nur nationale sondern auch internationale Einflüsse von Bedeutung für die ökonomische Entwicklung in beiden Ländern. Da sowohl Ungarn als auch Polen immer mehr in die internationale Wirtschaftsgemeinschaft eingebunden sind, hängen sie auch immer mehr von der Weltkonjunktur ab[355]. Angesichts eines schwierigen internationalen ökonomischen Umfelds nach 2001 ist die BIP-Wachstumsrate in Ungarn in Höhe von 3,8 Prozent im Jahr 2001 bemerkenswert hoch.

Wie bereits angedeutet wurde, spielt die Inflation nach Beginn des Transformationsprozesses eine bedeutende Rolle in den ehemals kommunistischen Staaten[356].

---

[352] Ein Effekt der wirtschaftlichen Belebung waren steigende Steuereinnahmen, die wechselnde ungarische Regierungen zur Senkung der Sozialversicherungsbeiträge, der Steuern und der Staatsverschuldung nutzten. Dies wiederum sollte das Wirtschaftswachstum weiter fördern.

[353] Zu dem relativ stabilen Wirtschaftswachstum seit Mitte der 90er Jahre trug die relative Attraktivität des ungarischen Wirtschaftsstandorts bei, die in zunehmendem Ausmaß ausländische Direktinvestitionen in das Land holte. Dies wiederum war ein positiver Beitrag zur technischen und strukturellen Modernisierung des Landes. Infolge des Wirtschaftsaufschwungs sank die Arbeitslosigkeit und stiegen auch wieder die Löhne, sodass auch die Binnennachfrage wieder angekurbelt wurde (Europäisches Parlament 2000, S. 15).

[354] Ende der 90er Jahre ist Ungarn der Spitzenreiter der mittel- und osteuropäischen Transformationsstaaten. Das Land wir nicht nur in den EU-Konvergenzberichten sondern auch von anderen internationalen Organisationen gelobt. So schreibt beispielsweise die OECD in ihrem jährlichen Wirtschaftsbericht für das Jahr 2000: „[T]he fundamental structural reforms carried out during the 1990s have paved the way for exceptional export performance and a strong expansion of GDP since 1997, yielding a record increase in employment and bringing the unemployment rate down to the OECD average level" (OECD 2000a, S. 1). Die allgemeine wirtschaftliche Entwicklung bezeichnet die OECD als „exzellent" (Vgl. ebd. S. 2). Ende des Jahres 2003 allerdings weist die EU-Kommission auf eine Verschlechterung des makroökonomischen Gleichgewichts in Ungarn hin (EU-Kommission 2003c, S. 66).

[355] Die Weltkonjunktur hat sich nach den Terroranschlägen auf das World Trade Centre in New York und das Pentagon in Washington am 11. September 2001 dramatisch verschlechtert. Negative Auswirkungen auf die Volkswirtschaften in Polen und Ungarn hatte zudem die Abschwächung der Konjunktur in den westeuropäischen Staaten, insbesondere in Deutschland, zumal sich die Bundesrepublik nach Beginn des Transformationsprozesses zum wichtigsten Handelspartner für beide Länder entwickelte. Im Jahr 2000 beispielsweise gingen 23,9 Prozent der polnischen Gesamtexporte nach Deutschland (an die EU-15: 61,1 Prozent) (Eurostat 2001e, Tabelle 3, S. 2). Noch enger waren die Handelsverflechtungen zwischen Deutschland und Ungarn im Jahr 1999. Der Anteil der Ausfuhren nach Deutschland betrug in dem Jahr 29,2 Prozent der Gesamtexporte (EU-15: 64,4 Prozent) (Eurostat 2000a, Tabelle 1, S. 2).

[356] Kurzfristig erleichterte die Hyperinflation der ersten Jahre nach 1990 die strukturellen Reformen des Staates. Sie waren jedoch zum Nachteil der Bevölkerungsgruppen, die auf die nichtdynamisierten Transferzahlungen des Staates angewiesen waren. Sofern in Polen und Ungarn privates Kapitalvermögen vorhanden war, wurde es durch die Hyperinflation entwertet, sodass finan-

Näherungsweise werden die Preissteigerungen durch die Entwicklung der Konsumentenpreise abgebildet. Da die Preise im Kommunismus mehr oder weniger stark reglementiert waren, spielte die Inflation vor 1989 nur eine untergeordnete Rolle. Inflationssteigernd wirkte sich die abrupte Freigabe der Preise in Polen (Schocktherapie) nach 1989 aus. Die allmähliche Preisliberalisierung in Ungarn (Gradualismus) drückt sich in den deutlich geringeren Inflationsraten aus. Auf den ersten Blick sind die wesentlich höheren Inflationsraten in Polen gegenüber Ungarn zu erkennen. Bereits im ersten Jahr nachdem die polnische Regierung eine radikale Liberalisierungsstrategie einleitete, schnellte die Inflationsrate auf 244,6 Prozent gegenüber dem Vorjahr hoch. Im darauf folgenden Jahr verdoppelte sie sich auf rund 555 Prozent. Ein Jahr später verlangsamte sich der Anstieg zwar deutlich, jedoch lag er 1991 immer noch bei mehr als 76 Prozent. In den folgenden Jahren verlangsamte sich der Auftrieb der Konsumentenpreise in Polen weiter.

Die Preissteigerung in Ungarn verlief weit weniger spektakulär. Dies kann auf den vergleichsweise langsameren Transformationskurs der Regierung zurückgeführt werden. Bereits zwei Jahre nach Beginn des Transformationsprozesses erreichte die Zunahme der Konsumentenpreise im Jahr 1991 ihr Maximum in Höhe von 34,2 Prozent. Seit 2000 lag die ungarische Inflationsrate in einstelligem Bereich. Interessant ist im Vergleich zwischen Polen und Ungarn, dass die Inflationsrate in Polen im Jahr 2001 nur noch etwa die Hälfte der ungarischen Inflationsrate betrug. Hintergrund hierfür ist unter anderem eine restriktive Geldpolitik der polnischen Zentralbank Ende der 90er Jahre (Clement et. al., S. 7)[357] und eine Abschwächung der polnischen Wirtschaft. Die drastische Rückführung der Inflation ging in beiden Ländern, insbesondere in Polen, mit rückläufigem Wirtschaftswachstum und steigender Arbeitslosigkeit einher.

3.1.3.2 Zusammenhang von Bruttoinlandsprodukt, demographischen Rahmenbedingungen und Arbeitmarkt

In der folgenden Tabelle werden die Entwicklungen des reale Bruttoinlandsprodukts, den Relationen Bruttoinlandsprodukt pro Kopf in Kaufkraftstandard (KKS)[358], sowie die Arbeitsproduktivität[359] gemessen am BIP pro beschäftigter Per-

---

zielle Reserven für die Ergänzung der Vorsorge für das Alter vernichtet wurden (Haffner 1993, S. 66; Heinrich/Koop et.al., S. 17ff).

[357] Hintergrund der restriktiveren Geldpolitik ist unter anderem die Gründung des von der polnischen Regierung unabhängigen Geldpolitik-Komitees im Jahr 1999, die eine restriktive Geldpolitik einleitete (Clement et. al., S. 7).

[358] Das BIP pro Einwohner gemessen in Kaufkraftstandards ist ein Indikator für die relative durchschnittliche Wohlstandsentwicklung im Land. Ein Anstieg dieser Relation deutet darauf hin, dass die Bevölkerung in geringerem Maße gewachsen ist als das BIP bzw. die Lebenshaltungskosten geringer gestiegen sind als die Wirtschaft gewachsen ist.

son und alternativ als BIP pro geleisteter Arbeitsstunde zwischen 1980 und 1999 gegenüber gestellt. Ausgangsbasis ist jeweils das Jahr 1990.

Tabelle 3.1.12: Reales Bruttoinlandsprodukt, Bruttoinlandsprodukt pro Kopf in Kaufkraftstandard (KKS) [1] (in US-Dollar) und Arbeitsproduktivität [2] in Polen und Ungarn zwischen 1980 und 1999/2000 (in US-Dollar von 1990)

| | BIP pro Kopf in KKS (in US-Dollar) | | Arbeitsproduktivität | | | |
| | | | (BIP pro beschäftigter Person) (in US-Dollar von 1990) | | (BIP pro Arbeitsstunde) (in US-Dollar von 1990) | |
	Polen	Ungarn	Polen	Ungarn	Polen	Ungarn
1980	k. A.	9.769	11.396	13.419	k. A.	k. A.
1990	5.922	9.485	11.575	14.132	5,61	6,85
1991	5.574	8.507	11.438	13.283	5,54	6,44
1992	5.847	8.529	12.258	14.211	5,94	6,89
1993	5.791	8.634	12.969	15.089	6,28	7,31
1994	6.210	9.083	13.860	15.857	6,72	7,68
1995	6.795	9.577	14.705	16.404	7,12	7,95
1996	7.227	9.786	15.413	16.932	7,46	8,20
1997	7.705	10.247	16.232	17.657	7,85	8,54
1998	7.965	10.746	16.863	18.177	8,13	8,76
1999	8.450	11.430	18.003	18.422	8,62	8,82
2000	k. A.	k. A.	19.016	19.220	k. A.	k. A.

[1] Der Kaufkraftstandard (KKS) ist eine fiktive "Währungseinheit", die Unterschiede in der Kaufkraft in unterschiedlichen Ländern eliminiert, die durch unterschiedliche Preisniveaus und Wechselkursschwankungen entstehen.
[2] Arbeitsproduktivität wird hier dargestellt als BIP pro beschäftigter Person sowie alternativ als BIP pro Arbeitsstunde
k. A. keine Angaben
Quelle: ILO (2002a und 2002b), UN 2002a (Tabelle B.1.), Weltbank (2002) und eigene Berechnungen

Die Auswirkungen des Transformationsprozesses in Polen und Ungarn spiegeln sich in allen drei Relation in den ersten beiden Jahren nach Beginn des Transformationsprozesses deutlich wider. Das deutlich stärker steigende BIP pro Kopf in KKS in Polen ist angesichts des höheren Ausgangsniveaus in Ungarn nicht überraschend. Trotz der relativen Verbesserung Polens erreichte das Land auch Ende der 90er Jahre noch nicht das Wohlstandsniveau von Ungarn.

---

[359] Bei der Arbeitsproduktivität werden die Entwicklungen auf dem Arbeitsmarkt (siehe unten) mit der wirtschaftlichen Leistungsfähigkeit im Land verknüpft. Eine Veränderung des BIP pro beschäftigter Person (bei konstantem BIP) zeigt an, ob mehr oder weniger Arbeitskräfte benötigt wurden, um einen gewissen Output zu erreichen. Erster Fall (höhere Anzahl an Beschäftigten) bedeutet eine sinkende Arbeitsproduktivität, zweiter Fall (geringere Anzahl an Beschäftigten) wirkt sich in einem Steigen der Arbeitsproduktivität aus. Die Massenentlassungen in Polen und Ungarn nach Ende des Kommunismus finden hier ihren Niederschlag. Das BIP pro Arbeitsstunde gibt Hinweise darauf, wie effizient der Arbeitseinsatz der Beschäftigten ist. Steigt die Arbeitsproduktivität, bedeutet dies, dass mit geringerem Arbeitseinsatz (gemessen in Stunden) ein gleich hohes oder sogar noch höheres BIP erzielt wurde. Dies kann auf einen effizienteren Arbeitseinsatz oder bessere Technologie zurückgeführt werden.

Von den drei Relationen stieg in Polen und Ungarn am stärksten das BIP pro Beschäftigtem. Hintergrund ist, dass das Beschäftigungsniveau stärker sank (bzw. später weniger stark stieg) als das Bruttoinlandsprodukt[360]. Vor dem Hintergrund der Überbeschäftigung in der Zeit des Kommunismus und den Massenentlassungen nach Beginn des Transformationsprozesses ist dieses Ergebnis nachvollziehbar. Etwas weniger stark als das BIP pro Beschäftigtem stieg das BIP pro Arbeitsstunde. Da das Niveau Ende der 90er Jahre über dem Ausgangsniveau zu Beginn des Transformationsprozesses liegt, ist davon auszugehen, dass es zu einem effizienteren Arbeitseinsatz und zu technologischen Fortschritten gekommen ist. Interessant ist auch, dass sich das BIP pro Beschäftigtem und das BIP pro Arbeitsstunde in Polen bis 1992 und in Ungarn sogar bis 1997 gleichförmig entwickelten.

3.1.3.3 Beurteilung aktueller wirtschaftlicher Entwicklungen in Polen und Ungarn durch die EU-Kommission

Alle Faktoren zusammen genommen wird ersichtlich, warum Polen in der ersten Hälfte der 1990er Jahre als Musterland der Transformationsländer gepriesen wurde. Ende der 90er Jahre dagegen entwickelte es sich angesichts sinkender BIP-Wachstumsraten und steigender Arbeitslosigkeit (siehe unten) zum Problemfall. Ende 2002 kehrte das Land jedoch allmählich auf den Wachstumspfad zurück (EU-Kommission 2003b)[361]. Ungarn galt zunächst nicht als vorbildliches Transformationsland. Die moderaten Negativentwicklungen in der Wirtschaft und die allmähliche Erholung mündeten jedoch Ende der 1990er Jahre in einem relativ stabilen makroökonomischen Umfeld. Die positiven Wirtschaftsentwicklungen in den 1990er Jahren in Ungarn werden auch von der EU-Kommission bestätigt[362]. Um die Jahrtau-

---

[360] Der Anstieg des BIP pro Beschäftigtem ist mit Blick auf die Finanzierung der Renten differenziert zu bewerten. Sofern das Produktivitätswachstum auf einen Anstieg des BIP zurückgeht und nicht auf die Freisetzung von Arbeitskräften, wirkt es sich positiv für die Rentenfinanzierung aus. Geht der Anstieg dagegen primär auf eine geringere Beschäftigung zurück, sind die Effekte negativ, da in den beitragsbezogenen Systemen weniger Beschäftigte zur Finanzierung der Rente beitragen.

[361] Im Jahr 2003 mehrten sich die Anzeichen für eine Erholung der polnischen Wirtschaft. Allerdings ist fraglich, ob das erwartete Wirtschaftswachstum sich bereits auf dem Arbeitsmarkt bemerkbar machen wird, zumal die demographische Rahmenbedingungen eher für eine Verschlechterung sprechen. Darüber hinaus verweisen Beobachter auf die strukturellen Probleme des polnischen Wirtschaftssystems. Dazu zählen unter anderem die noch ausstehende Reform des Agrarsektors, die Reform der öffentlichen Finanzen, die noch geringe Bedeutung kleiner und mittelgroßer Unternehmen, die weiterhin relativ hohe Abgabenlast und die vergleichsweise hohen Arbeitskosten (siehe hierzu z.B. Golinowksa et.al. 2003, Polnisches Finanzministerium 2003 und Frankfurter Allgemeine Zeitung vom 28. Juni 2003)

[362] Die EU-Kommission beschreibt die ungarische Volkswirtschaft im Jahr 2001 als „a maturing market economy at an advanced stage of transition which has been marked for several years by a considerable degree of macroeconomic stability" (EU-Kommission 2002i, S. 62). Bereits im Vorjahresbericht für das Jahr 2000 über die Fortschritte beim wirtschaftlichen Aufholprozess lobte die

sendwende bescheinigte die EU-Kommission Ungarn ein stabiles Wirtschaftswachstum, moderate Inflationsraten und geringe Arbeitslosigkeit[363]. Auch das öffentliche Defizit wird als akzeptabel eingestuft (EU-Kommission 2002i, S. 63). Die Konsolidierung der öffentlichen Finanzen schreitet nach Ansicht der Kommission in Ungarn voran. Allerdings verläuft dieser Prozess nicht geradlinig, sondern wir durch stellenweise expansive Wirtschaftspolitiken der ungarischen Regierung unterbrochen (EU-Kommission 2001h, S. 52)[364]. Im Jahr 2002 wandelte sich das positive Bild von Ungarns Wirtschaft jedoch wieder ins Negative (EU-Kommission 2003c). Dennoch sieht die Kommission die Rückkehr auf den Wachstumspfad durch die politische Zielrichtung der neuen Regierung unter Medgyessy[365] bestätigt: „While the previous government had put more emphasis on demand-side measures, with a subsequent and ongoing strong expansion of fiscal policy, the new administration is committed to rapidly return to an export- and investment-oriented growth-path as a precondition for further development of the welfare state" (EU-Kommission 2002i, S. 62)[366].

3.1.3.4 Erwerbsbeteiligung

Die Entwicklung der Erwerbsbeteiligung zwischen 1950 und 1995

EU-Kommission die wirtschaftliche Entwicklung des Landes: „The macroeconomic situation continues to be sound. Based on past structural reforms and careful macro-economic management, economic growth has reached its highest level since the beginning of the transition" (EU-Kommission 2001h, S. 52). Im selben Jahr hieß es, dass Ungarn eine funktionierende Marktwirtschaft sei (Vgl. ebd., S. 58). Ein Jahr später wird Ungarn sogar als „heranreifende" Marktwirtschaft in fortgeschrittenem Transformationsstadium bezeichnet (EU-Kommission 2002i).

[363] Die EU-Kommission führt das Wirtschaftswachstum in Ungarn auf positive Entwicklungen der ökonomischen Rahmenbedingungen zurück: „Availability of skilled labour at moderate cost, productive restructured enterprises and an improving infrastructure are the backbone of the country's economic success." (EU-Kommission 2001h, S. 59)

[364] Nach einer Phase der fiskalischen Konsolidierung bis zum Jahr 2000 ging die ungarische Regierung unter Premierminister Orbán im Jahr 2001 zu einer expansiven Fiskalpolitik über, indem sie unter anderem die Löhne im öffentlichen Dienst erhöhte. Ein Ziel dieser Maßnahme war, die öffentliche Unterstützung des EU-Beitritts zu fördern (EU-Kommission 2001h, S. 54f).

[365] Die Regierung Medgyessy hält an den Plänen fest, bis zum Jahr 2006 die Maastricht-Kriterien zu erfüllen. Dafür soll das Haushaltsdefizit von rund 5,5 Prozent des BIP im Jahr 2002 auf zwei Prozent des BIP gesenkt, die Staatsausgaben um jährlich einen Prozentpunkt vermindert und die Inflationsrate schrittweise auf 3 Prozent (Maastricht-Niveau) zurückgeführt werden (Frankfurter Allgemeine Zeitung, 23. April 2002).

[366] Am Anfang der Regierungszeit von Medgyessy im Mai 2002 allerdings führte die Umsetzung der Wahlversprechen im Rahmen des Hundert-Tage-Programms der Regierung von Gehaltserhöhungen für Lehrer und Dozenten, der Beschäftigten im Gesundheitswesen und anderen Beschäftigten im Öffentlichen Dienst, der Erhöhung des Kindergelds, die stärkere finanzielle Förderung von Studenten und eine Einmalzahlung von 19.000 HUF (80 Euro) an Rentner zu einer finanziellen Belastung des Staatshaushalts. Geschätzt wurden zusätzliche Kosten von 1,43 Milliarden Euro (Frankfurter Allgemeine Zeitung vom 14. Mai und 3. Juni 2002). Erst im Herbst des Jahres 2003 kehrte die ungarische Regierung zur Haushaltskonsolidierung zurück (Frankfurter Allgemeine Zeitung, 20. September 2003).

In Polen beteiligten sich traditionell relativ viele Frauen am Erwerbsleben. Beispielsweise waren im Jahr 1950 43 Prozent aller Erwerbstätigen Frauen. Innerhalb der 50 Jahre änderte sich in Polen nur wenig an dieser Relation. In Ungarn dagegen dominierten Mitte des 20. Jahrhunderts die Männer den Arbeitsmarkt, obwohl die Frauen den größeren Bevölkerungsanteil stellten. Allerdings tieg der Anteil der Frauen an den Erwerbstätigen von 29,3 Prozent im Jahr 1950 auf 44,5 Prozent im Jahr 1995.

Im Jahr 1950 waren in Polen rund drei Viertel und in Ungarn 62,8 Prozent der Bevölkerung im Alter von 15 bis 64 Jahren beschäftigt oder arbeitslos gemeldet. Die Quote sank in Polen auf nur noch 72,1 Prozent im Jahr 1995. Die maximale Erwerbsquote wurde in den 70er Jahren erreicht (1970: 76,5 Prozent). In den folgenden dreißig Jahren nahm die Quote kontinuierlich ab. Die Erwerbsbeteiligung der 15- bis 64-Jährigen in Ungarn verzeichnete innerhalb des halben Jahrhunderts einen leichten Anstieg, der allerdings nicht gradlinig erfolgte. Im Jahr 1950 gingen 62,8 Prozent aller 15 bis 64-Jährigen in Ungarn einer Arbeit nach bzw. suchten eine Arbeit. Anders ausgedrückt bedeutet diese Relation, dass knapp 40 Prozent aller Ungarn in dieser Altersgruppe dem Arbeitsmarkt nicht zur Verfügung standen.

Tabelle 3.1.13: Entwicklung der Erwerbsquoten in Polen nach Altersgruppen und Geschlecht zwischen 1950 und 1995 (in Prozent) und ihre Veränderung (in Prozentpunkten)

	1950	1960	1970	1980	1990	1995	1950-1995
Erwerbsquoten der 15-64-Jährigen[1]							
Gesamt	74,8	75,4	76,5	75,9	72,5	72,1	-2,7
Frauen	60,6	62,1	67,4	67,7	65,1	65,6	5,0
Männer	90,8	89,8	86,0	84,2	80,1	78,7	-12,1
Differenz[4]	*30,2*	*27,7*	*18,6*	*16,5*	*15,0*	*13,1*	*-17,1*
Erwerbsquoten der 55- bis 64-Jährigen[2]							
Gesamt	68,4	69,5	71,9	59,0	50,9	48,8	-19,6
Frauen	50,9	55,0	59,5	47,9	40,9	39,4	-11,5
Männer	92,0	87,7	87,1	73,0	62,6	59,8	-32,2
Differenz[4]	*41,1*	*32,7*	*27,6*	*25,1*	*21,7*	*20,4*	*-20,7*
Erwerbsquoten der über 65-Jährigen[3]							
Gesamt	41,1	40,5	41,7	22,3	21,2	19,9	-21,2
Frauen	28,9	30,0	32,9	17,5	17,2	16,3	-12,6
Männer	59,8	57,5	55,5	30,0	27,9	26,0	-33,8
Differenz[4]	*30,9*	*27,5*	*22,6*	*12,5*	*10,7*	*9,7*	*-21,2*

[1] Erwerbsquote der 15-64-Jährigen: Anzahl der Erwerbspersonen (Beschäftigte und Arbeitslose) in Relation zur Anzahl der Bevölkerung im erwerbsfähigen Alter (15-64 Jahre) (in Prozent)
[2] Erwerbsquote der 55- bis 64-Jährigen: Anzahl der Erwerbspersonen (Beschäftigte und Arbeitslose) in Relation zur Anzahl der Bevölkerung im Alter von 55 bis 64 Jahren (in Prozent)
[3] Erwerbsquote der über 65-Jährigen: Anzahl der Erwerbspersonen (Beschäftigte und Arbeitslose) in Relation zur Anzahl der Bevölkerung über 65 Jahren (in Prozent)
[4] Differenz in den Erwerbsquoten nach Geschlechtern (in Prozentpunkten)
Quelle: ILO (1997) und eigene Berechnungen

Auffällig ist, dass sich die Quoten in beiden Ländern innerhalb der 45 Jahre immer weiter angenähert haben. Grund für diese relative Annäherung ist zum einen die gestiegene Erwerbsquote in Ungarn bis etwa 1980, während die entsprechende Quote in Polen bis zu diesem Zeitpunkt relativ konstant blieb. Danach reduzierten sich die Erwerbsquoten der Personen im Alter von 15 bis 64 Jahren in beiden Ländern in etwas demselben Ausmaß.

Tabelle 3.1.14: Entwicklung der Erwerbsquoten in Ungarn nach Altersgruppen und Geschlecht zwischen 1950 und 1995 (in Prozent) und ihre Veränderung (in Prozentpunkten)

	1950	1960	1970	1980	1990	1995	1950-1995
Erwerbsquoten der 15-64-Jährigen[1]							
Gesamt	62,8	68,4	72,6	73,3	68,6	69,0	6,2
Frauen	34,8	46,9	57,3	62,0	59,3	60,3	25,5
Männer	93,6	91,7	88,9	84,8	78,4	78,0	-15,6
Differenz[4]	*62,8*	*68,4*	*72,6*	*73,3*	*68,6*	*69,0*	*6,2*
Erwerbsquoten der 55- bis 64-Jährigen[2]							
Gesamt	54,3	53,6	51,1	30,7	16,7	16,2	-38,1
Frauen	27,9	28,5	26,3	14,3	3,2	3,3	-24,6
Männer	88,3	82,5	79,9	49,9	32,9	32,2	-56,1
Differenz[4]	*60,4*	*54,0*	*53,6*	*35,6*	*29,7*	*29,0*	*-31,4*
Erwerbsquoten der über 65-Jährigen[3]							
Gesamt	39,3	35,4	33,0	3,3	0,5	0,5	-38,8
Frauen	19,9	20,0	18,1	3,0	0,2	0,2	-19,7
Männer	64,4	57,0	54,0	3,8	0,9	0,9	-63,5
Differenz[4]	*44,5*	*37,1*	*36,0*	*0,8*	*0,7*	*0,7*	*-43,8*

[1] Erwerbsquote der 15-64-Jährigen: Anzahl der Erwerbspersonen (Beschäftigte und Arbeitslose) in Relation zur Anzahl der Bevölkerung im erwerbsfähigen Alter (15-64 Jahre) (in Prozent)
[2] Erwerbsquote der 55- bis 64-Jährigen: Anzahl der Erwerbspersonen (Beschäftigte und Arbeitslose) in Relation zur Anzahl der Bevölkerung im Alter von 55 bis 64 Jahren (in Prozent)
[3] Erwerbsquote der über 65-Jährigen: Anzahl der Erwerbspersonen (Beschäftigte und Arbeitslose) in Relation zur Anzahl der Bevölkerung über 65 Jahren (in Prozent)
[4] Differenz in den Erwerbsquoten nach Geschlechtern (in Prozentpunkten)
Quelle: ILO (1997) und eigene Berechnungen

Markant sind auch die Unterschiede zwischen Ungarn und Polen hinsichtlich der geschlechtsspezifischen Erwerbsquoten. Die sinkende Gesamterwerbsquote in Ungarn ist hauptsächlich auf den Rückgang der Erwerbsquote der ungarischen Männer zurückzuführen. Im gleichen Zeitraum hat in beiden Ländern die Erwerbsbeteiligung der Frauen dieser Altersgruppe zugenommen[367]. Diese Entwicklung liegt im internationalen Trend[368].

Von besonderem Interesse sind für die Alterssicherung die Erwerbsquoten der älteren Arbeitnehmer (55 bis 64 Jahren) sowie der Personen über 65 Jahren. Zu be-

---

[367] Die Zunahme der Erwerbsbeteiligung ungarischer und polnischer Frauen ist hauptsächlich auf die Politik der kommunistischen Regierungen zurückzuführen, in der die Betreuung der Kinder in umfassender Weise ausgebaut und die Beteiligung der Frauen am Erwerbsleben gefördert wurde.
[368] Beispielsweise ist die Erwerbsquote der Frauen im Alter von 15 bis 64 Jahren im EU-15-Durchschnitt zwischen 1950 und 2000 um 22,3 Prozentpunkte gestiegen. Die Erwerbsquote der Männer ist im gleichen Zeitraum um 15,3 Prozentpunkte zurückgegangen (Bucerius 2003b, Tabelle 5.9, S. 107).

achten gilt im Vergleich der beiden Länder das unterschiedliche gesetzliche Rentenalter. Die Erwerbsbeteiligung polnischer Einwohner im Alter von 55 bis 64 Jahren stieg bis in die 70er Jahre auf ein vergleichsweise hohes Niveau von knapp 72 Prozent. Dieser Anstieg ist vor allem der zunehmenden Erwerbsbeteiligung der Frauen dieser Altersgruppe geschuldet, während die der Männer im gleichen Zeitraum leicht sank. Innerhalb von zehn Jahren sank die Quote für polnische Frauen und Männer allerdings um mehr als zehn Prozentpunkte auf nur noch 59 Prozent im Jahr 1980 und reduzierte sich in den Folgejahren weiter auf 48,8 Prozent im Jahr 1995. Eine ähnliche Situation ergab sich auch in Ungarn. Personen der Altersgruppe der 55- bis 64-Jährigen zogen sich massenweise zwischen den Jahren 1970 und 1980 vom offiziellen Arbeitsmarkt zurück. Während im Jahr 1970 noch etwas mehr als die Hälfte aller Ungarn zwischen 55 und 64 Jahren beschäftigt oder arbeitslos gemeldet waren (51,1 Prozent), sank die Erwerbsquote innerhalb eines Jahrzehnts auf nur noch 30,7 Prozent und halbierte sich annähernd binnen der nächsten zehn Jahre auf 16,7 Prozent im Jahr 1990. Hintergrund dieser Veränderung ist die Absenkung des gesetzlichen Rentenalters in der Zeit des Kommunismus sowie zahlreiche Privilegien, die es ermöglichten, früher als es das gesetzliche Rentenalter vorsah, in den Ruhestand überzuwechseln. Bemerkenswert ist, dass die Erwerbsquote der weiblichen älteren Polen fast doppelt so hoch wie die ihrer ungarischen Altersgenossinnen war. Die Erwerbsquoten der männlichen älteren Erwerbstätigen dagegen unterschieden sich zu diesem Zeitpunkt nur um knapp vier Prozentpunkte.

Das vergleichsweise hohe Rentenalter in Polen gegenüber Ungarn findet auch in den Erwerbsquoten der über 65-Jährigen seinen Ausdruck. Darüber hinaus ist zu berücksichtigen, dass in vielen ehemals kommunistisch regierten Ländern Mittel- und Osteuropas die Rentenleistungen so gering waren, dass die Alten auch nach Erreichen des Rentenalters weiterarbeiteten. Im Jahr 1950 beteiligten sich rund 40 Prozent der Polen im Alter über 65 Jahren am Erwerbsleben. In den folgenden zwanzig Jahren reduzierte sich die Quote bis auf 19,9 Prozent im Jahr 1995. Da das gesetzliche Rentenalter in Ungarn erst in der Zeit des Kommunismus abgesenkt wurde, lagen die Erwerbsquoten der über 65-Jährigen im Jahr 1950 gegenüber Polen auf annähernd demselben Niveau von 39,3 Prozent insgesamt, bzw. 19,9 Prozent bei den Frauen und 64,4 Prozent bei den Männern. Das Bild wandelte sich bis Mitte der 90er Jahre drastisch. Im Jahr 1995 war so gut wie kein Ungar dieser Altersgruppe mehr als Erwerbspersonen gemeldet.

Die Entwicklung der Erwerbsbeteiligung im Transformationsprozess

Im Transformationsprozess sank die Erwerbsbeteiligung der Polen und Ungarn deutlich. Im Jahr 2002 waren gerade einmal knapp 65 Prozent der Polen und rund 60 Prozent der Ungarn erwerbstätig. In beiden Ländern besteht folglich noch ein erhebliches, nicht ausgeschöpftes Potential an Arbeitskräften. Geringe Erwerbsquoten wiederum lassen die Arbeitslosigkeit als nicht so brisant erscheinen, da die Arbeitslosenquoten in der Regel auf Basis der Erwerbspersonen bemessen werden.

Tabelle 3.1.15: Erwerbsquote[1] der 15- bis 64-Jährigen in Polen und Ungarn von 1992 bis 2002 (in Prozent der Bevölkerung in der Altersgruppe) und ihre Veränderung (in Prozentpunkten)

	Polen			Ungarn		
	Total	Männer	Frauen	Total	Männer	Frauen
1992	69,4	76,4	62,6	64,4	71,9	57,3
1993	68,8	75,7	62,1	62,0	69,4	54,9
1994	68,4	75,0	62,1	60,0	67,8	52,7
1995	67,4	73,9	61,0	58,9	67,9	50,3
1996	66,9	73,5	60,5	58,5	67,4	49,9
1997	66,4	73,2	59,9	57,8	66,6	49,3
1998	66,1	72,8	59,7	58,4	66,3	50,8
1999	65,9	72,3	59,8	59,9	67,8	52,3
2000	65,8	71,7	59,9	59,9	67,5	52,6
2001	65,7	71,5	59,9	59,6	67,2	52,4
2002	64,8	70,8	58,9	59,7	67,1	52,7
1992-2002[2]	-4,6	-5,6	-3,7	-4,7	-4,9	-4,6

[1] Erwerbsquote ist definiert als die Anzahl der Erwerbspersonen (Beschäftigte und Arbeitslose) im Alter von 15 bis 64 Jahren in Relation zur Anzahl der Bevölkerung im erwerbsfähigen Alter (15-64 Jahre) (in Prozent). Es ist darauf hinzuweisen, dass sich die hier aufgeführten Erwerbsquoten der OECD von den zuvor aufgeführten Erwerbsquoten der ILO unterscheiden. Zum Teil zeigen sich deutliche Differenzen, die auf statistische Ursachen zurückgeführt werden.
[2] Veränderung in Prozentpunkten
Quelle: OECD (2003) und eigene Berechnungen

Auffällig niedrig ist die Erwerbsbeteiligung der ungarischen Frauen. Mitte der 90er Jahre beteiligte sich nicht einmal mehr die Hälfte aller Frauen im Alter von 15 bis 64 Jahren am Erwerbsprozess. Erst seit dem Jahr 1998 ist es zu einer leichten Erhöhung der Erwerbsbeteiligung ungarischer Frauen gekommen. Sowohl Polen als auch Ungarn sind noch zum Teil deutlich von den durchschnittlichen EU-Zielwerten der Erwerbsquoten entfernt, die auf dem EU-Gipfel von Lissabon im März 2000 beschlossenen und ein Jahr später auf dem Gipfeltreffen in Stockholm als „European Employment Guideline" bestätigt worden sind. Im europäischen Durchschnitt sollen die Erwerbsquoten auf 67 Prozent im Jahr 2005 und 70 Prozent im Jahr 2010 gesteigert werden. Polen weist dagegen bei Frauenerwerbsquoten überdurchschnittliche Quoten gegenüber dem EU-Zielwert von 57 Prozent im Jahr 2005 auf. Allerdings muss Polen den Trend von rückläufigen Frauenerwerbsquoten umkehren, um die Zielmarke von 60 Prozent für das Jahr 2010 zu erreichen. Ungarn ist mit einer Frauenerwerbsquote von 52,7 Prozent im Jahr 2002 noch weit von den Zielwerten entfernt, sodass es hier erhebliche Anstrengungen bedarf, um mehr Frauen auf den Arbeitsmarkt zu bringen.

Zielwerte sind im Rahmen der Europäischen Beschäftigungsrichtlinie auch hinsichtlich der Erwerbstätigkeit der älteren Personen vorgegeben worden. Demnach soll erreicht werden, dass sich im Jahr 2010 im EU-Durchschnitt 50 Prozent aller 55- bis 64-Jährigen am Erwerbsprozess beteiligen. Wie die nachfolgenden Tabellen zeigen, sind Polen und Ungarn von den Zielquoten nicht allzu weit entfernt. Ungarn konnte die Erwerbsquoten der älteren Personen Ende der 90er Jahre verbessern, während die angespannte Wirtschaftslage in Polen seit 1999 ihre negative Spuren deutlich auf dem Arbeitsmarkt für ältere Erwerbspersonen hinterlässt. Allerdings lagen die Erwerbsquoten älterer Personen in Polen im gesamten Zeitraum über denen Ungarns. Die Tatsache, dass die Erwerbsquote der über 65-Jährigen in beiden Ländern erheblich sank, ist unter anderem darauf zurückzuführen, dass es in der Zeit des Kommunismus nicht ungewöhnlich war, wenn Rentenbezieher, ihre Rente durch Erwerbsarbeit aufbesserten. Der Transformationsprozess verschlechterte die Arbeitsmarktchancen der älteren Personen. Die polnische Regierung reduzierte zudem durch eine vergleichsweise großzügige Rentenberechnung die Notwendigkeit zum Hinzuverdienst.

Eine interessante Beobachtung lässt sich in Ungarn machen. Nach einem Rückgang der Erwerbsquoten seit Beginn des Transformationsprozesses, stiegen die Quoten seit dem Jahr 1999 wieder deutlich an. Zurückzuführen ist dies insbesondere auf den Anstieg der Erwerbsquoten der Frauen im Alter von 50 bis 59 Jahren – also bis zum derzeitigen gesetzlichen Rentenalter[369].

Einen erheblichen Anstieg der Erwerbsquote von knapp zehn Prozentpunkten gab es bei den ungarischen Frauen im Alter von 55 bis 59 Jahren. Neben der wirtschaftlichen Erholung und dem kräftigen Wirtschaftswachstum in Ungarn seit Ende der 90er Jahre sind für den Anstieg der Erwerbsbeteiligung älterer Frauen auch die Anhebung der Regelaltersgrenze seit dem Jahr 1996 verantwortlich. Es ist zu vermuten, dass das höhere gesetzliche Renteneintrittsalter auch zu einem höheren tatsächlichen Renteneintrittsalter geführt hat. Getrübt wird diese positive Entwicklung allerdings durch den Rückgang der Beschäftigungsquoten der 50- bis 54-jährigen Männer sowie aller 60- bis über 65-jährigen zwischen 1992 und 2002. Allerdings ist seit dem Jahr 1996 in der Gruppe der 60- bis 64-jährigen Männer ein kontinuierlicher Anstieg in der Erwerbsquote zu verzeichnen.

Die Erfahrungen aus Ungarn rechtfertigen die Forderung nach einer weiteren Anhebung der Regelaltersgrenze in Ungarn für Frauen und Männer (z.B. auf 65 Jahre) sowie für Frauen in Polen. Sofern dies von einem kräftigen Wirtschaftswachstum begleitet wird, ist nicht nur mit einer steigenden Erwerbsbeteiligung älterer Personen im erwerbsfähigen Alter, sondern auch mit einer höheren Beschäftigungsquote zu rechnen.

---

[369] Dieselbe Beobachtung lässt sich auch bei den Beschäftigungsquoten machen (siehe unten).

Tabelle 3.1.16: Erwerbsquoten[1] in Polen in den Jahren 1992 bis 2002 (in Prozent) und ihre Veränderung (in Prozentpunkten) nach Geschlecht und Altersgruppen

	Gesamt					Männer					Frauen				
	50-54	55-59	60-64	65+	50-64	50-54	55-59	60-64	65+	50-64	50-54	55-59	60-64	65+	50-64
1992	69,7	46,4	29,6	14,0	48,2	77,5	58,8	36,6	19,1	57,8	62,6	35,4	23,9	11,0	39,9
1993	68,9	46,5	28,4	13,8	47,6	77,3	58,3	36,3	18,9	57,4	61,2	36,1	21,8	10,8	39,0
1994	69,0	46,5	27,3	12,4	47,2	76,7	58,1	34,8	17,1	56,5	62,0	36,3	21,1	9,6	39,0
1995	69,4	45,5	26,1	11,4	46,5	76,6	56,8	33,7	16,1	55,6	62,7	35,5	19,7	8,5	38,4
1996	69,7	44,5	25,6	11,1	46,6	76,8	55,3	33,5	15,3	55,6	63,1	34,9	19,2	8,4	38,7
1997	68,5	44,8	26,3	10,6	47,4	75,1	55,9	34,5	15,3	56,4	62,3	35,0	19,5	7,7	39,4
1998	69,1	44,0	25,1	10,2	47,8	75,6	55,5	33,5	14,7	56,9	62,9	33,9	18,1	7,4	39,8
1999	69,7	45,1	25,9	8,7	49,5	75,3	56,8	35,1	13,0	58,4	64,4	34,7	18,2	6,0	41,6
2000	66,5	41,0	22,3	8,0	46,9	72,7	51,4	29,7	12,4	55,1	60,7	31,8	16,3	5,2	39,6
2001	65,9	42,7	21,2	7,5	47,3	71,2	54,3	27,7	11,8	55,2	60,8	32,4	15,8	4,8	40,2
2002	65,5	40,7	20,0	6,8	46,6	71,0	50,8	27,5	10,1	54,5	60,2	31,7	13,8	4,7	39,5
1992-2002[2]	-4,3	-5,6	-9,6	-7,3	-1,7	-6,5	-8,0	-9,1	-9,0	-3,3	-2,4	-3,7	-10,1	-6,4	-0,4

[1] Die Erwerbsquote misst die Anzahl der Erwerbspersonen (Beschäftigte und Arbeitslose) einer Altersgruppe in Relation zur Anzahl der Bevölkerung in der betreffenden Altersgruppe (in Prozent).
[2] Veränderung in Prozentpunkten
Quelle: OECD (2003) und eigene Berechnungen

Tabelle 3.1.17: Erwerbsquoten[1] in Ungarn in den Jahren 1992 bis 2002 (in Prozent) und ihre Veränderung (in Prozentpunkten) nach Geschlecht und Altersgruppen

	Gesamt					Männer					Frauen				
	50-54	55-59	60-64	65+	50-64	50-54	55-59	60-64	65+	50-64	50-54	55-59	60-64	65+	50-64
1992	69,7	34,3	13,9	7,7	39,7	78,2	52,1	17,6	10,4	50,2	62,3	19,3	11,0	5,9	30,9
1993	66,5	30,9	10,6	6,0	36,6	74,3	47,8	14,2	8,1	46,5	59,6	16,8	7,9	4,6	28,3
1994	64,9	27,4	9,2	5,0	34,8	73,6	44,0	12,4	6,6	44,9	57,1	13,8	6,6	4,0	26,3
1995	64,0	28,2	7,9	2,4	34,6	73,5	44,9	11,9	3,7	45,3	55,5	14,6	4,8	1,7	25,6
1996	62,3	29,2	7,4	1,9	34,5	70,0	46,1	9,2	2,9	44,1	55,4	15,5	6,0	1,3	26,6
1997	62,3	28,7	7,3	1,5	34,4	71,6	44,2	10,1	2,2	44,6	54,0	16,2	5,3	1,1	26,0
1998	62,0	25,9	7,5	1,5	34,4	69,7	40,0	10,5	2,5	44,4	54,6	14,3	5,3	0,9	25,9
1999	67,1	29,9	7,6	1,5	37,9	72,5	45,9	10,6	2,5	47,8	61,9	16,6	5,5	0,9	29,5
2000	68,7	34,7	8,0	2,6	40,1	73,0	51,7	11,9	3,9	49,5	64,9	20,4	5,0	1,8	32,3
2001	67,9	37,2	9,1	2,0	41,1	71,5	53,5	13,5	3,1	50,1	64,5	23,5	5,7	1,3	33,5
2002	68,7	41,0	9,8	2,2	42,9	71,5	55,1	14,7	3,4	51,0	66,2	29,0	6,0	1,5	36,1
1992-2002[2]	-1,0	6,6	-4,2	-5,5	3,2	-6,7	3,0	-2,9	-7,0	0,8	3,9	9,7	-5,0	-4,4	5,3

[1] Die Erwerbsquote misst die Anzahl der Erwerbspersonen (Beschäftigte und Arbeitslose) einer Altersgruppe in Relation zur Anzahl der Bevölkerung in der betreffenden Altersgruppe (in Prozent).
[2] Veränderung in Prozentpunkten
Quelle: OECD (2003) und eigene Berechnungen

3.1.3.5 Beschäftigung

Die Erwerbsbeteiligung ist nur ein erster Indikator für die Situation auf dem Arbeitsmarkt in einem Land. Sofern ein hoher Grad an Erwerbstätigkeit mit einer hohen Arbeitslosigkeit verbunden ist, hat dies keine entlastenden Effekte auf die sozialen Sicherungssysteme. Je mehr Personen eines Landes auf dem offiziellen Arbeitsmarkt beschäftigt sind, desto besser ist das für die Volkswirtschaft allgemein und speziell auch für Sozialversicherungssysteme, die wie in Polen und Ungarn an den Beschäftigungsstatus gebunden sind. Da in Polen und Ungarn annähernd die gesamte Erwerbsbevölkerung in das Rentensystem einbezogen ist, wirkt sich der Beschäftigungsgrad auch in hohem Maße auf die finanzielle Lage des jeweiligen Rentensystems aus[370].

Die Entwicklung der Beschäftigung im Transformationsprozess

Die wirtschaftlichen Probleme nach Beginn des Transformationsprozesses spiegeln sich in der Beschäftigung der Bevölkerung wider. Weder Polen noch Ungarn haben mehr als zehn Jahre nach der Wende das Beschäftigungsniveau von 1989 erreicht. In Ungarn ist das Beschäftigungsniveau geringer als in Polen[371]. Ähnlich den Entwicklungen des Bruttoinlandsprodukts nach 1989 sank die Anzahl der Beschäftigten in Polen zunächst stärker ein als in Ungarn. Ebenso entspannte sich die Situation auf dem polnischen Arbeitsmarkt schneller als auf dem ungarischen Arbeitsmarkt. Somit zeichnen sich auch die Wirkungen der unterschiedlichen Transformationsstrategie der beiden Länder in den Arbeitsmarktdaten ab. Allerdings war der Erholungsprozess in Ungarn in den Folgejahren stetig, während sich in Polen bereits nach dem Jahr 1998 wieder Probleme auf dem Arbeitsmarkt abzeichneten.

In der nachfolgenden Tabelle wird der Anteil der Beschäftigten in der Altersgruppe der Bevölkerung im erwerbsfähigen Alter (15 bis 64 Jahre) insgesamt und getrennt für Frauen und Männer in der Zeit von 1992 bis 2002 dargestellt.

In beiden Ländern sank die Beschäftigungsquote[372] nach Beginn des Transformationsprozesses. Im Jahr 1996 kam es in Polen zu einer leichten Erholung auf dem

---

[370] Kurzfristig erhöhen sich die Beitragseinnahmen der staatlichen Rentenkassen. Langfristig allerdings entstehen in Zukunft Ansprüche an die staatliche Rentenversicherung bzw. den Staat.

[371] Dabei muss allerdings beachtet werden, dass in der Zeit des Kommunismus zwar ein hoher Beschäftigungsstand erreicht wurde, dieser aber aufgrund des oftmals ineffizienten Arbeitseinsatzes nicht zu einer Erhöhung des wirtschaftlichen Wachstums beitrug. Dessen ungeachtet besteht in beiden Ländern noch ein erhebliches ungenutztes Beschäftigungspotential.

[372] Die Beschäftigungsquote ist hier im Kern definiert als die Anzahl der Beschäftigten im Alter von 15 bis 64 Jahren in Relation zur Anzahl der Personen im Alter von 15 bis 64 Jahren. Gegebenenfalls abweichende Altersgrenzen werden definiert.

Arbeitsmarkt[373], als die Beschäftigungsquote der 15- bis 64-Jährigen erstmals wieder zunahm[374]. Diese positive Entwicklung der polnischen Beschäftigungsquote hielt allerdings nur bis einschließlich dem Jahr 1998 an. Im Jahr 1999 kam es erneut zu einem Einbruch in den Beschäftigungsquoten. Im Jahr 2002 waren nur noch etwas mehr als die Hälfte aller Polen im Alter von 15 bis 64 Jahren beschäftigt. Zehn Jahre zuvor waren es noch knapp 60 Prozent der Personen dieser Altersgruppe gewesen.

Tabelle 3.1.18: Beschäftigungsquoten[1] in Polen und Ungarn zwischen den Jahren 1992 und 2002 (in Prozent) und ihre Veränderung (in Prozentpunkten)

	Polen			Ungarn		
	Total	Männer	Frauen	Total	Männer	Frauen
1992	59,9	66,9	53,1	58,0	64,0	52,3
1993	58,9	65,9	52,1	54,5	60,0	49,3
1994	58,3	64,9	51,9	53,5	59,6	47,8
1995	58,1	64,7	51,8	52,9	60,2	45,9
1996	58,4	65,2	51,8	52,7	60,2	45,5
1997	58,8	66,1	51,8	52,7	60,3	45,5
1998	58,9	65,8	52,2	53,8	60,6	47,3
1999	57,5	63,6	51,6	55,7	62,6	49,0
2000	55,0	61,2	48,9	56,0	62,7	49,6
2001	53,5	59,2	47,8	56,2	63,0	49,8
2002	51,7	57,0	46,4	56,2	62,9	49,8
1992-2002[2]	-8,2	-9,9	-6,7	-1,8	-1,1	-2,5

[1] Beschäftigte in Prozent der Bevölkerung im Alter von 15 bis 64 Jahren
[2] Veränderung in Prozentpunkten
Quelle: OECD (2003) und eigene Berechnungen

Am deutlichsten reduzierten sich im gesamten Beobachtungszeitraum die Beschäftigungsraten der Männer (minus 9,9 Prozentpunkte). Da sich im selben Zeitraum die Beschäftigungsquoten der Frauen um 6,7 Prozentpunkte reduzierten, lag die ohnehin niedrigere Beschäftigungsquote der Frauen mit 46,4 Prozent auch am Ende der Beobachtungsperiode, im Jahr 2002, mehr als zehn Prozentpunkte unter derjenigen der Männer (57 Prozent).

In Ungarn stieg die Beschäftigungsquote erst nach 1996. Im Gegensatz zu Polen blieb das Beschäftigungswachstum in Ungarn bis 2001 positiv[375], auch wenn die Zuwachsraten in den Jahren 2001 und 2002 nur noch gering waren. Mitte der 90er

---

[373] Die Anzahl der Beschäftigten nahm in Polen bereits wieder nach dem Jahr 1994 zu. Da jedoch zu diesem Zeitpunkt die Anzahl der Personen im Alter zwischen 15 und 64 Jahren stärker stieg als die Beschäftigtenzahl, kam es zu einer weiteren Reduzierung der Beschäftigungsquote.

[374] Zu dieser positiven Entwicklung hat auch der vergleichsweise hohe Anteil der selbständig Beschäftigten in Polen beigetragen. Im Jahr 2000 betrug der Anteil der Selbständigen an allen Beschäftigten 22,5 Prozent. Deutlich niedriger lag dieser Anteil in Ungarn im selben Jahr bei 14,6 Prozent aller Beschäftigten (Eurostat 2001h und eigene Berechnungen).

[375] Nach Einschätzung der OECD könnte in Ungarn die Beschäftigung durch gezielte wirtschaftspolitische Maßnahmen gesteigert werden. Genannt werden die Verschärfung der Berechtigungskriterien für den Bezug einer Invalidenrente und die Schaffung von Anreizen, auch niedrig bezahlte Jobs anzunehmen (OECD 2000a, S. 7f.)

Jahre waren gerade etwas mehr als die Hälfte aller 15- bis 64-jährigen Ungarn im Land beschäftigt. Der wirtschaftliche Erholungsprozess führte erst allmählich dazu, dass die Beschäftigungsquote der Personen im Erwerbsalter wieder stieg. Allerdings erreichte sie im Jahr 2002 mit einer Quote von 56,2 Prozent noch nicht das Niveau, das ein Jahrzehnt zuvor geherrscht hatte.

Abbildung 3.1.6: Veränderung der Beschäftigungsquoten[1] der 15- bis 64-jährigen Frauen und Männer in Polen und Ungarn gegenüber dem Vorjahr zwischen den Jahren 1992 bis 2002 in Prozentpunkten

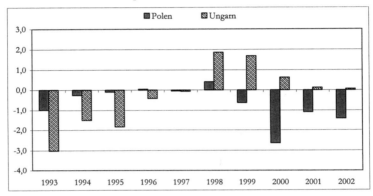

[1] Die Beschäftigungsquote ist hier definiert als die Anzahl der Beschäftigten im Alter von 15 bis 64 Jahren in Prozent der Bevölkerung in dieser Altersgruppe
Quelle: Eigene Darstellung und Berechnung nach OECD (2003)

In den ersten Jahren des Transformationsprozesses sank insbesondere die Beschäftigungsquote der Frauen in Ungarn. Mitte der 90er Jahre waren nur noch rund 46 Prozent der ungarischen Frauen im Alter von 15 bis 64 Jahren beschäftigt. Von den Männern in derselben Altersgruppe gingen immerhin noch 60 Prozent einer Erwerbsarbeit nach. Bis zum Jahr 2002 stieg die Beschäftigungsquote auf knapp 63 Prozent für Männer und nahezu 50 Prozent für Frauen.

Die beiden Transformationsländer folgten nicht dem Trend von steigenden Beschäftigungsquoten der Frauen und sinkenden Beschäftigungsquoten der Männer in den 15 EU-Ländern[376]. Vielmehr sanken in Polen und Ungarn sowohl die Quoten

---

[376] Im internationalen Vergleich weisen sowohl Polen als auch Ungarn unterdurchschnittliche Beschäftigungsquoten auf. Beispielsweise lag die durchschnittliche Beschäftigungsquote in den 15 EU-Mitgliedsländern bei den 15- bis 64-Jährigen im Jahr 1990 bei 62,2 Prozent (Männer: 75,3 Prozent; Frauen: 49,1 Prozent) und im Jahr 2000 bei 63,3 Prozent (Männer: 72,5 Prozent; Frauen: 54,0 Prozent). Allerdings lagen die Beschäftigungsquoten in manchen EU-Staaten unter denen von Polen und Ungarn. Im Jahr 2000 beispielsweise wies Italien eine Beschäftigungsquote von nur 53,5 Prozent auf. Dies war in erster Linie aber auf sehr geringe Beschäftigungsquoten der Frauen zurückzuführen. Selbst die niedrigste Beschäftigungsquote der Männer in einem EU-Land im Jahr

der Männer als auch die der Frauen in annähernd gleichem Umfang. Gleichwohl muss beachtet werden, dass die Beschäftigungsquoten der Frauen in den ehemals kommunistischen Staaten Ende der 80er Jahre vergleichsweise hoch waren[377].

Die Beschäftigung älterer Erwerbspersonen

Im Zusammenhang mit den Rentensystemen haben die Beschäftigungsquoten der älteren Personen eine besondere Bedeutung. Sie sind ein wichtiger Indikator, um der Frage nachzugehen, ob wirtschaftliche oder politische Änderungen sowie institutionelle Rahmenbedingungen Auswirkungen auf die Beteiligung älterer Personen am Erwerbsprozess gehabt haben[378]. Vor dem Hintergrund einer geringeren Regelaltersgrenze in Ungarn gegenüber Polen sind die geringeren Beschäftigungsquoten der Ungarn im Alter zwischen 50 und 64 Jahren Anfang der 90er Jahre nichts Überraschendes. Interessant ist jedoch, dass die Beschäftigungsquoten in Ungarn im Jahr 2002 höher liegen als zehn Jahre zuvor und darüber hinaus sowohl die der Polen in dieser Altersgruppe übertreffen.

Hintergrund dieser Entwicklung ist zum einen die bessere wirtschaftliche Lage in Ungarn im Vergleich zu Polen um die Jahrtausendwende. Zum anderen ist zu vermuten, dass die Reform der Alterssicherung und die schrittweise Anhebung des gesetzlichen Rentenalters seit dem Jahr 1996 in Ungarn bereits kurzfristig Wirkung zeigte. Welche der beiden Einflussfaktoren ausschlaggebend war, kann an dieser Stelle nicht abschließend beantwortet werden. Auffällig ist jedoch, dass die Beschäftigungsquote der 50- bis 64-jährigen ungarischen Männer ein Jahr nach der ersten Anhebung des gesetzlichen Rentenalters um 3,6 Prozentpunkte und die der Frauen um 3,8 Prozentpunkte angestiegen ist.

2000 lag mit 67,5 Prozent (Italien) noch fast fünf Prozentpunkte über der Quote in Ungarn (Bucerius 2003b, Tabelle 5.12, S. 120).

[377] Zurückzuführen ist die hohe Erwerbsbeteiligung und Beschäftigung der Frauen in der Zeit des Kommunismus auf das in den jeweiligen Verfassungen festgeschriebene Recht auf Arbeit. Da die meisten Menschen im öffentlichen Sektor beschäftigt waren, konnte der Staat im Prinzip so viele Arbeitsplätze zur Verfügung stellen, wie nachgefragt wurden. Dies allerdings führte zu Überbeschäftigung, „Arbeitslosigkeit am Arbeitsplatz" und sinkender Arbeitsproduktivität.

[378] Langfristig hat insbesondere eine geringe Beschäftigungsquote der Personen unterhalb des gesetzlichen Rentenalters negative Folgen für die Finanzierung der Rentensysteme. Den Rentnern, die noch nicht das gesetzliche Rentenalter erreicht haben, muss über einen längeren Zeitraum eine Rente gezahlt werden, obwohl viele von ihnen nur relativ kurz beschäftigt waren. Die Interpretation sind eindeutige Aussagen nicht immer möglich. Niedrige Beschäftigungsquoten älterer Erwerbspersonen können beispielsweise darauf hindeuten, dass im Transformationsprozess speziell die älteren Erwerbstätigen durch die Politik der Frühverrentung bzw. durch die großzügige Gewährung von Invalidenrenten vom (offiziellen) Arbeitsmarkt verdrängt wurden. Hohe Beschäftigungsquoten auf der anderen Seite können auch darauf hindeuten, dass die staatlichen Rentenleistungen so gering sind, dass ältere Menschen dazu gezwungen werden, einer Erwerbsarbeit (neben dem Bezug einer Rente) nachzugehen.

Tabelle 3.1.19: Beschäftigungsquoten[1] älterer Erwerbspersonen im Alter von 50 bis 64 Jahren in Polen und Ungarn nach Geschlecht zwischen den Jahren 1992 und 2002 (in Prozent) und ihre Veränderung (in Prozentpunkten)

	Polen			Ungarn		
	Gesamt	Männer	Frauen	Gesamt	Männer	Frauen
1992	44,7	53,3	37,1	37,1	46,7	29,0
1993	44,1	53,0	36,2	33,7	42,5	26,3
1994	43,5	51,9	36,1	32,3	41,5	24,7
1995	43,1	51,4	35,9	32,4	42,2	24,2
1996	43,4	51,6	36,2	32,5	41,2	25,2
1997	44,4	52,7	37,1	32,4	41,7	24,7
1998	44,7	53,3	37,1	32,7	42,1	24,8
1999	45,7	53,4	38,9	36,4	45,7	28,6
2000	42,4	49,8	35,7	38,6	47,4	31,3
2001	42,1	48,9	36,0	39,6	47,9	32,5
2002	40,3	46,8	34,5	41,4	48,9	35,1
1992-2002[2]	-4,4	-6,5	-2,6	4,3	2,2	6,1

[1] Die Beschäftigungsquote misst die Anzahl der Beschäftigten einer Altersgruppe in Relation zur Anzahl der Bevölkerung in der betreffenden Altersgruppe (in Prozent).
[2] Veränderung in Prozentpunkten
Quelle: OECD (2003) und eigene Berechnungen

Polen erlebte einen Einbruch der Beschäftigungsquoten dieser Altersgruppe nach 1999. Die Reform der Alterssicherung dürfte hierbei allerdings nicht von Belang sein. Vielmehr trifft die deutliche Reduktion der Beschäftigungsquote mit der erheblichen Verschlechterung der allgemeinen ökonomischen Lage des Landes zusammen. Ein weiterer aufschlussreicher Aspekt ist, dass die höhere Beschäftigungsquote der 50- bis 64-Jährigen insbesondere durch eine deutlich höhere Beschäftigung der Ungarn im Alter zwischen 50 und 54 Jahren (im Jahr 2002 für beide Geschlechter: Ungarn: 66,2 Prozent; Polen: 55,5 Prozent) zurückzuführen ist, da nur noch wenige Ungarn im Alter zwischen 60 und 64 Jahren (im Jahr 2002 für beide Geschlechter: Ungarn: 9,6 Prozent; Polen: 18,6 Prozent) – nicht zuletzt aufgrund des Rentenalters von derzeit (Stand 2003) 62 Jahren für Männer und 59 Jahren für Frauen - einer Erwerbsarbeit nachgehen. In der Altersgruppe der 55 bis 59 Jahre alten Personen unterscheiden sich die Quoten dagegen deutlich weniger (im Jahr 2002 für beide Geschlechter: Ungarn: 39,5 Prozent; Polen: 35,9 Prozent). In den nachfolgenden vier Abbildungen sind die Beschäftigungsquoten älterer Erwerbspersonen getrennt nach Land, Geschlecht und Altersgruppe dargestellt[379]. Die identische Skalierung soll optisch den Vergleich zwischen den Geschlechtern und den beiden Ländern erleichtern. Die traditionelle hohe Beschäftigung der Frauen im Kommunismus sowie die damals relativ häufig anzutreffende Beschäftigung über das Rentenalter hinaus haben (noch) Einfluss auf die Beschäftigungsraten nach 1990. In Polen haben die wirt-

---

[379] Daten in dieser Detailliertheit liegen erst für die Jahre seit 1992 vor. Es ist jedoch davon auszugehen, dass es in beiden Ländern bis 1992 bereits zu einem erheblichen Einbruch der Beschäftigungsquoten der älteren Erwerbspersonen gekommen ist.

schaftlichen Probleme ihre Spuren auf dem Arbeitsmarkt hinterlassen. Vor allem der Anteil der Beschäftigten der Altergruppe der 50- bis 54-Jährigen sank bei den Männern nach dem Jahr 1998 und bei den Frauen nach einem leichten Anstieg zwischen den Jahren 1998 und 1999 deutlich[380]. Die Politik der Frühpensionierung zeigt sich darin, dass die Beschäftigungsquoten der 60- bis 64-jährigen Polen mit knapp 10 Prozentpunkten bei Frauen ebenso wie bei Männern zwischen den Jahren 1992 und 2002 am deutlichsten gesunken ist. Über die Regelaltersgrenze (65 Jahre für Männer und 60 Jahre für Frauen) hinaus arbeiteten im Jahr 2002 immerhin noch 9,9 Prozent der Männer bzw. 6,4 Prozent der Frauen.

Die Entwicklungen der Erwerbsquoten in Ungarn geben Anlass zur Hoffnung auf weitere positive Entwicklungen. Die Entwicklungen auf dem Arbeitsmarkt und eingeleitete erste Reformen zeigen, dass das Land auf dem richtigen Weg ist. Erfreulich ist, dass von den Tendenzen der Besserung auch - und zum Teil auch gerade - die älteren Erwerbspersonen profitieren. Seit dem Jahr 1998 beispielsweise stieg die Beschäftigungsquote der ungarischen Männer im Alter von 55 bis 59 Jahren deutlich von 40,9 Prozent im Jahr 1998 auf 52,8 Prozent an.

Leicht höhere Beschäftigungsquoten gab es auch in der Altersgruppe der 60- bis 64-jährigen Ungarn. Auch bei den Frauen sind deutliche Verbesserungstendenzen zu erkennen. Bereits im Jahr 2000 übertraf die Beschäftigungsquote der 50- bis 55-Jährigen Ungarinnen die entsprechende Quote der Polinnen um nahezu 8 Prozentpunkte (Ungarn: 62,5 Prozent; Polen: 54,7 Prozent). Dagegen lag die Beschäftigungsquote der weiblichen Ungarn im gleichen Jahr im Alter von 55 bis 59 Jahren unter der Beschäftigungsquote der gleichaltrigen Polinnen (Ungarn: 20 Prozent; Polen: 28,5 Prozent). Leichte Zuwächse gab es auch bei den Frauen, oberhalb des gesetzlichen Rentenalters. Die Beschäftigungsquote der 60- bis 64-Jährigen Frauen in Ungarn (6 Prozent) betrug dennoch trotz leichter Zuwächse seit Ende der 90er Jahre nur die Hälfte der entsprechenden Quote der polnischen Frauen (12,9 Prozent). Offensichtlich sind die unterschiedlichen Regelaltersgrenzen für die Unterschiede verantwortlich.

---

[380] Die Extremsituation des Transformationsprozesses, die in der Zeit des Kommunismus bereits relativ hohen Beschäftigungsquoten von Frauen und die einsetzende Wirtschaftskrise Ende der 90er Jahre sind vermutlich zusammen wesentlich dafür verantwortlich, dass die Beschäftigungsquote der polnischen älteren Frauen entgegen dem internationalen Trend nicht gestiegen, sondern gesunken ist.

Abbildung 3.1.7: Beschäftigungsquoten[1] älterer Männer in Polen nach Altersgruppen zwischen den Jahren 1992 und 2002 (in Prozent)

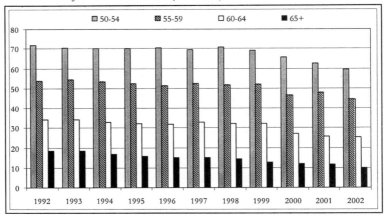

[1] Die Beschäftigungsquote misst die Anzahl der Beschäftigten einer Altersgruppe in Relation zur Anzahl der Bevölkerung in der betreffenden Altersgruppe (in Prozent).
Quelle: Eigene Berechnung und Darstellung nach OECD (2003)

Abbildung 3.1.8: Beschäftigungsquoten[1] älterer Frauen in Polen nach Altersgruppen zwischen den Jahren 1992 und 2002 (in Prozent)

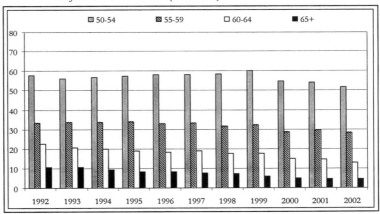

[1] Die Beschäftigungsquote misst die Anzahl der Beschäftigten einer Altersgruppe in Relation zur Anzahl der Bevölkerung in der betreffenden Altersgruppe (in Prozent).
Quelle: Eigene Berechnung und Darstellung nach OECD (2003)

Abbildung 3.1.9: Beschäftigungsquoten[1] älterer Männer in Ungarn nach Altersgruppen zwischen den Jahren 1992 und 2002 (in Prozent)

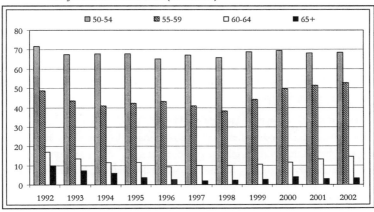

[1] Die Beschäftigungsquote misst die Anzahl der Beschäftigten einer Altersgruppe in Relation zur Anzahl der Bevölkerung in der betreffenden Altersgruppe (in Prozent).
Quelle: Eigene Berechnung und Darstellung nach OECD (2003)

Abbildung 3.1.10: Beschäftigungsquoten[1] älterer Frauen in Ungarn nach Altersgruppen zwischen den Jahren 1992 und 2002 (in Prozent)

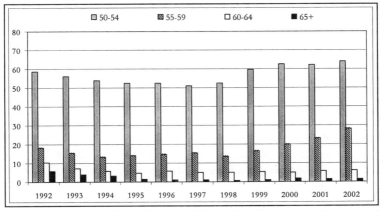

[1] Die Beschäftigungsquote misst die Anzahl der Beschäftigten einer Altersgruppe in Relation zur Anzahl der Bevölkerung in der betreffenden Altersgruppe (in Prozent).
Quelle: Eigene Berechnung und Darstellung nach OECD (2003)

Veränderung der Beschäftigungsstruktur

In den vergangenen Jahrzehnten hat sich das Erwerbsverhalten in den meisten Industriestaaten gewandelt. Ein Ausdruck dieses veränderten Erwerbsverhaltens ist die zunehmende Teilzeitbeschäftigung. Regierungen müssen ihre Sozialsysteme daher nicht nur an neue demographische und makroökonomische Rahmenbedingungen, sondern auch an gesellschaftliche Wandlungen anpassen. Sowohl für die Rentensysteme als auch für die Versicherten wirkt sich eine Zunahme der Teilzeitbeschäftigung aus. Häufig sind die Effekte unvorteilhaft für die Rentensysteme. Ein Anstieg der Teilzeitquote[381] impliziert – sofern keine anderen Vorkehrungen getroffen werden - in beitragsbezogenen System mit einkommensbezogenen Leistungen einen Rückgang der Sozialversicherungsbeiträge durch die Versicherten und in der Folge geringere eigene Ansprüche.

Beschäftigung nach öffentlichem und privatem Sektor

Um die Entwicklungen auf dem Arbeitsmarkt nach Beginn des Transformationsprozesses zu erläutern, ist es wichtig, zwischen dem öffentlichen und dem privaten Sektor zu unterscheiden. Nach der Wende wandelte sich die Beschäftigungsstruktur erheblich. Angesichts des überdimensionierten Staatssektors in der kommunistischen Periode waren ein erheblicher Bedeutungsverlust der öffentlichen Arbeitgeber und ein erheblicher Verlust an Arbeitsstellen in staatseigenen Betrieben zu erwarten gewesen. In Polen sank der Anteil der Beschäftigten im öffentlichen Dienst von einer Quote von 54,3 Prozent der Gesamtbeschäftigtenanzahl innerhalb von drei Jahren um nahezu zehn Prozentpunkte auf 45,3 Prozent und fiel bis Ende des Jahres 2000 auf einen Anteil von nur noch 27,8 Prozent. Parallel dazu stieg zwar die Beschäftigung in der Privatwirtschaft, jedoch nicht in dem Ausmaß wie sie im Staatssektor gesunken war[382]. In Ungarn sind Schätzungen zufolge Ende der 90er Jahre ca. 75 Prozent der Beschäftigten im Privatsektor tätig (Clement et. al. 2002, S. 34).

Teilzeitbeschäftigung

Teilzeitbeschäftigung spielte in Polen und Ungarn Ende des 20. Jahrhunderts noch keine bedeutende Rolle. Vor allem in Ungarn ist der Anteil der Teilzeitbeschäftigten an allen Beschäftigten mit unter fünf Prozent noch marginal. Im Vergleich zum EU-15-Durchschnitt zeigt sich ein interessanter Unterschied in der Struktur der Teilzeitbeschäftigung. Während die Teilzeitquote polnischer Männer im Jahr 2000 über dem EU-Mittelwert lag, betrug die entsprechende Quote der polnischen Frauen deutlich weniger als die Hälfte der Durchschnittsquote der EU-Staaten.

Es ist davon auszugehen, dass auch in den beiden Transformationsstaaten der Anteil der Teilzeitbeschäftigung in den kommenden Jahren steigen wird. Da die refor-

---

[381] Die Teilzeitquote ist definiert als die Teilzeitbeschäftigung in Prozent der Gesamtbeschäftigung. Sobald die Teilzeitquote steigt, bedeutet dies, dass der Anteil der Teilzeitbeschäftigten gegenüber den Vollzeitbeschäftigten steigt. Insofern ist ein Anstieg der Teilzeitquote immer mit einem relativen Rückgang der Vollzeitbeschäftigung verbunden.

[382] Zwischen den Jahren 1989 und 2000 sank die Anzahl der Beschäftigten im öffentlichen Sektor in Polen um 5,32 Millionen Personen, während im gleichen Zeitraum die Zahl der Beschäftigten im Privatsektor nur um 3,06 Millionen Personen zunahm (Clement et. al. 2002, S. 34).

mierten Alterssicherungssysteme eine im Vergleich zu den alten Systemen stärkere Verknüpfung von Beiträgen und Leistungen vorsehen, sinken die Rentenansprüche von Personen in einer Teilzeitbeschäftigung[383]. Zudem werden Teilzeitbeschäftigte tendenziell weniger Kapital in der obligatorischen Zusatzrentenversicherung ansparen als Vollzeitbeschäftigte.

Abbildung 3.1.11: Teilzeitquoten[1] in Polen und Ungarn im Vergleich zum EU-15-Durchschnitt im Jahr 2000 (in Prozent)

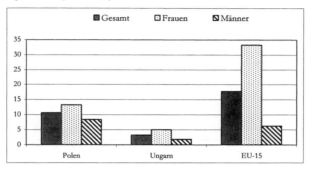

[1] Teilzeitbeschäftigung in Prozent der Gesamtbeschäftigung
Quelle: Eigene Berechnung und Darstellung nach EU-Kommission (2001e) und Eurostat (2001h)

Beschäftigung nach Wirtschaftszweigen

Ein weiteres wichtiges Detail ist die Struktur der Beschäftigung. Nicht nur aus dem Blickwinkel der Transformationspolitik sondern auch für die Rentenversicherungssysteme ist die Struktur der Beschäftigung nach Wirtschaftszweigen von Interesse. Beispielsweise besteht für die polnischen Landwirte ein gesondertes Rentenversicherungssystem (KRUS). In Ungarn hat sich die Struktur der Beschäftigung nach Wirtschaftszweigen nach 1989 mehr verändert als in Polen. Seit 1990 sank der Anteil der Beschäftigten in der Landwirtschaft in Ungarn drastisch. Wenig strukturelle Änderungen gab es seit 1980 in der Industrie. Erheblich wandelte sich hingegen die Bedeutung des Dienstleistungssektors in beiden Ländern. Insbesondere Frauen fanden hier einen Arbeitsplatz. Ende des 20. Jahrhunderts war rund die Hälfte aller polnischen und 60 Prozent der ungarischen Berufstätigen im Dienstleistungssektor beschäftigt.

Deutlich unterschieden sich die anteiligen Beschäftigungen im Landwirtschaftssektor. In Ungarn hat die Landwirtschaft nicht die traditionell große Bedeutung wie in Polen. Auffallend gering war der Anteil der ungarischen Frauen in der Landwirt-

---

[383] Besonders deutlich wird dies, wenn man sich vor Augen führt, dass in Polen durch das NDC-System die individuellen lohnbezogenen Beiträge auf einem Konto gutgeschrieben werden. Damit erhält ein Versicherter im Ruhestand im Prinzip nur, was er im Erwerbsleben eingezahlt hat (zuzüglich der Zinsen auf das Kapital).

schaft gegenüber dem polnischer Frauen. Im Jahr 2000 machte die Beschäftigungs-quote der ungarischen Frauen in der Landwirtschaft nicht einmal ein Fünftel der Quote polnischer Frauen aus. Weniger drastisch waren die Differenzen bei den männlichen Beschäftigten in der Landwirtschaft. Hier betrug der Anteil der Ungarn im Jahr 2000 weniger als die Hälfte des entsprechenden Anteils in Polen.

Tabelle 3.1.20: Beschäftigung in Polen und Ungarn nach Wirtschaftszweig zwischen 1980 und 2000 (in Prozent der Erwerbsbevölkerung) [1]

	1980	1989	1990[1]	1995	2000
Landwirtschaft					
Männer					
Polen	k.A.	k.A.	25,4	22,7	18,9
Ungarn	24,4	22,4	21,2	10,7	9,0
Frauen					
Polen	k.A.	k.A.	26,0	22,5	18,4
Ungarn	19,2	15,1	15,0	4,7	3,3
Industrie					
Männer					
Polen	k.A.	k.A.	40,7	41,1	41,1
Ungarn	45,1	42,7	42,8	38,8	41,1
Frauen					
Polen	k.A.	k.A.	20,4	21,0	18,8
Ungarn	36,2	27,6	30,4	24,8	24,7
Dienstleistung					
Männer					
Polen	k.A.	k.A.	33,8	36,1	39,9
Ungarn	30,5	34,9	36,0	50,4	49,9
Frauen					
Polen	k.A.	k.A.	53,4	56,5	62,8
Ungarn	44,6	47,4	54,6	70,5	71,8

[1] Angaben für Polen beziehen sich auf das Jahr 1993
k.A.: keine Angaben
Quelle: Eurostat (2001h), Weltbank (2001) und eigene Berechnungen

In Polen blieb die Beschäftigung in der Landwirtschaft noch rund zehn Jahre nach Beginn des Transformationsprozesses auf hohem Niveau. Dies ist zum Großteil auf die traditionell große Bedeutung der landwirtschaftlichen Produktion in Polen aber auch den Mangel an alternativen Beschäftigungsmöglichkeiten (The Economist, 6 November 1999) und sogar Fehlanreizen im Sozialversicherungssystem für selb-ständige Landwirte (KRUS) zurückzuführen (siehe unten). Dies impliziert auch, dass der polnische Landwirtschaftssektor von dem Beschäftigungsabbau nicht so stark betroffen war wie der Industriesektor[384]. In Ungarn hat sich mittlerweile der Anteil

---

[384] In der polnischen Landwirtschaft gingen zwischen 1989 und 2000 rund 655.000 Arbeitsplätze verloren, in der Industrie sogar 2,25 Millionen Arbeitsplätze. Im Dienstleistungssektor dagegen entstanden im gleichen Zeitraum nur 641.000 Stellen (Dlugolecka/Wresniewska 2000, S. 13; Eurostat 1999).

der ungarischen Beschäftigten in der Landwirtschaft gemessen an der Gesamtbe-schäftigtenzahl dem EU-Niveau angenähert (Eurostat 2001h)[385].

3.1.3.6 Arbeitslosigkeit

Nach Beginn des Transformationsprozesses war es unumgänglich, dass die ehe-mals verdeckte Arbeitslosigkeit in Polen und Ungarn aufgedeckt wurde. Die Folge war, dass die Arbeitslosenquoten binnen kurzer Zeit von (offiziell) null Prozent auf zweistellige Raten anstiegen. Arbeitslosigkeit wirkt sich auf die Gesellschaft gleich in mehrfacher Hinsicht negativ aus. Erstens leisten (tatsächlich) Arbeitslose keinen ei-genen Beitrag zum Bruttoinlandsprodukt. Zweitens wird durch oder für sie häufig kein Beitrag oder nur für einen beschränkten Zeitraum Beiträge zur Sozialversiche-rung gezahlt[386]. Darüber hinaus verleitet eine hohe Arbeitslosigkeit im Land die Re-gierungen und Unternehmen zu einer Politik der Frühverrentung und bewirkt, dass sich noch mehr Menschen vom offiziellen Arbeitsmarkt zurückziehen. Nicht unter-schätzt werden dürfen auch die negativen Folgen für die Versicherten. Sofern sie oder der Staat für sie – gegebenenfalls nach einer bestimmten Zeitdauer der Arbeits-losigkeit - keine Beiträge (mehr) zahlen, werden sie bei einer langen Dauer der Er-werbslosigkeit nur geringe eigene Rentenansprüche erwerben[387]. Auch muss beach-tet werden, dass die in der Regel bestenfalls für den aktuellen Lebensunterhalt aus-reichenden Transferzahlungen an Arbeitslose die Betroffenen häufig nicht in die Lage versetzen, selbständig Geld für das Alter anzusparen.

Die Entwicklungen auf den Arbeitsmärkten in Polen und Ungarn sind in den ers-ten Jahren nach Beginn des Transformationsprozesses ähnlich, auch wenn Ungarn zu keinem Zeitpunkt so hohe Arbeitslosenquoten erreichte wie Polen. Dies bedeutet jedoch nicht, dass es um den ungarischen Arbeitsmarkt wesentlich besser bestellt

---

[385] Diese Entwicklung stellte für Ungarn zunächst ein Problem dar, da im Dienstleistungssektor nicht im gleichen Zeitraum ausreichende Arbeitsplätze geschaffen werden konnten. In Polen ist der Agrarsektor mit Blick auf den geplanten EU-Beitritt eines der größten Probleme.

[386] In Polen übernimmt der Staat regulär maximal ein Jahr lang die Beiträge zur Rentenkasse für Arbeitslose. Eine Ausnahme dieser Regelung sind Familien mit Kindern, in denen beide Eltern arbeitslos sind. Ihnen kann bis zu 18 Monate lang eine Arbeitslosenhilfe gezahlt werden. Nach Ablauf dieser Zeit werden keine Sozialversicherungsbeiträge für die folgende Zeit ihrer Arbeitslo-sigkeit entrichtet, sodass sie für diesen Zeitraum keine Ansprüche für eine spätere Rente erwerben. Aufgrund der hohen Langzeitarbeitslosigkeit in Polen erhalten nur rund 20 Prozent aller Arbeits-losen eine Arbeitslosenhilfe (Golinowksa et.al., S. 32 und Tabelle 2.8, S. 33 f.). In Ungarn unterlie-gen die Leistungen aus der Arbeitslosenversicherung der Besteuerung und der Beitragspflicht zur Sozialversicherung.

[387] Falls die Betroffenen aufgrund einer sehr brüchigen Erwerbsbiographie nicht die Mindestbei-tragsjahre für den Bezug einer (Mindest-) Rente vorweisen können, werden sie im Alter auf andere Sozialleistungen des Staates (z.B. eine Sozialhilfe oder die Zahlung eines Mindesteinkommens) angewiesen sein. Beispielsweise beträgt die Mindestbeitragszeit für eine Altersrente im derzeitigen ungarischen Rentensystem 20 Jahre.

war, da in Ungarn die Erwerbsquoten Anfang der 90er Jahre bedeutend niedriger lagen.

Tabelle 3.1.21: Entwicklung der Arbeitslosenquoten[1] in Polen und Ungarn nach Geschlecht zwischen 1990 und 2001 (in Prozent der Erwerbsbevölkerung)

	Gesamt		Frauen		Männer	
	Polen	Ungarn	Polen	Ungarn	Polen	Ungarn
1990	6,5	1,7	7,1	1,4	5,8	1,8
1991	11,8	8,5	13,5	7,6	10,6	9,2
1992	13,3	9,8	14,7	8,7	12,2	10,7
1993	14,0	11,9	15,6	10,4	12,7	13,2
1994	14,3	10,7	16,0	9,4	12,9	11,8
1995	13,2	10,2	14,7	8,7	12,0	11,3
1996	12,3	9,9	13,9	8,8	10,9	10,7
1997	11,1	8,7	13,2	7,8	9,4	9,5
1998	10,5	7,8	12,3	7,0	8,9	8,5
1999	13,9	7,0	15,8	6,3	12,2	7,5
2000	16,0	6,4	18,1	5,6	14,2	7,0
2001	18,2	5,7	19,8	4,9	16,9	6,3

[1] Anteil der Arbeitslosen an der Erwerbsbevölkerung
Quelle: OECD (2003) und Weltbank (2001)

Die Arbeitslosenquoten stiegen auf 6,5 Prozent in Polen bzw. noch moderate 1,7 Prozent in Ungarn im Jahr 1990. Ein Jahr später hatte sich die Quote in Polen nahezu verdoppelt. In Ungarn war 1991 das erste Jahr, in dem sich der Transformationsprozess auf dem Arbeitmarkt bemerkbar machte, als die Arbeitslosenquote auf 8,5 Prozent hochschnellte. Die ungewohnte und zudem steigende Arbeitslosigkeit führte zu einer zunehmenden Unsicherheit der Menschen und veranlasste die Regierungen zur Etablierung von Arbeitslosenversicherungen[388].

Die bisher größten Schwierigkeiten auf dem Arbeitsmarkt verzeichnete Ungarn 1993 mit einer Arbeitslosenquote von 11,9 Prozent. Polen gelang es ab 1994 seine Arbeitslosenquote von 16 Prozent auf 14,4 Prozent im Jahr 1995 zu senken. In beiden Ländern entspannte sich die Lage auf dem Arbeitsmarkt etwas bis kurz vor der Jahrtausendwende. Danach allerdings wandelte sich das annähernd uniforme Bild, als die Arbeitslosigkeit in Polen wieder anstieg, während die Quote in Ungarn sank.

---

[388] Im Januar 1989 wurde in Ungarn eine Arbeitslosenversicherung geschaffen. Sie gewährte für maximal zwölf Monate Arbeitslosengeld in Höhe von 60 bis 70 Prozent des Bruttolohns in den ersten sechs Monaten und 50 bis 60 Prozent des Bruttolohns in den folgenden sechs Monaten. Eine wesentliche Gesetzesänderung erfolgte zwei Jahre später. Nunmehr beruht die Arbeitslosenversicherung auf Beiträgen der Arbeitgeber und Arbeitnehmer. In Abhängigkeit von der Dauer der Beitragszahlungen wird dem Arbeitslosen bis zu zwei Jahre lang ein Transfereinkommen gewährt. Ein Jahr später, im Januar 1992 wurde die Dauer der Leistung im Fall von Arbeitslosigkeit auf maximal 18 Monate reduziert (Götting 1993, S. 8f). In Polen war bereits im Februar 1974 eine Unterstützung für Arbeitslose vorgesehen (Vgl. ebd., S. 9). Ein Arbeitslosengeld wurde in Polen erst mit dem Beschäftigungsgesetz vom 29. Dezember 1989 geschaffen (Szurgacz 2000, S. 89 f.).

Im Jahr 2002 erreichte die Arbeitslosenquote in Polen mit 18,7 Prozent das höchste Niveau aller EU-Beitrittsländer[389].

Abbildung 3.1.12: Entwicklung der Arbeitslosenquoten in Polen und Ungarn zwischen 1990 und 2001 (in Prozent der Erwerbsbevölkerung)

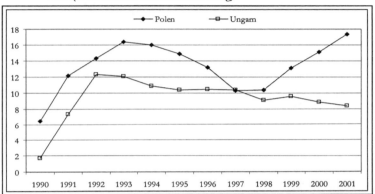

1) registrierte Arbeitslose in Prozent der Erwerbstätigen
Quelle: Eigene Darstellung nach UN 2002a (Tabelle B.7).

Der EU-Beitritt könnte zu einer Entspannung auf dem polnischen Arbeitsmarkt führen, sofern nicht alle „alten" EU-Mitgliedsländer die fünf- bis siebenjährige Beschränkung der Arbeitnehmerfreizügigkeit einhalten. Angesichts der Tatsache, dass seit Ende der 90er Jahre die Generation der polnischen Baby-Boomer in das erwerbsfähige Alter kommen, könnte durch die Öffnung der westeuropäischen Arbeitsmärkte ein stückweit der Anstieg der Arbeitslosigkeit abgebremst werden. Auf der anderen Seite gehört zu den Anforderungen der EU auch die Umstrukturierung der Volkswirtschaft, die mit einer Reduzierung des unproduktiven landwirtschaftlichen Sektors verbunden ist. Die damit vermutlich einher gehende steigende Zahl an Arbeitslosen wird aufgrund der allgemein angespannten Arbeitsmarktlage höchstens einzudämmen (z.B. durch positive Entwicklungen in anderen Bereichen, aktive Arbeitsmarktpolitik[390] etc.), jedoch kaum zu vermeiden sein. Positiv dürfte sich auch

---

[389] Die Gründe für die Schwierigkeiten auf dem polnischen Arbeitsmarkt sind vielfältig. Zum einen gehen sie auf das schwache Wirtschaftswachstum zurück. Auch demographische Gründe sind angesichts des Eintritts der Baby-Boom-Generation in den Arbeitsmarkt von Belang. Darüber hinaus werden strukturelle Gründe für die desolate Lage auf dem Arbeitsmarkt verantwortlich gemacht. Ein wichtiges Element sind die nach wie vor hohen Lohnnebenkosten, die den Faktor Arbeit verteuern. Genannt werden auch vergleichsweise hohe Mindestlöhne, die insbesondere die Schaffung neuer Arbeitsplätze im Niedriglohnsektor behinderten, sowie zum Teil eine geringe Flexibilität der Löhne (Deutsche Bank Research 2003a, S. 21).

[390] Aktive Arbeitsmarktpolitik spielte in Polen in der Vergangenheit eine nur geringe Rolle, obwohl die Arbeitslosigkeit Ende der 90er Jahre sprunghaft gestiegen ist und Arbeitslosigkeit als ei-

eine konjunkturelle Erholung auf dem Arbeitsmarkt bemerkbar machen, die jedoch die hohen Arbeitslosenraten zumindest kurzfristig nicht wird beseitigen können. Im Gegensatz zu Ungarn sind in Polen die Frauen am schlimmsten von der Arbeitslosigkeit betroffen. In Ungarn indessen waren sowohl absolut als auch relativ mehr Männer als Frauen arbeitslos gemeldet. Hintergrund dieser außergewöhnlichen Situation sind die geringere Beteiligung der Frauen am Erwerbsleben, das bis zum Jahr 2009 niedrigere Rentenalter und großzügige Sozialleistungen, die es den Frauen ermöglichten, sich vom aktiven Erwerbsleben zurückzuziehen[391]. Es ist davon auszugehen, dass sich nicht nur viele ungarische Frauen vom offiziellen Arbeitsmarkt zurückgezogen haben, sondern sie auch eher arbeitslos wurden als ihre männlichen Kollegen. Der Rückzug der Frauen vom Arbeitsmarkt hat zwar entlastende Effekte für den Arbeitsmarkt, führt aber auf Dauer zu Problemen. Beispielsweise haben Frauen, die eine Arbeit mit nur geringer Entlohnung annehmen oder sich ganz vom Arbeitsmarkt zurückziehen, nur geringe oder gar keine eigenen Rentenansprüche.

Einschränkend für die Interpretierbarkeit der Angaben muss gesagt werden, dass die offiziellen Arbeitsmarktzahlen die tatsächliche Situation auf den Arbeitsmärkten in Polen und Ungarn nur unzureichend widerspiegeln. Zwei Faktoren entlasteten den Arbeitsmarkt erheblich und trugen zu einer Senkung der offiziellen Arbeitslosenzahlen bei: Zum einen die großzügige Gewährung von Invaliden- und Frührenten, zum anderen der Rückzug der Bevölkerung vom Arbeitsmarkt. Dies reduzierte die offizielle Arbeitslosigkeit und schönte die Statistik.

Langzeitarbeitslosigkeit[392] ist nach 1990 eines der zentralen Probleme in beiden Ländern. In Polen waren im Jahr 1999 von allen Arbeitslosen insgesamt 41,6 Prozent länger als ein Jahr lang arbeitslos gemeldet. Im Jahr 2000 stieg ihr Anteil sogar

---

nes der größten Armutsrisiken im Land zählt (Golinowksa et.al. 2003, S. 63 ff.). Als notwendig werden insbesondere Arbeitsmarktprogramme für Jugendliche und für schwer vermittelbare Erwerbspersonen angesehen (Vgl. ebd. S. 95).

[391] In Ungarn wurde die finanzielle Unterstützung von Familien ausgebaut, die es den Frauen erlaubte, zu Hause zu bleiben anstatt einer Erwerbstätigkeit nachzugehen. 1967 wurde das Kindergeld eingeführt, das einen Pauschalbetrag an Mütter oder Väter vorsah. Damit sollte es einem Elternteil ermöglicht werden, bis zum dritten Geburtstag des Kindes zu Hause zu bleiben. Mit Ausnahme des Zeitraums zwischen 1995 und 1998, in dem die Leistungen von Bedürftigkeitsprüfungen abhingen, wurde das Kindergeld unabhängig vom Einkommen der Eltern ausgezahlt. Zusätzlich wurde 1992 eine Kinderbeihilfe eingeführt, die bis 1998 von der Bedürftigkeit abhing und danach universell als Pauschale gewährt wurde. Die Beihilfe soll es Müttern mit drei oder mehr Kindern unter zehn Jahren ermöglichen, zu Hause zu bleiben. Im Jahr 2000 entsprach die Summe aus den Pauschalleistungen von Kindergeld und Kinderbeihilfe ungefähr der Mindestrente (Vgl. z.B. Ferge 2001, S. 143f). Auch in Polen wurden angesichts steigender Arbeitslosigkeit den Frauen Anreize geboten, sich freiwillig vom Arbeitsmarkt zurückzuziehen. Beispielsweise war das Mutterschaftsgeld relativ großzügig. Seit 1994 war es möglich, den Zeitraum des Mutterschaftsurlaubs auszudehnen, falls beide Eltern arbeitslos gemeldet waren (Golinowksa et.al., S. 26).

[392] Langzeitarbeitslosigkeit ist hier definiert als Arbeitslosigkeit, die ein Jahr und länger andauert (Eurostat 2001h, S. 12).

auf 44,6 Prozent. Frauen sind stärker von Langzeitarbeitslosigkeit betroffen als Männer. Im Jahr 1999 waren 46,8 Prozent und ein Jahr später sogar 48,6 aller weiblichen Arbeitslosen länger als ein Jahr lang arbeitslos gemeldet. Bei den polnischen Männern lag der Anteil bei 36,5 Prozent im Jahr 1999 und 40,2 Prozent im Jahr 2000 (Eurostat 2001h, S. 54).

Neben den Frauen sind vor allem auch die älteren Erwerbstätigen von einer länger anhaltenden Arbeitslosigkeit betroffen. Im Jahr 2000 beispielsweise zählten über die Hälfte (51,8 Prozent) der 55- bis 64-Jährigen Arbeitslosen zu den Langzeitarbeitslosen (Vgl. ebd., S. 47). Noch trostloser war die Lage auf dem ungarischen Arbeitsmarkt im selben Zeitraum. Hier lag die Langzeitarbeitslosenquote im Jahr 1999 ebenso wie ein Jahr später bei 47,9 Prozent aller Arbeitslosen[393]. Zwischen den beiden Jahren veränderte sich allerdings die geschlechtsspezifische Aufteilung. Im Jahr 2000 lag der Anteil der Langzeitarbeitslosen an allen ungarischen männlichen Arbeitsloser mit 50,6 Prozent knapp zwei Prozentpunkte über dem Vorjahreswert (48,7 Prozent). Dagegen reduzierte sich der entsprechende Anteil bei den Frauen von 46,8 Prozent im Jahr 1999 auf 43,6 Prozent im Jahr 2000 (Vgl. ebd., S. 51). Ebenso wie in Polen sind auch in Ungarn die Älteren von der Langzeitarbeitslosigkeit mehr betroffen als die Jüngeren. In Ungarn lag die Langzeitarbeitslosenquote der 55- bis 64-Jährigen im Jahr 2000 bei 57,4 Prozent[394]. Im selben Jahr zählten mehr als die Hälfte der 25- bis 54-jährigen Arbeitslosen zu den Langzeitarbeitslosen (Vgl. ebd., S. 46).

3.1.3.7 Löhne

Abschließend soll noch kurz auf die (relativen) Einkommenshöhe der Beschäftigten eingegangen werden. Der Transformationsprozess wirkte sich negativ auf die Reallöhne aus. Die hohen Inflationsraten entwerteten die Nominallöhne und führten zu einem Einbruch in den Reallöhnen nach 1989.

Tabelle 3.1.22   Entwicklung der durchschnittlichen Reallöhne zwischen 1989 und 1999 in Polen und Ungarn (1989=100)

	1989	1990	1991	1992	1993	1994	1995	1996	1997	1998	1999
Polen	100,0	75,6	75,4	73,3	71,2	71,6	73,7	77,9	82,4	85,2	95,8
Ungarn	100,0	94,3	87,7	86,5	83,1	89,1	78,2	74,3	77,1	79,6	81,0

Quelle: Unicef (2001b)

---

[393] Nach einer Arbeitskräfteerhebung (*Labour Force Survey*) in Ungarn erfüllt ein Teil der offiziellen Langzeitarbeitslosen nicht die Kriterien für Arbeitslosigkeit, entweder weil sie ihre Arbeitsplatzsuche aufgegeben haben oder sich ihren Lebensunterhalt durch eine Kombination von Sozialleistungen und Einkommen aus inoffizieller Tätigkeiten verdienen (Unicef 2001a, S. 8).

[394] Dabei muss beachtet werden, dass das gesetzliche Rentenalter zu diesem Zeitpunkt bei 61 Jahren für Männer und 57 Jahren bei den Frauen lag.

Auffällig ist, dass in Polen die Reallöhne im Vergleich zu 1989 stärker einbrachen als in Ungarn. Allerdings stiegen in Polen im Jahr 1994 die Reallöhne wieder leicht an, während sie in Ungarn bis 1996 weiter rückläufig waren. Keines der beiden Länder erreichte im Jahr 1999 den Ausgangswert von 1989. Gegenüber Polen lagen die Reallöhne in Ungarn im Jahr 1999 deutlicher unterhalb des Ausgangswerts.

3.1.3.8 Zusammenfassung und kritische Würdigung

Zusammenfassend lässt sich festhalten, dass der Transformationsprozess in Polen und Ungarn zu einer drastischen Verschlechterung aller makroökomischen Größen geführt hat. In Polen waren die negativen Effekte von Massenarbeitslosigkeit, rückläufigen Wachstumsraten des Bruttoinlandsprodukts und Hyperinflation aufgrund der gewählten „Schocktherapie" wesentlich heftiger - dafür aber von kürzerer Dauer - als in Ungarn. Im Laufe der 1990er Jahre kehrten beide Länder auf den Wachstumspfad ihrer Wirtschaft zurück. Ausdruck hiervon waren deutliche Zuwachsraten des Bruttoinlandsprodukts und allmählich sinkende Arbeitslosenquoten. Gerade zum Zeitpunkt der ersten Planungen für eine Reform der Alterssicherung Mitte der 90er Jahre verzeichneten sowohl Polen als auch Ungarn ein kräftiges Wachstum der Wirtschaft bei tendenziell rückläufigen Inflationsraten. Doch ausgerechnet zum Zeitpunkt der Umsetzung der Rentenreformen Ende der 90er Jahre wandelte sich das positive Bild in Polen. Polen wird zum Sorgenkind der EU-Beitrittskandidaten, als das Wirtschaftswachstum Ende der 90er Jahre ins Stocken gerät. Für die Finanzierung der Rente und speziell für die in den 90er Jahren eingeleitete Rentenreform ist dies keine günstige Ausgangsbasis. Vergleichsweise bessere wirtschaftliche Rahmenbedingungen stellten sich in Ungarn ein. Trotz erschwerter weltwirtschaftlicher Bedingungen aufgrund der weltweiten Konjunkturschwäche zeichnet sich Ungarn Ende des 20. und Anfang des 21. Jahrhunderts durch ein relativ robustes Wirtschaftswachstum aus. Allerdings sind auch in Ungarn nicht alle ökonomischen Rahmenbedingungen vorteilhaft. Problematisch sind in Ungarn insbesondere die geringen Erwerbsquoten. Trotz der positiven Entwicklungen bei der Beschäftigung der älteren Erwerbspersonen in Ungarn muss das Land in Zukunft noch weitere Anstrengungen unternehmen, um die Beschäftigungsquoten zu erhöhen. Dies wird angesichts der bevorstehenden Alterung der Bevölkerung in den kommenden Jahren noch mehr als bisher nötig sein, um einerseits die Rentenkassen zu entlasten und andererseits dem Bedarf an Arbeitskräften auch in einer schrumpfenden Bevölkerung gerecht zu werden. Beleitet werden sollte dies durch eine schrittweise Anhebung der Regelaltersgrenze für Frauen in Polen und für beide Geschlechter in Ungarn sowie eine gezielte Abschaffung von Möglichkeiten, arbeitsfähige Personen frühzeitig in den Ruhestand zu versetzen. Um Beschäftigungsanreize für ältere Personen zu setzen, sollte es beispielsweise nicht nur „erlaubt" sein, sondern auch institutionell gefördert werden, dass Erwerbspersonen über die Regelaltersgrenze hinaus einer Erwerbstätigkeit nachgehen. Positiv ist in diesem Zusammenhang, dass im neuen ungarischen Altersrentensystem ab jeder Beitragzeit über das gesetzliche Rentenalter hinaus eine monatliche Steigerung der Anrechnung vorgesehen ist. Im Zusammenhang mit der Förderung der Erwerbstätigkeit und Beschäftigung stehen auch Änderungen bei den Steuern und Sozialabgaben in Ungarn. Erstens sollen durch die nachgelagerte Besteuerung, die ab dem Jahr 2013 in Kraft tritt, insbesondere ältere Erwerbspersonen dazu ermutigt werden, auf den Arbeitsmarkt zurückzukehren und einer aktiven Beschäftigung nachzugehen. Zweitens sollen die Senkung der direkten Steuern im Allgemeinen und der Sozialversicherungsbeiträge im Besonderen die Neueinstellung von Arbeitskräften erleichtern und damit die Beschäftigung fördern. Diese Vorkehrungen müssen durch die Bekämpfung der Schwarzarbeit und die effektivere Gestaltung der Sozialschutzsysteme ergänzt werden. Eine Anhebung der Altersgrenzen wird nur auf fruchtbaren Boden stoßen, wenn der Arbeitsmarkt das Arbeitskräftepotential aufnimmt.

3.1.4 Synthese der Einflussfaktoren

Die demographischen, gesellschaftlichen, institutionellen und wirtschaftlichen Rahmenbedingungen haben zusammen genommen einen bedeutenden Einfluss auf die Entwicklung von Rentensystemen. In diesem Kapitel werden die Auswirkungen der vier wesentlichen Einflussfaktoren auf die Zahl der Versicherten und der Beitragzahler sowie die Relationen der beiden Gruppen, das Verhältnis von durchschnittlichen Rentenleistungen zu durchschnittlichen Löhnen (Ersatzrate bzw. Rentenniveau) sowie der reale Rentenwert betrachtet.

3.1.4.1 Versicherte und Beitragzahler

Grundsätzlich hängt die Zahl der Versicherten von institutionellen (z.B. einbezogener Personenkreis oder pflichtversicherte Beschäftigungsgruppen), demographischen (z.B. Zahl und Anteil der Personen im erwerbsfähigen Alter), gesellschaftlichen (z.B. Erwerbsbeteiligung, Schattenarbeit) und wirtschaftlichen Faktoren (Arbeitslosigkeit, Wirtschaftswachstum etc.) ab. Ebenso bestimmt sich die Anzahl der Rentenbezieher aus dem Zusammenwirken von institutionellen (z.B. gesetzliches Rentenalter, Mindestbeitragsjahre, Möglichkeiten des vorzeitigen Renteneintritts), gesellschaftlichen bzw. nicht-institutionellen (z.B. Erwerbsbeteiligung insbesondere der Frauen und älteren Menschen, Lebensarbeitszeit, tatsächliches Renteneintrittsalter), demographischen (z.B. Anteil der Personen im Rentenalter an der Gesamtbevölkerung) und ökonomischen (z.B. Erwerbsbeteiligung und Beschäftigung älterer Personen im erwerbsfähigen Alter, Arbeitslosenquote) Faktoren. Die Gründe für Anstieg oder Fall der Versicherten- bzw. Rentnerzahl sind entsprechend nicht immer klar zu trennen. Dennoch sind merkliche Veränderungen in der Zahl bzw. dem Anteil der Versicherten und Rentenbezieher auf Ursachen zurückzuführen.

Die Entwicklung der Versicherten- und Rentnerstruktur in Polen und Ungarn seit 1950

Die Ausweitung des Kreises der pflichtversicherten Beschäftigten in der Zeit des Kommunismus bewirkte in Polen und Ungarn einen starken Anstieg der Anzahl der Versicherten und später auch der Rentner. Kurz nach Ende des Krieges, im Jahr 1950, lag die Anzahl der polnischen Rentner noch unter einer Millionen Personen. Dies entsprach zu diesem Zeitpunkt nur rund vier Prozent der Gesamtbevölkerung. Durch die schrittweise Einbeziehung von weiteren Beschäftigtengruppen und der fortschreitenden Reife des Systems stieg der Rentneranteil deutlich an. Die günstigste Relation zwischen Beitragszahlern und Rentenbeziehern wurde in Polen Anfang der 60er Jahre erreicht, als auf einen Rentenbezieher 5,5 Beitragszahler kamen. Diese Relation verschlechterte sich allerdings rapide in den folgenden Jahren. Am Ende der kommunistischen Periode erreichte der Rentnerquotient[395] einen Wert von 2,5. Das heißt: Im Jahr 1990 mussten 2,5 Versicherte einen Rentner finanziell unterstützen. Zurückzuführen ist diese Entwicklung auf den Anstieg der Anzahl der Rentenbezieher und zum Zeitpunkt der Wende auch auf den sinkenden Anteil an Versicherten in der Gesamtbevölkerung.

Abbildung 3.1.13: Anteil der ZUS-Versicherten in der Rentenversicherung und der Bezieher einer Rente an der Gesamtbevölkerung (in Prozent, linke Achse) und Rentnerquotient[1] (in Personen, rechte Achse) in Polen zwischen 1950 und 2000

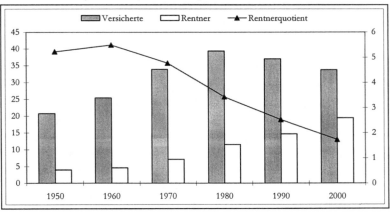

[1] Der Rentnerquotient ist das Verhältnis zwischen der Anzahl der Versicherten zu der Anzahl der Rentner (in Personen)
Quelle: Eigene Berechnung und Darstellung nach GUS 2002 (S. 562ff.)

---

[395] Der Rentnerquotient beschreibt das prozentuale Verhältnis zwischen der Anzahl der Versicherten zu der Anzahl der Rentner.

Abbildung 3.1.14: Anteil der Versicherten in der Rentenversicherung und Bezieher einer Rente an der Gesamtbevölkerung (in Prozent, linke Achse) und Rentnerquotient[1] (in Personen, rechte Achse) in Ungarn zwischen 1950 und 1990

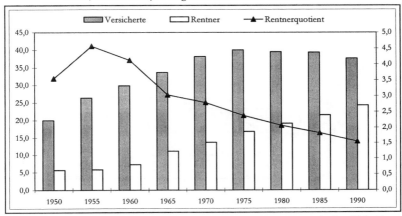

[1] Der Rentnerquotient ist das Verhältnis zwischen der Anzahl der Versicherten zu der Anzahl der Rentner
Quelle: Eigene Berechnung und Darstellung nach Czúcz/Pintér 2002 (Tabelle 11.5, S. 283); ONYF (2002b) und UN (2003).

Auch in Ungarn wird die allmähliche „Reife" des Rentensystems im Laufe der zweiten Hälfte des 20. Jahrhunderts deutlich. Die Ausweitung des Versichertenkreises in der Zeit des Kommunismus bei noch relativ wenigen Rentenbeziehern führte zu einem für die Rentenfinanzierung vorteilhaften Rentnerquotient. Sukzessiv stiegen allerdings auch die Anzahl der Rentner und ihr Anteil in der Bevölkerung. Die Folge davon war, dass sich das Verhältnis zwischen Beitragszahlern (Versicherten) und Leistungsempfängern (Rentnern), verschlechterte. Statistische gesehen unterstützten 1955 noch 4,6 ungarische Versicherte einen Rentner. Bereits im Jahr 1975 kamen auf einen Rentner nur noch 2,4 Versicherte. Am Ende der kommunistischen Periode, im Jahr 1990, lag der Rentnerquotient in Ungarn bei nur 1,4 Personen[396].

Noch deutlicher wird der Anstieg des Anteils der Rentenbezieher im Vergleich zum Anteil der Versicherten in Ungarn, wenn man ihre Anzahl in Relation zur Bevölkerung im gesetzlichen Rentenalter setzt. Da für Frauen und Männer unterschiedliche Rentenalter gelten, werden Männer über 60 Jahren und Frauen über 55 Jahren hier als Bevölkerung im Rentenalter [Pop (Pens)] definiert. Bei den Personen im erwerbsfähigen Alter gelten entsprechend die Altersgrenzen 15 bis 59 Jahre für Männer und 15 bis 54 Jahre für Frauen.

---

[396] Im Jahr 1989 waren ca. 80 Prozent aller wirtschaftlich aktiven Personen in Ungarn in das gesetzliche Rentensystem einbezogen (Czúcz/Pintér 2002, S. 283).

Abbildung 3.1.15: Anteile von Versicherten an der Bevölkerung im erwerbsfähigen Alter[1] und Anteil der Rentenbezieher an der Bevölkerung im gesetzlichen Rentenalter[2] in Ungarn zwischen 1950 und 1990 in Prozent

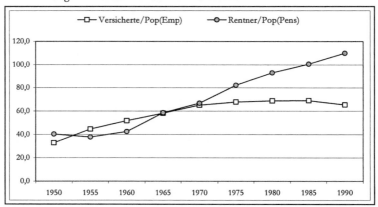

[1] Bevölkerung im erwerbsfähigen Alter [Pop(Emp)]: Männer: 15-59 Jahre; Frauen: 15-54 Jahren
[2] Bevölkerung im gesetzlichen Rentenalter [Pop (Pens)]: Männer: über 60 Jahre; Frauen: über 55 Jahren
Quelle: Eigene Darstellung und Berechnung nach Czúcz/Pintér 2002 (Tabelle 11.5, S. 283); ONYF (2002b) und UN (2003).

Während im Jahr 1955 knapp 40 Prozent der ungarischen Bevölkerung im Rentenalter eine Rente bezog, lag dieser Anteil zehn Jahre später gut 20 Prozentpunkte höher und stieg auf über 100 Prozent im Jahr 1985. Verantwortlich für diesen Anstieg dürften zum einen die Effekte der Ausweitung der Versicherungspflicht und zum anderen der vorzeitige Bezug einer Rente (z.B. aufgrund von Privilegien) sein. Im deutlichen Gegensatz zur erheblichen Steigerung des Anteils der Rentner an der Bevölkerung im Rentenalter stieg der Anteil der Versicherten an der Bevölkerung im erwerbsfähigen Alter nur moderat. Bis Ende der „Expansionsphase" der Versicherungspflicht Mitte der 70er Jahre stieg der entsprechende Anteil von knapp 33 Prozent im Jahr 1950 auf rund 52 Prozent im Jahr 1960 und 67,7 Prozent im Jahr 1975. Seitdem verharrte die Quote auf annähernd unverändertem Niveau.

Die Entwicklung der Versicherten- und Rentnerstruktur seit Beginn 1989/90

In den ersten Jahren nach dem Transformationsprozess führte die Politik der Frühverrentung bei gleichzeitig steigender Anzahl von Arbeitslosen und dem Rückzug vieler Menschen vom offiziellen Arbeitsmarkt zu einer sinkenden Anzahl von Beitragszahlern (Versicherten). Demographische Faktoren spielten im Beobachtungszeitraum von 1990 bis 2001 noch keine entscheidende Rolle. Die Aussagekraft der Anzahl der Rentenbezieher gegenüber den Beitragszahlern ist insbesondere bei international vergleichenden Analysen von Rentensystemen größer als rein demographische Vergleiche. Dies ist darauf zurückzuführen, dass aufgrund der zum Teil unterschiedlichen Regelaltersgrenzen und der unterschiedlichen Einbeziehung der Bürger in die Versicherungspflicht die Altersabhängigkeitsrate nicht immer die relative demographische „Alterslast" für die Rentensysteme im Vergleich zutreffend widerspiegelt. Da sowohl Polen als auch Ungarn nahezu die gesamte Erwerbsbevölkerung in die Versicherungspflicht einbezogen haben, sind beide Länder in dieser Hinsicht relativ gut zu vergleichen. Nach 1990 erhöhte sich sowohl in Polen als auch in Ungarn[397] die absolute Anzahl der Bezieher einer Rente[398]. Auffällig ist, dass die Anzahl der Rentner in beiden Ländern kurz nach der Umsetzung der jeweiligen Rentenreform sank.

Im ersten Jahr der Umsetzung der Rentenreform in Polen – im Jahr 1999 – hatte die Zahl der polnischen Rentner das Maximum im Beobachtungszeitraum erreicht und lag gegenüber dem Jahr 1990 um rund ein Drittel höher. Ein ähnliches Muster ist auch in Ungarn zu beobachten. Dort erreichte die Zahl der Rentner im ersten Jahr nach der Reform, im Jahr 1999, die höchste Anzahl und sank in den Folgejahren wieder leicht. Diese Entwicklung ist umso beachtlicher, als die Alterung der Bevölkerung in beiden Ländern erst allmählich voranschreitet und somit eine alterungsbedingte Zunahme der Rentner nicht angenommen werden kann. Diese Vermutung bestätigt sich auch, wenn die absolute Anzahl der Rentner in Relation zu demographischen Rahmenbedingungen gesetzt werden[399]. Dies ermöglicht auch eine Gegenüberstellung der beiden Länder.

In Ungarn bezog im ersten Jahr nach der Wende rund ein Viertel der Bevölkerung eine staatliche Rentenleistung. Der Anteil der Rentner in der Bevölkerung erhöhte sich im Laufe der 1990er Jahre bis auf 28 Prozent im Jahr 1999 und sank danach deutlich innerhalb eines Jahres auf 24,7 Prozent der Gesamtbevölkerung. Da die polnische Bevölkerung im gleichen Zeitraum wuchs, zudem noch eine jüngere Altersstruktur aufwies als Ungarn und auch eine höhere Regelaltersgrenze hat, stellten die Rentenbezieher in Polen auch einen geringeren Anteil in der Gesamtbevölkerung. Bis 1999 stieg der Rentneranteil in der polnischen Bevölkerung kontinuierlich von 18,2 Prozent im Jahr 1990 auf 23,7 Prozent in den Jahren 1998 und 1999 und sank erst nach 2000 wieder.

---

[397] In anderen Datenquellen ist die Anzahl der Rentenbezieher bereits seit dem Jahr 1990 aufgeführt (Vgl. z.B. ONYF 2002b, Tabelle 3, S. 25 oder KSH 2002c, Tabelle 6.1., S. 73 und 6.2., S. 74). Die hier verwendete Datenquelle ermöglicht eine detailliertere Erfassung, die insbesondere für die Analyse in nachfolgenden Kapiteln benötigt wird. Um einen intertemporalen Vergleich zu ermöglichen, wurde auf einen Wechsel der Datenquellen verzichtet.

[398] Im Folgenden wird die Bezeichnung „Rentner" mit „Bezieher einer Rentenleistung" gleich gesetzt. Unter diese Bezeichnung fallen – soweit nicht anders angegeben - sowohl Alters-, Invaliditäts- und Hinterbliebenenrentner.

[399] Für eine detaillierte Analyse der Rentnerzahl in Zusammenhang mit den demographischen Rahmenbedingungen und ihr Einfluss auf die staatlichen Rentenausgaben siehe Kapitel 3.2.2.

Tabelle 3.1.23: Absolute Anzahl der Rentenbezieher (in 1.000 Personen) in Polen[1] und Ungarn[2], ihre Veränderung (in Prozent zum Vorjahr) und der Anteil der Rentenbezieher an der Bevölkerung (in Prozent) zwischen 1990 und 2001 und die Veränderungen

	Polen[1]			Ungarn[2]		
	In 1.000 Personen	Veränderung (in Prozent des Vorjahres)	In Prozent der Bevölkerung	In 1.000 Personen	Veränderung (in Prozent des Vorjahres)	In Prozent der Bevölkerung
1990	6.921	-	18,2	k.A.	k.A.	k.A.
1991	7.736	11,8	20,2	k.A.	k.A.	k.A.
1992	8.272	6,9	21,6	2.539	-	25,8
1993	8.498	2,7	22,1	2.587	1,9	26,3
1994	8.729	2,7	22,7	2.630	1,7	26,8
1995	8.828	1,1	22,9	2.672	1,6	27,2
1996	8.935	1,2	23,1	2.713	1,5	27,5
1997	9.040	1,2	23,4	2.743	1,1	27,7
1998	9.153	1,3	23,7	2.756	0,5	27,8
1999	9.160	0,1	23,7	2.757	0,0	28,0
2000	9.104	-0,6	23,5	2.755	-0,1	24,7
2001	8.997	-1,2	23,3	2.754	0,0	25,2
1990-2001	2.076[3]	30,0[4]	16,8[5]	215[3]	8,5[4]	3,3[5]

[1] Für Polen: Rentner bei ZUS und KRUS
[2] In Ungarn umfassen die Daten alle Alters-, Invaliden- und Hinterbliebenenrentner (nur Hinterbliebenenrenten mit Hauptleistungen; d.h. ohne Hinterbliebenenrentner, die eine Zusatz-Hinterbliebenenrente zu ihrer Alters- oder Invalidenrente beziehen) des staatlichen Rentenfonds (PIF) und des Gesundheitsfond (HIF) ein. Keine Daten für den Zeitraum 1990 bis 1992.
[3] Veränderung in absoluter Anzahl: Für Polen 1990 bis 2001; für Ungarn: 1992 und 2001
[4] Prozentuale Veränderung im gesamten Zeitraum: Für Polen 1990 bis 2001; für Ungarn: 1992 und 2001
[5] Veränderungen in Prozentpunkten: Für Polen 1990 bis 2001; für Ungarn: 1992 und 2001
k.A.: keine Angaben
Quellen: Eigene Berechnungen nach Council of Europe (2001 und 2002); KSH 2002b (Tabelle 2.1.3); Weltbank (2002), ZUS-Online (2003) und Zusammenstellung angefragter Daten der Autorin durch András Horváth vom Büro des ungarischen Premierministers in der Korrespondenz vom 11. Februar 2003 und 21. Oktober 2003 (die Daten aus den Korrespondenzen können bei der Autorin eingesehen werden).

Das Missverhältnis zwischen Beitragszahlern und Leistungsempfängern spiegelt sich im Rentnerquotient wider. In den Angaben zu Polen sind nicht die Rentner und Versicherten der Sozialversicherung für selbständige Rentner (KRUS) enthalten. Sie werden weiter unten gesondert betrachtet, da sich das KRUS-Rentensystem von dem ZUS-Rentensystem erheblich unterscheidet und das KRUS-System vor sehr speziellen Herausforderungen steht, die einer gesonderten Betrachtung bedürfen[400].

Im Jahr 1990 standen in Polen rund 2,6 Versicherte einem Rentenbezieher gegenüber. Innerhalb kurzer Zeit verschlechterte sich dieses Verhältnis, sodass im Jahr 2001 die Leistungen für einen Rentner von durchschnittlich 1,8 Versicherten finanziert werden mussten. Noch schwieriger war die Lage in Ungarn. 1992 lag der Rentnerquotient bei 1,8, und sank auf 1,4 im Jahr 2001. Angesichts des bereits eingeleite-

---

[400] Beispielsweise ist das Verhältnis zwischen Leistungsempfängern und Beitragszahlern im KRUS-System von weitaus geringerer Bedeutung als im ZUS-System, da KRUS-Renten zu rund 90 Prozent aus Steuermitteln gezahlt werden (siehe unten).

ten demographischen Wandels und anhaltenden Schwierigkeiten auf dem Arbeitsmarkt ist davon auszugehen, dass es zu einer weiteren Verschlechterung des Rentnerquotienten in beiden Ländern kommt. Mögliche Gegenmaßnahmen wären die konsequente Einschränkung der Gewährung von Frührenten[401], eine Verschärfung der Berechtigungskriterien sowie die Förderung der Beschäftigung insbesondere der älteren Erwerbspersonen und der Frauen.

Abbildung 3.1.16: Entwicklung des Rentnerquotienten[1] in Polen[2] und Ungarn[3] zwischen 1990 und 2001 (in Personen)

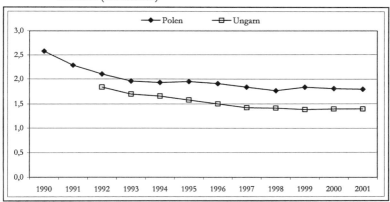

[1] Der Rentnerquotient misst die Anzahl der Versicherten pro Rentenbezieher.
[2] Für Polen: Nur ZUS-Rentner und ZUS-Versicherte (d.h. ohne KRUS-Rentner und KRUS-Versicherte)
[3] In Ungarn umfassen die Daten über die Versicherten alle offiziell aktiv Beschäftigten und beschäftigten Rentenbezieher (für das Jahr 2001: Schätzwert). Die Anzahl der Rentner beziehen alle Alters-, Invaliden- und Hinterbliebenenrentner (nur Hinterbliebenenrenten mit Hauptleistungen; d.h. ohne Hinterbliebenenrentner, die eine Zusatz-Hinterbliebenenrente zu ihrer Alters- oder Invalidenrente beziehen) des staatlichen Rentenfonds (PIF) und des Gesundheitsfond (HIF) ein. Keine Daten für den Zeitraum 1990 und 1992.
Quelle: Eigene Berechnungen nach Council of Europe (2001 und 2002); GUS (2002, S. 564f.), OECD (2003); ONYF (2002b, Tabelle II.1., S. 16); Weltbank (2002), ZUS-Online (2003) und Zusammenstellung angefragter Daten der Autorin bei KSH in der Korrespondenz vom 5. November 2002 und bei András Horváth vom Büro des ungarischen Premierministers in der Korrespondenz vom 11. Februar 2003 und 21. Oktober 2003 (die Daten aus den Korrespondenzen können bei der Autorin eingesehen werden).

Noch problematischer erscheint das Verhältnis von Beitragszahlern zu Leistungsbeziehern im Sozialversicherungsfond für selbständige Landwirte in Polen (FER). Die Zahl der KRUS-Rentner ist gegenüber der Anzahl der Rentner, die ihre Leistungen von der Sozialversicherungsanstalt ZUS beziehen, wesentlich geringer[402]. Im Transformationsprozess wechselte jedoch eine steigende Zahl von selbständigen Landwirten in den Ruhestand, sodass die Zahl der KRUS-Rentner deutlich auf zwei

---

[401] Im reformierten polnischen Alterssicherungssystem sind keine Frührenten mehr vorgesehen.
[402] 1980 betrug die Zahl der KRUS-Rentner rund zehn Prozent der Anzahl der ZUS-Rentner. 1990 bezogen 1,5 Millionen ehemalige selbständige Landwirte eine Rente. Dies entsprach knapp einem Viertel der Anzahl der ZUS-Rentner.

Millionen Mitte der 90er Jahre zunahm. KRUS-Rentner stellten demzufolge in diesem Zeitraum mehr als fünf Prozent der Gesamtbevölkerung. Nach 1997 allerdings sank die Zahl der Rentner dieser Beschäftigungsgruppe wieder leicht. Im Jahr 2000 bezogen 1,88 Millionen Polen eine KRUS-Rente. Dies entsprach weiterhin einem Anteil von 4,9 Prozent der Gesamtbevölkerung. Es wird deutlich, dass die soziale Sicherung für die selbständigen Landwirte in Polen eine bedeutende Rolle spielt[403].

Setzt man die Zahl der Rentenbezieher in Relation zur Anzahl der Versicherten, wird deutlich, warum das KRUS-Rentensystem einer anderen Finanzierungsstruktur bedurfte als das primär durch Beiträge finanzierte ZUS-Rentensystem und – sofern es nicht zu der dringend angemahnten Reform des KRUS-Rentensystems kommt – auch weiterhin bedarf. Die Zahl der Leistungsempfänger aus dem Sozialversicherungsfond für selbständige Landwirte übertraf während der gesamten Beobachtungsperiode zwischen den Jahren 1992 und 2002 die Anzahl der Beitragszahler. Im Jahr 1992 bezogen knapp zwei Millionen Personen eine KRUS-Rente. Beiträge zahlten hingegen nur rund 1,66 Millionen Versicherte. Daraus ergab sich ein Rentnerquotient von 0,84.

Obwohl bereits seit dem Jahr 1997 die Zahl der Versicherten zunahm, stieg die Zuwachsrate nach der Gesundheitsreform im Jahr 1999[404] nochmals deutlich an. Im Jahr 2001 erhöhte sich die Zahl der Versicherten gegenüber dem Vorjahr um 3,1 Prozent von 1,4 Millionen Personen auf 1,45 Millionen Personen und im folgenden Jahr sogar um 6,4 Prozent auf dann 1,54 Millionen Versicherte. Dieser Zuwachs ist umso bemerkenswerter, als der landwirtschaftliche Sektor in Polen eigentlich zurückgeführt werden sollte. Dementsprechend müssten die Zahl der Beschäftigten in der Landwirtschaft und somit auch die Zahl der versicherten selbständigen Landwirte sinken. Genau das Gegenteil war allerdings der Fall. Die Ursachen hierfür sind vor allem in der institutionellen Gestaltung des KRUS-Systems zu suchen, die diverse Fehlanreize, insbesondere durch vergleichsweise großzügigen Berechtigungskriterien für eine KRUS-Rente, setzt (Golinowska et.al. 2003, S. 28).

---

[403] Die rückläufige Zahl der KRUS-Rentner geht auf verschiedene Faktoren zurück. Dazu gehören präventive Maßnahmen von KRUS, um die Zahl der Invalidenrentner zu verringern, und Gespräche mit den Landwirten und ihren Familienagehörigen mit dem Ziel, mehr Sicherheit und Gesundheit am Arbeitsplatz zu erreichen (Quelle: Maria Lewandowska von KRUS in der Korrespondenz vom 23. Juli 2003. Die Korrespondenz kann bei der Autorin eingesehen werden).

[404] KRUS ist seit der Gesundheitsreform von 1999 verpflichtet, allen Landwirten und ihren erwachsenen Familienangehörigen (d.h. Ehepartnern sowie Kindern über 16 Jahren, die keiner eigenen Erwerbstätigkeit nachgehen und keinen anderen Versicherungsschutz haben) eine Krankenversicherung anzubieten. Um den Versicherungsschutz zu erhalten, nahmen viele trotz geringer beruflicher Perspektive in der Landwirtschaft eine landwirtschaftliche Tätigkeit auf bzw. kehrten in die Landwirtschaft zurück (Quelle: Maria Lewandowska von KRUS in der Korrespondenz vom 23. Juli 2003. Die Korrespondenz kann bei der Autorin eingesehen werden).

Tabelle 3.1.24: Anzahl der polnischen KRUS-Versicherten und KRUS-Rentner (in 1.000 Personen)[1] sowie Rentnerquotient[2] (in Personen) in den Jahren 1992 bis 2002

	1992	1993	1994	1995	1996	1997	1998	1999	2000	2001	2002
Beitragszahler	1.663	1.528	1.460	1.390	1.334	1.368	1.371	1.383	1.404	1.448	1.541
Rentner	1.990	2.027	2.046	2.049	2.028	2.001	1.969	1.929	1.887	1.842	1.798
Rentnerquotient	0,84	0,75	0,71	0,68	0,66	0,68	0,70	0,72	0,74	0,79	0,86

[1] KRUS (*Kasa Rolniczego Ubezpieczenia Społecznego* - Rentenkasse für selbständige Landwirte)
[2] Der Rentnerquotient ist das Verhältnis zwischen der Anzahl der Versicherten zu der Anzahl der Rentner
Quelle: Zusammenstellung angefragter Daten der Autorin durch KRUS in der Korrespondenz vom 11. Juni 2003 (die Daten können bei der Autorin eingesehen werden) und eigene Berechnungen.

Interessant ist die gegenläufige Bewegung zwischen dem KRUS-Rentnerquotient und dem ZUS-Rentnerquotient. Während sich das Verhältnis zwischen Leistungsempfängern und Beitragszahlern im KRUS-System nach 1996 verbessert, verschlechtert es sich im ZUS-System. Allerdings war das Verhältnis zwischen Beitragszahlern und Leistungsempfängern im KRUS-System erheblich schlechter als im ZUS-System. Da KRUS allerdings vorwiegend durch Steuern finanziert wird, ist die Relation zwischen Beitragszahlern und Leistungsempfängern nicht so entscheidend wie bei dem vorwiegend beitragsfinanzierten ZUS-System.

Da aus den beiden polnischen staatlichen Rentenfonds nicht nur Alters-, sondern auch Invaliden- und Hinterbliebenenrenten gezahlt werden, ist interessant zu untersuchen, welchen Anteil die jeweilige Kategorie an der Gesamtrentneranzahl innerhalb des ZUS- bzw. des KRUS-Systems hatte. Die Relationen zwischen den einzelnen Rentenkategorien innerhalb von KRUS gehen aus den nachfolgenden beiden Abbildungen hervor.

Abbildung 3.1.17: Anteile der ZUS-Rentner[1] nach Art der Rentenleistung in Polen zwischen den Jahren 1990 und 2002 (in Prozent der ZUS-Rentner insgesamt)

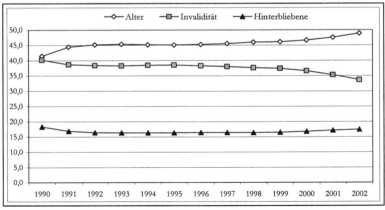

[1] ZUS (*Zakład Ubezpieczeń Społecznych* - Sozialversicherungsanstalt für alle Arbeitnehmer und Selbständige, die keine selbständigen Landwirte sind)
Quelle: Eigene Berechnungen und Darstellung nach ZUS (2003)

Abbildung 3.1.18: Anteile der KRUS-Rentner[1] nach Art der Rentenleistung in Polen zwischen den Jahren 1990 und 2002 (in Prozent der KRUS-Rentner insgesamt)

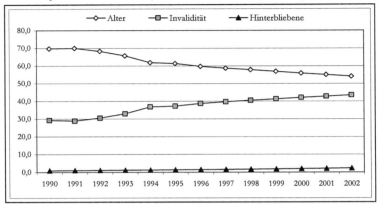

[1] KRUS (*Kasa Rolniczego Ubezpieczenia Społecznego* - Rentenkasse für selbständige Landwirte)
Quelle: Eigene Berechnungen und Darstellungen nach der Zusammenstellung angefragter Daten der Autorin durch KRUS in der Korrespondenz vom 30. September 2003 (die Daten können bei der Autorin eingesehen werden).

Aus dem Vergleich der beiden Strukturen der Rentner wird zum einen der vergleichsweise höhere Anteil an Altersrentnern und vergleichsweise niedriger Anteil an Hinterbliebenenrentnern im KRUS-System gegenüber dem ZUS-System deutlich. In die entgegengesetzte Richtung haben sich auch die Anteile hinsichtlich der Alters- und Invalidenrentner entwickelt. Während der Anteil der Altersrentner im ZUS-System seit Ende der 1990er Jahre stieg und der Anteil der Invalidenrentner sank, war im KRUS-System genau das Gegenteil zu beobachten. Wesentliche Ursache sind institutionelle Rahmenbedingungen. Beispielsweise werden nur relativ wenige Hinterbliebenenrenten im KRUS-System ausgezahlt, da die Leistungen für Hinterbliebene nicht vom Staat subventioniert werden und somit nur relativ gering sind (Weltbank 2002b, S. 34). Im ZUS-Rentensystem kam es Ende der 1990er Jahre zu einer Verschärfung der Berechtigungskriterien für eine Invalidenrente, die zu einer deutlichen Rückführung des Neuzugangs an Invalidenrenten führte. Deutlich gesunken sind die Anzahl und der Anteil der Altersrentner im KRUS-System. Im Gegenzug sind Anzahl und Anteil der Invalidenrentner und in geringfügigem Ausmaß auch die Anzahl und der Anteil der Hinterbliebenenrentner gestiegen. Trotz des Anstiegs der Invalidenrentner im gesamten Beobachtungszeitraum darf nicht übersehen werden, dass auch ihre Anzahl seit 1999 rückläufig ist. Da offensichtlich keine demographischen Ursachen vorliegen können, sind die Veränderungen auf institutionelle Faktoren, vor allem auf die Verschärfung der Berechtigungskriterien, zurückzuführen.

Tabelle 3.1.25: Anzahl der Rentner in Polen nach Anbieter (ZUS und KRUS)[1] und Art der Rentenleistung zwischen den Jahren 1990 und 2002 und ihre Veränderung (in 1.000 Personen)

	ZUS				KRUS			
	Gesamt	Alter	Invalidität	Hinterbliebene	Gesamt	Alter	Invalidität	Hinterbliebene
1990	5.372	2.227	2.160	985	1.506	1.052	441	14
1991	5.923	2.633	2.289	1.001	1.791	1.255	518	19
1992	6.257	2.826	2.402	1.029	1.990	1.361	608	22
1993	6.437	2.919	2.463	1.055	2.027	1.333	669	25
1994	6.603	2.983	2.538	1.082	2.096	1.297	772	27
1995	6.753	3.046	2.602	1.105	2.049	1.258	762	29
1996	6.908	3.127	2.644	1.137	2.027	1.212	784	31
1997	7.039	3.204	2.677	1.158	2.001	1.176	793	32
1998	7.184	3.303	2.702	1.179	1.969	1.139	796	34
1999	7.231	3.333	2.704	1.194	1.929	1.098	796	35
2000	7.217	3.365	2.640	1.212	1.887	1.056	794	37
2001	7.156	3.401	2.526	1.229	1.841	1.014	788	39
2002	7.123	3.479	2.400	1.244	1.797	974	782	41
1990-2002	-108	146	-304	50	291	-77	341	28

[1] Rentner bei ZUS (*Zakład Ubezpieczeń Społecznych* - Sozialversicherungsanstalt für alle Arbeitnehmer und Selbständige, die keine selbständigen Landwirte sind) und KRUS (*Kasa Rolniczego Ubezpieczenia Społecznego* - Rentenkasse für selbständige Landwirte)
Quelle: ZUS (2003) und Zusammenstellung angefragter Daten der Autorin durch KRUS in der Korrespondenz vom 30. September 2003 (die Daten können bei der Autorin eingesehen werden).

Ein wichtiger Indikator, um die Ursachen der steigenden Zahl an Rentenbeziehern herauszuarbeiten, ist die Zahl der Neurentner nach Art der Rentenleistung. Wie bisher ohne statistischen Beleg festgestellt wurde, verursachte die Transformation erhebliche Probleme auf dem Arbeitsmarkt, die auf Kosten der Rentensysteme abgemildert wurden. Dabei griffen die Regierungen zu verschiedenen Instrumenten. Eines davon ist die großzügige Gewährung von Invalidenrenten[405]. In den ersten Jahren nach der Wende stieg die Anzahl der neuen Invalidenrentner vor allem in Polen drastisch an. Zwischen 1990 und 1991 erhöhte sie sich um rund 31 Prozent von 241.400 auf 316.200 Personen. In den folgenden Jahren sank die Zahl der polnischen Invaliditäts-Neurentner wieder leicht, lag aber dennoch vergleichsweise hoch. Wiederum lassen sich institutionelle Hintergründe ausmachen. Denn zwischen 1999 und 2000 sank die Anzahl der neuen Invalidenrentnern deutlich, als die polnischen Regierung verschärfte staatliche Kontrollen für die medizinischen Untersuchungen einführte und eine Medienkampagne gegen Ärzte lanciert wurde, die ungerechtfertigte Bescheinigungen der Invalidität ausschrieben (Woycicka/Ruzik/Zalewska 2002, S. 172f.). Auch Ungarn verzeichnete nach Beginn des Transformationsprozesses einen deutlichen Anstieg in der Zahl der Invaliditäts-Neurentner von 61.326 Personen im Jahr 1990 auf 66.338 Personen im Folgejahr. Bis 1996 lag der Neuzugang relativ einheitlich zwischen 61.000 und 62.000 Personen pro Jahr, bevor sich ihre Anzahl zwischen 1996 und 1997 deutlich reduzierte, jedoch nach 1999 (48.022 Personen) wieder anstieg (2001: 58.765).

Invalidenrenten sind jedoch nur ein Teil der Verrentungspolitik in den beiden Ländern. Darüber hinaus hatten die Regierungen noch andere Instrumente, um Erwerbspersonen frühzeitig in den Ruhestand zu versetzen und mit Sozialleistungen zu versorgen. Polen führte 1997 eine Vorruhestandsrente ein. In Ungarn gab es bereits 1991 gesetzliche Regelungen für einen vorzeitigen Renteneintritt[406].

Die relativ moderaten Zuwächse der Neuzugänge bei der Invalidenrente in Ungarn bedeuten nicht, dass die Regierung nicht das Instrument der Frühverrentung nutzte. Im Gegenteil, denn die außerordentliche Gewährung von Invalidenrenten wurde durch Rentenleistungen aufgrund von Arbeitsmarktpolitik ergänzt. Der Grafik lässt sich entnehmen, dass Renten bis zur Reform noch in erheblichem Umfang als Mittel

---

[405] Renten für (vermeintlich) arbeitsunfähige Erwerbspersonen waren etabliert und somit unmittelbar einsetzbar, um den Arbeitsmarkt kurzfristig zu entlasten. Deutlich wird dies durch die rapide steigende Anzahl an neuen Invalidenrentnern zwischen den Jahren 1990 und 1991.

[406] In Ungarn kann ein Beschäftigter bis zu fünf Jahre vor Erreichen der Regelaltersgrenze in den Ruhestand wechseln, wenn der Arbeitgeber die Rentenleistung bis zum offiziellen Rentenalter übernimmt. Eine Frührente können alle diejenigen beziehen, die im Zeitraum von fünf Jahren vor Erreichen des gesetzlichen Renteneintrittsalters sechs Monate oder länger arbeitslos sind. Ihre Rente wird nicht aus dem Rentenfond, sondern aus dem Arbeitslosenfond gezahlt.

der Arbeitsmarktpolitik verwendet wurde. Entsprechend stieg die Anzahl der Neurentner erheblich an.

Abbildung 3.1.19: Neue Rentenberechtigte nach Ursache des eigenen Anspruchs[1] in Ungarn zwischen 1990 und 2001 (in 1.000 Personen)

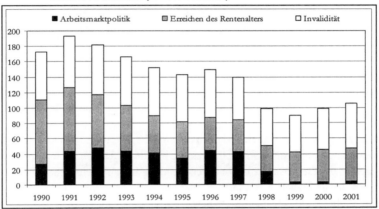

[1] Die Anzahl der Rentner aufgrund von Arbeitsmarkpolitik umfasst Frührentner und die (vorzeitigen) Renten für ehemalige Bergleute.
Quelle: Eigene Berechnung und Darstellung nach KSH 2002c (Tabelle 6.4, S. 75), UN (2003) und Zusammenstellung angefragter Daten der Autorin durch KSH in der Korrespondenz vom 5. November 2002 (Die
Daten aus den Korrespondenzen können bei der Autorin eingesehen werden).

Zwischen 1990 und 1991 nahm die Anzahl der Neurentner aus eigenem Anspruch
in Ungarn insgesamt um 12,1 Prozent zu. Hauptverantwortlich für diesen Anstieg
war die Politik zur Entlastung des Arbeitsmarktes, als die Zahl der betreffenden
Neurentner gegenüber dem Vorjahr um 61,6 Prozent von rund 27.000 Personen im
Jahr 1990 auf rund 43.700 Personen im Jahr darauf stieg. Im selben Zeitraum wurden 8,2 Prozent mehr Personen eine Invalidenrente gewährt. Dagegen nahm die
Zahl der Personen, die in den Ruhestand wechselten, weil sie das gesetzliche Rentenalter erreicht hatten, um einen Prozent ab. Trotz des leichten Sinkens der Zahl
der regulären Altersrentner, war das Erreichen des Rentenalters bis einschließlich
1993 für den Großteil der Neurentner aus eigenem Anspruch die Hauptursache des
Ruhestands. Von den rund 172.400 neuen Rentnern im Jahr 1990 erhielten 48,8
Prozent der Neurentner eine Rente, weil sie das gesetzliche Rentenalter erreicht hatten, 15,7 Prozent aufgrund von Arbeitsmarktpolitik und 35,5 Prozent aufgrund von
Invalidität. Innerhalb von fünf Jahren hatte sich das Bild erheblich gewandelt. Im
Jahr 1995 war Invalidität (42,8 Prozent) der Hauptgrund für die Gewährung neuer
Renten. Arbeitsmarktpolitik war für knapp ein Viertel der Neurentner der Grund für
den Übergang in den Ruhestand. Bis 1997 stieg dieser Anteil auf ein Maximum von
30,6 Prozent, während das Erreichen des Rentenalters nur noch in 29,8 Prozent der

Fälle der Grund für den Renteneintritt bot. Die Reform von 1998 stellte einen weiteren Einschnitt dar. Seitdem sank die absolute Zahl an Neurentnern von rund 139.700 Personen im Jahr 1997 auf rund 99.500 Personen ein Jahr später. Dies entsprach einem Rückgang von knapp 29 Prozent.

Nach 1999 veränderte sich auch die Struktur der Neurentner. Erstmals in den 90er Jahren stieg die Anzahl der neuen Altersrentner. So gut wie keine Rolle mehr spielte die Arbeitsmarktpolitik. Dagegen erhöhte sich die seit Mitte des Jahrzehnts wieder rückläufige Anzahl von Invalidenrentnern im Jahr 2000 erheblich um rund 13 Prozent gegenüber dem Vorjahr und nochmals um 8,4 Prozent zwischen 2000 und 2001 auf dann knapp 58.800 invaliditätsbedingte Neurentner. Daraus ergab sich, dass von allen neu gewährten Renten aus eigenem Anspruch 55,5 Prozent Invaliditätsrenten waren.

Hintergrund dieses enormen Zustroms an Invalidenrentnern Ende der 90er Jahre sind unter anderem institutionelle Charakteristika des reformierten ungarischen Rentensystems. Im Gegensatz zur Sozialversicherung bieten die privaten Rentenfonds innerhalb der gesetzlichen Rentenversicherung keine Leistungen im Fall von Invalidität an. Sollte ein Mitglied eines Privatrentenfonds invalide werden, kann es für ihn vorteilhaft sein, zur rein umlagefinanzierten Rentenversicherung zurückzukehren, vor allem, wenn nur wenig Kapital angespart wurde. Die staatliche Rentenversicherung ist dazu verpflichtet, eine Invalidenrente unabhängig von der Höhe des angesparten Kapitals auszuzahlen, sofern die Anspruchskriterien für den Bezug einer Invalidenrente erfüllt werden.

Da in Ungarn Invalidenrenten nach Erreichen des gesetzlichen Rentenalters des Leistungsempfängers nicht in eine Altersrente umgewandelt werden, ist in Ungarn zwischen Invalidenrentnern oberhalb und unterhalb des gesetzlichen Rentenalters zu unterscheiden. Dabei erweist sich die Anhebung des gesetzlichen Rentenalters ab dem Jahr 1996 als bedeutsam. Die Veränderung der Regelaltersgrenze ist sicherlich die wesentliche Ursache, warum die Zahl der Invalidenrentner unterhalb des gesetzlichen Rentenalters insbesondere Ende der 1990er Jahre zunahm. Für den staatliche Rentenfond (PIF) und den staatlichen Gesundheitsfond (HIF) sind die Veränderung der Struktur von besonderer Bedeutung, da nach derzeitiger Gesetzeslage alle Renten der III. Invaliden-Kategorie (Personen mit eingeschränkter Arbeitsfähigkeit, wobei mindestens zwei Drittel der Arbeitsfähigkeit verloren sein muss) für Personen unterhalb des gesetzlichen Rentenalters vom Gesundheitsfond und erst nach Erreichen der Regelaltersgrenze vom Rentenfond ausgezahlt werden.

Abbildung 3.1.20: Invalidenrentner oberhalb und unterhalb des gesetzlichen Rentenalters[1] in Ungarn zwischen den Jahren 1990 und 2002 (in Prozent aller Invalidenrentner)

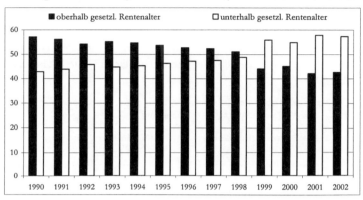

[1] Zu beachten ist, dass das gesetzliche Rentenalter in Ungarn seit dem Jahr 1996 schrittweise auf 62 Jahre für Männer und Frauen angehoben wird. Für Frauen gilt die Regelaltersgrenze von 62 Jahren ab dem Jahr 2009. Bis zu diesem Zeitpunkt wird die Regelaltersgrenze schrittweise von ehemals 55 Jahren angehoben. Quelle: Eigene Berechnung und Darstellung nach ONYF 2002 (Tabelle IV/3, S. 25).

In der Zeit vor der Anhebung der Regelaltersgrenze ist der steigende Anteil der Invalidenrentner unterhalb des gesetzlichen Rentenalters und der fallende Anteil der Invalidenrentner oberhalb des gesetzlichen Rentenalters auf die Politik der großzügigen Gewährung von Invalidenrenten zur Entlastung des Arbeitsmarktes zurückzuführen. 1990 hatten rund 57 Prozent der Invalidenrentner das gesetzliche Rentenalter erreicht. Der Anteil sank im Laufe der 90er Jahre, blieb jedoch auch in den ökonomisch schwierigsten Jahren über 50 Prozent. Nach der Reform der Alterssicherung in Ungarn stieg der Anteil der Invalidenrentner unterhalb der gesetzlichen Regelaltersgrenze jedoch erheblich. 2002 hatten lediglich 42,6 Prozent aller Invalidenrentner die Regelaltersgrenze erreicht.

Die Änderung wird noch deutlicher, wenn man sich vor Augen führt, dass sich die Zahl der Invalidenrentner unterhalb des gesetzlichen Rentenalters zwischen 1990 und 2002 nahezu verdoppelt hat, während die Zahl der Invalidenrentner oberhalb des gesetzlichen Rentenalters nur um rund 8 Prozent gestiegen ist[407]. Es ist zu vermuten, dass neben der Anhebung des gesetzlichen Rentenalters auch die gestiegene Attraktivität der Invalidenrente nach der Reform der Alterssicherung zu dieser Verschiebung beigetragen hat.

---

[407] Allein zwischen den Jahren 1998 und 1999 ist die Anzahl der Invalidenrentner unterhalb des gesetzlichen Rentenalters um knapp 12 Prozent (1998: 380.148 Personen; 1999: 424.459 Personen) gestiegen, während die Zahl der Invalidenrentner oberhalb des gesetzlichen Rentenalters um knapp 16 Prozent gesunken ist (1998: 397.431 Personen; 1999: 334.306 Personen).

Bei den Hinterbliebenenrenten in Ungarn gibt es die Besonderheit, dass zwischen Hinterbliebenenrenten als Hauptrentenleistung und Hinterbliebenenrenten als Zusatzrentenleistung unterschieden wird. Hinterbliebene als Hauptleistung erhalten diejenigen Rentner, die keine staatliche Rente aus eigenem Anspruch beziehen. Hinterbliebene als Zusatzleistung erhalten Rentner, sofern sie eine eigene staatliche Rente bekommen und zusätzlich zu ihrer eigenen Rente einen Hinterbliebenenrentenanspruch haben[408].

Abbildung 3.1.21: Anzahl der Hinterbliebenenrentner[1] nach Art des Anspruchs zwischen den Jahren 1992 und 2002 (in 1.000 Personen)

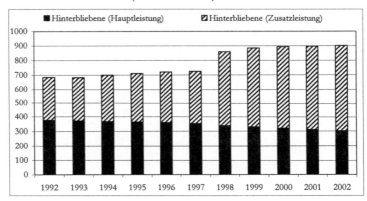

[1] Welche Art von Hinterbliebenenrente einer hinterbliebenen Person zusteht, bestimmt sich wie folgt: Hinterbliebene als Hauptleistung: Rentner des Rentenfonds PIF und des Gesundheitsfonds HIF, die die Hinterbliebenenrente als „Hauptleistungen" (d.h. keine eigene staatliche Rente aus eigenem Anspruch) beziehen.
Hinterbliebene als Zusatzleistung: Rentner des Rentenfonds PIF und des Gesundheitsfonds HIF mit einem zusätzlichen Hinterbliebenenrentenanspruch neben ihrer eigenen (i.d.R. höheren) Rente (Alters- oder Invalidenrente)
Quelle: Eigene Berechnung und Darstellung auf Basis angefragter Daten durch die Autorin bei András Horváth (Büro des Premierministers) in der Korrespondenz vom 12. März 2003 (die Daten können bei der Autorin eingesehen werden).

Im Jahr 1992 bezogen insgesamt 685.000 Personen eine Hinterbliebenenrente. Davon war über die Hälfte Hinterbliebenenrentner mit einer Hinterbliebenenrente als Hauptleistung (276.000 Personen). Seit dem Zeitpunkt nimmt die Zahl der Hinterbliebenen mit einer Hauptleistung kontinuierlich ab. Im Gegensatz dazu bezieht eine zunehmende Anzahl an Personen eine Hinterbliebenen-Zusatzrente. 2002 erhielten insgesamt 902.000 Personen eine Hinterbliebenenrente (Hauptleistungen: 302.000 Personen; Zusatzleistungen: 600.000 Personen).

---

[408] Die Leistungen aus der Zusatz-Hinterbliebenenrente sind geringer als aus der Hinterbliebenenrente, die als Hauptleistung gewährt wird.

3.1.4.2 Die relative Höhe der Renten (Renten-Lohn-Verhältnis)

Das Rentenniveau ist Ausdruck von gesellschaftlichen Werturteilen über die Angemessenheit der relativen Rentenhöhe und einer politischen Zielsetzung. Um die Höhe der durchschnittlichen Rente innerhalb eines Landes beurteilen zu können, ist es sinnvoll, sie in Relation zum durchschnittlichen nationalen Lohn zu setzen. Diese Relation gibt wichtigen Aufschluss darüber, ob und in welchem Ausmaß die Rentner an der Veränderung des allgemeinen Lebensstandards in der Bevölkerung partizipieren. Bei der Interpretation der Daten für Polen und Ungarn muss beachtet werden, dass im Zuge des Transformationsprozesses die (Real-) Löhne der Beschäftigten größtenteils sanken und zudem relativ niedrig lagen, sodass hohe Ersatzraten nicht notwendigerweise von Wohlstand der Rentner zeugen. Sie geben jedoch Auskunft darüber, wie Rentner im Vergleich zu Erwerbstätigen gestellt waren.

Das Renten-Lohn-Verhältnis hängt in hohem Maße von der Art der Leistungsbemessung bei der Erstfeststellung des Rentenanspruchs und der Dynamisierung bestehender Renten ab. Vor der Wende wurden die Renten in Polen nur unzureichend angepasst, wodurch die Ersatzrate insbesondere der Renten älterer Rentnergenerationen gesunken ist[409]. Um diesen Verlust auszugleichen, wurden alle Renten in Polen im Jahr 1991 neu bewertet, um Ungleichheiten zwischen den Renteneinkünften unterschiedlicher Zeiten der erstmaligen Zuerkennung auszugleichen. Parallel zur Neubewertung der Renten im Jahr 1991[410] wurde eine neue Rentenformel eingeführt, die zu einer großzügigeren Lohnanrechnung für alle Versicherten führte.

---

[409] Die in oben dargestellten Ersatzraten sind der offiziellen Statistik von ZUS entnommen (ZUS 2003), um eine einheitlich Datenquelle für die Unterscheidung zwischen Alters- und Invalidenrenten zu zitieren. Alternative Quellen weisen höhere Ersatzraten aus. Beispielsweise berechnen Golinowska und Zukowski eine Brutto-Ersatzrate von 70,9 Prozent in 1996 (Golinowska/Zukowski, 2002, S. 203). Nicht einbezogen sind in beiden Fällen die Ersatzraten für KRUS-Rentner. Für die Unterschiede gibt es keine offensichtliche Erklärung. Deutlich wird die erhebliche Anhebung der Altersrenten in Relation zum Lohn zu Beginn des Transformationsprozesses.

Ersatzrate für Altersrenten in Polen (nur ZUS-Rentner) zwischen 1989 und 1996

	1989	1990	1991	1992	1993	1994	1995	1996
Brutto-Ersatzrate	55,9	65,0	72,6	72,6	71,9	73,8	73,6	70,9
Netto-Ersatzrate	55,9	65,0	72,6	74,9	72,8	74,8	75,0	71,9

Quelle: Golinowska/Zukowski (2002, S. 203)

[410] Die Anhebung ist im Gesetz (17. Oktober 1991) über die Neubewertung der Renten geregelt.

Renten-Lohn-Verhältnis in Polen im Jahr 1992 vor und nach der Neubewertung

Jahr der Zuerkennung	Vor der Neubewertung	Nach der Neubewertung
bis 1981	55,9	66,5
1982-1983	52,2	67,2
1984-1988	55,6	64,2
1989	70,5	61,6
1990-1991	82,2	69,3

Quelle: Woycicka/Ruzik/Zalewska 2002, S. 156.

Tabelle 3.1.26 Ersatzrate (Renten-Lohn-Verhältnis)[1] in Polen (nur ZUS-Rentner)[2] und Ungarn[3] zwischen den Jahren 1992 und 2002

	Polen				Ungarn			
	Gesamt	Alter	Invalidität	Hinter-bliebene	Gesamt (ohne Hinter-bliebene)	Alter	Invaliden-rente (oberhalb des Renten-alters)	Invaliden-rente (unterhalb des Renten-alters)
1992	59,4	k.A.	49,1	k.A.	56,3	60,8	58,7	55,6
1993	58,6	k.A.	48,7	k.A.	52,5	57,4	55,9	50,9
1994	60,1	k.A.	50,2	k.A.	48,9	53,9	52,5	46,6
1995	60,1	k.A.	50,1	k.A.	50,8	56,3	55,1	47,6
1996	59,0[4]	67,8[4]	49,0[4]	58,2[4]	50,0	55,7	54,5	46,2
1997	58,5	67,0	48,5	57,9	45,1	50,5	49,1	41,4
1998	57,0	65,0	47,4	56,3	46,9	52,8	51,3	42,9
1999	54,7	62,3	45,7	53,9	50,8	58,6	56,5	48,1
2000	52,7	59,9	43,9	51,7	51,8	59,8	57,4	48,5
2001	54,5[5]	61,8[5]	45,4[5]	53,2[5]	49,6	57,5	55,0	46,6
2002	56,4	63,7	46,8	54,7	48,1 (52,7)[6]	55,9 (61,3)[6]	52,8 (58,0)[6]	44,7 (49,0)[6]
1992-2002	-3,0	k.A.	-2,3	k.A.	-8,2 (-3,6)[6]	-4,9 (0,5)[6]	-5,9 (-0,7)[6]	-10,9 (-6,6)[6]

[1] Da die Renten in Polen der Besteuerung unterliegen, bemisst sich das Renten-Lohn-Verhältnis an den Bruttorenten zu den Bruttolöhnen. Die Renten in Ungarn werden (bis einschließlich 2012) nachgelagert besteuert, sodass hier das Verhältnis zwischen Nettorenten zu Nettolöhnen zum Ausdruck kommt.

[2] nur Renten der Sozialversicherungsanstalt für alle Arbeitnehmer und Selbständige, die keine selbständigen Landwirte sind (ZUS - *Zaklad Ubezpieczen Spolecznych*). Nicht einbezogen sind die Renten der Sozialversicherungsanstalt für selbständige Landwirte (KRUS - *Kasa Rolniczego Ubezpieczenia Spolecznego*).

[3] Für Ungarn: Alters- und Hinterbliebenenrentner des staatlichen Rentenfonds (PIF). Hinsichtlich der Invalidenrenten gilt zu beachten, dass das gesetzliche Rentenalter in Ungarn seit dem Jahr 1996 schrittweise auf 62 Jahre für Männer und Frauen angehoben wird. Für Frauen gilt die Regelaltersgrenze von 62 Jahren ab dem Jahr 2009. Bis zu diesem Zeitpunkt wird die Regelaltersgrenze schrittweise von ehemals 55 Jahren angehoben.

[4] Für Polen im Jahr 1996: Ohne einmalige Anhebung der Renten um rund 0,25 Prozent der Rentenleistung im Jahr 1996 gegenüber dem Jahr 1995 (die Auszahlung erfolgte im Jahr 1996).

[5] Für Polen im Jahr 2001: Ohne einmalige Anhebung der Renten um rund 0,3 Prozent der Rentenleistung im Jahr 2000 gegenüber dem Jahr 1999 (die Auszahlung erfolgte im Jahr 2001).

[6] Für Ungarn: Werte in Klammern: Ersatzraten nach der (pauschalen) Erhöhung der Renten im Jahr in Höhe von 17.000 HUF (ca. 80 Euro).

k.A.: keine Angaben

Quelle: Eigene Berechnung und Darstellung nach GUS (2002, S. 564f.), KSH 2002a (Tabelle 4.14, S. 78); ONYF (2002b, Tabelle 3, S. 25); UN (2003); Woycicka /Ruzik/Zalewska (2002, Tabelle A7, S. 207), ZUS (2003) und Zusammenstellung angefragter Daten der Autorin durch KSH in der Korrespondenz vom 5. November 2002 (Die Daten aus den Korrespondenzen können bei der Autorin eingesehen werden).

Da die vergleichsweise großzügige Rentenbemessung bei der Erstfeststellung in Polen im Laufe der 1990er Jahre von der Regierung als zu teuer angesehen wurde, versuchte sie durch Modifikationen in der Rentenformel das Ausgabenwachstum zu bremsen. Dem sollten unter anderem die nicht mehr vollständige Lohnanpassung bei der Erstfeststellung der Renten ab 1991 (es wurden nur noch 91 Prozent des Durchschnittslohns angerechnet) und die Beschränkung der Grundlage der persönlichen Beitragsbemessung auf das 2,5-fache des nationalen Durchschnittslohns dienen. Proteste aus der Bevölkerung und der Regierungswechsel führten wieder zu einer vollen Lohnanrechnung.

Die Rentenformel in Ungarn dagegen führte zu einer Senkung der Ersatzrate, da höhere Löhne und längere Beitragszeiten bei der Erstfeststellung des Rentenanspruchs in geringerem Maße angerechnet wurden als geringere Löhne und kürzere Beitragszeiten. Auf dieser Weise wollte die Regierung die Ausgabenverpflichtungen des Staates für Renten senken. Innerhalb von drei Jahren sank die Ersatzrate für Altersrentner um nahezu 7 Prozentpunkte von 60,8 Prozent im Jahr 1992 auf 53,9 Prozent im Jahr 1994. Noch deutlicher war der Rückgang des Rentenniveaus bei den Invalidenrenten in Ungarn. Um den in beiden Ländern sinkenden Ersatzraten zu begegnen, kam es in Polen in den Jahren 1996 und 2001 sowie in Ungarn im Jahr 2002 zu einmaligen, außerordentlichen Rentensteigerungen, die im Fall Polens in der obigen Tabelle allerdings nicht erfasst wurden.

3.1.4.3 Der Realwert der Rente

Der reale Rentenwert[411] ist angesichts der hohen Inflationsraten nach 1989 für die Transformationsstaaten von besonderer Bedeutung. Er ist ein Indikator, um zu ermessen, wie weit es durch das Rentensystem gelungen ist, die Rentner im Durchschnitt vor den negativen Folgen des Transformationsprozesses – hier ausgedrückt als der Verlust der Kaufkraft ihrer Rente - zu schützen[412]. Da bestehende Renten in Polen bis zum Reformjahr 1999 an die Lohnsteigerung gekoppelt sind, profitierten die Leistungsbezieher einer Rente davon, dass seit Mitte der 1990er Jahre die Nominallöhne stärker als die Inflationsraten stiegen[413]. Dabei zeigt sich, dass der Realwert der Renten sowie der Löhne und Gehälter in Polen im Zeitraum zwischen 1995 und 2001 in Relation zum Jahr 1992 nahezu kontinuierlich gestiegen ist. Nur im Jahr 2000 ist der Realwert der Renten sowohl im ZUS- als auch im KRUS-System gegenüber dem Vorjahr geringer gewesen. Bis zum Jahr 1996 stiegen die ZUS-Renten stärker als die Reallöhne. Offensichtlich war die polnische Regierung bemüht, die Rentner im Transformationsprozess möglichst gut zu stellen. In den Folgejahren hinkte der Anstieg des Realwerts der ZUS-Renten dem Anstieg des Realwerts der

---

[411] Der Realwert der Renten ist hier definiert als die um die Preissteigerung bereinigten durchschnittlichen monatlichen (nominalen) Rentenleistungen in einem Jahr.

[412] Grundsätzlich sind automatische Anpassungsmechanismen von Transferzahlungen insbesondere in Zeiten makroökonomischer Instabilität von großer Bedeutung. Werden Leistungen beispielsweise während einer Hyperinflation nicht an die Preise angepasst, werden die Transferzahlungen real entwertet. Für die Leistungsbezieher bedeutet dies einen Verlust an Kaufkraft und somit Wohlstandseinbußen.

[413] Für den besonders interessanten Zeitraum in den ersten Jahren nach Beginn des Transformationsprozesses standen keine Daten zur Verfügung, sodass an dieser Stelle nur die Entwicklung des realen Rentenwerts seit 1995 im Vergleich zu 1992 betrachtet werden konnte.

Löhne hinterher[414]. Vergleicht man den jeweiligen Anstieg, ist zu erkennen, dass der Realwert der KRUS-Renten in Polen seit dem Jahr 1992 gegenüber den ZUS-Renten und den Löhnen und Gehältern stärker gestiegen ist.

Tabelle 3.1.27: Entwicklung von Konsumentenpreisen, Realwert der Renten und realen Nettolöhnen in Polen zwischen 1992 und 2001 (1992 = 100)[2]

	1992	1995	1996	1997	1998	1999	2000	2001
Konsumentenpreise	100,0	228,6	274,1	315,0	352,2	377,9	418,2	440,8
Realwert der ZUS-Renten[3]	100,0	106,0	108,2	113,3	115,7	120,2	117,5	123,0
Realwert der KRUS-Renten[4]	100,0	118,5	121,9	128,9	132,0	137,0	133,0	138,5
Realwert der Löhne[5]	100,0	104,2	109,9	116,4	120,3	126,0	127,2	131,5

[1] Da die Renten in Polen seit dem Jahr 1992 der Besteuerung unterliegen, bemisst sich das Renten-Lohn-Verhältnis an den Bruttorenten zu den Bruttolöhnen.
[2] keine Angaben zu den Jahren 1993 bis 1994
[3] Renten der Sozialversicherungsanstalt für alle Arbeitnehmer und Selbständige, die keine selbständigen Landwirte sind (ZUS - *Zakład Ubezpieczeń Społecznych*). Es wird nicht getrennt zwischen den einzelnen Rentenkategorien.
[4] Renten der Sozialversicherungsanstalt für selbständige Landwirte (KRUS - *Kasa Rolniczego Ubezpieczenia Społecznego*). Es wird nicht getrennt zwischen den einzelnen Rentenkategorien.
[5] Durchschnittliche monatliche Nettolöhne (d.h. Löhne nach Abzug von Steuern und Sozialversicherungsabgaben).
Quelle: GUS (2002, S. 562ff.)

In Ungarn kam es in den ersten Jahren nach Beginn des Transformationsprozesses zu einer erheblichen Reduzierung des Realwertes der Rente. Wesentliche Ursache war die Art der Dynamisierung bestehender Renten. Da Renten bis 1992 nicht automatisch an veränderte wirtschaftliche Rahmenbedingungen angepasst wurden, sank der reale Rentenwert angesichts der hohen Inflationsraten unmittelbar nach der Wende. Die Nettolohnindexierung wurde in Ungarn im Jahr 1992 in der Annahme geschaffen, dass der Lohnzuwachs geringer ausfällt als die Preissteigerung.

Die Nettolohnindexierung in Ungarn schien zunächst dem Ziel der Regierung zu dienen, mittels der Ausnutzung der hohen Inflationsraten, die realen Rentenausgaben und damit das Defizit in der Rentenkasse zu senken, da die Löhne Anfang der 90er Jahre weniger stark stiegen als die Inflationsraten. Tatsächlich sank der Realwert der Renten. Als 1994 die Nominallöhne deutlich anstiegen und über der Inflationsrate lagen, kam es zu einer Aufwertung des realen Rentenwerts. Da in den beiden nachfolgenden Jahren jedoch die Inflationsraten wieder über den durchschnittlichen Nominallohnzuwächsen lagen, sank auch der reale Rentenwert wieder.

Als die Löhne aufgrund positiver wirtschaftlicher Entwicklung im Jahr 1997 stiegen, während gleichzeitig die Inflationsraten rückläufig waren, verzeichnete der Re-

---

[414] Sofern bestehende Renten gemäß der Reformgesetzgebung von 1999 nur noch zu 80 Prozent an den Bruttolöhnen und zu 20 Prozent an der Preissteigerung angepasst werden sollen, ist davon auszugehen, dass der Abstand zwischen dem Anstieg der Reallöhne und des realen Rentenwerts aus zunimmt.

alwert der Renten in Ungarn wieder positive Zuwachsraten. Für die staatliche Rentenversicherung bedeutete dies höhere reale Rentenausgaben.

Abbildung 3.1.22: Entwicklung der Nettolöhne und der Konsumentenpreise (in Prozent zum Vorjahr, linke Achse) und des Realwerts der Nettorenten[1] (1990 = 100, rechte Achse) in Ungarn zwischen 1990 und 2001

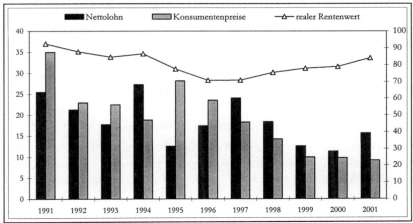

[1] Als Rentenleistungen werden alle Renten des staatlichen Rentenfonds (PIF) und der Renten der Staatlichen Eisenbahngesellschaft erfasst.
Quelle: Eigene Darstellung nach KSH 2002a (Tabelle 5.3, S. 95); KSH 2002c (Tabelle 6.1, S. 73) und Zusammenstellung angefragter Daten der Autorin durch KSH in der Korrespondenz vom 5. November 2002. Die Daten aus den Korrespondenzen können bei der Autorin eingesehen werden)

3.1.4.4 Zusammenfassung und kritische Würdigung

Das Zusammenwirken von demographischen, institutionellen und wirtschaftlichen Rahmenbedingungen wirkte sich markant auf die Zahl der Rentner und Versicherten, das Renten-Lohn-Verhältnis und den Realwert der Renten in Polen und Ungarn aus. Sowohl in Polen als auch in Ungarn stieg unmittelbar nach Beginn des Transformationsprozesses die Zahl der Rentner, sodass sich das Verhältnis von Versicherten zu Rentnern verschlechterte. Infolge dessen musste eine steigende Anzahl von Rentnern von einer dazu relativ geringer werdenden Zahl der Versicherten finanziert werden. Unterschiedliche Entwicklungen gab es in den beiden Ländern hinsichtlich der Ersatzraten. Die polnische Regierung versuchte durch eine für die Rentner vorteilhafte Gestaltung der Rentenformel die Rentner nicht zu den Verlierern des Transformationsprozesses werden zu lassen. In Ungarn war die Regierung dagegen in den ersten Jahren nach Beginn des Transformationsprozesses bemüht, die (realen) Rentenausgaben zu senken. Dies erreichte sie unter anderem durch eine degressive Anrechnung der Versicherungszeit und der Verdienste in der Rentenformel. Eine Folge davon war ein rückläufiges Rentenniveau. Auch die polnische Regierung versuchte, die Ausgabenlast durch die Renten zu senken, indem sie beispielsweise die Löhne nicht mehr in vollem Maße bei der Erstfeststellung der Renten anrechnete. Bis Ende der 1990er Jahre sanken in beiden Ländern die Ersatzraten.

Der Realwert der Renten brach in Ungarn aufgrund der Hyperinflation und aufgrund unzureichender Dynamisierung bestehender Renten in den ersten Jahren des Transformationsprozess ein. Im Zuge der wirtschaftlichen Erholung in der zweiten Hälfte der 1990er Jahre erhöhte sich auch der Realwert der Renten wieder. Aufgrund unzureichender Datenlage konnte dies nur für Ungarn beobachtet werden. In Polen ist davon auszugehen, dass aufgrund der extrem hohen Inflationsraten in den ersten Jahren nach der Wende der Realwert der Renten erheblich einbrach, da bestehende Renten nicht an die Preise angepasst wurden.

3.1.5 Der Staatshaushalt nach Beginn des Transformationsprozesses

Der Staatshaushalt spielt hinsichtlich der Finanzierung der Rentensysteme eine wesentliche Rolle. Wie die am Bruttoinlandsprodukt gemessenen Rentenausgaben vermuten lassen, haben auf der anderen Seite Renten einen bedeutenden Anteil an den Staatsausgaben. In diesem Kapitel wird deutlich werden, dass die Staatsbudgets beider Staaten negativ von den wirtschaftlichen Schwierigkeiten betroffen waren, die mit dem Transformationsprozess einhergingen. Dabei darf nicht übersehen werden, dass die Sozialleistungen von den Bürgern, insbesondere aber von den Beschäftigten, durch Steuern und Sozialabgaben finanziert werden müssen. Sobald die Steuer- und Abgabenquote steigt, steigt auch die finanzielle Belastung der aktiven und produktiven Bevölkerung.

3.1.5.1 Die Einnahmenseite: Die Steuer- und Abgabenquote

Da sich die Rentensysteme in Polen und Ungarn trotz der Beitragsbezogenheit der Kernrentensysteme über Sozialabgaben *und* Steuern finanzieren, ist die Belastung der Bürger und Unternehmer mit Steuern und Sozialabgaben gemessen am BIP insgesamt ein sinnvoller Vergleichsmaßstab. Auf diese Weise ist es möglich, die Steuer- und Abgabenlast unabhängig davon zu beurteilen, in welchem Ausmaß die Rentensysteme durch Steuern und Sozialbeiträgen finanziert werden.

Deutlich wird das Bestreben der Regierungen beider Staaten, im Laufe der 1990er Jahre die Belastung der Bürger und Unternehmen mit Steuern und Abgaben zu senken. Besonders deutlich wird dies im Fall Polens. Das Land senkte die Steuer- und Abgabenquote von 39,6 Prozent des BIP im Jahr 1995 kontinuierlich auf 34,1 Prozent des BIP im Jahr 2000. Damit liegt die Quote deutlich unter dem Durchschnitt der 15 EU-Staaten und der Quote in Ungarn. Die Rückführung der Steuer- und Abgabenquote in Ungarn ging etwas zögerlicher voran. Die Quote lag 1995 mit 42,4

Prozent des BIP allerdings auf einem höheren Niveau. Bis 2001 sank die Quote auf 38,6 Prozent des BIP.

Tabelle 3.1.28: Steuer- und Abgabenquote[1] in Polen und Ungarn sowie im EU-15-Durchschnitt in den Jahren 1995 bis 2001 in Prozent des BIP

	1995	1996	1997	1998	1999	2000	2001
Polen	39,6	39,4	38,8	37,6	35,2	34,1	k.A.
Ungarn	42,4	40,7	39,0	38,8	39,1	39,1	38,6
EU-15	40,8	41,5	41,8	41,8	42,2	42,1	41,6

[1] direkte und indirekte Steuern sowie Sozialversicherungsbeiträge laut Volkswirtschaftlicher Gesamtrechnung (ohne EU-Mitgliedsbeiträge)
k.A.: keine Angaben
Quelle: Wirtschaftskammern Österreich (2003, Tabelle 35)

3.1.5.2 Die Entwicklung des Haushaltsdefizits und der Staatsverschuldung

Angesichts sinkender Wirtschaftsleistung, sinkender Beschäftigung, zunehmender Arbeitslosigkeit, steigenden Inflationsraten und diversen Firmenzusammenbrüchen unmittelbar nach Beginn des Transformationsprozesses standen die Regierungen in Polen und Ungarn vor dem Problem, dass die Steuereinnahmen wegbrachen während auf der anderen Seite steigende Staatsausgaben zur Abfederung der wirtschaftlichen und sozialen Folgen des Transformationsprozesses notwendig wurden[415]. Der Staatshaushalt bot und bietet Grund zur Besorgnis in beiden Ländern.

Beiden Ländern gelang es zwar, das Haushaltsdefizit bis Ende der 90er Jahre zu senken. In Polen stieg das Haushaltsdefizit des Staates jedoch nach 1999 (1,5 Prozent des BIP) und in Ungarn nach 2000 (3 Prozent des BIP) wieder an. Da sich die ungarische Wirtschaft Ende der 1990er Jahre wieder erholte, sind neben „Altlasten" aus der Zeit des Kommunismus und des Transformationsprozesses auch politische Ursachen hinter dem hohen und weiter steigenden Defizit zu vermuten[416]. Das Net-

---

[415] Ein Rückzug des Staates aus dem Wirtschaftsgeschehen ist insbesondere in den Transformationsländern mit dem ehemals aufgeblähten Staatssektor und erheblicher, zum Teil ungerechtfertigter (d.h. auf Basis politisch motivierter Privilegien und weniger zur Armutsvermeidung/-bekämpfung oder zum Zweck des sozialen Ausgleichs) Umverteilung zwischen den Bürgern ebenso wie zwischen Unternehmen grundsätzlich zu begrüßen, nicht zuletzt, weil dies eines der Ziele der Transformationspolitik war. Der Staat hätte sich demzufolge möglichst schnell aus dem Wirtschaftsgeschehen zurückziehen müssen, indem er Aufgaben an privatwirtschaftliche Institutionen bzw. die Bürger überträgt. Dies schafft finanziellen Spielraum zur Senkung von Steuern und Abgaben. Zunächst konnte dieser Prozess nur im beschränkten Maße vollzogen werden, da nicht genügend nicht-staatliche Organisationen bzw. privatwirtschaftliche Institutionen zur Verfügung standen und die meisten Bürger beispielsweise zur Eigenvorsorge noch nicht in der Lage waren.
[416] Obwohl eine Senkung des ungarischen Haushaltsdefizits als notwendig angesehen wurde, gingen wechselnde Regierungen diese Aufgabe trotz anders lautender Rhetorik häufig nur halbherzig an oder bewirkten durch ihre Wirtschaftspolitik sogar das Gegenteil. Die Wirtschaftspolitik der sozialliberalen Koalition in Ungarn, die seit dem Jahr 2002 im Amt ist, setzte zunächst die Politik der Vorgängerregierung fort, obwohl sie einen Richtungswechsel angekündigt hatte. Ebenso wie die Vorgängerregierung von Victor Orbán erhöhte die Regierung unter Medgyessy die Staatsausgaben. Ihr Ziel war es, den Lebensstandard der Bevölkerung zu erhöhen. Das Defizit des Staates

tofinanzierungssaldo des ungarischen Staates erreichte ein Maximum von 9,2 Prozent des BIP im Jahr 2002. In Polen lag das Defizit im selben Jahr mit 4,1 Prozent des BIP dagegen vergleichsweise niedrig[417].

Abbildung 3.1.23: Nettofinanzierungssaldo[1] des Staates in Polen und Ungarn in Prozent des BIP zwischen 1997 und 2002

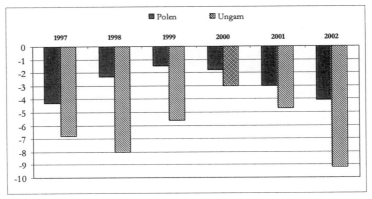

[1] Finanzierungsdefizit/-überschuss des Staates (Finanzierungssaldo der Teilsektoren Zentralstaat, Länder, Gemeinden und Sozialversicherung) in Prozent des BIP
Quelle: Eigene Darstellung nach Eurostat (2003a)

Wichtiger Indikator für die finanzielle Situation des Staatshaushalts ist auch die relative Höhe der Staatsverschuldung. Zwar gelang es Ungarn, die Staatsverschuldung Ende der 1990er Jahre von 64,2 Prozent im Jahr 1997 auf 53,4 Prozent des BIP im Jahr 2001 zurückzuführen. Im Jahr 2002 stieg die Staatsverschuldung jedoch wieder auf 56,3 Prozent des BIP. Damit liegt der Schuldenstand in Ungarn jedoch seit 2000 unter dem Niveau des Maastricht-Kriteriums von 60 Prozent des BIP.

Deutlich unterhalb des Niveaus von Ungarn und des Maastricht-Kriteriums liegt die Staatsverschuldung in Polen. Sie betrug bereits 1997 vergleichsweise geringe 46,9 Prozent des BIP und 2000 sogar nur noch 37,2 Prozent des BIP. Im Jahr 2002 ergab sich jedoch ein deutlicher Anstieg auf 41,8 Prozent des BIP.

---

stieg aufgrund einer Erhöhung der Löhne im öffentlichen Sektor, einer deutlichen Anhebung der Renten sowie höherer öffentlicher Investitionen in die Infrastruktur (EU-Kommission 2002e, S. 63). Die Wirtschaftspolitik der Regierung Medgyessy stieß auf Kritik. Der ehemalige ungarische Notenbankpräsident György Surányi beispielsweise kritisierte, dass sich nur die Rhetorik, nicht aber die Wirtschaftspolitik gegenüber der Vorgängerregierung geändert habe. Davon zeuge eine massive Umverteilung bereits im ersten Regierungsjahr und ein zunehmendes Staatsdefizit trotz der Bekenntnis, dieses senken zu wollen (Frankfurter Allgemeine Zeitung, 22. Januar 2003).
[417] Für den Vergleich der Haushaltsdefizite wurde auf die einheitliche Quelle von Eurostat zurückgegriffen. In der nachfolgenden detaillierten Analyse kann es zu Abweichungen zu den Eurostat-Daten kommen, weil andere Quellen herangezogen werden, die eine grundlegendere Untersuchung ermöglichen.

Tabelle 3.1.29: Haushaltsdefizit [1] und Staatverschuldung[2] in Polen und Ungarn zwischen 1997 und 2002 in Prozent des BIP

	1997	1998	1999	2000	2001	2002
Haushaltsdefizit (in Prozent des BIP)						
Polen	-4,3	-2,3	-1,5	-1,8	-3,0	-4,1
Ungarn	-6,8	-8,0	-5,6	-3,0	-4,7	-9,2
Staatverschuldung (in Prozent des BIP)						
Polen	46,9	41,6	42,7	37,2	37,3	41,8
Ungarn	64,2	61,9	61,2	55,5	53,4	56,3

[1] Finanzierungsdefizit/-überschuss des Staates (Finanzierungssaldo der Teilsektoren Zentralstaat, Länder, Gemeinden und Sozialversicherung) in Prozent des BIP
[2] Die Staatsverschuldung ist definiert als der nominale Bruttogesamtschuldenstand am Jahresende (in Prozent des BIP)
Quelle: Eurostat (2003a und 2003c)

3.1.5.3 Der polnische Staatshaushalt

Die polnische Finanzpolitik war bereits in der Zeit des Kommunismus[418] ein Problemfall. Daran haben auch die beträchtlichen Reformen nach der Wende wenig zum Besseren geändert. Hintergrund der finanziellen Schwierigkeiten waren sowohl externe als auch interne Faktoren[419]. Eine nur vermeintliche Entlastung des Staatshaushalts ergab sich daraus, dass die Regierung finanzielle Verpflichtungen auf spezielle Staatsfonds (z.B. Arbeitsmarktfond, Sozialversicherungsfond FUS und Sozialversicherungsfond für selbständige Landwirte FER) oder die lokalen Verwaltungen (z.B. für Grundschulen und weiterführende Schulen; seit dem Jahr 1999 auch die Gesundheitsversorgung) übertrug. Im Endeffekt behält der Staat jedoch durch die Notwendigkeit von Staatszuschüssen und Subventionen einen erheblichen Teil an finanzieller Verantwortung für die Sozialversicherungsfonds, sodass es zu keiner tatsächlichen finanziellen Entlastung des Staatshaushalts kam.

Auf der Einnahmenseite erschienen die Entwicklungen im polnischen Staatshaushalt im ersten Jahr des Transformationsprozesses nicht alarmierend, da die Einnah-

---

[418] Vor der Wende war die Finanzpolitik in Polen durch hohe Unternehmenssteuern (z.B. 45 bis 60 Prozent Gewinnbesteuerung), eine erhebliche Umverteilung der Einkommen und geringe Haushaltsdisziplin geprägt. Im Kommunismus orientierten sich die Staatsausgaben zudem nicht primär an den Einnahmen. Sofern höhere Ausgaben als Einnahmen getätigt wurden, vermied die Regierung das Entstehen eines Defizits, indem sie sich zinslose Darlehen von der polnischen Nationalbank holte. Die Inflation wurde von der Regierung allerdings zurück gestaut: „As a result, Poland entered its road from plan to market burdened with deep marcroeconomic imbalances" (Rapacki 2001, S. 4).
[419] Zu den externen Faktoren gehörten in den ersten Jahren des Transformationsprozesses unter anderem der Zusammenbruch des ehemaligen Absatzmarktes im Osten und die Wirtschaftskrise der ehemals wichtigsten Handelspartnerländer. Unter anderem führte die so genannte Russlandkrise Anfang der 90er Jahre zu einem dramatischen Einbruch der polnischen Exporte und in der Folge rückläufige Staatseinnahmen aus Unternehmenssteuern. Zu den internen Faktoren zählten beispielsweise die strukturellen Defizite der Finanzpolitik in einem wirtschaftlich schwierigen Umfeld (rückläufiges Wirtschaftswachstum, hohe Inflationsraten, steigende Arbeitslosigkeit).

men gemessen am BIP vor allem aufgrund eines höheren Steueraufkommens anstiegen. 1991 brachen jedoch die Staatseinnahmen drastisch ein, woraufhin im Jahr 1992 die Regierung eine Steuerreform einleitete[420]. Nach einem leichten Anstieg der relativen Staatseinnahmen aufgrund der Erhebung zusätzlicher Steuern ab 1992 sanken sie jedoch in den Folgejahren wieder.

Abbildung 3.1.24: Struktur der Staatseinnahmen in Polen in den Jahren 1989 bis 2001 in Prozent des BIP

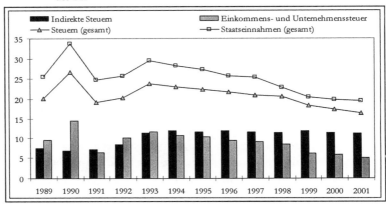

Quelle: Eigene Berechnung und Darstellung nach GUS (2002a, S. 412) und Mackiewicz et.al. (2001, S. 189 und 192)

Die Steuerpolitik der Regierungen nach der Wende verfolgte keine einheitliche Linie[421]. Die nicht stringente Fiskalpolitik zeigt sich unter anderem darin, dass den Einnahmeverlusten aufgrund der Reduzierung der Unternehmensbesteuerung zunächst keine anderen Einnahmequellen gegenüber standen. Zum Beispiel wurde erst

---

[420] Die unvorteilhafte Entwicklung nach 1990 ist zum Teil auf Anfangsschwierigkeiten des Staates beim Aufbau eines Steuer- und Abgabensystems zurückzuführen. Beispielsweise wurde in den ersten Jahren nach der Wende keine Steuer auf private Einkommen erhoben, sondern lediglich Unternehmenssteuern. Ebenso fehlte eine Mehrwertsteuer. Zudem verlief die Reduzierung bzw. Anhebung von Steuern nicht kongruent, sodass den entstehenden Einnahmenverlusten zunächst kein ausreichender Ausgleich gegenüber stand (Golinowksa/Zukowski 2002, S. 192ff.).
[421] Zur Entlastung der Unternehmen wurde bereits 1989 die Unternehmenssteuer gesenkt. Damit reduzierten sich die Einnahmen aus der ehemaligen Haupteinnahmequelle des Staates. Auf der anderen Seite wurden Steuererleichterungen und Investitionszuschüsse an Unternehmen gestrichen und neue Steuern zu Lasten der Unternehmen erhoben. Unter anderem wurde eine Steuer auf „übermäßige Einnahmen", die so genannte „Popiwek Steuer", eingeführt. Im Dezember 1994 wurde diese Steuer wieder abgeschafft. Im Endeffekt wurde die Belastung der Unternehmen mit Steuern und Abgaben als zu hoch empfunden, sodass 1993 die Investitionszuschüsse an Betriebe in Gebieten mit hoher Arbeitslosigkeit und ein Jahr später für alle Betriebe wieder eingeführt wurden (Golinowksa/Zukowski 2002, S. 192ff.).

durch die Steuerreform im Jahr 1992 ab dem Jahr 1993 eine Einkommenssteuer für Privatpersonen eingeführt und eine Mehrwertsteuer erhoben.

Die indirekten Steuern wurden Mitte der 90er Jahre zur wesentlichen Einnahmequelle des Staates, da in diesem Zeitraum die Einkommens- und Unternehmenssteuereinnahmen relativ rückläufig waren. Die Krise auf der Einnahmenseite des Staatsbudgets, die sich um die Jahrtausendwende abzeichnet, geht einher mit sinkenden absoluten und relativen Einnahmen aus der Einkommens- und Unternehmenssteuer. Die nur leicht sinkenden Einnahmen aus der indirekten Steuer wiegen weniger schwer[422]. Besonders Ende der 90er Jahre macht sich das rückläufige Wirtschaftswachstum bemerkbar. Den vergleichsweise hohen relativen Staatseinnahmen im Jahr 1990 standen allerdings auch annähernd gleich hohe relative Ausgaben gegenüber. Das einzige Jahr im gesamten Beobachtungszeitraum, in dem die Einnahmen die Ausgaben überstiegen und ein positiver Saldo entstanden ist, war das Jahr 1990. In den Folgejahren überstiegen die Staatsausgaben die Einnahmen.

Abbildung 3.1.25: Der polnische Staatshaushalt: Einnahmen, Ausgaben und Staatsdefizit zwischen 1989 und 2001 in Prozent des BIP

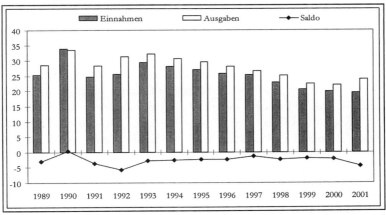

Quelle: Eigene Berechnung und Darstellung nach GUS (2002a, S. 412) und Mackiewicz et.al. (2001, S. 189 und 192)

1993 markierte einen Wendepunkt für den Staatshaushalt. Auf der Ausgabenseite sank der Druck auf das Staatsbudget. Dem Staat gelang es, das Defizit leicht zu senken, obwohl im gleichen Zeitraum die Einnahmen wieder rückläufig waren. Dies erreichte der Staat durch Ausgabenkürzungen vor allem im Sozialbereich, wovon

---

[422] Diese Verknüpfung zeigt sich auch, wenn man beachtet, dass die absoluten und relativen Einnahmen aus der indirekten Steuer im Krisenjahr 1991 ebenso wie ab dem Zeitpunkt der rückläufigen relativen Staatseinnahmen im Jahr 1994 die Einnahmen aus der (persönlichen) Einkommens- und Unternehmenssteuer übertreffen.

allerdings die Rentner ausgespart blieben. Die leichte Rückführung des Haushaltsdefizits setzte sich nur bis einschließlich 1997 fort, als das Defizit auf 1,2 Prozent des BIP sank. In den folgenden Jahren verschärfte sich die Lage aufgrund einer Kombination von negativen Einflussgrößen. Ende der 90er Jahre war für die zunehmenden Schwierigkeiten des Fiskus vor allem die Abschwächung der Wirtschaft und die mit ihr einher gehenden rückläufigen Steuereinnahmen, geringeres Wirtschaftswachstum und zunehmende Ausgabenerfordernissen für Sozialleistungen verantwortlich. Die Finanzierung der Rentenreform im Jahr 1999 trug zu dem steigenden Defizit des Staatshaushalts bei (seihe Kapitel 3.2.1).

Infolge der Kombination unterschiedlicher negativer Einflussfaktoren konnte Polen auch mehr als zehn Jahre nach Beginn des Transformationsprozesses und trotz einiger struktureller Änderungen seinen Haushalt nicht ausgleichen. Während im Transformationsprozess vergleichsweise hohe Staatsausgaben noch mit der Abfederung sozialer Härten begründet werden konnten, konnten diese Ende der 90er Jahre nicht mehr als Hauptmotiv gelten[423]. Vielmehr ist insbesondere im Jahr 2001 eine expansive Fiskalpolitik[424] der polnischen Regierung zu verzeichnen gewesen. Zwar soll das Staatsdefizit bis 2005 unter 3 Prozent des BIP - dem Zielwert des Maastricht-Kriteriums - gesenkt werden. Im Jahr 2002 stieg allerdings das Staatsdefizit auf 4,1 Prozent des BIP, nachdem es im Vorjahr noch bei 3 Prozent des BIP gelegen hatte (Eurostat 2003a).

Eine Konsolidierung des Staatshaushalts ist derzeit nicht sicher. Die Regierungskrise in der ersten Jahreshälfte von 2003 in Polen und die Integration des Finanzministeriums in das Wirtschaftsministerium nähren Befürchtungen vor einer expansiven Fiskalpolitik. Der Beitritt zur EU wird zumindest kurz- bis mittelfristig voraussichtlich nicht mit einer Entlastung des Staatshaushalts einhergehen. Vielmehr ist mit einer zusätzlichen Belastung zu rechnen. Zu den Zusatzbelastungen gehören die Umsetzung der *aquis communautaire*[425] und die höheren Selbstbeteiligungen der Länder (Kofinanzierung)[426] an der Finanzierung der EU-Struktur- und EU-

---

[423] Unbestreitbar ist allerdings, dass die Folgen der Transformation noch über einen längeren Zeitraum zu spüren sein werden. Der langsame Aufholprozess Ostdeutschlands an den Westen der Bundesrepublik ist hierfür ein markantes Beispiel.

[424] Die expansive Fiskalpolitik stand im Widerspruch zu der restriktiven Geldpolitik der polnischen Zentralbank seit 1999. Die Effekte konterkarierten sich gegenseitig und führen entsprechend nicht zu dem jeweils angestrebten Ziel (sieh hierzu z.B. Weltbank 2003b, S. 6 ff.). Als negative Effekte werden die Verdrängung privater Investitionen und die Reduzierung der inländischen Ersparnis bei ohnehin geringer Sparquote genannt (Rapacki 2001, S. 12).

[425] Die *aquis communautaire* erfordern indirekt unter anderem höhere staatliche Investitionen in die Infrastruktur, die Administration und die Umwelt (siehe Kapitel 2.3.).

[426] Die EU beteiligt sich mittels der Strukturfonds an Projekten zur Struktur- und Agrarförderung. In der Regel handelt es sich um nicht rückzahlbare Beihilfen oder Direktbeihilfen. Da Direktbeihilfen aus dem Landwirtschafts-Strukturfonds zunächst von den jeweiligen Regierungen vorfinan-

Regionalpolitik gegenüber den bisherigen Beitrittsprogrammen (z.B. PHARE, SA-PARD)[427]. Auf der anderen Seite wird der Druck zu Strukturreformen steigen. Dies wird sich mittel- bis langfristig positiv auf die Staatsfinanzen auswirken[428].

3.1.5.4 Der ungarische Staatshaushalt

Die Rezession nach Beginn des Transformationsprozesses in Ungarn wirkte sich negativ auf den Staatshaushalt aus. Auch zehn Jahre nach Beginn des Transformationsprozesses war der Staatshaushalt noch nicht ausgeglichen. Aufgrund des steigenden Staatsdefizits Anfang der neunziger Jahre drohte das wirtschaftliche Gleichgewicht im Land zu kippen. Um das Gleichgewicht wieder herzustellen, reagierte die sozialliberale Regierung unter Premierminister Gyula Horn (1994-1998) mit Sparmaßnahmen. Der größte wirtschaftspolitische Einschnitt erfolgte 1995 durch ein Sparprogramm, das nach dem damaligen Finanzminister „Bokros-Paket" genannt wurde[429]. Bestandteil der Sparpolitik war auch der Abbau der in der Zeit des Kommunismus gewährten Sozialleistungen. Das Alterssicherungssystem war allerdings nicht direkt von den Sparmaßnahmen betroffen. Indirekt allerdings war auch das Sparpaket für die Alterssicherung von Bedeutung: „March 1995 meant a break with the historical continuity of the Hungarian economic policy: under the pressure of a threatening economic and financial crisis the Hungarian government introduced an austerity program and gave its support to a liberally minded reform initiative that also led to the 1997 pension reform."(Gedeon 2000, S. 15)

Das Stabilisierungsgesetz hatte positive und negative Konsequenzen. Positiv ist zu beurteilen, dass das staatliche Defizit bis Mitte der 1990er Jahre tatsächlich gesenkt werden und somit das wirtschaftliche Gleichgewicht wieder hergestellt werden

---

ziert werden müssen, bevor sie im nächsten Haushaltsjahr von der EU zurückerstattet werden, werden auf die Beitrittsländern – insbesondere Polen mit dem großen Agrarsektor – zusätzliche finanzielle Belastungen zukommen.

[427] Schätzungen über die zusätzlichen Belastungen für den polnischen Haushalts aufgrund der Kofinanzierung gehen von jährlich 0,5 bis 1 Prozent des BIP (Deutsche Bank Research 2003a, S. 20) bzw. 1,25 Prozent des BIP (Weltbank 2003b, S. 12) aus.

[428] Beispielsweise kann nach Ansicht der Autoren einer Weltbank-Studie (Weltbank 2003b) die dringend erforderliche Reform der Sozialversicherung für selbständige Landwirte (KRUS) durch die Strukturbeihilfen der EU erleichtert werden. Die Direktbeihilfen könnten zum Beispiel teilweise darauf verwendet werden, Landwirte für eine Erhöhung der Beitragssätze und/oder für finanzielle Einbußen aufgrund der Änderungen an den Berechtigungskriterien für den Bezug einer Sozialleistung aus dem KRUS-Fond (FER) bzw. den Transfer von Großlandwirten in die allgemeine Sozialversicherung ZUS zu entschädigen (Weltbank 2003b, S. xviii).

[429] Das „Bokros-Paket" hatte zwei wesentliche Ziele: Erstens die Förderung von Exporten, um das Wirtschaftswachstum zu fördern, und zweitens die Reduzierung des Staatsdefizits Kurzfristig sollte das Staatsbudget durch die Einfrierung der Löhne, die Entlassungen von Beschäftigten im öffentlichen Dienst sowie Zuschläge auf Importgüter entlastet werden. Langfristig wurde die Abschaffung des universellen Wohlfahrtsstaates angestrebt (Henderson et. al., 2001, S. 13ff.).

konnte. Allerdings ging dies zu Lasten des sozialen Gleichgewichts im Land, da sich die Lebensbedingungen der Bevölkerung verschlechterten[430].

Da die ungarische Regierung einen möglichst frühen Beitritt zur Europäischen Währungsunion anstrebt, ist angesichts eines wieder steigenden Staatsdefizits eine strengere Ausgabendisziplin und auch Ausgabenkürzungen wahrscheinlich. Derzeit ist zweifelhaft, ob der politische Wille zur Haushaltskonsolidierung vorhanden ist. Es gilt abzuwarten, in welchen Bereichen die Regierung Kürzungen vornehmen wird, wenn sie an ihrem Ziel des EWWU-Beitritts festhält[431].

3.1.5.5 Schlussfolgerund und kritische Würdigung

Die Staatshaushalte in Polen und Ungarn verzeichneten aufgrund der transformationsbedingten Rezession, den wegbrechenden Steuereinnahmen, der strukturellen Probleme des Wirtschaftssystems und der Notwendigkeit von steigenden Ausgaben für Soziales in den 1990er Jahren ein Defizit. Dagegen konnte die Staatsverschuldung in beiden Ländern im Laufe des Transformationsprozesses zurückgeführt werden. Der Schuldenstand lag im Jahr 2002 trotz einem erneuten Anstieg in beiden Ländern unter dem Maastricht-Kriterium von 60 Prozent des BIP. In Ungarn waren jeweils das Haushaltsdefizit und die Staatsverschuldung gemessen am Bruttoinlandsprodukt höher als in Polen.

Trotz der angespannten Haushaltslage bemühten sich die Regierungen beider Länder seit Mitte der 1990er Jahre, die Steuer- und Abgabenlast der Bürger und Unter-

---

[430] Die Auswirkungen auf die soziale Lage der Bevölkerung waren erheblich. Zum einen implizierten die Sparmaßnahmen eine forcierte Privatisierung der staatlichen Unternehmen. Dies war mit einem erheblichen Abbau an Arbeitsplätzen und in der Folge steigender Arbeitslosigkeit verbunden. Gleichzeitig beschleunigte die Regierung den Abbau der Elemente, die vor 1989 zu einem umfassenden Wohlfahrtsstaat geführt hatten. Bemerkenswert ist angesichts der Kürzungen, dass es zu keinem wesentlichen Aufstand in der Bevölkerung kam. Beobachter erklären die Ruhe in der Bevölkerung damit, dass die Regierung versicherte, die Rechte der Arbeitnehmer und den Einfluss der Gewerkschaften nicht zu beschränken (Henderson et. al., 2001, S. 15). Allerdings unterminierten die drastischen Haushaltskürzungen die Popularität und Glaubwürdigkeit der Regierung (Ferge 2001, S. 128).

[431] Im September 2003 kündigte Medgyessy eine einschneidende Sparpolitik aus Steuererhöhungen und drastischen Ausgabensenkungen an. Er sprach von einem „Fehler, dass wir unsere Rhetorik nicht geändert und die Bevölkerung nicht schon früher auf die notwendigen Einschnitte vorbereitet haben" (Frankfurter Allgemeine Zeitung, 20. September 2003). Weiter heißt es: „Derzeit erlauben uns die widrigen konjunkturellen Umstände keine Wohlfahrtsgewinne oder Fortschritte in der Erhöhung des Lebensstandards" (Ebd.) Die Einsparungen sollen rund 1,5 Prozent des BIP im Jahr ausmachen. Das Haushaltsdefizit soll auf 3,8 Prozent im Jahr 2004 gesenkt werden. Erreicht werden soll das Ziel durch Stellenabbau im öffentlichen Sektor um zehn Prozent im Jahr bzw. rund 8.000 Stellen. Die Einkommens- und Körperschaftsteuer soll zwar reduziert werden. Im Gegenzug kündigte der Premierminister die Anhebung der indirekten Steuern (Mehrwert- und Verbrauchssteuern), die Streichung von Steuervergünstigungen und eine stärkere Eigenbeteiligung der Bürger in der Gesundheitsversicherung an. Darüber hinaus soll es keine Lohnerhöhungen im öffentlichen Dienst geben (Vgl. ebd.).

nehmen zu senken. Dies reduzierte die Einnahmen des Staates während auf der anderen Seite die Länder vor erheblichen Ausgabenerfordernissen standen. Im Ländervergleich zeigte sich, dass die Steuer- und Abgabenquote zwischen 1995 und 2000 in Polen geringer war als in Ungarn. Beide Quoten lagen mit Ausnahme des Jahres 1995 in Ungarn unter der durchschnittlichen Steuer- und Abgabenquote in den 15 EU-Staaten.

Um einen ausgeglichenen Staatshaushalt zu erreichen, ohne die Steuer- und Abgabenlast steigen zu lassen, wird es unumgänglich sein, die Staatsausgaben effektiver und zielgerichteter einzusetzen. Insbesondere werden Strukturreformen (u.a. des Agrarmarktes in Polen) und Reformen des Sozialstaates notwendig sein, um das Staatsdefizit zu senken. Die mittelfristige Konsolidierung des Staatshaushalts wird darüber hinaus eine politische Priorität der Regierung werden müssen, wenn Polen und Ungarn - wie angekündigt - der EWWU beitreten wollen. Somit erhöht sich auch von Seiten der EU der Druck auf die Regierungen, das Defizit im Staatshaushalt zu reduzieren.

Als Argument für Reformen an den Sozialsystemen im Allgemeinen und den staatlichen Rentensystemen im Besonderen wird vorgebracht, dass diese der Entlastung des Staatsbudgets dienen sollen. Auch die Reformen der Alterssicherungssysteme in Polen und Ungarn Ende der 1990er Jahre wurden unter anderem mit diesem Argument begründet. Gewarnt wird zudem vor dem Hintergrund der Alterung der Bevölkerung vor einer zunehmenden Belastung des Staatshaushalts, da höhere Ausgaben für die Renten- und Gesundheitssysteme notwenig werden, wenn die Menschen immer älter werden. Diese Themen werden in den nachfolgenden Kapiteln eingehend behandelt.

3.2 Entwicklung der Rentenfinanzen in Polen und Ungarn nach Beginn des Transformationsprozesses

3.2.1 Einnahmen und Ausgaben der Gesetzlichen Rentenversicherung

Sinkende Beschäftigungsquoten, steigende Arbeitslosenquoten, eine Politik der Frühverrentung zur Entlastung des Arbeitsmarkts und relativ niedrige gesetzliche Regelaltersgrenzen führten im Transformationsprozess dazu, dass immer weniger Personen Beiträge zahlten und immer mehr Menschen eine Rente bezogen. Erschwerend kommt ein sinkendes Beitragsaufkommen durch die Zahlungsunfähigkeit vieler staatlicher oder ehemals staatlicher Betriebe und die ausnehmend schlechte Beitragszahlungsmoral vieler Privatfirmen hinzu (Strunk et. al., S. 252). Daraus entstanden Verbindlichkeiten von privaten und staatlichen Unternehmen gegenüber den Sozialversicherungsanstalten, die zum Teil mit großem zeitlichem Rückstand oder gar nicht beglichen wurden[432].

Die Alterssicherungsreformen in den Jahren 1998 in Ungarn bzw. 1999 bedingten erhebliche Übergangskosten, die sich unmittelbar im Budget der Sozialversicherungsanstalten bemerkbar machten. Es wird deutlich werden, dass sich die finanzielle Lage der staatlichen Rentenversicherungsanstalten nach den Reformen zunächst nicht verbesserte, sondern verschlechterte. Die Rentenreformen hatten somit unmittelbare negative Folgen für das Staatsbudget. Anstelle einer Entlastung kam es kurzfristig zu steigenden Sozialausgaben des Staates.

3.2.1.1 Die Einnahmenseite:

Vergleich der Einnahmenstruktur der staatlichen Rentenfonds in Polen und Ungarn

Auf der Einnahmenseite zeigen die staatlichen Sozialversicherungen in Polen und Ungarn ähnliche Strukturen.

Abbildung 3.2.1: Einnahmen staatlichen Rentenversicherungsfonds in Polen (nur ZUS)[1] und Ungarn (nur PIF)[2] im Jahr 2001 nach Einnahmenquellen[3] (in Prozent der Gesamteinnahmen)

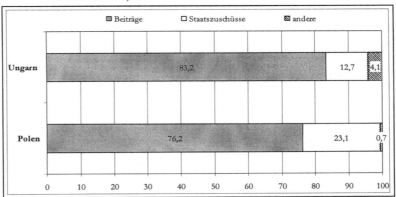

[1] ohne KRUS
[2] nur der Rentenfonds (PIF)
[3] „andere" Einnahmen umfassen u.a. Einnahmen aus der Vermögensverwaltung, Zinseinnahmen und Strafgelder aus Beitragsschulden
Quelle: Eigene Berechnungen und Darstellungen nach der Zusammenstellung angefragter Daten der Autorin beim Polnischen Finanzministerium in der Korrespondenz vom 3. Juli 2003 und durch András Horváth vom Büro des Premierministers in der Korrespondenz vom 10. Juni 2003 (die Daten können bei der Autorin eingesehen werden).

---

[432] In Polen entgingen ZUS 1995 11,7 Prozent der Sozialversicherungsbeiträge. Zwei Drittel aller Verbindlichkeiten ging auf das Konto öffentlicher Unternehmen (Golinowska/Zukowski 2002, S. 206).

2001 lag der Anteil der Beiträge von Arbeitgebern und Arbeitnehmern in Ungarn insgesamt bei 83,2 Prozent der Gesamteinnahmen. Davon stammten 68,5 Prozent von Arbeitgeberbeiträgen und 14,6 Prozent von Arbeitnehmerbeiträgen. Der Anteil der Sozialversicherungsbeiträge in Polen (ohne KRUS) lag unter denen von Ungarn bei 76,2 Prozent. Neben den Beitragseinnahmen sind Staatszuschüsse die zweite wesentliche Einnahmequelle der Sozialversicherungsanstalten in Polen und Ungarn. Die jeweiligen Anteile betrugen im Jahr 2001 12,7 Prozent in Ungarn und 23,1 Prozent in Polen.

Die Einnahmen der staatlichen Rentenversicherungsanstalten in Polen

Struktur der Einnahmen der staatlichen Rentenfonds in Polen (FUS und FER)

Die Einnahmenstruktur des polnischen Sozialversicherungsfond FUS[433] unterlag leichten Schwankungen. Auffällig ist, dass insbesondere in wirtschaftlich schwierigen Zeiten der Anteil der Staatszuschüsse an den FUS-Einnahmen besonders hoch liegt.

Abbildung 3.2.2: Anteile der Einnahmen des staatlichen Rentenversicherungsfonds FUS[1] in Polen (1991 bis 2002) nach Einnahmenquellen in Prozent der Gesamteinnahmen[2]

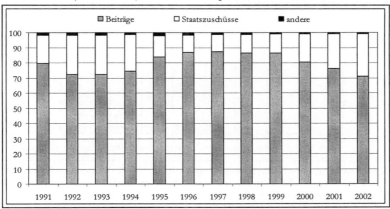

[1] Der Sozialversicherungsfonds FUS (*Fundusz Ubezpieczeń Społecznych*) ist für die operativen Aufgaben der Beitragseinnahmen und Auszahlung der Leistungen der Sozialversicherungsanstalt ZUS zuständig.
[2] „Beiträge" umfassen sowohl die Beiträge der Versicherten (seit 1999) als auch die Beiträge der Arbeitgeber für die Versicherten bzw. die Beiträge der Selbständigen; „andere" Einnahmen umfassen unter anderem Einkommen aus der Vermögensverwaltung der Rentenfonds
Quelle: Eigene Berechnungen und Darstellungen nach der Zusammenstellung angefragter Daten der Autorin beim Polnischen Finanzministerium in der Korrespondenz vom 3. Juli 2003 (die Daten können bei der Autorin eingesehen werden).

---

[433] Der Sozialversicherungsfonds FUS (*Fundusz Ubezpieczeń Społecznych*) ist für die operativen Aufgaben der Beitragseinnahmen und Auszahlung der Leistungen der Sozialversicherungsanstalt ZUS zuständig.

Staatliche Transferzahlungen hatten 1993 den größten Anteil (26,3 Prozent der gesamten FUS-Einnahmen) und 1997 den geringsten Anteil (11,2 Prozent) am FUS-Budget. Dies entsprach im Jahr 1993 4,2 Prozent des BIP und im Jahr 1997 1,5 Prozent des BIP. Weiterhin fällt auf, dass nach Beginn der Reformen die staatlichen Zuschüsse sowohl absolut (in Zloty) als auch relativ (in Prozent des BIP) stark anstiegen und 2002 das Maximum im Beobachtungszeitraum von 28,3 Prozent des FUS-Budgets bzw. 3,5 Prozent des BIP erreichte. Gemessen am BIP wurden die Spitzenwerte der frühen 90er Jahre allerdings nicht mehr erreicht[434]. Ein anderes Bild ergibt sich bei der Betrachtung der Einnahmen des staatlichen Rentenversicherungsfonds für selbständige Landwirte (FER).

Abbildung 3.2.3: Anteile der Einnahmen des staatlichen Rentenversicherungsfonds für selbständige Landwirte FER[1)] in Polen von 1992 bis 2002 nach Einnahmenquellen (in Prozent der Gesamteinnahmen)

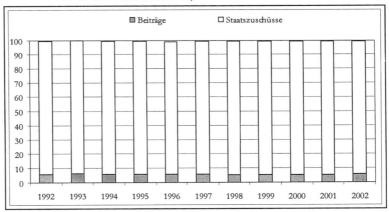

[1)] Der Sozialversicherungsfond FER (*Fundusz Emerytalno Rentowy*) ist für die operativen Aufgaben der Sozialversicherungsanstalt für selbständige Landwirte KRUS (*Kasa Rolniczego Ubezpieczenia Społecznego*) zuständig. Quelle: Eigene Berechnungen und Darstellungen nach der Zusammenstellung angefragter Daten der Autorin durch KRUS in der Korrespondenz vom 11. Juni 2003 (die Daten können bei der Autorin eingesehen werden).

Beiträge machten mit rund 5 bis 6 Prozent nur einen verschwindend geringen Anteil an den Gesamteinnahmen des Fonds aus. Das Gros der Einnahmen speiste sich aus steuerfinanzierten Staatszuschüssen. Die finanzielle Bedeutung des Sozialversicherungsfonds für selbständige Landwirte im Staatshaushalt ist nicht zu unterschät-

---

[434] Im Haushaltsplan für das Jahr 2003 ist eine relative Verringerung des Staatszuschusses auf 27,9 Prozent des FUS-Budgets vorgesehen. Absolut sollen auch im Jahr 2003 die Staatszuschüsse steigen. Dem Plan zufolge sollen Beitragseinnahmen im Jahr 2003 71,9 Prozent und andere Einnahmen 0,2 Prozent des FUS-Budgets ausmachen (Quelle: Angefragte Daten der Autorin beim Polnischen Finanzministerium in der Korrespondenz vom 3. Juli 2003. Die Daten können bei der Autorin eingesehen werden).

zen. Immerhin beanspruchten die Staatszuschüsse zwischen 1992 und 2002 rund 2 Prozent des BIP.

Tabelle 3.2.1: Einnahmen der staatlichen Rentenversicherungsfonds in Polen (FUS[1] und FER[2]) zwischen 1991 und 2002 nach Einnahmenquellen in Prozent des BIP

| | FUS | | | | FER | | |
| | Gesamt | Eigene Einnahmen | | Staats-zuschüsse | Gesamt | Beiträge | Staats-zuschüsse |
		Beiträge[3]	Andere[4]				
1991	14,4	11,5	0,2	2,7	k.A.	k.A.	k.A.
1992	16,5	11,9	0,3	4,3	2,1	0,1	2,0
1993	16,1	11,6	0,2	4,2	2,4	0,1	2,0
1994	16,2	12,0	0,2	3,9	2,1	0,1	2,2
1995	13,6	11,4	0,3	1,9	2,1	0,1	2,0
1996	13,5	11,7	0,2	1,6	2,1	0,1	1,9
1997	13,3	11,6	0,2	1,5	2,0	0,1	2,0
1998	13,0	11,2	0,2	1,6	2,2	0,1	1,9
1999	12,0	10,4	0,1	1,5	2,0	0,1	2,1
2000	11,9	9,5	0,1	2,2	2,1	0,1	1,9
2001	12,2	9,3	0,1	2,8	2,1	0,1	2,0
2002	12,4	8,8	0,1	3,5	2,1	0,1	2,0

[1] Der Sozialversicherungsfonds FUS (*Fundusz Ubezpieczeń Społecznych*) ist für die operativen Aufgaben der Beitragseinnahmen und Auszahlung der Leistungen der Sozialversicherungsanstalt ZUS zuständig.
[2] Der Sozialversicherungsfond FER (*Fundusz Emerytalno Rentowy*) ist für die operativen Aufgaben der Sozialversicherungsanstalt für selbständige Landwirte KRUS (*Kasa Rolniczego Ubezpieczenia Społecznego*) zuständig.
[3] Beiträge umfassen sowohl die Beiträge der Versicherten (seit 1999) als auch die Beiträge der Arbeitgeber für die Versicherten bzw. die Beiträge der Selbständigen
[4] „andere" Einnahmen umfassen unter anderem Einkommen aus der Vermögensverwaltung des Rentenfonds sowie Zinseinnahmen und Strafgelder aus Beitragsschulden
k.A.: keine Angaben
Quelle: Eigene Berechnungen und Darstellungen nach GUS (2002), Mackiewicz et.al. (2001, S. 189), NBP (2003) und der Zusammenstellung angefragter Daten der Autorin durch KRUS in der Korrespondenz vom 11. Juni 2003 und beim Polnischen Finanzministerium in der Korrespondenz vom 3. Juli 2003 (die Daten können bei der Autorin eingesehen werden).

Struktur der Staatszuschüsse in Polen

In Polen sind zwei verschiedene Arten von Staatszuschüssen zum Rentenfond zu unterscheiden. Zum einen zweckgebundene Zuschüsse und zum anderen ergänzende Zuschüsse. Zweckgebundene Zuschüsse werden für drei Arten von Zusatzaufgaben und folglich Zusatzausgaben des Rentenfonds FUS ausgezahlt. Erstens als Rückerstattung von FUS-Leistungen für diejenigen Personengruppen, die keine Beiträge gezahlt haben (insbesondere „uniformierte" Beschäftigte). Allerdings wurden die Leistungen für diese Gruppen allmählich aus dem Sozialversicherungsbudget ausgegliedert und von den jeweils zuständigen Ministerien ausgezahlt[435].

In Zukunft werden auch die meisten „uniformierten" Staatsbediensten Beiträge zur Sozialversicherung zahlen, da ab 1999 alle Berufsanfänger dieser Beschäfti-

---

[435] Seit dem 1. Januar 1993 werden die Renten für Soldaten und ihre Familienangehörigen aus dem Budget des Verteidigungsministeriums gezahlt. Die Rentenleistungen für alle anderen „bewaffneten Gruppen" wurden am 1. Januar 1995 vom Innen- oder Justizministerium übernommen.

gungsgruppe bei ZUS versichert werden[436]. Zweckgebundene Staatszuschüsse an FUS werden weiterhin für Kriegs- und Militärinvalide gezahlt. Zweitens gewährt der Staat seit der Reform von 1999 zweckgebundene Zuschüsse als Entschädigung für den Mittelabfluss an die Offenen Rentenfonds (*Otwartego Funduszu Emerytalnego* - OFE) aufgrund der Teilprivatisierung und drittens als Entschädigung für die Einführung der Beitragsbemessungsgrundlage zum 1. Januar 1999 auf dem Niveau des 30-fachen des nationalen Durchschnittslohns.

Da FUS ein zweckgebundener Staatsfond ist, ist der Staat auch für die Deckung des verbleibenden Defizits („ergänzenden Mittel") zuständig, das entsteht, wenn die Einnahmen des FUS aus den Beiträgen und dem zweckmäßigen Zuschuss nicht ausreichen, um die Ausgaben zu tätigen (ZUS 2002, S. 22 ff.). Mit Beginn des Transformationsprozesses verschlimmerte sich die finanzielle Situation der polnischen Sozialversicherungsanstalt.

Der Anteil der staatlichen Außerbeitragseinnahmen[437] des FUS verdoppelte sich nahezu von rund 13 Prozent im Jahr 1989 auf knapp ein Viertel im Jahr 1992[438]. Im Jahr 1993 gelang es zwar, den Anteil der Staatszuschüsse bis auf 11 Prozent im Jahr 1997 zu senken und in den folgenden zwei Jahren relativ konstant zu halten. Zur positiven Entwicklung auf der Einnahmenseite des FUS hat jedoch weniger eine tatsächliche finanzielle Verbesserung im staatlichen Rentensystem, sondern vielmehr eine Umschichtung vom Sozialversicherungsbudget zum Staatsbudget beigetragen. Neben der Ausgliederung der beitragsfreien Renten für uniformierte Staatsbedienstete aus dem Sozialversicherungsbudget, besserte der Staat durch (steuerfinanzierte) Staatszuschüsse die finanzielle Lage des FUS auf, indem er Unternehmen mit Zahlungsrückstand gegenüber der ZUS aus dem Staatsbudget eine zusätzliche Subvention zur Begleichung ihrer Schuld gewährte (Golinowska/Zukowski 2002, S. 206)[439]. Diese vermeintlich positive Entwicklung hielt jedoch nicht lange an[440].

---

[436] Nur noch diejenigen Personen, die vor dem 1. Januar 1999 zu arbeiten begonnen haben, erhalten eine steuerfinanzierte Rente von dem jeweilig zuständigen Ministerium ausgezahlt.

[437] Außerbeitragseinnahmen sind alle zweckgebundenen und ergänzenden Zuschüsse des Staates an den Rentenfonds.

[438] Sonstige Einnahmen wie zum Beispiel die Rückgabe von nicht ordnungsgemäß bezogenen Leistungen machten nur einen geringen Anteil an den FUS-Einnahmen aus. Sie betrugen 1998 rund 0,5 Prozent und 2001 rund 0,7 Prozent.

[439] 1993 erreichte der Schuldenstand an Beiträgen der Unternehmen gegenüber der ZUS gemessen am BIP mit rund 1,9 Prozent des BIP (bzw. 3.026 Mio. Zloty) sein Maximum. Dies entsprach 16,4 Prozent der gesamten Beitragseinnahmen. In den folgenden Jahren sank der relative Schuldenstand deutlich auf nur noch 1,2 Prozent des BIP im Jahr 1996. Allerdings entsprach dies immer noch rund zehn Prozent der Gesamtbeitragseinnahmen. Hauptschuldner waren die öffentlichen Unternehmen (Golinowska/Zukowski, 2002, S. 206 und eigene Berechnungen).

[440] Die weitgehende Ausgliederung von Rentenzahlungen an uniformierte Beschäftigte aus dem FUS-Budget bewirkte, dass die Ausgaben des FUS insgesamt sanken. Ohne dieses Wissen könnte eine sinkende finanzielle Belastung der Rentenkassen insgesamt angenommen werden. Dies würde

Abbildung 3.2.4: Ergänzende und zweckgebundene Staatszuschüsse[1] zum FUS-Budget (in Prozent der FUS-Einnahmen) in Polen zwischen den Jahren 1992 und 2001

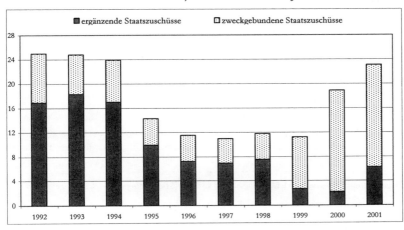

[1] Ergänzende Staatszuschüsse sollen das Defizit decken, das entsteht, wenn die Einnahmen des FUS aus den Beiträgen und dem zweckmäßigen Zuschuss nicht ausreichen, um die Ausgaben zu tätigen. Zweckgebundene Staatszuschüsse an das Sozialversicherungsbudget werden für drei Arten von Zusatzaufgaben gezahlt:
a) als Rückerstattung von beitragsfreien FUS-Leistungen (insbesondere für Leistungen an „uniformierte" Beschäftigte wie Polizisten, Bedienstete in staatlichen Gefängnissen, Kriegs- und Heeresinvaliden sowie Soldaten).
b) als Entschädigung für den Mittelabfluss an die Offenen Rentenfonds (OFE) durch die Teilprivatisierung
c) als Entschädigung für die Einführung der Beitragsbemessungsgrundlage zum 1. Januar 1999 auf dem Niveau des 30-fachen des nationalen Durchschnittslohns
Quellen: Eigene Berechnungen und Darstellung nach ZUS (2002, S. 28-29), ZUS-Online (2003) und Zusammenstellung angefragter Daten der Autorin beim Polnischen Finanzministerium in der Korrespondenz vom 3. Juli 2003 (die Daten können bei der Autorin eingesehen werden).

Der staatliche Rentenfond blieb im gesamten Beobachtungszeitraum zwischen 1992 und 2001 auf Zuschüsse aus dem Staatshaushalt angewiesen, die über die zweckgebundenen Zuschüsse hinausgehen. Ab 2000 stiegen die staatlichen Zuweisungen absolut und in relativen Größen rapide an. Es wird deutlich, dass die finanzielle Belastung des Staates auch – bzw. gerade - nach der Teilprivatisierung der Rentenversicherung erheblich ist. Dominierten zwischen 1992 und dem Jahr vor der

zu dem Trugschluss führen, dass es in den 90er Jahren zu einer relativen Verbesserung der finanziellen Lage der Sozialversicherungsanstalt gekommen ist. Tatsächlich bedeutet die Ausgliederung nur eine Verschiebung der finanziellen Last, die für das Staatsbudget keinen Unterschied macht. Denn auf der einen Seite sanken zwar die erforderlichen zweckgebundenen Zuschüsse für die beitragsfreien Renten. Auf der der anderen Seite fielen sie jedoch bei den betreffenden Ministerien wieder an.

Reform in Polen die ergänzenden Zuschüsse, wurde dies bereits im ersten Reformjahr umgekehrt[441].

1999 machten die Außerversicherungsleistungen für Kriegs- und Heerinvaliden noch knapp 45 Prozent der gesamten zweckgebundenen Staatszuschüsse aus. Zwei Jahre später reduzierte sich ihr Anteil um mehr als 20 Prozentpunkte auf nur noch 23,9 Prozent. Größeres Gewicht erhielten die Entschädigungszahlungen für die entgangenen Beiträge durch die Teilprivatisierung des Rentensystems, während der Anteil der Entschädigungszahlungen für die Einführung der Beitragsbemessungsgrundlage relativ konstant bei rund 20 Prozent blieb.

Abbildung 3.2.5: Anteile der Arten zweckgebundener Staatszuschüsse[1] an den gesamten zweckgebundenen Staatszuschüssen in Polen zum FUS-Budget (in Prozent) von 1999 bis 2001

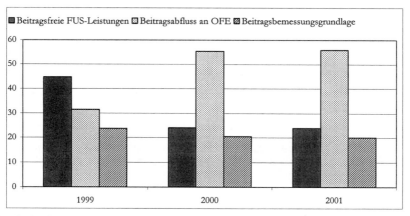

[1] Zweckgebundene Staatszuschüsse an das Sozialversicherungsbudget werden für drei Arten von Zusatzaufgaben gezahlt:
a) als Rückerstattung von beitragsfreien FUS-Leistungen (insbesondere für Leistungen an „uniformierte" Beschäftigte wie Polizisten, Bedienstete in staatlichen Gefängnissen, Kriegs- und Heeresinvaliden sowie Soldaten).
b) als Entschädigung für den Mittelabfluss an die Offenen Rentenfonds (OFE) durch die Teilprivatisierung
c) als Entschädigung für die Einführung der Beitragsbemessungsgrundlage zum 1. Januar 1999.
Quellen: Eigene Berechnungen und Darstellung nach ZUS (2002, S. 28-29), ZUS-Online (2003) und Zusammenstellung angefragter Daten der Autorin beim Polnischen Finanzministerium in der Korrespondenz vom 3. Juli 2003 (die Daten können bei der Autorin eingesehen werden).

1999 betrug der Anteil der Ausgleichszahlungen aufgrund der Teilprivatisierung der Alterssicherung 31,6 Prozent und stieg im Folgejahr auf 55,5 Prozent und im

---

[441] Auch in absoluten Zahlen sanken die ergänzenden Staatszuschüsse zwischen 1998 und 1999 rapide von 5,6 Mrd. Zloty auf 2,3 Mrd. Zloty. Dagegen stiegen die zweckgebundenen Zuschüsse im gleichen Zeitraum von 3,2 Mrd. Zloty auf 7,2 Mrd. Zloty. 2000 sanken die ergänzenden Staatszuschüsse auf 1,8 Mrd. Zloty, während sich die zweckgebundenen Zuschüsse innerhalb eines Jahres nahezu verdoppelten und im Jahr 2000 13,6 Mrd. Zloty betrugen.

Jahr 2001 auf 56 Prozent. Für die nachteiligen finanziellen Entwicklungen waren auch administrative Probleme der Rentenversicherung verantwortlich. Die schlechte Vorbereitung der Administration auf die Rentenreform zeigte sich in der fehlenden Informationstechnologie und in Unklarheiten über die Identifikation der Beitragszahler (Chłon-Domińczak 2002, S. 140 ff.). Darüber hinaus änderte sich die Buchführung für die Beitragserhebung (Vgl. ebd., S. 150)[442]. Insgesamt entstand dem polnischen Sozialversicherungsfond nach Berechnungen von Chłon-Domińczak im ersten Jahr der Reform ein Einnahmenausfall von 5,5 Mrd. Zloty (Chłon-Domińczak 2002, S. 150.). Dies entsprach ca. 0,9 Prozent des BIP (eigene Berechnung).

Die Einnahmen der staatlichen Rentenversicherungsanstalt in Ungarn

Struktur der Einnahmen des staatlichen Rentenfonds in Ungarn (PIF)

Ebenso wie im polnischen ZUS-System machten in Ungarn Beiträge den größten Anteil an den Einnahmen der Sozialversicherungen aus. Bis einschließlich 1991 waren Renten- und Gesundheitsfond finanziell nicht voneinander getrennt, sodass es keine gesonderten Aufzeichnungen über beide Sozialversicherungszweige gibt. 1990 lag der Anteil der Einnahmen des Sozialversicherungsfonds aus Beiträgen bei 97,9 Prozent und sank im Folgejahr auf 93,3 Prozent. Arbeitnehmerbeiträge hatten mir 18 Prozent in beiden Jahren nur einen vergleichsweise geringen Anteil an der Finanzierung der Sozialversicherung gegenüber dem Anteil der Arbeitgeber in Höhe von 79,9 Prozent der Einnahmen im Jahr 1990 und 75,4 Prozent im Jahr 1991[443].

Kompensationszahlungen des Staates vor allem für beitragsfreie Leistungen bedingten nur einen verschwindend geringen Anteil an den Gesamteinnahmen (1990: 0,03 Prozent der Gesamteinnahmen; 1991: 0,2 Prozent der Gesamteinnahmen). Allerdings ist der Staat verpflichtet, ein mögliches Defizit in der Sozialversicherung zu decken. Dieses betrug 1990 noch vergleichsweise moderate 0,03 Prozent des BIP und stieg im Folgejahr trotz höherer Kompensationszahlungen auf 0,9 Prozent des BIP.

---

[442] Die Arbeitgeber mussten die Löhne und Gehälter eines Monats erst am Anfang des Folgemonats auszahlen. Infolgedessen zahlten sie auch erst später die Sozialversicherungsbeiträge. Die ersten Beiträge für den ersten Monat 1999 wurden folglich nicht bereits zum Februar 1999, sondern erst im März 1999 gezahlt. Damit entstand zunächst eine Lücke, welche zu einem Ausfall der erwarteten Einnahmen von 1,2 Milliarden Zloty im Jahr 1999 führte (Chłon-Domińczak 2002, S. 150.).

[443] Anders als in Polen beteiligten sich die ungarischen Arbeitnehmer bereits ab 1954 an der Finanzierung ihrer Rente. Jedoch war der Arbeitnehmeranteil deutlich geringer als der Arbeitgeberanteil. In den 90er Jahren stieg die Beteiligung der Arbeitnehmer an den Beitragszahlungen.

Abbildung 3.2.6: Anteile der Einnahmen des staatlichen Rentenversicherungsfonds (PIF) in Ungarn von 1992 bis 2003[1] nach Einnahmenquellen in Prozent der Gesamteinnahmen[2]

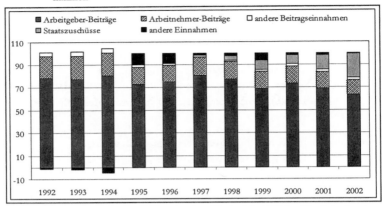

[1] Angaben für das Jahr 2002: vorläufige Zahlen; Angaben für das Jahr 2003: Im Haushaltsplan eingestellte Werte

[2] Die Einnahmequellen sind wie folgt definiert:

„andere Beitragseinnahmen": beitragsnahe Einnahmen des Rentenfonds sowie Zinseinnahmen und Strafgelder aus Beitragsschulden

„Staatszuschüsse": vorab eingestellte Staatszuschüsse (d.h. ohne Staatszuschüsse zur Deckung des verbleibenden Defizits)

„andere Einnahmen": u.a. Transferzahlungen zwischen dem staatlichem Rentenfond (PIF) und dem staatlichem Gesundheitsfond (HIF), Einnahmen aus der Vermögensverwaltung sowie Einnahmen aus dem Betrieb des Rentenfonds

Quelle: Eigene Berechnungen und Darstellung nach der Zusammenstellung angefragter Daten der Autorin durch András Horváth vom Büro des Premierministers in der Korrespondenz vom 10. Juni 2003 (Die Daten können bei der Autorin eingesehen werden.).

Nach der organisatorischen und finanziellen Trennung der beiden Sozialversicherungszweige und der Einrichtung getrennter Sozialversicherungsfonds im Jahr 1992 ist jedoch noch keine vollständige Trennung zwischen Renten- und Gesundheitsversicherung hergestellt[444]. Aufgrund der Verflechtungen wurden Ausgleichzahlungen zwischen den beiden Sozialversicherungsfonds eingerichtet. Dies führte unter anderem dazu, dass der Rentenfond zwischen 1992 und 1994 per Saldo mehr an den Gesundheitsfond zahlen musste als umgekehrt.

Da ein Teil der Arbeitnehmer-Beiträge durch die Reform der Alterssicherung an die privaten Rentenkassen weiter geleitet wird, spiegelt sich die höhere Eigenbeteili-

---

[444] Beispielsweise zahlt der Gesundheitsfond (HIF) die Invalidenrente für invalide Personen der III. Invalidenkategorie unterhalb des gesetzlichen Rentenalters.

gung der Versicherten nicht in der Bilanz der staatlichen Rentenkassen wieder[445]. Infolge dessen erhöhte sich die Finanzierungslast für den Staat. Lässt man außen vor, dass der Staat zusätzlich für die Deckung des Defizits zuständig ist, stieg der Anteil der Staatszuschüsse an den Einnahmen des ungarischen Rentenfonds von 3,6 Prozent im Jahr 1998 - dem ersten Jahr der Reform - auf 20,9 Prozent im Jahr 2002[446].

Tabelle 3.2.2: Struktur der Einnahmen des staatlichen Rentenversicherungsfonds (PIF) in Ungarn von 1992 bis 2003[1] nach Einnahmenquellen in Prozent des BIP

| | | Einnahmen des Rentenfonds (PIF) | | | | | |
| | | Beiträge | | | | Staats- zuschüsse[3] | andere Einnah men[4] |
	Gesamt	Gesamt	Arbeitgeber	Arbeitnehmer	Andere[2]		
1992	9,5	9,6	7,4	1,8	0,3	-	-0,1
1993	9,2	9,4	7,1	1,9	0,4	-	-0,2
1994	8,6	9,0	6,9	1,7	0,3	-	-0,4
1995	8,8	7,9	6,4	1,3	0,2	-	0,9
1996	8,1	7,4	6,1	1,2	0,2	-	0,7
1997	7,4	7,2	5,9	1,2	0,1	-	0,1
1998	7,7	7,3	6,0	1,2	0,1	0,3	0,2
1999	8,0	6,9	5,5	1,2	0,1	0,7	0,5
2000	7,6	6,9	5,6	1,1	0,2	0,6	0,1
2001	7,9	6,8	5,4	1,2	0,2	1,0	0,1
2002[5]	8,3	6,5	5,2	1,1	0,2	1,7	0,1
2003[6]	8,1	6,6	5,2	1,2	0,2	1,4	0,0

[1] Angaben für das Jahr 2002: vorläufige Zahlen; Angaben für das Jahr 2003: Im Haushaltsplan eingestellte Ausgaben
[2] „andere Beitragseinnahmen" umfassen beitragsnahe Einnahmen des Rentenfonds sowie Zinseinnahmen und Strafgelder aus Beitragsschulden
[3] nur vorab eingestellte Staatszuschüsse (d.h. ohne die Staatszuschüsse zur Deckung des verbleibenden Defizits)
[4] „andere Einnahmen" umfassen u.a. Transferzahlungen zwischen dem staatlichem Rentenfond (PIF) und dem staatlichem Gesundheitsfond (HIF), Einnahmen aus der Vermögensverwaltung sowie Einnahmen aus dem Betrieb des Rentenfonds
[5] vorläufige Daten
[6] im Haushaltsplan eingestellte Ausgaben
Quelle: Eigene Berechnungen nach der Zusammenstellung angefragter Daten der Autorin durch András Horváth vom Büro des Premierministers in der Korrespondenz vom 11. Februar 2003 und 10. Juni 2003 (Die Daten können bei der Autorin eingesehen werden.).

Deutlich werden die zunehmende Bedeutung der Staatszuschüsse und die abnehmende Bedeutung der Beiträge von und für die Versicherten, wenn man die absolute Höhe der Beiträge und Staatszuschüsse an der Wirtschaftskraft des Landes misst.

---

[445] Es zeigt sich, dass der Arbeitnehmer-Anteil an den Einnahmen der staatlichen Rentenversicherung von einem Viertel im Jahr 1992 auf nur noch rund 21 Prozent im Jahr 2002 sank. Diese beiden Maßnahmen müssen durch höhere Staatszuschüsse kompensiert werden.
[446] Vor der Reform wurden keine gesonderten Staatszuschüsse eingestellt, sondern nur das verbleibende Defizit gedeckt, das sich aus dem Saldo aus Einnahmen und Ausgaben des Rentenfonds ergab.

Demnach sanken die Einnahmen aus den Arbeitgeberbeiträgen von 7,4 Prozent des BIP im Jahr 1992 auf nur noch 5,2 Prozent des BIP zehn Jahre später. Die relative Höhe der Arbeitnehmer-Beiträge reduzierte sich von 1,9 Prozent im Jahr 1993 auf nur noch 1,1 bis 1,2 Prozent seit dem Jahr 1996. Dagegen stiegen die Staatszuschüsse (ohne die staatlichen Ausgaben für die Defizit-Deckung) von 0,3 Prozent des BIP im Jahr 1998 auf 1,7 Prozent des BIP im Jahr 2001.

Struktur der Staatszuschüsse in Ungarn

In Ungarn werden vier Arten von Staatszuschüssen an den staatlichen Rentenfonds unterschieden. Erstens eine Kompensation für die Leistungen, die die Rentenkasse aufgrund der Anrechnung von Kindererziehungszeiten zahlen muss. Zweitens seit dem Jahr 1998 eine Kompensation für den Beitragsabfluss an die privaten Rentenfonds aufgrund der Teilprivatisierung, drittens vorab im Haushaltsplan eingestellte Staatszuschüsse an die Rentenversicherung und viertens Staatszuschüsse zur Deckung des verbleibenden Defizits in der Rentenkasse.

Die Beitragszahlungen, die der Staat für die Kindererziehungszeiten übernimmt, betrugen seit dem Jahr 1998 konstant 0,1 Prozent des BIP. Die Staatszuschüsse aufgrund der Teilprivatisierung erhöhten sich von 0,2 Prozent des BIP im ersten Jahr der Reform auf 0,5 Prozent im Folgejahr. Im Haushaltsplan für 2003 ist sogar ein Anstieg auf 0,7 Prozent des BIP eingestellt[447].

---

[447] Die finanzielle Belastung durch die Teilprivatisierung der gesetzlichen Alterssicherung war – wenn auch nicht in dem Ausmaß - erwartet worden. Um diese Finanzierungslast zu begrenzen und zeitlich zu strecken, entschied sich die Regierung Antall für eine schrittweise Umsetzung der neuen Rentengesetzte. Das alte System bleibt noch bis 2013 parallel zum neuen Rentensystem bestehen. Darüber hinaus sollen institutionelle Gestaltungsmerkmale einen krassen Ausgabenanstieg verhindern. Unter anderem sollen diesem Ziel die Erhöhung des gesetzlichen Rentenalters und die Anpassung bestehender Renten zur Hälfte an die Lohnentwicklung und zur Hälfte an die Preisentwicklung dienen. Es war jedoch absehbar, dass diese Maßnahmen nicht ausreichen, um die Übergangskosten zu decken. Die Regierung Orbán brachte den Reformprozess vorübergehend zum Stillstand, da die Finanzierungslast als zu hoch angesehen wurde.

Abbildung 3.2.7: Transferzahlungen des Staates zum ungarischen Rentenversicherungsfond (PIF) zwischen 1998 und 2003[1] nach Art der Transferzahlung (in Prozent des BIP)

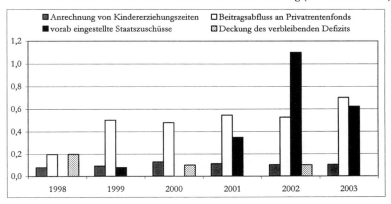

[1] Angaben für 2002: vorläufige Zahlen; Angaben für 2003: Im Haushaltsplan eingestellte Werte
Quelle: Eigene Berechnungen und Darstellung nach der Zusammenstellung angefragter Daten der Autorin durch András Horváth vom Büro des Premierministers in der Korrespondenz vom 10. Juni 2003 (Die Daten können bei der Autorin eingesehen werden.).

Tabelle 3.2.3: Transferzahlungen des Staates zum ungarischen Rentenversicherungsbudget zwischen 1998 und 2003[1] nach Art (in Prozent des BIP)

	1998	1999	2000	2001	2002[2]	2003[3]
Kompensationszahlungen, *davon:*	0,3	0,7	0,6	1,0	1,7	1,4
Anrechnung von Kindererziehungszeiten	0,1	0,1	0,1	0,1	0,1	0,1
Beitragsabfluss an Privatrentenfonds	0,2	0,5	0,5	0,5	0,5	0,7
vorab eingestellte Staatszuschüsse	0,0	0,1	0,0	0,3	1,1	0,6
Deckung des Defizits	0,2	0,0	0,1	0,0	0,1	0,0
Gesamter Staatszuschuss	0,5	0,7	0,7	1,0	1,8	1,4

[1] Angaben für das Jahr 2002: vorläufige Zahlen; Angaben für das Jahr 2003: Im Haushaltsplan eingestellte Werte
[2] vorläufige Daten
[3] im Haushaltsplan eingestellte Werte
Quelle: Eigene Berechnungen nach der Zusammenstellung angefragter Daten der Autorin durch András Horváth vom Büro des Premierministers in der Korrespondenz vom 10. Juni 2003 (Die Daten können bei der Autorin eingesehen werden.).

Ebenfalls gestiegen sind – mit Ausnahme des Jahres 2000, als keine Zuschüsse unter dieser Kategorie gezahlt wurden - die vorab eingestellten Staatszuschüsse. Sie stiegen von 0,1 Prozent des BIP im Jahr 1999 auf 1,1 Prozent des BIP im Jahr 2002. Da trotz der staatlichen Transferzahlungen an die Rentenkasse die Ausgaben die Einnahmen überstiegen, musste der Staat zusätzlich das Defizit in der Rentenkasse ausgleichen, da der Staat letztendlich die finanzielle Verantwortung für den staatlichen Rentenfond trägt. Das relativ höchste Defizit entstand im ersten Jahr der Reform und betrug 0,2 Prozent des BIP bzw. rund 20 Mrd. HUF. Zurückzuführen ist dies unter anderem auf die unerwartete hohe Anzahl an Personen, die sich für das neue Rentensystem entschieden, sodass der staatlichen Rentenversicherung mehr Beitragseinnahmen entgingen als zuvor geschätzt worden war. In den Jahren 1999 und 2001 verzeichnete die Rentenkasse einen leichten Überschuss, der jedoch vernachlässigbar gering ist.

Zusammenfassend ist festzustellen, dass das staatliche Rentensystem insbesondere nach der Reform von 1998 für den Staat eine zunehmende finanzielle Belastung darstellte. Die staatlichen Transferzahlungen insgesamt stiegen von 0,5 Prozent des BIP im Jahr 1998 auf 1,8 Prozent des BIP im Jahr 2002. Auch in Zukunft steht der Staat noch in wesentlichem Umfang in der finanziellen Verantwortung für das staatliche Rentensystem. Teilweise sind sogar neue Aufgaben und Verpflichtungen seit der Reform hinzugekommen, sodass weitere administrative und finanzielle Verpflichtungen anzunehmen sind. Der ungarische Staat bleibt weiterhin für die staatliche Rentenversicherung und die Erwerbsunfähigkeitsrenten verantwortlich. Zweitens muss er die privaten Zusatzvorsorgefonds überwachen und im Fall der Insolvenz eines Fonds die Leistungen an die Versicherten aus dem Staatsbudget bezahlen. Auch die Kompensationszahlungen für Leistungsansprüche, die Versicherte im alten Rentensystem erworben haben, werden in Zukunft Druck auf den Staatshaushalt ausüben.

3.2.1.2 Die Ausgabenseite

Vergleich der Rentenausgaben der staatlichen Sozialversicherungsfonds in Polen und Ungarn

Die steigende Zahl von Rentenbeziehern bei gleichzeitig sinkendem BIP und vergleichsweise hohen Rentenleistungen ließen die Rentenausgaben in Relation zum Bruttoinlandsprodukt ansteigen[448]. Die Änderungen in der polnischen Rentengesetzgebung im Jahr 1991 führten zu einem steilen Anstieg der relativen Rentenausgaben, die nicht von zusätzlichen Einnahmen begleitet wurden. Darin spiegelt sich der Versuch der Regierung wieder, die Rentner vor den negativen materiellen Folgen des Transformationsprozesses zu schützen. Dies wirkte sich zwar positiv auf die relative Einkommensposition der Rentner aus, belastete aber die staatliche Rentenversicherung und letztendlich den Staat finanziell erheblich[449].

---

[448] Nicht einbezogen sind an dieser Stelle die Leistungen für selbständige Landwirte in Polen. In Ungarn werden alle Rentenausgaben der unterschiedlichen Fonds und des Staates betrachtet.

[449] Kritiker sprechen von einer strategischen Fehler der Regierung: „The sweeping reform of the pension system, enacted in October 1991, was a grave mistake which affected the state budget

Abbildung 3.2.8: Entwicklung der staatlichen Rentenausgaben in Polen[1] und Ungarn[2] zwischen 1988 und 2001 (in Prozent des BIP)

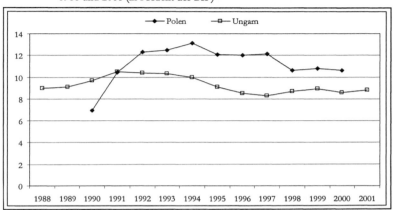

[1] Für Polen: Nur ZUS
[2] Die Rentenausgaben umfassen in Ungarn Rentenleistungen des Rentenfonds (PIF), des Gesundheitsfonds (HIF) und beitragsfreie Rentenleistungen
Quelle: Eigene Berechnungen und Darstellung nach Chlon-Dominczak (2002a) S. 106 und Zusammenstellung von angefragten Daten der Autorin durch András Horváth vom Büro des ungarischen Premierministers in der Korrespondenz vom 11. und 28. Februar 2003 (die Daten aus den Korrespondenzen können bei der Autorin eingesehen werden).

Der Anstieg der am BIP gemessenen Rentenausgaben verlief in Ungarn im Gegensatz zu Polen vergleichsweise moderat, wenn auch zunächst auf höherem Niveau. In Polen dagegen schnellten die Ausgaben kurz nach Beginn des Transformationsprozesses nach oben, sodass sie das ungarische Niveau schon bald überstiegen. Innerhalb von nur zwei Jahren verdoppelten sich die relativen Rentenausgaben in Polen nahezu von knapp 7 Prozent des BIP im Jahr 1990 auf 12,3 Prozent des BIP im Jahr 1992. Im gleichen Zeitraum stiegen die Rentenausgaben in Ungarn von 9,7 Prozent des BIP auf 10,4 Prozent des BIP an. Sowohl in Ungarn als auch in Polen sanken nach 1994 die relativen Rentenausgaben. Eine wesentliche Ursache ist die Verbesserung der wirtschaftlichen Lage in beiden Ländern. Gleichzeitig versuchten die Regierungen durch partielle Änderungen in der Rentengesetzgebung, das Ausgabenwachstum einzudämmen.

In den Folgejahren reduzierte sich die relative Belastung mit Rentenausgaben weiter auf 10,6 Prozent des BIP im Jahr 2000 in Polen und 8,6 Prozent des BIP in Ungarn. Betrachtet man die Rentenausgaben relativ zum GDP, scheinen Warnungen vor Finanzierungsschwierigkeiten unbegründet. Diese Relationen zeugen weder von alarmierenden Höhen noch von dramatischen Entwicklungen. Bei genauerer Be-

position throughout many subsequent years. Despite being necessary, it was totally incompatible with the State's financial capacities." (Mackiewicz et.al., 2001, S. 74)

trachtung ist allerdings festzustellen, dass die relativ unspektakulär verlaufenden Rentenausgaben nach dem Transformationsschock nicht primär auf ein gut konstruiertes Rentensystem zurückgehen. Vielmehr sind vorteilhafte wirtschaftliche Begleitumstände und partielle Änderungen zum Teil zu Lasten der Rentner für die Entwicklung maßgeblich[450]. Außerdem ist zu beachten, dass im betrachteten Zeitraum die Altersstruktur beider Länder noch vergleichsweise günstig ist.

Rentenausgaben nach Art der Rentenleistung

Ein interessantes Detail ist, aus welchem Grund und in welchem Ausmaß Renten ausgezahlt wurden. Aufschlussreich ist die Aufteilung nach Rentenkategorien bzw. Funktionen (Alters-, Invaliden- und Hinterbliebenenrenten).Wie zu erwarten war, stellten in Polen und Ungarn innerhalb der Kategorie Rente die altersbezogenen Ausgaben den deutlich größten Anteil dar. Sie waren hauptverantwortlich für den Ausgabenanstieg.

Abbildung 3.2.9:   Anteile der Rentenkategorien an den Rentenausgaben[1)] des polnischen Sozialversicherungsfonds (FUS) zwischen 1990 und 2000 in Prozent der Gesamtrentenausgaben

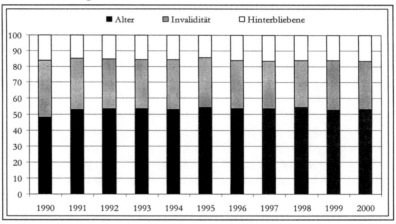

[1)] nur Geldleistungen
Quelle: Eigene Berechnung und Darstellung nach Chlon-Dominczak (2002a, S. 106)

In Polen betrug im Jahr 1990 ihr Anteil an den Rentenausgaben des FUS 48,4 Prozent. Der Anteil stieg innerhalb eines Jahres auf 52,8 Prozent und pendelte sich auf diesem Niveau ein. Der Anteil der Ausgaben für Invalidenrenten ist in Polen mit

---

[450] Die hohen BIP-Wachstumsraten der 90er Jahre können nicht dauerhaft beibehalten werden. Gleiches gilt für die Zunahme der Arbeiter- und Arbeitsproduktivität, die ab einem bestimmten technologischen Fortschritt und der abgeschlossenen Rationalisierung, in geringerem Ausmaß wachsen werden.

über 30 Prozent der gesamten Rentenausgaben vergleichsweise hoch. Bis Ende des 20. Jahrhunderts sank der Anteil der polnischen Invaliditätsrentenzahlungen zwar von dem höchsten Wert von 35,5 Prozent der Gesamtrentenausgaben im Jahr 1990. Im Jahr 2000 betrug der Anteil jedoch immer noch vergleichsweise hohe 30,5 Prozent[451]. Der Ausgabenanteil für die Hinterbliebenen betrug das gesamte Jahrzehnt über zwischen 14 und 16 Prozent der Gesamtrentenausgaben.

In Ungarn dagegen machten im Vergleich zu Polen sowohl Invalidenrenten als auch Hinterbliebenenrenten einen geringeren Anteil an den Rentenausgaben aus (siehe nachfolgende Abbildung). Der Anteil an den altersbedingten Rentenausgaben lag relativ konstant bei 61 bis 62 Prozent. Ausgaben für Invalide nahmen rund ein Viertel des Ausgabenbudgets in Anspruch, während die Ausgaben für die Hinterbliebenen einen Anteil zwischen 12 und 13 Prozent hatten.

[451] Beobachter bemägeln in Polen eine unzureichende Kontrolle, ob tatsächlich eine Erwerbsunfähigkeit vorliegt: „Liberal regulations and lack of sufficient control over the medical certification doctors granting disability pension result in the fact that many people in fact able to work are entitled to disability pension" (Mackiewicz et.al., 2001, S. 113).

Abbildung 3.2.10: Anteile der Rentenkategorien[1] an den Rentenausgaben in Ungarn zwischen 1992 und 2002 in Prozent der Gesamtrentenausgaben

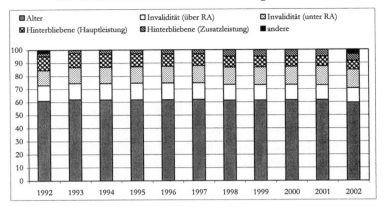

[1] Die einzelnen Rentenkategorien sind wie folgt definiert:

Alter: Altersrentner, die Leistungen aus dem staatlichen Rentenfonds (PIF) beziehen. Aus dem Gesundheitsfonds (HIF) werden keine Altersrenten ausgezahlt.

Invalidenrentner (über RA): Invalidenrentner des Rentenfonds (PIF) oberhalb des gesetzlichen Rentenalters. Aus dem Gesundheitsfond werden keine Invalidenrenten für Personen oberhalb des gesetzlichen Rentenalters ausgezahlt.

Invalidenrentner (unter RA): Invalidenrentner des Rentenfonds (PIF) und des Gesundheitsfonds (HIF) unterhalb des gesetzlichen Rentenalters

Hinterbliebene (Hauptleistung): Rentner des Rentenfonds PIF und des Gesundheitsfonds HIF, die die Hinterbliebenenrente als „Hauptleistungen" (d.h. keine eigene staatliche Rente aus eigenem Anspruch) beziehen.

Hinterbliebene (Zusatzleistung): Rentner des Rentenfonds PIF und des Gesundheitsfonds HIF mit einem zusätzlichen Hinterbliebenenrentenanspruch neben ihrer eigenen (i.d.R. höheren) Rente (Alters- oder Invalidenrente)

Andere Leistungen (in den Jahren 1993 bis 2001 nur marginal) umfassen:

- Solidaritätsleistungen der Rentenfonds: diese Leistung kann an Personen gewährt werden, die keinen Anspruch auf eine Rentenleistung (Alter, Invalidität, Hinterbliebene) haben, weil sie die Anspruchskriterien nur knapp nicht erfüllen (z.B. wenn die erforderliche Beitragszeit um drei Wochen unterschritten wird). Voraussetzung für die Gewährung einer Solidaritätsleistung ist, dass die Betreffenden bedürftig sind. Um diese Leistung zu erhalten, müssen sich die Betroffen bewerben und einer Bedürftigkeitsprüfung unterziehen.

- außerordentliche Leistungserhöhungen: Rentenbezieher mit extreme niedrigen Rentenleistungen können einen Antrag auf eine außerordentliche Leistungserhöhung stellen. Voraussetzung für die Anhebung ist, dass das gesamte Einkommen des Antragstellers geringer ist als die doppelte Mindestrente (z.B. im Jahr 2003: 43.600 HUF (221.800 HUF)). Im Jahr 2003 lag die durchschnittliche Rentenanhebung bei 2.200 HUF. Diese Leistung wurde Anfang 2001 abgeschafft und erst im Sommer 2002 wieder eingeführt.

- zusätzlich im Jahr 2002: Summe der Einmalzahlungen in Höhe von 19.000 HUF pro Person

Quelle: Eigene Berechnungen und Darstellung nach der Zusammenstellung von angefragten Daten der Autorin durch András Horváth vom Büro des ungarischen Premierministers in der Korrespondenz vom 11. und 28. Februar 2003 und 1. Dezember 2003 (die Daten aus den Korrespondenzen können bei der Autorin eingesehen werden).

Tabelle 3.2.4: Staatliche Rentenausgaben in Polen[1] und Ungarn[2] (in Prozent des BIP) zwischen 1988 und 2001 nach Rentenkategorien

	Polen				Ungarn						
							Invalidität		Hinterbliebene		
	Rente (Gesamt)	Alter	Invalidität	Hinterbliebene	Rente[3] (Gesamt)	Alter	oberhalb gesetzliches Rentenalter	unterhalb gesetzliches Rentenalter	Hauptleistung[4]	Zusatzleistung[5]	andere[6]
1988	k.A.	k.A.	k.A.	k.A.	9,0	k.A.	k.A.	k.A.	k.A.	k.A.	k.A.
1989	k.A.	k.A.	k.A.	k.A.	9,1	k.A.	k.A.	k.A.	k.A.	k.A.	k.A.
1990	7,0	3,4	2,5	1,1	9,7	k.A.	k.A.	k.A.	k.A.	k.A.	k.A.
1991	10,4	5,5	3,4	1,5	10,5	k.A.	k.A.	k.A.	k.A.	k.A.	k.A.
1992	12,3	6,6	3,9	1,9	9,8	6,0	1,2	1,1	1,1	0,2	0,235
1993	12,5	6,7	3,9	1,9	9,7	6,0	1,2	1,2	1,0	0,2	0,002
1994	13,1	7,0	4,1	2,1	10,0	6,2	1,3	1,2	1,0	0,3	0,003
1995	12,1	6,6	3,8	1,7	9,1	5,6	1,2	1,1	0,9	0,3	0,003
1996	12,0	6,4	3,7	2,0	8,5	5,2	1,1	1,1	0,8	0,3	0,002
1997	12,1	6,5	3,7	2,0	8,3	5,1	1,1	1,1	0,7	0,2	0,002
1998	10,6	5,8	3,2	1,7	8,7	5,3	1,1	1,2	0,7	0,4	0,003
1999	10,8	5,7	3,4	1,8	8,8	5,4	1,1	1,2	0,7	0,4	0,003
2000	10,6	5,6	3,3	1,8	8,6	5,3	1,0	1,2	0,7	0,4	0,003
2001	k.A.	k.A.	k.A.	k.A.	8,8	5,4	1,0	1,3	0,6	0,5	0,000
2002	k.A.	k.A.	k.A.	k.A.	9,3	5,5	1,0	1,3	0,6	0,5	0,312
2003	k.A.	k.A.	k.A.	k.A.	9,2	k.A.	k.A.	k.A.	k.A.	k.A.	k.A.

[1] Für Polen: Nur ZUS

[2] Die Rentenausgaben umfassen in Ungarn Rentenleistungen des Rentenfonds (PIF) und des Gesundheitsfonds (HIF)

[3] Die Daten für die Gesamtrente in Ungarn für 1988 bis 1991 entstammen aus einer anderen Datenquelle. Aufgrund dessen sind die Daten nicht unmittelbar vergleichbar.

[4] Hinterbliebene (Hauptleistung): Rentner des Rentenfonds PIF und des Gesundheitsfonds HIF, die die Hinterbliebenenrente als „Hauptleistungen" beziehen.

[5] Hinterbliebene (Zusatzleistung): Rentner des Rentenfonds PIF und des Gesundheitsfonds HIF mit einem zusätzlichen Hinterbliebenenrentenanspruch

[6] Andere Leistungen umfassen: a) Solidaritätsleistungen der Rentenfonds: kann an Personen gewährt werden, die keinen Anspruch auf eine Rentenleistung haben, weil sie die Anspruchskriterien nur knapp nicht erfüllen. Die Leistung hängt von Bedürftigkeitsprüfungen ab; b) außerordentliche Leistungserhöhungen: Rentenbezieher einer niedrigen Renten können einen Antrag auf eine außerordentliche Leistungserhöhung stellen. Voraussetzung ist, dass das gesamte Einkommen des Antragstellers geringer ist als die doppelte Mindestrente (z.B. im Jahr 2003: 43.600 HUF (221.800 HUF). Im Jahr 2003 lag die durchschnittliche Rentenanhebung bei 2.200 HUF. Diese Leistung wurde Anfang 2001 abgeschafft und erst im Sommer 2002 wieder eingeführt; c) Einmalzahlungen

k.A. keine Angaben

Quelle: Eigene Berechnungen und Darstellung nach Chlon-Dominczak (2002a, S. 106) und Zusammenstellung von angefragten Daten der Autorin durch Andräs Horvāth vom Büro des ungarischen Premierministers in der Korrespondenz vom 11. und 28. Februar 2003 und 1. Dezember 2003 (die Daten aus den Korrespondenzen können bei der Autorin eingesehen werden).

3.2.1.3 Bilanz: Einnahmen und Ausgaben der Sozialversicherungsfonds in Polen und Ungarn

Werden Einnahmen und Ausgaben der staatlichen Rentenfonds gegenüber gestellt, ergibt sich im Idealfall ein positiver Saldo. Ein Überschuss ist für die Rentenversicherung wichtig, damit Rücklagen gebildet werden können. Rücklagen werden insbesondere benötigt, wenn die noch vergleichsweise günstige Altersstruktur in beiden Ländern der erwarteten zunehmenden Alterung der Gesellschaften weichen wird. Aufgrund der akuten Probleme in den 90er Jahren waren die Fonds in beiden Ländern zu einer solchen Vorkehrung für die absehbar „schlechten" Zeiten nicht in der Lage. Ein finanzielles „Polster" wäre im Transformationsprozess und bei den Reformen der Alterssicherung eine erhebliche Erleichterung der Finanzierung der Rentensysteme in Polen und Ungarn gewesen.

Durch das Zusammenwirken von transformationsbedingten ökonomischen Schwierigkeiten und unzureichender administrativer Kontrolle der Beitragsmoral verschlimmert sich die finanzielle Lage der staatlichen Rentenversicherung in beiden Ländern in der ersten Hälfte der 90er Jahre. Verschärft wurde die finanzielle Lage durch die Kosten für die Umstellung von einem Altersrentensystem, in dem alle Beiträge der staatlichen Sozialversicherungsanstalt zufließen, zu einem System, in dem die Beiträge zwischen der Sozialversicherung und privaten Rentenfonds der obligatorischen Zusatzvorsorge aufgeteilt werden. Erhebliche Übergangskosten waren bereits vor der Reform abzusehen. Da sich sowohl in Ungarn als auch in Polen mehr Personen als erwartet für das neue System entschieden haben, entstanden unerwartet hohe Transformationskosten der Rentensysteme, für die hauptsächlich der Staat durch zusätzliche Zuweisungen aufkommen musste.

Geraten Einnahmen und Ausgaben der Sozialversicherungssysteme in ein Ungleichgewicht, entsteht ein Defizit, das zum Beispiel durch die Aufnahme von Krediten, höhere Beiträge zur Sozialversicherung, höhere Staatszuschüsse und/oder Leistungskürzungen kompensiert werden muss. Letztendlich entschieden sich sowohl Polen als auch Ungarn für eine Reduzierung der relativen Rentenleistungen sowie höhere Staatszuschüsse und gegen höhere Beitragssätze.

Einnahmen und Ausgaben des polnischen Rentenversicherungsfonds (FUS)

Die Ausgaben des polnischen Rentenfonds FUS stiegen nach 1989 gemessen am BIP erheblich an. Selbst durch staatliche Transferzahlungen konnte nicht verhindert werden, dass der polnische Rentenfond im Laufe der 1990er Jahre ein Defizit erwirtschaftete. Die allgemeine wirtschaftliche Erholung, die nach dem Jahr 1994 einsetzte, führte zu einer Reduzierung des Defizits, das allerdings erneut nach der Alterssicherungsreform und den zunehmenden wirtschaftlichen Schwierigkeiten Ende der 90er Jahre stieg. Die Rentenreform stand in Polen somit unter keinen guten

Vorzeichen, da die problematische Wirtschaftslage die ohnehin kostspielige Umstellung des Alterssicherungssystems erschwerte[452].

Abbildung 3.2.11: Einnahmen und Ausgaben des polnischen Rentenversicherungsfonds (FUS) in Prozent es BIP von 1989 bis 2001

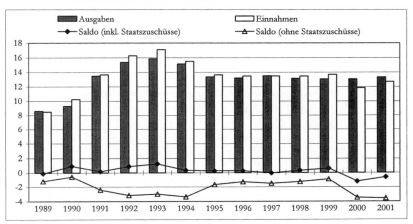

Quelle: Eigene Berechnungen und Darstellung nach GUS (2000 und 2001), Mackiewicz et.al (2001, Tabelle 2, S. 190, Tabelle 4, S. 192, Tabelle 6, S. 194), Weltbank (2002) und ZUS (2003).

Aus „eigener Kraft" konnte der staatliche Rentenfonds in Polen kein ausgeglichenes Budget oder sogar einen Überschuss erzielen. Die Ausgaben lagen in der Regel um mehrere Prozentpunkte des BIP über den Einnahmen des jeweiligen Jahres. Der Staat musste somit zum Teil in erheblichen Umfang für den Ausgleich sorgen[453]. Im Jahr 1989 überwies die polnische Regierung Zuschüsse in Höhe von 1,1 Prozent des BIP und im Jahr 1993 sogar in Höhe von 4,2 Prozent des BIP an den Sozialversicherungsfond. Dieser Zuschuss reduzierte sich auf 1,5 Prozent des BIP im Jahr 1999, stieg in den folgenden Jahren jedoch rapide auf 2,2 Prozent des BIP im Jahr 2000 und 2,9 Prozent des BIP im Jahr 2001 an. Dennoch reichten in den Jahren 2000 und 2001 die Zuschüsse nicht aus, um das Defizit des FUS zu decken. Infolge dessen musste der Sozialversicherungsfond Anleihen und Kredite aufnehmen (ZUS 2002, S. 29). Um die Liquidität zu bewahren, verzögerte die Sozialversicherungsan-

---

[452] Die Kosten Rentenreform werden für die Jahre 2003 und 2004 auf 1,8 Prozent des BIP geschätzt. Offiziellen Schätzungen zufolge soll etwa zwischen den Jahren 2010 und 2012 kein Defizit mehr entstehen (EU-Kommission 2002e, S. 55). Ob diese Prognosen eintreffen, hängt von den zugrunde gelegten Annahmen ab (Vgl. hierzu auch Kap 3.5.)

[453] Diese Maßnahme ist auch in sofern berechtigt, als der Rentenfond zum Teil versicherungsfremde Leistungen erbrachte, für die er keine Einnahmen aus Beiträgen erhielt, jedoch Ausgaben tätigen musste. Staatszuschüsse an staatsnahe oder staatseigene Sozialversicherungsfonds sind auch in anderen Ländern üblich (Vgl. z.B. Bucerius 2003b, Abbildung 2.3, S. 39).

stalt zudem die Überweisung der Beiträge an die privaten Rentenfonds der obligatorischen Zusatzvorsorge (Mackiewicz et.al., 2001, S. 76).

Die Einnahmen und Ausgaben des ungarischen Rentenversicherungsfonds

Das Niveau von Einnahmen und Ausgaben lag in Ungarn gemessen am BIP niedriger als in Polen. Ebenso wie in Polen übertrafen die Einnahmen des Rentenfonds (PIF) inklusive der Staatszuschüsse die Ausgaben in den meisten Jahren. Für Ungarn gilt dieselbe Aussage, dass ohne staatliche Transferzahlungen dieses vermeintlich positive Bild zum Nachteil gereicht hätte.

Abbildung 3.2.12: Einnahmen und Ausgaben des ungarischen Rentenversicherungsfonds (PIF) in Prozent des BIP von 1992 bis 2002[1)]

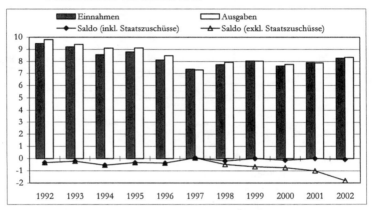

[1)] Angaben erst seit dem Jahr 1992, da in Ungarn die beiden Sozialversicherungsfonds für Rente (PIF) und Gesundheit (HIF) erst im Jahr 1992 getrennt wurden; für das Jahr 2002: vorläufige Werte
Quelle: Eigene Berechnungen nach ONYF (2002 und 2001), Weltbank (2002) und der Zusammenstellung von angefragten Daten der Autorin durch András Horváth vom Büro des ungarischen Premierministers in der Korrespondenz vom 11. und 28. Februar 2003 (die Daten aus den Korrespondenzen können bei der Autorin eingesehen werden).

Das Defizit in der Rentenkasse überstieg die Erwartungen der Regierung[454]. 2002 musste der Staat den Rentenfonds mit insgesamt rund 291 Mrd. HUF subventionieren. Dies entsprach 1,8 Prozent des BIP. Für das Jahr 2003 erwartet die Regierung eine Senkung der Transferzahlungen auf rund 266 Mrd. HUF bzw. 1,4 Prozent des

---

[454] Im ersten Jahr der Umstellung stellte beispielsweise die ungarische Regierung rund 20,1 Mrd. HUF bzw. rund 0,2 Prozent des BIP als Kompensation für die Beitragsabflüsse ein. Da sich deutlich mehr Personen als erwartet für das neue teilprivatisierte Rentensystem entschieden, reichten die vorab eingeplanten Transferzahlungen nicht aus. Im darauf folgenden Jahr erhöhte die Regierung die eingeplanten Entschädigungszahlungen an die Sozialversicherungsanstalt auf rund 57,3 Mrd. HUF bzw. 0,5 Prozent des BIP. Dies konnte jedoch nicht ein weiter steigendes Defizit in der Rentenkasse und somit höhere Staatszuschüsse zur Deckung des Defizits verhindern.

BIP. Angesichts der leichten Abschwächung des Wirtschaftswachstums und des zunehmenden Beitraganteils, der an die privaten Rentenfonds fließen soll, können diese Prognosen als optimistisch eingestuft werden.

3.2.1.4 Rentenausgaben im internationalen Vergleich

Im internationalen Vergleich liegen die relativen Rentenausgaben in Polen und Ungarn weder auffällig hoch noch auffällig niedrig. Im OECD-Durchschnitt lagen die relativen Rentenausgaben im Jahr 1995 bei rund 10 Prozent des BIP, bei einer Bandbreite von 5 Prozent in Kanada und 15 Prozent in Italien (DB Research 2002a, S. 22). In den 15 EU-Staaten machten im Jahr 2000 Ausgaben für Alte, Invalide und Hinterbliebene im Durchschnitt 14,3 Prozent des BIP aus. Die geringsten relativen Rentenausgaben hatte zu diesem Zeitpunkt Irland (4,1 Prozent des BIP), die höchsten Italien (16,8 Prozent des BIP), Schweden (16,2 Prozent des BIP) und Österreich (16 Prozent des BIP).

Abbildung 3.2.13: Staatliche Rentenausgaben[1) in den EU-Mitgliedsstaaten, Polen und Ungarn im Jahr 2000 in Prozent des BIP

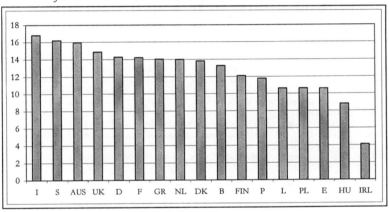

[1)] Die Rentenausgaben umfassen Alters-, Invaliden- und Hinterbliebenenrenten
Quelle: Eigene Berechnungen und Darstellung nach Chlon-Dominczak (2002a, S. 106); Eurostat 2003b (Tabellen C.1.3.2 bis C.1.3.4, S. 76 ff.) und der Zusammenstellung von angefragten Daten der Autorin durch András Horváth vom Büro des ungarischen Premierministers in der Korrespondenz vom 11. und 28. Februar 2003 (die Daten aus den Korrespondenzen können bei der Autorin eingesehen werden).

Auffällig unterschiedlich sind die Anteile der einzelnen Rentenkategorien. Im internationalen Vergleich sind die Ausgabenanteile von Invaliditäts- und Hinterbliebenenrenten in Polen und Ungarn hoch. Dabei gilt es allerdings zu beachten, dass in den Angaben für die EU-15-Staaten nur Rentenleistungen enthalten sind, die für Invaliditätsrentner bzw. Hinterbliebenenrentner unterhalb des gesetzlichen Rentenalters ausgezahlt werden. Alle Leistungen für Personen oberhalb des gesetzlichen

Rentenalters werden unter der Kategorie „Alter" erfasst. In den vorliegenden Statistiken von Ungarn und Polen wird diese Trennung nicht vorgenommen. Aus diesem Grund erscheinen die Anteile für Alte tendenziell geringer und die Anteile für Invalide und Hinterbliebene tendenziell höher.

Abbildung 3.2.14: Anteile der Rentenkategorien[1] an den staatlichen Rentenausgaben in den EU-Mitgliedstaaten, Polen und Ungarn im Jahr 2000 (in Prozent der gesamten Rentenausgaben)

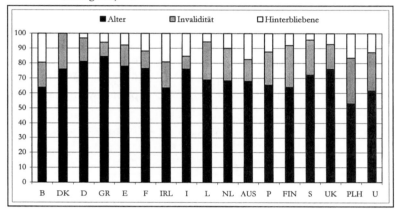

[1] Alters-, Invaliden- und Hinterbliebenenrenten; beachtet werden muss, dass in den Angaben für die EU-15-Staaten nur Rentenleistungen enthalten sind, die für Invaliditätsrentner bzw. Hinterbliebenenrentner unterhalb des gesetzlichen Rentenalters ausgezahlt werden. Alle Leistungen für Personen oberhalb des gesetzlichen Rentenalters werden unter der Kategorie „Alter" erfasst. In Ungarn und Polen wird diese Trennung nicht vorgenommen.
Quelle: Eigene Berechnungen und Darstellung nach Chlon-Dominczak (2002a, S. 106); Eurostat 2003b (Tabellen C.1.3.2 bis C.1.3.4, S. 76 ff.) und der Zusammenstellung von angefragten Daten der Autorin durch András Horváth vom Büro des ungarischen Premierministers in der Korrespondenz vom 11. und 28. Februar 2003 (die Daten aus den Korrespondenzen können bei der Autorin eingesehen werden).

Im Jahr 2000 lag der Anteil der Ausgaben für Invalidenrenten an den gesamten Rentenausgaben im EU-15-Durchschnitt bei 18 Prozent gegenüber 30,5 Prozent in Polen und 25,6 Prozent in Ungarn. Den geringsten Anteil hatten Invalidenrenten in Italien (8,6 Prozent) und Griechenland (9,4 Prozent), den höchsten Finnland (28 Prozent) und Luxemburg (25,5 Prozent). Altersrenten machten im EU-15-Durchschnitt 72,2 Prozent der Gesamtrentenausgaben aus. In Polen lag der entsprechende Anteil nahezu 20 Prozentpunkte niedriger bei 53 Prozent und in Ungarn knapp zehn Prozentpunkte niedriger bei 61,6 Prozent. Deutlich unterdurchschnittlich war dieser Anteil in Irland (63,5 Prozent) und Finnland (64 Prozent), deutlich überdurchschnittlich in Griechenland (84,5 Prozent) und Deutschland (81,1 Prozent). Der Anteil der Hinterbliebenenrentenleistungen lag im Jahr 2000 bei einem EU-Mittelwert von 9,9 Prozent und schwankte zwischen keinem Anteil in Dänemark (dort werden keine Leistungen gezahlt, die unter die Kategorie Hinterbliebene fallen) und 19,5 Prozent in Belgien. Die Ausgabenanteile für Hinterbliebenenrentner in Polen und Ungarn bewegen sich mit 16,4 Prozent bzw. 12,8 Prozent im oberen Mittelfeld.

3.2.1.5 Zusammenfassung und kritische Würdigung

Die staatlichen Rentenfonds FUS in Polen und PIF in Ungarn beziehen ihre Einnahmen hauptsächlich aus Beiträgen der Versicherten und für die Versicherten sowie in geringerem Maße steuerfinanzierten Staatszuschüssen. Staatszuschüsse werden in beiden Ländern an die staatlichen Rentenfonds als Kompensation für die Auszahlung beitragsfreier Leistungen und seit der Reform der Alterssicherungssysteme Ende der 1990er Jahre auch als Kompensation für die Beitragsabflüsse aufgrund der Teilprivatisierung gezahlt. Zusätzlich kommt der Staat in Polen und Ungarn für die Deckung des verbleibenden Defizits in der Rentenkasse auf. Hervorzuheben ist in Polen, dass die Staatszuschüsse in den Jahren 2000 und 2001 nicht das Defizit im ZUS-System deckten, sondern die Versicherungsanstalt einen Kredit aufnehmen musste.

Die Teilprivatisierung der Alterssicherung soll die Rentenkassen und infolge dessen auch den Staat langfristig finanziell entlasten. Ob dieses Ziel erreicht wird, ist derzeit noch unsicher[455]. Wie realistisch diese Erwartungen sind, wird weiter unten analysiert. Unzweifelhaft ist die kurzfristige finanzielle Belastung der staatlichen Rentenfonds und somit auch des Staatshaushalts erheblich gestiegen.

In Polen bestehen wesentliche Unterschiede in der Finanzierungsstruktur der zwei staatlichen Rentenfonds FUS und FER. Der Sozialversicherungsfond FUS für die Beschäftigten und Selbständigen, die keine selbständigen Landwirte sind, wird vorwiegend über Beiträge finanziert. Dagegen werden die Leistungen aus dem Sozialversicherungsfond FER für selbständige Landwirte vorwiegend aus Steuermitteln finanziert. Der ungarische Rentenfond PIF bezieht seine Einnahmen vorwiegend über Beiträge der Versicherten und ihrer Arbeitgeber. Ein Teil der Renten – nämlich für Personen mit vorübergehender bzw. nicht vollständiger Arbeitsunfähigkeit unterhalb des gesetzlichen Rentenalters - wird aus dem Gesundheitsfond (HIF) gezahlt. Die Beitragsrate zum staatlichen Rentenfond wurde in Ungarn schrittweise gesenkt. Da die Ausgaben zumindest kurz- bis mittelfristig nicht ebenfalls gesenkt werden können, werden steuerfinanzierte Staatszuschüsse einen größeren Anteil an den Einnahmen des Rentenfonds haben.

---

[455] Die Schätzungen über die langfristigen Kosten der Umstellung hängen von den Annahmen über die Geschwindigkeit der Umstellung, makroökonomischen und demographischen Größen, den Entwicklungen auf dem Kapitalmarkt und politischen Entscheidungen ab. Entsprechend schwierig sind Prognosen über die Ausgabenentwicklung der staatlichen Rentenversicherung und die entsprechende Finanzierungslast für den Staat zu treffen.

In beiden Ländern lagen und liegen die relativen Ausgaben für Invalidenrenten und Renten, die zur Entlastung des Arbeitsmarkts gewährt werden, vergleichsweise hoch. Dies ist insbesondere der Rentenpolitik der Regierungen beider Länder im Transformationsprozess zuzuschreiben.

Die Entwicklungen der Einnahmen und Ausgaben der staatlichen Rentenfonds in Polen und Ungarn im Transformationsprozess sind kritisch zu beurteilen. Besonders hervorzuheben ist, dass trotz der im internationalen Vergleich hohen Rentenversicherungsbeiträge von 32,5 Prozent der Löhne und Gehälter in Polen und rund 26,5 Prozent der Löhne und Gehälter in Ungarn im Jahr 2002 (in Ungarn ehemals 30,5 Prozent im Jahr 1992) die Ausgaben für die Renten nicht gedeckt werden konnten und das System auf erhebliche Staatszuschüsse angewiesen war.

Gewarnt werden muss zudem vor einem vorschnellen Lob von vermeintlichen Verbesserungen der Einnahmen- und Ausgabensituation der Rentenkassen allein auf Basis der Datenlage. Die scheinbar positiven Entwicklungen dürfen nicht darüber hinwegtäuschen, dass es sich bei diesen „Verbesserungen" in erster Linie um Verschiebungen der Finanzierungslasten handelte, die ebenfalls vom Staat zu tragen sind. Beispielsweise wurden in Polen die Leistungen für „uniformierte" Beschäftigte aus der staatlichen Sozialversicherung ausgegliedert und an die zuständigen Ministerien übertragen. Erst ab dem Jahr 1999 werden alle Berufsanfänger, die zu den „uniformierten Beschäftigten" zählen, in das ZUS-System integriert.

In anderen Studien werden Leistungen an ehemals selbständige Landwirte aus dem KRUS-Rentensystem oftmals nicht betrachtet, obwohl sie eine beachtenswerte finanzielle Bürde für das Staatsbudget darstellen. Zu bemängeln ist unter anderem die Ungleichbehandlung der Rentner im ZUS- bzw. KRUS-System hinsichtlich der Finanzierungsstrukturen, die zum Teil nicht aus sozialen oder wirtschaftlichen Erwägungen zu rechtfertigen ist. Die Bevorzugung der Landwirte ist traditionell bedingt und wird heute vorwiegend aus politischen Gründen aufrechterhalten. Die differenzierte Behandlung sollte zumindest für die gut verdienenden Großlandwirte abgeschafft werden.

Ganz unabhängig von der Reform der Sozialsysteme ist zu konstatieren, dass Polen und Ungarn mit sinkenden Beitragseinnahmen rechnen müssen, sofern es nicht gelingt, in einer alternden Gesellschaft die Erwerbsbeteiligung und Beschäftigung insbesondere der älteren Erwerbspersonen und der Frauen zu steigern. Da den möglicherweise sinkenden Beitragseinnahmen aufgrund der zu erwartenden steigenden Anzahl an Rentnern in der Bevölkerung wahrscheinlich steigende Rentenausgaben gegenüberstehen werden, müssen Vorkehrungen getroffen werden, um ein Ungleichgewicht zwischen Einnahmen und Ausgaben der Rentenversicherung vorzubeugen. Hierzu zählen Anreize für eine längere Erwerbsarbeit, eine konsequente Verhinderung von Frühverrentungen, die Bekämpfung von Schattenarbeit und gegebenenfalls auch die Förderung von Zuwanderung, um das Potential an Arbeitskräften im Land zumindest zu stabilisieren. Möglich ist auch die Anhebung des gesetzlichen und vor allem des tatsächlichen Renteneintrittsalters. Auf diese Weise erhöht sich das Beschäftigungspotential. Gleichzeitig wird auch der Zeitraum, der für den Bezug einer Vollrente ohne Abschläge erforderlich ist, ausgedehnt. Die finanziellen Entlastungen kommen auch zustande, sofern die Versicherten mit höheren Rentenabschlägen rechnen müssen, sofern sie bei einer höheren Regelaltersgrenze nicht später in Rente gehen als zuvor. Über alle dem steht, dass allgemein günstige wirtschaftliche Rahmenbedingungen, zu denen auch ein stabiles Wirtschaftswachstum gehört, die Finanzierung der Rentensysteme erheblich erleichtert, da dadurch der „Kuchen" vergrößert wird, der in der Bevölkerung verteilt werden kann.

3.2.2 Ursachen der Ausgabenentwicklung in der gesetzlichen Rentenversicherung

3.2.2.1 Grundlage der Berechnung

Bisher wurden die institutionellen, demographischen und ökonomischen Rahmenbedingungen, die für die Rentensysteme von zentraler Bedeutung sind, einzeln betrachtet. Unberücksicht blieb dabei das jeweilige Gewicht der einzelnen Faktoren hinsichtlich ihrer Auswirkungen auf die staatlichen Rentenausgaben. Um die relative Bedeutung der Rahmenbedingungen abzuschätzen, werden in der Gleichung zur Berechnung der relativen Rentenausgaben vier wesentliche Einflussfaktoren extrahiert, welche die Entwicklung der Ausgaben für die Rente maßgeblich beeinflussen[456].

Die Anteile der Rentenausgaben am Bruttoinlandprodukt (I) werden in vier wesentliche Bestandteile aufgespalten:

(II) (Erweiterte) Altersabhängigkeitsrate (OADR)[457]: Verhältnis von Personen über 55 Jahren zu der Bevölkerung im erwerbsfähigen Alter (15- bis 64-Jährige)

(III) Inverse der Beschäftigungsrate: Relation der Bevölkerung im erwerbsfähigen Alter (15 bis 64 Jahre) zu den tatsächlich Beschäftigten

---

[456] Diese Formel wird in internationalen Studien über die Entwicklung von staatlichen Rentenausgaben (Vgl. hierzu z.B. Dang et. al. (2001) und EU-Kommission (2001b)) verwendet. Die Berechnungsmethode wird auch bei den Projektionen der Ausgabenentwicklungen eingesetzt (siehe unten)

[457] Als Altenbevölkerung werden auch die über 55-Jährigen einbezogen, weil viele Personen im Alter zwischen 55 und 64 Jahren in den Ruhestand treten und folglich bereits eine Rente beziehen. Daraus ergibt sich ein anderes Niveau der Altersabhängigkeitsrate als in Kapitel 3.1.1. Für die „breitere" Definition von Altenbevölkerung sprechen darüber hinaus, dass das offizielle Rentenalter mit Ausnahme der Männer in Polen geringer ist als 65 Jahre, beide Länder Frührenten mit einbeziehen sowie Invaliden- und Hinterbliebenenrenten häufig bereits vor Erreichen der Regelaltersgrenze ausgezahlt werden.

(IV) Deckungsgrad: Anteil der über 55-jährigen Personen in der Bevölkerung, die eine Rente beziehen

(V) Leistungsniveau: Durchschnittliche Rentenleistung in Prozent des BIP pro Beschäftigtem

Übersicht 3.2.1: Formel zur Berechnung der Ausgaben für Renten (in Prozent des BIP)

$$\underbrace{\frac{EXP^{Pen}}{BIP}}_{(I)} = \underbrace{\frac{Pop(55+)}{Pop(15-64)}}_{(II)} \cdot \underbrace{\frac{Pop(15-64)}{EMP}}_{(III)} \cdot \underbrace{\frac{BEN}{Pop(55+)}}_{(IV)} \cdot \underbrace{\frac{Exp^{Pen}/BEN}{BIP/EMP}}_{(V)}$$

EXP^{Pen}: Rentenausgaben des Staates
BIP: Bruttoinlandsprodukt
Pop (55+): Bevölkerung im Alter von über 55 Jahren
Pop (15-64): Bevölkerung im erwerbsfähigen Alter, hier definiert als die 15- bis 64-Jährigen
EMP: Beschäftigte
BEN: Leistungsempfänger (Alters-, Hinterbliebenen- und/oder Invalidenrentner; Mehrfachzählungen möglich)
EXP^{Pen}/BEN: Durchschnittsrente (staatliche Rentenausgaben dividiert durch die Anzahl der Empfänger einer Rente)
BIP/EMP: Arbeitsproduktivität (Bruttoinlandsprodukt je Beschäftigtem)

Zwei der Einflussfaktoren beschreiben wirtschaftliche und jeweils einer der Faktoren beschreibt demographische und institutionelle Rahmenbedingungen. Die erweiterte Altersabhängigkeitsrate (OADR) stellt die demographischen Einflüsse auf die Rentenausgaben dar. Wichtige Gegenpole zur demographischen Struktur sind Höhe und Entwicklung von Deckungsgrad und inverse Beschäftigungsrate.

Die beiden Relationen drücken aus, wie viele ältere Menschen eine Rente bezogen haben (Deckungsgrad) und ob das Beschäftigungspotential tatsächlich genutzt wurde (inverse Beschäftigungsrate). Die Inverse der Beschäftigungsrate gibt die Einflüsse der Situation auf dem Arbeitsmarkt in dem betreffenden Land wieder. Der Deckungsgrad beschreibt im Idealfall, wie umfassend das staatliche Rentensystem die Bevölkerung über 55 Jahren sozial absichert[458]. Das Leistungsniveau gibt näherungsweise das Verhältnis zwischen dem Ersatzeinkommen der Rentner gegenüber der allgemeinen Wohlstandsentwicklung im Land an. Es ist hier definiert als die durchschnittliche Rentenleistung (Gesamtausgaben des Staates für Alters-, Invaliden- und bzw. oder Hinterbliebenenrenten) je Rentner in Relation zur Arbeitsproduktivität (Bruttoinlandsprodukt je beschäftigter Person).

Bei der Analyse von Deckungsgrad und Leistungsniveau muss einer zum Teil unzulänglichen Datenlage der „trade off" in den Einzelergebnissen der Einflussfaktoren berücksichtigt werden. Länder, die zum Beispiel nicht Personen von Rentnern,

---

[458] Zur Kritik der Interpretation des Deckungsgrads siehe unten.

sondern nur die Anzahl der Ausgezahlten Rentenleistungen erfassen, weisen tendenziell einen zu hohen Deckungsgrad aus.

Im Gegenzug wird ein zu geringes Leistungsniveau ausgewiesen. Falls es zu Mehrfachzählungen kommt, sinkt die Durchschnittsrente, sodass der Zähler (Durchschnittsrente) des Leistungsniveauquotienten geringer ist, als er tatsächlich sein müsste. Für den Deckungsgrad und das Leistungsniveau sind neben der Rente insgesamt auch die Relationen für die einzelnen Rentenkategorien interessant. Die hierfür notwendigen Daten sind für Ungarn, jedoch nicht für Polen, vorhanden. Da in Polen Renten von zwei Institutionen angeboten werden, deren institutionellen Regelungen sehr verschieden sind, werden das allgemeine Sozialversicherungssystem, das von der ZUS verwaltet wird, und das KRUS-Rentensystem für selbständige Landwirte zusätzlich getrennt analysiert.

3.2.2.2 Ergebnisse der Berechnung

Die Ergebnisse der Berechnungen für die einzelnen Rentenkategorien und für die Rentenausgaben insgesamt sind in der nachfolgenden Tabelle präsentiert. Die Ergebnisse geben in den Grundzügen die bereits untersuchten Daten über die relativen Rentenausgaben wieder. Von Interesse sind die Ursachen der Entwicklungen der relativen Rentenausgaben.

Es wird sich zeigen, dass die Alterung der Gesellschaften in Polen und Ungarn im letzten Jahrzehnt des 20. Jahrhunderts nicht der maßgebliche Motor für den Anstieg der am BIP gemessenen Rentenausgaben war. Vor dem Hintergrund der vorangegangenen Analyse der demographischen Rahmenbedingungen war dieses Ergebnis abzusehen gewesen. Es wird auch nicht überraschen festzustellen, dass die Probleme auf dem Arbeitsmarkt nach Beginn des Transformationsprozesses die relativen Rentenausgaben negativ beeinflussten. Von besonderem Interesse wird es sein, die Wirkungen der Veränderungen der institutionellen Rahmenbedingungen und der großzügigen Gewährung von Renten auf die Rentensysteme zu untersuchen.

Tabelle 3.2.5   Entwicklung der Rentenausgaben für Polen[1] und Ungarn[2] (in Prozent des BIP) zwischen 1990 und 2001/2002

	Polen (Rente insgesamt)			Ungarn				
	ZUS und KRUS	nur ZUS[3]	nur KRUS[4]	Gesamt	Alter	Invalidität	Hinterbliebene (Hauptleistung)	Hinterbliebene (Zusatzleistung)
1990	k.A.	9,64	k.A.	k.A.	k.A.	k.A.	k.A.	k.A.
1991	k.A.	14,20	k.A.	k.A.	k.A.	k.A.	k.A.	k.A.
1992	k.A.	16,30	k.A.	9,32	5,95	2,31	1,06	0,22
1993	k.A.	15,84	k.A.	9,43	5,99	2,40	1,04	0,24
1994	k.A.	16,12	k.A.	9,70	6,16	2,51	1,02	0,28
1995	15,11	13,37	1,97	8,82	5,60	2,32	0,90	0,26
1996	14,94	13,21	1,91	8,20	5,21	2,19	0,80	0,25
1997	15,21	13,51	1,88	8,01	5,11	2,15	0,75	0,25
1998	14,93	13,15	1,80	8,29	5,35	2,22	0,72	0,43
1999	14,93	13,07	1,77	8,41	5,42	2,26	0,73	0,43
2000	14,21	12,38	1,67	8,12	5,26	2,19	0,67	0,43
2001	14,61	12,80	1,68	8,34	5,42	2,28	0,65	0,45
2002	k.A.	k.A.	k.A.	8,55	5,56	2,36	0,63	0,47

k. A. keine Angaben

[1] In Polen werden staatliche Renten von zwei unterschiedlichen staatlichen Sozialversicherungsanstalten verwaltet (siehe Indizes [3] und [4]). ZUS-Rentner sind alle Rentenbezieher, die keine selbständigen Landwirte sind; KRUS-Rentner sind die ehemals selbständigen Landwirte und ihre Angehörigen

[2] Für Ungarn werden die drei Rentenkategorien Alter, Invalidität und Hinterbliebene insgesamt und gesondert betrachtet. Die einzelnen Rentenkategorien sind wie folgt definiert:

Gesamt: Alters-, Invaliden- und Hinterbliebenenrentner des Rentenfonds PIF und des Gesundheitsfonds HIF sowie beitragsfreie Renten; ohne Rentner mit Zusatzhinterbliebenenrente

Alter: Altersrentner, die Leistungen aus dem staatlichen Rentenfonds (PIF) beziehen. Aus dem Gesundheitsfonds (HIF) werden keine Altersrenten ausgezahlt.

Invalidenrentner: Invalidenrentner des Rentenfonds (PIF) und des Gesundheitsfonds (HIF) oberhalb und unterhalb des gesetzlichen Rentenalters

Hinterbliebene (Hauptleistung): Rentner des Rentenfonds PIF und des Gesundheitsfonds HIF, die die Hinterbliebenenrente als „Hauptleistungen" (d.h. keine staatliche Rente aus eigenem Anspruch) beziehen.

Hinterbliebene (Zusatzleistung): Rentner des Rentenfonds PIF und des Gesundheitsfonds HIF mit einem zusätzlichen Hinterbliebenenrentenanspruch neben ihrer eigenen Rente (Alters- oder Invalidenrente)

Für Polen: 1990 bis 2001 (ZUS-Renten) bzw. 1995 bis 2001 (ZUS+KRUS-Renten und KRUS-Renten); für Ungarn: 1992 bis 2002

[3] ZUS (*Zakład Ubezpieczeń Społecznych*): Polnische Sozialversicherungsanstalt für alle Arbeitnehmer und Selbständige, die keine selbständigen Landwirte sind, sowie deren Angehörigen

[4] KRUS (*Kasa Rolniczego Ubezpieczenia Społecznego*): Polnische Sozialversicherungsanstalt für selbständige Landwirte und ihre Angehörigen

Quelle: Eigene Berechnungen nach Council of Europe (2001 und 2002); GUS Online („Population in Poland": Tabelle 1), GUS (2000 und 2001); ILO (1997); Mackiewicz et.al. (2001, S. 189); NBP (2003, Tabelle 1, S. 184f.); OECD (2001a und 2003); ONYF (2002a, S. 3); ZUS (2003) sowie Zusammenstellung von angefragten Daten der Autorin beim Polnischen Finanzministerium in der Korrespondenz vom 28. März 2003; bei KRUS in der Korrespondenz vom 11. Juli und 30. September 2003, bei KSH in der Korrespondenz vom 5. November 2002, 14. und 30. Mai 2003; bei András Horváth vom Büro des ungarischen Premierministers in der Korrespondenz vom 11. und 28. Februar 2003, 12. März 2003 und 21. Oktober 2003 (die Daten aus den Korrespondenzen können bei der Autorin eingesehen werden).

3.2.2.3 Die Veränderungen der Bestimmungsfaktoren

Die (erweiterte) Altersabhängigkeitsrate (OADR)

Die Aussage der Entwicklung der erweiterten Altersabhängigkeitsrate, dass die Alterung in Polen und Ungarn seit 1990 voranschreitet[459], entspricht in der Tendenz den Ergebnissen aus Kapitel 3.1.1. Aufgrund der „breiteren" Definition der Altenbevölkerung sind die Raten höher als im Kapitel über die demographische Lage dargestellt.

Abbildung 3.2.15: Veränderung der erweiterten Altersabhängigkeitsrate[1] gegenüber dem Vorjahr in Polen und Ungarn zwischen 1990 und 2001/2002[2] in Prozentpunkten

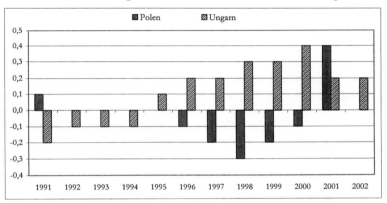

[1] Die (erweiterte) Altersabhängigkeitsrate (OADR) repräsentiert das Verhältnis von Personen im Alter von über 55 Jahren zu der Bevölkerung im erwerbsfähigen Alter (15- bis 64-Jährige)
[2] Für Polen Daten nur bis zum Jahr 2001
Quelle: Eigene Berechnung und Darstellung nach Council of Europe (2001 und 2002); OECD (2001a und 2003); ZUS (2003).

Innerhalb des kurzen Beobachtungszeitraums sind keine gravierenden Veränderungen der Bevölkerungsstrukturen mit spürbarem Effekt auf die relativen Rentenausgaben in der demographischen Struktur der Bevölkerung zu erwarten. Dennoch ergeben sich interessante Beobachtungen. Die Alterung der Bevölkerung in Ungarn setzte rund fünf Jahre früher ein als in Polen. Allerdings war der Anstieg der polnischen Altersabhängigkeitsrate zu Beginn des 21. Jahrhunderts ausgeprägter als in Ungarn, sodass von einer beschleunigten Alterung in Polen gesprochen werden

---

[459] Das leichte Absinken der Altersabhängigkeitsrate (Ausgedrückt in den negativen Wachstumsraten) in Ungarn zwischen 1990 und 1994 ist der „breiteren" Definition von Altenbevölkerung geschuldet. Vergleicht man die Anzahl der Personen im Alter von über 65 Jahren zu den Personen im erwerbsfähigen Alter (15 bis 64 Jahre), ergibt sich eine kontinuierlich steigende Altersabhängigkeitsrate. Bis zum Jahr 1997 sank in Ungarn die Anzahl der Personen im Alter zwischen 55 und 64 Jahren, während im gleichen Zeitraum die Anzahl der Personen über 65 Jahren anstieg.

kann. Ungarn wies bereits in den 1990er Jahren eine höhere Altersabhängigkeitsrate auf als Polen. Die Differenz zwischen Polen und Ungarn stieg sogar im Beobachtungszeitraum von 6,2 Prozentpunkten im Jahr 1990 auf 8,2 Prozentpunkte im Jahr 2000.

Die zunächst konstante und später sinkende erweiterte Altersabhängigkeitsrate in Polen verdeutlicht, dass die Generation der Baby-Boomer in diesem Zeitabschnitt im erwerbsfähigen Alter war. Somit bestätigt sich die Aussage, dass die Bevölkerungsstruktur in Polen im Transformationsprozess vergleichsweise vorteilhaft war. Folglich können demographische Faktoren in den 1990er Jahren keine unmittelbar nachteiligen Effekte auf die Rentenfinanzierung gehabt haben. Im Gegenteil: Da theoretisch noch vergleichsweise wenige alte Menschen finanziell unterstützt werden mussten, ging von der Demographie im Prinzip eine Entlastung des polnischen Rentensystems aus. Indirekt erwies sich die demographische Lage für die Rentensysteme in Polen jedoch im makroökonomischen Kontext als nachteilig, denn der Anstieg des Anteils der Erwerbsbevölkerung bedeutete, dass die geburtsstarken Jahrgänge in Zeiten hoher Arbeitslosigkeit den Druck auf den Arbeitsmarkt Anfang der 90er Jahre noch verschärften. Dies drückt sich im Anstieg der inversen Beschäftigungsrate aus (siehe unten). Anders als in Polen bot die Entwicklung der ungarischen Bevölkerungsstruktur einen potentiellen Grund für steigende relative Rentenausgaben. Allerdings dürften die Auswirkungen gemessen am BIP angesichts der vergleichsweise moderaten Zunahme in dem kurzen Zeitraum relativ gering sein.

Die Inverse der Beschäftigungsquote

Die Arbeitsmarktlage wird an dieser Stelle durch die inverse Beschäftigungsrate beschrieben. Die inverse Beschäftigungsrate sinkt, sobald der Nenner (Anzahl der Beschäftigten) im Vergleich zum Zähler (Anzahl der Personen im erwerbsfähigen Alter) größer wird. In einer solchen Entwicklung kommt zum Ausdruck, dass der Anteil der Beschäftigten an der Erwerbsbevölkerung gestiegen ist. Jedoch war in Polen und Ungarn in den Jahren nach der Wende genau das Gegenteil der Fall. In beiden Ländern sank die Zahl der Beschäftigten zum Teil dramatisch, woraufhin sich die inversen Beschäftigungsraten erhöhten[460].

---

[460] Der Rückgang in der inversen Beschäftigungsquote in Ungarn zwischen 1991 und 1992 ist nicht primär der Verbesserung auf dem Arbeitsmarkt geschuldet. Vielmehr kann das Sinken der Quote durch die unterschiedlichen Erfassungsmethoden der Jahre 1990 und 1991 sowie 1992 bis 2002 verursacht worden sein. Beispielsweise wurden im Zeitraum zwischen 1990 und 1991 nur die Beschäftigten in Betrieben mit mehr als 20 Arbeitnehmern erfasst. Die Zahl der Beschäftigten in den ersten beiden Jahren des Transformationsprozesses erscheinen deshalb als zu gering, sodass die neue Erfassungsmethode auf Basis einer Arbeitskräfteerhebung (*Labour Force Survey*) einen vermeintlichen Anstieg in der Beschäftigtenzahl wiedergibt. Diese statistische Änderung ist für die Berechnung der relativen Einflüsse gemessen am BIP ohne Belang, da für sie nur die Entwicklungen seit 1992 betrachtet werden.

Eine Entlastung kann durch eine höhere (Vollzeit-) Beschäftigung erreicht werden[461]. Umgekehrt führt eine geringere Beschäftigung aufgrund der Beitragsbezogenheit der Rentensysteme in Polen und Ungarn zu weniger Beitragszahlern und somit geringeren Einnahmen der Rentenkassen.

Positive Entwicklungen auf dem Arbeitsmarkt spiegeln sich in sinkenden inversen Beschäftigungsraten wider. Eine inverse Beschäftigungsquote von beispielsweise 143,0 Prozent - dem Wert für Polen für das Jahr 1990 – bedeutet, dass von 143 Personen im erwerbsfähigen Alter insgesamt 100 Personen beschäftigt waren. In Ungarn war diese Relation im selben Jahr mit rund 165 Prozent deutlich schlechter, denn sie drückte aus, dass von 165 Personen im Alter zwischen 15 und 64 Jahren lediglich hundert Personen (offiziell) einer Erwerbsarbeit nachgingen[462]. Hieran wird das nicht ausgeschöpfte Beschäftigungspotential in beiden Ländern – insbesondere in Ungarn – deutlich.

In Ungarn erreichte die inverse Beschäftigungsrate im Beobachtungszeitraum das Maximum im Jahr 1997. Danach sank sie wieder, blieb jedoch immer noch über dem Niveau von 1990. Daran erkennt ist wiederum das noch erhebliche Beschäftigungspotential im Land zu erkennen. Auch in Polen verschlechterte sich die Beschäftigungssituation unmittelbar nach Beginn des Transformationsprozesses. Doch bereits Mitte der 1990er Jahre schien sich die Situation auf dem Arbeitsmarkt zu verbessern. Nach 1998 kam es hingegen erneut zu einer drastischen Verschärfung der Arbeitsmarktlage, sodass die inverse Beschäftigungsrate innerhalb von kurzer Zeit erheblich anstieg. Zu dieser Entwicklung trugen zwei Faktoren bei. Auf der einen Seite stieg die Anzahl der Personen im erwerbsfähigen Alter, zum anderen sank auch die Zahl der Beschäftigten im Land[463].

---

[461] Teilzeitarbeit hatte in Polen und Ungarn im untersuchten Zeitraum zwischen 1990 und 2002 noch keinen hohen Stellenwert, sodass die Effekte der Teilzeitarbeit auf die beitragsfinanzierten Rentensysteme vernachlässigbar sind. Bei in Zukunft vermutlich steigender Teilzeitarbeit muss jedoch der Teilzeitarbeit besondere Aufmerksamkeit geschenkt werden. Zum einen erwerben Teilzeitbeschäftigte in (streng) beitragsbezogenen Systemen geringere Rentenansprüche. Zum anderen fließen den Sozialsystemen – bei sinkendem Vollzeitäquivalent – weniger Beiträge zu.

[462] Bei der Interpretation der Werte muss beachtet werden, dass in den Statistiken über die Beschäftigung in Polen alle Beschäftigte im Alter von über 15 Jahren und in Ungarn alle Beschäftigte im Alter zwischen 15 und 74 Jahren erfasst wurden. Die Anzahl der Beschäftigten wurde indessen nur der Bevölkerung im Alter zwischen 15 und 64 Jahren gegenüber gestellt. Es können sich somit zu niedrige inverse Beschäftigungsraten ergeben. Jedoch zeigte die vorangegangene Wirtschaftsanalyse, dass die Beschäftigungsraten der über 65-Jährigen nur marginal sind, sodass die hier verwendeten Werte dennoch aussagekräftig sind. Darüber hinaus sind für die Berechnungen der Einflussfaktoren primär die Veränderungen und nur sekundär die Höhe der Quoten entscheidend.

[463] Allein zwischen den Jahren 1998 und 2001 sank die Anzahl der beschäftigten Personen in Polen um rund 1,02 Mio. Personen. Dagegen stieg im selben Zeitraum die Zahl der Personen im Alter von 15 bis 64 Jahren um 569.637 Personen (Eigene Berechnung nach OECD 2003a).

Abbildung 3.2.16: Entwicklung der inversen Beschäftigungsratsrate[1) in Polen[2)] und Ungarn zwischen 1990 und 2001/2002

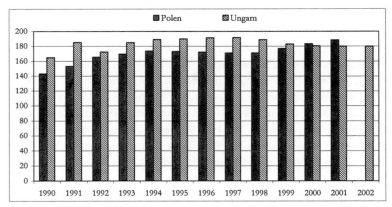

[1)] Die Inverse der Beschäftigungsquote repräsentiert die Relation von der Anzahl der Bevölkerung im erwerbsfähigen Alter (15 bis 64 Jahre) zu den Beschäftigten (Polen: Beschäftigte im Alter von über 15 Jahren; Ungarn: Beschäftigte im Alter zwischen 15 und 74 Jahren) (in Prozent)
[2)] Für Polen nur Daten bis 2001
Quelle: Eigene Berechnungen und Darstellung nach Council of Europe (2001 und 2002); ILO (1997); O-ECD (2003).

Im Vergleich zwischen den beiden Ländern wies Ungarn bis Ende der 90er Jahre höhere inverse Beschäftigungsraten – d.h. eine relativ schlechtere Situation auf dem Arbeitsmarkt - auf. Angesichts der deutlichen Verschlechterung der Beschäftigungslage in Polen und der leichten Verbesserung in Ungarn überstieg die polnische inverse Beschäftigungsrate diejenige in Ungarn erstmals im Jahr 2000 und lag in den Folgejahren auf deutlich höherem Niveau als in Ungarn[464].

Der Deckungsgrad

Mittels der Anzahl der alten Menschen und der Relation zwischen der jüngeren und älteren Generation im Lande kann alleine noch keine Aussage über die relative Belastung der Rentensysteme gemacht werden. Notwendig ist zu untersuchen, wie viele Menschen eine Rentenleistung beziehen. Der Deckungsgrad ist hierfür ein Indikator, denn er beschreibt, wie hoch der Anteil der Personen im Alter von über 55 Jahren ist, die eine Leistung aus der staatlichen Rentenversicherung beziehen. Auf den ersten Blick unrealistisch erscheinen Werte von über 100 Prozent. Sie können

---

[464] Hier lohnt sich ein internationaler Vergleich mit den EU-15-Ländern. Der hohe Beschäftigungsstand, der noch aus der Zeit des Kommunismus stammte, führte dazu, dass die inverse Beschäftigungsrate in Polen Anfang der 1990er Jahre unter dem EU-15-Durchschnitt lag. In Ungarn lag sie jedoch bereits höher. Zehn Jahre später überstiegen die betreffenden Raten deutlich den EU-15-Durchschnitt. Nur Griechenland wies in 2000 einen noch schlechteren (d.h. höhern) Wert auf (Bucerius 2003a, Tabelle 5.12, S. 120 und 5.13, S. 121 sowie S. 119 ff.).

verschiedene Ursachen haben. Es kann auf der einen Seite bedeuten, dass viele Personen vor Erreichen des 55. Lebensjahres bereits eine Rente beziehen. Beispielsweise sind bei den Invaliden- und Hinterbliebenenrenten auch die Renten von Personen enthalten, die noch nicht das gesetzliche Rentenalter erreicht haben (z.b. Arbeitsunfähige und Witwer bzw. Witwen im erwerbsfähigen Alter, sowie Kinder von Verstorbenen, die eine Waisenrenten beziehen). Werte von über 100 Prozent können auch auf die statistische Erfassungsmethode zurückgeführt werden. Erstens ist es möglich, dass es zu Mehrfachzählungen von Rentnern gekommen ist, sodass es sich bei den Zahlen nicht um einzelne Personen, sondern um Fälle von Rentenleistungen handelt. Mit anderen Worten, eine Person, die zum Beispiel neben einer Altersrente auch noch eine Sozial- und/oder Hinterbliebenenrente erhält, wird mehrfach aufgeführt. In Ungarn ließ die Datenlage die statistische Trennung von Hinterbliebenenrenten, die als Hauptleistung ausgezahlt werden, und Hinterbliebenenrenten, die als zusätzliche Hinterbliebenenrentenleistungen neben der eigenen Alters- oder Invalidenrente gewährt werden, zu[465]. Angesichts dessen ist davon auszugehen, dass es sich beim Deckungsgrad in Ungarn um eine gute Annäherung an den tatsächlichen Deckungsgrad handelt[466]. In den Angaben zur Rente insgesamt wurden deshalb bewusst nicht die Hinterbliebenenrentner mit einer Zusatz-Hinterbliebenenrente erfasst. In Polen konnte diese Trennung nicht vorgenommen werden. Es ist zu vermuten, dass es zu Mehrfachzählungen gekommen ist[467]. Im Ergebnis können sich Deckungsgrade über der „vollen" Abdeckung der Altenbevölkerung ergeben, die rein theoretisch keinen Sinn machen[468].

Gleichwohl ist der Deckungsgrad ein wichtiger Indikator, da die Veränderungen der Relation innerhalb der Länder Aufschluss über die Richtung der Entwicklungen

---

[465] In Ungarn wird bei der statistischen Erfassung der Rentner und der Rentenleistungen bei den Hinterbliebenenrenten zwischen Haupt- und Zusatzleistungen unterschieden. Ob es sich um eine Haupt- oder Zusatzrente handelt, wird anhand der relativen Bedeutung der Rentenleistung für die Betroffenen bestimmt. Dabei steht an erster Stelle immer die Rente aus eigenem Anspruch (Alters- bzw. Invalidenrente, wobei die Altersrente an erster Stelle steht). Nachrangig sind alle abgeleiteten Ansprüche (z.B. Witwen- und Waisenrenten). Zusatz-Hinterbliebenenrenten werden an Personen gezahlt, die als Hauptleistung eine Rente aus eigenem Anspruch beziehen.

[466] Der tatsächliche Deckungsgrad ergibt sich, wenn nur Personen von Rentenbeziehern erfasst werden, unabhängig davon, ob sie eine oder mehrere Arten von Renten beziehen.

[467] Die Versicherungspflicht wurde im betrachteten Zeitraum nur leicht ausgeweitet. Dies betraf in Polen zum Beispiel seit dem Jahr 1999 die Berufsanfänger der „uniformierten Beschäftigten" mit Ausnahme der Militärinvaliden.

[468] Die „breite" Definition von Altenbevölkerung (d.h. Personen über 55 Jahre) ermöglicht bereits einen Teil der Rentenbezieher unterhalb des gesetzlichen Rentenalters zu erfassen. Würde die Anzahl der Leistungsempfänger zum Beispiel in Relation zur Bevölkerung über 60 oder 65 Jahren gesetzt werden, ergäben sich noch höhere Deckungsgrade.

geben[469]. Ein Steigen des Anteils der Rentner an der Altenbevölkerung verweist tendenziell darauf, dass mehr Menschen eine staatliche Rentenleistung beziehen. Die Aussagekraft der Veränderung wird allerdings wiederum dadurch beschränkt, dass möglicherweise zwar mehr Rentenleistungen ausgezahlt wurden, sich aber die Anzahl der Empfänger nicht oder nur geringfügig erhöht hat.

Die Höhe des Deckungsgrads lässt grundsätzlich weder eine eindeutig positive noch eindeutig negative Beurteilung zu. Positiv formuliert können hohe Deckungsgrade für eine breite Absicherung der Altenbevölkerung in einem Land sprechen. Negativ formuliert bedeutet ein hoher Deckungsgrad, dass viele ältere Personen dem Arbeitsmarkt nicht zur Verfügung stehen, somit keine Rentenbeiträge leisten und von der erwerbstätigen Bevölkerung finanziell unterstützt werden müssen.

Abbildung 3.2.17: Entwicklung des Deckungsgrads[1] in Polen[2] und Ungarn[3] zwischen 1990 und 2001 (Polen) und 1992 und 2002 (Ungarn) in Prozent

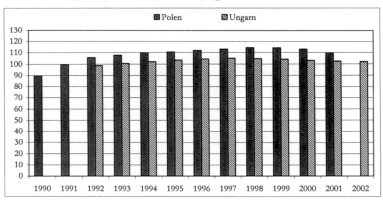

[1] Der Deckungsgrad ist definiert als der Anteil der über 55-jährigen in der Bevölkerung, die eine Rente bezieht (in Prozent): BEN /Pop (55+)
[2] Für Polen: ZUS und KRUS; keine Daten für das Jahr 2002
[3] Für Ungarn: Alters-, Invaliden- und Hinterbliebenenrentner des Rentenfonds (PIF) und des Gesundheitsfonds (HIF) sowie beitragsfreie Renten; ohne Hinterbliebenenrenten, die als Zusatzleistungen (d.h. zusätzlich zum eigenen Rentenanspruch) ausgezahlt werden. Daten über die Anzahl der Rentner ohne Zusatz-Hinterbliebenenrentner sind nur für den Zeitraum zwischen 1992 und 2002 vorhanden.
Quelle: Eigene Berechnungen und Darstellung nach Council of Europe (2001 und 2002); GUS Online („Population in Poland": Tabelle 1), GUS (2000 und 2001); ILO (1997); OECD (2003); ZUS (2003) sowie Zusammenstellung von angefragten Daten der Autorin bei KRUS in der Korrespondenz vom 11. Juli und 30. September 2003, bei KSH in der Korrespondenz vom 30. Mai 2003; bei András Horváth vom Büro des ungarischen Premierministers in der Korrespondenz vom 28. Februar 2003, 12. März 2003 und 21. Oktober 2003 (die Daten aus den Korrespondenzen können bei der Autorin eingesehen werden).

Hohe Deckungsgrade waren in Polen und Ungarn zu erwarten gewesen, weil die beiden Rentensysteme in der Zeit des Kommunismus allmählich zu nahezu univer-

---

[469] Der Deckungsgrad verändert sich auch, sobald sich der Anteil der älteren Beschäftigten (in der Regel 55 bis 64 Jahre) in der Gesamtbevölkerung verändert.

sellen Systemen ausgebaut worden waren und das gesetzliche Rentenalter relativ niedrig lag[470]. Dennoch lässt sich beobachten, dass nach der Wende der Deckungsrad anstieg. Wichtigster Grund für den Anstieg des Deckungsgrads dürfte vor dem Hintergrund der vorangegangenen Analyse die Politik der Frühverrentung zur Entlastung des Arbeitsmarktes Anfang der 1990er Jahre sein, da demographische Gründe nicht (Polen) oder höchstens geringfügig (Ungarn) zu dem Anstieg beigetragen haben können[471].

Abbildung 3.2.18: Entwicklung des Deckungsgrads[1] in Polen nach Anbieter[2] zwischen 1990 und 2001 in Prozent

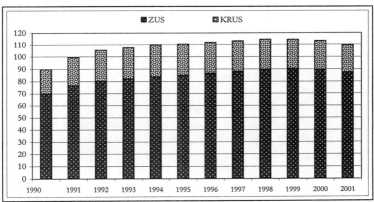

[1] Der Deckungsgrad ist definiert als der Anteil der über 55-jährigen in der Bevölkerung, die eine Rente bezieht (in Prozent): BEN /Pop (55+)
[2] ZUS (*Zaklad Ubezpieczen Spolecznych* - Sozialversicherungsanstalt für alle Arbeitnehmer und Selbständige, die keine selbständigen Landwirte sind) und KRUS (*Kasa Rolniczego Ubezpieczenia Spolecznego* - Rentenkasse für selbständige Landwirte)
Quelle: Eigene Berechnungen und Darstellung nach Council of Europe (2001 und 2002); GUS Online („Population in Poland": Tabelle 1), GUS (2000 und 2001); ILO (1997); OECD (2001a und 2003); ZUS (2003) sowie Zusammenstellung von angefragten Daten der Autorin bei KRUS in der Korrespondenz vom 11. Juli und 30. September 2003 (die Daten aus den Korrespondenzen können bei der Autorin eingesehen werden).

Der höhere Deckungsgrad in Ungarn gegenüber Polen kann unter anderem auf das niedrigere gesetzliche Rentenalter in Ungarn zurückgeführt werden. In Ungarn

---

[470] Wichtig ist in diesem Zusammenhang das tatsächliche durchschnittliche Rentenalter. In Polen gingen Männer im Jahr 1992 im Schnitt mit 59 Jahren in Rente. Bei unverändertem gesetzlichem Rentenalter sank das Durchschnittsrentenalter auf 58,3 Jahre im Jahr 1997. Eine ähnliche Entwicklung gab es bei den Frauen. Im Jahr 1992 gingen Frauen im Durchschnitt fünf Jahre früher als es das gesetzliche Rentenalter vorsah, in den Ruhestand. Fünf Jahre später lag das tatsächliche durchschnittliche Rentenalter der Frauen nur noch bei 54,1 Jahren (Szulc 2000, S. 106). Für Ungarn liegen hierzu keine Daten vor.
[471] Der Deckungsgrad kann – bei unveränderter oder relativ geringerer Zunahme der Anzahl der Rentner - auch steigen, sofern die absolute Anzahl der Personen über 55 Jahren gesunken ist. Dies war im betrachteten Zeitraum jedoch weder in Polen noch in Ungarn der Fall.

nahm das Verhältnis zwischen der Anzahl der Rentenbezieher und der Altenbevölkerung Anfang der 90er Jahre deutlich zu und erreichte das Maximum ein Jahr vor der Reform der Alterssicherung. Danach sank die Relation bis zum Jahr 2002 ohne jedoch das Niveau von 1992 zu unterschreiten. Die wieder rückläufigen Raten des Deckungsgrads in Ungarn können unter anderem auf positive Entwicklungen auf dem Arbeitsmarkt zurückgeführt werden, die im Normalfall auch die Beschäftigungschancen älterer Erwerbspersonen erhöhen. Weiterhin ist auf die Anhebung des gesetzlichen Rentenalters in Ungarn zu verweisen. Vergleicht man die Entwicklungen der Deckungsgrade von ZUS- und KRUS-Rentensystem, zeigt sich, dass der Deckungsgrad im ZUS-System seit dem Jahr der Reform (1999: 90,2 Prozent; 2001: 87,3 Prozent) und im KRUS-System bereits seit Mitte der 1990er Jahre sank.

Der Deckungsgrad lässt sich für Ungarn nach den einzelnen Rentenkategorien herunter brechen (siehe nachfolgende Abbildung). Den größten Anteil haben Altersrentner an der Anzahl der Rentner in Ungarn. Allerdings stieg der Deckungsgrad im Zeitraum zwischen 1992 und 2002 für Altersrenten weniger stark an als derjenige für Invalidenrentner. Bemerkenswert ist, dass es nach der Reform der Alterssicherung in Ungarn bei den Altersrenten - im Gegensatz zum Deckungsgrad mit Invalidenrenten - zu einer Absenkung des Deckungsgrads und nicht zu einem (weiteren) Anstieg kam. Dennoch lag der Deckungsgrad mit Altersrenten im Jahr 2002 noch deutlich über dem Ausgangswert im Jahr 1992.

Der Deckungsgrad für Hinterbliebenenrenten als Hauptleistungen sank dagegen kontinuierlich, während der Deckungsgrad mit Zusatz-Hinterbliebenenrenten auffällig stark zunahm. Von hundert Personen im Alter von über 55 Jahren erhielten statistisch gesehen im Jahr 1992 rund 60 Personen eine Altersrente, 24 Personen eine Invalidenrente[472], 15 Personen eine Hinterbliebenenrente als Hauptleistung und 12 Personen eine Hinterbliebenenrente als Zusatzleistung. Innerhalb der elf Beobachtungsjahre ergaben sich nur unwesentliche Änderungen bei den Deckungsgraden mit Alters- und Hinterbliebenenrenten, die als Hauptleistungen ausgezahlt werden.

Merklich gestiegen ist der Deckungsgrad mit Invalidenrenten und Zusatz-Hinterbliebenenrenten. Im Jahr 2002 erhielten im Durchschnitt von hundert Personen über 55 Jahren knapp 61 Personen eine Altersrente, 29 Personen eine Invalidenrente, 11 Personen eine Hinterbliebenenrente als Hauptleistung und 22 Personen eine Hinterbliebenenrente als Zusatzleistung.

Der rückläufige Anteil der Altersrentner in Ungarn an der Bevölkerung ist ein Hinweis auf die Absicht der Regierung, die Rentensysteme finanziell zu entlasten, indem die Berechtigungskriterien für den Bezug einer Altersrente im Laufe der 1990er Jahre verschärft wurden.

---

[472] Unter der Kategorie Invalidenrentner werden alle Invalidenrentner oberhalb und unterhalb des gesetzlichen Rentenalters erfasst.

Abbildung 3.2.19: Entwicklung des Deckungsgrads[1] in Ungarn nach Rentenkategorie[2] zwischen 1992 und 2002 in Prozent

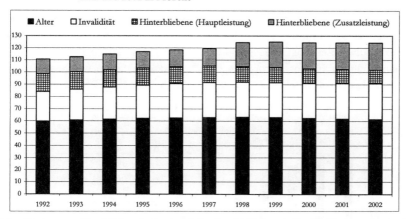

[1] Der Deckungsgrad ist definiert als der Anteil der über 55-jährigen in der Bevölkerung, die eine Rente bezieht (in Prozent): BEN /Pop (55+)

[2] Die einzelnen Rentenkategorien sind wie folgt definiert:
Alter: Altersrentner, die Leistungen aus dem staatlichen Rentenfonds (PIF) beziehen. Aus dem Gesundheitsfonds (HIF) werden keine Altersrenten ausgezahlt.
Invalidenrentner: Invalidenrentner des Rentenfonds (PIF) und des Gesundheitsfonds (HIF) oberhalb und unterhalb des gesetzlichen Rentenalters
Hinterbliebene (Hauptleistung): Rentner des Rentenfonds PIF und des Gesundheitsfonds HIF, die die Hinterbliebenenrente als „Hauptleistungen" (d.h. keine eigene staatliche Rente aus eigenem Anspruch) beziehen. Nicht einbezogen sind Hinterbliebenenrentner, die die Hinterbliebenenrente als Zusatzleistung zu ihrem eigenen Rentenanspruch beziehen. Auf diese Weise sollen Doppelzählungen von Rentenbeziehern vermieden werden.
Hinterbliebene (Zusatzleistung): Rentner des Rentenfonds PIF und des Gesundheitsfonds HIF mit einem zusätzlichen Hinterbliebenenrentenanspruch neben ihrer eigenen (i.d.R. höheren) Rente
Quelle: Eigene Berechnungen nach Council of Europe (2001 und 2002); OECD (2001a und 2003) und Zusammenstellung angefragter Daten der Autorin bei KSH in der Korrespondenz vom 30. Mai 2003; bei András Horváth vom Büro des ungarischen Premierministers in der Korrespondenz vom 11. Februar 2003 und 21. Oktober 2003 (die Daten aus den Korrespondenzen können bei der Autorin eingesehen werden).

Als eine mögliche Ursache der rückläufigen Anzahl an Altersrenten kann auch die Verbesserung der allgemeinen Wirtschaftslage genannt werden. Parallel dazu ist hingegen der Anteil der Invalidenrentner seit Beginn des Transformationsprozesses gestiegen. Zunächst kann hierfür der vereinfachte Zugang zu Invalidenrenten als Ursache angesehen werden.

Ende der 1990er Jahre sind strukturelle Problemen im Rentensystem zu vermuten, da das ungarische Rentensystem in einer Weise reformiert wurde, die Anreize für eine Bewerbung für eine Invalidenrente anstelle einer Altersrentensysteme setzt, selbst wenn keine (dauerhafte) Arbeitsunfähigkeit vorliegt.

Das Leistungsniveau

Die Anzahl der Rentenbezieher beeinflusst auch die Höhe des Leistungsniveaus. Hier verhält es sich genau umgekehrt zum Deckungsgrad. Eine steigende Anzahl von Rentenbeziehern führt bei unveränderter Arbeitsproduktivität zu einer Reduzierung des relativen Leistungsniveaus und vice versa[473]. Das Leistungsniveau der Rente ist ein wichtiger Einflussfaktor, der zum Ausdruck bringt, in welchem Ausmaß Rentenbezieher am allgemeinen materiellen Wohlstand der Gesellschaft teilhaben.

Abbildung 3.2.20: Entwicklung des Leistungsniveaus[1] in Polen[2] und Ungarn[3] zwischen 1990 und 2001 (Polen) bzw. 1992 und 2002 (Ungarn) in Prozent

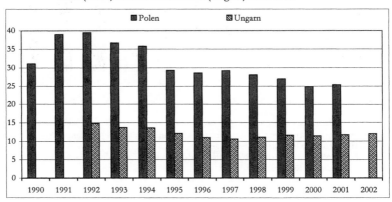

[1] Das Leistungsniveau ist definiert als die durchschnittliche Rente (EXP^{Pen} /BEN) in Relation zur Arbeitsproduktivität (BIP/EMP) (in Prozent)
[2] Für Polen: Nur ZUS; Angaben nur für den Zeitraum 1990 bis 2001
[3] Für Ungarn: Alters-, Invaliden- und Hinterbliebenenrentner des Rentenfonds (PIF) und des Gesundheitsfonds (HIF) sowie beitragsfreie Renten; ohne Hinterbliebenenrenten, die als Zusatzleistungen (d.h. zusätzlich zum eigenen Rentenanspruch) ausgezahlt werden. Daten über die Anzahl der Rentner ohne Zusatz-Hinterbliebenenrentner sind nur für den Zeitraum zwischen 1992 und 2002 vorhanden.
Quelle: Eigene Berechnungen nach Council of Europe (2001 und 2002); GUS Online („Population in Poland": Tabelle 1), GUS (2000 und 2001); ILO (1997); Mackiewicz et.al. (2001, S. 189); NBP (2003, Tabelle 1, S. 184f.); OECD (2001a und 2003); ONYF (2002a, S. 3); ZUS (2003) sowie Zusammenstellung von angefragten Daten der Autorin beim Polnischen Finanzministerium in der Korrespondenz vom 28. März 2003; bei KSH in der Korrespondenz vom 5. November 2002, 14. und 30. Mai 2003; bei András Horváth vom Büro des ungarischen Premierministers in der Korrespondenz vom 11. und 28. Februar 2003, 12. März 2003 und 21. Oktober 2003 (die Daten aus den Korrespondenzen können bei der Autorin eingesehen werden)

---

[473] Sofern es zu Mehrfachzählungen bei der Erfassung der Renten kommt, sinkt die Durchschnittsrente, sodass der Zähler (Durchschnittsrente) des Leistungsniveau-Quotienten geringer ist, als er tatsächlich sein müsste. Sobald auf der anderen Seite nicht alle Rentenbezieher erfasst wurden, erscheint das Leistungsniveau höher als es faktisch ist. Dieser „trade off" zwischen der Veränderung des Niveaus des Deckungsgrads und dem des Leistungsniveaus ist in den Auswertungen der Einzelergebnisse der Einflussfaktoren zu beachten.

Der Vergleich zwischen beiden Ländern zeigt, dass erstens das Leistungsniveau in Polen deutlich über dem in Ungarn lag und zweitens beide Länder im Laufe der 1990er Jahre bemüht waren, das Leistungsniveau zu senken. Dabei gilt zu beachten, dass für Polen nur ZUS-Renten betrachtet werden. Das Leistungsniveau in Polen stieg unmittelbar nach Beginn des Transformationsprozesses deutlich, erreichte 1992 ein Maximum und sank 1995 erstmals unter das Ausgangsniveau von 1990. Seitdem ist das Leistungsniveau nahezu kontinuierlich gesunken. In Ungarn sank das Leistungsniveau bis 1997. Während das Leistungsniveau in Polen weiter sank, stieg es in Ungarn wieder an und näherte sich 2002 wieder dem Niveau von 1992 an.

Eine Aufschlüsselung nach den beiden Quotienten, die zusammen das Leistungsniveau ergeben, ist notwendig, um die Gründe für die Veränderung des Leistungsniveaus zu analysieren. Das Leistungsniveau bestimmt sich zum einen über die staatlichen Rentenausgaben in Relation zu der Anzahl der Leistungsempfänger einer Rente (Durchschnittsrente) und zum anderen über das Bruttoinlandsprodukt je beschäftigter Person (Arbeitsproduktivität). Je höher die Arbeitsproduktivität gegenüber der durchschnittlichen Rente ist, desto geringer ist das relative Leistungsniveau (in Prozent) und umgekehrt. Steigt folglich das BIP pro beschäftigter Person stärker als die durchschnittliche Rente pro Kopf der Altenbevölkerung über 55 Jahren, sinkt das relative Leistungsniveau. In der Folge werden die Rentenkassen entlastet.

Die Höhe der Durchschnittsrente lässt sich vor allem durch Änderungen an den institutionellen Rahmenbedingungen anheben oder senken[474]. Allgemein lässt sich sagen, dass die Durchschnittsrente steigt (sinkt), sobald die Berechtigungskriterien für den Bezug einer Rente verschärft (gelockert) werden und sich somit die Anzahl der Rentenberechtigten reduziert (erhöht)[475], sofern keine Rentenerhöhung oder -senkung vorgesehen ist. Angesichts der großzügigen Gewährung von Renten, um den Arbeitsmarkt zu entlasten, stiegen die absoluten Rentenausgaben in beiden Ländern an[476]. Sowohl in Polen als auch in Ungarn wurden nach der Wende die Berechtigungskriterien gelockert. In der Folge stieg auch die Anzahl der Rentenbezieher in beiden Ländern. In Polen sind zudem in den Jahren 1991 und 1992 die Rentenberechnungsformel zugunsten der Rentenbezieher verändert worden. Der Anstieg der

---

[474] Die Rentenhöhe und die Anzahl der Leistungsberechtigten sind keine voneinander unabhängige Variabeln. Es ist im Normalfall bei unter sonst gleichen Bedingungen davon auszugehen, dass mit einer Reduzierung der Anzahl der Rentner auch eine Absenkung der absoluten Rentenausgaben einhergeht. Dementsprechend kann es sein, dass es nur zu geringen Veränderung in der relativen Höhe der Durchschnittsrente kommt, sobald weniger Personen eine Rente erhalten.

[475] Dabei gilt es zu beachten, dass in demokratischen Staatssystemen der Kreis der Anspruchsberechtigten zumindest kurzfristig (und eventuell aufgrund der Trägheit von Systemveränderungen auch mittelfristig) im Normalfall nicht reduziert werden kann.

[476] Steigende *reale* Durchschnittsrenten ergeben sich nur nach Inflationsbereinigung und in Relation zur Anzahl der Leistungsempfänger. Insbesondere in Polen ist zu beobachten gewesen, dass das reale Rentenniveau vorwiegend aus politischen Gründen angehoben werden sollte.

Arbeitsproduktivität ist in Ungarn und Polen unter anderem durch eine sinkende Anzahl von Beschäftigten aufgrund von Massenentlassungen und ein höheres nominales Bruttoinlandsprodukt bedingt. Die Veränderungen beider Faktoren sind nicht uneingeschränkt positiv zu sehen. Zum einen ist das steigende nominale BIP, das hier verwendet wird, vor allem in den ersten Jahren nach Beginn des Transformationsprozesses auf die hohen Inflationsraten zurückzuführen. Zum anderen war die geringere Beschäftigung angesichts der im Kommunismus typischen Überbeschäftigung zwar unausweichlich, jedoch sozial und volkswirtschaftlich problematisch[477]. In Polen erkennt man in der Gegenüberstellung von Durchschnittsrente und Arbeitsproduktivität das Bestreben der polnischen Regierung in den ersten Jahren des Transformationsprozesses, die Rentner nicht zu den Verlierern des Transformationsprozesses werden zu lassen.

Abbildung 3.2.21: Entwicklung der bestimmenden Faktoren der Höhe des Leistungsniveaus[1]) (in Prozent, rechte Achse): Durchschnittsrente und Arbeitsproduktivität (in Mio. Zloty, linke Achse) in Polen (nur ZUS) zwischen 1990 und 2001

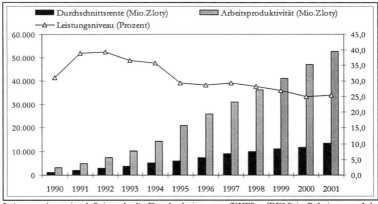

[1]) Das Leistungsniveau ist definiert als die Durchschnittsrente (EXP[Pen] /BEN) in Relation zur Arbeitsproduktivität (BIP/EMP) (in Prozent)
Quelle: Eigene Berechnungen nach Council of Europe (2001 und 2002); GUS Online („Population in Poland": Tabelle 1), GUS (2000 und 2001); ILO (1997); Mackiewicz et.al. (2001, S. 189); NBP (2003, Tabelle 1, S. 184f.); OECD (2001a und 2003); ZUS (2003) sowie Zusammenstellung von angefragten Daten der Autorin beim Polnischen Finanzministerium in der Korrespondenz vom 28. März 2003 (die Daten aus den Korrespondenzen können bei der Autorin eingesehen werden).

Zwischen 1990 und 1992 übertraf der Anstieg der durchschnittlichen Rente den Anstieg der Arbeitsproduktivität (jeweils in Millionen Zloty gemessen). Dementsprechend stieg das Leistungsniveau der Rente in diesem Zeitraum deutlich. Beson-

---

[477] Die niedrigere Beschäftigung findet Ausdruck in einer steigenden inversen Beschäftigungsrate, sodass der vermeintlich positive Effekt einer Reduzierung der Beschäftigung zur Erhöhung der Arbeitsproduktivität aufgehoben wird (siehe oben).

ders bemerkenswert ist dieses Ergebnis vor dem Hintergrund einer steigenden Anzahl von Rentenbeziehern, einer drastischen Reduzierung der Beschäftigung und hohen Zuwachsraten des nominalen Bruttoinlandsprodukts in den ersten Jahren nach der Wende. Erst im Jahr 1993 sank das Leistungsniveau. In den Folgejahren kam es mit wenigen Ausnahmen zu einer Reduzierung des Leistungsniveaus. Am deutlichsten sank das Niveau gegenüber dem Vorjahr im Jahr 1995 (minus 6,5 Prozentpunkte), als sich nach 1994 die Wirtschaft allmählich wieder von dem Transformationsschock erholte. 1995 war auch das erste Jahr, in dem die Zahl der Beschäftigten wieder stieg. Der Anstieg der Durchschnittsrente überstieg in den Jahren 1997 und 2001 den Anstieg der Arbeitsproduktivität, sodass es in den beiden Jahren zu einer leichten Erhöhung des Leistungsniveaus kam.

Ein ähnliches Bild zeigt sich in Ungarn für den Zeitraum zwischen 1992 und 2002. Bis einschließlich 1997 hinkte der Anstieg der Durchschnittsrente dem Anstieg der Arbeitsproduktivität hinterher. Infolgedessen sank das Leistungsniveau aus der staatlichen Rentenversicherung.

Abbildung 3.2.22: Entwicklung der bestimmenden Faktoren der Höhe des Leistungsniveaus[1] (in Prozent, rechte Achse): Durchschnittsrente und Arbeitsproduktivität (in Mio. HUF, linke Achse) in Ungarn[2] zwischen 1992 und 2002

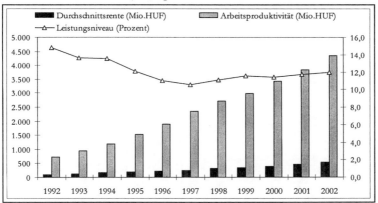

[1] Das Leistungsniveau ist definiert als die Durchschnittsrente (EXP^{Pen} /BEN) in Relation zur Arbeitsproduktivität (BIP/EMP) (in Prozent) (in Prozent)
[2] Alters-, Invaliden- und Hinterbliebenenrentner des Rentenfonds (PIF) und des Gesundheitsfonds (HIF) sowie beitragsfreie Renten; ohne Hinterbliebenenrenten, die als Zusatzleistungen (d.h. zusätzlich zum eigenen Rentenanspruch) ausgezahlt werden. Daten über die Anzahl der Rentner ohne Zusatz-Hinterbliebenenrentner sind nur für den Zeitraum zwischen 1992 und 2002 vorhanden.
Quelle: Eigene Berechnungen nach Council of Europe (2001 und 2002); OECD (2001a und 2003); ONYF (2002a, S. 3) sowie Zusammenstellung von angefragten Daten der Autorin bei KSH in der Korrespondenz vom 5. November 2002, 14. und 30. Mai 2003; bei András Horváth vom Büro des ungarischen Premierministers in der Korrespondenz vom 11. und 28. Februar 2003, 12. März 2003 und 21. Oktober 2003 (die Daten aus den Korrespondenzen können bei der Autorin eingesehen werden).

Zu einer Wende kam es 1998, als sich der Anstieg der Arbeitsproduktivität deutlich verlangsamte, während die Wachstumsraten der Durchschnittsrente insbesondere zwischen 1997 und 1998 stiegen. Hintergrund der steigenden Durchschnittsrente sind die steigenden Rentenausgaben bei gleichzeitig verlangsamtem Anstieg der Anzahl der Rentner. Seit 2000 kam es sogar zu einer Reduzierung der Anzahl der Rentner. Mit Ausnahme des Jahres 2000 übertraf seit 1998 die Zunahme der Durchschnittsrente die Zunahme der Arbeitsproduktivität, sodass es zu einem leichten Anstieg des Leistungsniveaus kam. Als Hintergrund des verlangsamten Anstiegs der Arbeitsproduktivität ist die allmähliche Verbesserung der Arbeitsmarktlage ab Mitte der 1990er Jahre zu nennen, die seit 1998 mit einer (leicht) zunehmenden Anzahl an Beschäftigten verbunden war. Parallel dazu fiel das Wachstum des nominalen BIP zum selben Zeitpunkt geringer aus als im Vorjahr.

Der erhebliche Einfluss von institutionellen Rahmenbedingungen auf die Finanzierung der Renten wird auch deutlich, wenn nationale Rentensysteme innerhalb eines Landes, mit unterschiedlichen rechtlichen Regelungen betrachtet werden. Deutlich zeigt sich dies am Beispiel Polens.

Abbildung 3.2.23: Entwicklung des Leistungsniveaus[1] in Polen nach Rentenanbieter[2] zwischen 1990 und 2001 (in Prozent)

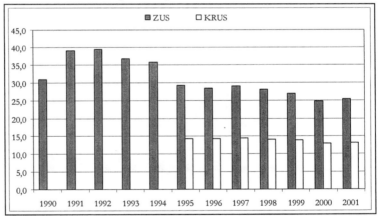

[1] Das Leistungsniveau ist definiert als die durchschnittliche Rente (EXP[Pen]/BEN) in Relation zur Arbeitsproduktivität (BIP/EMP) (in Prozent)
[2] ZUS (*Zakład Ubezpieczeń Społecznych* - Sozialversicherungsanstalt für alle Arbeitnehmer und Selbständige, die keine selbständigen Landwirte sind); KRUS (*Kasa Rolniczego Ubezpieczenia Społecznego* - Rentenkasse für selbständige Landwirte)
Quelle: Eigene Berechnungen nach Council of Europe (2001 und 2002); GUS Online („Population in Poland": Tabelle 1), GUS (2000 und 2001); ILO (1997); Mackiewicz et.al. (2001, S. 189); NBP (2003, Tabelle 1, S. 184f.); OECD (2001a und 2003); ZUS (2003) sowie Zusammenstellung von angefragten Daten der Autorin beim Polnischen Finanzministerium in der Korrespondenz vom 28. März 2003; bei KRUS in der Korrespondenz vom 11. Juli und 30. September 2003 (die Daten aus den Korrespondenzen können bei der Autorin eingesehen werden)

Das Leistungsniveau der KRUS-Renten betrug nur rund die Hälfte des Leistungs-niveaus der ZUS-Renten. Das relativ niedrigere Niveau von KRUS-Renten ist auf die Höhe der Durchschnittsrente zurückzuführen, da für beide Systeme dieselbe Höhe der Arbeitsproduktivität zur Berechnung des Leistungsniveaus herangezogen wurde. Hintergrund der niedrigeren Durchschnittsrente ist zum einen, dass KRUS-Renten generell geringer sind als ZUS-Renten. Zum anderen ist aufgrund wirtschaft-licher und institutioneller Veränderungen Ende der 90er Jahre die Zahl der KRUS-Rentner gestiegen, während die Zahl der ZUS-Rentner leicht rückläufig war.

Für Ungarn werden die Leistungsniveaus der drei Rentenkategorien Alter, Invalidi-tät sowie Hinterbliebene mit einer Hinterbliebenenrente als Hauptleistung und als Zusatzleistung gegenüber gestellt.

Abbildung 3.2.24: Entwicklung des Leistungsniveaus[1] in Ungarn nach Rentenkategorien[2] zwi-schen 1992 und 2002 (in Prozent)

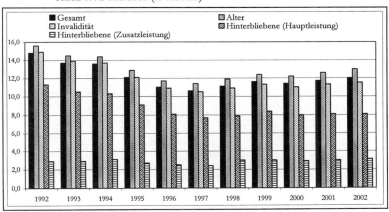

[1] Das Leistungsniveau ist definiert als die durchschnittliche Rente (EXP^Pen /BEN) in Relation zur Arbeits-produktivität (BIP/EMP) (in Prozent)
[2] Die Rentenkategorien sind wie folgt definiert:
Gesamt: Alters-, Invaliden- und Hinterbliebenenrentner des Rentenfonds PIF und des Gesundheitsfonds HIF sowie beitragsfreie Renten ohne Rentner mit Zusatzhinterbliebenenrente
Alter: Altersrentner, die Leistungen aus dem staatlichen Rentenfonds (PIF) beziehen. Aus dem Gesund-heitsfonds (HIF) werden keine Altersrenten ausgezahlt.
Invalidenrentner: Invalidenrentner des Rentenfonds (PIF) und des Gesundheitsfonds (HIF) oberhalb und unterhalb des gesetzlichen Rentenalters
Hinterbliebene (Hauptleistung): Rentner des Rentenfonds PIF und des Gesundheitsfonds HIF, die die Hinterbliebenenrente als „Hauptleistungen" beziehen.
Hinterbliebene (Zusatzleistung): Rentner des Rentenfonds PIF und des Gesundheitsfonds HIF mit einem zusätzlichen Hinterbliebenenrentenanspruch neben ihrer eigenen (i.d.R. höheren) Rente Quelle: Eigene Berechnungen nach Council of Europe (2001 und 2002); ILO (1997); OECD (2001a und 2003); ONYF (2002a, S. 3); sowie Zusammenstellung von angefragten Daten der Autorin bei KSH in der Korrespondenz vom 5. November 2002, 14. und 30. Mai 2003; bei András Horváth vom Büro des ungarischen Premiermi-nisters in der Korrespondenz vom 11. und 28. Februar 2003, 12. März 2003 und 21. Oktober 2003 (die Daten aus den Korrespondenzen können bei der Autorin eingesehen werden)

Aufgrund der institutionellen Regelungen, die in der Regel eine höhere Altersrente als Invaliden- und Hinterbliebenenrenten mit sich bringen, ist das höhere Leistungsniveau der Altersrenten gegenüber den anderen beiden Kategorien nichts Überraschendes. Aufschlussreich sind die Entwicklungen der jeweiligen Leistungsniveaus.

Bei der Untersuchung im Detail (siehe auch nachfolgende Tabellen) zeigt sich, dass die (absoluten) Ausgaben für Invalidenrenten relativ am stärksten gestiegen sind, gefolgt von Alters- und Hinterbliebenenrenten. Allerdings wurde dieser Ausgabenanstieg für Invalidenrenten mit einer steigenden Anzahl an Invalidenrentnern begleitet. Die Zahl der Altersrentner nahm indessen in relativ geringerem Ausmaß zu.

Tabelle 3.2.6: Bestimmungsfaktoren für die Entwicklung der Rentenausgaben in Polen[1] und Ungarn[2] zwischen 1990 und 2002

	Erweiterte Altersabhängigkeitsrate[3]		Inverse der Beschäftigungsrate[4]		Deckungsgrad[5]		Leistungsniveau[6]	
	Polen	Ungarn	Polen	Ungarn	Polen	Ungarn	Polen	Ungarn
1990	31,0	37,4	143,0	164,8	89,6	k. A.	k. A.	k. A.
1991	31,1	37,2	153,2	185,1	99,6	k. A.	k. A.	k. A.
1992	31,1	37,1	165,4	172,3	105,6	98,6	k. A.	14,8
1993	31,1	37,0	169,5	184,8	107,7	100,5	k. A.	13,7
1994	31,1	36,9	173,6	189,0	109,9	102,0	k. A.	13,6
1995	31,1	37,0	173,1	189,9	110,5	103,4	25,4	12,1
1996	31,0	37,2	172,2	191,4	111,9	104,4	25,0	11,0
1997	30,8	37,4	171,0	191,6	113,1	105,1	25,5	10,6
1998	30,5	37,7	171,0	188,8	114,4	104,7	25,0	11,1
1999	30,3	38,0	176,9	182,9	114,3	104,1	24,4	11,6
2000	30,2	38,4	183,3	180,5	113,1	103,0	22,7	11,4
2001	30,6	38,6	188,5	180,0	109,7	102,4	23,1	11,7
2002	k. A.	38,8	k. A.	179,9	k. A.	102,0	k. A.	12,0

[1] Für Polen: ZUS und KRUS

[2] Für Ungarn: Alters-, Invaliden- und Hinterbliebenenrentner des Rentenfonds (PIF) und des Gesundheitsfonds (HIF) sowie beitragsfreie Renten; ohne Hinterbliebenenrenten, die als Zusatzleistungen ausgezahlt werden. Daten über die Anzahl der Rentner ohne Zusatz-Hinterbliebenenrentner sind nur für den Zeitraum zwischen 1992 und 2002 vorhanden.

[3] (erweiterte) Altersabhängigkeitsrate: Verhältnis von Personen im Alter von über 55 Jahren zu der Bevölkerung im erwerbsfähigen Alter (15- bis 64-Jährige) (in Prozent)

[4] Inverse der Beschäftigungsquote: die Anzahl der Bevölkerung im erwerbsfähigen Alter (15 bis 64 Jahre) in Relation zu der Anzahl der Beschäftigten (in Prozent)

[5] Deckungsgrad: Anteil der über 55-jährigen in der Bevölkerung, die eine Rente bezieht:

[6] Leistungsniveau: die durchschnittliche Rente in Relation zur Arbeitsproduktivität (in Prozent)

k. A. keine Angaben

Quelle: Eigene Berechnungen nach Council of Europe (2001 und 2002); GUS Online („Population in Poland": Tabelle 1), GUS (2000 und 2001); ILO (1997); Mackiewicz et.al. (2001, S. 189); NBP (2003, Tabelle 1, S. 184f.); OECD (2001a und 2003); ONYF (2002a. S. 3); ZUS (2003) sowie Zusammenstellung von angefragten Daten der Autorin beim Polnischen Finanzministerium in der Korrespondenz vom 28. März 2003; bei KRUS in der Korrespondenz vom 11. Juli und 30. September 2003, bei KSH in der Korrespondenz vom 5. November 2002, 14. und 30. Mai 2003; bei András Horváth vom Büro des ungarischen Premierministers in der Korrespondenz vom 11. und 28. Februar 2003, 12. März 2003 und 21. Oktober 2003 (die Daten aus den Korrespondenzen können bei der Autorin eingesehen werden)

Tabelle 3.2.7: Bestimmungsfaktoren für die Entwicklung der Rentenausgaben in Polen nach Anbieter[1] zwischen 1990 und 2001 (in Prozent) und ihre Veränderung (in Prozentpunkten)

	Erweiterte Altersabhängigkeitsrate[2]	Inverse der Beschäftigungsrate[3]	Leistungsniveau[4]		Deckungsgrad[5]	
	ZUS/KRUS	ZUS/KRUS	ZUS	KRUS	ZUS	KRUS
1990	31,0	143,0	31,1	k.A.	70,0	19,6
1991	31,1	153,2	39,0	k.A.	76,4	23,1
1992	31,1	165,4	39,5	k.A.	80,1	25,5
1993	31,1	169,5	36,7	k.A.	81,9	25,8
1994	31,1	173,6	35,8	k.A.	83,4	26,5
1995	31,1	173,1	29,3	14,2	84,8	25,7
1996	31,0	172,2	28,6	14,1	86,5	25,4
1997	30,8	171,0	29,2	14,3	88,1	25,0
1998	30,5	171,0	28,1	14,0	89,8	24,6
1999	30,3	176,9	27,0	13,7	90,2	24,1
2000	30,2	183,3	24,9	12,8	89,7	23,4
2001	30,6	188,5	25,4	13,0	87,3	22,5
1990-2001	-0,4	45,5	-5,7	k.A.	17,3	2,9
1995-2001	-0,5	15,4	-3,9	0,6	2,5	-3,2

[1] ZUS (*Zaklad Ubezpieczen Spolecznych*): Sozialversicherungsanstalt für alle Arbeitnehmer und Selbständige, die keine selbständigen Landwirte sind; KRUS (*Kasa Rolniczego Ubezpieczenia Spolecznego*): Rentenkasse für selbständige Landwirte
[2] Die (erweiterte) Altersabhängigkeitsrate repräsentiert das Verhältnis von Personen im Alter von über 55 Jahren zu der Bevölkerung im erwerbsfähigen Alter (15- bis 64-Jährige): Pop(55+)/Pop(15-64) (in Prozent)
[3] Die Inverse der Beschäftigungsquote ist definiert als die Anzahl der Bevölkerung im erwerbsfähigen Alter (15 bis 64 Jahre) in Relation zu der Anzahl der Beschäftigten: Pop (15-64)/EMP (in Prozent)
[4] Das Leistungsniveau ist definiert als die durchschnittliche Rente (EXP^Pen/BEN) in Relation zur Arbeitsproduktivität (BIP/EMP) : (EXP^Pen/BEN)/(BIP/EMP) (in Prozent)
[5] Der Deckungsgrad ist definiert als der Anteil der über 55-jährigen in der Bevölkerung, die eine Rente bezieht: BEN /Pop (55+) (in Prozent)
k. A. keine Angaben
Quelle: Eigene Berechnungen nach Council of Europe (2001 und 2002); GUS Online („Population in Poland": Tabelle 1), GUS (2000 und 2001); ILO (1997); Mackiewicz et.al. (2001, S. 189); NBP (2003, Tabelle 1, S. 184f.); OECD (2001a und 2003); ZUS (2003) sowie Zusammenstellung von angefragten Daten der Autorin beim Polnischen Finanzministerium in der Korrespondenz vom 28. März 2003; bei KRUS in der Korrespondenz vom 11. Juli und 30. September 2003 (die Daten aus den Korrespondenzen können bei der Autorin eingesehen werden)

Tabelle 3.2.8: Bestimmungsfaktoren für die Entwicklung der Rentenausgaben in Ungarn nach Rentenkategorien zwischen 1992 und 2002 (in Prozent) und ihre Veränderung (in Prozentpunkten)

	Deckungsgrad[1]					Leistungsniveau[2]				
	Gesamt[3]	Alter[4]	Invalidität[5]	Hinterbliebene[6] (Hauptleistung)	Hinterbliebene[7] (Zusatzleistung)	Gesamt[3]	Alter[4]	Invalidität[5]	Hinterbliebene[6] (Hauptleistung)	Hinterbliebene[7] (Zusatzleistung)
1992	98,6	59,8	24,2	14,6	12,0	14,8	15,6	14,9	11,3	2,9
1993	100,5	60,7	25,3	14,4	12,1	13,7	14,5	13,9	10,5	2,9
1994	102,0	61,4	26,3	14,2	12,9	13,6	14,4	13,7	10,3	3,1
1995	103,4	62,1	27,2	14,1	13,4	12,1	12,9	12,1	9,1	2,7
1996	104,4	62,5	28,1	13,8	13,9	11,0	11,7	10,9	8,1	2,5
1997	105,1	62,9	28,7	13,5	14,3	10,6	11,4	10,5	7,7	2,4
1998	104,7	63,2	28,7	12,8	19,8	11,1	11,9	10,9	7,9	3,0
1999	104,1	63,0	28,6	12,5	20,9	11,6	12,4	11,3	8,4	3,0
2000	103,0	62,4	28,6	12,0	21,4	11,4	12,2	11,0	8,0	2,9
2001	102,4	61,9	29,0	11,6	21,8	11,7	12,6	11,3	8,1	3,0
2002	102,0	61,4	29,4	11,2	22,2	12,0	13,0	11,5	8,1	3,1
1992-2002[8]	3,4	1,6	5,2	-3,4	10,2	-2,8	-2,6	-3,4	-3,2	0,2

1) Leistungsniveau: durchschnittliche Rente (EXP^{Pen}/BEN) in Relation zur Arbeitsproduktivität (BIP/EMP) : (EXP^{Pen}/BEN)/(BIP/EMP) (in Prozent)

2) Deckungsgrad: Anteil der über 55-jährigen in der Bevölkerung, die eine Rente bezieht: BEN / Pop (55+) (in Prozent)

3) Gesamt: Alters-, Invaliden- und Hinterbliebenenrentner des Rentenfonds PIF und des Gesundheitsfonds HIF sowie beitragsfreie Renten ohne Rentner mit Zusatzhinterbliebenenrente

4) Alter: Altersrentner, die Leistungen aus dem staatlichen Rentenfonds (PIF) beziehen. Aus dem Gesundheitsfonds (HIF) werden keine Altersrenten ausgezahlt.

5) Invalidenrentner: Invalidenrentner des Rentenfonds (PIF) und des Gesundheitsfonds (HIF) oberhalb und unterhalb des gesetzlichen Rentenalters

6) Hinterbliebene (Hauptleistung): Rentner des Rentenfonds PIF und des Gesundheitsfonds HIF, die die Hinterbliebenenrente als „Hauptleistungen" (d.h. keine eigene staatliche Rente aus eigenem Anspruch) beziehen.

7) Hinterbliebene (Zusatzleistung): Rentner des Rentenfonds PIF und des Gesundheitsfonds HIF mit einem zusätzlichen Hinterbliebenenrentenanspruch neben ihrer eigenen (i.d.R. höheren) Rente (Alters- oder Invalidenrente)

8) Veränderung in Prozentpunkten

Quelle: Eigene Berechnungen nach Council of Europe (2001 und 2002); ILO (1997); OECD (2001a und 2003); ONYF (2002a, S. 3); sowie Zusammenstellung von angefragten Daten der Autorin bei KSH in der Korrespondenz vom 5. November 2002, 14. und 30. Mai 2003; bei András Horváth vom Büro des ungarischen Premierministers in der Korrespondenz vom 11. und 28. Februar 2003, 12. März 2003 und 21. Oktober 2003 (die Daten aus den Korrespondenzen können bei der Autorin eingesehen werden)

3.2.2.4 Einfluss der Bestimmungsfaktoren auf die Rentenausgaben in Relation zum BIP

Ziel der Analyse war es, die Ursachen für die Entwicklung der staatlichen Renten-angaben zu analysieren und ihre relative Bedeutung abzuschätzen. Dieser relative Einfluss lässt sich am besten messen, wenn die Veränderungsraten der Bestim-mungsfaktoren in Prozent des Bruttoinlandsprodukts ausgedrückt werden[478]. Im Vergleich der Entwicklung der relativen Rentenausgaben zwischen 1990 und 2001 (Polen) bzw. 1992 und 2002 (Ungarn) zeigen sich markante Unterschiede. Während es in Polen zu einer deutlichen Erhöhung der relativen Rentenausgaben im Beo-bachtungszeitraum um rund 3,6 Prozent des BIP kam, reduzierte sich die Ausgaben-last in Ungarn leicht um 0,6 Prozent des BIP.

In beiden Ländern führte die Reduzierung des Leistungsniveaus zu einer relativen Entlastung von Rentenausgaben in annähernd demselben Ausmaß. Wesentliche Un-terschiede zeigen sich jedoch bei den anderen drei Einflussfaktoren. Hinsichtlich der inversen Beschäftigungsquote und des Deckungsgrads unterscheiden sich die beiden Vergleichsstaaten nicht in der Richtung – in dem Fall steigenden relativen Renten-ausgaben -, sondern vielmehr in der Stärke der an der Wirtschaftskraft gemessenen Veränderung. Entgegengesetzte Einflüsse zeigen sich hinsichtlich der Altersabhän-gigkeitsrate. Während die Alterung der Bevölkerung in Ungarn bereits Ende der 1990er Jahre einsetzte und in einem leichten Anstieg der relativen Rentenausgaben ihren Niederschlag fand, führte die vergleichsweise günstige Bevölkerungsstruktur in Polen noch zu einer geringfügigen relativen Entlastung des staatlichen Rentenfonds.

Den stärksten Einfluss auf die Ausgabenentwicklung hatte in Polen die Situation auf dem Arbeitsmarkt. Die sinkende Beschäftigung im Land verursachte einen Aus-gabenanstieg von rund drei Prozent des BIP. Der entsprechende ungarische Wert betrug mit rund 0,4 Prozent des BIP nicht einmal ein Siebtel des polnischen Wertes. Hintergrund hierfür ist, dass sich in Ungarn die Beschäftigungslage Ende der 1990er Jahre leicht verbesserte, während sie sich in Polen erheblich verschlechterte.

Am deutlichsten wirkte sich in Ungarn die Reduzierung des Leistungsniveaus aus. Sie führte ebenso wie in Polen zu einer Entlastung der Rentenkassen in Höhe von jeweils knapp 1,8 Prozent des BIP. Indessen muss beachtete werden, dass es in Po-len Anfang der 90er Jahre zunächst zu einer erheblichen relativen Ausgabenbelas-tung aufgrund des Anstiegs des Leistungsniveaus bis zum Jahr 1994 kam, da die

---

[478] Um die anteiligen Einflüsse der Bestimmungsfaktoren an der Entwicklung der Rentenausgaben näherungsweise zu bestimmen, werden die am Bruttoinlandsprodukt gemessenen Rentenausgaben aus dem Basisjahr mit der prozentualen Wachstumsrate der einzelnen Bestimmungsfaktoren mul-tipliziert. Das Basisjahr unterscheidet sich je nach Datenlage. Auf die unterschiedlichen Bezugsjah-re wird hingewiesen. Für Details der Methodik siehe auch Dang et. al. (2001, S. 34 f.).

polnische Regierung in diesem Zeitraum bemüht war, die Rentner nicht zu den Verlierern des Transformationsprozesses werden zu lassen. Da dieses System teuer und dauerhaft nicht finanzierbar war, stieg der Druck der Regierung, das Rentensystem zu reformieren, um die Leistungsverpflichtungen zu senken.

Abbildung 3.2.25: Veränderung der Bestimmungsfaktoren[1] der Entwicklung der Rentenausgaben in den Polen (nur ZUS)[2] und Ungarn[3] zwischen 1990 bis 2001 (Polen) bzw. 1992 bis 2002 (Ungarn) in Prozent des BIP

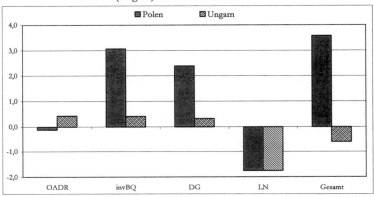

[1] Die Bestimmungsfaktoren sind definiert als:

OADR: Altersabhängigkeitsrate: Die (erweiterte) Altersabhängigkeitsrate (OADR) repräsentiert das Verhältnis von Personen im Alter von über 55 Jahren zu der Bevölkerung im erwerbsfähigen Alter (15- bis 64-Jährige): Pop(55+)/Pop(15-64)

invBQ: inverse Beschäftigungsquote: Die Inverse der Beschäftigungsquote repräsentiert die Relation von der Anzahl der Bevölkerung im erwerbsfähigen Alter (15 bis 64 Jahre) zu den Beschäftigten (Polen: Beschäftigte im Alter von über 15 Jahren; Ungarn: Beschäftigte im Alter zwischen 15 und 74 Jahren): Pop(15-64)/EMP

DG: Deckungsgrad: Der Deckungsgrad ist definiert als der Anteil der über 55-jährigen in der Bevölkerung, die eine Rente bezieht: BEN /Pop (55+)

LN: Leistungsniveau der Rente: Das Leistungsniveau ist definiert als die durchschnittliche Rente (EXP^Pen /BEN) in Relation zur Arbeitsproduktivität (BIP/EMP) : (EXP^Pen / BEN)/(BIP/EMP)

[2] Für Polen: Nur ZUS; Angaben nur für den Zeitraum 1990 bis 2001.

[3] Für Ungarn: Alters-, Invaliden- und Hinterbliebenenrentner des Rentenfonds (PIF) und des Gesundheitsfonds (HIF) sowie beitragsfreie Renten; ohne Hinterbliebenenrenten, die als Zusatzleistungen (d.h. zusätzlich zum eigenen Rentenanspruch) ausgezahlt werden. Daten über die Anzahl der Rentner ohne Zusatz-Hinterbliebenenrentner sind nur für den Zeitraum zwischen 1992 und 2002 vorhanden.

Quelle: Eigene Berechnungen und Darstellung nach Council of Europe (2001 und 2002); GUS Online („Population in Poland": Tabelle 1), GUS (2000 und 2001); ILO (1997); Mackiewicz et.al. (2001, S. 189); NBP (2003, Tabelle 1, S. 184f.); OECD (2001a und 2003); ONYF (2002a, S. 3); ZUS (2003) sowie Zusammenstellung von angefragten Daten der Autorin beim Polnischen Finanzministerium in der Korrespondenz vom 28. März 2003; bei KRUS in der Korrespondenz vom 11. Juli und 30. September 2003, bei KSH in der Korrespondenz vom 5. November 2002, 14. und 30. Mai 2003; bei András Horváth vom Büro des ungarischen Premierministers in der Korrespondenz vom 11. und 28. Februar 2003 sowie 12. März 2003 (die Daten aus den Korrespondenzen können bei der Autorin eingesehen werden).

Das Gegenstück zum Leistungsniveau ist der Deckungsgrad. Da in beiden Ländern nach der Wende die Zahl der Leistungsberechtigten – vor allem aufgrund einer

Politik der Frühpensionierung und der großzügigen Gewährung von (Invaliden-) Rentenleistungen – stieg, führte dies zu einem Anstieg der relativen Rentenausgaben in Höhe von 2,4 Prozent des BIP in Polen und vergleichsweise geringen rund 0,3 Prozent des BIP in Ungarn. Der moderate Anstieg in Ungarn ist unter anderem auf die Verschärfung der Berechtigungskriterien Ende der 1990er Jahre zurückzuführen. Wie zu vermuten war, hatten demographische Veränderungen innerhalb der zwölf bzw. elf Jahre nur einen geringen Einfluss. Demnach war die Alterung der ungarischen Bevölkerung für einen Anstieg der relativen Rentenausgaben in Höhe von rund 0,4 Prozent des BIP verantwortlich. Erwartungsgemäß kam es in Polen im Beobachtungszeitraum bis Ende der 1990er Jahre sogar zu einer relativen Entlastung der polnischen Rentenkasse. Da die beschleunigte Alterung der polnischen Gesellschaft im neuen Jahrtausend einsetzte, bedingten die demographischen Rahmenbedingungen in Polen nur eine mäßige Entlastung der Rentenfinanzen in Höhe von 0,1 Prozent des BIP.

An der Gegenüberstellung zeigt sich die herausragende Bedeutung der institutionellen Rahmenbedingungen und ihrer politischen Beeinflussbarkeit für die Finanzierung von Rentensystemen. Obwohl es sich Polen rein finanziell nicht leisten konnte, hob die Regierung zu Beginn des Transformationsprozesses die Rentenleistungen durch eine Neubemessung der Rentenansprüche aus politischen Gründen an. Erst im Laufe der 90er Jahre, als das Rentensystem als untragbare finanzielle Bürde angesehen wurde, kam es zu einem Strategiewechsel. Ein Ergebnis hiervon ist die Reform der Alterssicherung, die eine deutliche Absenkung des Leistungsniveaus aus der staatlichen Alterssicherung implizieren wird. Ungarn zielte dagegen bereits kurz nach Beginn des Transformationsprozesses darauf ab, die Kosten für die Rentenversicherung zu senken. Diesem Ziel dienten unter anderem die degressive Anrechnung von Beitragszeiten und Beiträgen in der Rentenformel und die Dynamisierung der bestehenden Renten an den Nettolöhnen in Zeiten hoher Inflationsraten. Die Bedeutung der ökonomischen Situation im Land für die Rentensysteme wird daran deutlich, dass die Wirtschaftsprobleme in Polen seit 1999 das staatliche Rentensystem erheblich belasteten, während der wirtschaftliche Erholungsprozess in Ungarn seit Ende der 1990er Jahre die Belastung reduzierte.

Der Einfluss der Bestimmungsfaktoren auf die Entwicklung der Rentenausgaben in Polen gemessen am BIP nach Rentenanbieter

Da vollständige Daten für das KRUS-System nur ab 1995 vorlagen, ist ein Vergleich der beiden polnischen Rentenversicherungen nur für diesen siebenjährigen Zeitraum möglich. Die unmittelbaren Effekte des Transformationsprozesses können somit nicht am BIP gemessen werden. Die Gegenüberstellung zeigt, dass zwischen 1995 und 2001 das Leistungsniveau und die inverse Beschäftigungsquote sowohl für das ZUS-System als auch für das KRUS-System die wichtigsten Einflussfaktoren auf die relativen Rentenausgaben waren. Aufgrund des kurzen Beobachtungszeitraums sind die Änderungen gemessen am Bruttoinlandsprodukt nur vergleichsweise gering. Da das ZUS-System deutlich mehr Personen umfasst, ist seine finanzielle Bedeutung größer. Dies drückt sich vor allem in dem Einfluss der Bestimmungsfaktoren gemessen am Bruttoinlandsprodukt aus. Um die relative Bedeutung der beiden Rentensysteme für den Staatshaushalt beurteilen zu können, ist es sinnvoll, die Teilergebnisse im Betrag aufzuaddieren, da sich die einzelnen Einflussfaktoren zum Teil gegenläufig entwickeln. Auf diese Weise wird deutlich, dass das relative Gewicht – gemessen am Betrag der Summe der am BIP gemessenen Einflussfaktoren - des ZUS-Rentensystems mit 3,6 Prozent des BIP deutlich höher ist als das des KRUS-Systems mit 0,6 Prozent des BIP.

Abbildung 3.2.26: Veränderung der Bestimmungsfaktoren[1] der Entwicklung der Rentenausgaben in den Polen nach Anbieter[2] zwischen 1995 und 2001[3] in Prozent des BIP

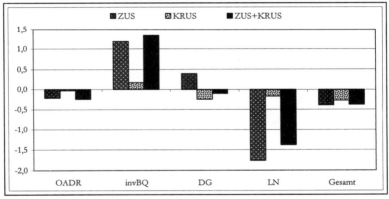

[1] Die Bestimmungsfaktoren sind definiert als:
OADR: Altersabhängigkeitsrate: Die (erweiterte) Altersabhängigkeitsrate (OADR): Verhältnis von Personen im Alter von über 55 Jahren zu der Bevölkerung im erwerbsfähigen Alter (15- bis 64-Jährige)
invBQ: inverse Beschäftigungsquote: Die Inverse der Beschäftigungsquote: Relation von der Anzahl der Bevölkerung im erwerbsfähigen Alter (15 bis 64 Jahre) zu den Beschäftigten (Polen: Beschäftigte im Alter von über 15 Jahren; Ungarn: Beschäftigte im Alter zwischen 15 und 74 Jahren)
DG: Deckungsgrad: Der Deckungsgrad ist definiert als der Anteil der über 55-jährigen in der Bevölkerung, die eine Rente bezieht
LN: Leistungsniveau der Rente: durchschnittliche Rente in Relation zur Arbeitsproduktivität
[2] ZUS (*Zaklad Ubezpieczen Spolecznych* - Sozialversicherungsanstalt für alle Arbeitnehmer und Selbständige, die keine selbständigen Landwirte sind); KRUS (*Kasa Rolniczego Ubezpieczenia Spolecznego* - Rentenkasse für selbständige Landwirte)
[3] Bezugsjahr ist das Jahr 1995
Quelle: Eigene Berechnungen und Darstellung nach Council of Europe (2001 und 2002); GUS Online („Population in Poland": Tabelle 1), GUS (2000 und 2001); ILO (1997); Mackiewicz et.al. (2001, S. 189); NBP (2003, Tabelle 1, S. 184f.); OECD (2001a und 2003); ONYF (2002a, S. 3); ZUS (2003) sowie Zusammenstellung von angefragten Daten der Autorin beim Polnischen Finanzministerium in der Korrespondenz vom 28. März 2003; bei KRUS in der Korrespondenz vom 11. Juli und 30. September 2003 (die Daten aus den Korrespondenzen können bei der Autorin eingesehen werden)

Vor allem bedingt durch die Absenkung des Deckungsgrads (minus 0,25 Prozent des BIP) und des Leistungsniveaus (minus 0,17 Prozent des BIP) kam es im Beobachtungszeitraum im KRUS-System zu einer Senkung der relativen Rentenausgaben in Höhe von 0,27 Prozent des BIP. Die Verschlechterung der Beschäftigungslage im Land steigerte die Ausgaben in Höhe von knapp 0,2 Prozent des BIP. Die Auswirkungen von demographischen Änderungen waren marginal.

Insgesamt ergibt sich bei der ZUS in den sieben Jahren eine relative Ausgabensenkung in Höhe von 0,4 Prozent des BIP. Die Reduzierung des Leistungsniveaus (minus 1,76 Prozent des BIP) und die vorteilhafte demographische Lage (minus 0,22 Prozent des BIP) entlasteten zwischen 1995 und 2001 den staatlichen Rentenfond. Die wieder zunehmenden Probleme auf dem polnischen Arbeitmarkt Ende der 1990er Jahre kommen in dem Zeitraum besonders deutlich heraus, da die inverse Beschäftigungsrate einen relativen Ausgabenanstieg von 1,2 Prozent des BIP bedingte. Der steigende Deckungsgrad führte ebenfalls zu einer relativen Belastung des Rentenbudgets in Höhe von 0,4 Prozent des BIP.

Beide Systeme zusammen genommen ergab sich bis zum Jahr 2001 gegenüber dem Jahr 1995 eine Reduzierung der Rentenausgaben um knapp 0,4 Prozent des BIP, die insbesondere auf eine deutliche Senkung des Leistungsniveaus (minus 1,4 Prozent des BIP) zurückzuführen ist. Dieser Absenkung wirkte allerdings die Entwicklung der inversen Beschäftigungsrate in etwa demselben Ausmaß entgegen.

Der Einfluss der Bestimmungsfaktoren auf die Entwicklung der Rentenausgaben in Ungarn gemessen am BIP nach Rentenkategorien

Da die einzelnen Rentenkategorien auf unterschiedlichen rechtlichen Regelungen beruhen, ist es interessant, die relative Bedeutung der Entwicklung einzelner Bestimmungsfaktoren für die einzelnen Kategorien zu berechnen. Aufgrund des kurzen Beobachtungszeitraums zwischen 1992 und 2002 sind die Werte relativ gering. Dennoch lohnt sich ein Blick auf die relative Bedeutung der Einflussfaktoren. Wie zu erwarten war, hatten die Ausgaben für die Alterssicherung das größte Gewicht innerhalb der Rentenkategorien. Im Betrag aufsummiert bewirkten die Veränderungen der Einflussfaktoren bei den Altersrenten eine relative Ausgabenveränderung in Höhe von 1,7 Prozent des BIP gegenüber 1,2 Prozent des BIP bei den Invalidenrenten, 0,6 Prozent des BIP bei den Hauptleistungen für Hinterbliebenenrenten und 0,2 Prozent des BIP bei den Zusatzleistungen aus der Hinterbliebenenversicherung.

Auf den ersten Blick wird deutlich, dass die Reduzierung des Leistungsniveaus wichtigster Einflussfaktor auf die relativen Rentenausgaben war. Das Bestreben der ungarischen Regierungen, den Staatshaushalt von Ausgaben für die Renten zu entlasten, spiegelt sich folglich auch in den einzelnen Rentenkategorien wider. Allerdings gibt es unterschiedliche Entwicklungen. Während die relativen staatlichen Ausgaben für die Invaliden- und Zusatz-Hinterbliebenenrente zwischen 1992 und 2002 stiegen, reduzierten sie sich für die Rente insgesamt sowie für die Alters- und Hinterbliebenenrente (Hauptleistungen).

Abbildung 3.2.27: Veränderung der Bestimmungsfaktoren[1] der Entwicklung der Rentenausgaben[2] nach Rentenkategorien in Ungarn zwischen 1992 und 2002[3] in Prozent des BIP

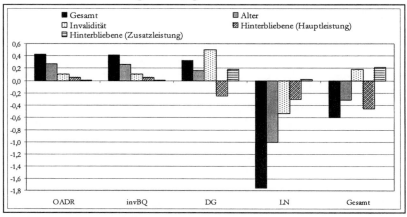

[1] Die Bestimmungsfaktoren sind definiert als:
OADR: Altersabhängigkeitsrate: Die (erweiterte) Altersabhängigkeitsrate (OADR): Verhältnis von Personen im Alter von über 55 Jahren zu der Bevölkerung im erwerbsfähigen Alter (15- bis 64-Jährige)
invBQ: inverse Beschäftigungsquote: Die Inverse der Beschäftigungsquote: Relation von der Anzahl der Bevölkerung im erwerbsfähigen Alter (15 bis 64 Jahre) zu den Beschäftigten (Polen: Beschäftigte im Alter von über 15 Jahren; Ungarn: Beschäftigte im Alter zwischen 15 und 74 Jahren)
DG: Deckungsgrad: Der Deckungsgrad ist definiert als der Anteil der über 55-jährigen in der Bevölkerung, die eine Rente beziehen
LN: Leistungsniveau der Rente: durchschnittliche Rente in Relation zur Arbeitsproduktivität
[2] Beim Umfang der einbezogenen Anzahl der Rentner gilt es zu beachten:
Gesamt: Alters-, Invaliden- und Hinterbliebenenrentner des Rentenfonds PIF und des Gesundheitsfonds HIF sowie beitragsfreie Renten ohne Rentner mit Zusatzhinterbliebenenrente
Alter: Altersrentner, die Leistungen aus dem staatlichen Rentenfonds (PIF) beziehen. Aus dem Gesundheitsfonds (HIF) werden keine Altersrenten ausgezahlt.
Invalidenrentner: Invalidenrentner des Rentenfonds (PIF) und des Gesundheitsfonds (HIF) oberhalb und unterhalb des gesetzlichen Rentenalters
Hinterbliebene (Hauptleistung): Rentner des Rentenfonds PIF und des Gesundheitsfonds HIF, die die Hinterbliebenenrente als „Hauptleistungen" (d.h. keine eigene staatliche Rente aus eigenem Anspruch) beziehen.
Hinterbliebene (Zusatzleistung): Rentner des Rentenfonds PIF und des Gesundheitsfonds HIF mit einem zusätzlichen Hinterbliebenenrentenanspruch neben ihrer eigenen (i.d.R. höheren) Rente (Alters- oder Invalidenrente)
[3] Bezugsjahr ist das Jahr 1992
Quelle: Eigene Berechnungen und Darstellung nach Council of Europe (2001 und 2002); ILO (1997); OECD (2001a und 2003); ONYF (2002a, S. 3); sowie Zusammenstellung von angefragten Daten der Autorin bei KSH in der Korrespondenz vom 5. November 2002, 14. und 30. Mai 2003; bei András Horváth vom Büro des ungarischen Premierministers in der Korrespondenz vom 11. und 28. Februar und 12. März 2003 (die Daten aus den Korrespondenzen können bei der Autorin eingesehen werden).

Mit Ausnahme der Zusatz-Hinterbliebenenrenten war das Leistungsniveau der wichtigste Einflussfaktor auf die relativen Rentenausgaben. Wichtigster Einflussfaktor auf die relative Ausgabenhöhe der Zusatz-Hinterbliebenenrenten war der Deckungsgrad, der bei der Altersrente und der Rente insgesamt der Einflussfaktor mit der geringsten Bedeutung und bei den anderen beiden Kategorien der zweitwichtigste Einflussfaktor war.

Die Veränderung des Leistungsniveaus führten zu einer relativen Ausgabensenkung für Altersrentner um 1 Prozent des BIP, für Invalidenrentner um 0,53 Prozent des BIP und für die Hinterbliebenenrenten (Hauptleistungen) um 0,3 Prozent des BIP. Der Anstieg des Leistungsniveaus für Hinterbliebene mit einer Zusatz-Hinterbliebenenrente bewirkte dagegen einen relativen Anstieg der Ausgaben um 0,02 Prozent des BIP. Zweitwichtigster Einflussfaktor bei der Altersrente waren die demographischen Rahmenbedingungen. Ende der 1990er Jahre war die zunehmende Alterung der Gesellschaft allmählich spürbar, sodass es in allen Fällen zu einem Anstieg der relativen Rentenausgaben kam (Alter: 0,27 Prozent des BIP; Invalidität: 0,11 Prozent des BIP; Hinterbliebene (Hauptleistung): 0,05 Prozent des BIP; Hinterbliebene (Zusatzleistung): 0,01 Prozent des BIP). Nur unwesentlich geringer als der Einfluss der Demographie war der Einfluss der Situation auf dem Arbeitsmarkt für die Alterssicherungsausgaben. Der Anstieg der inversen Beschäftigungsquote bewirkte einen Ausgabenanstieg für die Alterssicherung in Höhe von 0,26 Prozent des BIP. Eine wesentlich geringere Rolle spielte die Situation auf dem Arbeitsmarkt für die Invalidenrente (0,1 Prozent des BIP) und die Hinterbliebenenrenten (Hauptleistungen: 0,05 Prozent des BIP; Zusatzleistungen: 0,01 Prozent des BIP).

Die Vermutung, dass sich die großzügige Gewährung von Invalidenrenten im Transformationsprozess negativ auf die Rentenfinanzen ausgewirkt hat, bestätigt sich in der Gegenüberstellung der Einflussfaktoren. Der höhere Deckungsgrad mit Invalidenrenten bewirkte zwischen 1992 und 2002 einen Ausgabenanstieg in Höhe von 0,5 Prozent des BIP. Bei den Altersrenten bewirkte der Deckungsgrad dagegen einen vergleichsweise geringen Ausgabenanstieg von 0,16 Prozent des BIP. Die finanzielle Entlastung aufgrund des sinkenden Deckungsgrads durch Hinterbliebenenrenten als Hauptleistungen (minus 0,25 Prozent des BIP) muss im Zusammenhang mit der finanziellen Belastung aufgrund des steigenden Deckungsgrads durch Zusatz-Hinterbliebenenrenten (0,19 Prozent des BIP) gesehen werden.

3.2.2.5 Zusammenfassung und kritische Würdigung

Die vergleichende Analyse der demographischen, institutionellen und wirtschaftlichen Rahmenbedingungen zwischen den beiden Ländern in komprimierter Form und die Abschätzung der relativen Bedeutung der Einflussfaktoren auf die am Bruttoinlandprodukt gemessenen Rentenausgaben für die Zeit nach Beginn des Transformationsprozesses ließen erkennen, welche Ursachen hinter den Entwicklungen der anteiligen Rentenausgaben stehen, die bisher weitgehend nur vermutet, jedoch nicht empirisch nachvollzogen werden konnten. Besonders markant ist im Fall Ungarns die erhebliche Senkung des Leistungsniveaus zwischen 1992 und 2002. Sie führte dazu, dass die staatlichen Sozialversicherungsfonds trotz der erheblichen – im Vergleich zu Polen jedoch vergleichsweise moderaten - Probleme auf dem Arbeitsmarkt, der steigenden Anzahl an Rentenbeziehern und der allmählich einsetzenden Alterung der Bevölkerung von Rentenausgaben entlastet wurden. In Polen dagegen kam es aufgrund einer Kombination problematischer institutioneller und wirtschaftlicher Rahmenbedingungen zu einer beträchtlichen finanziellen Belastung der Rentenversicherungsbudgets.

Ein zentrales Ergebnis ist die Bestätigung der Vermutung aus vorherigen Abschnitten dieser Studie, dass die Alterung der Gesellschaft weder für das polnische noch für das ungarische Rentensystem in den 90er Jahren eine unmittelbare wesentliche finanzielle Belastung darstellte. In Polen war sogar das Gegenteil zu beobachten. Aufgrund der noch im letzten Jahrzehnt des 20. Jahrhunderts „jungen" Altersstruktur boten demographische Rahmenbedingungen im Prinzip einen Grund zur Entlastung der Rentenkassen. Allerdings war die demographische Situation im polnischen Fall eine indirekte Belastung. Da die Generation der Baby-Boomer zu einem Zeitpunkt auf den Arbeitsmarkt kam, als das Land - zunächst Anfang der 1990er Jahre aufgrund des Transformationsprozesses und nochmals Ende der 1990er Jahre aufgrund unvorteilhafter wirtschaftlicher Entwicklungen - in eine Wirtschaftskrise geriet, folgte daraus eine steigende Arbeitslosigkeit. Dies fand Ausdruck in der nachteiligen Entwicklung der inversen Beschäftigungsquote. Daran wird erkennbar, dass ökonomische und institutionelle Rahmenbedingungen für Polen und Ungarn von zentraler Bedeutung für die finanzielle Situation der staatlichen Rentenversicherung waren. Die steigende Wirtschaftskraft verbunden mit einem wieder leichten Anstieg der Beschäftigung in Ungarn Ende der 1990er Jahre belegen zudem, dass wirtschaftliche Rahmenbedingungen bereits *kurzfristig* zugunsten der Rentenfinanzierung wirken. Allerdings waren die Verbesserungen noch nicht ausreichend, um die negativen Wirkungen des Transformationsprozesses auszugleichen.

Darüber hinaus bestätigte sich die Vermutung, dass institutionelle Rahmenbedingungen die am besten zu bewegenden „Stellschrauben" sind, die eine Regierung zur Hand haben. Beide Regierungen machten sich dieses Instrument auf zum Teil sehr unterschiedliche Weise zunutze. Im Fall Polens ließ sich nachvollziehen, dass dieses Medium nicht nur für Rentenkürzungen genutzt wird. Unmittelbar nach Beginn des Transformationsprozesses verfolgte die polnische Regierung das Ziel, die materielle Situation der Rentner zu verbessern. Infolgedessen stieg das Leistungsniveau erheblich an. Mit steigender Finanzierungslast kam es Mitte der 1990er Jahre in Polen jedoch zu einer Kehrtwende in Richtung einer Reduzierung der Leistungsansprüche der Rentner gegenüber dem Staat. Dadurch ergab sich im gesamten Beobachtungszeitraum eine relative Entlastung der Rentenkasse aufgrund der erheblichen Reduzierung des Leistungsniveaus.

In Polen zeigte sich darüber hinaus, wie wichtig eine analytische Unterscheidung der beiden staatlichen Rentensysteme ZUS und KRUS ist, da sie jeweils unterschiedliche Probleme sichtbar machten und somit auch unterschiedliche Lösungswege verlangen. Der relativ geringe Reformdruck, der von der Finanzierung der Rentenleistungen selbständiger Landwirte ausging, bestätigte sich in der vergleichsweise geringen finanziellen Bedeutung des KRUS-Systems gegenüber dem ZUS-System. Die Analyse lieferte somit eine Erklärung, warum das KRUS-Rentensystem nicht einer umfassenden Rentenreform unterlag, obwohl institutionelle Gründe Reformbedarf gerade dieses Sozialversicherungssystems nahe legen. Da die Landwirte eine große Interessengruppe in Polen darstellen, muss der „Leidensdruck" vermutlich noch stärker werden, beziehungsweise Druck von Außen (z.b. durch die Europäische Union) entstehen, um die polnische Regierung zum Handeln zu zwingen. Denn die gesetzliche Rentenversicherung in Polen insgesamt kann nur auf eine tragfähige Basis gestellt werden, wenn nicht nur das ZUS-Rentensystem reformiert wird, sondern vor allem auch die strukturellen Mängel des Rentensystems für selbständige Landwirte beseitigt werden.

In Ungarn konnten wesentliche Unterschiede in der institutionellen Gestaltung der einzelnen Rentenkategorien nachvollzogen werden. Es zeigte sich, dass Invalidenrenten in Ungarn insbesondere Ende der 1990er Jahre eine steigende finanzielle Bürde darstellten, während es scheint, dass die Reform der Alterssicherung bereits erste entlastende Effekte auf die Rentenfinanzen zeitigte. Allerdings sind diese Ergebnisse mit Vorsicht zu interpretieren, da der Zeitraum seit Beginn der Alterssicherungsreform relativ kurz ist.

Schlussfolgernd ist festzuhalten, dass die wirtschaftlichen Rahmenbedingungen der zentrale Ansatzpunkt für bereits kurzfristige Erleichterungen der Finanzierung von Rentensystemen sind. Maßnahmen, die auf eine Verbesserung der Beschäftigungssituation – insbesondere der Frauen und älteren Erwerbspersonen – sowie ein beständiges (reales) Wirtschaftswachstum zielen, werden sich in positiven Entwicklungen bei den inversen Beschäftigungsraten und des Leistungsniveaus ausdrücken. Um die Finanzierung der Rentensysteme in Polen und Ungarn langfristig gewährleisten zu können, sind neben einem stabilen wirtschaftlichen Umfeld die Wirkungen von – häufig politisch motivierten – Änderungen in der Rentengesetzgebung zu beachten. Bevor Reformen umgesetzt werden, sollten nicht nur die kurzfristigen günstigen Wirkungen (z.B. mehr Beitragszahler, „zufriedenere" Rentner, Begünstigungen einzelner Bevölkerungs- und/oder Beschäftigungsgruppen, um Wählerstimmen zu gewinnen), sondern auch die langfristigen Wirkungen im Auge behalten werden. Beispielsweise wurden am Deckungsgrad nicht nur die unmittelbaren sondern auch die

Spätfolgen der Politik der Frühverrentung in Polen und Ungarn deutlich, da Frührentner über einen verlängerten Zeitraum eine Rente beziehen.

Die absehbaren demographischen Veränderungen in Polen und Ungarn, die erwartete Konsolidierung der Wirtschaft nach Abschluss des Transformationsprozesses,
die erwarteten günstigen und stabilisierenden Effekte der EU-Mitgliedschaft sowie
die Änderungen im Rentenrecht rechtfertigen die These, dass die Einflussfaktoren in
Zukunft andere Wirkungen auf die Rentenfinanzen in Ausmaß und Richtung haben
werden. In beiden Ländern wird sich die demographische Situation in erheblichem
Maße verschärfen, sodass durch die Alterung der Bevölkerung der Druck auf die
Rentenfinanzen zunehmen wird.

3.3 Bedeutung der Rentenfinanzierung innerhalb des Staatshaushalts

Die bisherige Analyse der Einnahmen und Ausgaben der nationalen Rentenversicherungen in Polen und Ungarn hat die steigende absolute und relative Bedeutung
dieses Sozialversicherungszweiges in den beiden Volkswirtschaften aufgezeigt. Die
Untersuchung der Finanzierungsstruktur hat zudem erste Hinweise auf die Bedeutung der Rentenfinanzierung im Staatsbudget gegeben. In der folgenden Betrachtung wird den Staatsausgaben für die soziale Sicherheit in Polen und Ungarn besondere Aufmerksamkeit geschenkt. Es wird sich zeigen, dass die Renten einen bedeutenden Einfluss auf die finanzielle Lage des jeweiligen Staatshaushalts hatten und
sogar die jeweiligen Alterssicherungsreformen Ende der 1990er Jahre negative Auswirkungen hatten und weiter haben.

3.3.1 Die Sozialausgaben des Staates im Transformationsprozess

Die sozialen Härten des Transformationsprozesses erforderten von den Regierungen höhere absolute und an der Wirtschaftskraft der Länder gemessene Ausgaben
für die soziale Sicherung und Wohlfahrt der Bevölkerung. Die Regierungen bewegen
sich in einem Teufelskreis. Aufgrund der steigenden Ausgabenerfordernisse, die
nicht auf andere Institutionen abgewälzt oder aufgrund wirtschaftlicher, sozialer o-
der politischer Überlegungen nicht gekürzt werden konnten, hatten sie kaum Spielraum, um die dringend geforderte Entlastung der Löhne und Gehälter von Sozialversicherungsbeiträgen durchzuführen. Im Gegenteil: Polen erhöhte 1991 die Sozialversicherungsbeiträge auf 45 Prozent der Lohn- und Gehaltssumme. Problematisch war, dass unentbehrliche Reformen des Sozialsektors zunächst ausblieben und
kurzfristige Änderungen in der Sozialgesetzgebung die Strukturen der sozialen Sicherung zum Teil sogar verschlechterten. Herausragende Beispiele dieser fehlerhaften Wirtschaftspolitik sind die Rentensysteme, die insbesondere in den ersten Jahren
des Transformationsprozesses missbraucht wurden, um auf möglichst einfachem

Weg den wirtschaftlichen Wandlungsprozess für die Bevölkerung erträglich zu machen[479]. Allerdings zeitigte die kurzsichtige Politik negative Spätfolgen, die sich neben den Rentenfinanzen auch bei den Staatsfinanzen bemerkbar machten.

Im Transformationsprozess stiegen weniger die Ausgaben für Arbeitslosenunterstützung, sondern vielmehr Rentenausgaben in absoluten und relativen Größen erheblich, obwohl die Alterung der Bevölkerung in den 1990er Jahren noch keine (wesentliche) Rolle spielte. Wie zuvor erläutert wurde, ist dieses Ausgabenwachstum für Renten primär durch die Arbeitslosigkeit bedingt, da zum Zeitpunkt der Wende keine Arbeitslosenversicherung vorhanden war. Auf diese Weise funktionierte die bereits etablierte Rentenversicherung in den ersten Jahren nach der Wende indirekt als „Arbeitslosenversicherung". Dies gilt es im Auge zu behalten, wenn im Folgenden der Anteil der Rentenausgaben im Staatshaushalt untersucht wird.

Die Ausgaben für die staatliche Rentenversicherung führten teilweise zu Verdrängungseffekten anderer Sozialleistungen. Der relativ leichte Zugang zu staatlichen Rentenleistungen und die vergleichsweise großzügige Leistungsbemessung vor allem in Polen ermöglichte den Regierungen, einschneidende wirtschaftliche Reformen einzuleiten, ohne massive Gegenwehr aus der Bevölkerung zu provozieren. Aufgrund der unterschiedlichen Datenquellen[480] für Polen und Ungarn sowie der uneinheitlichen Einbeziehung von Sozialleistungen ist eine direkte Gegenüberstellung der anteiligen Rentenausgaben im Sozialbudget nicht sinnvoll. Aus diesem Grund werden beide Länder getrennt betrachtet.

3.3.1.1 Sozialausgaben des Staates in Polen

Die Ausgaben für Soziales stiegen in Polen deutlich seit der Wende an und erreichten im Jahr 1992 ein Maximum mit 27,3 Prozent des BIP. Bis zum Jahr 1999 sanken die Sozialausgaben kontinuierlich auf 23,3 Prozent des BIP. Davon machten Rentenausgaben mit 8,2 Prozent des BIP im Jahr 1990 und 14,3 Prozent des BIP im Jahr 1999 den deutlich den höchsten Anteil aus. Auffällig ist, dass der Anteil der Rentenleistungen an den gesamten Sozialleistungen des polnischen Staates nach Beginn des Transformationsprozesses stieg, obwohl demographische Gründe nicht vorlagen. Im Jahr 1998 waren Renten für 62,5 Prozent der Sozialleistungen des Staates verantwortlich. Das waren 12,1 Prozentpunkte mehr als noch im Jahr 1990.

---

[479] Kritiker bemängeln, dass die dringend notwendige Reform des Sozialstaates in Polen und Ungarn zunächst vernachlässigt wurde. Bezogen auf Polen schreibt beispielsweise die Weltbank: „This shortfall in the early reform program is a key factor behind Poland's current dilemma of large (structural) deficits and the relatively large size of its public sector. It has also contributed to the crowding out of public investment and therefore has limited Poland's long-term growth potential." (Weltbank 2003b, S. 5)

[480] Ungarn wird nicht in der OECD-Sozialausgabenstatistik (OECD 2001) erfasst, die als Quelle für Polen dient.

Altersrenten waren hauptverantwortlich für den deutlichen Anstieg der anteiligen Rentenausgaben. Sie stiegen von einem Anteil von 27,5 Prozent im Jahr 1990 auf ein Maximum von 34,9 Prozent im Jahr 1998 und sanken danach wieder leicht auf 34,7 Prozent im darauf folgenden Jahr. Auffällig hoch lag auch der Anteil der Invalidenrenten am Sozialbudget des Staates (1990: 14,2 Prozent; 1998: 17,4 Prozent; 1999: 17 Prozent).

Abbildung 3.3.1: Anteile der Sozialleistungsarten[1] an den Sozialausgaben des Staates in Polen zwischen 1990 und 1999 (in Prozent der staatlichen Gesamtsozialleistungen)

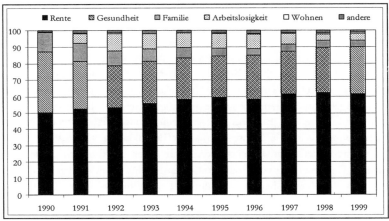

[1] Geld- und Sachleistungen. Die einzelnen Sozialleistungs-Kategorien bestehen (sofern mehrere Leistungsarten zusammengefasst wurden) aus:
Renten: Altersrenten, Invalidenrenten und Witwenrenten sowie Dienstleistungen für Alte und Invalide
Gesundheit: Ausgaben für die Gesundheit, Krankengeld und Leistungen bei berufsbezogenen Krankheiten und Unfällen
Familie: Geld-, Sach- und Dienstleistungen für Familien (inkl. Kinder- und Mutterschaftsgeld)
Arbeitslosigkeit: Geldleistungen für Arbeitslose (inkl. Frührentenleistungen zur Entlastung des Arbeitsmarktes) und aktive Arbeitsmarktprogramme (inkl. Subventionen von Arbeitsplätzen, berufsbezogene Weiterbildung und Verwaltungsausgaben)
Andere: Geld-, Sach- und Dienstleistungen für Soziales, die in keine der oben genannten Kategorien fallen (z.B. Leistungen für Immigranten und Flüchtlinge; Personen mit geringem Einkommen)
Quelle: Eigene Berechnungen und Darstellung nach OECD (2001)

Die steigenden staatlichen Rentenausgaben resultierten in einem Verdrängungseffekt anderer Sozialausgaben, obwohl die Sozialausgaben in absoluten und relativen Größen stiegen. Vor allem gesundheitsbezogene Leistungen und Leistungen für Familien[481] verloren innerhalb des Sozialbudgets des polnischen Staates an Bedeu-

---

[481] Leistungen für Familien waren in Polen relativ gering in den 1990er Jahren. Seit dem Jahr 1995 werden Familienleistungen ausschließlich den Bedürftigen gewährt. Die Leistungen wurden anhand der Preissteigerung dynamisiert und nicht anhand der Lohnsteigerungen wie es zum Beispiel bei den Rentenleistungen der Fall war. Da die Löhne seit 1994 deutlich stärker stiegen als die Preise, verschlechterte sich die relative Wohlstandsposition der Bezieher einer Familienleistung. Bei-

tung. Der Anteil der Familienleistungen sank innerhalb des Beobachtungszeitraums um 7,4 Prozentpunkte von 11,4 Prozent im Jahr 1990 auf nur noch 4 Prozent im Jahr 1999. Insbesondere durch die Reduzierung von Leistungen für berufsbezogene Unfälle und Krankheiten (minus 9,9 Prozentpunkte) reduzierte sich der Anteil der Gesundheitsleistungen am Sozialbudget des Staates von 36,9 Prozent im Jahr 1990 auf 28,3 Prozent im Jahr 1999. Sofern diese Reduktion auf eine verbesserte Sicherheit am Arbeitsplatz zurückzuführen ist, sind diese Veränderungen positiv. Es ist jedoch davon auszugehen, dass aufgrund der steigenden Arbeitslosigkeit und der sinkenden Beschäftigung berufsbezogene Unfälle und Krankheiten automatisch seltener auftraten. Gestiegen ist dagegen die Bedeutung des Krankengeldes und der allgemeinen Gesundheitsausgaben. Notwendigerweise gestiegen ist der Anteil der Sozialleistungen für Arbeitsmarktprogramme und Arbeitslose. Beide sind unter der Kategorie Arbeitslosigkeit zusammengefasst. 1990 waren die Sozialleistungen für Arbeitslose noch so gering, dass sie vernachlässigbar sind[482].

Deutlich werden die Verschiebungen der Prioritäten, wenn die Veränderungen der Leistungsarten in Prozentpunkten des BIP zwischen 1990 und 1999 betrachtet werden. In diesem Zeitraum kam es zu einem erheblichen Anstieg der Sozialleistungen in Polen in Höhe von rund 7 Prozentpunkten des BIP. Rentenausgaben stiegen mit 6,2 Prozentpunkten des BIP am stärksten, gefolgt von Leistungen für die Funktion Arbeitslosigkeit mit knapp einem Prozentpunkt des BIP[483]. Die Leistungen für Familien gemessen am BIP halbierten sich zwischen 1990 und 1999. Für die Gesundheit gab der Staat Ende der 90er Jahre nur geringfügig mehr aus als noch 1990.

---

spielsweise sank die Relation zwischen durchschnittlicher Familienleistung und Durchschnittslohn von 9,3 Prozent im Jahr 1992 auf nur noch 3,3 Prozent im Jahr 2000 (Golinowksa et.al., Tabelle 4.18, S. 85).

[482] Aufgrund der steigenden Arbeitslosigkeit Ende der 90er Jahre wird ein stärkeres Engagement des Staates bei der aktiven Bekämpfung der Arbeitslosigkeit gefordert. Aktive Arbeitsmarktpolitik hatte jedoch auch in Zeiten steigender Arbeitslosigkeit nur eine geringe Bedeutung (Golinowksa et. al., 2003, S. 67 ff.).

[483] Die Ausgabensteigerung für die Funktion Arbeitsmarkt muss mit Vorsicht interpretiert werden, da bis zum Jahr 1990 der polnische Staat für aktive Arbeitsmarktpolitik oder die soziale Absicherung der Arbeitslosen keine Ausgaben tätigte.

Abbildung 3.3.2: Veränderung der Sozialleistungen[1] des Staates nach Kategorien zwischen 1990 und 1999 in Polen (in Prozentpunkten des BIP)

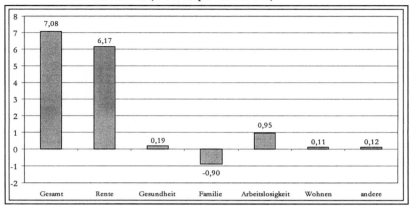

[1] Geld- und Sachleistungen. Die einzelnen Sozialleistungs-Kategorien bestehen (sofern mehrere Leistungsarten zusammengefasst wurden) aus:
Renten: Altersrenten, Invalidenrenten und Witwenrenten sowie Dienstleistungen für Alte und Invalide
Gesundheit: Ausgaben für die Gesundheit, Krankengeld und Leistungen bei berufsbezogenen Krankheiten und Unfällen
Familie: Geld-, Sach- und Dienstleistungen für Familien (inkl. Kinder- und Mutterschaftsgeld)
Arbeitslosigkeit: Geldleistungen für Arbeitslose (inkl. Frührentenleistungen zur Entlastung des Arbeitsmarktes) und aktive Arbeitsmarktprogramme (inkl. Subventionen von Arbeitsplätzen, berufsbezogene Weiterbildung und Verwaltungsausgaben)
Andere: Geld-, Sach- und Dienstleistungen für Soziales, die in keine der oben genannten Kategorien fallen (z.B. Leistungen für Immigranten und Flüchtlinge; minderbemittelte Personen; Personen mit geringem Einkommen)
Quelle: Eigene Berechnungen und Darstellung nach OECD (2001)

Nicht in der OECD-Statistik aufgeführt sind Ausgaben für die Bildung. Sie sind anderen Quellen zufolge seit Mitte der 90er Jahre stetig von 5,2 Prozent des BIP im Jahr 1995 auf 6,3 Prozent des BIP im Jahr 2001 angestiegen (Golinowksa et. al. 2003, Tabelle 1.3., S. 13)[484].

---

[484] Im internationalen Vergleich sind die Bildungsausgaben des Staates pro Schüler bzw. Student trotz des relativen Anstiegs vergleichsweise gering (Golinowksa et. al. 2003, S. 6).

Tabelle 3.3.1: Sozialausgaben[1] des Staates in Polen zwischen 1990 und 1999 (in Prozent des BIP) und ihre Veränderung (in Prozentpunkten des BIP)

	1990	1991	1992	1993	1994	1995	1996	1997	1998	1999	1990-1999[6]
Gesamtsozialleistungen	16,19	23,02	27,31	26,64	25,44	24,74	24,86	24,21	22,83	23,27	7,08
Rente											
Gesamt, *davon*	8,17	12,12	14,61	14,96	14,85	14,76	14,56	14,89	14,28	14,34	6,17
Alter	4,45	7,03	8,30	8,51	8,42	8,28	8,13	8,41	7,97	8,07	3,62
Sozialleistungen für Alte und Invalide	0,24	0,30	0,35	0,34	0,29	0,31	0,30	0,30	0,28	0,20	-0,04
Invalidität	2,30	3,17	3,92	4,01	4,03	4,14	4,01	4,04	3,98	3,97	1,67
Hinterbliebene	1,18	1,62	2,04	2,10	2,11	2,03	2,12	2,14	2,05	2,10	0,92
Gesundheit											
Gesamt, *davon*	5,60	6,11	6,20	5,94	5,59	5,38	5,75	5,49	5,40	5,79	0,19
Berufsbezogene Unfälle und Krankheiten	0,37	0,53	0,71	0,75	0,74	0,74	0,77	0,78	0,77	0,79	0,42
Krankengeld	0,76	1,14	1,14	1,25	1,24	1,01	1,05	1,09	1,21	1,14	0,38
Gesundheitsversicherung	4,84	4,97	5,06	4,69	4,35	4,37	4,70	4,40	4,19	4,65	-0,19
Arbeitslosigkeit											
Gesamt, *davon*	0,0	1,38	2,87	2,45	2,24	2,2	2,19	1,58	0,93	0,95	0,95
Arbeitsmarktprogramme [2]	-	-	0,38	0,58	0,49	0,41	0,49	0,48	0,38	0,31	0,31
Arbeitslosigkeit [3]	0,0	1,38	2,49	1,87	1,75	1,79	1,70	1,10	0,55	0,64	0,64
Familie[4]	1,84	2,47	2,40	1,99	1,59	1,16	1,03	0,97	0,93	0,94	-0,90
Wohnen[4]	0,06	0,10	0,17	k.A.	0,02	0,07	0,13	0,14	0,17	0,17	0,11
Andere [5]	0,16	0,32	0,36	0,55	0,41	0,42	0,44	0,37	0,34	0,28	0,12

[1] Geld- und Sachleistungen

[2] (aktive) Arbeitsmarktprogramme inklusive Subventionen von Arbeitsplätzen, berufsbezogene Weiterbildung und Verwaltungsausgaben

[3] Arbeitslosigkeit: Geldleistungen für Arbeitslose (inkl. Frührentenleistungen zur Entlastung des Arbeitsmarktes)

[4] Familie: Geld-, Sach- und Dienstleistungen für Familien inklusive Kinder- und Mutterschaftsgeld

[5] Andere: Geld-, Sach- und Dienstleistungen für Soziales, die in keine der oben genannten Kategorien fallen (z.B. Leistungen für Immigranten, Flüchtlinge, minderbemittelte Personen und Personen mit geringem Einkommen)

[6] Veränderung in Prozentpunkten des BIP

k.A. keine Angaben

Quelle: OECD (2001) und eigene Berechnungen

3.3.1.2 Sozialausgaben des Staates in Ungarn

Eine umfassendere Definition von staatlichen Sozialausgaben und entsprechend breiterer Einbeziehung führt in Ungarn gegenüber Polen zu einem geringeren Anteil an Rentenausgaben an den Sozialausgaben des Staates. Rentenleistungen machten bereits vor der Wende mehr als ein Drittel der Staatsausgaben für Soziales aus (1988: 36,3 Prozent; 1989: 35,4 Prozent).

Abbildung 3.3.3: Anteile der Sozialleistungsarten[1] an den Sozialausgaben des Staates in Ungarn zwischen 1994 und 2001 (in Prozent der staatlichen Gesamtsozialleistungen)[2]

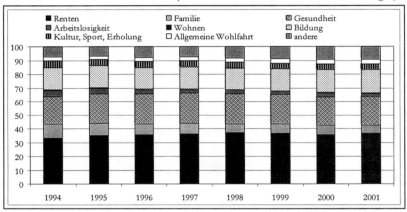

[1] Die einzelnen Sozialleistungs-Kategorien (Geld- und Sachleistungen) bestehen, sofern mehrere Leistungsarten zusammengefasst wurden, aus:
Renten: Rentenleistungen für Personen oberhalb und unterhalb des gesetzlichen Rentenalters (Invalidenrenten, Hinterbliebenenrenten, Altersrenten), Altersrenten für nicht-versicherte Beschäftigte in der Landwirtschaft, Rentenleistungen für Arbeitgeber (unterhalb des gesetzlichen Rentenalters), Leistungen bei vorzeitigem Renteneintritt sowie andere rentenbezogene Sozialleistungen
Gesundheit: Ausgaben für die Gesundheit, Krankengeld und mit Krankheit verbundene Sozialleistungen
Familie: u.a. Mutterschaftsgeld, Familienbeihilfen und Leistungen für die Kinderbetreuung
Andere: u.a. Subvention des öffentlichen Verkehrs; reguläre und nicht-reguläre Beihilfen, Stipendien sowie Geld- und Sachleistungen, die keiner anderen Kategorie zuzuordnen sind
[2] Aufgrund vielfacher Änderungen in der statistischen Erfassung nach Beginn des Transformationsprozesses sind die Daten nicht vollständig zu vergleichen.
Quelle: Eigene Berechnung und Darstellung nach der Zusammenstellung angefragter Daten beim KSH in der Korrespondenz vom 11. Juli 2003 (die Daten können bei der Autorin eingesehen werden).

Nach der Wende blieb der Anteil an den Sozialleistungen bei geringen Schwankungen stabil. Zweitgrößter Ausgabenposten war 1988 die Gesundheit (27,9 Prozent der Sozialleistungen), gefolgt von Bildung (16,3 Prozent), Familie (13,8 Prozent) sowie Kultur, Sport und Erholung (6,9 Prozent)[485]. Noch keine Leistungen wurden

---

[485] Bei der Interpretation der Daten ist zu beachten, dass die Datenerfassung insbesondere in den ersten Jahren nach Beginn des Transformationsprozesses erheblichen Wandlungen unterlag. Trotz der beschränkten Vergleichbarkeit im Zeitablauf lassen sich für die jeweiligen Jahre aufschlussrei-

vor 1990 infolge von Arbeitslosigkeit gezahlt, da ein Recht auf Arbeit bestand. Aufgrund mehrfacher Änderung in der amtlichen statistischen Erfassung ist eine durchgängige Aufgliederung der Sozialleistungsarten erst ab dem Jahr 1994 möglich. Besonders auffällig war die Reduzierung von Familienleistungen[486]. Ihr Anteil sank von 10,1 Prozent im Jahr 1994 auf nur noch 6,1 Prozent im Jahr 2001. Gesundheitsleistungen betragen rund ein Fünftel der Sozialleistungen des Staates. Eine positive Entwicklung in Ungarn sind steigende relative Ausgaben für die Bildung. Im Jahr 2001 lag ihr Anteil an den öffentlichen Sozialausgaben bei 17 Prozent (1994: 15,9 Prozent). Die leichte Reduzierung des Anteils an Sozialleistungen für Arbeitslose seit Mitte der 90er Jahre ist unter anderem auf positive Entwicklungen auf dem Arbeitsmarkt zurückzuführen. Um die relative Bedeutung der Sozialleistungen zu ermessen, werden im Folgenden die Leistungen in Relation zum BIP betrachtet. Im Gegensatz zu Polen reduzierten sich in Ungarn die relativen Sozialleistungen des Staates in ihrer Gesamtheit. Diese Aussage ist gültig für den hier betrachteten Zeitraum zwischen 1989 und 2001 (minus 3 Prozentpunkte des BIP) und sogar noch mehr in dem Beobachtungszeitraum, der für Polen gilt, zwischen 1990 und 1999 (minus 3,3 Prozentpunkte des BIP).

Das Wirtschaftswachstum Ende der 90er Jahre in Ungarn vereinfachte die Finanzierung der Sozialleistungen und reduzierte die relative Ausgabenhöhe. Deutliche relative Ausgabensenkungen erfolgten in Ungarn bei den Familienleistungen von 3,9 Prozent des BIP im Jahr 1989 auf 3,5 Prozent des BIP im Jahr 1994 und nur noch 1,6 Prozent des BIP im Jahr 2001. Die Familienpolitik ist unter anderem auch aufgrund der problematischen demographischen Entwicklung nach Beginn des Transformationsprozesses in den Transformationsstaaten von Interesse. Um Familien mit

---

che Rückschlüsse auf die jeweiligen Prioritäten der Regierungen auf dem Gebiet der Sozialpolitik ziehen.

[486] Im Laufe des Transformationsprozesses reduzierte die ungarische Regierung die Ausgaben für Familien, indem sie die Leistungen an die Bedürftigkeit knüpfte und nicht vollständig an die Inflation anpasste. Noch 1990 wurde in Ungarn geregelt, dass allen Familien unabhängig vom Einkommen und der Bedürftigkeit Familienleistungen des Staates zukommen. 1996 wurde die Zahlung von Familienleistungen von der Bedürftigkeit abhängig gemacht. Allerdings machte Ungarn diese einkommensgeprüfte Gewährung von Familienhilfen zwei Jahre später, im Jahr 1998, wieder rückgängig. Hintergrund dieses erneuten Richtungswechsels war unter anderem die (weiter) steigende Verarmung von Kindern und kinderreichen Familien (Gál et.al 2003, S. 24f. und S. 62ff.). Verteilungsstudien weisen darauf hin, dass Familien mit Kindern in Ungarn zu den Hauptverlierern des Transformationsprozesses zählen, obwohl ihre materielle Lage bereits Ende der 80er Jahre problematisch war (siehe z.B. Braithwaite/Grootaert/ Milanovic 2000; Gábos/Szivós 2001; Grootaert, 1997 sowie Kapitel 3.4.). Da der Realwert von Familienleistungen aufgrund unzureichender Anpassung an veränderte wirtschaftliche Rahmenbedingungen sank, reichten diese Maßnahmen nicht aus. Erst im Jahr 2002 kam es zu einer spürbaren Besserstellung von Familien mit Kindern, als die monatlichen Leistungen um 20 Prozent angehoben und eine 13. Monatszahlung eingeführt wurde (Gál et.al 2003, S. 64).

Kindern zumindest nicht gegenüber Kinderlosen nicht zu benachteiligen, wären die Regierungen gut beraten gewesen, nicht bei den Familienleistungen zu sparen.

Abbildung 3.3.4: Veränderung der Sozialleistungen[1] des Staates nach Art in Ungarn zwischen 1989 und 2001[2] (in Prozentpunkten des BIP)

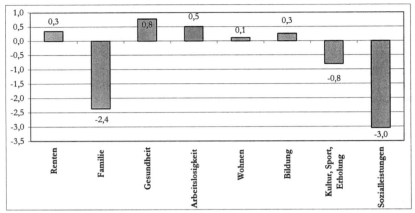

[1] Die einzelnen Sozialleistungs-Kategorien (Geld- und Sachleistungen) bestehen, sofern mehrere Leistungsarten zusammengefasst wurden, aus:
Renten: Rentenleistungen für Personen oberhalb und unterhalb des gesetzlichen Rentenalters (Invalidenrenten, Hinterbliebenenrenten, Altersrenten, Altersrenten für nicht-versicherte Beschäftigte in der Landwirtschaft, Rentenleistungen für Arbeitgeber (unterhalb des gesetzlichen Rentenalters), Leistungen bei vorzeitigem Renteneintritt sowie andere rentenbezogene Sozialleistungen
Gesundheit: Ausgaben für die Gesundheit, Krankengeld und mit Krankheit verbundene Sozialleistungen
Familie: u.a. Mutterschaftsgeld, Familienbeihilfen und Leistungen für die Kinderbetreuung
Andere: u.a. Subvention des öffentlichen Verkehrs; reguläre und nicht-reguläre Beihilfen, Stipendien sowie Geld- und Sachleistungen, die keiner anderen Kategorie zuzuordnen sind
[2] Aufgrund vielfacher Änderungen in der statistischen Erfassung nach Beginn des Transformationsprozesses sind die Daten nicht vollständig zu vergleichen.
Quelle: Eigene Berechnung und Darstellung nach der Zusammenstellung angefragter Daten beim KSH in der Korrespondenz vom 11. Juli 2003 (die Daten können bei der Autorin eingesehen werden).

Verhältnismäßig geringfügig sind Renten (0,3 Prozentpunkte des BIP) angestiegen. Hintergrund hiervon ist unter anderem der bewusste Versuch der ungarischen Regierung, die Rentenausgaben zu senken. Dies geschah beispielsweise durch die degressive Anrechnung der Beitragszeiten bzw. Beiträge in der Rentenformel. Die vermeintlich positiven Entwicklungen bei den Gesundheitsausgaben dürfen nicht darüber hinwegtäuschen, dass die relativen Gesundheitsausgaben seit Mitte der 1990er Jahre sanken, obwohl der Gesundheitszustand in der ungarischen Bevölkerung auffällig schlecht ist (Vgl. hierzu z.B. EU-Kommission/WHO 2000a und 2002).

Tabelle 3.3.2: Sozialleistungen[1] des Staates nach Art in Ungarn zwischen 1989 und 2001[2]) (in Prozent des BIP) und ihre Veränderung (in Prozentpunkten des BIP)

	1989	1990	1991	1992	1993	1994	1995	1996	1997	1998	1999	2000	2001	1989-2001
Renten	9,1	9,7	10,5	10,4	10,3	11,5	10,4	9,7	9,4	9,9	9,8	9,2	9,4	0,3
Familie	3,9	3,9	4,2	k.A.	3,9	3,5	2,6	2,1	1,9	1,7	1,8	1,7	1,6	-2,4
Gesundheit	4,7	5,0	5,4	k.A.	7,3	7,2	6,6	6,1	5,9	6,0	5,8	5,5	5,5	0,8
Arbeitslosigkeit	0,0	0,1	0,6	1,6	1,6	1,5	1,1	0,9	0,7	0,7	0,7	0,7	0,5	0,5
Wohnen	k.A.	k.A.	k.A.	k.A.	0,1	0,1	0,1	0,1	0,01	0,02	0,04	0,1	0,1	k.A.
Bildung	4,1	4,5	5,0	k.A.	5,6	5,5	4,8	4,3	4,2	4,2	4,3	4,2	4,4	0,3
Kultur, Sport, Erho-lung	1,9	1,6	1,6	k.A.	1,9	1,7	1,3	1,2	1,2	1,2	1,1	1,1	1,0	-0,8
Gesamt[3]	25,6	26,7	29,6	34,1	35,0	31,0	27,0	24,4	23,4	23,8	23,4	22,5	22,6	-3,0

[1]) Die einzelnen Sozialleistungs-Kategorien (Geld- und Sachleistungen) bestehen, sofern mehrere Leistungsarten zusammengefasst wurden, aus:
Renten: Rentenleistungen für Personen oberhalb und unterhalb des gesetzlichen Rentenalters (Invalidenrenten, Hinterbliebenenrenten, Altersrenten), Altersrenten für nicht-versicherte Beschäftigte in der Landwirtschaft, Rentenleistungen für Arbeitgeber (unterhalb des gesetzlichen Rentenalters), Leistungen bei vorzeitigem Renteneintritt sowie andere rentenbezogene Sozialleistungen
Gesundheit: Ausgaben für die Gesundheit, Krankengeld und mit Krankheit verbundene Sozialleistungen
Familie: u.a. Mutterschaftsgeld, Familienbeihilfen und Leistungen für die Kinderbetreuung
Andere: u.a. Subvention des öffentlichen Verkehrs; reguläre und nicht-reguläre Beihilfen, Stipendien sowie Geld- und Sachleistungen, die keiner anderen Kategorie zuzuordnen sind
[2]) Aufgrund vielfacher Änderungen in der statistischen Erfassung nach Beginn des Transformationsprozesses sind die Daten nicht vollständig zu vergleichen.
[3]) Inklusive der Sozialleistungen, für die aufgrund der Datenlage keine gesonderte Erfassung möglich war.
k.A.: keine Angaben
Quelle: Eigene Berechnung und Darstellung nach der Zusammenstellung angefragter Daten beim KSH in der Korrespondenz vom 11. Juli 2003 (die Daten können bei der Autorin eingesehen werden).

315

3.3.2 Die Finanzierung der Reformen der Alterssicherung in Polen und Ungarn

Die Reformen der Alterssicherungssysteme Ende der 1990er Jahre in Polen und Ungarn sollen zwar der langfristigen Entlastung der staatlichen Rentenfonds und somit auch des Staatshaushalts dienen. Unumgänglich waren jedoch kurzfristig steigende finanzielle Zusatzlasten. Eine detaillierte Analyse der Finanzierung der Alterssicherungsreformen ist an dieser Stelle nicht möglich. Dieser Abschnitt soll deshalb primär einen groben Überblick über die Handlungsoptionen und die jeweiligen Handlungsweisen der Regierungen geben. Von Bedeutung ist, wie der Staat diese Umstellungskosten finanziert. Wenn er sie aus Steuermitteln finanziert, wird die arbeitende Bevölkerung belastet. Wenn er sie durch erhöhte Staatsverschuldung decken will, werden die späteren Generationen belastet[487]. Ein höheres Defizit im Haushalt kann sich weder Polen noch Ungarn mit Blick auf seinen angestrebten EU- und EWWU-Beitritt leisten.

Weder Polen noch Ungarn wählten den Weg einer Erhöhung der Beitragssätze zur gesetzlichen Rentenversicherung zur Finanzierung des Defizits in der Rentenkasse. Die ungarische Regierung reduzierte sogar die Beiträge, um auf diese Weise die Arbeitskosten zu entlasten. Es ist zu vermuten, dass das ungarische Rentensystem in Richtung Steuerfinanzierung rücken wird. Polen beabsichtigte, die Rentenreform zunächst aus Erlösen aus der Privatisierung der ehemals staatlichen Betriebe und Besitztümer zu finanzieren. Da Privatisierungserlöse nicht mehr in dem benötigten Umfang zur Verfügung standen, um das Defizit in der Rentenkasse zu finanzieren, musste der Staat eine andere Finanzierungsstruktur wählen. In den Jahren 2000 und 2001 deckte die polnische Regierung das Defizit in der staatlichen Rentenkasse nicht mehr ab, sondern veranlasste den Rentenfond zu einer Kreditaufnahme[488]. Dies führt dazu, dass Schulden entstehen und spätere Generationen belastet werden.

3.3.3 Zusammenfassung und kritische Würdigung

Staatliche Ausgaben für Soziales haben in Polen und Ungarn trotz und - zumindest Anfang der 90er Jahre - gerade aufgrund des Transformationsprozesses an Bedeutung im jeweiligen Staatshaushalt gewonnen. Rentenleistungen waren erheblich an dem Anstieg der staatlichen Sozialausgaben beteiligt. Daraus ergaben sich Verdrän-

---

[487] Unter der Annahme, dass die Nachfolgegenerationen auch von der Umstrukturierung der Wirtschaft – bzw. in diesem Fall von der Reform der Alterssicherung – profitieren, ist es gerechtfertigt, sie an der Finanzierung zu beteiligen. Allerdings sollte den Nachfolgegenerationen kein zu großes „Erbe" an Schulden hinterlassen werden. Diese Frage wird unter dem Stichwort „Generationengerechtigkeit" geführt (siehe hierzu z.B. Bäcker/Koch 2003).

[488] Interessanterweise nahm der Sozialversicherungsfond FUS eine Staatsanleihe auf, wodurch der Staat zum Gläubiger des FUS wurde (Mackiewicz et.al., 2001, S. 76).

gungseffekte anderer Sozialausgaben. Besonders Sozialleistungen für Familien und die Gesundheit gerieten ins Hintertreffen.

Im Gegensatz zu Polen sanken in Ungarn seit Mitte der 90er Jahre die am BIP gemessenen Sozialleistungen des Staates. Dies ist zum einen auf das Wirtschaftswachstum in Ungarn, zum anderen aber auch auf Kürzungen im Sozialbereich zurückzuführen. Auch in Polen wurden staatliche Sozialleistungen im Transformationsprozess reduziert. Trotz der allmählichen wirtschaftlichen Stabilisierung und den Verbesserungen auf dem Arbeitsmarkt kam es jedoch zu keiner Reduzierung der anteiligen Rentenausgaben im Staatshaushalt. Hierfür gibt es mehrere Ursachen. Eine Ursache ist die Teilprivatisierung der Alterssicherungssysteme Ende der 1990er Jahre. Sie soll in beiden Ländern mittel- bis langfristig der finanziellen Entlastung des Staates und der langfristigen Sicherung der Finanzierbarkeit der Rentenleistungen dienen. Kurzfristig allerdings bedeuten die Reformen eine zusätzliche Belastung der Staatshaushalte. Es sei vorweggenommen, dass derzeit selbst langfristig die finanzielle Entlastung des Staates unsicher ist (siehe unten). Die vorangegangene Analyse der derzeitigen gesetzlichen Regelungen des Rentenrechts läßt vermuten, dass es zu einer Flucht in die Erwerbsunfähigkeitsrenten bzw. zu höhere (steuerfinanzierte) Sozialleistungen für diejenigen kommen wird, die die Anspruchskriterien für eine gesetzliche Rente nicht erfüllen oder nur sehr geringe Rentenleistungen erwarten können. Im ersten Fall kommt es zu einer reinen finanziellen Verschiebung innerhalb des Rentensystems. Im zweiten Fall kommt es zu einer Verschiebung der Ausgaben innerhalb des staatlichen Sozialbudgets. In Polen stellt darüber hinaus die Sozialversicherung für selbständige Landwirte (KRUS) vor allem auch mit Blick auf die Umsetzung der EU-Verordnung 1407/71 EWG nach dem EU-Beitritt einen potentiellen Keim für steigende Staatsausgaben dar.

In Zukunft werden staatliche Sozialleistungen in Polen und Ungarn wahrscheinlich zunehmend unter dem Aspekt der Ausgabenreduzierung stehen, um den Staatshaushalt zu entlasten. Denn die Regierungen beider Länder stehen in verstärktem Maße nationalen und internationalen Herausforderungen gegenüber, die wesentlichen Einfluss auf die Staatshaushalte beider Länder haben. Beispielsweise fordern die Integration der polnischen und ungarischen Wirtschaft in den Weltmarkt sowie der angestrebte EU-Beitritt und die geplante Teilnahme an der Europäischen Wirtschafts- und Währungsunion Haushaltsdisziplin. Eine weitere wichtige Herausforderung der Zukunft für die Sozialsysteme und den Staatshaushalt ist die Alterung der Bevölkerung. Offensichtlich müssen Renten über einen längeren Zeitraum gezahlt werden, sobald die Menschen immer älter werden. Sofern diese längere Bezugszeit von Rentenleistungen nicht mit Leistungskürzungen verbunden ist, sind steigende Rentenausgaben abzusehen. Polen hat in diesem Zusammenhang durch den „demographischen Faktor" in der Rentenformel bereits vorgesorgt.

Zudem werden auch aufgrund des demographischen Wandels die Kosten für die Gesundheit und Pflege der Alten steigen. Unklar ist jedoch, wie sich die Alterung der Bevölkerung auf andere Sozialleistungsbereiche auswirkt. Jeder Staat muss für sich klären, ob niedrigere Familienleistungen erforderlich sind, weil weniger Kinder im Land aufwachsen werden oder im Gegenteil höhere Familienleistungen nötig werden, um Anreize für höhere Geburtenraten zu bieten. Steigende Ausgaben für Familien im weiteren Sinn können beispielsweise durch die Bereitstellung von Betreuungseinrichtungen für Kinder, ein höheres Kindergeld und sonstige Vergünstigungen für Familien mit Kindern bedingt werden.

Angesichts der Anforderung an die Regierungen, den Staatshaushalt zu konsolidieren, ist ein weiterer Verdrängungseffekt anderer Staatsausgaben und/oder Erhöhungen von Steuern und/oder Sozialversicherungsabgaben zu befürchten, sofern keine Anpassungen vorgenommen werden. Das Ziel der Regierungen in Polen und Ungarn, die Steuer- und Abgabenbelastung der Bürger und Unternehmen (weiter) zu senken, deutet eher auf eine Reduzierung der Staatsausgaben durch Leistungskürzungen hin. Durch die Alterssicherungsreform sind in beiden Ländern bereits erhebliche Kürzungen der Transferzahlungen aus der staatlichen Rentenkasse geplant. Diese machen eventuell andere Sozialausgaben des Staates erforderlich, um den Alten ein gewisses Mindesteinkommen zu sichern. Sobald hingegen unverhältnismäßige Kürzungen im Gesundheits- oder Bildungssystem, bei Forschung und Entwicklung oder Infrastrukturmaßnahmen vorgenommen werden, wird sich dies langfristig negativ auf die wirtschaftliche Prosperität des Landes auswirken. Insbesondere mit Blick auf die schwindenden Geburtenraten sind Kürzungen bei Familienleistungen mittel- bis langfristig eine falsche Prioritätensetzung. Besonders in Ungarn ist es als problematisch anzusehen, dass die Regierung seit Mitte der 90er Jahre die Ausgaben für die Gesundheit relativ zum Bruttoinlandsprodukt reduzierte, da der Gesundheitszustand der ungarischen Bevölkerung noch immer schlecht ist. Entsprechend wird ein größeres finanzielles Engagement des Staates in der Gesundheitspolitik unvermeidlich sein.

3.4 Empirische Analyse der Situation der Rentner und Alten im Transformationsprozess

Die finanzielle Situation der staatlichen Rentenversicherungen und des Staates sind die eine Seite der Medaille im gesamten Rentensystem eines Landes. Schon mehrfach wurde auf die andere Seite der Medaille hingewiesen: Die (relative) materielle Wohlstandsposition der Alten und der Rentner in der Bevölkerung. In der Diskussion um die Höhe der Beitragssätze, der Staatszuschüsse und die institutionelle Gestaltung der Rentensysteme wird ihre materielle Lage häufig aus dem Blick verloren. Beispielsweise kritisiert die EU-Kommission: „The living conditions of workers and pensioners often seem not to attract the same attention in public discussion on the effects of fundamental reform proposals. These effects will, however, be an important criteria to evaluate a pension system." (EU-Kommission 2002e, S. 60)

Die Auswirkungen der Alterssicherungsreformen in Polen und Ungarn zeigen erst in den kommenden Jahren Auswirkung auf die Renteneinkommen. An einigen Stellen dieser Studie wurde jedoch auf potentielle Risiken der neuen gesetzlichen Regelungen für die künftigen Rentner hingewiesen. Auch im nachfolgenden Kapitel werden mögliche Entwicklungstendenzen aufgezeigt. Empirisch untersucht werden kann an dieser Stelle allerdings nur die materielle Lage der Rentner in den ersten Jahren des Transformationsprozesses. Bereits analysiert wurden das Renten-Lohn-Verhältnis und der Realwert der Renten. Ersatzrate und Realwert setzen allerdings an einem Mittelwert aggregierter Daten an und geben primär Auskunft über eine allgemeine durchschnittliche Entwicklung. Diese Betrachtungsweise ignoriert jedoch die Randgruppen. Deshalb ist eine Verteilungsanalyse der Einkommen von Rentnern, Rentnerhaushalten und Alten notwendig.

3.4.1 Allgemeine theoretischen und methodischen Grundlagen

3.4.1.1 Allgemeine Bestimmungsfaktoren der Einkommen von Rentnern und Alten

In der Regel sind alte Menschen auf ein Transfereinkommen oder Einkommen aus Vermögen (Kapital, Immobilien) angewiesen, sobald sie kein oder nur ein sehr geringes Erwerbseinkommen beziehen. Bei Transfereinkommen ist zwischen öffentlichen und nicht-öffentlichen materiellen Transfers zu unterscheiden. In den offiziellen Statistiken über die durchschnittlichen Rentenleistungen aus der gesetzlichen Rentenversicherung wird lediglich das öffentliche Transfereinkommen betrachtet. Die Transferzahlungen des Staates alleine reichen allerdings nicht aus, um ein konsistentes Bild der Situation der Rentner zu vermitteln. Vielmehr müssen auch nicht-öffentliche Transfereinkommen, das heißt Leistungen für Alte und Rentner außerhalb des staatlichen Rentensystems wie zum Beispiel intra-familiäre Transferleistungen[489] und indirekte Leistungen (z.B. reduzierte Eintrittsgelder in öffentlichen Einrichtungen für beispielsweise Theater, Schwimmbäder sowie Subventionen öffentlicher Verkehrsmittel etc.) berücksichtigt werden. Auch die Gesundheitsversorgung sowie private Vermögen und Vorsorgequellen tragen zum Wohlstand der Alten bei. Einkommen aus Vermögen dürften mit Ausnahme von Wohneigentum in Polen und Ungarn derzeit noch von marginaler Bedeutung sein, da in der Zeit des Kommunismus eine private Vorsorge in der Regel nicht möglich war. Im Transformati-

---

[489] Intra-familiäre Transferzahlungen finden nicht nur in einer Richtung von alten zu jungen Menschen, sondern auch umgekehrt statt. So kann es sein, dass von einem Renteneinkommen bzw. Vermögen eines alten Menschen mehrere Personen in einem Familienbund oder Haushalt leben.

onsprozess war für die materielle Lage der Rentner auch von Bedeutung, dass Rentner ebenso wie andere Bevölkerungsgruppen von Kürzungen bzw. der völligen Streichung von Subventionen für Güter und Dienstleistungen des täglichen Bedarfs betroffen waren. In Polen beispielsweise wurden 1990 sämtliche öffentlichen Subventionen von Lebensmitteln gestrichen (Rapacki 2001, S. 7).

3.4.1.2 Daten und Methodik

Eine Verteilungsanalyse gibt wichtige Aufschlüsse, welche materiellen Veränderungen die Alten in der Bevölkerung im Transformationsprozess erfahren haben. Nachfolgend werden drei Zeitpunkte verglichen, wobei einer vor Beginn des Transformationsprozesses (1987) und zwei nach der Wende (1992/1993 und 1996) liegen. Die gewählte Studien von Spéder für Polen und Szulc für Ungarn sowie der Vergleich zwischen den beiden Ländern[490] bietet den Vorteil der relativ guten Vergleichbarkeit zwischen den Ländern aber auch zwischen den Jahren, da die Studie auf gemeinsamen Annahmen zur Methodik basiert (Stanovnik et. al. 2000). Das Einkommen wird anhand des verfügbaren Einkommens eines Haushalts gemessen. Gemäß dieser Definition sind alle monetären Bezüge[491], nicht aber Sachleistungen, Kredite oder das Abheben von Sparguthaben enthalten. Gemessen wird das Nettoeinkommen, d.h. das Bruttoeinkommen nach Abzug von Steuern und Sozialversicherungsbeiträgen (Vgl. ebd., S. 19).

3.4.1.3 Begriffsbestimmung

Ebenso wie in der vorangegangenen Analyse wird der Begriff *Renten* als Oberbegriff für Alters-, Invaliditäts- und Hinterbliebenenrenten verwendet. Als *Rentner* werden alle Personen über 50 Jahren bezeichnet, die sich selbst als Rentner bezeichnen. Die Klassifizierung schließt nicht aus, dass ein Rentner neben seiner Rente ein Erwerbseinkommen bezieht. Da Rentner in sehr unterschiedlichen Typen von Haushalten wohnen, ist es notwendig, eine detaillierte Trennung vorzunehmen. *Rentnerhaushalte* charakterisieren Haushalte, in denen mindestens ein Rentner, aber kein Arbeitnehmer, Selbständiger oder Arbeitsloser wohnt[492]. *Nicht-Rentnerhaushalte* sind ne-

---

[490] Verglichen werden neben Polen und Ungarn im Rahmen der Gesamtstudie auch Slowenien, Österreich und das Vereinigte Königreich. Die drei Länder werden nachfolgend nicht betrachtet.

[491] Dazu gehören neben dem Einkommen aus abhängiger und selbständiger Beschäftigung auch Einkommen aus Vermögen, Renten sowie andere soziale und private Transferzahlungen (Geschenke, intra-familäre Geldtransfers, Überweisungen aus dem Ausland etc.) (Stanovnik et. al. 2000, S. 19).

[492] Rentnerhaushalte können drei verschiedene Formen annehmen: Haushalte mit a) nur einem Rentner; b) einem Rentnerpaar; c) Rentnern, die mit anderen Rentnern oder Nicht-Rentnern zusammenleben, die kein Einkommen aus aktiver Beschäftigung erzielen. Dies können z.B. nichterwerbstätige Personen wie Hausfrauen, Sozialhilfeempfänger, pflegebedürftige Personen, Personen in Ausbildung und Kinder sein (Stanovnik et. al. 2000, S. 19). Hintergrund dieser Einteilung

gativ definiert. Es sind alle Haushalte, die keine Rentnerhaushalte sind. Dementsprechend können auch in Nicht-Rentnerhaushalten Rentner wohnen, sobald ein Haushaltsmitglied ein Einkommen aus aktiver Beschäftigung bezieht oder arbeitslos ist (Stanovnik et. al. 2000, S. 19f.)[493].

3.4.1.4 Die Daten

Für die Analyse wurden nationale monatliche Daten verwendet. In Polen wurde die „Polnische Erhebung zum Haushaltsbudget" (*Polish Household Budget Survey*)[494] des nationalen Statistikamts und in Ungarn für 1987 die Erhebung zum Haushaltseinkommen (HIS - *Household Income Survey*) und für 1992 und 1996 das Haushaltspanel (HHP) verwendet[495] (Spéder 2000, S. 62; Szulc 2000, S. 109ff.; Stanovnik et. al. 2000, S. 20 ff.).

---

ist nach Angaben der Autoren der Versuch, möglichst genau herauszuarbeiten, ob das Rentensystem die Alten vor Armut schützt (Vgl. ebd., S. 27).

[493] Diese Abgrenzung von Rentnerhaushalten und Nicht-Rentnerhaushalten ist problematisch. Sollte beispielsweise das Rentenniveau (allgemein oder für bestimmte Gruppen wie z.b. Personen mit brüchiger Erwerbsbiographie oder geringen Löhnen in ihrer Erwerbsphase) so niedrig sein, dass die betroffenen Alten zur Fortsetzung ihrer Erwerbsarbeit gezwungen werden, weil sie von der Rente nicht ihren Lebensunterhalt finanzieren könnten, ergibt sich ein verzerrtes Bild. Da alte Personen ohne Rentenanspruch und z.b. nur mit einer Sozialhilfe nicht zu den Rentnerhaushalten gezählt werden, erscheinen die Einkommen der Rentner tendenziell positiver, als sie tatsächlich sein müssten. Eine alternative Definition, die dieses Problem umgeht, ist die Definition von Rentnern bzw. Alten anhand des Alters (z.B. „alle Personen über 60 Jahren").

[494] Da im Jahr 1993 die Methode der Datenerhebung verändert wurde, sind die Daten zwischen den Jahren 1987 und 1993 bzw. 1996 nicht vollständig vergleichbar. Die wichtigsten Veränderungen in der Art der Datenerhebung waren, dass von einer vierteljährlichen auf eine monatliche Rotation umgestellt und die Zufallskontrolle eines Teils der Daten (die von den Befragten angegebenen Daten wurden mit anderen Quellen, z.B. den Angaben von Arbeitgebern oder von Sozialversicherungsanstalten, geprüft) abgeschafft wurden. Infolgedessen vermuten die Autoren eine zu geringe Höhe der angegebenen Einkommen in den Jahren 1993 und 1996 (Stanovnik et. al. 2000, S. 21). Darüber hinaus wurden seit 1993 zwei wichtige sozio-ökonomische Gruppen mit aufgenommen: die Selbständigen und die Empfänger von staatlichen Wohlfahrtsleistungen (Anmerkung der Autorin: Aus den Definitionen des Autors geht nicht hervor, um welche Arten von Wohlfahrtsleistungen – im englischen Original „*state welfare benefits*" - es sich handelt.). Diese Änderungen haben wahrscheinlich Auswirkungen auf die Ergebnisse, da sich durch die Aufnahme der Gruppe der Selbständigen und der Bezieher einer staatlichen Wohlfahrtsleistung das durchschnittliche Gesamteinkommen verändert. Da davon auszugehen ist, dass die Einkommen der Selbständigen im Mittel über und die Einkommen der Bezieher eine Wohlfahrtsleistung unter dem Durchschnitt liegen, ist es vermutlich zu einem gewissen Ausgleich gekommen. Die Daten umfassten im Jahr 1987 26.434 Haushalte mit insgesamt 83.654 Personen, im Jahr 1993 32.108 Haushalte mit 104.578 Personen und im Jahr 1996 31.907 Haushalte mit 101.801 Personen (Szulc 2000, S. 109ff.)

[495] Die Erhebung zum Haushaltseinkommen (HIS) wurde im Jahr 1990 durch das Haushaltspanel (HHP) ersetzt. Damit einher gingen Veränderungen. Erstens basierte die Erhebung aus den 80er Jahren aus einem umfangreicheren Datensatz von rund 20.000 Haushalten mit 56.000 Haushaltsmitgliedern. Im Haushaltspanel von 1992 wurden nur Daten von 2.600 Haushalten mit 7.500 erwachsenen Haushaltsmitgliedern erhoben. Da Daten aus Budepest überrepräsentiert waren, wurden die Daten gewichtet, sodass im Endeffekt 2.059 Haushalte mit 5.744 Personen einbezogen

3.4.1.5 Äquivalenzskalen

In der Studie werden normative Äquivalenzskalen[496] benutzt, um das Einkommen von Personen innerhalb eines Haushaltes abschätzen zu können. Gemäß der „alten" standardisierten OECD-Skala wird der erste Erwachsene mit dem Faktor 1, alle weiteren Erwachsenen mit dem Faktor 0,7 und alle Kinder unter 16 Jahren mit dem Faktor 0,5 gewichtet[497]. Die Summe der gewichteten Haushaltsmitglieder ergibt das Erwachsenenäquivalent pro Haushalt[498]. Es wird angenommen, dass das Einkommen innerhalb eine Haushalts zwischen alle Individuen gleichmäßig verteilt wird. Das Einkommen eines Individuums ergibt sich, indem das Haushaltseinkommen durch das Erwachsenenäquivalent des betreffenden Haushalts geteilt wird.

3.4.1.6 Maßzahlen der Einkommens-Ungleichheit

Die Ungleichheit der Einkommen wird auf zwei unterschiedliche Weisen gemessen. Zum einen durch den Gini-Koeffizient, zum anderen durch zwei Dezil-Verhältnisse (90/10 und 75/25). Der Gini-Koeffizient ist eine aggregierte Größe, die alle (Haushalts-) Einkommen erfasst und die gesamte Einkommensverteilung nachvollzieht. Entsprechend reagiert er auf Veränderungen in allen Einkommensdezilen. Dies hat zur Folge, dass eine zunehmende Ungleichheit innerhalb der Gruppe der Armen ebenso zu einer Erhöhung des Gini-Koeffizienten führt wie eine Zunahme der Ungleichheit innerhalb der Gruppe der Reichen. Bei vollkommener

---

wurden. Im Jahr 1996 umfassten die Daten 1.857 Haushalte. Beide Datensätze sind repräsentativ. Zweitens unterscheiden sich die beiden Erhebungsmethoden durch die Fragestellung. Das HHP ist detaillierter und bietet mehr Informationen. Drittens basiert das HIS auf Monatseinkommen, während sich das Haushaltspanel auf Jahreseinkommen bezieht (Spéder 2000, S. 62; Stanovnik et. al. 2000, S. 20f).

[496] Ziel von Äquivalenzskalen ist es, Vergleiche zwischen Haushalten unterschiedlicher Größen (Ein- oder Mehrpersonenhaushalte) und Zusammensetzungen (Erwachsene, Kinder) ziehen zu können. Äquivalenzskalen können normativ oder empirisch sein. Im Fall von normativen Skalen werden die Gewichtungen unterschiedlicher Charakteristika von Haushalten anhand eines bestimmten festgelegten Katalogs vorgegeben. Empirische Skalen basieren dagegen auf ökonometrischen Modellen über den Konsum oder subjektiven Fragen zum Einkommen der Haushalte (Stanovnik et. al. 2000, S. 22f).

[497] Die „neue" modifizierte OECD-Äquivalenzskala geht von höheren Skaleneffekten innerhalb eines Haushalts aus. Entsprechend werden nach dem so genannten Haushaltsvorstand (d.h. der Person mit dem höchsten Einkommen innerhalb des Haushalts) allen weiteren Personen im Haushalt geringere Gewichte zugewiesen. Für den Haushaltsvorstand gilt in der modifizierten OECD-Skala weiterhin das Gewicht „1", für alle weiteren erwachsenen Personen der Faktor „0,5" und für alle Kinder unter 16 Jahren der Faktor „0,3". Die Armutsquoten nach der neuen OECD-Skala erscheinen gegenüber der „alten" OECD-Skala tendenziell geringer. Dies gilt insbesondere für kinderreiche Familien.

[498] In einem Haushalt mit zum Beispiel einem erwachsenen Ehepaar mit zwei Kindern (5 und 9 Jahre) ergibt sich gemäß der „alten" OECD-Äquivalenzskala das Erwachsenenäquivalent von 2,7 (=1+0,7+0,5+0,5). In der modifizierten OECD-Äquivalenzskala ergibt sich das Erwachsenenäquivalent 2,1 (= 1+0,5+0,3+0,3).

Gleichverteilung der Einkommen ergibt sich ein Gini-Koeffizient von 0 Prozent. Dahinter steht die Aussage, dass alle Haushalte bzw. Personen dasselbe Einkommen erhalten. Am anderen Extrempunkt ergäbe sich der Fall, dass nur ein Haushalt bzw. eine Person das gesamte nationale Einkommen erhält. Der entsprechende Gini-Koeffizient ist 100 Prozent. Je geringer der Gini-Koeffizient, desto gleichmäßiger ist die Verteilung der Einkommen.

Im Gegensatz zum Gini-Koeffizienten umfassen die beiden anderen Relationen nur die Einkommensgruppen an den Rändern. Bei der Betrachtung von Einkommensdezilen wird die Bevölkerung in Reihenfolge der Einkommenshöhe aufgereiht und anschließend in zehn gleich große Gruppen geteilt. Für die auf diese Weise entstandenen zehn Gruppen werden die jeweiligen Anteile am Gesamteinkommen berechnet (Dezilsanteile). Sofern alle Einkommen gleich verteilt sind, verfügt jedes Einkommensdezil genau über zehn Prozent des Gesamteinkommens. Die Verteilung der Einkommen ist umso ungleicher, je stärker die Dezilsanteile von dem Bevölkerungsanteil abweichen. In der Regel ist bei einer Ungleichverteilung eine Abweichung in den unteren Dezilen nach unten und den oberen Dezilen nach oben zu beobachten (Hauser/Becker 2001, S. 37).

Das 90/10-Verhältnis und das 75/25-Verhältnis beruhen auf den Dezilsanteilen. Durch sie lassen sich die Einkommensrelationen in den Randgruppen beobachten. Das 90/10-Verhältnis (75/25) misst die Relation der Einkommen von Personen oder Haushalten der einkommensstärksten zehn Prozent (25 Prozent) der Personen/Haushalte gegenüber den zehn Prozent (25 Prozent) der einkommensschwächsten Personen/Haushalte. Niedrige Werte für das 90/10-Verhältnis bzw. das 75/25-Verhältnisses deuten auf eine relativ geringe Streuung der Einkommen und folglich eine geringe Ungleichheit der Einkommensverteilung hin.

3.4.1.7 Armutsgrenzen

Als Armutsgrenze wird eine relative (monetäre) Armutsgrenze[499] verwendet. Bezugspunkt ist das Median-Nettoäquivalenzeinkommen[500] in dem jeweiligen Land.

---

[499] Zu unterscheiden sind absolute und relative Armutsgrenzen. Nach dem Konzept der absoluten Armut liegt Armut vor, wenn die betrachteten Individuen oder Gruppen nicht in der Lage sind, ein bestimmtes, zum Überleben notwendiges Güterbündel zu erwerben. Die Autoren entschieden sich für eine relative Armutsgrenze mit der Begründung, dass sie eine bessere Vergleichbarkeit zwischen den Ländern ermögliche (Stanovnik et. al. 2000, S. 24).

[500] Der Vorteil der Orientierung am Zentralwert (Wert mit der höchsten Dichte der Verteilung) der Einkommensverteilung (Medianeinkommen) ist, dass „Ausreißer" (d.h. extrem hohe oder niedrige Einkommen) nicht beachtet werden. Damit werden Verzerrungen nach oben oder unten vermieden, die durch die Verwendung eines Durchschnittswerts (arithmetisches Mittel) verursacht werden können. Alternativer Bezugspunkt zu Median und arithmetischem Mittel ist der Modus (häufigster Wert). Der Nachteil von Modus und Median ist, dass sie sich nicht verändern, sobald

Armut wird folglich am allgemeinen Wohlstandsniveau eines Landes gemessen (relative Armutsgrenze). In Polen und Ungarn sind die Diskrepanzen nicht so gravierend, sodass eine Gegenüberstellung der jeweiligen Armutsquoten zu sinnvollen Ergebnissen führen wird. Die Festsetzung von relativen Armutsgrenzen ist immer mit Werturteilen verbunden, ab wann (Einkommens-) Armut besteht. Als arm werden gewöhnlich diejenigen charakterisiert, deren Einkommen in den unteren Einkommensklassen liegt. Insbesondere für international vergleichende Studien ist es sinnvoll, nicht nur eine einzelne relative Armutsgrenze festzulegen, sondern mehrere Grenzen zu definieren[501]. Vier prozentuale Grenzen werden verwendet: von sehr geringe Einkommen (40 Prozent des Median-Äquivalenzeinkommens) bis zu einer vergleichsweise hohen Armutsgrenze (70 Prozent des Median-Äquivalenzeinkommens). In der EU gilt gemäß den so genannten „Laeken-Indikatoren"[502] 60 Prozent des Median-Äquivalenzeinkommens als Niedrigsteinkommen nach Sozialtransfers (EU-Kommission 2001p, S. 3).

3.4.2 Die Einkommensstruktur der Rentnerhaushalte

Die wichtigste Einkommensquelle von Rentnerhaushalten in Polen und Ungarn sind Renten. In beiden Ländern haben sie im Laufe des Transformationsprozesses an Bedeutung gewonnen. Vor der Wende hatten Renteneinkommen in Ungarn gegenüber Polen einen deutlich geringeren Anteil am verfügbaren Einkommen von Rentnerhaushalten. In Polen veränderte sich die Einkommensstruktur von Rentnerhaushalten kaum. Renten machten zu allen drei Beobachtungszeitpunkten rund 82 Prozent des Einkommens der Rentnerhaushalte aus. Veränderungen gab es jedoch bei den anderen Einnahmenquellen.

Während Arbeitseinkommen 1987 noch 8,9 Prozent des verfügbaren Einkommens des Rentnerhaushalts ausmachten, spielten sie neun Jahre später keine Rolle mehr. Erhebliche Bedeutung gewannen dagegen andere Einkünfte aus Kapital, selbständiger Tätigkeit und intra-familiären Transfers.

---

sich das Einkommen im unteren oder oberen Bereich der Einkommensverteilung ändert (Hauser/Becker 2001, S. 39ff.).

[501] Die Verwendung mehrerer Armutsgrenzen hat laut Hauser und Becker den Vorteil, dass „eine Bandbreite von normativen Vorstellungen berücksichtigt und zudem untersucht werden [kann], ob die Entwicklung des Ausmaßes relativer Einkommensarmut von der gewählten Armutsgrenze abhängt oder aber einem einheitlichen Trend folgt" (Hauser/Becker 2001, S. 40).

[502] Die „Laeken-Indikatoren" aus dem Jahr 2001 sind nach dem Ort des EU-Gipfeltreffens benannt. Festgelegt wurden 18 Indikatoren, um Armut und Ausgrenzung in Europa zu erfassen und vergleichbar zu machen (EU-Kommission 2001p).

Abbildung 3.4.1: Struktur der Einkommen[1] von Rentnerhaushalten[2] (in Prozent des verfügbaren Einkommens) in Polen und Ungarn im Jahr 1987

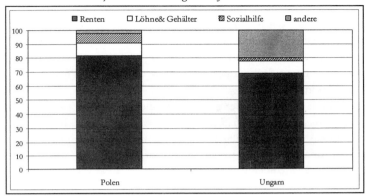

[1] „Andere" Einkommen umfassen in Ungarn Einkommen aus Kapital sowie Nebeneinkünfte aus landwirtschaftlicher Produktion und in Polen hauptsächlich Einkommen aus selbständiger Arbeit und in geringem Ausmaß Vermögenseinkommen

[2] Gemäß der Definition von Rentnerhaushalten können Rentner neben ihrer staatlichen Rente auch ein eigenes (Erwerbs-) Einkommen beziehen.

Quelle: Eigene Darstellung nach Spéder 2000 (Tabellen 2.10a-2.10c, S. 73-74) und Szulc 2000 (Tabelle 3.11, S. 113)

Abbildung 3.4.2: Struktur der Einkommen[1] von Rentnerhaushalten[2] (in Prozent des verfügbaren Einkommens) in Polen und Ungarn im Jahr 1996

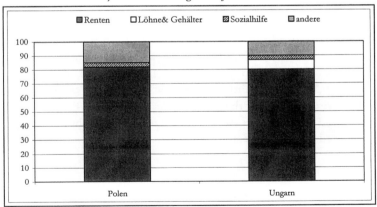

[1] „Andere" Einkommen umfassen in Ungarn Einkommen aus Kapital sowie Nebeneinkünfte aus landwirtschaftlicher Produktion und in Polen hauptsächlich Einkommen aus selbständiger Arbeit und in geringem Ausmaß Vermögenseinkommen

[2] Gemäß der Definition von Rentnerhaushalten können Rentner neben ihrer staatlichen Rente auch ein eigenes (Erwerbs-) Einkommen beziehen.

Quelle: Eigene Darstellung nach Spéder 2000 (Tabellen 2.10a bis 2.10c, S. 73-74) und Szulc 2000 (Tabelle 3.11, S. 113)

Nicht offensichtlich ist, warum der Anteil an „anderen" staatlichen Sozialleistungen im Laufe des Transformationsprozesses in Polen rückläufig war[503]. Ein anderes Bild ergibt sich hingegen in Ungarn. Hier stieg die relative Bedeutung der Rentenleistungen im Budget der Rentnerhaushalte erheblich an. Darin erkennt man die zunehmende Bedeutung von Transferzahlungen aus der Rentenversicherung. Im Jahr 1987 lag der Anteil an Einkommen aus Renten in Ungarn mit 69 Prozent des verfügbaren Einkommens deutlich unterhalb des Wertes von 78 Prozent im Jahr 1993 und 81 Prozent im Jahr 1996.

Im Vergleich der beiden Länder erkennt man die annähernd gleiche Bedeutung der Renteneinkommen in Rentnerhaushalten Mitte der 90er Jahre. Interessant ist auch die Beobachtung, dass die anteiligen Einkommen von Löhnen und Gehältern sowie anderer Sozialtransfers in Ungarn ebenfalls gestiegen sind. Im Gegenzug sank allerdings die Bedeutung „anderer" Einkommensarten[504]. Eine wichtige Implikation der Beobachtungen ist, dass Rentenleistungen für Rentnerhaushalte die wichtigste Einkommensquelle und somit ein zentraler Bestimmungsfaktor ihres materiellen Wohlstandes darstellten. In Polen kann der nahezu gleich bleibende Anteil an Rentenleistungen im Budget der Rentnerhaushalte auf das relativ hohe Ausgangsniveau, die noch engeren familiären Bindungen sowie die Verlagerung auf Eigenproduktion – insbesondere in der Landwirtschaft – in wirtschaftlich schwierigen Zeiten zurück geführt werden[505]. Allgemein waren Rentenleistungen ein wesentliches Element des „sozialen Netzes", mit dem die Menschen im Transformationsprozess vor der Armut bewahrt wurden.

Interessant ist der Vergleich mit der Einkommensstruktur aller Haushalte in der Gesellschaft. In beiden Ländern hat merklich das Arbeitseinkommen im Transformationsprozess an Gewicht verloren. In Polen lag laut der Erhebung von Szulc der Einkommensanteil aus Erwerbseinkommen im Jahr 1987 bei 61 Prozent. Fünf Jahre später war der Anteil um 20 Prozentpunkte auf 40,4 Prozent gesunken. Angesichts der leichten wirtschaftlichen Erholung Mitte der 90er Jahre in Polen stieg der Anteil an Löhnen und Gehältern am Gesamteinkommen aller Haushalte auf immer noch erstaunlich niedrige 45,8 Prozent.

---

[503] In der Studie findet sich hierzu keine Erklärung. Mögliche Erklärungen sind statistische Ursachen (u.a. wurde die Erfassungsmethode in Polen geändert) und die Tatsache, dass Rentenleistungen im Transformationsprozess eine der wichtigsten staatlichen Sozialleistungen waren, die – wie zuvor erläutert – zu einer Verdrängung anderweitiger Sozialleistungen führte.

[504] Als „andere" Einkommen werden in Ungarn unter anderem Einkommen aus Kapital und Nebeneinkünften aus landwirtschaftlicher Produktion zusammengefasst.

[505] Eine Aufspaltung der Kategorie „andere" und Untersuchung der alternativen Einkommensarten wäre hier aufschlussreich. Sie ist jedoch von den Autoren der Studie nicht vorgenommen worden.

Tabelle 3.4.1 Struktur der Einkommen der Rentnerhaushalte[1] und aller Haushalte[2] und (in Prozent des verfügbaren Einkommens) in Polen und Ungarn (1987 bis 1996) und ihre Veränderung[3]

	Polen				Ungarn			
	Renten	Arbeits-einkommen	Sozial-hilfe	andere	Renten	Arbeits-einkommen	Sozial-hilfe	andere
Rentnerhaushalte								
1987	81,7	8,9	6,9	2,4	69,0	9,0	2,0	20,0
1993/1992[4]	82,3	0,1	2,6	14,8	78,0	6,0	1,0	15,0
1996	82,0	0,0	3,2	14,8	81,0	7,0	3,0	10,0
1987-1996	0,3	-8,9	-3,7	12,4	12,0	-2,0	1,0	-10,0
Alle Haushalte								
1987	30,1	61,0	7,7	1,2	15,0	63,0	8,0	14,0
1993/1992[5]	23,6	40,4	9,5	26,1	18,0	47,0	11,0	24,0
1996	29,3	45,8	7,7	16,8	24,0	51,0	11,0	15,0
1987-1996	-0,8	-15,2	0,0	15,6	9,0	-12,0	3,0	1,0

[1] „Rentnerhaushalte" sind Haushalte, in denen mindestens ein Rentner, aber kein Arbeitnehmer, Selbständiger oder Arbeitsloser wohnt. Das heißt, in Nicht-Rentnerhaushalten dürfen die Nicht-Rentner kein Einkommen aus aktiver Beschäftigung erzielen oder arbeitslos sein. Dies sind z.B. Kinder und Hausfrauen. Rentner können neben ihrer Rente auch ein Erwerbseinkommen beziehen.
[2] Alle Haushalte umfassen „Rentnerhaushalte" und „Nicht-Rentnerhaushalte". „Nicht-Rentnerhaushalte" sind alle Haushalte, die keine Rentnerhaushalte sind. In Nicht-Rentnerhaushalten können auch Rentner leben.
[3] Veränderung in Prozentpunkten
[4] für Polen: 1993; für Ungarn: 1992
[5] Für Ungarn: Einkommen aus Kapital und Nebeneinkünfte aus landwirtschaftlicher Produktion; für Polen: hauptsächlich Einkommen aus selbständiger Arbeit und in geringem Ausmaß Vermögenseinkommen
Quelle: Spéder 2000 (Tabellen 2.10a bis 2.10c, S. 73-74) und Szulc 2000 (Tabelle 3.11, S. 113) und eigene Berechnungen

Wiederum zeigen sich in Ungarn unterschiedliche Entwicklungen gegenüber Polen. Zwar reduzierte sich der Lohn- und Gehaltsanteil am Gesamteinkommen von 63 Prozent im Jahr 1987 auf 47 Prozent im Jahr 1993, bevor er leicht auf 51 Prozent im Jahr 1996 stieg[506]. Im Gegenzug erhöhte sich allerdings die Bedeutung von Rentenleistungen im Haushaltsbudget von 15 Prozent im Jahr 1987 auf 24 Prozent im Jahr 1996.

---

[506] In der Statistik des Ungarischen Statistikamts (KSH) wird ein höherer Anteil von Löhnen und Gehältern am Gesamteinkommen aller Haushalte gemessen. Im Unterschied zur Studie werden die Anteile jedoch am Bruttoeinkommen und nicht am verfügbaren Einkommen gemessen. Laut KSH setzte sich das Einkommen aller Haushalte 1989 (für die Jahre zuvor gibt es keine Angaben) zu 69,7 Prozent aus Erwerbseinkommen, 27,4 Prozent aus sozialen Transferzahlungen des Staates und zu 3,9 Prozent aus „anderen" Einkommen zusammen („andere" Einkommen werden nicht definiert). Ebenso wie in der Studie von Spéder dargestellt wird, sank der Anteil an Erwerbseinkommen am gesamten Einkommen der Haushalte im Transformationsprozess. Der Einbruch war der KSH-Statistik zufolge jedoch nicht so drastisch, sondern reduzierte sich lediglich auf 66 Prozent im Jahr 1993 und stieg auf 67,9 Prozent im Jahr 1996. Im Gegenzug erhöhten sich die staatlichen Transferzahlungen auf 32,4 Prozent im Jahr 1993 und sanken wieder auf 30,8 Prozent drei Jahre später. Bis zum Jahr 2001 überstiegen die Anteile von Löhnen und Gehältern am Bruttoeinkommen aller Haushalte mit 70,5 Prozent das Niveau des Jahres 1989. Transferzahlungen hatten mit 28 Prozent des Bruttoeinkommens aller Haushalte allerdings weiterhin gegenüber dem Ausgangsniveau einen höheren Anteil (KSH 2002c, Tabelle 3.2., S. 19).

Vor dem Hintergrund der vorangegangenen institutionellen, demographischen und ökonomischen Analyse sind die Ergebnisse von einem steigenden Anteil der staatlichen Transferleistungen (insbesondere der Rentenleistungen) und der geringeren Anteile von Einkommen aus Erwerbsarbeit am Gesamteinkommen nicht überraschend. Die dennoch verblüffend geringen Anteile von Arbeitseinkommen in beiden Ländern lassen sich vermutlich auf die Abgrenzung der Einkommensgruppen zurückführen. In Polen beispielsweise wird Einkommen aus selbständiger Arbeit *nicht* als Erwerbseinkommen erfasst, sondern unter der Kategorie „andere" subsumiert. Da der Anteil der Selbständigen an allen Beschäftigten - vor allem bedingt durch den großen Agrarsektor in Polen - vergleichsweise hoch ist, ist davon auszugehen, dass ein steigender Anteil der Einkommen aus selbständiger Tätigkeit bezogen wurde. Diese Vermutung bestätigt sich auch in dem Hinweis des Autors, dass Einkommen aus Kapital nur in geringem Umfang zum Einkommen unter der Bezeichnung „andere" beigetragen hat.

Tabelle 3.4.2: Alternative Berechnung der Struktur der Einkommen[1] (in Prozent der Gesamteinkommen) in Polen und Ungarn (1987/1988 und 1993/1994) und Veränderung (in Prozentpunkten)

		Erwerbseinkommen			(staatliche) Sozialleistungen		
		Gesamt	Löhne & Gehälter	Einkommen aus selbständiger Arbeit[3]	Gesamt	Geldleistungen[4]	Sachleistungen[5]
Polen	1987/1988	75,4	41,5	33,8	24,6	13,8	10,8
	1993/1994	66,3	37,2	29,1	33,7	23,3	10,5
	Δ[2]	-9,1	-4,3	-4,8	9,1	9,4	-0,3
Ungarn	1987/1988	67,7	51,6	16,1	32,3	21,0	11,3
	1993/1994	62,2	45,1	17,1	37,8	23,2	14,6
	Δ[2]	-5,5	-6,5	0,9	5,5	2,2	3,3

[1] Die Angaben beruhen auf makroökonomischen Daten über das Gesamteinkommen der Bevölkerung.
[2] Δ: Veränderungen (in Prozentpunkten)
[3] Einkommen aus selbständiger Arbeit umfasst Einkommen aus dem Verkauf landwirtschaftlicher Produkte, Einkommen aus Unternehmertätigkeit, Einkommen aus Zinsen und Gewinnen (Dividenden), Geschenke, im Ausland erzieltes Einkommen sowie Einkommen aus bzw. Eigennutzung von Sachleistungen (z.B. Immobilien).
[4] Geldsozialleistungen umfassen Renten- und Familienleistungen, Kindergelder, Krankengelder, Arbeitslosengelder und Sozialhilfeleistungen
[5] Ausgaben des Staates für Gesundheit und Bildung
Quelle: Eigene Berechnungen nach Milanovic (1998, Tabelle 3.5, S. 36).

Werden die Kategorien „Arbeitseinkommen" und „andere" Einkommen summiert, ergibt sich sogar ein steigender Anteil an den dann so definierten Erwerbseinkünften (1987: 62,2 Prozent aller verfügbaren Einkommen; 1992: 66,5 Prozent; 1996: 62,6 Prozent). Auch in Ungarn ist anzunehmen, dass das Erwerbseinkommen insgesamt nicht in dem Maße zurückgegangen ist, wie in der Studie suggeriert wird. Eine alternative Analyse von Milonovic bestätigt die Vermutung. Demnach sank zwar das Erwerbseinkommen sowohl in Ungarn als auch in Polen deutlich zwischen den Jahren 1987/1988 und 1993/1994, während die Bedeutung von Transferleistungen zunahmen. Mitte der 1990er Jahre lag der Anteil der Erwerbseinkommen jedoch immer noch deutlich über 50 Prozent.

3.4.3 Ungleichheit

Bereits zu Beginn des Transformationsprozesses war erwartet worden, dass der Systemwechsel von einer kommunistischen Planwirtschaft zu einer demokratischen Marktwirtschaft die materielle Ungleichheit in den Transformationsstaaten erhöht. Dies drückt sich in beiden Ländern in der Zunahme aller drei nachfolgend analysierten Indikatoren der Ungleichheit für die Gesamtbevölkerung aus. Dagegen ist weder in Polen noch in Ungarn die Einkommensungleichheit gemessen am Gini-Koeffizienten innerhalb der Gruppe der Rentner gestiegen. Sie ist in Polen sogar in allen drei Fällen zurückgegangen. In Ungarn blieb sie nach einem kurzen Anstieg beim Gini-Koeffizienten im Jahr 1992 unverändert[507]. In beiden Ländern war die Ungleichheit der Einkommen bei den Rentnern zudem geringer als in der Gesamtbevölkerung und mit Ausnahme von Ungarn im Jahr 1996 auch gegenüber der Altenbevölkerung. Dies lässt vermuten, dass die Rentensysteme zu einer Verringerung der Ungleichheit der Einkommen geführt haben.

Wird das 90/10-Verhältnis als Maßstab genommen, kann eine abnehmende Ungleichheit in allen drei betrachteten Gruppen in Polen beobachtet werden. Beispielsweise betrug das Äquivalenzeinkommen der Rentner im obersten Einkommensdezil in Polen 1987 noch das 3,12-fache des Äquivalenzeinkommens von Rentnern im untersten Dezil. Diese Diskrepanz verringerte sich auf einen Wert von 2,79 in den Jahren 1993 und 1996. In der Altenbevölkerung betrug das Einkommen im obersten Einkommensdezil das Dreifache des Einkommens im untersten Dezil. Auch in diesem Fall verringerte sich die Ungleichheit, sodass im Jahr 1996 das Einkommen der reichsten Alten das Einkommen der ärmsten Alten um das 2,85-fache übertraf. Deutlich ungleicher ist die Verteilung in der polnischen Bevölkerung insgesamt. Trotz eines leichten Rückgangs im Laufe des Transformationsprozess war

---

[507] Um die relative Höhe der Maßzahlen der Einkommensungleichheit einschätzen zu können, ist es sinnvoll, sie mit anderen Ländern zu vergleichen. Der Vergleich mit Deutschland lässt kein einheitliches Bild zu. In Westdeutschland wurde mit Ausnahme Ungarns im Jahr 1987 (Gini-Koeffiizient und 90/10-Verhältnis) und 1992 (90/10-Verhältnis) eine geringere Ungleichheit der Nettoäquivalenzeinkommen (alte OECD-Skala) in der Gesamtbevölkerung gemessen. In Westdeutschland betrug der Gini-Koeffizient im Jahr 1988 0,25 und in den Jahren 1993 und 1998 jeweils 0,27. Das 90/10-Verhältnis war in Westdeutschland für die Gesamtbevölkerung zwar steigend, jedoch gegenüber Polen mit 3,04 im Jahr 1988, 3,26 im Jahr 1993 und 3,29 im Jahr 1998 wesentlich niedriger. Angesichts deutlich zunehmender Ungleichheit in Ungarn überstieg der ungarische Wert den deutschen Wert Mitte der 1990er Jahre (Hauser/Becker 2001, Tabelle 6.1.6., S. 89).

1996 das Einkommen der Polen im obersten Dezil noch 3,6 Mal höher als das Einkommen im untersten Einkommensdezil.

Tabelle 3.4.3:   Maßzahlen der Einkommensungleichheit in Polen und Ungarn in den Jahren 1987, 1992 (Polen)/1993 (Ungarn) und 1996 auf Basis der Netto-Äquivalenzeinkommen

	Polen			Ungarn		
	Rentner[3]	Pop (60+)[4]	Gesamt-bevölkerung	Rentner[3]	Pop (60+)[4]	Gesamt-bevölkerung
	Gini-Koeffizient					
1987	0,26	0,25	0,28	0,22	0,22	0,23
1993/1992[1]	0,25	0,27	0,31	0,24	0,24	0,28
1996	0,25	0,26	0,31	0,22	0,20	0,28
1987-1996[2]	-0,01	0,01	0,03	0,00	-0,02	0,05
	90/10-Verhältnis					
1987	3,12	3,02	3,72	2,60	2,50	2,70
1993/1992[1]	2,79	3,01	3,69	2,50	2,50	3,10
1996	2,79	2,85	3,62	2,60	2,30	3,50
1987-1996[2]	-0,33	-0,17	-0,10	0,00	-0,20	0,80
	75/25-Verhältnis					
1987	1,76	1,69	1,88	1,60	1,60	1,60
1993/1992[1]	1,68	1,73	1,91	1,50	1,50	1,70
1996	1,72	1,68	1,88	1,50	1,50	1,80
1987-1996[2]	-0,04	-0,01	0,00	-0,10	-0,10	0,20

[1] für Polen: 1993; für Ungarn: 1992
[2] Veränderung in Prozentpunkten
[3] Rentner, die in Nicht-Rentnerhaushalten oder Rentnerhaushalten leben
[4] Pop (60+): Bevölkerung über 60 Jahren
Quelle: Spéder 2000 (Tabelle 2.6, S. 64), Szulc 2000 (Tabellen 3.18a bis 3.18c, S. 127-129) und eigene Berechnungen

In Ungarn sind unterschiedliche Entwicklungen in den drei Untersuchungsgruppen zu beobachten. Merklich reduzierte sich die Ungleichheit bei der Betrachtung der äußersten Randgruppen bei den über 60jährigen Ungarn vom 2,5-fachen Einkommen in der obersten Einkommensgruppe gegenüber der untersten Einkommensgruppe auf das 2,3-fache. Dagegen ist die Ungleichheit in derselben Betrachtungsweise in der Gesamtbevölkerung deutlich gestiegen. 1987 übertraf das Äquivalenzeinkommen der wohlhabendsten Bevölkerung das Einkommen der Ärmsten in der Bevölkerung um das 2,7-fache. Im Laufe des Transformationsprozesses ist das Verhältnis auf das 3,5-fache gestiegen. In der Gruppe der Rentner ist die Ungleichheit Anfang der 1990er Jahre zwar gegenüber 1987 gesunken. 1996 entsprach der Wert von 2,6 jedoch wieder beim Ausgangswert.

Aus der Gegenüberstellung der beiden Länder wird deutlich, dass das Niveau des 90/10-Verhältnisses in Polen bereits vor der Wende und im Jahr 1996 höher lag als in Ungarn. Es kann somit eine größere Ungleichheit in der polnischen als in der ungarischen Gesamtbevölkerung, in der Gruppe der Rentner und in der Altenbevölkerung ausgegangen werden. Bedingt durch die zunehmende Ungleichheit in der ungarischen Bevölkerung insgesamt bei gleichzeitig leicht rückläufiger Ungleichheit in der polnischen Gesamtbevölkerung näherten sich die jeweiligen 90/10-Relationen im Laufe des Transformationsprozesses an.

Aufschlussreich ist auch der Vergleich der 75/25-Relationen. Das Äquivalenzeinkommen im obersten Einkommensviertel lag 1996 bei den Rentnern in Polen 1,72 Mal und in Ungarn anderthalb Mal höher als das Einkommen im unteren Viertel. In der Gesamtbevölkerung entsprachen sich die Werte beider Länder Mitte der 1990er Jahre nahezu (Polen: 1,88; Ungarn: 1,80). Dies ist ein weiterer Indikator dafür, dass beide Rentensysteme im Transformationsprozess zu einer Verringerung der Ungleichheit der Einkommen geführt haben[508]. Interessant ist hierbei, dass sich die Quoten bei der breiteren Definition von Randgruppen weniger stark unterschieden als hinsichtlich der äußersten Randgruppen. Allerdings ist in Polen in allen drei Zeitabschnitten und für alle drei hier betrachteten Gruppen eine größere Ungleichheit der Einkommen zu beobachten. Zweite wichtige Beobachtung bei der Veränderung der 75/25-Relation ist, dass die Reduzierung der Ungleichheit in Ungarn stärker ausfiel, obwohl das Land 1987 eine relativ geringere Ungleichheit der Einkommensverteilung gemäß dem 75/27-Verhältnis aufwies. Hierfür können unter anderem die degressive Anrechnung von Beitragszeiten und der Beiträge in der Rentenformel sowie die Einführung einer Bemessungsgrundlage für die Arbeitnehmerbeiträge als Ursachen vermutet werden. Das würde erklären, warum im Laufe des Transformationsprozesses die Einkommensungleichheit von Rentenbeziehern weniger stark zunahm als die der Erwerbstätigen. In Polen dagegen kam es durch die Rentenformel tendenziell zu einer allgemeinen Besserstellung der Rentner, obwohl eine Begrenzung in der Höhe der Rentenleistungen in Höhe von 100 Prozent der individuellen Beitragsbemessungsgrundlage bzw. von 250 Prozent des nationalen Durchschnittslohns existierte[509]. Die Gewährung von Mindestrenten trug in beiden Ländern dazu bei, die Einkommensdifferenzen von Rentnern in Grenzen zu halten[510].

---

[508] Bei der Interpretation der Daten gilt es indessen zu beachten, dass Veränderungen bei den institutionellen Regelungen nicht immer unmittelbar wirken. Entsprechend wurzeln Veränderungen in den Maßen der Ungleichheit unter Umständen in rentenrechtlichen Maßnahmen, die unabhängig vom Transformationsprozess sind.

[509] Im reformierten polnischen Alterssicherungssystem gibt es keine Beschränkung hinsichtlich der maximalen Höhe der Rentenleistungen mehr.

[510] In Polen war die nationale Mindestrente nach 1990 zunächst an den nationalen Mindestlohn gebunden. 1995 wurde diese Koppelung zwischen Mindestlohn und Mindestrente jedoch aufgehoben. 1998 betrug die Mindestrente rund 70 Prozent des Mindestlohns. Im neuen polnischen Alterssicherungssystem wird in dem Sinne eine Mindestrente gezahlt, als die Differenz zwischen der Summe der Leistungen aus der gesetzlichen Altersrentenversicherung (d.h. den Leistungen aus der staatlichen Rentenversicherung und den obligatorischen Privatrentenfonds) und einem bestimmten Mindestrentenniveau durch Mittel aus dem Staatshaushalt aufgestockt wird. In Ungarn wird nur noch bis einschließlich 2008 eine Mindestrente gewährt.

Eine weitere interessante Beobachtung ist, dass Szulc von der Leistungsseite aus in Polen eine deutliche Zunahme der Ungleichheit von Rentenleistungen nach 1987 feststellte. Demnach hat die Ungleichheit von Renten*leistungen* im Gegensatz zu den Äquivalenzrenten*einkommen* bis 1993 zugenommen. Zu diesem Zeitpunkt überstieg die Ungleichheit von Renteneinkommen sowohl die Ungleichheit des Pro-Kopf-Einkommens als auch die des Äquivalenzeinkommens von Rentnern und sogar die der Gesamtbevölkerung. Auf den ersten Blick scheint es paradox zu sein, dass zwar die Diskrepanz der Rentenleistungen stieg, nicht aber die Diskrepanz der Äquivalenzeinkommen der Rentner. Szulc führt dies darauf zurück, dass viele Früh- und Invalidenrentner in Mehrpersonenhaushalten leben und somit ihr Einkommen mit anderen Rentnern bzw. Haushaltsmitgliedern teilen. Invalidenrenten sind nach Ansicht des Autors der Hauptgrund für die Ungleichheit der Rentenleistungen, da Altersrentenleistungen geringere Ungleichheit aufwiesen (Szulc 2000, S. 128).

3.4.4 Armut

Da es keine allgemein verbindliche Definition von Armut gibt, werden nachfolgend vier verschiedene Grenzen dargestellt, die jeweils einen Prozentsatz vom Medium-Nettoäquivalenzeinkommen von Haushalten ausdrücken. Die 40-Prozent-Grenze drückt ein sehr geringes Einkommen aus und qualifiziert für den Begriff Existenzminimum. Die 70-Prozent-Grenze ist auch als Armut anzusehen, jedoch eher in Form eines sozialen Mindesteinkommens, das die Betroffenen in die Lage setzt, Güter und Dienstleistungen zu erwerben, um am gesellschaftlichen Leben teilzunehmen (Szulc 2000, S. 123f).

Deutlich wird im intertemporalen Vergleich, dass die relative Armut von Rentnern in beiden Ländern zwischen 1987 und 1996 merklich zurückgegangen ist. Eine Ausnahme bilden die ungarischen Rentner mit einem Nettoäquivalenzeinkommen von bis zu 40 Prozent des Median-Äquivalenzeinkommens. In allen drei Zeitabschnitten befanden sich 1,1 Prozent der ungarischen Rentner in dieser Einkommensgruppe. Zweite Auffälligkeit ist, dass sich die jeweiligen Quoten in den unterschiedlichen Grenzen auf einem niedrigeren Niveau angenähert haben. Dies ist insbesondere auf die Senkung der Armutsquoten in Polen zurückzuführen. Der Rückgang der Armutsquote war umso größer, je höher die Definitionsgrenze lag. 1987 hatten zum Beispiel 8,7 Prozent der polnischen Rentner und 5,1 Prozent der ungarischen Rentner ein Netto-Äquivalenzeinkommen von 50 Prozent des Median-Nettoäquivalenzeinkommens der Gesamtbevölkerung zur Verfügung. Bis 1996 war dieser Anteil auf 2,7 Prozent in Polen und 2,3 Prozent in Ungarn gesunken.

Annähernd gleiche Armutsquoten gemessen am 60-prozentigen Median-Nettoäquivalenzeinkommen hatten beide Rentnergruppen sowohl 1987 als auch 1996. Am Beispiel der 50-Prozent-Grenze des Median-Nettoäquivalenzeinkommens sollen die unterschiedlichen Entwicklungen vor und nach der Wende in der Gesamtbevölkerung gegenüber den Rentnern, den Rentnern in Rentnerhaushalten und der Personen im Alter von über 60 Jahren nachvollzogen werden. Dabei gibt es in Polen und Ungarn zum Teil sehr unterschiedliche Entwicklungen.

Tabelle 3.4.4: Maßzahlen der Armut in Polen und Ungarn nach Bevölkerungs-, Haushalts- und Altersgruppen in Prozent des Median-Äquivalenzeinkommens von 1987 bis 1996 (in Prozent von Personen der jeweiligen Gruppe) und ihre Veränderung (in Prozentpunkten)

	Polen				Ungarn			
	Gesamt-bevölkerung	Alle Rentner[2]	Rentner in Rentner-haushalten[3]	Pop (60+)[4]	Gesamt-bevölkerung	Alle Rentner[2]	Rentner in Rentner-haushalten[3]	Pop (60+)[4]
40 Prozent des Median-Äquivalenzeinkommens								
1987	7,5	5,5	6,3	6,1	1,2	1,1	1,8	1,6
1993/1992[1]	4,5	2,1	2,8	2,8	2,3	1,1	1,4	1,0
1996	4,2	1,2	0,4	1,5	3,9	1,1	1,1	1,0
1987-1996[5]	-3,3	-4,3	-5,9	-4,6	2,7	0,0	-0,7	-0,6
50 Prozent des Median-Äquivalenzeinkommens								
1987	11,4	8,7	10,3	9,7	3,9	5,1	8,3	7,0
1993/1992[1]	8,6	4,0	5,0	5,0	5,0	5,3	4,4	3,6
1996	8,4	2,7	1,1	3,1	8,3	2,3	2,2	2,0
1987-1996[5]	-3,0	-6,0	-9,2	-6,6	4,4	-2,8	-6,1	-5,0
60 Prozent des Median-Äquivalenzeinkommens								
1987	16,9	13,6	16,4	15,1	8,8	13,2	20,9	17,2
1993/1992[1]	14,7	7,4	8,5	8,5	10,4	9,8	12,0	11,6
1996	14,3	6,0	3,6	6,2	14,7	6,2	6,6	6,5
1987-1996[5]	-2,6	-7,6	-12,8	-8,9	5,9	-7,0	-14,3	-10,7
70 Prozent des Median-Äquivalenzeinkommens								
1987	24,2	21,5	26,8	23,5	16,4	24,2	36,3	30,3
1993/1992[1]	22,7	13,3	14,7	14,7	17,8	20,2	25,5	21,4
1996	21,8	10,6	7,5	10,7	22,3	13,6	15,7	14,3
1987-1996[5]	-2,4	-10,9	-19,3	-12,8	5,9	-10,6	-20,6	-16,0

[1] für Polen: 1993; für Ungarn: 1992
[2] Rentner, die in Nicht-Rentnerhaushalten oder Rentnerhaushalten leben. „Nicht-Rentnerhaushalte" sind alle Haushalte, die keine Rentnerhaushalte sind. In Nicht-Rentnerhaushalten können auch Rentner leben.
[3] Ausschließlich Rentner, die in Rentner-Haushalten wohnen. „Rentnerhaushalte" sind Haushalte, in denen mindestens ein Rentner, aber kein Arbeitnehmer, Selbständiger oder Arbeitsloser wohnt (d.h. in Nicht-Rentnerhaushalten dürfen die Nicht-Rentner kein Einkommen aus aktiver Beschäftigung erzielen oder arbeitslos sein. Dies sind z.B. Kinder und Hausfrauen). Rentner können neben ihrer Rente auch ein Erwerbseinkommen beziehen.
[4] Pop (60+): Bevölkerung im Alter von über 60 Jahren (Altenbevölkerung)
[5] Veränderung in Prozentpunkten
Quelle: Spéder 2000 (Tabelle 2.9, S. 71), Szulc 2000 (Tabellen 3.17a -3.17c, S. 124-125) und eigene Berechnungen.

Während in Polen die Armutsquoten (hier: 50 Prozent des Prozent des Median-Nettoäquivalenzeinkommens) aller hier untersuchten Bevölkerungsgruppen rückläufig waren, stieg die Armutsquote in Ungarn in der Gesamtbevölkerung und zwischen 1987 und 1992 auch bei den Rentnern, bevor sie wieder 1996 zurückgingen[511]. Darüber hinaus ist das Ausgangsniveau in Polen höher als in Ungarn. Nach Ländern getrennt untersucht zeigt sich in Polen, dass der Anteil der Personen mit einem bis zu 50-prozentigen Median-Nettoäquivalenzeinkommen am stärksten in der Gruppe der Rentner in Rentnerhaushalten zurückgegangen ist. Die Armutsquote dieser Bevölkerungsgruppe entsprach nur noch knapp einem Achtel der entsprechenden Quote in der Gesamtbevölkerung. Deutlich niedriger lagen auch die relativen Armutsquoten der Rentner und der Altenbevölkerung. Hieran bestätigt sich wieder die Aussage, dass Rentner und Alte relativ zu anderen Bevölkerungsgruppen besser gestellt waren.

Die Armutsquoten, gemessen am 50-Prozent Median-Äquivalenzeinkommen, waren vor der Wende in Ungarn für Rentner allgemein und in Rentnerhaushalten und für die Altenbevölkerung deutlich höher als in der Gesamtbevölkerung. Im Transformationsprozess drehte sich dieses Verhältnis um. In Ungarn verdoppelte sich nahezu der Anteil der Gesamtbevölkerung mit einem Einkommen unterhalb der 50-Prozent-Grenze zwischen 1987 und 1996. Dagegen sanken die entsprechenden Quoten der Rentner im selben Zeitraum auf weniger als die Hälfte, bei Rentnern in Rentnerhaushalten und bei der Altenbevölkerung auf rund ein Drittel.

Zusammenfassend lässt sich sagen, dass die Armutsraten der Rentner und Alten in Polen mit dem Trend und in Ungarn gegen den Trend der Armutsraten in der Gesamtbevölkerung verliefen. In beiden Fällen war dies zum Vorteil der Rentner und Alten. Beide Länder gleichen sich darin, dass Mitte der 90er Jahre die relativen Armutsquoten der Rentner und Alten zum Teil deutlich geringer sind als die Quoten der Gesamtbevölkerung. Die Aussagen der Ergebnisse unterscheiden sich folglich nicht von der vorangegangenen Analyse. Für beide Länder bestätigt sich, dass es den Rentnern und Alten insgesamt im Vergleich zum Durchschnitt der Gesamtbevölkerung besser ergangen ist. Darüber hinaus lässt sich feststellen, dass bei den Rentnern und Alten eine Bewegung von den unteren Einkommensgruppen zu den mittleren Einkommensgruppen stattgefunden hat. Spéder folgert: „[P]overty is not a problem of pensioners anymore, and income poverty is not the most significant problem that pensioners face" (Spéder 2000, S. 72).

---

[511] Diese Entwicklung der steigenden relativen Armut in der Gesamtbevölkerung in Ungarn zeigte sich in allen vier in dieser Studie dargestellten Armutsgrenzen.

Abbildung 3.4.3: Maßzahl der Armut in Polen: 50 Prozent des Median-Äquivalenzeinkommens nach Bevölkerungs-, Haushalts- und Altersgruppen[1] in den Jahren 1987, 1993 und 1996 (in Prozent von Personen des jeweiligen Gruppentyps)

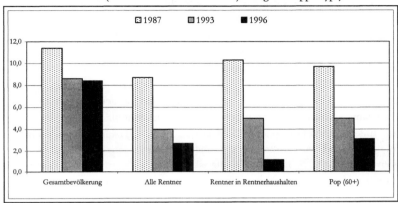

[1] „Alle Rentner": Rentner, die in Nicht-Rentnerhaushalten oder Rentnerhaushalten leben; „Rentner in Rentnerhaushalten": Ausschließlich Rentner, die in Rentner-Haushalten wohnen. „Rentnerhaushalte" sind Haushalte, in denen mindestens ein Rentner, aber kein Arbeitnehmer, Selbständiger oder Arbeitsloser wohnt; Pop (60+): Bevölkerung im Alter von über 60 Jahren (Altenbevölkerung)
Quelle: Eigene Darstellung nach Szulc 2000 (Tabellen 3.17a bis 3.17c, S. 124-125)

Abbildung 3.4.4: Maßzahl der Armut in Ungarn: 50 Prozent des Median-Äquivalenzeinkommens nach Bevölkerungs-, Haushalts- und Altersgruppen[1] in den Jahren 1987, 1992 und 1996 (in Prozent von Personen des jeweiligen Gruppentyps)

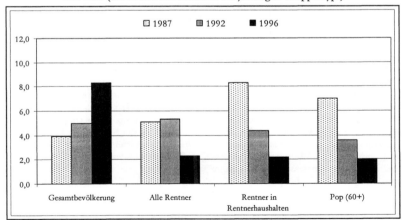

[1] „Alle Rentner": Rentner, die in Nicht-Rentnerhaushalten oder Rentnerhaushalten leben; „Rentner in Rentnerhaushalten": Ausschließlich Rentner, die in Rentner-Haushalten wohnen. „Rentnerhaushalte" sind Haushalte, in denen mindestens ein Rentner, aber kein Arbeitnehmer, Selbständiger oder Arbeitsloser wohnt; Pop (60+): Bevölkerung im Alter von über 60 Jahren (Altenbevölkerung)
Quelle: Eigene Darstellung nach Spéder 2000 (Tabelle 2.9, S. 71)

Armutsvermeidung und Verteilung der Einkommen in einem Land können nicht isoliert für die Gruppe der Rentner und Alten gesehen werden. Es ist notwendig, auch andere gefährdete Gruppen[512] zu betrachten. Die Verteilungsanalyse und die Veränderungen in den Sozialausgaben nach Funktionen in Polen und Ungarn aus dem vorangegangenen Kapitel gaben erste Hinweise darauf, dass es den Regierungen nicht immer gelungen ist, die Mittel effektiv und somit auch für die am meisten Hilfsbedürftigen einzusetzen[513]. Im Vergleich zu anderen Bevölkerungsgruppen scheint es Rentnern im Transformationsprozess vergleichsweise gut ergangen zu sein. Prekär ist die Lage für Arbeitslose und Personen mit geringer Bildung[514].

Die relativen Armutsgrenzen beschreiben jedoch nicht ausreichend die soziale Lage der untersuchten Gruppen, weil sie keine Auskunft darüber geben, ob Menschen in der Lage sind, von ihrem Einkommen bestimmte lebensnotwendige Güter zu kaufen (Szulc 2000, S. 126)[515]. Wichtig ist in diesem Zusammenhang die Frage, ob die Renteneinkommen den Alten ein ausreichendes Einkommen gewährten, um ihre

---

[512] Zu den Risiko-Gruppen zählen im Allgemeinen Personen mit geringer (Schul-) Bildung, Familien mit mehreren Kindern, Arbeitslose und allein stehende bzw. allein erziehende Frauen. Die Risiko-Gruppen unterscheiden sich in ihrer Größe und dem Ausmaß ihrer „Gefährdung" von Land zu Land. In Ungarn müssen speziell die ethnische Minderheitsgruppe der Roma genannt werden (siehe für Ungarn z.B. Ferge/Tausz/Darvas 2002).

[513] Grootaert vergleicht für Ungarn in einer ex-ante-Betrachtung, wie viele arme Menschen durch eine bestimmte Höhe an Transferleistungen aus der Armut befreit werden konnten. Dabei kommt er zu dem Ergebnis, dass durch Rentenleistungen (relativ) die höchsten Kosten verursacht werden, da mit einer Millionen HUF nur 5,8 Personen aus der Armut befreit werden konnten. Mit dem gleichen Betrag konnten dagegen durch das Arbeitslosengeld durchschnittlich 8,7 der zuvor Armen aus der relativen Armut befreit werden. Noch effizienter waren die Beihilfen für die Kindererziehung. Wenn man diese durchschnittliche Anzahl von Personen, die ex-ante in relativer Armut leben, und die sich ex-post durch eine Millionen HUF über der relative Armutsgrenze befinden, als ein Indikator für die Effizient des Transfersystems ansieht, sind die Rentenleistungen nach Grootaert ineffizient. Allerdings war das Ergebnis nach Einschätzung des Autors absehbar, weil Rentenleistungen in Ungarn im betrachteten Zeitraum nicht auf Armutsvermeidung sondern auf den Erhalt des Lebensstandards ausgerichtet sind (Grootaert 1997, S. 60 f.).

[514] Auf die negativen Folgen des Arbeitsplatzverlusts weist Grootaert für Ungarn hin. Bei seiner Analyse der Armut in der gesamten Bevölkerung kommt er zu der Folgerung: „Poverty in Hungary has strong socio-economic and demographic dimensions. Poverty rates are low among those with strong ties to the labor market and among well educated. Poverty is high among the unemployed and those with temporary jobs, among workers with low education, among households headed by women, and among households with many children." (Grootaert 1997, S. 46) Er misst absolute Armut als Einkommen unterhalb der Mindestrente und relative Armut als zwei Drittel der durchschnittlichen Ausgaben eines Haushalts. Grundlage seiner Analyse ist ebenfalls das Haushaltspanel (HHP) und die Daten über das Haushalts-Einkommens des ungarischen Statistikamts (Vgl. ebd., S. 2ff.). Auch andere Studien kommen zu dem Schluss, dass Arbeitslose im Transformationsprozess besonders von Einkommensarmut betroffen sind. Eine ILO-Studie über Armut und soziale Ausgrenzung in Ungarn von 2002 stellt fest, dass „poverty is heavily concentrated among households with unemployed individuals" (Ferge/Tausz/Darvas 2002, S. 61).

[515] Diese Forderung impliziert die Definition einer absoluten Armutsgrenze. Wie zuvor erläutert wurde, ist dies mit Werturteilen verbunden und für einen internationalen Vergleich problematisch.

Grundbedürfnisse zu decken. Vergleicht man das monatliche Existenzminimum eines Ein-Personen-Rentnerhaushaltes mit dem monatlichen nationalen Mindestlohn und der monatlichen Durchschnittsrente in Ungarn, erscheint die Situation der ungarischen Rentner und Alten bedenklich. Offensichtlich lag - zumindest in der Zeit zwischen 1995 und 2001, für die Daten zum sozialen Existenzminimum vorliegen – das Niveau der Mindestrente deutlich unterhalb des Niveaus des Existenzminimums eines Ein-Personen-Rentnerhaushaltes (siehe nachfolgende Abbildung). Die Mindestrente reichte somit nicht aus, um die Grundbedürfnisse von alleine lebenden Rentnern zu decken. Besonders bedenklich ist auch, dass die monatliche Durchschnittsrente insbesondere Mitte der 1990er Jahre nur knapp über der Höhe des Existenzminimums lag. Setzt man die Durchschnittsrente in Relation zur Höhe des Existenzminimums eines Ein-Personen-Rentnerhaushalts wird deutlich, wie knapp die durchschnittliche Rentenleistung über dem Niveau des Existenzminimums liegt. 1995 betrug die Durchschnittsrente nur 108 Prozent des Existenzminimums. 1997 entsprach die durchschnittliche Rentenleistung sogar in etwa der Höhe des Existenzminimums.

Abbildung 3.4.5: Soziales monatliches Existenzminimum eines Ein-Personen-Rentnerhaushaltes, monatliche Mindestrente und monatliche Durchschnittsrente in Ungarn (in HUF/Monat) zwischen 1990 und 2001[1]

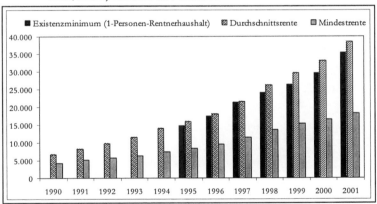

[1] Die Angaben betreffen jeweils die Werte im Januar des betreffenden Jahres, Ausnahme: 1993: März des Jahres; Über das Existenzminimum sind nur Daten für den Zeitraum 1995 bis 2001 vorhanden.
Quelle: Eigene Darstellung nach KSH 2002c (Tabelle 3.3., S. 20 und Tabelle 6.1, S. 73) und Zusammenstellung angefragter Daten der Autorin beim KSH in der Korrespondenz vom 5. November 2002 (die Daten können bei der Autorin eingesehen werden).

In den Folgejahren stieg das Niveau der Durchschnittsrente wieder gegenüber dem Existenzminimum. Die Mindestrente dagegen lag mit 56,8 Prozent des Existenzminimums 1995 und mit nur noch 51,8 Prozent im Jahr 2001 deutlich unter dem Existenzminimum. Darüber hinaus öffnete sich die Schere zwischen monatlicher Mindestrente und Durchschnittsrente aufgrund der relativ stärker steigenden durchschnittlichen Rentenleistung. Während noch 1990 die Mindestrente 64,3 Prozent der Durchschnittsrente entsprach, sank diese Relation in den folgenden Jahren. Bereits vier Jahre später lag die Mindestrente um mehr als zehn Prozentpunkte unterhalb der Durchschnittsrente bei 53,5 Prozent und sank bis 2001 auf 47,7 Prozent.

Aufgrund der hohen Inflationsraten Anfang der 90er Jahre sank auch der Realwert der Mindestrente. Den Tiefpunkt erreichte der Realwert der durchschnittlichen Mindestrente 1997, als er nur noch 59 Prozent des Wertes von 1990 entsprach. In den Folgejahren stieg er wieder leicht und erreichte 62,4 Prozent im Jahr 2001. Dagegen war der Realwertverlust der monatlichen Durchschnittsrente nicht ganz so gravierend. Dieser sank auf ein Minimum im Jahr 1996 in Höhe von 70,8 Prozent des Ausgangswerts von 1990 und stieg kontinuierlich auf 84,1 Prozent des Realwerts aus dem Jahr 1990[516].

---

[516] Quelle: KSH 2002c (Tabelle 6.1, S. 73) und Zusammenstellung angefragter Daten der Autorin beim KSH in der Korrespondenz vom 5. November 2002 (die Daten können bei der Autorin eingesehen werden)

Tabelle 3.4.5: Soziales monatliches Existenzminimum eines Ein-Personen-Rentnerhaushaltes, monatliche Mindestrente und monatliche Durchschnittsrente in Ungarn (in HUF pro Monat) zwischen 1990 und 2001[1], die Relationen zueinander und ihre Veränderungen (in HUF pro Monat bzw. Prozentpunkten)

	Existenz-minimum (Ein-Personen-Rentner-haushalt)	Durchschnitts-rente	Mindestrente	Durchschnitts-rente in Relation zum Existenz-minimum	Mindestrente in Relation zum Existenz-minimum	Durchschnitts-rente in Relation zur Mindestrente
		HUF pro Monat			in Prozent	
1990	k. A.	6.683	4.300	k. A.	k. A.	64,3
1991	k. A.	8.341	5.200	k. A.	k. A.	62,3
1992	k. A.	9.747	5.700	k. A.	k. A.	58,5
1993	k. A.	11.503	6.400	k. A.	k. A.	55,6
1994	k. A.	13.977	7.480	k. A.	k. A.	53,5
1995	14.792	16.030	8.400	108,4	56,8	52,4
1996	17.483	18.113	9.600	103,6	54,9	53,0
1997	21.338	21.473	11.500	100,6	53,9	53,6
1998	23.943	26.105	13.700	109,0	57,2	52,5
1999	26.424	29.639	15.350	112,2	58,1	51,8
2000	29.566	32.986	16.600	111,6	56,1	50,3
2001	35.335	38.374	18.310	108,6	51,8	47,7
1995-2001[2]	20.543	22.344	9.910	0,2	-5,0	-4,7

[1] Die Angaben betreffen jeweils die Werte im Januar des betreffenden Jahres, Ausnahme: 1993: März des Jahres; Über das Existenzminimum sind nur Daten für den Zeitraum 1995 bis 2001 vorhanden.
[2] Veränderungen in HUF pro Monat bzw. Prozentpunkten
Quelle: KSH 2002c (Tabelle 3.3, S. 20 und Tabelle 6.1, S. 73) und Zusammenstellung angefragter Daten der Autorin beim KSH in der Korrespondenz vom 5. November 2002 (die Daten können bei der Autorin eingesehen werden) und eigene Berechnungen.

3.4.5 Verteilung der Netto-Äquivalenzhaushaltseinkommen nach Haushaltstyp

Die Analyse der Äquivalenzeinkommen nach Haushaltstyp zeigt, dass die Zusammensetzung des Haushalts die relative Einkommensposition der Haushaltsmitglieder bestimmt. Um die Entwicklungen in den einzelnen Haushaltskategorien detailliert untersuchen zu können, werden zunächst die Äquivalenzeinkommen der einzelnen Gruppen nach Einkommensdezilen für jedes Land getrennt untersucht. Hierzu werden jeweils ein Zeitpunkt vor der Wende (1987) und ein Zeitpunkt nach der Wende (1996) gegenüber gestellt.

Dabei ist in Polen eine starke und in Ungarn eine schwache geschlechtsspezifische Unterscheidung festzustellen. 1987 befanden sich in Polen 10,2 Prozent aller weiblichen Rentner, die alleine leben, im untersten Einkommensdezil[517]. Dies entsprach in etwa dem Durchschnitt aller Rentnerhaushalte. Besonders hoch lag der Anteil der Rentnerinnen im dritten Einkommensdezil. Von allen weiblichen Rentnern gehörten 22,8 Prozent dieser Einkommensgruppe an. Wesentlich geringer waren dagegen die Anteile in den unteren Einkommensdezilen bei allein lebenden Rentnern und Rentner-Ehepaaren. Umgekehrt verhielt es sich in den oberen Dezilen. Hier waren nur wenige Frauen im Ruhestand, dagegen aber besonders viele Männer[518] und in geringerem Ausmaß Rentnerpaare, anzutreffen. Noch höher war der Anteil der Nicht-Rentnerhaushalte in den oberen Einkommensdezilen.

---

[517] Von den untersuchten Gruppen in Polen waren im Jahr 1987 8,2 Prozent allein lebende Rentnerinnen, 1,2 Prozent allein lebende Rentner, 4,8 Prozent Paar-Rentnerhaushalte und 8,9 Prozent „andere Rentnerhaushalte". Den somit insgesamt 23,1 Prozent Rentnerhaushalten von allen untersuchten Haushalten standen 76,9 Prozent Nicht-Rentnerhaushalte gegenüber. 1996 veränderte sich nur die Relation von Paar-Rentnerhaushalten und „anderen" Rentnerhaushalten merklich. In der untersuchten Gruppe befanden sich nunmehr 8,1 Prozent allein lebende Rentnerinnen, 1,5 Prozent allein lebende Rentner, 8,6 Prozent Paar-Rentnerhaushalte und 4,7 Prozent „andere Rentnerhaushalte". Im Endeffekt blieb die Relation zwischen Rentnerhaushalten (23 Prozent aller Haushalte) und Nicht-Rentnerhaushalten (77 Prozent aller Haushalte) konstant (Szulc 2000, Tabellen 3.13a bis 3.13c, S. 115-116).

[518] Der erhebliche Anstieg des Anteils der Rentner mit einem Einkommen, das in das achte Einkommensdezil einzuordnen ist, kann zum Teil auf die geringe Anzahl an Beobachtungen zurückgeführt werden. Leichte Schwankungen können somit zu unverhältnismäßig hohen Stichprobenfehlern führen. 1987 waren beispielsweise nur 1,2 Prozent aller untersuchten Haushalte Rentnerhaushalte mit allein lebenden Rentnern.

Abbildung 3.4.6: Anteile der Personen in den Einkommensdezilen in Polen nach Art des Haushalts und Geschlechts im Jahr 1987 (in Prozent der Personen des jeweiligen Haushaltstyps)[1]

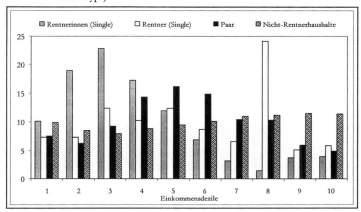

[1] „Rentner (Single)" und „Rentnerinnen (Single)": allein lebende Männer und Frauen, die eine Rente beziehen; „Paar": Haushalte, in denen ein Rentner und eine Rentnerin wohnen; in Nicht-Rentnerhaushalten dürfen die Nicht-Rentnern kein Einkommen aus aktiver Beschäftigung erzielen oder arbeitslos sein (d.h. in Nicht-Rentnerhaushalten können auch Rentner leben)
Quelle: Eigene Berechnungen und Darstellung nach Szulc 2000 (Tabellen 3.13a bis 3.13c, S. 115-116)

Abbildung 3.4.7: Anteile der Personen in den Einkommensdezilen in Polen nach Art des Haushalts und Geschlechts im Jahr 1996 (in Prozent der Personen des jeweiligen Haushaltstyps)[1]

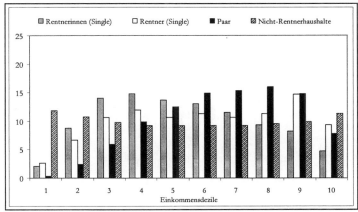

[1] „Rentner (Single)" und „Rentnerinnen (Single)": allein lebende Männer und Frauen, die eine Rente beziehen; „Paar": Haushalte, in denen ein Rentner und eine Rentnerin wohnen; in Nicht-Rentnerhaushalten dürfen die Nicht-Rentnern kein Einkommen aus aktiver Beschäftigung erzielen oder arbeitslos sein (d.h. in Nicht-Rentnerhaushalten können auch Rentner leben)
Quelle: Eigene Berechnungen und Darstellung nach Szulc 2000 (Tabellen 3.13a bis 3.13c, S. 115-116)

Abbildung 3.4.8: Anteile der Personen in den Einkommensdezilen in Ungarn nach Art des Haushalts und Geschlechts im Jahr 1987 (in Prozent der Personen des jeweiligen Haushaltstyps)[1]

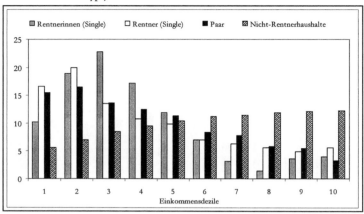

[1] „Rentner (Single)" und „Rentnerinnen (Single)": allein lebende Männer und Frauen, die eine Rente beziehen; „Paar": Haushalte, in denen ein Rentner und eine Rentnerin wohnen; in Nicht-Rentnerhaushalten dürfen die Nicht-Rentnern kein Einkommen aus aktiver Beschäftigung erzielen oder arbeitslos sein (d.h. in Nicht-Rentnerhaushalten können auch Rentner leben)
Quelle: Eigene Darstellung nach Spéder 2000 (Tabellen 2.8a bis 2.8c, S. 69-70)

Abbildung 3.4.9: Anteile der Personen in den Einkommensdezilen in Ungarn nach Art des Haushalts und Geschlechts im Jahr 1996 (in Prozent der Personen des jeweiligen Haushaltstyps)[1]

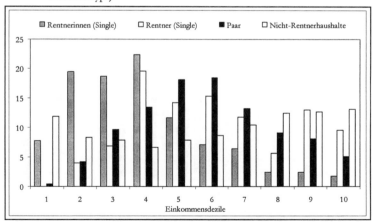

[1] „Rentner (Single)" und „Rentnerinnen (Single)": allein lebende Männer und Frauen, die eine Rente beziehen; „Paar": Haushalte, in denen ein Rentner und eine Rentnerin wohnen; in Nicht-Rentnerhaushalten dürfen die Nicht-Rentnern kein Einkommen aus aktiver Beschäftigung erzielen oder arbeitslos sein (d.h. in Nicht-Rentnerhaushalten können auch Rentner leben)
Quelle: Eigene Darstellung nach Spéder 2000 (Tabellen 2.8a bis 2.8c, S. 69-70)

In Polen konnten sich Frauen während des Transformationsprozesses in ihrer relativen Einkommensposition verbessern. Nur noch 2,1 Prozent der allein lebenden Rentnerinnen befanden sich 1996 im untersten Einkommensdezil. Allerdings lag der Schwerpunkt der Einkommen immer noch in den unteren Einkommensdezilen. Gleichzeitig näherte sich die Verteilungsstruktur der Rentnerinnen denen der Rentner an. Weitgehend unverändert war die Verteilungsstruktur der Einkommen der Nicht-Rentnerhaushalte, wobei der leicht konkave Verlauf - der im Gegensatz zum eher konvexen Verlauf der Kurven der Rentnerhaushalte steht – auf eine eher polarisierte Verteilung der Einkommen hindeutet.

Eine auffällig andere Struktur in der Verteilung der Einkommen innerhalb Gruppen der unterschiedlichen Haushaltstypen zeigte sich in Ungarn[519]. Vor der Wende lag der Schwerpunkt der Einkommen sowohl bei den Rentnerinnen als auch bei den Rentnern und den Rentnerpaaren in den unteren Einkommensdezilen. Im Gegensatz zu Polen befanden sich in Ungarn allein lebende Frauen im Ruhestand gegenüber den allein lebenden Männern im Ruhestand nicht ausgeprägt häufiger in den unteren Einkommensdezilen. In den unteren beiden Einkommensdezilen lag – bezogen auf die Verteilung innerhalb der jeweiligen Gruppen - der Anteil der allein lebenden Rentner mit sehr geringem Einkommen im Jahr sogar über dem Anteil der allein lebenden Rentnerinnen. Allerdings war die Anzahl der männlichen Rentner in der Analyse nur gering, sodass ein hoher Stichprobenfehler zu vermuten ist. 1996 waren in Ungarn jedoch gegenüber den männlichen Rentnern wieder mehr Rentnerinnen in den unteren Dezilen und weniger in den oberen Dezilen anzutreffen. Dies bestätigt die Beobachtung aus vorangegangenen Kapiteln, dass das Witwenrenteneinkommen im Transformationsprozess in Ungarn zu gering war, um den Hinterbliebenen ein angemessenes Einkommen zu gewähren. Erst im Jahr 2002 nahm sich die ungarische Regierung dem Problem an, indem es Teile der Witwenrenten anhob. In Polen dagegen konnten sich alleine lebende Rentnerinnen im Transformationsprozess relativ verbessern. Dies deutet auf eine Umverteilung der Renteneinkommen zugunsten der Frauen durch das polnische Rentensystem hin. Hintergrund hiervon ist die relativ großzügige Leistungsbemessung der Hinterbliebenenrenten in

---

[519] Von den untersuchten Haushaltstypen in Ungarn machten 1987 10,2 Prozent allein lebende Rentnerinnen, 2,5 Prozent allein lebende Rentner, 9,6 Prozent Paar-Rentnerhaushalte und 2,1 Prozent „andere Rentnerhaushalte" aus. Daraus ergab sich ein Anteil von insgesamt 24,3 Prozent Rentnerhaushalten an allen untersuchten Haushalten gegenüber 75,7 Prozent Nicht-Rentnerhaushalten. Neun Jahre später stieg der Anteil der Rentnerhaushalte an allen untersuchten Haushalten merklich auf 35,7 Prozent an. Dies ist im Wesentlichen auf den Anstieg des Anteils von Haushalten mit allein lebenden Rentnerinnen, Rentnerpaaren und „anderen" Rentnerhaushalten zurückzuführen. In der untersuchten Gruppe befanden sich 1996 12,7 Prozent allein lebende Rentnerinnen, 3,1 Prozent allein lebende Rentner, 13,7 Prozent Paar-Rentnerhaushalte und 6,2 Prozent „andere Rentnerhaushalte" (Spéder 2000, Tabellen 2.8a bis 2.8c, S. 69-70).

Polen[520]. Eine etwas verwirrende Verteilungsstruktur ergab sich für Ungarn im Jahr 1996. Dies ist unter anderem auf die geringe Beobachtungshäufigkeit bei den männlichen, allein lebende Rentner zurückzuführen, die zu einem größeren Stichprobenfehler führt. Interessant ist die Normalverteilung bei den Rentnerpaar-Haushalten. Vergleichsweise gut ging es in beiden Ländern zu allen drei Zeitpunkten Rentnerpaaren, die im Haushalt zusammen leben. Im Jahr 1996 befanden sich nur noch 8,7 Prozent der Rentnerpaare in Polen und 14,4 Prozent der Rentnerpaare in Ungarn in den unteren drei Einkommensdezilen[521]. Es ist festzuhalten, dass die Rentensysteme in beiden Ländern zu einer stärkeren Gleichverteilung der Rentnereinkommen und eine relative Besserstellung besonders der Rentner in den untersten Einkommensgruppen geführt haben. Da die Verteilung der Rentnereinkommen auch auf Veränderungen in den zurückliegenden Perioden beruht, sind Auswirkungen der Rentengestaltung aus der Zeit des Kommunismus auf die Verteilung der Renteneinkommen nach 1990 zu vermuten.

3.4.6 Verteilung der Netto-Äquivalenzeinkommen zwischen den Haushaltstypen

Bislang wurde nur die Verteilung der Äquivalenzeinkommen innerhalb der einzelnen Haushaltstypen untersucht. Von Interesse sind auch die Relationen zwischen den einzelnen Gruppen. Allgemein kann aus einem hohen Anteil eines bestimmten Haushaltstyps in den unteren Einkommensdezilen ein vergleichsweise hoher Anteil an Armen in dieser Gruppe und ein geringes Durchschnitts-Haushaltseinkommen abgeleitet werden (Szulc 2000, S. 114f). Sofern sich umgekehrt ein geringerer Anteil der betrachteten Haushaltstypen in den unteren Dezilen befindet, ist von einer relativ guten Einkommensposition auszugehen (Vgl. ebd., S. 115). Bei der Analyse der Verteilung der Netto-Äquivalenzeinkommen zwischen den Haushaltstypen sind die unterschiedlichen Gruppengrößen zu beachten. Da deutlich weniger männliche allein lebende Rentner als allein lebende Rentnerinnen in der Analyse erfasst wurden, lag ihr Anteil an allen Haushaltstypen auch unter denen der Frauen[522].

---

[520] In Polen beträgt die Hinterbliebenenrente in der Regel 85 Prozent des Leistungsanspruchs des Verstorbenen. Unter gewissen Voraussetzungen kann sie bis zu 95 Prozent des Rentenanspruchs des Verstorbenen betragen. In Ungarn dagegen erhalten Hinterbliebene maximal 50 Prozent des Alters- oder Invalidenrentenanspruchs des Verstorbenen.

[521] Im unteren Einkommensdezil befanden sich im Jahr 1996 sogar nur noch 0,3 Prozent der polnischen Rentnerpaare und 0,5 Prozent der ungarischen Rentnerpaare.

[522] Um die relative Bedeutung der einzelnen Haushaltstypen abschätzen zu können, werden in den nachfolgenden Tabellen die jeweiligen Anteile der Haushaltstypen an allen untersuchten Haushalten aufgeführt.

Abbildung 3.4.10: Anteile der Personen in den Einkommensdezilen in Polen nach Art des Rentnerhaushalts[1] im Jahr 1987 (in Prozent der Personen in dem jeweiligen Dezil)

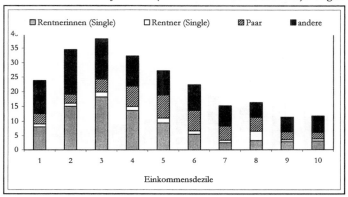

[1] „Rentnerhaushalte": Haushalte, in denen mindestens ein Rentner, aber kein Arbeitnehmer, Selbständiger oder Arbeitsloser wohnt. „Rentner (Single)" und „Rentnerinnen (Single)": allein lebende Männer und Frauen, die eine Rente beziehen; „Paar": Haushalte, in denen ein Rentner und eine Rentnerin wohnen; „andere": Haushalte, in denen mindestens ein Rentner mit anderen nicht-erwerbstätigen Personen bzw. finanziell abhängigen nicht-erwerbstätigen Personen (z.B. Kindern oder Hausfrauen) wohnt.
Quelle: Eigene Darstellung nach Szulc 2000 (Tabellen 3.13a bis 3.13c, S. 115-116)

Abbildung 3.4.11: Anteile der Personen in den Einkommensdezilen in Polen nach Art des Rentnerhaushalts[1] im Jahr 1996 (in Prozent der Personen in dem jeweiligen Dezil)

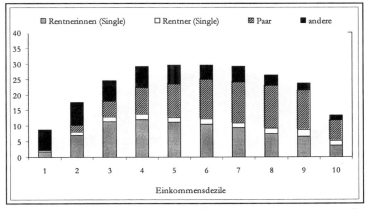

[1] „Rentnerhaushalte": Haushalte, in denen mindestens ein Rentner, aber kein Arbeitnehmer, Selbständiger oder Arbeitsloser wohnt. „Rentner (Single)" und „Rentnerinnen (Single)": allein lebende Männer und Frauen, die eine Rente beziehen; „Paar": Haushalte, in denen ein Rentner und eine Rentnerin wohnen; „andere": Haushalte, in denen mindestens ein Rentner mit anderen nicht-erwerbstätigen Personen bzw. finanziell abhängigen nicht-erwerbstätigen Personen (z.B. Kindern oder Hausfrauen) wohnt.
Quelle: Eigene Darstellung nach Szulc 2000 (Tabellen 3.13a bis 3.13c, S. 115-116)

Abbildung 3.4.12: Anteile der Personen in den Einkommensdezilen in Ungarn nach Art des Rentnerhaushalts[1] im Jahr 1987 (in Prozent der Personen in dem jeweiligen Dezil)

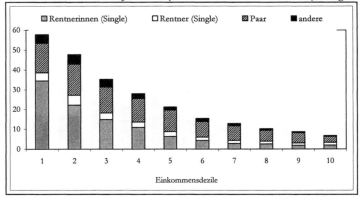

1) „Rentnerhaushalte": Haushalte, in denen mindestens ein Rentner, aber kein Arbeitnehmer, Selbständiger oder Arbeitsloser wohnt. „Rentner (Single)" und „Rentnerinnen (Single)": allein lebende Männer und Frauen, die eine Rente beziehen; „Paar": Haushalte, in denen ein Rentner und eine Rentnerin wohnen; „andere": Haushalte, in denen mindestens ein Rentner mit anderen nicht-erwerbstätigen Personen bzw. finanziell abhängigen nicht-erwerbstätigen Personen (z.B. Kindern oder Hausfrauen) wohnt.
Quelle: Eigene Berechnungen und Darstellung nach Spéder 2000 (Tabellen 2.8a bis 2.8c, S. 69-70)

Abbildung 3.4.13: Anteile der Personen in den Einkommensdezilen in Ungarn nach Art des Rentnerhaushalts[1] im Jahr 1996 (in Prozent der Personen des jeweiligen Haushaltstyps in dem jeweiligen Dezil)

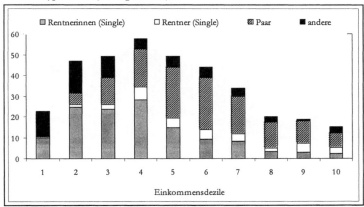

1) „Rentnerhaushalte": Haushalte, in denen mindestens ein Rentner, aber kein Arbeitnehmer, Selbständiger oder Arbeitsloser wohnt. „Rentner (Single)" und „Rentnerinnen (Single)": allein lebende Männer und Frauen, die eine Rente beziehen; „Paar": Haushalte, in denen ein Rentner und eine Rentnerin wohnen; „andere": Haushalte, in denen mindestens ein Rentner mit anderen nicht-erwerbstätigen Personen bzw. finanziell abhängigen nicht-erwerbstätigen Personen (z.B. Kindern oder Hausfrauen) wohnt.
Quelle: Eigene Berechnungen und Darstellung nach Spéder 2000 (Tabellen 2.8a bis 2.8c, S. 69-70)

Der Vergleich zwischen den beiden Ländern zeigt Gemeinsamkeiten aber auch wesentliche Unterschiede. In Polen und Ungarn lässt sich zum einen beobachten, dass der Anteil der allein lebenden Rentnerinnen in den unteren Einkommensdezilen höher als der Anteil der allein lebenden (männlichen) Rentner lag. Zum anderen befanden sich Ende der 1980er Jahren vor allem Nicht-Rentnerhaushalte in den unteren Einkommensdezilen. In den oberen Einkommensdezilen zeigt sich kein so deutliches Bild. Auffällig unterschiedlich war die Einkommensstruktur in den späten 1980er Jahren in beiden Ländern. Während in Ungarn 1987 eine abfallende Kurve zu beobachten ist, war die entsprechende Kurve in Polen bereits auf niedrigerem Niveau eher linkssteil glockenförmig. Dies kann dahingegen interpretiert werden, dass in Polen der Anteil der Rentnerhaushalte in der Gruppe der sehr Armen in der Bevölkerung geringer war als in Ungarn. In Polen flachte die Kurve im Laufe des Transformationsprozesses ab und verschob sich weiter in die Mitte. 1987 waren Rentnerhaushalte noch vorwiegend in den unteren Einkommensdezilen und Nicht-Rentnerhaushalte in den oberen Einkommensdezilen anzutreffen. Diese Relation verschob sich markant bis Mitte der 90er Jahre. Nunmehr waren Rentnerhaushalte vorwiegend in den mittleren Einkommensdezilen anzutreffen. Aus der abfallenden Kurve in Ungarn im Jahr 1987 entstand bis 1996 eine Glockenkurven, die in Ungarn auf einem höheren Niveau[523] linkssteiler verlief als in Polen. Daraus kann gefolgert werden, dass sich die Rentnerhaushalte in beiden Ländern im Vergleich zu Nicht-Rentnerhaushalten besser stellen konnten[524].

Erheblich verbessern konnten sich speziell die Paar-Haushalte. Sie waren im Vergleich zu allen anderen Haushalten (inklusive der Nicht-Rentnerhaushalte) am häufigsten in den mittleren Einkommensdezilen vertreten. Gegenüber allein lebenden Frauen und Männern in Rentnerhaushalten sowie Rentnerhaushalten, in denen andere Personen ohne eigenes Erwerbseinkommen leben (z.B. Kinder und/oder Hausfrauen), war ihr Anteil in den unteren Einkommensdezilen geringer und in den mittleren und oberen Dezilen höher. Zudem war die Einkommensverteilung in Polen für Rentnerhaushalte sowohl in den 1980er als auch in den 1990er Jahren vergleichsweise günstiger als die entsprechende Verteilung in Ungarn. Darin bestätigen sich die Ergebnisse vorangegangener Kapitel, dass die polnische Regierung zu Be-

---

[523] Das vergleichsweise höhere Niveau der jeweiligen Anteile der Rentnerhaushalte in den Einkommensdezilen in Ungarn gegenüber Polen ist unter anderem auf den allgemein höheren Anteil der Rentnerhaushalte an den Gesamthaushalten, die weiter fortgeschrittene Alterung der Bevölkerung und das niedrigere gesetzliche Rentenalter in Ungarn zurückzuführen.

[524] Ein interessantes Detail ist, dass die gemessene relativ gute Einkommensposition der Rentner im Transformationsprozess nicht immer der subjektiven Einschätzung der Rentenbezieher entsprach. Vielmehr schätzten viele von ihnen ihre Lage schlechter ein, als sie tatsächlich war. Zu erklären ist diese „subjektive Armut" unter anderem damit, dass der Gesundheitszustand der älteren häufig schlechter ist als der jüngeren Generation (Golinowska et. al., 2003, S. 63f).

ginn des Transformationsprozesses in besonderem Maße bemüht war, die Einkommensposition der Rentner zu verbessern. Auch die negativen Folgen dieser Politik lassen sich an den Graphiken ablesen: Offensichtlich fehlte der polnischen Regierung unter anderem aufgrund der relativ großzügigen Rentenpolitik in Zeiten der Wirtschaftskrise die finanziellen Mittel, um andere gefährdete Bevölkerungsgruppen vor der Verarmung zu schützen.

Ein weiterer Grund der relativen Verbesserung von Rentnerhaushalten gegenüber Nicht-Rentnerhaushalten ist, dass die Zahl der Arbeitslosen nach 1989 drastisch anstieg. Gemäß der Klassifizierung werden Haushalte, denen Beschäftigte oder Arbeitslose angehören, grundsätzlich als Nicht-Rentnerhaushalte angesehen. Steigende Arbeitslosenquoten senken somit das allgemeine Haushaltseinkommen von Nicht-Rentnerhaushalten. Darüber hinaus leben junge Menschen, die nach der Ausbildung keine Arbeitsstelle fanden und somit nicht als Arbeitslose klassifiziert werden, oftmals in Haushalten mit aktiven Beschäftigten (Spéder 2000, S. 72f.).

Die Beobachtung, dass Nicht-Rentner-Haushalte sowohl in den unteren als auch in den oberen Einkommensdezilen in besonderem Ausmaß anzutreffen waren, deutet darauf hin, dass es zu einer starken Divergenz der Einkommen von Nicht-Rentnerhaushalten gekommen ist[525]. Ein markanter Unterschied zwischen Polen und Ungarn sind auch die Entwicklungen in der Gruppe der „anderen" Rentnerhaushalte[526]. In Polen sinkt im Laufe des Transformationsprozesses ihr Anteil insgesamt und speziell in den unteren Einkommensdezilen sichtlich. Dagegen ist in Ungarn nahezu der umgekehrte Fall zu beobachten. Während „andere" Rentnerhaushalte Ende der 80er Jahre nur einen geringen Anteil insgesamt und keinen auffällig hohen Anteil in den unteren Einkommensdezilen stellten, stieg ihr Anteil sowohl insgesamt als auch in den unteren Einkommensdezilen bis Mitte der 90er Jahre.

Die Verteilung der Einkommen nach Geschlecht verlief in beiden Ländern ähnlich. Sowohl in Ungarn als auch in Polen war ein höherer Anteil an alleine lebenden Rentnerinnen in den unteren drei Einkommensdezilen anzutreffen als alleine lebende Rentner. Eine wesentliche Ursache hierfür ist die häufig schlechtere Position der Frauen gegenüber Männern auf dem Arbeitsmarkt während der Erwerbsphase. Dies hat zur Folge, dass „[g]ender differences in the income distribution of the elderly population reproduce the gender differentials in educational attainment, in labour

---

[525] Da Nicht-Rentnerhaushalte per Definition auch diejenigen Personen erfassen, die arbeitslos sind, ist dies Aussage plausibel, da Arbeitslose in der Regel ein geringeres Einkommen als Beschäftigte haben.

[526] In „anderen" Haushalten sind gemäß der Definition alle Haushalte gemeint, in denen Rentner aber keine Beschäftigten oder Arbeitslosen wohnen. Somit bleiben nur Personen als weitere Haushaltsmitglieder, die kein eigenes Einkommen haben und in der Regel von den Rentnern finanziell abhängig sind. Dies können nicht-erwerbstätige Personen wie Hausfrauen, Sozialhilfeempfänger, pflegebedürftige Personen, Personen in Ausbildung und Kinder sein.

force participation and in income from work" (Stanovnik et. al. 2000, S. 37). Dies bestätigen auch andere Studien[527]. Eine weitere Gemeinsamkeit beider Länder ist, dass sich Rentner-Ehepaare im Vergleich zu anderen Rentnerhaushalten deutlich besser stellen konnten.

3.4.7 Verteilung der Einkommen innerhalb der Altersgruppen der Altenbevölkerung

Wie bereits oben angedeutet wurde, ist das Alter ein wichtiges Merkmal für die Einkommenssituation der Menschen. Die finanzielle Lage der unterschiedlichen Alterskohorten ist auch von Interesse, da trotz der umfangreichen Einbeziehung der Bevölkerung in das Sozialversicherungssystem nicht alle Alten eine Rente erhielten und erhalten, teilweise andere institutionelle Rahmenbedingungen gelten und unterschiedliche staatliche Rentensysteme nebeneinander bestanden und dabei unterschiedliche Leistungen boten. Sowohl in Polen als auch in Ungarn waren 1987 die „jüngeren Alten" (d.h. Personen im Alter von 50 bis 59 Jahren) vergleichsweise am besten gestellt. In Polen konnten sich insbesondere die älteren Menschen in ihrer Einkommensposition verbessern, während die „jüngeren Alten" einen fast unveränderten Anteil in den unteren drei Dezilen stellten.

Tabelle 3.4.6: Anteil der Personen in den unteren drei und oberen drei Dezilen in Polen und Ungarn nach Altersgruppen zwischen den Jahren 1987 bis 1996 (in Prozent) und ihre Veränderung (in Prozentpunkten)

	Polen				Ungarn		
	50-59	60-69	70-79	80+	60-69	70-79	80+
Untere drei Dezile							
1987	20,4	28,0	36,2	30,1	36,4	56,4	58,4
1993/1992[1)]	21,3	19,6	20,5	21,8	37,5	51,5	50,3
1996	20,8	17,6	18,7	18,1	17,4	20,4	28,4
1987-1996[2)]	0,4	-10,4	-17,5	-12,0	-19,0	-36,0	-30,0
Obere drei Dezile							
1987	45,0	29,5	20,1	24,7	21,5	11,9	12,4
1993/1992[1)]	39,2	36,8	32,8	32,1	17,7	14,8	14,1
1996	38,5	36,1	33,6	35,2	23,4	20,8	14,0
1987-1996[2)]	-6,5	6,6	13,5	10,5	1,9	8,9	1,6

[1)] für Polen: 1993; für Ungarn: 1992
[2)] Veränderung in Prozentpunkten
Quelle: Spéder 2000 (Tabellen 2.11a bis 2.11c, S. 75-76), Szulc 2000 (Tabellen 13.5a bis 13.5c, S. 119-120) und eigene Berechnungen

1996 hatten alle vier Altersgruppen in etwa den gleichen Anteil in den unteren Dezilen. Diese Angleichung kann auf die Neubewertung der Renten und die Anhebung

---

[527] Braithwaite und Grootaert beispielsweise folgern: „Gender is…a relevant poverty dimension in Eastern Europe primarily for the elderly, especially at very high ages, and for female headed households" (Braithwaite/Grootaert 2000, S. 44). Siehe auch Grootaert (1997) und Stanovnik et. al. (2000).

der Mindestrente im Jahr 1991 zurückgeführt werden. In Ungarn verbesserten sich alle drei untersuchten Altersgruppen. Am ausgeprägtesten waren die Verbesserungen in der Gruppe der 70- bis 79-Jährigen.

Abbildung 3.4.14: Verteilung der Personen in Polen nach Einkommensdezilen und Altersgruppen der Altenbevölkerung im Jahr 1987 (in Prozent der Personen in den jeweiligen Altersgruppen)

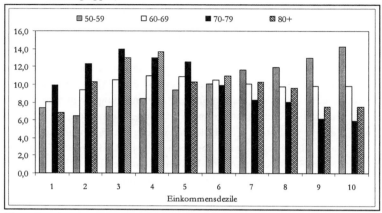

Quelle: Eigene Berechnungen und Darstellung nach Szulc 2000 (Tabellen 13.5a bis 13.5c, S. 119-120)

Abbildung 3.4.15: Verteilung der Personen in Polen nach Einkommensdezilen und Altersgruppen der Altenbevölkerung im Jahr 1996 (in Prozent der Personen in den jeweiligen Altersgruppen)

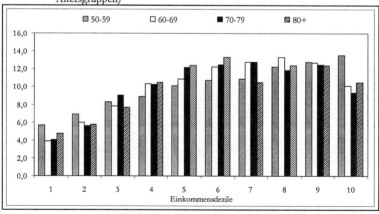

Quelle: Eigene Berechnungen und Darstellung nach Szulc 2000 (Tabellen 13.5a bis 13.5c, S. 119-120)

Abbildung 3.4.16: Verteilung der Personen in Ungarn nach Einkommensdezilen und Altersgruppen der Altenbevölkerung im Jahr 1987 (in Prozent der Personen in den jeweiligen Altersgruppen)

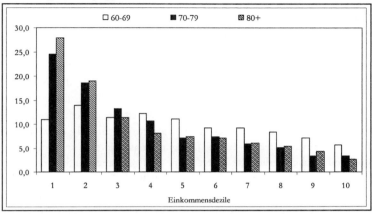

Quelle: Eigene Darstellung nach Spéder 2000 (Tabellen 2.11a bis 2.11c, S. 75-76)

Abbildung 3.4.17: Verteilung der Personen in Ungarn nach Einkommensdezilen und Altersgruppen der Altenbevölkerung im Jahr 1996 (in Prozent der Personen in den jeweiligen Altersgruppen)

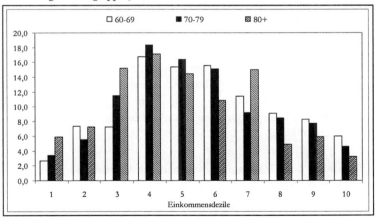

Quelle: Eigene Darstellung nach Spéder 2000 (Tabellen 2.11a bis 2.11c, S. 75-76)

Die Einkommensverteilung innerhalb der einzelnen Altersgruppen veränderte sich im Laufe des Transformationsprozesses erheblich. Auffällig ist, dass es in beiden Ländern jeweils zu einer Verschiebung von den unteren Einkommensdezilen zu den mittleren bzw. oberen Einkommensdezilen kam. In Polen befanden sich Mitte der 1990er Jahre nur noch wenige Personen im Alter von über 50 Jahren in der Gruppe

351

mit den geringsten Einkommensdezilen. Dagegen stieg der Anteil der polnischen Alten in den mittleren und oberen Einkommensdezilen. Relativ unverändert blieb allerdings der Anteil der 50- bis 59-Jährigen in den oberen Einkommensdezilen. Im Endeffekt glichen sich die jeweiligen Anteile der unterschiedlichen Altersgruppen in Polen an.

Erheblich unterscheiden sich die Strukturen der Einkommen nach Dezilen der Alten in Ungarn vor und nach der Wende. 1987 befand sich noch das Gros der Personen über 60 Jahren in den unteren Einkommensdezilen. Mehr als ein Viertel der über 70-Jährigen gehörten sogar dem untersten Einkommensdezil an. Interessant ist auch, dass sich bereits 1987 die Einkommensverteilung dieser Altersgruppe nach Einkommensdezilen ab dem dritten Dezil nahezu gleichmäßig entwickelte. Etwas geringer war der Anteil der 60- bis 69-Jährigen Ungarn in den unteren drei Dezilen. Entsprechend flacher verlief die Kurve. Eine völlig veränderte Situation zeigte sich neun Jahre später. Ebenso wie in Polen hatte sich die Einkommensstruktur in Ungarn in Richtung der mittleren Einkommensdezile verschoben. Allerdings kam es im Gegensatz zu Polen nicht zu der markanten Verschiebung zu den oberen Einkommensdezilen. In Ungarn ist vielmehr 1996 nahezu eine Normalverteilung zu beobachten. Vergleichsweise am schlechtesten sind Ungarn im Alter von über 80 Jahren gestellt. Anders als zuvor bewegen sich die Kurven Mitte der 90er Jahre bei den 60- bis 69-Jährigen und den 70- bis 79-Jährigen in allen Einkommensdezilen nahezu kongruent. Als Ergebnis lässt sich festhalten, dass ältere Menschen in Polen und Ungarn ihre relative Einkommenssituation bis Mitte der 90er Jahre erheblich verbessern konnten. Jeweils etwas besser gestellt sind die „jüngeren" Alten. Dies kann darauf zurückgeführt werden, dass jüngere Rentner zum Teil noch ein Erwerbseinkommen beziehen und in der Regel höhere Rentenleistungen erhalten als ältere[528]. Letzteres wiederum kann auf das höhere Bildungsniveau jüngerer Generationen und die damit im Regelfall einher gehenden höheren Einkommen im Erwerbsleben zurückgeführt werden (Spéder 2000, S. 74).

3.4.8 Verteilung der Einkommen zwischen der Altenbevölkerung und anderen Altersgruppen

Von Interesse ist neben der Verteilung der Einkommen innerhalb der Altersgruppen der Altenbevölkerung auch die Einkommensverteilung der jeweiligen Altersgruppen in Relation zu anderen Altersgruppen. Da die ältesten Menschen in den jeweiligen Ländern auch die Gruppe mit der geringsten Anzahl bilden, haben sie

---

[528] Der Transformationsprozess trug dazu bei, dass mehr Personen als zuvor auch unterhalb des gesetzlichen Rentenalters eine Rentenleistung erhielten und sich somit die Altersstruktur der Rentner „verjüngte" (Spéder 2000, S. 74).

auch den durchschnittlich geringsten Anteil in dieser Betrachtung der Einkommens-verteilung[529]. In Polen sind die „jüngeren" Alte, d.h. die 50- bis 59-Jährigen, im Jahr 1987 materiell vergleichsweise gut gestellt. Sie sind vorwiegend in den obersten Ein-kommensdezilen anzutreffen. Auch in Ungarn sind die jüngeren Alten zu diesem Zeitpunkt vergleichsweise besser gestellt als die älteren Alten. Auffällig ist in Ungarn die besonders schlechte Stellung der 70- bis 79-Jährigen.

3.4.9 Andere Faktoren, die das relative Einkommen bestimmen

Neben dem Haushaltstyp, dem Alter und dem Geschlecht haben auch das Bil-dungsniveau und die Art der Beschäftigung einen Einfluss auf das spätere Renten-einkommen. In der zitierten Studie wurde dies jedoch nur für Ungarn, nicht aber für Polen untersucht. Ehemalige Unternehmer und Intellektuelle in Ungarn hatten dem-zufolge im Ruhestand ein überdurchschnittliches Renteneinkommen, da ihre Er-werbseinkommen in der Regel überdurchschnittlich hoch waren (Spéder 2000, S. 77ff)[530]. Da es sich bei dem ungarischen Rentensystem bereits vor der Wende um ein „Bismarcksches Sozialversicherungssystem" mit dem Ziel der Lebensstandardsi-cherung handelte, ist diese Beobachtung im Prinzip nicht überraschend. Über-raschend ist sie vielmehr mit Blick auf die Gestaltung der Sozialsysteme im Kommu-nismus nach sozialistischer Ideologie. In diesem Sinn ist es ein interessantes Ergeb-nis, da das alte Rentensystem aufgrund seines schwachen Zusammenhangs zwischen gezahlten Beiträgen und späteren Rentenleistungen kritisiert wurde. Demnach kann gefolgert werden, dass trotz des Umverteilungsmechanismus ein beachtlicher Teil der Ungleichheit bestehen blieb[531]. Dies kann unter anderem auch auf die Privilegie-rung einzelner Beschäftigungs- und Personengruppen in der Zeit des Kommunis-mus zurückgeführt werden. Es ist davon auszugehen, dass privilegierte Personen im Erwerbsleben relativ höhere Einkommen erzielen konnten und auch im staatlichen Rentensystem durch eine großzügigere Leistungsbemessung ihrer Rentenansprüche begünstigt wurden.

3.4.10 Lebensumstände in Polen und Ungarn im Transformationsprozess

Ein Mangel der Untersuchung anhand relativer Einkommensgrößen ist, dass sie nur einen geringen Eindruck von den tatsächlichen Lebensumständen der Rentner

---

[529] In der Studie werden keine Angaben zu dem Medianwert der Einkommen gemacht.

[530] In einer multivariaten Analyse weist Spéder nach, dass der Beschäftigungsstatus vor Renteinein-tritt größeren Einfluss auf das spätere Renteneinkommen hatte als der Haushaltstyp, das Ge-schlecht oder der Wohnort. Dieser Vorteil im Erwerbsleben setzt sich auch im Ruhestand fort (Spéder 2000, S. 82).

[531] Dies bestätigt auch der Autor der Studie mit der Aussage, dass „[d]ifferences emerging during the period of employment do not disappear after retirement" (Spéder 2000, S. 83).

vermitteln. Eine Annäherung an die Lebensbedingungen der Alten und Rentner in Polen und Ungarn haben die Autoren anhand von Indikatoren wie zum Beispiel der Größe der Wohnung sowie dem Vorhandensein von einem Farbfernseher und von sanitären Einrichtungen (WC, Badezimmer) nachvollzogen. Dabei zeigten sich überraschende Ergebnisse. Aufgrund unterschiedlicher Erhebungsmethoden und erhobenen Indikatoren lassen sich die beiden Studien nicht unmittelbar vergleichen. Annähernd lässt sich jedoch sagen, dass polnische Rentnerhaushalte mit materiellen Gegenständen etwas besser ausgestattet sind als ungarische. Demgegenüber wohnen ungarische Rentner im Durchschnitt in einer größeren Wohnung.

In Polen hat besonders deutlich die Ausstattung der Rentnerhaushalte mit Farbfernsehern zugenommen. 1987 hatte nur knapp ein Fünftel aller untersuchten Rentnerhaushalte einen Farbfernseher. 1996 waren es bereits mehr als vier Fünftel aller Rentnerhaushalte. Ähnlich hoch lag der Anteil der polnischen Rentnerhauhalte mit einem eigenen Badezimmer im Jahr 1996. Nur knapp 38 Prozent der Rentnerhaushalte waren dagegen mit einem Telefon ausgestattet.

Ebenso wie in Polen nahm auch in Ungarn der Anteil der Rentnerhaushalte, die über einen Farbfernseher verfügten, zwischen 1987 und 1996 am deutlichsten zu. Die Ausstattung ungarischer Rentnerhaushalte mit sanitären Anlagen hat sich zwar seit 1987 merklich verbessert. Allerdings scheint die Situation in Ungarn im Vergleich zu Polen noch schlecht zu sein. Seit 1992 leicht zurückgegangen ist der Anteil der Rentnerhaushalte in Ungarn, die über Luxusgüter wie beispielsweise einen Zweitwagen, eine Zweiwohnung oder Gemälde verfügen.

Abbildung 3.4.18: Indikatoren der Lebensumstände von Rentnern[1] in Polen in den Jahren 1987, 1993 und 1996 in Prozent aller Rentner bzw. in Quadratmetern[2]

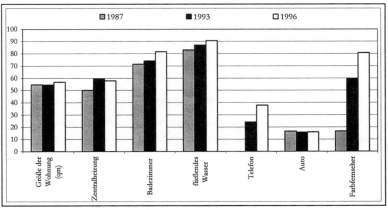

[1] Rentner in Rentnerhaushalten und Nicht-Rentnerhaushalten
[2] Die Angaben über die Größe der Wohnung beziehen sich auf die Quadratmeter (qm).
Quelle: Eigene Darstellung nach Szulc 2000 (Tabelle 3.19, S. 130)

Abbildung 3.4.19: Indikatoren der Lebensumstände[1] von Rentnerhaushalten in Ungarn in den Jahren 1987, 1992 und 1996 in Prozent aller Rentnerhaushalte bzw. in Quadratmetern

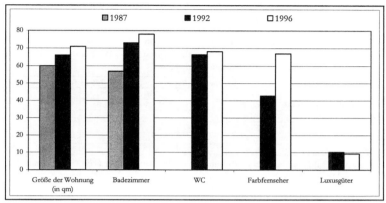

[1] Als Luxusgüter zählen unter anderem Zweitwagen, zweite Wohnung, Gemälde, Alarmanlage, Nähmaschine etc.; die Angaben über die Größe der Wohnung beziehen sich auf die Quadratmeter (qm).
Quelle: Eigene Darstellung und Berechnung nach Spéder 2000 (Tabelle 2.17, S. 87)

Positiv zu verzeichnen ist, dass in beiden Ländern die Wohnfläche der Rentnerhaushalte zugenommen hat, mehr Rentnerhaushalte über einen Farbfernseher verfügen und sich auch die Ausstattung mit Sanitäranlagen gegenüber der Zeit im Kommunismus verbessert hat. Zudem konnte Spéder für Ungarn keine signifikante Zunahme der Unzufriedenheit unter den ungarischen Rentnern feststellen (Spéder 2000, S. 87).

Tabelle 3.4.7: Indikatoren der Lebensumstände von Rentnern[1] und in der Gesamtbevölkerung in Polen in den Jahren 1987, 1993 und 1996 in Prozent aller Rentner/Personen bzw. in Quadratmetern

	Rentner			Gesamtbevölkerung		
	1987	1993	1996	1987	1993	1996
Größe der Wohnung (in qm)[2]	54,6	54,5	56,8	58,5	64,6	66,7
Zentralheizung	49,9	59,6	57,9	59,2	66,7	68,0
Badezimmer	71,5	74,1	81,6	75,8	81,2	84,6
fließendes Wasser	83,0	87,0	90,6	85,2	91,0	93,5
Telefon	k. A.	24,2	37,8	k. A.	28,7	41,0
Auto	16,7	15,8	16,1	26,8	43,2	48,0
Farbfernseher	16,7	59,7	80,7	24,6	81,1	91,7

[1] Rentner in Rentnerhaushalten und Nicht-Rentnerhaushalten
[2] Die Angaben über die Größe der Wohnung beziehen sich auf die Quadratmeter (qm).
k. A.: keine Angaben
Quelle: Szulc 2000 (Tabelle 3.19, S. 130)

In Polen und Ungarn verbesserten sich die materiellen Lebensumstände von Rentnern gegenüber denen in der Gesamtbevölkerung weniger stark, obwohl sich die relative Einkommensposition von Rentnern deutlich positiver entwickelt hatte.

Spéder sieht eine Erklärung für dieses Phänomen in der eher zögerlicheren Anpassung von alten Menschen an neue Lebensumstände. Darüber hinaus vermutet er, dass der absolute Zuwachs an Einkommen nicht ausreichend war, um in einem zunehmenden Wohlstand Ausdruck zu finden (Vgl. ebd., S. 86).

Tabelle 3.4.8: Indikatoren der Lebensumstände von Rentnerhaushalten und Nicht-Rentnerhaushalten[1] in Ungarn in den Jahren 1987, 1992 und 1996 in Prozent aller Rentnerhaushalte bzw. in Quadratmetern

	Rentnerhaushalte			Nicht-Rentnerhaushalte		
	1987	1992	1996	1987	1992	1996
Größe der Wohnung (in qm)[2]	60,0	66,0	71,0	71,0	77,0	79,0
Badezimmer	56,9	73,1	78,0	80,6	88,8	89,5
WC	k. A.	66,4	68,2	k. A.	85,5	86,6
Farbfernseher	k. A.	42,8	67,0	k. A.	69,5	83,5
Luxusgüter[3]	k. A.	10,2	9,3	k. A.	26,0	26,7

[1] Rentnerhaushalte sind Haushalte, in denen mindestens ein Rentner, aber kein Arbeitnehmer, Selbständiger oder Arbeitsloser wohnt (d.h. in Nicht-Rentnerhaushalten dürfen die Nicht-Rentner kein Einkommen aus aktiver Beschäftigung erzielen oder arbeitslos sein. Dies sind z.B. Kinder und Hausfrauen); „Nicht-Rentnerhaushalte" sind alle Haushalte, die keine Rentnerhaushalte sind. In Nicht-Rentnerhaushalten können auch Rentner leben.
[2] Die Angaben über die Größe der Wohnung beziehen sich auf die Quadratmeter (qm).
[3] Als Luxusgüter zählen unter anderem Zweitwagen, zweite Wohnung, Gemälde, Alarmanlage, Nähmaschine etc.
k. A.: keine Angaben
Quelle: Spéder 2000 (Tabelle 2.17, S. 87)

3.4.11 Zusammenfassung und kritische Würdigung

Eine wesentliche Erkenntnis dieses Kapitels ist, dass sich die Ergebnisse aus vorangegangenen Kapiteln in der Verteilungsanalyse wiederfinden: Weder in Polen noch in Ungarn können alte Menschen und Rentner gegenüber anderen Alters-, Haushalts- und Bevölkerungsgruppen zu den „Verlierern" des Transformationsprozesses gezählt werden. Obwohl – bzw. im spezifischen Zusammenhang der Politik der Regierungen im Transformationsprozess gerade weil – Rentner und alte Menschen in der Regel über kein eigenes Erwerbseinkommen verfügten, konnten sie sich gegenüber der Bevölkerung insgesamt vergleichsweise besser stellen. Es wurde offensichtlich, dass Rentner und Alte aus materieller Sicht von den Rentensystemen auch unter den veränderten politischen und wirtschaftlichen Rahmenbedingungen relativ gut geschützt wurden. Dies ist allerdings nur relativ zur Bevölkerung und anderen sozio-ökomischen Gruppen und jüngeren Kohorten zu sehen, da der Lebensstandard in Polen und Ungarn nach der Wende allgemein in erheblichem Ausmaß sank. Von dieser allgemeinen Absenkung des Wohlstands in der Bevölkerung waren auch die Alten und die Rentner betroffen. Ebenso muss in Erinnerung behalten werden, dass gemäß der Definition der Autoren der Studie auch Rentenbezieher in Nicht-Rentnerhaushalten leben. Die materiellen Indikatoren deuten hingegen auf beachtliche Verbesserungen im Laufe des Transformationsprozesses hin.

Die vielfach kritisierten Rentensysteme aus der Zeit des Kommunismus ermöglichten den Rentnern und Alten ein relativ besseres Auskommen während des Transformationsprozesses als anderen gesellschaftlichen Gruppen und Alterskohorten. In Polen ist dies unter anderem darauf zurückzuführen, dass die polnische Regierung die Rentner bewusst finanziell gut gestellt hatte, um ihre Unterstützung beim Wandlungsprozess und auch bei den anstehenden Wahlen zu gewinnen. Auch in Ungarn verbesserte sich die materielle Lage der Rentner und Alten im Vergleich zur Gesamtbevölkerung. Für Ungarn kommt Spéder zu der Schlussfolgerung: „[I]t is the relative stability of the value of pensions, the 'rejuvenation' of pensioners, the easing of the negative consequences of the labour market on pensioner households and the decrease in the value of family benefits that are behind the improvement of the relative financial and welfare situation of pensioners" (Spéder 2000, S. 74).

In beiden Ländern konnte im Transformationsprozess ein Rückgang der relativen Altersarmut beobachtet werden. Gemessen am sozialen Existenzminimum (absolute Armut) erscheint das Bild in Ungarn jedoch nicht so positiv, da die durchschnittliche Rentenleistung nur knapp unter und die Mindestrente deutlich unter dem Niveau des Existenzminimums eines Ein-Personen-Rentnerhaushalts lagen. Für Polen waren hierzu keine Daten vorhanden.

Ein interessantes Ergebnis dieses Kapitels ist, dass die Ungleichheit innerhalb der Gruppe der über 60-Jährigen und der Rentner zwischen 1987 und 1996 deutlich zurückgegangen bzw. nur marginal gestiegen ist. In Ungarn nahm die Ungleichheit in der Gesamtbevölkerung deutlich zu. In Polen waren die Veränderungen in der Gesamtbevölkerung nur marginal. Mitte der 1990er Jahre wies Polen − wie bereits im Jahr 1987 − gegenüber Ungarn eine größere Ungleichheit der Einkommensverteilung sowohl in der Gruppe der Rentner als auch in der Alten- und der Gesamtbevölkerung auf.

Die Ursachen der relativen Besserstellung der Alten und Rentner im Transformationsprozess und die rückläufige Ungleichheit der Einkommensverteilung in den beiden Gruppen beruhen auf den allgemeinen wirtschaftlichen Rahmenbedingungen aber auch ganz speziell auf der jeweiligen Gestaltung des staatlichen Rentensystems. Die steigende Zahl an Arbeitslosen in der Bevölkerung führte zu einer Senkung der Einkommen in der Gesamtbevölkerung und schließlich auch zu einer Senkung des allgemeinen Wohlstands. Auf diese Weise verschlechterte sich eher das Einkommen von Nicht-Rentnerhaushalten als dass sich die Einkommenslage der Rentner verbessert hätte. Dessen ungeachtet ist davon auszugehen, dass die staatlichen Rentensysteme in erheblichem Maße dazu beigetragen haben, die Einkommen der Rentner und Alten in den wirtschaftlich schwierigen Zeiten der frühen 1990er Jahre zumindest relativ stabil zu halten. In Ungarn war durch die Gestaltung der Rentenformel die Absicht der relativen finanziellen Entlastung der staatlichen Rentenversicherung verbunden gewesen.

Die Reformen der Alterssicherungssysteme in Polen und Ungarn Ende der 1990er Jahre konnten noch nicht in der Verteilungsanalyse untersucht werden, da die neuen Systeme erst seit kurzem in Kraft sind. Sie werden sich daran messen lassen müssen, ob sie einen Mittelweg zwischen der Gewährung angemessener Renten und finanzieller langfristiger Tragfähigkeit der staatlichen Rentensysteme darstellen. Die Rentensysteme sollten in der Lage sein, den Lebensstandard der Menschen nach Ende der aktiven Erwerbstätigkeit nicht einbrechen zu lassen, die alten Menschen vor dem Risiko der Armut im Alter zu schützen, die aktiven Beschäftigen durch Sozialabgaben und Steuern nicht übermäßig zu belasten und die Finanzierbarkeit des Sozialsystems langfristig gewähren zu können. Die letzten beiden Anforderungen können durch Projektionen der künftigen Einnahmen und Ausgaben sowie der Regelungen über Sozialabgaben auf Basis der derzeitigen Regelungen prognostiziert werden (siehe Kapitel 4.2.). Die Auswirkungen auf die materielle Situation von Rentnern und die Verteilungswirkungen sind dagegen schwierig ex ante abzuschätzen. Die neuen Rentensysteme werden erst in den kommenden Jahren Wirkungen zeigen. Aber auch die Nachwirkungen des Transformationsprozesses und die vielfachen Änderungen in der Rentengesetzgebung werden noch in den kommenden Jahren ihre Spuren hinterlassen. Erste Einschätzungen deuten darauf hin, dass Armut von Rentnern insbesondere in Polen in Zukunft ein aktuelles Thema werden könnte.

4 Prognose der Entwicklung der Rentenfinanzierung in Polen und Ungarn

4.1 Prognosen der demographischen Rahmenbedingungen in Polen und Ungarn bis 2050

Die vorangegangenen Analysen haben gezeigt, dass der Alterungsprozess in Polen und Ungarn noch nicht in dem Maße vorangeschritten ist, dass er sich merklich nachteilig auf die Finanzierung der Rentensysteme ausgewirkt hat. Die günstige demographische Lage wird sich aller Voraussicht nach nicht fortsetzen. Die demographische Vergangenheitsanalyse deutete bereits darauf hin, dass sich der Trend einer zunehmend älter werdenden Gesellschaft in den kommenden Jahrzehnten in beiden Ländern erheblich verschärfen wird. Vor allem die Fertilitätsraten ließen erkennen, wann die Alterung der Bevölkerung in den beiden Länder einsetzen und sich beschleunigen wird. Die Probleme werden dadurch verschärft, dass der Einbruch der Geburtenraten in den 80er und 90er Jahren vergleichsweise abrupt kam. Infolgedessen wird der Unterschied zwischen der Größe der Kohorten erheblich sein. Je größer diese Diskrepanz ist, desto weniger potentielle Steuer- bzw. Beitragszahler stehen einer zunehmenden Anzahl an Rentenbeziehern gegenüber. Dies bedeutet eine potentielle Verschlechterung der für beitragsfinanzierte Sozialversicherungssysteme wichtigen Relation zwischen Beitragszahlern und Leistungsempfängern[532]. Demographische Prognosen sind mit großen Unsicherheiten behaftet, da sie Aussagen über Entwicklungen treffen, die von diversen Einflüssen abhängen. In diesem Kapitel kann es folglich nur darum gehen, Tendenzen nachzuzeichnen und die Auswirkungen möglicher Szenarien auf die Rentensysteme zu erläutern. Betrachtet werden die Prognosen der nationalen Statistikämter GUS in Polen und KSH in Ungarn sowie die Prognosen der Vereinten Nationen in der Version aus dem Jahr 2002 (UN 2003). Grundsätzlich wird auf die mittlere Variante (*medium variant*)[533] der UN-Prognosen Bezug genommen.

4.1.1 Veränderung des Bevölkerungszuwachses

In den kommenden Jahren wird der parallele Prozess einer alternden und schrumpfenden Bevölkerung in Polen und Ungarn voranschreiten. Die Hintergründe für diese Entwicklung sind in der nachfolgenden Tabelle im Detail auf Basis der UN-Prognose dargestellt. Der UN-Prognose zufolge werden in beiden Ländern in der ersten Hälfte des 21. Jahrhunderts weniger Menschen geboren als im gleichen Zeitraum sterben. Entsprechend wird für beide Gesellschaften ein negatives natürliches Bevölkerungswachstum prognostiziert. Gemäß den Prognosen wird dieser Schrumpfungsprozess in Polen innerhalb des ersten Jahrzehnts des 21. Jahrhunderts beginnen. In Ungarn dagegen hat er bereits zur Jahrtausendwende eingesetzt.

---

[532] Auch in Pauschalleistungssystemen und auf die Volkswirtschaft wirkt sich der demographische Wandel negativ aus. Sobald weniger Menschen aktiv zum Bruttoinlandsprodukt beitragen, sinkt auch das (Um-) Verteilungspotential an Volkseinkommen.

[533] Bezugspunkt sind die Fertilitätsraten. Die mittlere Variante ist das arithmetische Mittel aus den Schätzungen der pessimistischen „niedrigen Variante" (*low variant*) und der optimistischen „hohen Variante" (*high variant*).

Tabelle 4.1.1: UN-Prognose der demographischen Kennziffern in Polen und Ungarn von 2000 bis 2050[1] bei mittlerer Fertilitätsrate und ihre Veränderung[2]

	Polen						Ungarn					
	Bevölkerung[3]	Geburtenziffer[4]	Sterbeziffer[5]	natürliches Bevölkerungswachstum[6]	Netto-Migrationsrate[7]	Bevölkerungswachstum[8]	Bevölkerung[3]	Geburtenziffer[4]	Sterbeziffer[5]	natürliches Bevölkerungswachstum[6]	Netto-Migrationsrate[7]	Bevölkerungswachstum[8]
	in 1.000 Personen	je 1.000 Einwohner					in 1.000 Personen	je 1.000 Einwohner				
1995-2000	38.671	10,6	9,8	0,8	-0,4	0,4	10.012	9,9	14,1	-4,2	0,2	-4,0
2000-2005	38.516	9,6	10,0	-0,4	-0,4	-0,8	9.784	8,8	13,5	-4,7	0,1	-4,6
2005-2010	38.367	9,8	10,2	-0,4	-0,4	-0,8	9.553	8,6	13,4	-4,8	0,1	-4,7
2010-2015	38.173	10,0	10,6	-0,6	-0,4	-1,0	9.324	8,5	13,5	-5,0	0,1	-4,9
2015-2020	37.840	9,6	10,9	-1,3	-0,4	-1,7	9.091	8,5	13,7	-5,2	0,1	-5,1
2020-2025	37.337	9,2	11,4	-2,2	-0,4	-2,6	8.865	8,8	13,9	-5,1	0,1	-5,0
2025-2030	36.680	9,0	12,1	-3,1	-0,4	-3,5	8.636	8,9	14,2	-5,3	0,1	-5,2
2030-2035	35.898	9,0	12,9	-3,9	-0,4	-4,3	8.383	8,8	14,9	-6,1	0,1	-6,0
2035-2040	34.998	9,2	13,8	-4,6	-0,5	-5,1	8.118	8,8	15,4	-6,6	0,1	-6,5
2040-2045	34.026	9,4	14,5	-5,1	-0,5	-5,6	7.853	8,9	15,7	-6,8	0,1	-6,7
2045-2050	33.004	9,4	15,0	-5,6	-0,5	-6,1	7.589	9,1	16,1	-7,0	0,1	-6,9
1995-2050	-5.667	-1,2	5,2	-	-	-	-2.423	-0,8	2,0	-	-	-

1) Jährliche Durchschnittswerte im 5-Jahres-Durchschnitt
2) Veränderung in 1.000 Personen bzw. je 1.000 Einwohner
3) Bevölkerung im letzten Jahr des Beobachtungszeitraums
4) Geburten je 1.000 Einwohner
5) Sterbefälle je 1.000 Einwohner
6) Natürliches Bevölkerungswachstum: Geburten (je 1.000 Einwohner) abzüglich der Sterbefälle (je 1.000 Einwohner)
7) Nettoimmigrationsrate: Immigranten abzüglich Emigranten (je 1.000 Einwohner)
8) Gesamtbevölkerungswachstum: Natürliches Bevölkerungswachstum zuzüglich des Nettowanderungssaldos (jeweils je 1.000 Einwohner)
Quelle: UN (2003) und eigene Berechnung

Nach 2015 wird für Polen eine Beschleunigung dieses Schrumpfungsprozesses prognostiziert. Dadurch sollen sich die natürlichen Wachstumsraten beider Länder annähern. Allerdings wird Ungarn gegenüber Polen auch am Ende des Beobachtungszeitraums noch ein höheres Negativwachstum prognostiziert. Ein positives Nettowanderungssaldo könnte zumindest teilweise den Schrumpfungsprozess der Gesamtbevölkerung abbremsen[534]. Die prognostizierten Werte zeigen hingegen, dass für ein positives Gesamtbevölkerungswachstum ein Nettowanderungssaldo in einer Höhe notwendig wäre, das nicht realistisch und zudem gesellschaftspolitisch problematisch ist.

Abbildung 4.1.1: Vergleich der Prognosen der Nettomigrationsraten[1] in Ungarn von UN und KSH zwischen 2000 und 2050[2]

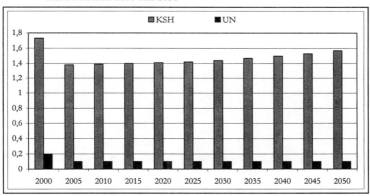

[1] Nettomigrationsrate: Immigranten abzüglich Emigranten (je 1000 Einwohner)
[2] 5-Jahres Durchschnitt; der Wert für das Jahr 2000 stammt aus dem Jahr 2001
Quelle: Eigene Darstellung und Berechnung nach UN (2003) und Zusammenstellung von angefragten Daten der Autorin bei KSH in der Korrespondenz vom 30. Oktober 2002 (die Daten aus den Korrespondenzen können bei der Autorin eingesehen werden)

Die positiven Nettowanderungssaldi, die von der UN für Ungarn erwartet werden, sind entsprechend skeptisch zu betrachten. Ein weiterer Grund für diese Skepsis ist

---

[534] Die OECD empfiehlt Ungarn beispielsweise, mittel- bis langfristig die Zuwanderung von Personen im erwerbsfähigen Alter (*„immigrant workers"*) zu fördern, um den absehbaren Einbruch des Anteils der Bevölkerung im erwerbsfähigen Alter und den Schrumpfungsprozess der Gesamtbevölkerung einzudämmen: „Welcoming some 20.000 additional immigrant workers each year would go a long way to slowing the fall in the population and would help to contain the long-term fiscal strain implied by an ageing population." (OECD 2000a, S. 11) Gemessen an der Bevölkerungsgröße im Jahr 2000 wären dies knapp 0,2 Prozent der Gesamtbevölkerung. Sofern - wie absehbar - die Bevölkerung weiter schrumpfen wird, würde eine relativ konstante Zuwanderung von jährlich 20.000 Personen eine zunehmende Immigrationsquote darstellen (eigene Berechnungen). Die Autoren des OECD-Berichts verweisen darauf, dass die Zuwanderung in solch einem Ausmaß für Ungarn bislang ungewöhnlich hoch ist, jedoch der Zuwanderungsrate anderer europäischer Staaten entspricht (OECD 2000a, S. 11).

zudem, dass die empirischen Erfahrungen aus der Vergangenheit dieses Bild nicht bestätigen. Bemerkenswert ist, dass das Statistikamt in Ungarn von noch höheren positiven Nettoimmigrationsraten ausgeht als die UN. Gemäß der KSH-Prognose soll die Nettoimmigrationsrate ab 2005 kontinuierlich von einer Rate von 1,38 Personen pro 1.000 Einwohner auf 1,57 Personen pro 1.000 Einwohner steigen. Dagegen geht die UN in ihrer Schätzung von einer positiven Nettoimmigrationsrate von 0,1 Personen pro 1.000 Einwohner ab 2005 aus.

Interessant ist auch die Erwartung der UN-Prognose, dass es in Polen zu einem negativen und in Ungarn zu einem positiven Migrationssaldo kommen wird. Eine mögliche Begründung dieser Annahme ist, dass die Auswanderungsraten in Ungarn geringer sein werden als in Polen, da die Bevölkerung als eher immobil gilt[535]. Die EU-Osterweiterung spielt in Fragen der Migration eine bedeutende Rolle. Es muss davon ausgegangen werden, dass zumindest in den ersten Jahren nach dem EU-Beitritt mehr Ungarn und Polen ihr Land verlassen als Menschen im gleichen Zeitraum einwandern. Hintergrund dieser These sind zum einen die angespannte Lage auf dem polnischen Arbeitsmarkt und zum anderen das Wohlstandsgefälle zwischen den alten und künftigen Mitgliedsländern[536]. Es ist jedoch nicht vorhersehbar, wie sich der absehbar zunehmende Wohlstand[537] in Polen und Ungarn auswirken wird. Hierbei kommt es maßgeblich auf die Politik der Regierung an[538].

Da eine Nettoimmigration in dem Ausmaß nicht realistisch ist, die das erwartete negative natürliche Bevölkerungswachstum kompensieren könnte, ist die Annahme

---

[535] Beispielsweise sank die interne (permanente) Migrationsrate in Ungarn seit 1960. Im Jahr 1960 wechselten noch durchschnittlich 33,8 Personen pro 1.000 Einwohner dauerhaft ihren Wohnort innerhalb der ungarischen Staatsgrenzen. Zehn Jahre später waren dies nur noch 26,3 Personen pro 1.000 Einwohner und im Jahr 1980 sogar nur noch 19,8 Personen pro 1.000 Einwohner. Bis 2000 kam es zu einem leichten Anstieg dieser Rate auf 22,4 Personen pro 1.000 Einwohner, die allerdings bereits im Folgejahr deutlich auf 21,3 Personen pro 1.000 Einwohner sank (KSH 2002b, Tabelle 1.7.8, S. 86)

[536] Motiviert wird die Abwanderung aus den mittel- und osteuropäischen Staaten in die westeuropäischen EU-Länder wahrscheinlich von der Hoffnung, in den Staaten der „alten" EU-15 einen Arbeitsplatz zu finden oder bessere (Berufs-) Chancen und/oder einen höheren Lebensstandard zu erlangen.

[537] Die Annahme des zunehmenden Wohlstands der beiden Länder gründet in der Annahme von positiven Effekten für die Volkswirtschaften nach dem (weitgehenden) Abschluss des Transformationsprozesses, der zunehmenden Integration in den Weltmarkt und des Beitritts zur Europäischen Union.

[538] Da sich die Wohlstandssituation in den Beitrittsländern bis 2050 wahrscheinlich dem Durchschnittsniveau der 15 westlichen EU-Staaten angenähert hat bzw. zum Teil auch angeglichen oder sogar überstiegen hat, kann es eventuell zu einer höheren Einwanderung (aus z.B. östlicher gelegenen Staaten) als Auswanderung kommen, sofern die Länder ihre Grenzen öffnen. Andererseits wird vermutlich innerhalb Europa die Konkurrenz um junge, gut ausgebildete Menschen zunehmen. Da die westeuropäischen Länder vermutlich bereits *vor* den mittel- und osteuropäischen Staaten um Zuwanderer werben werden, sind Ausmaß und Richtung der Nettowanderungssaldi zumindest mittel- bis langfristig für Polen und Ungarn unklar.

nachvollziehbar, dass die Bevölkerung in Polen und Ungarn in den kommenden Jahren schrumpfen wird. Sollten die Prognosen eintreffen, würde sich die Anzahl der Einwohner in Polen zwischen den Jahren 2000 und 2050 um rund 14,7 Prozent von 38,67 Millionen Einwohner auf 33 Millionen Einwohner und in Ungarn sogar um knapp ein Viertel von rund zehn Millionen Einwohner auf nur noch 7,59 Millionen Einwohner reduzieren. Ein solch dramatischer Bevölkerungsrückgang ist für die Sozialsysteme beider Länder problematisch. Da zudem angesichts sinkender Geburtenraten die jeweils nachfolgende Altersgruppe kleiner ist als die vorangegangene, werden immer weniger junge Menschen im erwerbsfähigen Alter die Generation der Alten unterstützen müssen. Die Prognosen des ungarischen Statistikamts über die demographischen Kennziffern bis zum Jahr 2050 ähneln denen der UN in Tendenz und Ausmaß hinsichtlich Geburten- und Sterberaten. Allerdings sieht die UN etwas höhere Sterbeziffern und die KSH etwas geringere Geburtenraten voraus.

Abbildung 4.1.2: KSH-Prognose (mittlere Variante) des natürlichen Bevölkerungswachstums[1], der Nettoimmigrationsrate[2] und des Bevölkerungswachstums[3] in Ungarn von 2000 bis 2050

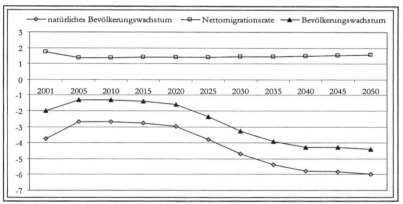

[1] Natürliches Bevölkerungswachstum: Geburten (je 1000 Einwohner) abzüglich der Sterbefälle (je 1000 Einwohner)
[2] Nettoimmigrationsrate: Immigranten abzüglich Emigranten (je 1000 Einwohner)
[3] Bevölkerungswachstum: Natürliches Bevölkerungswachstum zuzüglich des Nettowanderungssaldos (je 1000 Einwohner)
Quelle: Eigene Berechnung und Darstellung nach der Zusammenstellung von angefragten Daten der Autorin beim KSH in der Korrespondenz vom 30. Oktober 2002 (die Daten aus den Korrespondenzen können bei der Autorin eingesehen werden).

Deutlich unterscheiden sich die beiden Prognosen hinsichtlich der Entwicklung der Gesamtbevölkerung. Während die UN schätzt, dass die ungarische Bevölkerung innerhalb der 50 Jahre um knapp 25 Prozent schrumpft, geht die KSH von einer weitaus weniger drastischen Entwicklung aus. Demnach soll sich die Anzahl der Einwohner laut KSH-Projektion um etwa 12 Prozent von rund 10,2 Millionen Einwohner im Jahr 2000 auf 8,9 Millionen Einwohner fünfzig Jahre später reduzieren. Hintergrund dieser Projektion der KSH sind optimistische Annahmen bezüglich der Migration. Über den gesamten Beobachtungszeitraum geht das ungarische Statistikamt von einer deutlich höheren positiven Nettoimmigrationsrate aus als die UN. Aus bereits oben genannten Gründen erscheint diese Annahme wenig plausibel. Sollte die Regierung ihre Sozialsysteme auf Basis dieser wenig realistischen Projektionen planen, sind erhebliche Fehlkalkulationen wahrscheinlich. Auch das polnische Statistikamt geht von optimistischeren Entwicklungen aus. Die Projektionen, die bis zum Jahr 2030 reichen, gehen von einer relativ stabilen Bevölkerungsentwicklung aus. Demnach soll die Gesamtbevölkerung innerhalb von 30 Jahren um rund 1,6 Prozent von 38,67 Millionen Einwohnern auf 38,03 Millionen Einwohner sinken (GUS 2001, Tabelle 19/81). Laut Prognose der UN wird Polen zu diesem Zeitpunkt bereits nur noch 36,86 Millionen Einwohner haben.

4.1.2 Fertilitätsraten

Für die künftige Entwicklung der Bevölkerungsstruktur sind die Fertilitätsraten von Bedeutung. Auswirkungen auf die Prognosen der Entwicklung der Rentenausgaben haben sie, weil sie Annahmen über die nachfolgende Größe der Bevölkerung im erwerbsfähigen Alter ausdrücken. Um der Unsicherheit über die möglichen Entwicklungen zumindest zum Teil gerecht zu werden, ist der mittleren Variante die pessimistische Variante (Niedrig) und die optimistische Variante (Hoch) der UN-Prognose über die Totalen Fertilitätsraten (TFR) gegenüber gestellt [539].

In der mittleren UN-Projektion wird davon ausgegangen, dass die Totalen Fertilitätsraten sowohl in Polen als auch in Ungarn zwischen 1995 und 2050 nach einem leichten Einbruch Anfang des 21. Jahrhunderts steigen werden. Jedoch sollen die Raten selbst bei der optimistischsten Prognose weder in Polen noch in Ungarn das Niveau des kritischen Wertes von ca. 2,1 Geburten pro Frau im gebärfähigen Alter erreichen [540]. Das hat zur Folge, dass sich für beide Länder im gesamten Beobachtungszeitraum eine Totale Fertilitätsrate ergeben soll, mit der der Bevölkerungsbe-

---

[539] Trifft eher das optimistische Szenario ein, wird bei angenommener steigender Lebenserwartung (siehe unten) und ohne die Einbeziehung von Migrationsströmen die Alterung der Bevölkerung etwas weniger schnell voranschreiten, während sie sich bei der pessimistischen Version beschleunigen würde.

[540] Interessant ist, dass in der vorangegangenen UN-Projektion (UN 2002b) für Polen sowohl im pessimistischen als auch im optimistischen Szenario von steigenden Totalen Fertilitätsraten ausgegangen wurde. Der Vorgänger-Projektion zufolge sollte in der mittleren Variante die TFR in Polen bis Mitte des 21. Jahrhunderts auf das Niveau des kritischen Werts von 2,1 Geburten pro Frau im gebärfähigen Alter steigen. In der Revision aus dem Jahr 2003 (UN 2003) wurden diese Erwartungen nach unten korrigiert. Etwas geringer war die Korrektur nach unten in Ungarn.

stand – sofern von einer konstanten Lebenserwartung ausgegangen wird - nach einem Generationswechsel nicht aufrecht erhalten werden kann[541].

Tabelle 4.1.2: Szenarien der Entwicklung der Totalen Fertilitätsraten[1) in Polen und Ungarn von 1995 bis 2050[2)]

	Polen			Ungarn		
	Niedrig	Mittel	Hoch	Niedrig	Mittel	Hoch
1995-2000	1,48	1,48	1,29	1,38	1,38	1,38
2000-2005	1,22	1,26	1,35	1,17	1,20	1,23
2005-2010	1,16	1,26	1,45	1,11	1,20	1,29
2010-2015	1,18	1,32	1,58	1,13	1,27	1,40
2015-2020	1,20	1,39	1,8	1,17	1,36	1,55
2020-2025	1,25	1,52	2,04	1,22	1,51	1,79
2025-2030	1,29	1,67	2,21	1,28	1,67	2,05
2030-2035	1,32	1,77	2,29	1,32	1,77	2,22
2035-2040	1,34	1,82	2,33	1,34	1,82	2,30
2040-2045	1,35	1,84	2,35	1,35	1,84	2,33
2045-2050	1,35	1,85	1,29	1,35	1,85	2,35
1995-2050	-0,13	0,37	0,87	-0,03	0,47	0,97

1) Geburten pro Frau im gebärfähigen Alter
2) 5-Jahres-Durchschnitt
Quelle: UN (2003) und eigene Berechnungen

Der Anstieg der TFR soll etwas größer sein in Ungarn als in Polen, sodass sich etwa ab den 2030er Jahren die Raten entsprechen sollen. Diese Angleichung der Fertilitätsraten muss allerdings kritisch betrachtet werden, wenn unterstellt wird, dass auch in Zukunft nationale Wertvorstellungen das Geburtenverhalten beeinflussen werden. Demnach wäre auch in Zukunft von einer niedrigeren Fertilitätsrate in Ungarn auszugehen. Die leichte Erhöhung der TFR könnte man mit der Annahme rechtfertigen, dass der Einbruch der Fertilitätsraten nach dem Transformationsprozess wieder umgekehrt wird, sobald die mit ihm einher gegangenen sozialen und wirtschaftlichen Unsicherheiten weitgehend beseitigt sind[542]. Positive Entwicklungen können auch ein Wertewandel in der Gesellschaft oder eine Förderung des Staates von Familien mit Kindern bewirken. Ob sich die Familienförderung allerdings tatsächlich in höheren Geburtenraten ausdrückt ist unsicher. Ein empirischer Nachweis konnte hierfür nicht erbracht werden.

---

541 Im EU-15-Durchschnitt sollen laut Eurostat-Prognose die TFR bis 2050 leicht von einer Rate von 1,5 im Jahr 2000 auf 1,6 im Jahr 2025 und 1,7 im Jahr 2050 steigen. Die geringsten TFR im Jahr 2050 werden für Deutschland, Spanien, Italien und Österreich (1,5), die höchsten (1,8) sollen in acht der 15 Staaten erreicht werden (EU-Kommission 2001b, S. 10).

542 Dieses Phänomen ist zum Beispiel in Ostdeutschland nach der Wende zu beobachten. 1989 brachen die Fertilitätsraten in Ostdeutschland von einem Wert von 1,8 Geburten pro Frau im gebärfähigen Alter im Jahr 1989 auf nur noch 0,8 Geburten pro Frau in den Jahren 1992 bis 1994 ein und fielen somit deutlich unter das West-Niveau von ca. 1,4 Geburten pro Frau. Schätzungen zufolge sollen sich die Fertilitätsraten in Ost- und Westdeutschland ab etwa 2010 wieder entsprechen (Bundesministerium für Gesundheit und Soziale Sicherung 2003, Abbildung 2-1, S. 53).

Die Projektionen der nationalen Institute gegenüber der UN-Prognose zeigen überraschend übereinstimmend jeweils einen Mittelweg zwischen der Medium- und Niedrig-Variante der UN-Projektion.

Abbildung 4.1.3: Vergleich der Prognosen der Totalen Fertilitätsrate[1] in Polen der UN (mittlere und niedrige Variante) und des Danziger Instituts für Marktwirtschaft zwischen 2000 und 2050[2]

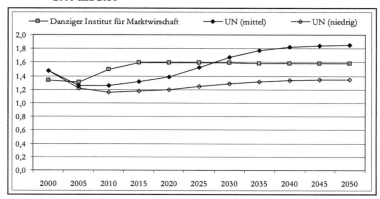

[1] Geburten pro Frau im gebärfähigen Alter
[2] 5-Jahres-Durchschnitt
Quelle: Eigene Berechnungen und Darstellung nach Chłoń-Domińczak (2002, Tabelle 3, S. 99) und UN (2003)

Abbildung 4.1.4: Vergleich der Prognosen der Totalen Fertilitätsrate[1] in Ungarn von KSH und UN (Medium- und Niedrig-Szenario) zwischen 1995 und 2050[2]

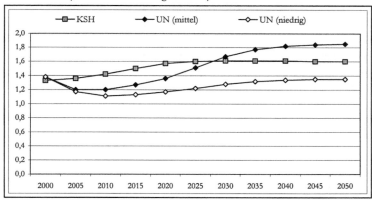

[1] Geburten pro Frau im gebärfähigen Alter
[2] Die Totale Fertilitätsrate für 2000 des ungarischen Statistikamts (KSH) ist der tatsächliche Wert aus dem Jahr 2001; 5-Jahres-Durchschnitt
Quelle: Eigene Berechnungen und Darstellung nach UN (2003) und der Zusammenstellung von angefragten Daten der Autorin beim KSH in der Korrespondenz vom 30. Oktober 2002 (die Daten aus den Korrespondenzen können bei der Autorin eingesehen werden)

Auffällig übereinstimmend sind auch die gegenläufigen Tendenzen bis in die 2030er Jahre. Während sowohl das Danziger Institut für Marktwirtschaft (Polen)[543] als auch das ungarische Statistikamt (KSH) von einem Anstieg der Totalen Fertilitätsraten bis 2030 ausgehen, projiziert die UN im gleichen Zeitraum ein Absinken der Totalen Fertilitätsrate. Indes werden die Prognosen der TFR für die Jahre ab 2030 keine Auswirkungen auf die nachfolgenden Projektionen der Rentenfinanzierung haben, da die Fertilitätsraten nur bis etwa Ende der 2030er Jahre und Anfang der 2040er Jahre in die Kalkulation von möglichen Entwicklungen der Rentenausgaben bis 2050 eingehen.

Eine Gemeinsamkeit lässt sich zwischen den nationalen Prognosen und der UN-Prognose erkennen. Beide gehen davon aus, dass die Fertilitätsraten in Polen und Ungarn etwa ab den 2030er Jahren auf annähernd gleichem Niveau liegen. Das Danziger Institut für Marktwirtschaft projiziert, dass nach 2010 die Totale Fertilitätsrate in Polen von einem Niveau von rund 1,5 Geburten pro Frau im gebärfähigen Alter innerhalb des ersten Jahrzehnts des 21. Jahrhunderts auf knapp 1,6 Geburten pro Frau ansteigen und sich auf diesem Niveau einpendeln wird. Einen ähnlichen Verlauf wie das polnische Institut erwartet das ungarische Statistikamt (KSH) für die TFR in Ungarn. Ebenso wie in Polen unterscheiden sich die Prognosen über die Totalen Fertilitätsraten von KSH und UN mit Ausnahme der 2030er Jahre. Die UN geht von einem deutlichen Rückgang der TFR im ersten Jahrzehnt des 21. Jahrhunderts aus. Dagegen prognostiziert das ungarische Statistikamt einen Anstieg auf Raten von durchschnittlich 1,6 Geburten pro Frau. Dieser Wert soll laut KSH-Prognose bis Mitte 2050 aufrechterhalten werden.

4.1.3 Lebenserwartung ab Geburt

Die Lebenserwartung von Frauen und Männern ab Geburt in Polen und Ungarn lag bis zur Jahrtausendwende deutlich unterhalb der durchschnittlichen Lebenserwartung der Menschen in den EU-Mitgliedsländern. Es ist davon auszugehen, dass sich der Gesundheitszustand in den ehemals kommunistischen Staaten in den kommenden Jahren aufgrund des voraussichtlich steigenden Wohlstands im Land verbessern wird, weil von einer verbesserten Gesundheitsvorsorge und Gesundheitsversorgung sowie besseren Lebensbedingungen (z.B. eine gesündere Ernährung, bessere Arbeits- und Umweltbedingungen) ausgegangen werden kann. Infolge dessen ist eine deutlich steigende Lebenserwartung der Menschen in Polen und Un-

---

[543] Die Projektionen des Danziger Instituts für Marktwirtschaft wurden 1998 erstellt. Die Abweichungen zwischen den Ausgangswerten im Jahr 2000 beruhen neben dem unterschiedlichen Zeitpunkt der Erstellung der Studie darauf, dass die UN in ihren Projektionen 5-Jahres-Durchschnittswerte angibt, während das Danziger Institut die erwarteten Fertilitätsraten in einem bestimmten Jahr aufführt.

garn wahrscheinlich. Die deutliche Rückführung der Säuglingssterblichkeit in den letzten Jahren des 20. Jahrhunderts war bereits ein Beitrag zu einer steigenden Lebenserwartung ab Geburt. In Zukunft soll die Säuglingssterblichkeit weiter abnehmen[544]. Dennoch wird die durchschnittliche Lebenserwartung der Polen und Ungarn voraussichtlich auch in den kommenden Jahren unter der in westeuropäischen Ländern liegen[545]. Ebenso wie in den westlichen Nachbarländern soll sich auch in Polen und Ungarn der Trend der Vergangenheit der stärker steigenden Lebenserwartung der Frauen ab Geburt gegenüber derjenigen der Männer umkehren.

Tabelle 4.1.3: UN-Prognose der Entwicklung Lebenserwartung ab Geburt in Polen und Ungarn von 2000 bis 2050[1] nach Geschlecht, Differenzen der Lebenserwartungen nach Geschlecht und ihre Veränderung (jeweils in Jahren)

	Polen				Ungarn			
	Gesamt	Männer	Frauen	$\Delta^{2)}$	Gesamt	Männer	Frauen	$\Delta^{2)}$
1995-2000	72,8	68,6	77,2	8,6	70,6	66,2	75,0	8,8
2000-2005	73,9	69,8	78,0	8,2	72,0	67,8	76,1	8,3
2005-2010	74,9	71,0	78,8	7,8	73,1	69,0	77,1	8,1
2010-2015	75,9	72,0	79,6	7,6	74,3	70,2	78,1	7,9
2015-2020	76,8	73,0	80,4	7,4	75,2	71,2	78,9	7,7
2020-2025	77,4	73,8	80,9	7,1	76,1	72,2	79,7	7,5
2025-2030	78,1	74,6	81,4	6,8	77,0	73,2	80,5	7,3
2030-2035	78,7	75,4	81,9	6,5	77,6	74,0	81,0	7,0
2035-2040	79,2	75,9	82,4	6,5	78,3	74,8	81,5	6,7
2040-2045	79,7	76,4	82,9	6,5	78,9	75,6	82,0	6,4
2045-2050	80,1	76,9	83,3	6,4	79,4	76,1	82,5	6,4
2000-2050	7,3	8,3	6,1	-2,2	8,8	9,9	7,5	-2,4

[1] Im 5-Jahres-Durchschnitt
[2] Δ: Differenz zwischen den Lebenserwartungen ab Geburt zwischen Männern und Frauen (in Jahren); positive Werte weisen auf eine höhere Lebenserwartung der Frauen hin
Quelle: UN (2003) und eigene Berechnungen

Die Umkehrung des Trends kann mit besseren Arbeitsbedingungen auch der Männer (z.B. weniger körperlich anspruchsvolle Arbeit, kürzere Arbeitszeiten etc.), der Angleichung der Säuglingssterblichkeitsrate männlicher Babys an die von weiblichen Babys[546] und ein größeres Gesundheitsbewusstsein der Männer erklärt werden.

---

[544] In Ungarn soll sich der UN-Prognose zufolge die Säuglingssterblichkeitsrate von 9,7 Todesfällen innerhalb des ersten Lebensjahrs pro 1.000 Geburten im 5-Jahres-Durchschnitt zwischen 1995 und 2000 auf eine Rate von 4,7 im Jahr 2050 reduzieren. In Polen soll sich die Säuglingssterblichkeitsrate innerhalb der fünfzig Jahre von einer Rate von rund 10,0 im Jahr 2000 auf eine Rate von 4,9 im Jahr 2050 halbieren. (UN 2003).

[545] Trotz des Aufholprozesses werden Polen und Ungarn im Durchschnitt kürzer leben als Menschen in den alten 15 EU-Mitgliedsländern. Im EU-15-Durchschnitt lag die Lebenserwartung ab Geburt von Frauen im Jahr 2000 bei 81,3 Jahre und bei Männern bei 75 Jahren. Innerhalb von 50 Jahren wird eine Zunahme der Lebenserwartung von Frauen in den 15 EU-Staaten um rund vier Jahre auf 85,5 Jahre und von Männern um fünf Jahre auf 80 Jahre erwartet (EU-Kommission 2001b, Tabelle 2.1, S. 10).

[546] In Ungarn starben Ende der 90er Jahre innerhalb des ersten Lebensjahres 10,8 männliche Babys pro 1.000 Knabengeburten, aber nur 8,7 weibliche Babys pro 1.000 Mädchengeburten. Die

Laut UN-Prognose steigt die durchschnittliche Lebenserwartung ab Geburt der polnischen Männer innerhalb des halben Jahrzehnts um 8,3 Jahre auf knapp 77 Jahre im Jahr 2050. Die Lebenserwartung der polnischen Frauen soll sich um 6,1 Jahre auf 83,3 Jahre erhöhen. Gegenüber Polen soll die durchschnittliche Lebenserwartung in Ungarn weiterhin niedriger sein, obwohl Ungarn eine deutlich höhere Zunahme der Lebenserwartung im Beobachtungszeitraum prognostiziert wird. Ungarische Männer sollen ab Geburt im Schnitt 76,1 Jahre lang (plus 9,9 Jahre gegenüber 2000) und Frauen 82,5 Jahre lang (plus 7,5 Jahre gegenüber 2000) leben.

4.1.4 Die Bevölkerungsstruktur

Vor dem Hintergrund der projizierten geringeren Geburtenraten ist eine Verschiebung der altersmäßigen Zusammensetzung der Bevölkerung in Polen und Ungarn in den kommenden Jahren zu erwarten. Während die Generation der Baby-Boomer ungefähr in den 2030er Jahren das Rentenalter erreicht, wächst nur eine vergleichsweise kleine Generation nach. Dies führt zu einer absehbaren Verschiebung der Bevölkerungsstruktur. Der Anteil der Kinder und Jugendlichen an der Gesamtbevölkerung soll deutlich zurückgehen und der Anteil der Personen im Rentenalter deutlich zunehmen. Kurz- bis mittelfristig entscheidend für die Systeme der sozialen Sicherung ist, wie sich das Verhältnis zwischen den Personen im erwerbsfähigen Alter (hier definiert als die Personen im Alter zwischen 15 und 64 Jahren) zu den Personen über 65 Jahren verhält (Altersabhängigkeitsrate)

Auffällig ist an der UN-Prognose, dass sich die Bevölkerungsstrukturen beider Länder im Laufe der fünfzig Jahre annähern sollen. Die ehemals merklich günstigere Alterszusammensetzung der polnischen Bevölkerung wird sich demzufolge nicht weiter aufrechterhalten lassen. Vielmehr kommt es der Prognose zufolge zur Beschleunigung der Alterung in Polen. Die Verringerung des Anteils der Kinder und Jugendlichen bis 14 Jahren und die Zunahme des Anteils der alten Menschen über 65 Jahren werden sich im 21. Jahrhundert in verschärfter Form fortsetzen. Die UN erwartet zwar einen leichten Anstieg des Bevölkerungsanteils der jungen Generation nach 2030 in Ungarn und 2035 in Polen, der allerdings den prognostizierten steigenden Anteil der Alten nicht kompensieren kann.

Differenz soll sich allmählich reduzieren, sodass die Säuglingssterblichkeitsziffern in Ungarn ab den 2020er Jahren keine geschlechtsspezifischen Unterschiede mehr aufweisen sollen. In Polen waren die Unterschiede in den Säuglingssterblichkeitsziffern bereits Ende der 90er Jahre geringer (männliche Babys: 10,8; weibliche Babys: 9,1). Die Ziffern in Polen sollen sich bereits ab etwa 2010 angleichen (UN 2003).

Tabelle 4.1.4: UN-Prognose der Bevölkerungsstruktur in Polen und Ungarn von 2000 bis 2050 und ihre Veränderung

	Anteil der Kinder und Jugendlichen [1] (in Prozent)		Anteil der Personen im erwerbsfähigen Alter [2] (in Prozent)		Anteil der Altenbevölkerung [3] (in Prozent)		Anteil der Hochbetagten [4] (in Prozent)		Altersabhängigkeitsrate [5] (in Prozent)	
	Polen	Ungarn	Polen	Ungarn	Polen	Ungarn	Polen	Ungarn	Polen	Ungarn
2000	19,2	17,0	68,6	68,4	12,1	14,6	2,0	2,5	17,7	21,4
2005	16,4	15,5	70,7	69,4	12,9	15,1	2,5	3,1	18,2	21,7
2010	14,9	14,0	72,2	70,0	13,0	16,0	3,1	3,7	18,0	22,9
2015	14,6	13,3	70,6	69,3	14,8	17,4	3,5	4,0	20,9	25,1
2020	14,7	13,2	67,7	67,1	17,6	19,7	3,8	4,2	26,0	29,4
2025	14,4	13,3	65,3	65,5	20,3	21,2	3,7	4,7	31,0	32,3
2030	14,1	13,5	64,5	65,0	21,5	21,5	4,8	5,4	33,3	33,2
2035	13,9	13,7	64,0	63,7	22,1	22,6	6,3	6,6	34,5	35,5
2040	14,0	13,8	62,6	61,4	23,4	24,8	7,5	7,1	37,4	40,5
2045	14,2	13,9	60,1	58,4	25,7	27,7	7,6	7,0	42,7	47,4
2050	14,5	14,1	57,2	57,2	28,4	28,8	7,6	7,6	49,7	50,3
2000-2025										
In %-Punkten der Anteile	-4,8	-3,7	-3,3	-2,9	8,2	6,6	1,7	2,2	13,4	11,0
In % der absoluten Anzahl	-27,5	-30,7	-8,2	-15,2	61,2	28,3	82,2	68,0	-	-
2000-2050										
In %-Punkten der Anteile	-4,7	-2,9	-11,4	-11,2	16,3	14,2	5,6	5,1	32,0	28,9
In % der absoluten Anzahl	-35,8	-37,2	-28,9	-36,6	99,5	49,0	226,8	133,6	-	-

Die Bevölkerungsstruktur ist wie folgt definiert:
1) Anteil der Kinder und Jugendlichen: Personen zwischen 0 und 14 Jahren an der Bevölkerung (in Prozent)
2) Anteil der Personen im erwerbsfähigen Alter :Personen zwischen 15 und 64 Jahren an der Bevölkerung (in Prozent)
3) Anteil der Altenbevölkerung: Personen über 65 Jahren an der Bevölkerung (in Prozent)
4) Anteil der Hochbetagten: Personen über 80 Jahren an der Bevölkerung (in Prozent)
5) Altersabhängigkeitsrate: Relation der über 65-Jährigen zu den 15- bis 64- Jährigen (in Prozent)
Quelle: UN (2003) und eigene Berechnungen

Ein Indikator für die längere Lebensdauer der Menschen ist der Anteil der Hochbetagten, d.h. der über 80-Jährigen, in der Bevölkerung. Zu Beginn des 21. Jahrhunderts stellten sie rund 2 Prozent der Bevölkerung in Polen und 2,5 Prozent der Bevölkerung in Ungarn. Angesichts der erwarteten steigenden Lebensdauer werden die über 80-Jährigen in Polen und Ungarn voraussichtlich über 7 Prozent der Gesamtbevölkerung stellten. Sollten diese Prognosen in der Tendenz eintreffen, bedeutet das für die Sozialversicherungssysteme, dass sie die Rentenleistungen bei unter sonst unveränderten Bedingungen über einen längeren Zeitraum zahlen müssen[547].

Betrachtet man die projizierte Entwicklung der Bevölkerungsstruktur ist der erwartete drastische Rückgang des Anteils der Bevölkerung im erwerbsfähigen Alter aus Sicht der Finanzierung der Sozialversicherungssysteme besorgniserregend. Ihr Anteil soll in Polen bis 2010 auf rund 72 Prozent der Gesamtbevölkerung steigen und in den Folgejahren drastisch auf einen Anteil von nur noch 57,2 Prozent der Bevölkerung im Jahr 2050 sinken. Auch in Ungarn soll der Wendepunkt 2010 erreicht sein. Von dem zu diesem Zeitpunkt erreichten maximalen Anteil der Bevölkerung im erwerbsfähigen Alter in Höhe von 70 Prozent soll der Anteil der Erwerbsbevölkerung binnen vierzig Jahren auf 57,2 Prozent fallen. Im selben Zeitraum soll der Anteil der über 65-Jährigen an der Bevölkerung erheblich zunehmen. Lag der Anteil der Alten im Jahr 2000 in Polen bei 12,1 Prozent und in Ungarn bei 14,6 Prozent der Gesamtbevölkerung, soll sich dieser Anteil binnen fünfzig Jahren in Polen mehr als verdoppeln und in Ungarn nahezu verdoppeln. Demzufolge sollen sich die Bevölkerungen in Polen und Ungarn zu mehr als einem Viertel aus Personen über 65 Jahren zusammen setzen.

Die Folge dieser Entwicklung ist eine steigende Altersabhängigkeitsrate, die laut UN-Prognose Werte von rund 50 Prozent in beiden Ländern im Jahr 2050 erreichen soll[548]. Das heißt, dass auf 100 Personen im Alter von 15 bis 64 Jahren ca. 50 Personen im Alter von über 65 Jahren kommen. Fünfzig Jahre zuvor lag diese Relation nicht einmal halb so hoch bei 17,7 Prozent in Polen und 21,4 Prozent in Ungarn. Die Implikationen sind eine Gefahr für die Stabilität der staatlichen Sozialversicherungssysteme, denn das Potential an Arbeitskräften sowie Steuer- und Beitragszah-

---

[547] In Polen ist die erwartete längere Lebensdauer der Menschen in der neuen Rentenformel berücksichtigt. Die Summe aus individuell geleisteten Beiträgen zur staatlichen Rentenkasse und dem angesparten Kapital aus der obligatorischen Zusatzrentenversicherung (zuzüglich der Zinsen auf das Kapital und abzüglich der Verwaltungskosten) wird durch die erwartete fernere Lebenserwartung der betreffenden Alterskohorte, dem das Individuum angehört, geteilt.

[548] Im EU-15-Durchschnitt soll die Altersabhängigkeitsrate von 24,3 Prozent im Jahr 2000 auf 35,7 Prozent im Jahr 2025 und 48,8 Prozent im Jahr 2050 steigen (Bucerius 2003b, Tabelle 6.1, S. 173). Die ehemals deutlich niedrigeren Altersabhängigkeitsraten in Polen und Ungarn gegenüber dem EU-Durchschnitt sollen laut UN-Projektion spätestens im Jahr 2050 den EU-15-Durchschnitt übersteigen. Daran wird die erwartete beschleunigte Alterung in den beiden mitteleuropäischen Ländern deutlich.

lern schrumpft, während ihnen eine immer größer werdende Anzahl an inaktiven alten Menschen gegenüber steht[549].

Abbildung 4.1.5: UN-Prognose der Veränderung der Bevölkerungsstruktur[1] in Polen und Ungarn zwischen 2000 und 2050 in Prozentpunkten

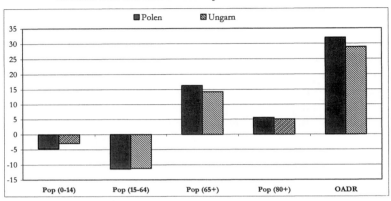

[1] Die Bevölkerungsstruktur ist definiert als:
Pop (0-14): Anteil der Kinder und Jugendlichen (0-14 Jahren) an der Bevölkerung
Pop (15-64): Anteil der Personen im erwerbsfähigen Alter (15-64 Jahre) an der Bevölkerung
Pop (65+): Anteil der Altenbevölkerung (Personen im Alter von über 65 Jahren) an der Bevölkerung
Pop (80+): Anteil der Hochbetagten (Personen im Alter von über 80 Jahren) an der Bevölkerung
OADR: Altersabhängigkeitsrate (*Old Age Dependency Ratio*): Relation der über 65-Jährigen zu den 15- bis 65-Jährigen
Quelle: Eigene Berechnungen und Darstellung nach UN (2003)

Sollten die Prognosen in der Tendenz einer wieder steigenden Anzahl Kinder und Jugendlichen und damit einer gehendem steigenden Anteil der jungen Generation an der Gesamtbevölkerung zutreffen (siehe oben), wird sich die demographische Lage in Zukunft entspannen, sofern es zu keinen Seuchen, Kriegen oder sonstigen Extremsituationen oder Massenauswanderung der Menschen kommt. Im Fall von neutralen oder positiven Nettoimmigrationsraten wird die jeweils nachfolgende Generation wieder größer sein als die vorangegangene. Falls die fernere Lebenserwartung jedoch weiter steigt, könnte dieser positive Effekt die alterungsbedingte finanzielle Belastung nicht kompensieren.

Der Vergleich zwischen der UN-Projektion und den nationalen Projektionen zeigt, dass die Aussagen der nationalen Prognosen in der Tendenz der UN-Prognose entsprechen. Allerdings zeigen sich zum Teil erhebliche Unterschiede im Detail. Beispielsweise ergeben sich in der ungarischen nationalen Prognose vergleichsweise op-

---

[549] In dieser Analyse liegt der Fokus auf den Rentensystemen. Die Alterung der Gesellschaft wirkt sich jedoch auch auf andere Bereiche des Sozialschutzsystems eines Landes aus. Eine zunehmende Anzahl an älteren Menschen erhöht zum Beispiel auch den Bedarf an medizinischen Leistungen und Pflege im Alter.

timistische Szenarien. Das polnische Statistikamt (GUS) orientiert sich bei seiner Prognose der Bevölkerungsstruktur an dem derzeit gesetzlichen Rentenalter. Insbesondere kommen hierbei die unterschiedlichen Regelaltersgrenzen für den Bezug einer Altersrente von Frauen (60 Jahre) und Männern (65 Jahre) zum Tragen[550]. Der GUS-Prognose zufolge soll der Anteil der Kinder und Jugendlichen im Alter bis zu 17 Jahren an der Bevölkerung von knapp einem Viertel auf 18,1 Prozent sinken. Deutlich geringer soll die Reduktion des Anteils der Personen im erwerbsfähigen Alter (Frauen: 18 bis 59 Jahre; Männer 18 bis 64 Jahre) sein. Dieser soll innerhalb der 30 Jahre nur um 3,3 Prozentpunkte von 61,2 Prozent im Jahr 2000 auf 57,9 Prozent im Jahr 2030 sinken.

Tabelle 4.1.5: GUS-Prognose Bevölkerungsstruktur (in Prozent) in Polen zwischen 2000 und 2030 und ihre Veränderung

	Anteil der Kinder und Jugendlichen[1] (in Prozent)	Anteil der Personen im erwerbsfähigen Alter[2] (in Prozent)	Anteil der Personen im Rentenalter[3] (in Prozent)	Alters- abhängigkeitsrate[4] (in Prozent)
2000	24,1	61,2	14,7	24,0
2005	20,7	64,2	15,1	23,5
2010	19,2	64,7	16,2	25,0
2015	19,3	62,2	18,5	29,7
2020	19,8	59,2	21,1	35,6
2025	19,5	57,6	22,9	39,8
2030	18,1	57,9	24,0	41,4
2000-2030				
In Prozentpunk- ten der Anteile	-6,0	-3,3	9,3	17,4
In Prozent der absoluten Zahl	-24,9	-5,4	63,3	-

Die Bevölkerungsstruktur ist wie folgt definiert
[1] Anteil der Kinder und Jugendlichen im Alter bis 17 Jahren (in Prozent)
[2] Anteil der erwerbsfähigen Personen im Alter von18 bis 59 Jahren (Frauen) bzw. 64 Jahren (Männer) (in Prozent)
[3] Anteil der Personen im Rentenalter: Frauen: ab 60 Jahren bzw. Männer ab 65 Jahren (in Prozent)
[4] Altersabhängigkeitsrate: Relation der über 60-/65-Jährigen (Frauen/Männer) zu den 18- bis 59-/64-Jährigen (Frauen/Männer) (in Prozent)
Quelle: GUS 2002 (Tabelle 19(81), S. 128) und eigene Berechnungen

Die stärkste Veränderung erwartet GUS beim Anteil der Personen im Rentenalter (Frauen: über 60 Jahre; Männer: über 65 Jahre). Der Anteil der Alten in der Bevölkerung soll von einem Anteil von 14,7 Prozent im Jahr 2000 auf 24 Prozent im Jahr 2030 steigen. Entsprechend wird sich auch das Verhältnis der Altenbevölkerung zur Bevölkerung im erwerbsfähigen Alter verschlechtern. Die Altersabhängigkeitsrate soll demnach von 24 Prozent im Jahr 2000 auf 41,4 Prozent im Jahr 2030 steigen.

---

[550] Die Prognose des polnischen Statistikamts umfasst nur den Zeitraum zwischen 2000 und 2030. Aufgrund der unterschiedlichen Altersgrenzen sind die Projektionen nicht unmittelbar mit den UN-Projektionen vergleichbar.

Gegenüber der UN-Prognose sind die Prognosen des polnischen Statistikamts also optimistischer[551].

Wie sich bereits bei der Analyse der unterstellten Entwicklungen der Geburten- und Sterberaten sowie der Fertilitätsraten angedeutet hat, soll die Alterung der ungarischen Gesellschaft laut KSH nicht ganz so schnell voranschreiten, wie es die UN in ihrer mittleren Variante der Projektion kalkuliert.

Abbildung 4.1.6: KSH-Prognose der Bevölkerungsstruktur[1] in Ungarn von 2001 bis 2050 in Prozent der Gesamtbevölkerung

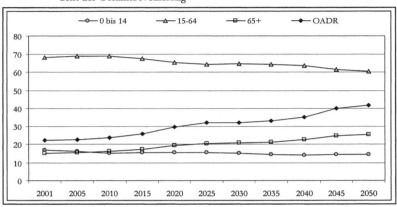

[1] Die Bevölkerungsstruktur ist definiert als:
Pop (0-14): Anteil der Kinder und Jugendlichen (0-14 Jahren) in Prozent der Gesamtbevölkerung
Pop (15-64): Anteil der Personen im erwerbsfähigen Alter (15-64 Jahre) in Prozent der Gesamtbevölkerung
Pop (65+): Anteil der Altenbevölkerung (Personen im Alter von über 65 Jahren) in Prozent der Gesamtbevölkerung
OADR: Altersabhängigkeitsrate (*Old Age Dependency Ratio*): Relation der über 65-Jährigen zu den 15 bis 65 Jährigen
Quelle: Eigene Berechnungen und Darstellung nach der Zusammenstellung von angefragten Daten der Autorin beim KSH in der Korrespondenz vom 30. Oktober 2002 (die Daten aus den Korrespondenzen können bei der Autorin eingesehen werden).

Laut KSH wird der Anteil der Personen im erwerbsfähigen Alter von einem Anteil von 68 Prozent im Jahr 2001 um 7,6 Prozentpunkte abnehmen und auf 60,4 Prozent im Jahr 2050 sinken. Der Anteil der Altenbevölkerung an der Gesamtbevölkerung soll dagegen etwas weniger stark zunehmen als in der UN-Projektion. 2050 sollen die über 65-Jährigen Ungarn rund ein Viertel der Gesamtbevölkerung stellen. Dies bedeutet eine Steigerung von rund 10 Prozentpunkten innerhalb der 50 Jahre[552]. In der Folge erwartet KSH auch einen weniger drastischen Anstieg der Altersabhängigkeitsrate. Während die UN eine Zunahme bis 2050 um 29 Prozentpunkte projiziert,

---

[551] Bei beiden Projektionen handelt es sich um die „mittlere Variante".
[552] Laut UN-Projektion soll sich der Anteil der über 65-Jährigen an der ungarischen Bevölkerung zwischen 2000 und 2050 um rund 14 Prozentpunkte auf 28,8 Prozent im Jahr 2050 erhöhen.

wird in der KSH-Projektion lediglich von einem Anstieg um knapp 20 Prozentpunkte auf 41,8 Prozent ausgegangen.

4.1.5 Zusammenfassung und kritische Würdigung

In den kommenden Jahren ist eine erhebliche Verschlechterung der demographischen Lage in Polen und Ungarn absehbar. In beiden Staaten drückt sich dies in einem erwarteten sinkenden Anteil an Kindern und Jugendlichen und einem steigenden Anteil an alten Menschen in der Bevölkerung aus. Da der Anteil der jungen Menschen in der Bevölkerung bereits seit einigen Jahren rückläufig ist, wird auch der Anteil der Personen im erwerbsfähigen Alter in den kommenden Jahren erheblich sinken. Aufgrund des Einbruchs in den Geburtenraten Ende der 1980er und 1990er Jahren sowie noch vergleichsweise geringer Lebenserwartung der Menschen vor allem in Ungarn müssen beide Länder mit einem erheblichen Schrumpfen ihrer Bevölkerung rechnen. Um den Schrumpfungsprozess abzubremsen, wären Nettoimmigrationsraten nötig, die gesellschaftspolitisch problematisch erscheinen.

Die nationalen Prognosen der Bevölkerungsstruktur und Fertilitätsraten sind optimistischer als die Prognosen der Vereinten Nationen. In noch fernerer Zukunft soll sich die demographische Lage laut UN-Projektion in Polen und Ungarn wieder leicht verbessern. Nach einer Reduzierung der Totalen Fertilitätsrate Anfang des 21. Jahrhunderts sollen die Fertilitätsraten ab etwa 2030 wieder leicht steigen, ohne jedoch den kritischen Wert von 2,1 Geburten pro Frau im gebärfähigen Alter zu erreichen.

Der prognostizierte demographische Wandel in den kommenden Jahren wird unter den gegebenen Umständen eine beträchtlich steigende Belastung der gesetzlichen Rentenversicherung sowohl auf der Einnahmenseite (weniger Steuer- und Beitragszahler) als auch auf der Ausgabenseite (mehr Leistungsempfänger) bedingen. Der Beitritt zur EU und die damit einher gehende Freizügigkeit der Arbeitnehmer dürfte zumindest nach Aufhebung der Beschränkung der Freizügigkeit zu einem Anstieg der Auswanderungsraten aus den neuen in die alten Mitgliedsländer führen. Eine Quantifizierung ist allerdings problematisch. Es ist jedoch davon auszugehen, dass die Bestrebungen zur Emigration in Polen stärker ausgeprägt sind als in Ungarn. Hierfür sprechen mehrere Überlegungen. Erstens ist selbst die nationale Mobilität der Ungarn gering. Zweitens ist der Druck von Seiten des Arbeitsmarktes zurzeit geringer in Ungarn als in Polen. In Ungarn ist vielmehr ein Arbeitskräftemangel abzusehen, wenn es dem Land nicht gelingt, die Erwerbsbeteiligung zu erhöhen. Drittens ist der demographische Druck in Polen wesentlich stärker, da in den kommenden Jahren in Zeiten hoher Arbeitslosigkeit die Generation der Baby-Boomer verstärkt auf den Arbeitsmarkt drängen wird[553].

4.2 Prognose der Rentenausgaben

Abschließend soll die Frage beantwortet werden, wie sich Einnahmen und Ausgaben der staatlichen Rentenversicherung auf Basis der derzeitigen Rentengesetzgebung und vor dem Hintergrund der erwarteten Alterung der Bevölkerungen und den wirtschaftlichen Entwicklungstendenzen in Polen und Ungarn möglicherweise entwickeln werden. Es ist nicht das Ziel, Vorhersagen über die finanzielle Situation der Rentensysteme zu machen, da Projektionen auf Schätzungen über zukünftige Entwicklungen von demographischen und ökonomischen Rahmenbedingungen beruhen. Der Einfluss der Alterung der Bevölkerung auf die finanzielle Situation der Rentensysteme ist somit nicht exakt zu quantifizieren. Jedoch lassen sich wichtige Trends ausmachen. Anhand von Variationen in den Annahmen über ökonomische, demographische und institutionelle Rahmenbedingungen können die Auswirkungen auf die Rentensysteme beobachtet werden. Somit werden mögliche Defizite in der institutionellen Gestaltung der gesetzlichen Rentenversicherung sowie drohende finanzielle Ungleichgewichte in den staatlichen Rentenkassen und in der Folge auch potentielle Belastungen der Staatshaushalte erkennbar. Letztere ist insbesondere im Hinblick auf die EU-Mitgliedschaft entscheidend. Gefragt wird in diesem Abschnitt auch danach, ob die staatliche Rente in Polen und Ungarn den Versicherten voraussichtlich Leistungen bietet, die ihnen ein ausreichendes Ersatzeinkommen im Ruhestand gewährleisten. Zur Beantwortung dieser Fragen werden in diesem Kapitel drei Studien über die Entwicklung der Rentenfinanzen in Polen und Ungarn vorgestellt und analysiert.

Zunächst wird die vergleichende Studie der OECD aus dem Jahr 2001 (Dang/Antolin/Oxley 2001) betrachtet. Sie wird zwei aktuellen landesspezifischen Studien für Polen und Ungarn gegenüber gestellt. Die polnische Prognose der Rentenfinanzierung wurde im Rahmen einer vergleichenden Studie der ILO zur Rentenreform der mittel- und osteuropäischen Staaten von Agnieszka Chłon-Domińczak im Jahr 2002 erstellt (Chłon-Domińczak 2002)[554]. In Ungarn wird jährlich eine Projektion über die Entwicklung der Einnahmen und Ausgaben des staatlichen Rentenversicherungsfonds (PIF) vom Finanzministerium im Zusammenhang mit dem

---

[553] Dessen ungeachtet wird erwartet, dass sich Polen mittel- bis langfristig zu einem Einwanderungsland entwickeln wird, obwohl es eine rund zwei Jahrhunderte lange Tradition als Auswanderungsland hat (Golinowksa et.al. 2003, S. 8).

[554] In der ILO-Reihe der vergleichenden Studien der Rentensysteme in Mittel- und Osteuropa wird auch das ungarische Rentensystem analysiert (Augusztinovics et. al. 2002). Allerdings werden für Ungarn keine Projektionen vorgenommen.

Haushaltsplan herausgegeben[555]. In die Kalkulation sind somit nicht die Erwerbsunfähigkeitsrenten für Personen mit nur eingeschränkter Arbeitsfähigkeit (III. Kategorie) unterhalb des gesetzlichen Rentenalters[556] sowie beitragsfreie Renten einbezogen. Vorgestellt und analysiert werden die Projektionen der ungarischen Regierung vom November 2002. Alle drei Studien umfassen den Zeitraum von 2000 bis 2050. Die Vorteile der beiden nationalen Studien sind, dass sie erstens detaillierter sind als die OECD-Studie und zweitens neben den Ausgaben auch die Einnahmen einbeziehen. Dagegen bietet die OECD-Studie den Vorteil, dass sie als vergleichende Studie konzipiert wurde und somit auf einer gemeinsamen Methodik und vereinbarten Annahmen für die untersuchten Länder beruht.

Der Vergleich der Studien wird zeigen, dass die polnische Alterssicherungsreform auf Basis der derzeitigen institutionellen Regelungen sowie den projizierten demographischen und wirtschaftlichen Entwicklungen die staatlichen Rentenkassen wahrscheinlich entlasten wird. Die Wirkung der ungarischen Reform der Alterssicherung weist dagegen in keine eindeutige Richtung.

4.2.1 Vergleichende Prognose der relativen staatlichen Rentenausgaben durch die OECD

Die OECD-Studie „Fiscal Implications of Ageing: Projections of age-related spending" (Dang/Antolin/Oxley 2001) basiert auf den Ergebnissen Fragebögen, die von der OECD erstellt und von nationalen Vertretern der jeweiligen Regierungen ausgefüllt wurden. Die Modellrechnungen wurden unter Einbeziehung der beteiligten Nationalstaaten vorgenommen. Bezugspunkt ist das Basisjahr 1995[557]. Erfasst wurden in Polen und Ungarn die Reformgesetzgebung der Alterssicherung Ende der 1990er Jahre[558]. Die OECD-Studie trennt nach Altersrenten und Frührenten,

---

[555] Die ungarische Regierung ist verpflichtet (Artikel 86/8 des Gesetzes 38 über die Öffentlichen Finanzen aus dem Jahr 1992), Prognosen über die Entwicklung der finanziellen Situation der Rentenversicherung über einen 5- und 50-Jährigen Zeitraum im Rahmen des allgemeinen Haushaltsplans herauszugeben. Sie sollen unter anderem dazu dienen, die langfristigen Auswirkungen der im Jahr 1998 eingeleiteten Reform der Alterssicherung abschätzen zu können. Die Projektionen werden von externen Experten auf Basis der Daten über wirtschaftliche Annahmen erstellt (Quelle: András Horváth, vom Büro des ungarischen Premierministers in der Korrespondenz vom 12. März 2003).

[556] Invalidenrenten für Personen der III. Invalidengruppe werden vom Gesundheitsfond (HIF) ausgezahlt.

[557] Vergleichbarkeit zwischen den Ländern soll dadurch ermöglicht werden, dass sich die Beteiligten auf makroökonomische und demographische Annahmen verständigt haben.

[558] Die OECD-Projektionen beziehen in Ungarn explizit die Veränderung in der Rentenanpassung (z.B. die Dynamisierung bestehender Renten in Ungarn nach der „Schweizer-Formel", d.h. Anpassung zu je 50 Prozent an die Lohn- und Preisentwicklung) und die Anhebung des gesetzlichen Rentenalters ein. Ferner wird angenommen, dass die Frührentenprogramme reduziert und im

macht aber keine gesonderten Angaben über Invaliden- oder Hinterbliebenenrenten. Invalidenrenten sind in den Frührenten enthalten. Hinterbliebenenrenten fließen in die Projektionen über die Altersrenten ein. In den Altersrenten enthalten sind neben den Renten für Hinterbliebene auch Mindestrenten, alle Sozialrenten für Alte und vorzeitige Renten, die integraler Bestandteil des Altersrentensystems sind. Innerhalb der Frührentenprogramme erfasst werden mit den Invalidenrenten die Arbeitslosenrenten sowie aktive Arbeitsmarktprogramme für Personen über 55 Jahren zur Überbrückung der Zeit bis zur Rente (Dang/Antolin/Oxley 2001, Box 2, S. 8).

4.2.1.1 Annahmen der OECD-Projektionen

Demographische Annahmen

Bei den demographischen Prognosen gehen die Autoren in ihrem Basisszenario von der mittleren Variante aus[559].

Tabelle 4.2.1: OECD-Prognose: Annahmen zur Totalen Fertilitätsraten (TFR)[1], zur Nettoimmigrationsrate[2] und über die Lebenserwartung ab Geburt (Frauen und Männer) in Polen und Ungarn zwischen 2000 und 2050 und ihre Veränderung[3]

	Polen				Ungarn			
	TFR	**Lebenserwartung ab Geburt** (in Jahren)		**Netto-immi-gration** (in 1.000 Personen)	**TFR**	**Lebenserwartung ab Geburt** (in Jahren)		**Netto-immi-gration** (in 1.000 Personen)
		Männer	Frauen			Männer	Frauen	
2000	1,34	69,9	78,2	k.A.	1,3	66,8	75,2	-0,09
2050	1,58	78,5	84,7	k.A.	1,6	74,6	81,1	-0,04
2000-2050	0,24	8,6	6,5	k.A.	0,3	7,8	5,9	0,05

[1] Die Totale Fertilitätsrate (TFR) ist definiert als die Anzahl der (Lebend-) Geburten pro Frau im gebärfähigen Alter
[2] Die Nettoimmigrationsrate ist definiert als die Anzahl der Immigranten abzüglich der Emigranten (je 1000 Einwohner)
[3] Veränderung in Dezimalzahlen (TFR), Jahren (Lebenserwartung) bzw. 1.000 Personen (Nettomigrationsrate)
k. A.: keine Angaben
Quelle: Dang/Antolin/Oxley (2001, S. 22) und eigene Berechnungen

Es wird erwartet, dass die Totalen Fertilitätsraten in Polen und Ungarn von ihrem niedrigem Ausgangsniveau im Jahr 2000 von jeweils rund 1,3 Geburten pro Frau im gebärfähigen Alter auf jeweils knapp 1,6 Geburten pro Frau im gebärfähigen Alter

---

Jahr 2013 die neuen Rentenformeln in Kraft treten werden (Dang/Antolin/Oxley 2001, Box A.1., S. 36). Zu Polen werden keine speziellen Angaben zu den institutionellen Annahmen gemacht.

[559] In der Sensitivitätsanalyse wird der Einfluss von abweichenden Annahmen auf die Entwicklung der Rentenausgaben untersucht. Die Variationen beziehen sich in erster Linie auf Annahmen über die Fertilitätsraten, die Sterblichkeit (und folglich die Lebenserwartung) und die Migration. Die „mittlere Variation" der Fertilitätsraten ist der Mittelwert aus Annahmen über „hohe Fertilitätsraten" und „niedrige Fertilitätsraten".

steigen. Auch bei den Lebenserwartungen ab Geburt werden deutliche Zuwächse und ein Aufholprozess gegenüber den OECD- und EU-Staaten erwartet. Demnach soll die Lebenserwartung für Frauen in Polen um 6,5 Jahre auf 84,7 Jahre im Jahr 2050 und für Männer um 8,6 Jahre auf 78,5 Jahre steigen. Etwas niedriger sind die erwarteten Zuwächse und damit auch die prognostizierte Lebenserwartung ab Geburt weiterhin in Ungarn. Die Lebenserwartung der Frauen soll innerhalb des Beobachtungszeitraums um 5,9 Jahre auf 81,1 Jahre und die der Männer um 7,8 Jahre auf 74,6 Jahre steigen[560]. Der Trend zur schrumpfenden und alternden Bevölkerung wird auch in der OECD-Prognose zugrunde gelegt.

Tabelle 4.2.2: OECD-Prognose: Bevölkerungsstruktur[1] in Polen und Ungarn zwischen 2000 und 2050 (in Prozent) und ihre Veränderung (in Prozentpunkten)

	Polen		Ungarn	
	Bevölkerungs-wachstum[2] (in Prozent)	Alters-abhängigkeitsrate[3] (in Prozent)	Bevölkerungs-wachstum[2] (in Prozent)	Alters-abhängigkeitsrate[3] (in Prozent)
2000-2035	-0,03	38,4	-0,38	34,9
2035-2050	-0,49	55,2	-0,56	47,2
2000-2050	-0,20	-	-0,44	-

[1] Die Ergebnisse zur Bevölkerungsstruktur erfolgen aus den Annahmen von Totaler Fertilitätsrate (TFR), Migration und Lebenserwartung (siehe obige Tabelle)
[2] durchschnittliches jährliches Wachstum
[3] Die Altersabhängigkeitsrate ist definiert als die Relation der über 65-Jährigen zu den 20- bis 54- Jährigen in der Bevölkerung. Die Werte beziehen sich auf die Zeit am Ende der jeweiligen Betrachtungsperiode.
Quelle: Dang/Antolin/Oxley (2001, S. 44) und eigene Berechnungen

In Übereinstimmung mit anderen Analysen wird ein vergleichsweise schnellerer Schrumpfungsprozess der Gesamtbevölkerung in Ungarn gegenüber Polen vorausgeschätzt. Die polnische Bevölkerung soll bis 2035 nur moderat um jährlich durchschnittlich 0,03 Prozent schrumpfen. Danach allerdings wird von einer Beschleunigung des negativen Bevölkerungswachstums ausgegangen. Noch deutlicher ist dieser negative Trend in Ungarn mit einem Gesamtbevölkerungswachstum von minus 0,38 Prozent zwischen 2000 und 2035 und minus 0,56 Prozent zwischen den Jahren 2035 bis 2050. Angesichts der sinkenden Geburtenraten und der steigenden Lebenserwartung soll sich die Altersstruktur zum Nachteil der Finanzierung der Rentensysteme entwickeln.

Die Altersabhängigkeitsrate – hier definiert als die Relation zwischen den Personen über 65 Jahren zu den Personen zwischen 20 und 64 Jahren – soll im Jahr 2035 bei

---

[560] Zum Vergleich: Im (ungewichteten) Durchschnitt der betrachteten OECD-Staaten wird eine steigende Totale Fertilitätsrate von 1,54 im Jahr 2000 auf 1,66 im Jahr 2050 erwartet. Die Lebenserwartung der Frauen ab Geburt soll um rund 4,1 Jahre auf 84,7 Jahre im Jahr 2050 steigen. Bei den Männern wird ein Anstieg der Lebenserwartung ab Geburt um 5,2 Jahre auf 79,3 Jahre erwartet. Im Durchschnitt wird ein positives Wanderungssaldo von 0,22 Prozent der Gesamtbevölkerung im Jahr 2000 und 0,2 Prozent im Jahr 2050 prognostiziert (Dang/Antolin/Oxley 2001, S. 22).

38,4 Prozent in Polen und 34,9 Prozent in Ungarn liegen. Bis 2050 soll diese Relation in beiden Ländern deutlich auf 55,2 Prozent in Polen und 47,2 Prozent in Ungarn steigen. Diese Erwartungen müssen jedoch kritisch hinterfragt werden, zumal die Altersstruktur in Ungarn bereits zum Ausgangszeitpunkt ungünstiger war als in Polen. Auch in Zukunft ist davon auszugehen, dass die bislang vergleichsweise höheren Geburtenraten in Polen für einen höheren Anteil junger Menschen in der polnischen als in der ungarischen Bevölkerung sorgen. Dies steht unter der Voraussetzung, dass es zu keiner Massenauswanderung junger Menschen aus Polen kommt (z.B. aufgrund besserer Arbeitsmarktchancen in Westeuropa oder anderen Staaten). Es ist somit eher zu erwarten, dass die Altersabhängigkeitsrate selbst bei einer anhaltend hohen Sterbeziffer in Ungarn über derjenigen in Polen liegt[561]. Entsprechend ist auch davon auszugehen, dass die relativen Alterssicherungsausgaben aufgrund der Alterung in Ungarn deutlicher steigen, als in der OECD-Prognose angegeben wird.

Annahmen zur Wirtschaftsentwicklung

Der OECD-Prognose liegt ein durchschnittliches jährliches BIP-Wachstum von rund 1,8 Prozent in Polen und 3,2 Prozent in Ungarn zugrunde. Die Arbeitsproduktivität soll im Durchschnitt jährlich um knapp zwei Prozent in Polen und in Ungarn um durchschnittlich 3,1 Prozent steigen. Die Erwerbsquoten[562] der polnischen Frauen und Männer sollen bis 2050 deutlich steigen[563]. Die Erwerbsquote der Frauen im Alter von 20- bis 64 Jahren soll um insgesamt 12,7 Prozentpunkte auf 62,2 Prozent im Jahr 2050 und die der Männer derselben Altersgruppe um 8,2 Prozentpunkte auf dann 72 Prozent steigen. Besonders deutlich soll die Erwerbsquote älterer Erwerbspersonen steigen. Leicht sinken sollen dagegen die Erwerbsquoten in Ungarn, obwohl die Erwerbsbeteiligung insbesondere ungarischer Frauen bereits im

---

[561] Ein Vergleich mit den UN-Daten bestätigt diese Annahme. Demnach wir die Altersabhängigkeitsrate (Bevölkerung im Alter von über 65 Jahren in Relation zu der Bevölkerung im Alter von 20 bis 64 Jahren) in Polen im Jahr 2035 37,4 Prozent und im Jahr 2050 54,3 Prozent erreichen. Etwas höher sollen die Quoten in Ungarn liegen. Die Altersabhängigkeitsrate soll in Ungarn laut UN-Prognose 38,3 Prozent im Jahr 2035 und 55 Prozent im Jahr 2050 betragen (Eigene Berechnung nach UN 2003).

[562] Die Erwerbsquote ist hier definiert als die Anzahl der Beschäftigten und Arbeitslosen in Prozent der Bevölkerung im Alter von 20 bis 64 Jahren. Zusätzlich wird die Erwerbsquote der älteren Erwerbstätigen (d.h. der 55- bis 64-Jährigen) untersucht.

[563] Die Prognosen zu den Erwerbsquoten basieren bis 2010 auf den Projektionen der Internationalen Arbeitsorganisation (ILO) von 1997. Die Entwicklung der Raten hängt in den folgenden Jahren von Schätzungen über die Auswirkungen von Reformen (z.B. höheres Rentenalter, Reformen des Arbeitsmarktes etc.) und das Vorhandensein von Betreuungseinrichtungen für Kinder ab (Dang/Antolin/Oxley 2001, S. 6f.).

Jahr 2000 niedrig ist. Die erwartete weitere Reduktion der ungarischen Erwerbsquoten ist deshalb besonders besorgniserregend[564].

Tabelle 4.2.3: OECD-Prognose: Annahmen zur Arbeitslosen- und Erwerbsquote in Polen und Ungarn zwischen 2000 und 2050 (in Prozent) und ihre Veränderung (in Prozentpunkten)

		Polen				Ungarn			
	Arbeits-losen-quote[1] (in Prozent)	Erwerbsquote[2] (in Prozent)				Arbeits losen- quote[1] (in Prozent)	Erwerbsquote[2] (in Prozent)		
		Frauen		Männer			Frauen		Männer	
		20-64	55-65	20-64	55-65		20-64	55-65	20-64	55-65
2000	16,6	49,5	26,1	63,8	44,5	7,7	39,5	3,0	61,1	30,9
2050	10,3	62,2	44,5	72,0	55,0	5,1	39,0	2,6	59,2	29,0
2000-2050	-6,3	12,7	18,4	8,2	10,5	-2,6	-0,5	-0,4	-2,0	-1,9

[1] Die Arbeitslosenquote ist definiert als der Anteil der Arbeitslosen an der Erwerbsbevölkerung (in Prozent); es werden in der Studie keine Angaben über die Altersgrenzen gemacht
[2] Die Erwerbsquote ist definiert als die Anzahl der Beschäftigten und Arbeitslosen in Prozent der Bevölkerung der jeweiligen Altersgruppen (20- bis 64-Jährige bzw. 55- bis 65-Jährige)
Quelle: Dang/Antolin/Oxley (2001, S. 48) und eigene Berechnungen

2050 soll die Erwerbsquote ungarischer Frauen im Alter von 20 bis 64 Jahren bei 39 Prozent und damit mehr als 20 Prozentpunkte unterhalb der entsprechenden Quote der polnischen Frauen liegen. Auch die Erwerbsquote der ungarischen Männer soll mit 59,2 Prozent deutlich unterhalb der entsprechenden Quote der Polen liegen. Aufgrund dieser Gegenüberstellung ist von einer Entlastung der polnischen Rentenkassen und einer leichten Belastung der ungarischen Rentenversicherung aufgrund der Erwerbsbeteiligung auszugehen. Die Aussage muss jedoch dahingegen eingeschränkt werden, als es sich um Erwerbsquoten und nicht um Beschäftigungsquoten handelt.

Ein anderes Bild zeigt sich bei der Betrachtung der Arbeitslosenquoten. Zwar sollen die Quoten in beiden Ländern deutlich sinken. Allerdings ist die erwartete Arbeitslosenquote in Höhe von 10,6 Prozent in Polen im Jahr 2050 weiterhin vergleichsweise hoch[565]. Die Arbeitslosenquote in Ungarn soll mit 5,1 Prozent hingegen im Jahr 2050 nur etwa die Hälfte der polnischen Quote betragen[566].

---

[564] Mit einer prognostizierten Erwerbsquote von nur 2,9 Prozent bei den 55- bis 64-Jährigen Frauen im Jahr 2050 ist Ungarn ein klarer Ausreißer nach unten unter den Vergleichsländern.
[565] Angesichts der prognostizierten demographischen Rahmenbedingungen und zurzeit noch ausstehender Strukturreformen in Polen, ist die Annahme von weiterhin hohen Arbeitslosenquoten nachvollziehbar.
[566] Zu beachten ist hierbei, dass in der OECD-Prognose die derzeitige außergewöhnliche Arbeitsmarktsituation von geringer Erwerbsbeteiligung und geringer Arbeitslosigkeit in Ungarn fortgeschrieben wird.

4.2.1.2 OECD-Prognosen der am Bruttoinlandsprodukt (BIP) gemessenen Rentenausgaben

Die Ausgaben für die Rentenversicherung[567] sollen gemessen am Bruttoinlandsprodukt (BIP) nach Berechnungen der OECD in Polen und Ungarn bis etwa 2010
rückläufig sein. Bis 2050 wird für Polen ein leichter Anstieg der relativen Rentenausgaben auf 9,6 Prozent des BIP erwartet. Das Niveau des Jahres 2000 soll jedoch in
Polen nicht erreicht werden. In Ungarn dagegen wird ein deutlicher Anstieg der
Rentenausgaben bis Ende der Beobachtungsperiode auf ein (vorläufiges) Maximum
von 8,2 Prozent des BIP im Jahr 2050 geschätzt. Der Abstand der relativen Ausga-
benniveaus beider Länder würde sich damit merklich verringern.

Da in Polen sinkende relative Rentenausgaben erwartet werden, soll der maximale
Wert bereits zu Beginn der Beobachtungsperiode erreicht werden[568].

Abbildung 4.2.1: OECD-Basisszenario: Prognose der Ausgaben der staatlichen Rentenversicherung[1] in Polen und Ungarn in Prozent des BIP in den Jahren 2000 bis 2050

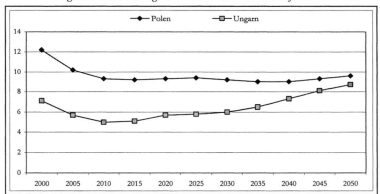

[1] Die Ausgaben-Projektionen umfassen Ausgaben für die Alterssicherung (Altersrenten, Hinterbliebenenrenten, Mindestrenten und alle vorzeitigen Rentenleistungen, die integraler Bestandteil des Altersrentensystems sind) und Frührenten (Frührenten im engeren Sinn sowie Invalidenrenten, Arbeitslosenrenten und
aktive Arbeitsmarktprogramme für Personen über 55 Jahren zur Überbrückung der Zeit bis zur Rente). Die
Frührenten-Leistungen dürfen nicht bereits unter der Kategorie „Alterssicherung" erfasst worden sein.
Quelle: Eigene Berechnungen und Darstellung nach Dang/Antolin/Oxley 2001 (Tabellen A.7. und A.8., S.
49)

Die geringste finanzielle Belastung der polnischen Rentenversicherung erwarten
die Autoren in der zweiten Hälfte der 30er Jahre. Da der Trend jedoch wieder auf
steigende Ausgaben hindeutet, ist zu vermuten, dass nach 2050 – wenn eine Be-

---

[567] Die Werte für das Ausgangsjahr 2000 unterscheiden sich von den im vorangegangenen Kapitel
berechneten relativen Rentenausgaben aufgrund unterschiedlicher Berechnungsmethoden und der
Einbeziehung unterschiedlicher Rentenleistungen.
[568] Abweichend vom Trend sollen bis 2040 die relativen Ausgaben für Frühverrentungsprogram-
me auf 1,6 Prozent des BIP steigen und bis 2050 wieder unter den Wert von 1995 fallen.

schleunigte Alterung der Bevölkerung angenommen wird - mit einer Verschärfung der finanziellen Lage zu rechnen ist. Im gesamten Zeitraum zwischen 2000 und 2050 sollen in Polen die Sozialversicherungsausgaben für Altersrentner und Hinterbliebene (zusammengefasst unter „Alterssicherung") um 2,5 Prozentpunkte des BIP und für Frührenten um 0,1 Prozentpunkte des BIP sinken.

Da in den Ausgaben für „Frührenten" auch Invalidenrenten enthalten sind, ist von einer zu optimistischen Schätzung der relativen Ausgaben für diese Kategorie in Polen auszugehen. Denn wie in vorangegangenen Kapiteln dargestellt wurde, besteht derzeit im polnischen Rentensystem die Gefahr, dass sich Personen mit nur geringen Erwerbseinkünften oder brüchigen Erwerbsbiographien in eine Erwerbsunfähigkeitsrente „flüchten"[569]. In Ungarn dagegen sollen sowohl die relativen Ausgaben für die Alterssicherung (plus 1,2 Prozentpunkte des BIP) als auch die Ausgaben für Programme zur Frühverrentung (plus 0,3 Prozentpunkte des BIP) innerhalb der 50 Jahre steigen.

Den deutlichen Rückgang der relativen staatlichen Alterssicherungsausgaben in Polen begründen die Autoren mit der finanziellen Entlastung der staatlichen Rentenversicherung durch die Teilprivatisierung der Alterssicherung (Dang/Antolin/Oxley 2001, S. 10). Zusätzlich genannt werden muss darüber hinaus, die Umstellung auf festgelegte Beiträge (*defined contributions*) in der polnischen staatlichen Rentenversicherung. Dagegen bleibt die Leistungszusage (*defined benefits*) in der ungarischen staatlichen Altersrentenversicherung erhalten. Dies kann einen Teil der prognostizierten Unterschiede in den Ausgabenentwicklungen erklären[570]. Auch die im Reformgesetz vorgesehene[571] Dynamisierung bestehender Renten (20 Prozent gemäß der Bruttolohnsteigerung und 80 Prozent gemäß der Preissteigerung) führt in Polen tendenziell zu geringeren relativen Ausgabensteigerungen als in Ungarn (jeweils Prozent gemäß der Lohn- und Preiserhöhung).

---

[569] Da die Arbeitslosigkeit - und hierbei insbesondere die Langzeitarbeitslosigkeit - in Polen auf anhaltend hohem Niveau liegt, ist es wahrscheinlich, dass ein großer Anteil der Versicherten nur eine geringe Rente erhält oder sogar die Kriterien für den Bezug einer Rente nicht erfüllt. Eine Erwerbsunfähigkeitsrente wird vor diesem Hintergrund für die Betroffenen vermutlich ein Weg sein, um eine möglichst hohe Sozialleistung zu erhalten.

[570] In der OECD-Studie werden keine detaillierten Erläuterungen für die einzelnen Länder vorgenommen.

[571] Die Formulierung „im Reformgesetz vorgesehen" ist mit Absicht gewählt, weil die Dynamisierungsmethode (20 Prozent gemäß der Bruttolohnsteigerung und 80 Prozent gemäß der Preissteigerung) von der Regierung derzeit nicht angewendet wird. Stattdessen werden bestehende Renten nach Maßgabe der Haushaltsplanung angepasst.

Tabelle 4.2.4: OECD-Basisszenario: Prognose der Ausgaben für die staatliche Alterssicherung[1] und staatliche Frührentenprogramme[2] in Polen und Ungarn (in Prozent des BIP) zwischen 2000 und 2050 und ihre Veränderung (in Prozentpunkten des BIP) sowie die Jahre der erwarteten minimalen und maximalen relativen Rentenausgaben

	Polen			Ungarn		
	Gesamt	Altersrenten	Frührente	Gesamt	Altersrenten	Frührente
2000	12,2	10,8	1,4	7,1	6,0	1,2
2005	10,2	9,0	1,3	5,7	4,7	1,0
2010	9,3	7,9	1,4	5,0	4,1	0,9
2015	9,2	7,7	1,5	5,1	4,3	0,8
2020	9,3	8,1	1,3	5,7	4,8	0,9
2025	9,4	8,2	1,2	5,8	4,9	0,9
2030	9,2	7,9	1,3	6,0	5,0	1,0
2035	9,0	7,5	1,5	6,5	5,3	1,1
2040	9,0	7,4	1,6	7,3	6,0	1,2
2045	9,3	7,8	1,5	8,1	6,7	1,4
2050	9,6	8,3	1,3	8,7	7,2	1,5
2000-2050	-2,6	-2,5	-0,1	1,6	1,2	0,3
Maximum	**12,2**	**10,8**	**1,6**	**8,7**	**7,2**	**1,5**
Jahr des Maximums	*2000*	*2000*	*2040*	*2050*	*2050*	*2050*
Minimum	**9,0**	**7,4**	**1,2**	**5,0**	**4,1**	**0,8**
Jahr des Minimums	*2035-2040*	*2040*	*2025*	*2010*	*2010*	*2010*

[1] Die Ausgaben-Projektionen für Alterssicherung umfassen die Ausgaben für Altersrenten, Hinterbliebenenrenten, Mindestrenten und alle vorzeitigen Rentenleistungen, die integraler Bestandteil des Altersrentensystems sind

[2] Die Ausgaben-Projektionen für Frührenten umfassen Ausgaben für Frührenten im engeren Sinn, Invalidenrenten, Arbeitslosenrenten und aktive Arbeitsmarktprogramme für Personen über 55 Jahren zur Überbrückung der Zeit bis zur Rente (die Leistungen dürfen nicht bereits unter der Kategorie „Alterssicherung" erfasst worden sein)

Quelle: Dang/Antolin/Oxley 2001 (Tabellen A.7. und A.8., S. 49) und eigene Berechnungen

Die Berechnung der Projektionen entspricht der Vorgehensweise aus Kapitel 3.2.2[572]. Die Anteile der Rentenausgaben am Bruttoinlandprodukt (I) werden in vier wesentliche Bestandteile aufgespalten:

(II): (Erweiterte) Altersabhängigkeitsrate (OADR): Verhältnis von Personen über 55 Jahren zu der Bevölkerung im erwerbsfähigen Alter (20- bis 64-Jährige)

(III): Inverse der Beschäftigungsquote: Relation der Bevölkerung im erwerbsfähigen Alter (20 bis 64 Jahre) zu den tatsächlich Beschäftigten

(IV): Leistungsniveau[573]: Durchschnittliche Rentenleistung in Prozent des BIP pro Beschäftigtem

---

[572] Im Unterschied zu der in Kapitel 3.2.2 verwendeten Definition von erwerbsfähigem Alter (15 bis 64 Jahre) verwendet die OECD das Alter von 20 bis 64 Jahren. Durch die „engere" OECD-Definition (20- bis 64-Jährige) schrumpft offensichtlich die Bezugsbasis, sodass die erweiterte Altersabhängigkeitsrate in der OECD-Studie höher erscheint.

[573] Die verwendete Definition von Leistungsniveau (die durchschnittliche Rentenleistung in Prozent der Arbeitsproduktivität) ist von der Ersatzrate (durchschnittliche Rentenleistung in Relation

(V): Deckungsgrad: Anteil der über 55-jährigen Bevölkerung, die eine Rente bezieht

Übersicht 4.2.1:   Formel zur Berechnung der am Bruttoinlandsprodukt gemessenen Rentenausgaben

$$\underbrace{\frac{EXP^{Pen}}{BIP}}_{(I)} = \underbrace{\frac{Pop(55+)}{Pop(15-64)}}_{(II)} \bullet \underbrace{\frac{Pop(15-64)}{EMP}}_{(III)} \bullet \underbrace{\frac{BEN}{Pop(55+)}}_{(IV)} \bullet \underbrace{\frac{Exp^{Pen}/BEN}{BIP/EMP}}_{(V)}$$

EXP^{Pen}:   Rentenausgaben des Staates
BIP: Bruttoinlandsprodukt
Pop (55+):   Bevölkerung über 55 Jahren
Pop (20-64):   Bevölkerung im erwerbsfähigen Alter, hier definiert als die 20- bis 64-Jährigen
EMP: Beschäftigte
BEN: Leistungsempfänger einer Rente
EXP^{Pen}/BEN: Durchschnittliche Rente (staatliche Rentenausgaben dividiert durch die Anzahl der Leistungsempfänger einer Rente)
BIP/EMP: Arbeitsproduktivität (Bruttoinlandsprodukt je Beschäftigtem)
Quelle: Dang/Antolin/Oxley (2001, S. 34).

Wichtigster Einflussfaktor ist in beiden Ländern der OECD-Prognose zufolge die Alterung der Bevölkerung, die gemessen am Bruttoinlandsprodukt speziell in Polen zu erheblichen Ausgabensteigerungen führen wird. In Ungarn soll sich der erwartete demographische Wandel nicht ganz so dramatisch wie in Polen auf die Rentenfinanzen auswirken. Alle anderen drei Einflussfaktoren sollen diesem Ausgabenzuwachs entgegen wirken. Gleichwohl ist das Ausmaß der jeweiligen Einflüsse in beiden Ländern unterschiedlich ausgeprägt. Eine rapide Alterung der polnischen Bevölkerung soll einen Anstieg der Rentenausgaben im Umfang von 7,3 Prozentpunkten des BIP bewirken.

Dagegen wird Ungarn nur ein Anstieg der relativen Ausgaben aufgrund des demographischen Wandels in Höhe von 2,9 Prozentpunkten des BIP zwischen 2000 und 2050 prognostiziert. Wie bereits bei den Annahmen kritisch angemerkt wurde, bestätigen andere Projektionen nicht, dass sich die Alterung der Bevölkerung in Ungarn verlangsamt und die Altersabhängigkeitsrate in Polen die ungarische Altersabhängigkeitsrate übersteigt. Somit ist von einem stärker negativen Einfluss auf die Rentenausgaben aufgrund der Alterung in Ungarn auszugehen.

---

zum Durchschnittslohn) zu unterscheiden. Ein Absinken des Leistungsniveaus so wie hier definiert impliziert somit nicht automatisch einen Rückgang der realen Durchschnittsrente. Vielmehr drückt die Relation aus, dass die durchschnittliche Rente relativ zur Arbeitsproduktivität sinkt (EU-Kommission 2001b, S. 26).

Entlastungen soll die polnische gesetzliche Rentenversicherung durch Leistungskürzungen im Ausmaß von 5,9 Prozentpunkten des BIP, eine geringere Abdeckung der Altenbevölkerung mit Rentenleistungen (minus 2,1 Prozentpunkte des BIP) und eine Verbesserung der Beschäftigungssituation (minus 1,3 Prozentpunkte des BIP) erfahren.

Abbildung 4.2.2: OECD-Basisszenario: Veränderung der Bestimmungsfaktoren[1] für die prognostizierte Entwicklung der staatlichen Rentenausgaben[2] in den Polen und Ungarn zwischen den Jahren 2000 bis 2050 in Prozentpunkten des BIP

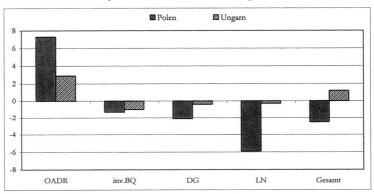

[1] Die Einflussfaktoren sind wie folgt definiert:
OADR: Die (erweiterte) Altersabhängigkeitsrate (*Old-age dependency ratio*) repräsentiert das Verhältnis von Personen im Alter von über 55 Jahren zu der Bevölkerung im erwerbsfähigen Alter (20- bis 64-Jährige): Pop(55+)/Pop(20-54) (in Prozent)
inv.BQ: Die Inverse der Beschäftigungsquote repräsentiert die Relation von der Anzahl der Bevölkerung im erwerbsfähigen Alter (20 bis 64 Jahre) zu den Beschäftigten (EMP): Pop(20-64)/EMP (in Prozent)
DG: Der Deckungsgrad ist definiert als der Anteil der über 55-jährigen in der Bevölkerung, die eine Rente bezieht: BEN /Pop (55+) (in Prozent)
LN: Das Leistungsniveau ist definiert als die durchschnittliche Rentenleistung (EXP^{Pen} /BEN) in Relation zur Arbeitsproduktivität (BIP/EMP) (in Prozent)
[2] Die Ausgaben-Projektionen umfassen Ausgaben für die Alterssicherung (Altersrenten, Hinterbliebenenrenten, Mindestrenten und alle vorzeitigen Rentenleistungen, die integraler Bestandteil des Altersrentensystems sind) und Frührenten (Frührenten im engeren Sinn, Invalidenrenten, Arbeitslosenrenten und aktive Arbeitsmarktprogramme für Personen über 55 Jahren zur Überbrückung der Zeit bis zur Rente). Die Frührenten-Leistungen dürfen nicht bereits unter der Kategorie „Alterssicherung" erfasst worden sein.
Quelle: Eigene Berechnungen und Darstellung nach Dang/Antolin/Oxley 2001 (Tabelle 5, S. 26)

Die Leistungskürzungen in Polen gehen insbesondere auf die im Gesetz vorgesehene Dynamisierung der bestehenden Renten zu einem Fünftel an den Lohnentwicklungen und zu vier Fünfteln an der Preisentwicklung, die absehbare Senkung des Rentenniveaus aus der staatlichen Rentenversicherung aufgrund der Teilprivatisierung und die stärkere Koppelung der Altersrenten an die tatsächlich eingezahlten Beiträge aufgrund des NDC-Systems zurück. Die wesentlichen Verbesserungen auf dem Arbeitsmarkt in Polen sollen insbesondere durch die Reduzierung der zu Beginn des Beobachtungszeitraums hohen Arbeitslosigkeit erreicht werden. Anders als in Polen soll in Ungarn vor allem eine höhere Produktivität (siehe oben) zur Entlastung der staatlichen Alterssicherungsausgaben beitragen. Die Entlastungen insgesamt fallen jedoch nur vergleichsweise gering aus, da die Autoren der Studie von weiter sinkenden Erwerbsquoten in Ungarn ausgehen. Aufgrund der geringen Erwerbsquoten und der daraus ableitbaren sinkenden Beschäftigungsquoten wird gleichzeitig der Deckungsgrad sinken, weil die Leistungen von Mindestbeitragskriterien abhängen. Nur geringe Entlastungen werden von Leistungskürzungen (minus 0,3 Prozentpunkte des BIP) und einem geringeren Deckungsgrad (minus 0,4 Prozentpunkte des BIP) erwartet. Die erwarteten Leistungskürzungen sind in Ungarn gegenüber Polen aufgrund der Leistungszusagen (*defined benefits*) und aufgrund der für Rentner vorteilhafteren Dynamisierung der Renten geringer.

Alle Faktoren zusammen genommen wird für Polen trotz der erwarteten, vergleichsweise stärkeren Auswirkungen des demographischen Wandlungsprozesses eine relative Entlastung und Ungarn eine relative Belastung der gesetzlichen Rentenversicherung bis zum Jahr 2050 prognostiziert.

4.2.1.3 OECD-Sensitivitätsanalyse

Der relative Einfluss von demographischen und wirtschaftlichen Rahmenbedingungen lässt sich auch durch Sensitivitätstests abschätzen[574]. Die OECD traf zu diesem Zweck alternative Annahmen über eine um 15 Prozent höhere Fertilitätsrate, eine höhere Lebenserwartung ab Geburt (Rückgang der Sterblichkeitsrate um 30 Prozent bei den Männern und 20 Prozent bei den Frauen bis zum Jahr 2050 gegenüber dem Basis-Szenario), eine höhere Netto-Immigrationsrate (Anhebung der Zahl der Netto-Immigranten um 50 Prozent im Vergleich zum Basisszenario), eine jeweils um fünf Prozentpunkte geringere Erwerbsquote älterer Erwerbspersonen und der Frauen, eine geringere Arbeitslosenquote sowie um jährlich 0,5 Prozentpunkte geringere Produktivitätsraten gegenüber dem Basisszenario[575]. Die Auswirkungen von Änderungen in den Annahmen sind in Polen am stärksten hinsichtlich der Arbeitsproduktivität. Sollte die Wachstum der Arbeitsproduktivität wie in der Sensitivitätsanalyse unterstellt wird, ab 2005 jährlich um 0,5 Prozentpunkte geringer ausfallen, würde dies laut OECD die relativen staatlichen Ausgaben für die Alterssicherung in Polen um einen Prozentpunkt des BIP und inklusive der Ausgaben für Frührenten sogar um 1,1 Prozentpunkte des BIP erhöhen. Erhebliche Ausgabensteigerungen werden in Ungarn von einer höheren Lebenserwartung ab Geburt er-

---

[574] Sensitivitätsanalysen dienen ferner dazu, den Unsicherheiten über die tatsächliche Entwicklung der relativen Ausgaben für Renten aufgrund der nicht voraussehbaren Rahmenbedingungen gerecht zu werden.

[575] Es ist darauf hinzuweisen, dass es sich hierbei um extrem optimistische Annahmen handelt. Eine pessimistische Annahme wurde in der Studie nicht vorgestellt.

wartet. Sofern die Sterblichkeitsraten in Ungarn gegenüber dem Basisszenario um 30 Prozent bei den Männern und um 20 Prozent bei den Frauen geringer sein werden, kämen auf das ungarische Rentensystem höhere relative Ausgaben im Ausmaß von einem Prozentpunkt des BIP zu. Zusammen mit den ungarischen Frührenten wird eine Ausgabensteigerung aufgrund der stärkeren Alterung der Bevölkerung um 1,1 Prozentpunkte des BIP erwartet. Die deutlich geringeren erwarteten Zunahmen in den relativen Rentenausgaben auch bei einer höheren Lebenserwartung der Polen (0,6 Prozentpunkte des BIP) können auf die Einbeziehung der Veränderung der (ferneren) Lebenserwartung in die Rentenformel zurückgeführt werden.

Tabelle 4.2.5: OECD-Sensitivitätstest: Veränderungen der relativen staatlichen Alterssicherungsausgaben und der staatlichen Ausgaben für Frührenten gegenüber dem Basisszenario zur Entwicklung der staatlichen Rentenversicherungsausgaben in Polen und Ungarn von 1995 bis 2050 (in Prozentpunkten des BIP)

	Polen		Ungarn	
	Altersrenten	Alters- und Frührenten	Altersrenten	Alters- und Frührenten
Höhere Fertilitätsrate [3]	-0,5	-0,6	-0,6	-0,7
Höhere Lebenserwartung [4]	0,6	0,6	1,0	1,1
Höhere Migrationsrate [5]	k.A.	k.A.	0,0	0,0
Geringere Erwerbsquote älterer Erwerbspersonen [6]	0,1	0,2	0,1	0,1
Geringere Erwerbsquote der Frauen [7]	0,0	0,0	0,0	0,1
Geringere Arbeitslosenquote [8]	-0,4 (-0,1)	-0,6 (-0,1)	0,0 (-0,1)	-0,2 (-0,1)
Geringere Zunahme der Arbeitsproduktivität [9]	1,0	1,1	k. A.	k. A.

Variationen in den Annahmen werden wie folgt vorgenommen:

[1] Die Ausgaben-Projektionen für die Alterssicherung umfassen Ausgaben für Altersrenten, Hinterbliebenenrenten, Mindestrenten und alle vorzeitigen Rentenleistungen, die integraler Bestandteil des Altersrentensystems sind.

[2] Die Ausgaben-Projektionen für Frührenten umfassen Ausgaben für Invalidenrenten, Arbeitslosenrenten und aktive Arbeitsmarktprogramme für Personen über 55 Jahre zur Überbrückung der Zeit bis zur Rente (die Leistungen dürfen nicht bereits unter der Kategorie „Alterssicherung" erfasst worden sein)

[3] Höhere Fertilitätsrate: eine um 15 Prozent höhere Fertilitätsrate gegenüber dem Basis-Szenario bis zum Jahr 2029, ab dem Jahr 2030 werden die Fertilitätsraten auf dem höheren Niveau konstant gehalten

[4] Höhere Lebenserwartung ab Geburt: Rückgang der Sterblichkeitsrate um 30 Prozent (Männer) bzw. 20 Prozent (Frauen) bis zum Jahr 2050 gegenüber dem Basis-Szenario; dies entspricht in etwa zusätzlichen rund 3,75 Jahren Lebenserwartung ab Geburt für Männer und zwei zusätzlichen Lebensjahren für Frauen (Die Werte werden schrittweise zum Jahr 2050 erhöht)

[5] Höhere Nettomigrationsrate: Anhebung der Zahl der Netto-Immigranten um 50 Prozent im Vergleich zum Basisszenario im Jahr 2010. Danach bleiben die Werte unverändert auf dem höheren Niveau.

[6] Geringere Erwerbsquote älterer Erwerbspersonen: Erwerbsquote der 55- bis 64-Jährigen ist um 5 Prozentpunkte geringer als im Basisszenario (allmähliche Reduktion bis zum Jahr 2050)

[7] Geringere Erwerbsquote der Frauen: Erwerbsquote der Frauen im Alter von 20 bis 54 Jahren ist um 5 Prozentpunkte geringer als im Basisszenario (allmähliche Reduktion bis zum Jahr 2050)

[8] Geringere Arbeitslosenquote: die strukturellen Arbeitslosenquoten fallen auf das Niveau von 1960; Werte in Klammern: nachträgliche Anpassungen zur Verbesserung der internationalen Vergleichbarkeit (die Ausgaben-Wachstumsraten in Prozent des BIP der Basis-Szenarien wurde durch die angenommene Veränderung der Arbeitslosenquote in Prozentpunkten dividiert)

[9] Geringere Zunahme der Arbeitsproduktivität: das Produktivitätswachstum ist ab dem Jahr 2005 um 0,5 Prozentpunkte pro Jahr bis zum Jahr 2050 geringer

k. A.: keine Angaben

Quelle: Dang/Antolin/Oxley 2001 (S. 16 ff., S. 38-40 und Tabelle A.13, S. 52-54)

Die Ausgabenlast lässt sich der Sensitivitätsanalysen zufolge am besten durch höhere Fertilitätsraten und die Reduzierung der Arbeitslosigkeit verringern. Eine ab 2030 um 15 Prozent höhere Fertilitätsrate gegenüber den Annahmen im Basisszenario könnte zu einer Senkung der Ausgabenlast für die staatliche Rentenversicherung führen. Für Polen wird im Fall einer höheren Fertilitätsrate eine finanzielle Entlastung von 0,5 Prozentpunkten des BIP für die staatliche Alterssicherung und 0,1 Prozentpunkten des BIP für die Frührenten angenommen. In Ungarn wird von einer noch stärkeren Entlastung ausgegangen, die 0,6 Prozentpunkte des BIP für die Alterssicherung und 0,1 Prozentpunkte des BIP für die Frührenten betragen soll. Höhere Fertilitätsraten führen auf der einen Seite in Zukunft zu potentiell mehr Personen, die durch ihre Arbeitskraft zum Bruttoinlandsprodukt beitragen sowie Steuern und Beiträge zahlen[576]. Dies kann die Rentenkassen erheblich entlasten. Auf der anderen Seite werden vermutlich in noch weiterer Zukunft die Zahl der Rentner und infolge dessen auch die Ausgaben steigen. Da die höheren Fertilitätsraten jedoch für die Zeit nach 2000 angenommen werden, sind die ab diesem Zeitpunkt geborenen Personen im Jahr 2050 noch nicht im Rentenalter, sodass die potentiell steigenden Rentenausgaben erst nach 2050 relevant würden. Folglich werden höhere Fertilitätsraten zunächst vorwiegend positive Wirkungen auf die Rentenfinanzen entfalten.

Da die Sensitivitätsanalysen für die Auswirkungen von verbesserten Arbeitsmarktlagen eine Senkung der strukturelle Arbeitslosenquoten auf das Niveau von 1960 vorsehen, sind die Werte für Polen und Ungarn mit Blick auf die in den 1960er Jahren vollkommen anderen polischen und wirtschaftlichen Rahmenbedingungen nicht sinnvoll. Die nachträglich angepassten Werte, die nur eine Veränderung in Höhe von jeweils minus 0,1 Prozentpunkten des BIP vorsehen, erscheinen vor dem Hintergrund realistischer.

Die vergleichsweise geringe Belastung der Rentenkassen bei einer geringeren Erwerbsquote von Frauen und älteren Erwerbspersonen mag zunächst erstaunen. Sofern weniger ältere Personen ihre Arbeitskraft zur Verfügung stellen, kann erwartet werden, dass sie sich endgültig vom offiziellen Arbeitsmarkt zurückgezogen haben, um eine Rente zu beziehen. Allerdings ist auf mehrere Details hinzuweisen. Erstens sind in Polen und Ungarn die Berechtigungskriterien für den Erhalt einer Altersrente seit den Reformen Ende der 1990er Jahre verschärft worden. Ein vorzeitiger Rückzug vom Arbeitsmarkt führt unter Umständen dazu, dass die Betroffenen keine Ansprüche auf eine Altersrente oder Frührente haben, weil sie nicht genügend Beitrags-

---

[576] Da die Einnahmenseite in der OECD-Studie nicht betrachtet wurde, sind die Auswirkungen von höheren Fertilitätsraten vorwiegend indirekt über ein potentiell höheres Bruttoinlandsprodukt zu vermuten.

jahre vorweisen können[577]. Zweiten muss beachtet werden, dass es sich um die Erwerbsquote und nicht die Beschäftigungsquote handelt. Eine Veränderung der Beteiligung der Menschen am Erwerbsprozess alleine bringt noch keine finanzielle Be- oder Entlastung der Rentenkassen mit sich. Entscheidend ist vielmehr die tatsächliche Beschäftigung in einem Land. Sollte die Beschäftigungsquote sinken wird dies tendenziell zu geringeren Beitragseinnahmen und eventuell höheren Rentenausgaben führen, sofern mehr Menschen eine Rentenleistung beziehen. Drittens kommt es auf die institutionelle Gestaltung des Rentensystems an. Aufgrund der stärkeren Verknüpfung von Beiträgen und Leistungen im Alterssicherungssystem beider Länder führen geringere Beiträge auch tendenziell zu geringeren Leistungen.

4.2.2 Nationale Prognose der Entwicklung der Rentenfinanzierung in Polen

Als nationale Studie für Polen über die Entwicklung der staatlichen Rentenfinanzen wird die Studie dargestellt, die von der Internationalen Arbeitsorganisation (I-LO) im Rahmen einer Analyse der Rentenreformen in den vier mitteleuropäischen Staaten Polen, Tschechien, der Slowakischen Republik und Ungarn herausgegeben wurden. In der polnischen Studie wird sowohl die Einnahmen- als auch die Ausgabenseite der staatlichen Rentenfinanzen betrachtet. Anhand verschiedener Szenarien analysiert die Autorin der Studie, Agnieszka Chłon-Domińczak[578], mögliche finanzielle Entwicklungen des polnischen Rentensystems (Chłon-Domińczak 2002)[579].

Untersucht werden die Einnahmen und Ausgaben des staatlichen Rentenfonds getrennt nach den Rentenkategorien Alter sowie Invalidität und Hinterbliebene. Diese Aufteilung ist nicht unproblematisch. Sinnvoller wäre es gewesen, alle drei Kategorien zu trennen oder zumindest die Hinterbliebenenrenten den Altersrenten und nicht den Invalidenrenten zuzuschlagen. Auf diese Weise hätte nachvollzogen werden können, welche Veränderungen sich auf die einzelnen Rentenkategorien in welcher Weise auswirken. Von besonderem Interesse ist die Frage, ob es zu einer „Flucht in die Invalidenrente" kommen wird. Aufgrund der Zusammenfassung von Invaliden- und Hinterbliebenenrenten ist eine Beantwortung dieser Frage nicht

---

[577] Auf der anderen Seite ist es möglich, dass dies ein Nullsummenspiel im Staatsbudget bleibt, sobald der Staat die Personen ohne Rentenanspruch finanziell durch andere Sozialleistungen unterstützen muss. Ähnliches gilt für den Fall der Erwerbsbeteiligung von Frauen.

[578] Die Autorin Agnieszka Chłon-Domińczak ist zum Zeitpunkt der Erstellung der Studie beim polnischen Arbeits- und Sozialministerium beschäftigt.

[579] Die Annahmen über Wirtschaft und Demographie, die den Projektionen zugrunde liegen, beruhen auf dem Sozialbudget-Modell des Danziger Instituts für Marktwirtschaft. Die Prognosen über die Rentenfinanzen wurden in Zusammenarbeit von der ILO, des Danziger Instituts für Marktwirtschaft und des polnischen Arbeits- und Sozialministeriums im Jahr 2001 erstellt (Chłon-Domińczak 2002, S. 166f.).

möglich. Ansatzweise kann dieser Frage bei der Betrachtung der Zahl der Rentner nach den einzelnen Rentenkategorien nachgegangen werden.

4.2.2.1 Annahmen zu den wirtschaftlichen und institutionellen Rahmenbedingungen

Da die Annahmen zur Demographie bereits im vorangegangenen Kapitel erläutert worden sind, soll an dieser Stelle nur auf die Annahmen über die wirtschaftlichen Rahmenbedingungen der Prognosen eingegangen werden. Die Lage auf dem polnischen Arbeitsmarkt soll sich den Annahmen zufolge leicht entspannen. Dies drückt sich in einer steigenden Erwerbsquote und einer sinkender Arbeitslosenquote aus. Die Erwerbsquote soll einen maximalen Wert zwischen 2010 und 2015 erreichen und bis 2050 wieder absinken, ohne jedoch unter das Ausgangsniveau zu fallen. Die Beschäftigung soll bis 2010 steigen und in den folgenden Jahren unter das Beschäftigungsniveau von 1995 sinken. Ein deutlicher Anstieg wird sowohl bei der Arbeitsproduktivität als auch beim Reallohn erwartet. Das Wirtschaftswachstum soll sich innerhalb des ersten Jahrzehnts des 21. Jahrhunderts beschleunigen und ab 2020 auf eine jährliche Wachstumsrate des BIP von 2 Prozent einpendeln.

Tabelle 4.2.6: Nationale Prognose Polen[1]: Wirtschaftliche Rahmenbedingungen der Prognose der Rentenfinanzierung in Polen zwischen 1995 und 2050 und ihre Veränderung

	Erwerbs-quote	Arbeitslosen-quote	Beschäftigungs-quote	Arbeits-produktivität	Reallohn	BIP-Wachstum
	in Prozent			(1995=100)		in Prozent
1995	47,1	13,0	100,0	100,0	100,0	k.A.
2000	48,4	16,1	98,2	131,0	132,3	1,0
2005	53,2	10,0	114,8	136,0	137,2	4,5
2010	56,4	10,0	121,5	141,0	142,4	3,7
2015	55,3	10,0	120,0	148,2	149,6	2,8
2020	54,1	10,0	116,2	157,9	159,4	2,0
2025	53,9	10,0	111,9	170,4	172,0	2,0
2030	54,5	10,0	108,4	185,7	187,5	2,0
2035	55,1	10,0	105,6	202,5	204,5	2,0
2040	54,4	10,0	101,5	220,9	223,0	2,0
2045	53,2	10,0	95,9	240,9	243,2	2,0
2050	52,8	10,0	89,6	262,7	265,2	2,0
1995-2050	5,7	-3,0	-10,4	162,7	165,2	-

[1] Zu den einzelnen Faktoren der Annahmen werden in der Studie keine Angaben zu den Definitionen gemacht.
[2] Veränderung in Prozentpunkten (Erwerbs- und Arbeitslosenquote, BIP-Wachstum) bzw. in Dezimalzahlen
k.A.: keine Angabe
Quelle: Chłon-Domińczak 2002, Tabelle 6 (S. 115) und eigene Berechnungen

Die Annahmen über die institutionellen Rahmenbedingungen beziehen die Reformen der Alterssicherung und bis zum Zeitpunkt der Erstellung der Studie vorgenommenen Änderungen ein (Chłon-Domińczak 2002, S. 115).

4.2.2.2 Prognose der Entwicklung von Einnahmen und Ausgaben des staatlichen Rentenfonds

Ausgangspunkt der Prognose ist das Basis-Szenario. Die Gegenüberstellung der prognostizierten Einnahmen aus Beiträgen und Rentenausgaben der polnischen Sozialversicherung ergibt im Basisszenario ein Defizit während der gesamten Beobachtungsperiode. Trotz der Teilprivatisierung der staatlichen Alterssicherung ist demnach nicht von einer Entlastung des Staatshaushalts auszugehen. Denn sobald die Belastungen des staatlichen Rentenversicherungsbudgets durch die Umstellungskosten in der zweiten Hälfte des ersten Jahrzehnts rückläufig sein sollen, wird der abzusehende demographische Wandel auf die Rentenfinanzen negative Wirkung entfalten. Das Defizit wird gemäß dem Basisszenario nach 2010 ansteigen und erst im Jahr 2050 das Maximum erreichen. Zwar sind sowohl relative Einnahmen (im Jahr 2000: 8,6 Prozent des BIP; im Jahr 2050: 7,4 Prozent des BIP) als auch relative Ausgaben (im Jahr 2000: 10,9 Prozent des BIP; im Jahr 2050: 9,7 Prozent des BIP) rückläufig, jedoch wird ein Ausgabenanstieg erwartet, der nicht von Beitragseinnahmen ausgeglichen werden kann.

Abbildung 4.2.3: Basisszenario der nationalen Prognose Polen: Prognose der Einnahmen und Ausgaben sowie des Saldos in der staatlichen Rentenversicherung in Prozent des BIP zwischen 2000 und 2050

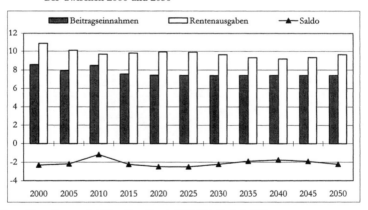

Quelle: Eigene Darstellung nach Chłon-Domińczak 2002 (Tabelle 2, S. 199)

Hintergrund der negativen Bilanz ist jedoch weniger der Ausgabenanstieg für die Alten im Rahmen der Rentenversicherung, sondern vielmehr für die Invaliden und Hinterbliebenen. Das Defizit ist bis 2015 auf einen negativen Saldo von Einnahmen und Ausgaben in der staatlichen Alterssicherung zurückzuführen. Da etwa in diesem Zeitraum die Reformen des Alterssicherungssystems Auswirkungen zeigen, wird das Defizit für die Alterssicherung rückläufig sein und sogar zu Beginn der 2030er Jahre einen positiven Saldo ergeben. Da für die Leistungen an Invalide und Hinterbliebene weiterhin ausschließlich die staatliche Sozialversicherung zuständig ist, werden weiter steigende relative Ausgabenverpflichtungen des staatlichen Rentenfonds für diese beiden Rentenkategorien erwartet.

Die These, dass die Reform der Alterssicherung zu einer Verschiebung der Finanzierungslast von der Altersrente zu den Invalidenrenten geführt hat, wird aus dem Vergleich der Projektionen zwischen dem Basis-Szenario und dem Szenario „ohne Reform" deutlich. Wäre die staatliche Alterssicherung im Jahr 1999 nicht reformiert worden, wäre zwar ein Defizit in der staatlichen Rentenkasse von 5,5 Prozent des BIP im Jahr 2050 anstelle des Überschusses in Höhe von 1,4 Prozent des BIP im Basisszenario zu erwarten gewesen. Im Gegenzug allerdings wäre den Prognosen zufolge durch die Invaliden- und Hinterbliebenenrenten nur ein Defizit in Höhe von 1,96 Prozent des BIP entstanden. Auf Basis der Reformgesetzgebung wird dagegen ein Defizit in der Rentenkasse aufgrund der Invaliden- und Hinterbliebenenrenten in Höhe von 3,65 Prozent des BIP prognostiziert (Chłon-Domińczak 2002, Tabelle 1, S. 198 und Tabelle 2, S. 199). In Abbildung 4.2.4 zeigt sich deutlich, dass die Reformgesetzgebung zwar die finanziellen Bürden durch die Alterssicherung auf die staatlichen Rentenversicherung senkt. Diese Einsparungen werden den Projektionen zufolge jedoch durch höhere relative Ausgaben für Invalide und Hinterbliebene aufgrund einer steigenden Anzahl von Empfängern einer Invaliditäts- und Hinterbliebenenrente überkompensiert. Gegenüber dem Szenario „ohne Reform" ergibt sich allerdings eine Verbesserung.

Abbildung 4.2.4: Basisszenario der nationalen Prognose Polen: Prognostizierter Saldo der Einnahmen und Ausgaben der staatlichen Rentenversicherung in Prozent des BIP in den Jahren 2000 bis 2050 nach Rentenkategorien

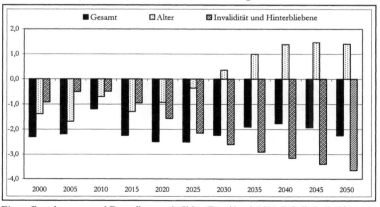

Quelle: Eigene Berechnungen und Darstellung nach Chłon-Domińczak 2002 (Tabelle 2, S. 199)

Tabelle 4.2.7: Basisszenario: Prognose der Einnahmen und Ausgaben der staatlichen Rentenversicherung nach Rentenkategorie in Prozent des BIP zwischen 2000 und 2050 und ihre Veränderung (in Prozentpunkten des BIP)

	2000	2005	2010	2015	2020	2025	2030	2035	2040	2045	2050	2000-2050[1]
Rentenausgaben												
Gesamt	10,88	10,11	9,68	9,80	9,93	9,91	9,63	9,31	9,17	9,33	9,65	-1,23
Alter	6,01	5,68	5,27	4,93	4,46	3,85	3,11	2,47	2,08	2,00	2,06	-3,95
Invalidität und Hinterbliebene	4,87	4,43	4,41	4,87	5,48	6,06	6,52	6,83	7,09	7,33	7,59	2,72
Beitragseinnahmen												
Gesamt	8,58	7,93	8,49	7,56	7,44	7,41	7,40	7,41	7,41	7,41	7,41	-1,17
Alter	4,63	4,00	4,57	3,64	3,53	3,49	3,47	3,47	3,47	3,47	3,47	-1,16
Invalidität und Hinterbliebene	3,95	3,93	3,92	3,92	3,92	3,92	3,92	3,93	3,94	3,93	3,94	-0,01
Saldo												
Gesamt	-2,30	-2,18	-1,19	-2,24	-2,49	-2,50	-2,23	-1,90	-1,76	-1,92	-2,24	0,06
Alter	-1,38	-1,68	-0,70	-1,29	-0,93	-0,36	0,36	1,00	1,39	1,47	1,41	2,79
Invalidität und Hinterbliebene	-0,92	-0,50	-0,49	-0,95	-1,56	-2,14	-2,60	-2,90	-3,15	-3,40	-3,65	-2,73

[1] Veränderung in Prozentpunkten des BIP
Quelle: Chlon-Domińczak 2002 (Tabelle 2, S. 199) und eigene Berechnungen

Tabelle 4.2.8: Szenario „ohne Reform" der Alterssicherung; Prognose der Einnahmen und Ausgaben der staatlichen Rentenversicherung nach Rentenkategorie in Prozent des BIP zwischen 2000 und 2050 und ihre Veränderung (in Prozentpunkten des BIP)

	2000	2005	2010	2015	2020	2025	2030	2035	2040	2045	2050	2000-2050[1]
Rentenausgaben												
Gesamt	10,96	10,64	11,16	12,75	14,42	15,53	15,61	15,57	15,93	16,60	17,32	6,36
Alter	6,05	6,03	6,64	8,10	9,55	10,35	10,16	9,96	10,21	10,81	11,42	5,37
Invalidität und Hinterbliebene	4,91	4,62	4,52	4,64	4,86	5,19	5,46	5,61	5,71	5,78	5,89	0,98
Beitragseinnahmen												
Gesamt	9,89	9,86	9,85	9,85	9,84	9,84	9,85	9,87	9,87	9,86	9,85	-0,04
Alter	5,94	5,94	5,93	5,92	5,92	5,93	5,93	5,94	5,93	5,92	5,92	-0,02
Invalidität und Hinterbliebene	3,95	3,93	3,92	3,91	3,91	3,92	3,93	3,93	3,93	3,93	3,93	-0,02
Saldo												
Gesamt	-1,07	-0,78	-1,31	-2,90	-4,58	-5,69	-5,76	-5,70	-6,06	-6,74	-7,47	-6,40
Alter	-0,11	-0,09	-0,71	-2,18	-3,63	-4,42	-4,23	-4,02	-4,28	-4,89	-5,50	-5,39
Invalidität und Hinterbliebene	-0,96	-0,69	-0,60	-0,73	-0,95	-1,27	-1,53	-1,68	-1,78	-1,85	-1,96	-1,00

[1] Veränderung in Prozentpunkten des BIP
Quelle: Chlon-Domińczak 2002 (Tabelle 1, S. 198) und eigene Berechnungen

Die Hintergründe dieser prognostizierten Entwicklung sind in den Annahmen ü-
ber die künftige Anzahl der Rentner nach Rentenkategorien und der jeweiligen Ersatzrate (Renten-Lohn-Verhältnis) zu finden. Die Anzahl der Altersrentner soll bis
Anfang der 2020er Jahre auf rund vier Millionen Personen steigen, danach jedoch
bis Ende der 2030er Jahre deutlich auf 3,4 Millionen Personen zurückgehen und erst
wieder in den 2040er Jahren steigen, da die Generation der „Baby-Boomer" in diesem Zeitraum in das Rentenalter kommen wird.Die Trennung nach den drei Rentenkategorien ermöglicht, die Hintergründe für die Veränderungen der relativen
Rentenausgaben zu analysieren. Der Projektion zufolge wird es ab 2030 mehr Invalidenrentner als Altersrentner geben. Die Zahl der Bezieher einer Invalidenrente
wird demzufolge von 2,6 Millionen Personen im Jahr 2000 auf ein Maximum von
4,3 Millionen Personen im Jahr 2045 ansteigen und danach wieder leicht zurückgehen. Die Projektionen sehen einen ungebremsten Anstieg der Anzahl von Hinterbliebenenrentnern von 1,15 Millionen im Jahr 2000 auf 2 Millionen fünfzig Jahre
später voraus.

Abbildung 4.2.5: Basisszenario der nationalen Prognose Polen: Prognose der Anzahl der Leistungsempfänger in Polen von 2000 bis 2050 nach Rentenkategorien (Jahr
2000=100)

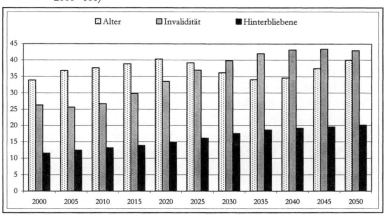

Quelle: Eigene Berechnungen und Darstellung nach Chłon-Domińczak 2002 (Tabelle 2, S. 199)

Tabelle 4.2.9: Basisszenario der nationalen Prognose Polen: Anzahl der Rentner (in 1.000 Personen) nach Rentenkategorien in Polen in den Jahren 2000 bis 2050 und ihre Veränderung (in 1.000 Personen bzw. in Prozent der absoluten Anzahl)

	Gesamt	Alter	Invalide	Hinterbliebene
2000	7.174,3	3.390,2	2.629,7	1.154,5
2005	7.483,3	3.675,1	2.563,4	1.244,7
2010	7.742,0	3.758,4	2.661,6	1.317,5
2015	8.248,5	3.884,5	2.977,4	1.386,6
2020	8.859,7	4.028,6	3.350,8	1.480,3
2025	9.219,7	3.917,2	3.690,5	1.612,0
2030	9.347,7	3.613,7	3.979,5	1.754,5
2035	9.466,3	3.407,5	4.198,5	1.860,3
2040	9.689,1	3.455,9	4.318,1	1.915,1
2045	10.039,1	3.743,2	4.342,2	1.953,8
2050	10.307,3	3.998,7	4.296,7	2.011,9
2000-2050				
Veränderung (absolut)	3.133,0	608,6	1.667,0	857,4
Veränderung in Prozent	43,7	18,0	63,4	74,3

Quelle: Chłon-Domińczak 2002 (Tabelle 2, S. 199) und eigene Berechnungen

Zweiter wesentlicher Faktor der erwarteten Ausgabenerhöhung ist das durchschnittliche Leistungsniveau einer Rente, das hier als durchschnittliches Renten-Lohn-Verhältnis (Ersatzrate) beschrieben wird. Die neue Rentenformel und die Teilprivatisierung ließen bereits darauf schließen, dass die durchschnittlichen Rentenleistungen gegenüber den nationalen Durchschnittslöhnen sinken werden. Entsprechend wird das reformierte Alterssicherungssystem[580] wesentlich niedrigere relative Leistungen gewähren als das alte Alterssicherungssystem und sogar das Invaliden- und das Hinterbliebenenrentensystem.

Zunächst fällt auf, dass die Ersatzraten für Renten generell sinken. Hintergrund dieses Rückgangs ist das mit der Reform angestrebte Ziel, Beiträge und Leistungen stärker aneinander zu koppeln und die Finanzierungslast der staatlichen Rentenversicherung zu senken, indem die Menschen dazu verpflichtet werden, privat vorzusorgen. Da bestehende Altersrenten nur noch zu 20 Prozent an die Lohnentwicklung und zu 80 Prozent an die Preisentwicklung angepasst werden, reduziert sich die Ersatzrate für Altersrenten auch im alten, rein umlagefinanzierten Alterssicherungssystem unter der Annahme, dass die Inflationsrate unterhalb der Lohnsteigerung liegt.

---

[580] Da das neue Berechnungsverfahren erst im Jahr 2009 angewendet wird, werden die ersten „neuen" Altersrenten (d.h. aus dem teilprivatisierten System) erst ab diesem Zeitpunkt ausgezahlt.

Abbildung 4.2.6: Basisszenario der nationalen Prognose Polen: Prognose der Relation von durchschnittlichen Renten[1] und nationalen Durchschnittslöhnen (Ersatzrate)[2] in Polen zwischen 2000 und 2050 nach Rentenkategorien (in Prozent)

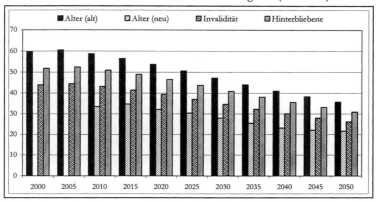

[1] Alter (alt): Berechnung der Altersrente nach der alten Rentenformel; Alter (neu): Berechnung der Altersrente nach der neuen Rentenformel (ab 2009) (siehe hierzu Kapitel 3.1.3.1)
[2] Es werden keine Angaben gemacht, ob es sich um Brutto- oder Nettoersatzraten handelt. Angesichts der nachgelagerten Besteuerung ist anzunehmen, dass es sich um die Brutto-Werte handelt.
Quelle: Eigene Darstellung nach Chłon-Domińczak 2002 (Tabelle 2, S. 199)

Den Prognosen zufolge wird die durchschnittliche „neue" Altersrente in Polen im Jahr 2050 gerade etwas mehr als ein Fünftel der Durchschnittslöhne (21,7 Prozent) betragen[581]. Altersrenten aus dem rein umlagefinanzierten staatlichen Alterssicherungssystem sollen dagegen im selben Jahr eine Ersatzrate von 35,7 Prozent erreichen.

Die Differenz zwischen den Ersatzraten nach der alten und der neuen Rentenformel soll im reformierten Alterssicherungssystem durch Leistungen aus der obligatorischen, kapitalfundierten Zusatzrente aufgefüllt werden. Die Ersatzrate für Invalidenrenten soll von einem maximalen Niveau von 44,4 Prozent im Jahr 2005 auf nur noch 26,2 Prozent im Jahr 2050 sinken. Erstaunlich hoch erscheinen die Ersatzraten für Hinterbliebenenrentner. Hintergrund für das relativ hohe Rentenniveau dürfte sein, dass Hinterbliebenen bis zu 95 Prozent des Rentenanspruchs des Verstorbenen zustehen. Die Ersatzrate für Hinterbliebenenrenten soll zwar um 21 Prozentpunkte deutlich abgesenkt werden. 2050 soll das Rentenniveau der Hinterbliebenenrenten

---

[581] Eine Ersatzrate für Altersrenten in der prognostizierten Höhe von unter 30 Prozent ab dem Jahr 2025 birgt jedoch sozialpolitische Brisanz: „Such a policy...may lead to increased poverty among pensioners, and as a result, savings made in the pension system may have to be accompanied by increased expenditures on social assisstance for pensioners. Moreover, transferring very large numbers of elderly to social assistance would be a controversial policy." (Chłon-Domińczak 2002, S. 169)

mit 30,9 Prozent über den Niveaus der „neuen" Altersrenten und der Invalidenrenten liegen.

Tabelle 4.2.10: Basisszenario der nationalen Prognose Polen: Ersatzraten (Renten-Lohn-Verhältnis)[1] im neuen und alten Alterssicherungssystem sowie nach Rentenkategorien[2] in Polen in den Jahren 2000 bis 2050 (in Prozent) und ihre Veränderung (in Prozentpunkten)

	Altersrente (altes System)	Altersrente (neues System)	Invalide	Hinterbliebene
2000	59,9	-	43,9	51,8
2005	60,6	-	44,4	52,4
2010	58,8	33,5	43,1	50,9
2015	56,5	34,7	41,4	48,9
2020	53,7	32,1	39,4	46,5
2025	50,6	30,4	37,0	43,7
2030	47,2	28,0	34,6	40,8
2035	44,0	25,5	32,2	38,1
2040	41,0	23,2	30,1	35,5
2045	38,3	22,2	28,0	33,1
2050	35,7	21,7	26,2	30,9
2000-2050[3]	-24,2	-11,8	-17,7	-20,9

[1] Es werden keine Angaben gemacht, ob es sich um Brutto- oder Nettoersatzraten handelt. Angesichts der nachgelagerten Besteuerung ist anzunehmen, dass es sich um die Brutto-Werte handelt.
[2] Altersrente (altes System): Berechnung der Altersrente nach der alten Rentenformel; Altersrente (neues System): Berechnung der Altersrente nach der neuen Rentenformel (ab 2009) (siehe hierzu Kapitel 3.1.3.1.)
[3] Veränderung in Prozentpunkten
Quelle: Chłon-Domińczak 2002 (Tabelle 2, S. 199) und eigene Berechnungen

4.2.2.3 Sensitivitätsanalyse

Die Projektionen werfen die Frage nach den Handlungsoptionen bzw. den anzunehmenden Wirkungen von Änderungen der demographischen, wirtschaftlichen und institutionellen Rahmenbedingungen auf. Zu diesem Zweck werden die Saldi aus Einnahmen und Ausgaben anhand unterschiedlicher Szenarien analysiert. Hätte die polnische Regierung ihr Rentensystem nicht reformiert (Szenario „ohne Reform"), wäre das Defizit der Sozialversicherung von 1,1 Prozent des BIP im Jahr 2000 auf 7,5 Prozent des BIP im Jahr 2050 gestiegen. Wesentlicher Motor dieses steigenden Defizits wäre den Projektionen zufolge die Alterssicherung gewesen. Die anderen fünf Szenarien sind unter der Maßgabe der Reformgesetzgebung von 1999 entwickelt worden.

Es wird sich zeigen, dass die Alterssicherung in allen Szenarien kein Defizit im Jahr 2050 hervorbringt, sondern sich vielmehr einen Überschuss ergibt. Dagegen wird sich das relative Ungleichgewicht von Ausgaben und Einnahmen in der Invaliden- und Hinterbliebenenrentenversicherung voraussichtlich verschärfen, sodass unter den gegebenen institutionellen Voraussetzungen sowie den erwarteten demographischen und wirtschaftlichen Rahmenbedingungen ein Defizit in der staatlichen Rentenkasse entsteht.

Bezugspunkt ist jeweils das Basisszenario. Eine um 0,5 Prozentpunkte geringere Arbeitsproduktivität pro Jahr[582] verringert annahmegemäß das Wirtschaftswachstum, erhöht die Ersatzrate[583] und steigert in der Folge die relativen Rentenausgaben[584]. Das Defizit liegt der Prognose zufolge im Szenario mit geringerer Arbeitsproduktivität um durchschnittlich einen Prozentpunkt des BIP über dem Defizit des Basisszenarios und erreicht im Jahr 2050 einen Wert von rund 3,3 Prozent des BIP. Eine höhere Arbeitsproduktivität auf der anderen Seite würde nicht nur zu einer Senkung des Defizits sondern auch zu einer Reduktion der Ersatzrate – und damit zu einer Verringerung des relativen Lebensstandards von Rentnern gegenüber den Erwerbstätigen - führen. Eine noch niedrige Ersatzrate als im Basisszenario dürfte allerdings sozialpolitisch problematisch sein.

Eine Erhöhung der Ersatzrate kann durch verschiedene Veränderungen der Rentenformel und der institutionellen Faktoren erreicht werden. Drei Möglichkeiten werden im Folgenden dargestellt. Erstens kann eine höhere Ersatzrate durch eine Veränderung der Indexierung der individuellen Beiträge bei der Erstfeststellung des Rentenanspruchs erreicht werden. Statt der im Reformgesetz vorgesehenen Indexierungsrate von 75 Prozent an der Bruttolohnsteigerung und zu 25 Prozent an der Preisentwicklung wird eine vollständige Anpassung der Beiträge an die Bruttolohnsteigerung angenommen. Die Projektionen zeigen jedoch, dass sich durch diese Maßnahme die Situation der Rentner nicht entscheidend verbessern würde. Die ausschließliche Lohnorientierung führt auf der einen Seite zu der angestrebten Steigerung der Ersatzrate der Altersrenten im neuen System um ca. 0,7 Prozentpunkte auf 22,4 Prozent aber auf der anderen Seite zu höheren relativen Rentenausgaben. Entsprechend soll das Defizit auf 2,3 Prozent des BIP im Jahr 2050 steigen. Ein wesentlicher Bestimmungsfaktor der relativen Rentenhöhe ist die Dynamisierung bestehender Renten.

Die im Gesetz vorgesehene Anpassung zu 20 Prozent an der Bruttolohnentwicklung und zu 80 Prozent an der Preisentwicklung führt aufgrund der Annahme von

---

[582] Im Basisszenario wird von einer langfristigen Steigerung der Arbeitsproduktivität von jährlich 1,75 Prozent ausgegangen. Eine um 0,5 Prozentpunkte geringere Arbeitsproduktivität bedeutet ein Produktivitätswachstum von 1,25 Prozent pro Jahr.

[583] Das Verhältnis von durchschnittlichen Renten zu Durchschnittslöhnen wird steigen, weil angenommen werden muss, dass eine geringere Arbeiterproduktivität weniger Raum für Lohnerhöhungen zulässt. Sofern bestehende Renten wie im Reformgesetz von 1999 vorgesehen ist, nur noch zu einem Fünftel von den Lohnsteigerungen abhängig sind, wird die Schere zwischen Durchschnittsrenten und Durchschnittslöhnen gegenüber dem Basisszenario kleiner ausfallen (Chłon-Domińczak 2002, S. 176).

[584] Es ist darauf hinzuweisen, dass die Entwicklungen von Arbeitsproduktivität, Löhnen und Preisen interdependent sind. Die Variation eines dieser Faktoren wirkt sich folglich auf die anderen Faktoren aus.

stabilen Inflationsraten[585] und relativ höheren Bruttolohnsteigerungen zu einer allmählichen Reduzierung des Rentenniveaus.

Abbildung 4.2.7: Szenarien der nationalen Prognose Polen[1]: Prognose der Defizite in der staatlichen Rentenversicherung in Prozent des BIP im Jahr 2050

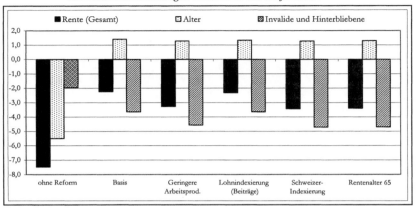

[1] Variationen in den Annahmen werden wie folgt vorgenommen:

Szenario ohne Reform: Annahme, dass das Alterssicherungssystem, das bis zum Jahr 1998 bestand, unverändert weiter geführt (und nicht im Jahr 1999 reformiert) worden wäre

Basis-Szenario: Institutionelle Annahmen beruhen auf den gesetzlichen Vorkehrungen über die staatliche Rentenversicherung der Reformgesetzgebung aus dem Jahr 1998

Szenario mit geringerer Arbeitsproduktivität: Gegenüber dem Basis-Szenario wird von einer um 0,5 Prozentpunkte geringeren Arbeitsproduktivität pro Jahr ausgegangen. Da im Basisszenario von einer langfristigen Steigerung der Arbeitsproduktivität von jährlich 1,75 Prozent ausgegangen wird, führt die Annahme zu einem langfristigen Wachstum der Arbeitsproduktivität in Höhe von 1,25 Prozent pro Jahr.

Szenario mit Bruttolohnindexierung der Beiträge: Bei der Erstfeststellung des Rentenanspruchs wird anstelle der im Reformgesetz (Basis-Szenario) vorgesehenen Indexierung der Beiträge zu 75 Prozent an der Bruttolohnsteigerung und zu 25 Prozent an der Preisentwicklung von einer vollständige Anpassung der Beiträge an die Lohnsteigerung ausgegangen. Über die Höhe der angenommenen Preisentwicklung werden keine Angaben gemacht.

Szenario mit „Schweizer Indexierung": Die Dynamisierung bestehender Renten erfolgt zu 50 Prozent an den Bruttolöhnen und zu 50 Prozent an den Preisen. Im Basis-Szenario werden bestehende Renten zu 20 Prozent gemäß der Bruttolohnentwicklung und zu 80 Prozent gemäß der Preisentwicklung angepasst.

Szenario mit einem Rentenalter von 65 Jahren: Festsetzung der Regelaltersgrenze auf 65 Jahre für Männer und Frauen gleichermaßen. Das entspricht einer Anhebung des gesetzlichen Rentenalters für Frauen um fünf Jahre. Das Rentenalter der Männer bliebe unverändert.

Quelle: Eigene Berechnung und Darstellung nach Chłon-Domińczak 2002 (Tabellen 1 bis 7, S. 198-204)

Da eine vollständige Lohnindexierung wahrscheinlich langfristig nicht finanzierbar ist, wird der Mittelweg zwischen Lohn- und Preisindexierung untersucht. Diese auch als „Schweizer Formel" bezeichnete Anpassung bestehender Renten zu jeweils 50 Prozent an den Lohn- und Preisentwicklungen ist auch im ungarischen Rentensystem vorgesehen. Gegenüber dem Basisszenario würde die Ersatzrate für alle Ren-

---

[585] „Stabile Preisentwicklung" wird nicht definiert, da in der Studie über die Höhe der angenommenen Preisentwicklung keine Angaben gemacht werden.

tenkategorien steigen. Allerdings werden im Vergleich zum Basisszenario Bezieher einer Altersrente (plus 1,6 Prozentpunkte) aus dem neuen System weniger von dieser Indexierungsmethode profitieren als Rentenbezieher einer „alten" Altersrente (plus 7,9 Prozentpunkte), einer Invalidenrente (plus 5,8 Prozentpunkte) oder einer Hinterbliebenenrente (plus 6,9 Prozentpunkte). Im Gegenzug werden sich die relativen Rentenausgaben und somit das Defizit der Sozialversicherung auf 3,4 Prozent des BIP erhöhen. Auch eine längere Lebensarbeitszeit kann die Ersatzrate steigern, wenn beispielsweise die Regelaltersgrenze auf 65 Jahre für Männer und Frauen in Polen gleichermaßen (d.h. eine Anhebung des gesetzlichen Rentenalters für Frauen um fünf Jahre) gestgesetzt wird. Da sich im NDC-System die späteren Leistungen an den zuvor eingezahlten individuellen Beiträgen orientieren, werden höhere Beiträge im Prinzip zu später höheren Leistungen führen[586]. Dementsprechend werden den Projektionen zufolge die Rentner von einer längeren Beitragszeit im Rentenalter profitieren. Die Projektionen gehen von Ersatzraten von 35,6 Prozent für Altersrenten aus dem rein umlagefinanzierten staatlichen Alterssicherungssystem, rund 26 Prozent für Invalidenrenten und Altersrenten aus dem reformierten Alterssicherungssystem sowie 30,8 Prozent für Hinterbliebenenrente aus. Sofern sich der Renteneintritt durch die Anhebung der Regelaltersgrenze hinauszögert, würde der Staat zunächst von Ausgaben entlastet werden. Allerdings ist das Wort „zunächst" zu betonen. Denn aufgrund der höheren Ansprüche aufgrund der längeren Arbeits- und Beitragszeit entstehen dem Rentensystem langfristig höhere Ausgaben. Darüber hinaus ist es nicht auszuschließen, dass sich bei einer höheren Altersgrenze für Frauen mehr Frauen um eine Invalidenrente bemühen (Chłon-Domińczak 2002, S. 177).

Ein Defizit der Studie ist, dass die gesetzliche Rentenversicherung für selbständige Landwirte (KRUS) nicht in die Analyse einbezogen wurde. Wie zuvor dargestellt worden ist, stellt es eine nicht zu unterschätzende Belastung für den Staatshaushalt dar. Zudem muss eben dieses System gerade mit Blick auf die EU-Mitgliedschaft reformiert werden. Problematisch sind auch die zum Teil mangelhaften Definitionen über die Annahmen und Hintergründe der Studie. Sie erschweren es, die Projektionen nachzuvollziehen und einzuschätzen.

4.2.3 Nationale Prognose der Rentenfinanzierung in Ungarn

In der Projektion des ungarischen Finanzministeriums sind alle Ausgaben innerhalb des staatlichen Rentenfonds für Altersrentner, Invalidenrentner oberhalb und die meisten Invalidenrentner unterhalb des gesetzlichen Rentenalters und der Großteil der Hinterbliebenenrentner enthalten. Nicht einbezogen sind die Einnahmen

---

[586] Es wird dabei angenommen, dass andere Rahmenbedingungen wie z.B. das Alter des Eintritts in das Berufsleben oder die Arbeitslosenquote unverändert bleiben.

und Ausgaben des Gesundheitsfonds (HIF), der für die Auszahlung von Renten für noch arbeitsfähige Invalidenrentner (Invalidenrentner der III. Kategorie) unterhalb des gesetzlichen Rentenalters und ihre Hinterbliebenen zuständig ist. Nicht betrachtet werden darüber hinaus Sozialrenten, sofern sie nicht vom staatlichen Rentenfonds ausgezahlt werden. Nach Schätzungen der Regierungen werden rund 88 Prozent aller staatlichen Rentenleistungen in Ungarn in die Kalkulation einbezogen[587].

Zusätzlich wird die prognostizierte Entwicklung der Strukturen und Finanzen der obligatorischen Privatrentenfonds (PPF) dargestellt. Betrachtet werden jeweils die Einnahmen und die Ausgabenseite und die voraussichtliche Belastung des Staatsbudgets. Die demographischen Annahmen beruhen auf den Prognosen des ungarischen Statistikamts (KSH). Die wirtschaftlichen Annahmen entsprechen den Prognosen, die in den Langzeitprojektionen für den Staatshaushalt enthalten sind. Besonders interessant ist für den Gesamtkontext der Studie, dass die langfristigen Annahmen über die wirtschaftliche Entwicklung vor dem Hintergrund des EU-Beitritts erstellt worden sind[588]. Die Projektionen vom November 2002 werden im Folgenden dargestellt und analysiert[589]. Bezugszeitpunkt der Annahmen ist 2002.

---

[587] Als Grund für die Nichteinbeziehung von Sozialrenten und HIF-Rentenleistungen wird von der Regierung die Absicht genannt, die Auswirkungen der Reform der Alterssicherung von 1998 abschätzen zu können. Da die Reform direkt nur die Alterssicherung des staatlichen Rentenfonds (PIF) betroffen hat, wurde von den Rentenfinanzen des Gesundheitsfond (HIF) abstrahiert. Wie in vorangegangenen Kapiteln bereits erläutert wurde, wirkt sich die Reform der Alterssicherung in Ungarn jedoch auch auf die Invalidenrenten aus, die zum Teil vom staatlichen Gesundheitsfond finanziert werden. Im Jahr 2002 beispielsweise hatten Rentenleistungen aus dem Gesundheitsfond einen Umfang von 1,14 Prozent des BIP (davon: Renten für Invalide der III. Kategorie unterhalb des gesetzlichen Rentenalters: 1,06 Prozent des BIP; Hinterbliebenenrenten: 0,02 Prozent des BIP; andere (nicht näher definiert): 0,04 Prozent des BIP) (Quelle: Eigene Berechnungen nach der Zusammenstellung angefragter Daten der Autorin durch András Horváth vom Büro des Premierministers in der Korrespondenz vom 21. Oktober 2003. Die Daten können bei der Autorin eingesehen werden).

[588] Quelle: Information über die Projektion der Finanzen des staatlichen Rentenfonds, bereitgestellt durch Andás Horváth vom Büro des Premierministers (Korrespondenz vom 20. März 2003)

[589] Im Herbst 2003 veröffentlichte die ungarische Regierung ihre jüngste Rentenprognose. In den Wirtschaftsannahmen wurden die Annahmen über das Beschäftigungswachstum und in geringerem Maße der Arbeitslosenquote verändert. Die Annahmen zum Wachstum der Konsumentenpreise, der Brutto- und Nettolohnsteigerung, dem nominalen und realen Wachstum des Bruttoinlandsprodukts und der jährlichen Höhe der Rentenanpassung blieben unverändert. In der revidierten Prognose aus dem Jahr 2003 wird von einem positiven Beschäftigungswachstum bis einschließlich 2012 ausgegangen. Gemäß der alten Projektion sollte bereits 2010 ein negatives Beschäftigungswachstum erfolgen. Der deutlichste Rückgang in der Anzahl der Beschäftigten soll der 2003er-Prognose zufolge mit 0,8 Prozent (in den Jahren 2037 bis 2039) gegenüber dem Vorjahr deutlich unter dem erwarteten Beschäftigungsrückgang von 1,3 Prozent (in den Jahren 2035 bis 2036) in der 2002er-Prognose liegen. Im Jahr 2050 wird in der neuen Prognose ein Beschäftigungsrückgang von 0,3 Prozent gegenüber 0,7 Prozent in der Vorjahresprognose ausgegangen. In der neuen Prognose fallen die Annahmen über die Arbeitslosenquote mit 0,1 bis 0,2 Prozentpunkten etwas höher und damit pessimistischer aus. Leicht verändert wurden auch die demographi-

4.2.3.1 Annahmen der nationalen Prognose von Ungarn zwischen 2000 und 2050

Demographische Annahmen

Der demographische Wandel wird dazu führen, dass mehr Menschen in das gesetzliche Rentenalter von 62 Jahren kommen, während die Bevölkerung im erwerbsfähigen Alter deutlich abnimmt[590]. Entsprechend steigt die Altersabhängigkeitsrate[591]. Der Gegenüberstellung der beiden Bevölkerungsgruppen lässt sich entnehmen, dass 2000 noch etwa drei Mal so viele Personen im erwerbsfähigen Alter waren als Personen im Rentenalter. Innerhalb der 50 Jahre soll sich diese Relation auf nur noch 1,8 Erwerbspersonen zu einem Alten reduzieren.

---

schen Annahmen. Es ergibt sich nur eine marginale Veränderung der Altersabhängigkeitsrate. Im Endeffekt wird in der 2003er-Prognose langfristig in der Brutto-Betrachtung ein höheres Defizit im staatlichen Rentenfond (im Jahr 2050 minus 2,7 Prozent des BIP statt minus 2,2 Prozent des BIP) und in der Netto-Betrachtung statt dem Überschuss in Höhe von 0,2 Prozent des BIP ein Defizit in Höhe von 1,6 Prozent des BIP im selben Jahr erwartet. Auch die Privatrentenfonds sollen mit 2,6 Prozent des BIP gegenüber 3,2 Prozent des BIP nach der alten Prognose im Jahr 2050 einen geringeren Überschuss erwirtschaften. Das hat zur Folge, dass nach der neuen Projektion ab etwa 2049 brutto das Saldo aus Einnahmen und Ausgaben der staatlichen Rentenversicherung und der obligatorischen Zusatzrente negativ sein wir. Netto dagegen wird zwar von einem rückläufigen, aber immer noch positiven Saldo in Höhe von rund 1,1 Prozent des BIP im Jahr 2050 ausgegangen. Im Gegenzug allerdings wird in der neuen Projektion ein höheres Renten-Lohn-Verhältnis erwartet (Quelle: Zusammenstellung angefragter Daten der Autorin sowie Erläuterungen durch András Horváth vom Büro des Premierministers, Korrespondenz vom 21. Oktober 2003. Die Daten können bei der Autorin eingesehen werden.).

[590] Die Altersgruppen der Bevölkerung im Rentenalter und im erwerbsfähigen Alter verändern sich noch bis einschließlich 2009, da bis zu diesem Zeitpunkt das gesetzliche Renteneintrittsalter der Frauen schrittweise auf 62 Jahre angehoben wird. Aufgrund dessen gelten beispielsweise im Jahr 2003 Frauen im Alter von 18 bis 59 Jahren als Personen im erwerbsfähigen Alter. Entsprechend verändert sich auch die Definition von Bevölkerung im Rentenalter.

[591] In die demographische Prognose wurden keine Annahmen über die Migration getroffen. Allerdings sind in Ungarn keine Wanderungssaldi mit ausschlaggebendem Effekt auf die Rentenfinanzen zu erwarten.

Abbildung 4.2.8: Nationale Prognose Ungarn: Demographische Rahmenbedingungen der Prognose der Bevölkerungsstruktur[1] in Ungarn von 2000 bis 2050 in Prozent

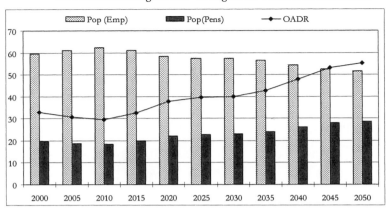

[1] Die Bevölkerungsstruktur ist wie folgt definiert:

Pop (Emp): Bevölkerung im erwerbsfähigen Alter (aufgrund der Anhebung des gesetzlichen Rentenalters gilt erst ab dem Jahr 2009 für Frauen und Männer: 18 bis 62 Jahre; das gesetzliche Rentenalter der Frauen beträgt z.B. im Jahr 2003 59 Jahre) in Relation zur Gesamtbevölkerung (in Prozent)

Pop (Pens): Bevölkerung im Rentenalter (ab dem Jahr 2009 für Frauen und Männer: Personen über 62 Jahre) in Relation zur Gesamtbevölkerung (in Prozent)

OADR: Altersabhängigkeitsrate: Bevölkerung im Rentenalter in Relation zur Bevölkerung im erwerbsfähigen Alter: Pop (Pens)/Pop (Emp) (in Prozent)

Quelle: Eigene Berechnung und Darstellung nach angefragten Daten der Autorin durch András Horváth vom Büro des Premierministers in der Korrespondenz vom 11. Februar 2003. (Die Daten können bei der Autorin eingesehen werden.)

Tabelle 4.2.11: Nationale Prognose Ungarn: Demographische Rahmenbedingungen der Prognose der Bevölkerungsstruktur in Ungarn zwischen 2000 und 2050 (in 1.000 Personen bzw. Prozent) und ihre Veränderung (in 1.000 Personen bzw. Prozentpunkten)

	Bevölkerung (Pop)[1]	Bevölkerung im erwerbs- fähigen Alter [Pop(Emp)] [2]	Bevölkerung im Rentenal- ter [Pop(Pens)] [3]	Anteil der Bevölkerung im erwerbs- fähigen Alter [Pop(Emp)/ Pop]	Anteil der Bevölkerung im Rentenal- ter [Pop(Pens)/ Pop]	Alters- abhängig- keitsrate[4] [Pop(Pens)/ Pop(Emp)]
	in 1.000 Personen			in Prozent der Gesamtbevölkerung		in Prozent
2000	10.043,2	5.987,8	1.965,4	59,6	19,6	32,8
2005	10.174,9	6.201,9	1.909,5	61,0	18,8	30,8
2010	10.012,6	6.229,5	1.832,0	62,2	18,3	29,4
2015	9.841,1	6.009,4	1.950,9	61,1	19,8	32,5
2020	9.684,4	5.650,1	2.136,0	58,3	22,1	37,8
2025	9.524,1	5.476,5	2.169,0	57,5	22,8	39,6
2030	9.344,0	5.365,3	2.145,6	57,4	23,0	40,0
2035	9.146,7	5.168,4	2.200,4	56,5	24,1	42,6
2040	8.942,1	4.872,5	2.334,0	54,5	26,1	47,9
2045	8.739,1	4.588,7	2.433,2	52,5	27,8	53,0
2050	8.546,0	4.400,6	2.434,4	51,5	28,5	55,3
2000- 2050[5]	-1.497,2	-1.587,2	469,0	-8,1	8,9	22,5

Die Bevölkerungsstruktur ist wie folgt definiert:
[1] Pop: Gesamtbevölkerung
[2] Pop (Emp): Bevölkerung im erwerbsfähigen Alter (aufgrund der Anhebung des gesetzlichen Rentenalters gilt erst ab dem Jahr 2009 für Frauen und Männer: 18 bis 62 Jahre; das gesetzliche Rentenalter der Frauen beträgt z.B. im Jahr 2003 59 Jahre)
[3] Pop (Pens): Bevölkerung im Rentenalter (ab dem Jahr 2009 für Frauen und Männer: Personen über 62 Jahre)
[4] Altersabhängigkeitsrate: Bevölkerung im Rentenalter in Relation zur Bevölkerung im erwerbsfähigen Alter: Pop (Pens)/Pop (Emp) (in Prozent)
[5] Die Veränderung wird in bei der Anzahl der Personen in den jeweiligen Gruppen in 1.000 Personen und bei den Anteilen in Prozentpunkten gemessen.
Quelle: Eigene Berechnung nach angefragten Daten der Autorin durch András Horváth vom Büro des Premierministers in der Korrespondenz vom 11. Februar 2003. (Die Daten können bei der Autorin einge- sehen werden.)

Annahmen zur Wirtschaftsentwicklung

Die Annahmen über die Entwicklungen auf dem Arbeitsmarkt beruhen auf einer Kombination von demographischen und wirtschaftlichen Prognosen. Da die Baby-Boom-Generation in den ersten Jahren des 21. Jahrhunderts auf den Arbeitsmarkt kommt, wird von einer Ausweitung der Erwerbsbeteiligung ausgegangen, die mit einer Erhöhung der Beschäftigung im Land einhergehen soll[592]. Kurzfristig führt

---

[592] Diese Annahme steht im Gegensatz zu den Annahmen der OECD-Studie, in der von einer langfristig sinkenden Erwerbsquote der ungarischen Bevölkerung ausgegangen wird (siehe oben). Wird unterstellt, dass es der ungarischen Regierung gelingt, die Erwerbsbeteiligung der Bevölke- rung zu fördern (z.B. durch eine Bekämpfung der Schwarzarbeit, durch Anreize für die Beteiligung am Erwerbsleben insbesondere für Frauen und ältere Erwerbspersonen), ist die Erwartung von steigenden Erwerbsquoten zu rechtfertigen. Das gesetzliche Rentensystem kann hierzu einen Teil

diese prognostizierte positive Beschäftigungsentwicklung zu höheren Beitragseinnahmen der staatlichen Rentenkasse. Langfristig bedeutet der erwartete Beschäftigungszuwachs, dass mehr Personen Anspruch auf eine Rente erwerben und somit auch die Ausgaben der staatlichen Rentenversicherung steigen werden[593].
Die Arbeitslosenquote wird auf dem Niveau von 2002 konstant bei 5,9 Prozent gehalten. Die Beschäftigungsquote soll in der ersten Hälfte der 20er Jahre ihr maximales Niveau von rund 67 Prozent erreichen und sich in den folgenden Jahren auf einem Niveau zwischen 65 und 66 Prozent einpendeln.

Tabelle 4.2.12: Nationale Prognose Ungarn: Wirtschaftliche Rahmenbedingungen der Prognose der Rentenfinanzierung in den Jahren 2000 und 2050 (in Prozent) und ihre Veränderung (in Prozentpunkten)

	Arbeitslosenquote	Beschäftigungsquote [1]	Jährliche Wachstumsraten				
			Konsumentenpreise	Nettolohn	Bruttolohn	Rentenleistung	Reales BIP
			in Prozent				
2000	6,4	64,3	9,8	11,4	13,5	10,80	5,2
2005	5,9	63,2	3,0	6,1	6,1	4,55	5,1
2010	5,9	64,1	2,5	6,0	6,0	4,25	4,0
2015	5,9	64,8	2,5	5,6	5,6	4,05	2,5
2020	5,9	66,9	2,5	5,1	5,1	3,80	2,3
2025	5,9	67,2	2,5	4,8	4,8	3,65	2,2
2030	5,9	65,9	2,5	4,7	4,7	3,60	2,1
2035	5,9	64,8	2,5	4,6	4,6	3,55	2,0
2040	5,9	64,7	2,5	4,6	4,6	3,55	2,0
2045	5,9	65,8	2,5	4,6	4,6	3,55	2,0
2050	5,9	66,0	2,5	4,6	4,6	3,55	2,0
2000-2050 [2]	-0,5	1,7	-7,3	-6,8	-8,9	-7,25	-3,2

[1] Anzahl der Beschäftigten in Prozent der Bevölkerung im erwerbsfähigen Alter
[2] Veränderung in Prozentpunkten
Quelle: Eigene Berechnungen nach angefragten Daten der Autorin durch András Horváth vom Büro des Premierministers in der Korrespondenz vom 11. Februar 2003. (Die Daten können bei der Autorin eingesehen werden.)

Angenommen wird ein deutlicher wirtschaftlicher Aufholprozess Ungarns gegenüber den „alten" 15 EU-Mitgliedstaaten. Entsprechend werden höhere BIP-Wachstumsraten als im erwarteten Durchschnitt der EU-15 für die ersten Jahre nach

---

beitragen. Bisher setzte die Rentenformel in Ungarn durch die degressive Anrechnung von Beitragszeiten und Beiträgen eher Anreize für einen vorzeitigen Rückzug aus dem Arbeitsleben bzw. sogar für illegale Beschäftigungsverhältnisse. Die stärkere Koppelung von geleisteten Beiträgen und späteren Rentenleistungen in der ab 2013 geltenden Rentenformel soll helfen, diesen Missstand zu beseitigen.
[593] Nach der Baby-Boom-Generation werden jedoch aufgrund des Geburtenknicks in den 1980er und 1990er Jahren in Ungarn wesentlich kleinere Kohorten in das erwerbsfähige Alter kommen, sodass sich das Arbeitskräftepotential deutlich verringern wird. Unter der Annahme einer unveränderten Anzahl an Erwerbstätigen würde dies unter sonst gleichen Bedingungen (z.B. bei unveränderten Nettoimmigrationsraten) automatisch zu einer Erhöhung der Erwerbsquoten führen.

dem EU-Beitritt prognostiziert. Sobald der Aufholprozess weitgehend abgeschlossen sein soll, sollen sich die Wachstumsraten der ungarischen Wirtschaft an die des erwarteten EU-Durchschnitts angleichen.

Im Zusammenhang mit dem EU-Beitritt stehen auch die Annahmen über die Preisentwicklung[594]. Bis zum Jahr 2010 soll die Wachstumsrate der Konsumentenpreise auf 2,5 Prozent gegenüber dem Vorjahreswert sinken und in den folgenden Jahren stabil bleiben. Die Löhne sollen sich langfristig analog zum nominalen Wirtschaftswachstum entwickeln, sobald der wirtschaftliche Aufholprozess abgeschlossen ist. Bis dahin liegen die Reallohnzuwächse leicht unterhalb des nominalen BIP-Wachstums. Die Schätzungen zu den Lohn- und Preisentwicklungen sind von besonderer Bedeutung, da bestehende Renten in Ungarn zu gleichen Teilen an der Lohn- und Preisentwicklungen angepasst werden[595]. Die Kombination der beiden Änderungsquoten ergibt demzufolge die jährliche Rentenerhöhung. Aufgrund der Lohn-Preis-Indexierung werden den Annahmen zufolge die laufenden Renten beispielsweise im Jahr 2005 um 4,55 Prozent, im Jahr 2030 um 3,60 Prozent und ab dem Jahr 2031 um jährlich 3,55 Prozent angehoben.

Institutionelle Annahmen

In die Projektionen werden alle bis zum Zeitpunkt der Erstellung der Prognose im November 2002 implementierten bzw. abzusehenden Reformen einbezogen[596]. Die demographische Prognose gab einen ersten Eindruck von der potentiellen Anzahl an künftigen Rentnern in Ungarn. Jedoch sind nicht alle Personen über 62 Jahren zu einer Rente aus dem staatlichen Rentenfond (PIF) berechtigt. Gemäß der Projektion wird die Zahl der Rentner von knapp 2,4 Millionen Personen im Jahr 2000 auf 2,68 Millionen Personen im Jahr 2050 ansteigen. Hauptverantwortlich für diesen Anstieg ist die Zunahme der Altersrentner um 28 Prozent innerhalb der 50 Jahre von 1,67 Millionen auf 2,14 Millionen Personen. Erwartet werden auch mehr Invalidenrent-

---

[594] Hintergrund ist das Maastricht-Kriterien einer maximale Inflationsrate von 3 Prozent für die Teilnahme an der Europäischen Wirtschafts- und Währungsunion.

[595] Sobald Löhne und/oder Preise stärker steigen als erwartet, werden aufgrund der Indexierung bestehender Renten je zur Hälfte an Löhnen und Preisen die relativen Rentenausgaben höher sein, als prognostiziert. Es wird deshalb im Interesse der Regierung sein, die Inflationsraten gering zu halten und ein moderates Lohnwachstum einzufordern.

[596] In den Projektionen aus dem Jahr 2002 wurde unter anderem die Senkung der Arbeitgeberbeiträge auf 18 Prozent ab 2002, die schrittweise Reduzierung der Arbeitnehmerbeiträge zur Rentenversicherung auf 0,5 Prozent im Jahr 2004 und die parallele Anhebung der Arbeitnehmerbeiträge zur obligatorischen Zusatzrente auf 8,5 Prozent im Jahr 2004 berücksichtigt. Enthalten in den Schätzungen sind auch eine Anhebung der Hinterbliebenenrenten und die Abschaffung der garantierten Mindestrente der obligatorischen Zusatzrentenfonds ab dem 1. Januar 2002 (Quelle: Informationen und Zusammenstellung angefragter Daten der Autorin bei András Horváth vom Büro des Premierministers in der Korrespondenz vom 11. Februar 2003. Die Daten können bei der Autorin eingesehen werden.).

ner (plus 4,6 Prozent), jedoch deutlich weniger Hinterbliebenenrentner, die keine Rente aus eigenem Anspruch beziehen (d.h. Hinterbliebenenrentner mit Hauptleistungen). Jedoch wird ein leichter Anstieg der Anzahl der Rentner erwartet, die zusätzlich zu ihrer eigenen Rente noch eine Hinterbliebenenrente beziehen[597].

Tabelle 4.2.13: Nationale Prognose Ungarn: Prognostizierte Anzahl der Rentner nach Rentenkategorien in Ungarn zwischen 2000 und 2050 und ihre Veränderungen (jeweils in 1.000 Personen)

	Gesamt	Alter[1]	Invalide[2]	Hinterbliebene (Hauptleistung)[3]	Hinterbliebene (Zusatzleistung)[4]
2000	2.399,0	1.668,0	418,0	313,0	552,0
2005	2.362,0	1.676,8	426,1	259,3	575,1
2010	2.258,0	1.613,8	427,2	217,2	613,2
2015	2.294,0	1.682,2	425,7	185,6	614,9
2020	2.457,0	1.869,3	419,3	168,4	607,4
2025	2.485,0	1.912,5	418,7	153,4	599,7
2030	2.473,0	1.901,9	428,9	142,3	587,4
2035	2.510,0	1.934,6	443,1	132,7	573,7
2040	2.626,0	2.054,8	449,2	121,9	563,2
2045	2.690,0	2.134,6	445,5	110,2	556,3
2050	2.675,0	2.138,1	437,3	100,0	553,9
2000-2050[5]	276,0	470,1	19,3	-213,0	1,9

Die einzelnen Rentenkategorien sind wie folgt definiert:
[1] Alter: Altersrentner, die Leistungen aus dem staatlichen Rentenfonds (PIF) beziehen.
[2] Invalidenrentner: Invalidenrentner des Rentenfonds (PIF): Invalidenrentner der I. und II. Invalidenrentekategorie oberhalb und unterhalb des gesetzlichen Rentenalters sowie Invalidenrentner der III. Invalidenrentekategorie oberhalb des gesetzlichen Rentenalters.
[3] Hinterbliebene (Hauptleistung): Rentner des Rentenfonds PIF, die die Hinterbliebenenrente als „Hauptleistungen" (d.h. keine eigene staatliche Rente aus eigenem Anspruch) beziehen. Nicht einbezogen sind Hinterbliebenenrentner, die die Hinterbliebenenrente als Zusatzleistung zu ihrer eigenen Rente (Alters- oder Invalidenrente) beziehen.
[4] Hinterbliebene (Zusatzleistung): Rentner des Rentenfonds PIF mit einem zusätzlichen Hinterbliebenenrentenanspruch neben ihrer eigenen (i.d.R. höheren) Rente (Alters- oder Invalidenrente)
[5] Veränderung in 1.000 Personen
Quelle: Zusammenstellung angefragter Daten der Autorin durch András Horváth vom Büro des Premierministers in der Korrespondenz vom 11. Februar 2003 (Die Daten können bei der Autorin eingesehen werden.) und eigene Berechnungen.

Der Prognose zufolge, soll der Anteil der Altersrentner an den Gesamtrentnern (bei Hinterbliebenenrenten: nur Primärleistungen) bis zum Jahr 2050 um 10,4 Prozentpunkte auf 79,9 Prozent ansteigen. Dagegen soll der Anteil der Hinterbliebenenrentner (Hauptleistungen) von 13 Prozent im Jahr 2000 auf 3,7 Prozent fünfzig Jahre später sinken.

---

[597] Dies entspricht in der Tendenz dem Bestreben auch anderer Länder (z.B. Schweden), die Rentenansprüche zu individualisieren. Ziel ist es demnach, abgeleitete Ansprüche möglichst abzuschaffen, indem jeder Versicherte eigene Ansprüche erwirbt (in beitragsfinanzierten System zum Beispiel durch eigene Beitragsleistungen, in steuerfinanzierten Systemen aufgrund der Staatsbürgerschaft, des Wohnorts oder der Versicherungsdauer etc.).

Abbildung 4.2.9: Anteil der Rentner nach Rentenkategorien in Ungarn zwischen 2000 und 2050 in Prozent der Gesamtrentnerzahl[1]

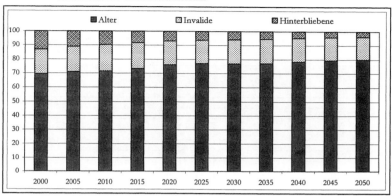

[1] Es sind nur die Hinterbliebenenrentner aufgeführt, die Leistungen aus der Rentenversicherung als einzige staatliche Rentenleistung erhalten (d.h. ohne Hinterbliebenenrenten, die als Zusatzleistungen zur eigenen Rente gewährt werden).
Quelle: Eigene Berechnungen und Darstellung nach der Zusammenstellung angefragter Daten der Autorin durch András Horváth vom Büro des Premierministers in der Korrespondenz vom 11. Februar 2003 (Die Daten können bei der Autorin eingesehen werden.)

Für die Finanzierung der staatlichen Rentenversicherung ist entscheidend, wie viele Personen sich dem alten und wie viele sich dem neuen System angeschlossen haben. Die Regierung geht davon aus, dass sich die Mitgliederzahl bis in die zweite Hälfte der 2020er Jahre auf 3,77 Millionen Personen erhöhen wird und im Zuge der schrumpfenden Bevölkerung allmählich auf nur noch knapp 3,1 Millionen Personen im Jahr 2050 fällt. Der Anteil der Mitglieder im neuen System an der Gesamtbevölkerung soll Ende der 2020er Jahre mit rund 40 Prozent ebenfalls sein Maximum erreichen und bis Anfang der 2050er Jahre auf 36 Prozent fallen.

Gemessen an der Bevölkerung im erwerbsfähigen Alter und der Anzahl der Beschäftigten soll die Zahl der Mitglieder im teilprivatisierten System kontinuierlich steigen. Der Anteil der Versicherten im neuen Altersrentensystem soll sich von knapp 36 Prozent im Jahr 2000 auf 71 Prozent im Jahr 2050 erhöhen. Entsprechend weniger Menschen sollen dem alten Rentensystem angehören. Es ist darauf hinzuweisen, dass der Anteil der Versicherten an den Beschäftigten Werte von über hundert Prozent annehmen kann, da Arbeitslose und Personen, die sich zum Beispiel im Mutterschafts- oder Erziehungsurlaub befinden, ebenfalls zu den Versicherten, nicht aber zu den Beschäftigten zählen.

Tabelle 4.2.14: Nationale Prognose Ungarn: Prognostizierte Anteile der Rentner im teilprivatisierten Alterssicherungssystem in Ungarn von 2000 bis 2050 gemessen an der Bevölkerung, der Erwerbsbevölkerung und den Beschäftigten (in Prozent) und ihre Veränderung (in Prozentpunkten)

	Anteil der Mitglieder im teilprivatisierten Alterssicherungssystem		
	in Prozent der Gesamt-bevölkerung	in Prozent der Erwerbs-bevölkerung	in Prozent der Beschäftig-ten
2000	21,2	35,6	55,3
2005	24,0	39,5	62,5
2010	27,8	44,7	69,8
2015	32,2	52,7	81,4
2020	36,4	62,3	93,2
2025	39,6	68,9	102,6
2030	39,9	69,6	105,5
2035	39,2	69,3	107,0
2040	38,1	69,8	107,9
2045	37,2	70,9	107,9
2050	36,6	71,1	107,7
2000-2050[1)]	15,4	35,5	52,4

[1)] Veränderung in Prozentpunkten
Quelle: Eigene Berechnungen nach der Zusammenstellung angefragter Daten der Autorin durch András
Horváth vom Büro des Premierministers in der Korrespondenz vom 11. Februar 2003 (Die Daten können
bei der Autorin eingesehen werden.)

4.2.3.2 Prognose der Einnahmen und Ausgaben des staatlichen Rentenfonds (PIF) und der obligatorischen Privatrentenfonds (PPF) zwischen 2000 und 2050

Auf der Einnahmenseite wird das Budget des staatlichen Rentenfonds durch die
Reduzierung der Arbeitgeberbeiträge auf 18 Prozent der Löhne seit dem Jahr 2002
und die geplante Senkung der Arbeitnehmerbeiträge auf nur noch 0,5 Prozent der
Löhne ab dem Jahr 2004 finanziell belastet[598]. Die Beitragseinnahmen sollen nach
Schätzung der Regierung zwischen 2000 und 2050 um rund 2,1 Prozentpunkte des
BIP von 7 Prozent des BIP auf nur noch knapp 5 Prozent des BIP zurückgehen.
Der Trend soll sich weiter fortsetzen[599]. Etwas differenzierter ist das Bild auf der
Ausgabenseite. Generell werden die Alterung der Bevölkerung und institutionelle
Faktoren wie die Abschaffung der degressiven Anrechnung der Beitragsjahre ab
dem Jahr 2013 die Rentenausgaben tendenziell steigen lassen. Für finanzielle Entlas-
tung des staatlichen Rentenfonds sollen die erwartete wirtschaftliche Stabilisierung
und langfristig auch die Teilprivatisierung der Alterssicherung sorgen[600].

---

[598] Auch bei der Beibehaltung der Beitragsraten auf dem Niveau von 2000 von insgesamt 30 Prozent (22 Prozent durch Arbeitgeber und 2 Prozent durch Arbeitnehmer) war ein langfristiges Defizit in der Rentenkasse prognostiziert worden. Durch die Absenkung der Beiträge zur Sozialversicherung steigt das Defizit zusätzlich.
[599] Für die Jahre 2051 und 2052 wird eine Reduzierung der Beitragseinnahmen auf 4,98 Prozent
des BIP vorausgeschätzt.
[600] Der Staat wird auch durch die Abschaffung der garantierten Mindestrente aus der obligatorischen Zusatzvorsorge zum 1. Januar 2002 finanziell von Ausgaben entlastet.

Da ab 2013 die Renten nachgelagert besteuert werden, gilt es zwischen den Netto- und den Bruttorentenausgaben zu unterscheiden. Bei den Nettorentenausgaben gilt allerdings zu beachten, dass die Schätzungen hierüber erheblichen Unsicherheiten unterliegen, da Art und Ausmaß der Besteuerung der Renteneinkommen derzeit bestenfalls auf groben Schätzungen beruhen (unterstellt wird eine durchschnittliche Besteuerung der Rentenleistungen von 15 Prozent), da derzeit (Stand: Dezember 2003) noch keine gesetzlichen Regelungen über die steuerliche Behandlung von Bei- trägen und Rentenleistungen nach 2012 bestehen[601].

Tabelle 4.2.15: Nationale Prognose Ungarn: Prognose der Beitragseinnahmen sowie der Brutto- und Nettorentenleistungen der ungarischen Rentenversicherung in Prozent des BIP zwischen den Jahren 2000 und 2050 und ihre Veränderung in Prozentpunkten des BIP (ohne Staatszuschüsse) sowie die Jahre der minimalen und maximalen Werte

	Einnahmen (Beiträge)	Ausgaben		Saldo	
		Bruttorenten- leistungen[1]	Nettorenten- leistungen[2]	Bruttorenten- leistungen[1]	Nettorenten- leistungen[2]
		in Prozent des BIP			
2000	7,04	7,57	7,57	-0,54	-0,54
2005	6,52	7,74	7,74	-1,22	-1,22
2010	5,96	6,54	6,54	-0,58	-0,58
2015	5,58	6,41	6,03	-0,83	-0,45
2020	5,48	6,97	6,12	-1,49	-0,64
2025	5,43	7,01	5,82	-1,58	-0,38
2030	5,39	6,92	5,38	-1,53	0,01
2035	5,29	6,96	5,09	-1,68	0,20
2040	5,12	7,20	4,99	-2,07	0,13
2045	5,04	7,26	4,87	-2,22	0,17
2050	4,99	7,17	4,70	-2,18	0,29
2000- 2050[3]	-2,05	-0,40	-2,87	-1,64	0,83
Maximum	7,04	7,74	7,74	-2,22	-0,54
Jahr des Maximums	*2000*	*2005*	*2005*	*2045*	*2000*
Minimim	4,99	6,41	4,70	-0,58	-2,22
Jahr des Minimums	*2050*	*2015*	*2050*	*2010*	*2045*

[1] Bruttorenten sind die Rentenleistungen vor Abzug von Steuern und Sozialabgaben
[2] Nettorenten sind die Rentenleistungen nach Abzug von Steuern und Sozialabgaben (Es wird eine durch- schnittliche Besteuerung der Rentenleistungen von 15 Prozent ab dem Jahr 2013 unterstellt. Über die tat- sächliche Besteuerung der Rentenleistungen gibt es noch keine gesetzlichen Regelungen.)
[3] Veränderung in Prozentpunkten des BIP
Quelle: Eigene Berechnungen nach der Zusammenstellung angefragter Daten der Autorin durch András Horváth vom Büro des Premierministers in der Korrespondenz vom 11. Februar 2003 sowie Informatio- nen in der Korrespondenz vom 21. Oktober 2003 (Die Daten können bei der Autorin eingesehen wer- den.).

---

[601] Da die Umstellung von der vorgelagerten auf die nachgelagerte Besteuerung erst im Jahr 2013 eingeführt wird, werden Übergangsvorkehrungen notwendig sein, um eine Doppelbesteuerung zu vermeiden.

Die am BIP gemessenen Brutto-Ausgabenverpflichtungen (d.h. die Rentenleistungen vor Abzug der Steuern) des staatlichen Rentenfonds (PIF) sollen den Prognosen zufolge ebenso wie die Beitragseinnahmen sinken und im Jahr 2012 ein Minimum von 6,3 Prozent des BIP erreichen. Ab 2013 gelten die neue Rentenformel und die Orientierung an den Brutto- anstelle der Nettolöhne.

In der Brutto-Betrachtung der relativen Rentenausgaben kommt es zu einem relativen Anstieg der Rentenausgaben des staatlichen Rentenfonds. Langfristig soll die Ausgabenbelastung jedoch nicht wieder das Niveau von Anfang des 21. Jahrhunderts erreichen. Dies ist auf mehrere Faktoren zurückzuführen. Erstens werden die bestehenden Renten nur zur Hälfte an die Lohnentwicklung (bis 2012: Nettolöhne; ab 2013: Bruttolöhne) und zur anderen Hälfte an die Preissteigerungen angepasst. Zweitens wird unterstellt, dass ein zunehmender Anteil an Versicherten Leistungen aus der privaten Zusatzrentenversicherung bezieht, während parallel dazu das Leistungsniveau aus dem staatlichen Rentenfonds abgesenkt wird. Diese Faktoren sollen den potentiell steigenden Rentenausgaben des Staates aufgrund der beschleunigten Alterung der Bevölkerung und der steigenden Anzahl von Rentnern entgegen wirken. Das Defizit in der Rentenkasse wird bei der Brutto-Betrachtung über den gesamten Beobachtungszeitraum erhalten bleiben.

Abbildung 4.2.10: Nationale Prognose Ungarn: Prognose der Beitragseinnahmen und Bruttorentenleistungen[1] des ungarischen Rentenfonds (PIF) in Prozent des BIP zwischen den Jahren 2000 und 2050 (ohne Staatszuschüsse und Subventionen)

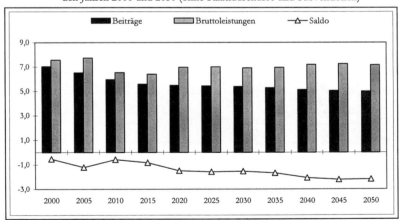

[1] Bruttorentenleistungen: Rentenleistungen vor Abzug von Steuern und Sozialabgaben
Quelle: Eigene Berechnungen und Darstellung nach der Zusammenstellung angefragter Daten der Autorin durch András Horváth vom Büro des Premierministers in der Korrespondenz vom 11. Februar 2003. (Die Daten können bei der Autorin eingesehen werden.)

Da sich ab 2013 Beitragseinnahmen und Bruttoausgaben gegenläufig entwickeln, erhöht sich der negative Saldo nach einer leichten Erholung zwischen 2005 und

2012. Das Maximum des Defizits in der Rentenkasse wird voraussichtlich im Jahr 2045 mit 2,28 Prozent des BIP erreicht.

Da der Staat ab 2013 Einnahmen aus Steuern und Sozialversicherungsabgaben von den Rentenbeziehern erhält, werden die Rentenleistungen netto geringer ausfallen als brutto. Das Ausmaß der Steuer- und Sozialversicherungseinnahmen hängt von der Besteuerung der Rentenleistungen ab. In den Projektionen wird von einer durchschnittlichen Besteuerung der Rentenleistungen in Höhe von 15 Prozent ab dem Jahr 2013 ausgegangen. Durch die Steuereinnahmen auf Rentenleistungen soll langfristig ein Überschuss in der Rentenkasse entstehen. Über den gesamten Beobachtungszeitraum sollen die Nettorentenleistungen kontinuierlich sinken und im Jahr 2050 nur noch 4,7 Prozent des BIP ausmachen. Geschätzt wird, dass die Beitragseinnahmen ab 2030 die Nettoausgaben übersteigen und somit der Staat per Saldo keine Zuschüsse mehr an die Rentenkasse zahlen muss.

Abbildung 4.2.11: Nationale Prognose Ungarn: Prognose der Beitragseinnahmen und Nettorentenleistungen[1) des ungarischen Rentenfonds (PIF) in Prozent des BIP zwischen den Jahren 2000 und 2050 (ohne Staatszuschüsse und Subventionen)

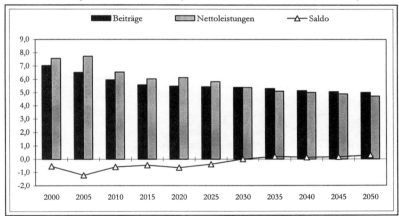

[1) Nettorenten sind die Rentenleistungen nach Abzug von Steuern und Sozialabgaben (Es wird eine durchschnittliche Besteuerung der Rentenleistungen von 15 Prozent ab dem Jahr 2013 unterstellt. Über die tatsächliche Besteuerung der Rentenleistungen gibt es noch keine gesetzlichen Regelungen.).
Quelle: Eigene Berechnungen und Darstellung nach der Zusammenstellung angefragter Daten der Autorin durch András Horváth vom Büro des Premierministers in der Korrespondenz vom 11. Februar 2003 sowie Informationen in der Korrespondenz vom 21. Oktober 2003 (Die Daten können bei der Autorin eingesehen werden.)

Um das Bild der ungarischen gesetzlichen Rentenversicherung zu komplettieren, werden nachfolgend die Saldi des staatlichen Rentenfonds (PIF – *Pension Insurance Fund*) und der Privatrentenfonds (PPF – *Private Pension Funds*) analysiert. Zusammen mit den obligatorischen Privatrenten wird in den Prognosen ein positives Bild gezeichnet. Demnach sollen die Privatrentenfonds sowohl in der Brutto- als auch in der Nettobetrachtung langfristig mehr Beitragseinnahmen erzielen als Ausgaben tätigen. Hintergrund dieser Projektion sind Annahmen über steigende Beitragseinnahmen aufgrund steigender Beitragsätze zur obligatorischen Zusatzvorsorge, über eine steigende Zahl von Versicherten im neuen Alterssicherungssystem und über die Renditeannahmen der privaten Rentenfonds. Unterstellt wird in der Projektion, dass die Bruttorendite der Investitionen der Privatrentenfonds der prognostizierten Bruttolohnsteigerung zuzüglich einem Prozentpunkt entspricht. Dem Privatrentenfonds kommt zudem zugute, dass erst ab dem Jahr 2014 Renten in zu dem Zeitpunkt noch geringem Umfang ausgezahlt werden müssen[602]. In der Betrachtung der Bruttorentenleistungen soll der maximale Saldo aus Einnahmen (ohne Staatszuschüsse) und Bruttorentenausgaben der Privatrentenfonds 3,8 Prozent des BIP zwischen 2031 und 2037 erreicht werden.

Abbildung 4.2.12: Saldo aus Beiträgen und Bruttorentenleistungen[1] des staatlichen Rentenfonds (PIF) und der obligatorischen Privatrentenfonds (PPF) in den Jahren 2000 bis 2050 in Prozent des BIP (ohne Staatszuschüsse)

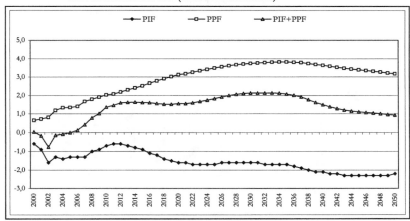

[1] Bruttorentenleistungen: Rentenleistungen vor Abzug von Steuern und Sozialabgaben
Quelle: Eigene Berechnungen und Darstellung nach der Zusammenstellung angefragter Daten der Autorin durch András Horváth vom Büro des Premierministers in der Korrespondenz vom 11. Februar 2003. (Die Daten können bei der Autorin eingesehen werden.)

In den Folgejahren werden immer mehr Personen mit Ansprüchen gegenüber den Privatrentenfonds in den Ruhestand treten, sodass mit sinkenden Überschüssen in der Bilanz der Privatrentenfonds zu rechnen ist. Am Ende des Beobachtungszeitraums soll der Saldo jedoch immer noch 3,2 Prozent des BIP betragen. Zusammen mit dem Negativsaldo des staatlichen Rentenfonds ergibt sich den Projektionen zu-

---

[602] Die Verwaltungskosten der Privatrentenfonds sollen fünf Prozent der Beiträge bzw. 0,1 Prozent des gesamten investierten Vermögens betragen.

folge ein maximaler Positivsaldo von 2,1 Prozent des BIP zwischen 2028 und 2035, der bis zum Jahr 2050 auf 0,9 Prozent sinken soll.

Ausgehend von den Nettoleistungen ergibt sich eine deutlich positivere Bilanz, da in dem Fall langfristig auch Überschüsse im staatlichen Rentenfonds erwirtschaftet werden sollen. Demnach soll der Saldo der Privatrentenfonds Mitte der 2030er Jahre den maximalen Wert von rund 3,8 Prozent des BIP erreichen und bis Mitte des 21. Jahrhunderts auf knapp 3,2 Prozent des BIP sinken. In etwa demselben Zeitraum soll sich auch die Bilanz des staatlichen Rentenfonds ins Positive wenden. Insgesamt wird im Jahr 2035 ein maximaler Überschuss der Beitragseinnahmen über die Nettoausgaben des staatlichem Rentenfond (PIF) und der Privatrentenfonds (PPF) in Höhe von knapp 4 Prozent des BIP erwartet. Diese Positivdifferenz wird der Prognose zufolge aufgrund der steigenden Zahl an Rentnern bis zum Jahr 2050 auf 3,4 Prozent des BIP sinken.

Abbildung 4.2.13: Saldo aus Beiträgen und Nettoleistungen[1] des staatlichen Rentenfonds (PIF) und der obligatorischen Privatrentenfonds (PPF) in den Jahren 2000 bis 2050 in Prozent des BIP (ohne Staatszuschüsse und Subventionen)

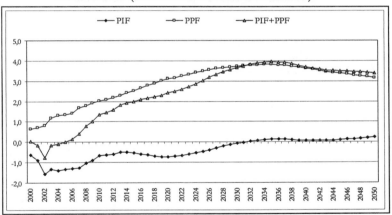

[1] Nettorenten sind die Rentenleistungen nach Abzug von Steuern und Sozialabgaben (Es wird eine durchschnittliche Besteuerung der Rentenleistungen von 15 Prozent ab dem Jahr 2013 unterstellt. Über die tatsächliche Besteuerung der Rentenleistungen gibt es noch keine gesetzlichen Regelungen.).
Quelle: Eigene Berechnungen und Darstellung nach der Zusammenstellung angefragter Daten der Autorin durch András Horváth vom Büro des Premierministers in der Korrespondenz vom 11. Februar 2003 sowie Informationen in der Korrespondenz vom 21. Oktober 2003. (Die Daten können bei der Autorin eingesehen werden.)

4.2.3.3 Prognose des Renten-Lohn-Verhältnisses (Ersatzrate) zwischen 2000 und 2050

Ziel der Rentenreform in Ungarn war es, trotz und gerade wegen der Alterung der Bevölkerung die Ausgaben der Rentenversicherung und damit auch die finanzielle Belastung des Staates langfristig zu senken. Dies soll im Wesentlichen durch stabiles

Wirtschaftswachstum, eine höhere Erwerbstätigkeit aber vor allem auch durch Leistungskürzungen erreicht werden. Wie hoch in Zukunft die Nettoersatzrate liegen wird, kann derzeit noch nicht abgeschätzt werden, da die Nettoleistungen von der tatsächlichen Besteuerung der Beiträge und Rentenleistungen sowie den Übergangsregelungen abhängen. Sinnvollerweise können derzeit lediglich Prognosen über das Bruttorentenniveau getroffen werden.

Die prognostizierte durchschnittliche Bruttoersatzrate, die diejenigen Rentenbezieher erwarten können, die im alten, rein umlagefinanzierten System geblieben sind, soll langfristig gesenkt werden. Demnach soll das Bruttorentenniveau für Altersrentner auf nur noch rund 30 Prozent im Jahr 2025 und sogar nur noch 25 Prozent im Jahr 2050 sinken. Im Jahr 2000 betrug das Bruttorentenniveau noch knapp 40 Prozent. Deutlich abgesenkt werden soll die Bruttoersatzrate auch für Invaliden- und Hinterbliebenenrentner. Invalidenrenten von Personen, die ausschließlich Leistungen aus dem staatlichen Rentenfonds erhalten, sollen 2050 nur noch knapp 16 Prozent des Bruttolohns betragen. Die entsprechende Ersatzrate von Hinterbliebenenrenten soll von rund 26 Prozent im Jahr 2000 auf schätzungsweise 12 Prozent fünfzig Jahre später sinken.

Abbildung 4.2.14: Nationale Prognose Ungarn: Prognose des Bruttorentenniveaus[1] aus dem rein umlagefinanzierten Rentensystem[2] in den Jahren 2000 bis 2050

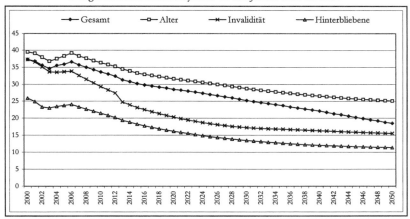

[1] Durchschnittliche Bruttorenten in Prozent des durchschnittlichen Bruttolohns (Bruttorentenleistungen: Rentenleistungen vor Abzug von Steuern und Sozialabgaben)
[2] Für Versicherte, die sich nicht dem teilprivatisierten Rentensystem angeschlossen haben
Quelle: Eigene Berechnungen und Darstellung nach KSH 2002a (Tabelle 4.14., S. 78) und Zusammenstellung angefragter Daten der Autorin durch András Horváth vom Büro des Premierministers in der Korrespondenz vom 11. Februar 2003 (Die Daten können bei der Autorin eingesehen werden.).

Besonders auffällig ist das erwartete geringe Rentenniveau von Hinterbliebenen-renten aus dem alten, rein umlagefinanzierten Rentensystem[603]. Die Regierung hat nach eigenen Angaben das Problem der geringen Hinterbliebenenrenten erkannt. Die Gewährung einer 13. Monatsrente für Hinterbliebene soll zu einer Anhebung der Ersatzrate für Hinterbliebenenrentner beitragen. Dem entsprechen die deutlich höheren Ersatzraten für Hinterbliebenenrentner in den Projektionen der Rentenfi-nanzen aus dem Jahr 2003[604].

Abbildung 4.2.15: Nationale Prognose Ungarn: Prognose der Zusammensetzung des prognosti-zierten Bruttoersatzrate[1] für Altersrenten aus dem teilprivatisierten Alterssiche-rungssystem des staatlichen Rentenfonds (PIF) und den privaten Rentenfonds (PPF)[2] zwischen 2013 und 2052

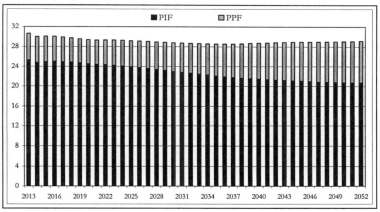

[1] Durchschnittliche Bruttorenten in Prozent der durchschnittlichen Bruttolöhne (Bruttorentenleistungen: Rentenleistungen vor Abzug von Steuern und Sozialabgaben)
[2] Die Renten aus dem „teilprivatisierten Altersrentensystem" setzen sich aus den Leistungen des staatlichen Rentenfonds (PIF – *Pension Insurance Fund*) und der Privatrentenfonds (PPF – *Private Pension Funds*) zusam-men.
Quelle: Eigene Berechnungen und Darstellung nach KSH 2002a (Tabelle 4.14., S. 78) und Zusammenstel-lung angefragter Daten der Autorin durch András Horváth vom Büro des Premierministers in der Korres-pondenz vom 11. Februar 2003 (Die Daten können bei der Autorin eingesehen werden.).

Noch geringere relative Leistungen aus dem staatlichen Rentenfonds (PIF) erhal-ten Rentner, die sich für das neue teilprivatisierte System entschlossen haben. Da aus

---

[603] Dabei ist zu beachten, dass Leistungen aus der Hinterbliebenenrente bereits seit dem Jahr 2002 der Besteuerung unterliegen.
[604] Beispielsweise soll der neuen Projektion aus dem Jahr 2003 zufolge das Brutto-Hinterbliebenenrentenniveau im rein umlagefinanzierten Rentensystem gegenüber dem Niveau von 2000 zwar leicht rückläufig sein, jedoch lediglich auf 21,1 Prozent und nicht auf 11,4 Prozent im Jahr 2050 sinken (Quelle: Eigene Berechnungen nach angefragten Daten der Autorin bei And-rás Horváth vom Büro des Premierministers in der Korrespondenz vom 21. Oktober 2003. Die Daten können bei der Autorin eingesehen werden.).

eigenem Anspruch nur Altersrentner Leistungen aus der kapitalfundierten obligatorischen Privatrente (PPF) erhalten, werden auch nur Renten an Alters- und Hinterbliebenenrentner gezahlt[605]. Den Prognosen zufolge werden Leistungen aus der privaten Pflichtvorsorge ab dem Jahr der ersten Auszahlung (2013) bis zum Jahr 2052 einen zunehmenden Anteil an den Rentenleistungen für Altersrentner ausmachen. Insgesamt soll sich in der Summe der Leistungen aus beiden Fonds ein Bruttorentenniveau von rund 30 Prozent (ca. 25 Prozent aus dem staatlichen Rentenfonds zuzüglich ca. 5 Prozent aus der privaten Pflichtvorsorge) ergeben.

Dieses Niveau soll den Projektionen zufolge bis zum Jahr 2050 aufrecht erhalten werden. Erreicht werden soll dies durch einen zunehmenden Anteil der Leistungen aus den privaten Rentenfonds.

Abbildung 4.2.16: Nationale Prognose Ungarn: Vergleich der prognostizierten Brutto-Altersrentenniveaus[1)] des alten und neuen Alterssicherungssystems[2)] zwischen 2013 und 2050

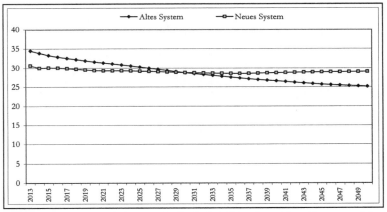

[1)] Durchschnittliche Bruttorenten in Prozent der durchschnittlichen Bruttolöhne (Bruttorentenleistungen: Rentenleistungen vor Abzug von Steuern und Sozialabgaben)
[2)] Renten aus dem „alten Altersrentensystem" werden nur aus dem staatlichen Rentenfond gezahlt; die Renten aus dem „neuen Altersrentensystem" (teilprivatisiertes Altersrentensystem) setzen sich aus den Leistungen des staatlichen Rentenfonds (PIF – *Pension Insurance Fund*) und der obligatorischen Privatrentenfonds (PPF – *Private Pension Funds*) zusammen
Quelle: Eigene Berechnungen und Darstellung nach KSH 2002a (Tabelle 4.14., S. 78) und Zusammenstellung angefragter Daten der Autorin durch András Horváth vom Büro des Premierministers in der Korrespondenz vom 11. Februar 2003 (Die Daten können bei der Autorin eingesehen werden.).

---

[605] Hinterbliebenenrenten aus den privaten Rentenfonds der obligatorischen Privatvorsorge sollen den Projektionen zufolge erst ab dem Jahr 2016 ausgezahlt werden. Versicherte, die während der Ansparphase invalide werden, müssen zum rein umlagefinanzierten Rentensystem zurückkehren, da die Privatrentenversicherungen das Risiko der Invalidität nicht versichern.

Während die Bruttoersatzrate für Altersrentner aus dem staatlichen Rentenfonds im Jahr 2050 nur noch knapp 21 Prozent betragen soll, wird erwartet, dass aus der kapitalfundierte Privatvorsorge eine Bruttoersatzrate von ca. 8 Prozent generiert wird. An dieser Projektion erkennt man bereits die Auffassung der Reformer, dass es für die Versicherten langfristig günstiger ist, sich dem neuen Alterssicherungssystem anzuschließen. Auf Basis der Bruttobetrachtung sollen sich ungefähr Anfang der 2030er Jahre beide Bruttoersatzraten entsprechen. In den folgenden Jahren soll das Brutto-Altersrentenniveau des alten Systems weiter rückläufig sein und somit am Ende des Beobachtungszeitraums rund 5 Prozentpunkte unterhalb des Brutto-Altersrentenniveaus des neuen Systems liegen.

Tabelle 4.2.16: Nationale Prognose Ungarn: Prognose des Bruttoersatzraten[1] aus dem rein umlagefinanzierten Rentensystem und dem teilprivatisierten Alterssicherungssystem[2] in den Jahren 2000 bis 2050 (in Prozent der durchschnittlichen Bruttolöhne) und die Veränderungen (in Prozentpunkten der durchschnittlichen Bruttolöhne)

| | Altes (umlagefinanziertes) Rentensystem | | | | Teilprivatisiertes Altersrentensystem | | | | |
| | | | | | Staatlicher Rentenfonds (PIF) | | | Private Renten-fonds (PPF) | Gesamt (PIF und PPF) |
	Gesamt	Alters-rentner	Invalide	Hinter-bliebene	Gesamt	Alters-rentner	Hinter-bliebene	Alters-rentner	Alters-rentner
2000	37,3	39,5	37,3	25,9	-	-	-	-	-
2005	35,9	38,3	33,7	23,7	-	-	-	-	-
2010	33,6	36,3	29,3	21,4	-	-	-	-	-
2015	30,2	33,3	23,1	18,2	25,0	25,0	-	5,1	30,1
2020	28,5	31,6	20,3	16,1	24,1	24,6	10,9	4,8	29,4
2025	27,0	30,3	18,4	14,6	23,4	23,9	9,7	5,3	29,2
2030	25,2	28,8	17,2	13,5	22,5	23,0	9,0	5,8	28,8
2035	23,7	27,6	16,7	12,7	21,7	22,1	8,7	6,5	28,6
2040	22,1	26,6	16,3	12,1	21,1	21,4	8,3	7,3	28,8
2045	20,2	25,7	15,9	11,7	20,7	21,0	7,9	7,9	29,0
2050	18,5	25,1	15,5	11,4	20,4	20,8	7,6	8,3	29,1
2000-2050[3]	-18,9	-14,4	-21,7	-14,5	-4,6	-4,2	7,6	3,3	-1,0

[1] Durchschnittliche Bruttorenten in Prozent der durchschnittlichen Bruttolöhne (Bruttorentenleistungen: Rentenleistungen vor Abzug von Steuern und Sozialabgaben)
[2] Renten aus dem „alten Altersrentensystem" werden nur aus dem staatlichen Rentenfond gezahlt; die Renten aus dem „teilprivatisierten Altersrentensystem" setzen sich aus den Leistungen des staatlichen Rentenfonds (PIF – *Pension Insurance Fund*) und der Privatrentenfonds (PPF – *Private Pension Funds*) zusammen. Hinterbliebenenrenten werden erst ab dem Jahr 2016 gezahlt. Im neuen Rentensystem werden keine Invalidenrenten ausgezahlt.
[3] Die Veränderungen betreffen für das „alte Rentensystem" den Zeitraum zwischen 2000 und 2050 und für das „teilprivatisierte Altersrentensystem" den Zeitraum zwischen 2015 und 2050.
Quelle: Eigene Berechnungen nach KSH 2002a (Tabelle 4.14., S. 78) und Zusammenstellung angefragter Daten der Autorin durch András Horváth vom Büro des Premierministers in der Korrespondenz vom 11. Februar 2003 (Die Daten können bei der Autorin eingesehen werden.).

Zusammenfassend ist festzuhalten, dass die Aussage der Projektionen der Regierung ist, dass es langfristig lohnenswert ist, sich dem neuen Rentensystem anzuschließen, weil dadurch im Durchschnitt höhere Leistungen im Alter zu erwarten sind. Allerdings stützt sich diese Darstellung auf die Annahme, dass die Renditen aus den Beiträgen zur obligatorischen Privatrente mit Wachstumsraten oberhalb der Bruttolohnzuwächse steigen werden. Falls sich diese Annahme nicht bestätigt, kann sich das optimistische Bild umkehren. Es zeigt sich aber auch, dass die Rentner im neuen System zumindest in den ersten Jahren ihres Leistungsbezugs geringere Renten als Rentner des alten Systems erhalten werden. Es kommt somit auf das Alter der Personen und den Zeitpunkt des Renteneintritts an, ob es sich für ein Individuum lohnt, dem teilprivatisierten System anzugehören.

4.2.4 Vergleich der Ausgabenprognosen

Abschließend stellt sich die Frage, wie optimistisch beziehungsweise pessimistisch die jeweiligen Projektionen einzuschätzen sind. Insbesondere die Regierungsprognosen legen den Verdacht nahe, dass zu optimistische Annahmen getroffen wurden und somit die prognostizierten Rentenfinanzen „schön gerechnet" wurden. Aus diesem Grund werden nachfolgend die Projektionen der relativen Rentenausgaben der staatlichen Rentenfonds der OECD den nationalen Prognosen (ohne obligatorische Zusatzrente) gegenüber gestellt. Dabei zeigt sich ein überraschendes Ergebnis. Auffällig dicht liegen die Schätzungen der relativen Rentenausgaben der OECD und der polnischen nationalen Prognose beieinander. Es kann sogar beobachtet werden, dass die nationale Prognose in Polen im Zeitraum zwischen 2010 und 2040 etwas pessimistischer ist als die der OECD.

Etwas weiter auseinander liegen das Ausgangsniveau (OECD: 12,2 Prozent des BIP; Chłon-Domińczak: 10,9 Prozent des BIP) und die Werte zwischen 2010 und 2030, wobei die Differenzen in den Schätzungen im letztgenannten Zeitraum lediglich zwischen 0,4 und 0,6 Prozentpunkte des BIP betragen. 2050 entsprechen sich die erwarteten relativen staatlichen Alterssicherungsausgaben sogar nahezu bei einer Differenz von nur 0,1 Prozentpunkten des BIP. 2045 gehen beide Schätzungen von identischen relativen Alterssicherungsausgaben aus. Erheblich größere Abweichungen weisen die Schätzungen dagegen zwischen der OECD[606] und der ungarischen Regierung[607] auf. In den Jahren 2000 bis 2035 geht die OECD von deutlich geringeren relativen staatlichen Rentenausgaben als die ungarische Regierungsprognose aus. Während die OECD für 2005 Rentenausgaben in Höhe von 5,7 Prozent des BIP schätzt, prognostiziert die ungarische Regierung Bruttoausgaben für Alters-, Invaliden- und Hinterbliebenenrenten des staatlichen Rentenfonds in Höhe von 7,7 Pro-

---

[606] Es liegen keine Informationen vor, ob die OECD nur die Ausgaben des staatlichen Rentenfonds (PIF) oder auch die Rentenausgaben des staatlichen Gesundheitsfonds (HIF) erfasst hat.

[607] Die Daten der Regierungsprognose beziehen sich auf die Brutto-Rentenausgaben des staatlichen Rentenfonds (PIF) für Alters-, Invaliden- und Hinterbliebenenrenten.

zent des BIP. Die Schätzungsdifferenz reduziert sich bis auf nur noch 0,1 Prozentpunkte des BIP im Jahr 2040. Zu diesem Zeitpunkt übersteigen die geschätzten
staatlichen Rentenausgaben der OECD erstmals die Schätzungen der Regierung.
Während die OECD ab den 2040er Jahren von steigenden relativen Ausgabenverpflichtungen ausgeht, erwartet die Regierung eine rückläufige relative Belastung. Im
Jahr 2050 beträgt die Differenz der Schätzungen 1,5 Prozentpunkte des BIP.

Abbildung 4.2.17: Vergleich von internationaler (OECD)[1] und nationaler Prognose (Chłoń-
Domińczak)[2] für Polen über die staatlichen Rentenausgaben in Prozent des BIP
zwischen 2000 bis 2050

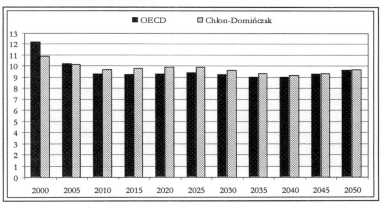

[1] Die Ausgaben-Projektionen der OECD umfassen Ausgaben für die Alterssicherung (Altersrenten, Hinterbliebenenrenten, Mindestrenten und alle vorzeitigen Rentenleistungen, die integraler Bestandteil des
Alterssicherungssystems sind) und Frührenten (Frührenten im engeren Sinn sowie Invalidenrenten, Arbeitslosenrenten und aktive Arbeitsmarktprogramme für Personen über 55 Jahren zur Überbrückung der Zeit bis
zur Rente). Die Frührenten-Leistungen dürfen nicht bereits unter der Kategorie „Alterssicherung" erfasst
worden sein.
[2] Basis-Szenario: Die Ausgaben umfassen Ausgaben für die staatliche Alters-, Invaliden- und Hinterbliebenenrente
Quellen: Eigene Berechnung und Darstellung nach Dang/Antolin/Oxley 2001 (Tabellen A.7. und A.8., S.
49) und Chłoń-Domińczak 2002 (Appendix B/2. Reform scenario – baseline, S. 199).

Besonders deutlich werden die erheblichen Unterschiede in den Schätzungen der
ungarischen Regierung gegenüber der OECD wenn die Veränderungen im gesamten
Beobachtungszeitraum betrachtet werden. Obwohl die OECD die Teilprivatisierung
des Rentensystems in Ungarn und Polen einbezogen hat, erwarten die Autoren der
OECD-Studie eine steigende Belastung des staatlichen Rentenfonds in Ungarn.

Die ungarische Regierung hält in ihrer Prognose hingegen an ihrer Erwartung fest,
dass die Teilprivatisierung langfristig zu einer deutlichen Entlastung des staatlichen
Rentenfonds führen wird. Die Differenzen in der Prognosen für Polen sind vor allem durch die Unterschiede in den relativen Rentenausgaben im Jahr 2000 bedingt,
da sich in den folgenden 45 Jahren die Unterschiede in engen Grenzen halten.

Abbildung 4.2.18: Vergleich von internationaler (OECD)[1] und nationaler Prognose (ungarische Regierung)[2] für Ungarn über die staatlichen Rentenausgaben in Prozent des BIP zwischen 2000 bis 2050

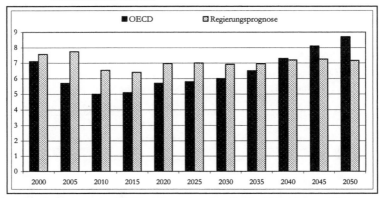

[1] Die Ausgaben-Projektionen der OECD umfassen Ausgaben für die Alterssicherung (Altersrenten, Hinterbliebenenrenten, Mindestrenten und alle vorzeitigen Rentenleistungen, die integraler Bestandteil des Altersrentensystems sind) und Frührenten (Frührenten im engeren Sinn sowie Invalidenrenten, Arbeitslosenrenten und aktive Arbeitsmarktprogramme für Personen über 55 Jahren zur Überbrückung der Zeit bis zur Rente). Frührenten-Leistungen dürfen nicht bereits unter der Kategorie „Alterssicherung" erfasst worden sein.

[2] Die Ausgaben umfassen die Bruttoausgaben für die Alters-, Invaliden- und Hinterbliebenenrente aus dem staatlichen Rentenfonds (PIF)

Quellen: Eigene Berechnung und Darstellung nach Dang/Antolin/Oxley 2001 (Tabellen A.7. und A.8., S. 49) und Zusammenstellung angefragter Daten der Autorin durch András Horváth vom Büro des Premierministers in der Korrespondenz vom 11. Februar 2003 (Die Daten können bei der Autorin eingesehen werden.)

Abbildung 4.2.19: Vergleich von OECD-Prognose[1] und nationalen Prognosen[2] über die Veränderungen der staatlichen Rentenausgaben in Polen und Ungarn zwischen 2000 bis 2050 (in Prozentpunkten des BIP)

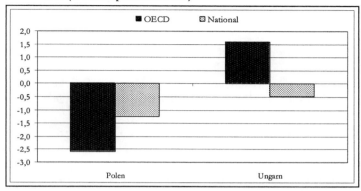

[1] Die Ausgaben-Projektionen der OECD umfassen Ausgaben für die Alterssicherung (Altersrenten, Hinterbliebenenrenten, Mindestrenten und alle vorzeitigen Rentenleistungen, die integraler Bestandteil des Altersrentensystems sind) und Frührenten (Frührenten im engeren Sinn sowie Invalidenrenten, Arbeitslosenrenten und aktive Arbeitsmarktprogramme für Personen über 55 Jahren zur Überbrückung der Zeit bis zur Rente). Die Frührenten-Leistungen dürfen nicht bereits unter der Kategorie „Alterssicherung" erfasst worden sein.
[2] Die Ausgaben umfassen Ausgaben für die staatliche Alters-, Invaliden- und Hinterbliebenenrente
Quellen: Eigene Berechnung und Darstellung nach Dang/Antolin/Oxley 2001 (Tabellen A.7. und A.8., S. 49), Chłoń-Domińczak 2002 (Appendix B/2. Reform scenario – baseline, S. 199) und Zusammenstellung angefragter Daten der Autorin durch András Horváth vom Büro des Premierministers in der Korrespondenz vom 11. Februar 2003 (Die Daten können bei der Autorin eingesehen werden.).

4.2.5 Zusammenfassung und kritische Würdigung

Zusammenfassend ist festzuhalten, dass die Reform der Alterssicherung in Polen nach derzeitiger Gesetzeslage mit hoher Wahrscheinlichkeit die finanzielle Belastung der polnischen Rentenversicherung langfristig reduzieren wird. Betrachtet man nur die Bilanz der Einnahmen und Ausgaben für die Alterssicherung, ergibt sich sogar ab etwa den 2030er Jahren ein Überschuss in der staatlichen Rentenversicherung. Werden Renten in ihrer Gesamtheit betrachtet, wird das für den Rentenhaushalt des Staates positive Bild getrübt. Die Ausgaben für Invaliditätsrenten und Hinterbliebenenrenten werden den Projektionen zufolge aufgrund der Reform der Alterssicherung ansteigen. Ursachen für dieses Ungleichgewicht sind unter anderem die mangelnd Abstimmung zwischen den einzelnen Rentenkategorien und die im System enthaltenen Anreizprobleme, die zu einer „Flucht in Invalidenrenten" führen können, wenn beispielsweise Personen mit brüchiger Erwerbsbiographie die Anspruchskriterien für eine Altersrente nicht erfüllen oder nur geringe Altersrentenleistungen erwarten können. Nicht untersucht wurde in der Studie der wohl reformbedürftigste Bestandteil des polnischen Rentensystems, nämlich die gesetzliche Rentenversicherung für selbständige Landwirte (KRUS). Somit fehlt ein wichtiges Element der staatlichen Rentenversicherung in Polen in den Projektionen. In zukünftigen Prognosen über die Finanzierung der polnischen gesetzlichen Rentenversicherung sollte das KRUS-System unbedingt berücksichtigt werden, um das Bewusstsein für seinen Reformbedarf zu schärfen.

Die zukünftige Entwicklung der Rentenfinanzierung in Ungarn wird sehr unterschiedlich beurteilt. Während die Prognose der ungarischen Regierung eine Entlastung des Staates von Rentenausgaben nahe legt, deuten die Projektionen der OECD eher auf einen Anstieg der relativen staatlichen Rentenausgaben hin.

Auf der Ausgabenseite sollen die Alterssicherungsreformen beider Länder eine Reduzierung staatlichen Rentenleistungen bewirken. Die den Rentnern entstehende Einnahmelücke soll durch Leistungen aus der obligatorischen und kapitalfundierten Privatversicherung aufgefüllt werden. Es wurde in den vorangegangenen Kapiteln indessen bereits auf die Unsicherheit über die relative Höhe der Rente aus den obligatorischen Zusatzrentenfonds hingewiesen. Die Annahme, dass künftige Rentner im Ruhestand ihren gewohnten Lebensstandard weitgehend aufrechterhalten können, ist deshalb kritisch zu beurteilen.

Schlussfolgernd ist es zu bezweifeln, ob die von der polnischen und der ungarischen Regierung jeweils gewählte Reformstrategie geeignete Lösungen für die aufkommenden Probleme in der sozialen Sicherung der Alten, Arbeitsunfähigen und Hinterbliebenen darstellen. Derzeit ist eher zu vermuten, dass es zu einer Verschiebung der finanziellen Lasten zwischen den einzelnen Rentenkategorien sowie zwischen dem beitragsfinanzierten Rentensystem und steuerfinanzierten Sozialleistungen kommen wird. Sofern eine relative Ausgabensenkung tatsächlich gelingt, wie es beispielsweise in den polnischen Prognosen angenommen wird, muss gefragt werden, ob zukünftige Rentner noch auf angemessene Renten vertrauen können. Derzeit kann dies nicht positiv beantwortet werden.

5 Fazit, Stellungnahme und Ausblick

In den 1990er Jahren führten insbesondere der Transformationsprozess nach dem Zusammenbruch der kommunistischen Planwirtschaft und der angestrebte Beitritt zur Europäischen Union (EU) zu einem veränderten Umfeld in Polen und Ungarn. Die Unvereinbarkeit eines kommunistisch geprägten Rentensystems, das den Zielen der Planwirtschaft dienen sollte, mit einer demokratischen Marktwirtschaft wurde bereits zu Beginn des Transformationsprozesses deutlich. Da allerdings politischen und ökonomischen Reformen zunächst Priorität eingeräumt wurden, verschoben die Regierungen in Polen und Ungarn die als notwendig erachteten Anpassungen der Sozialschutzsysteme. Die Regierungen beider Länder nahmen vorwiegend Notmaßnahmen an den Rentensystemen vor, die deren Finanzierbarkeit zusätzlich destabilisierten. Die Wirtschaftskrise in den frühen 1990er Jahren, die sich in negativen Wachstumsraten des Bruttoinlandsprodukts, steigenden Arbeitslosenquoten und hohen Inflationsraten sowie einem allgemeinen Rückgang des Lebensstandards der Bevölkerung ausdrückte, potenzierte die finanziellen Probleme des Staates und der staatlichen Rentenversicherung in den beiden Transformationsstaaten. Den staatlichen Rentenversicherungen brachen aufgrund der Massenentlassungen nach Beginn der Transformationsprozesses die Einnahmen weg, während auf der anderen Seite die Regierungen zu Mitteln der Frühverrentung und großzügigen Gewährung von Invalidenrenten griffen, um den Arbeitsmarkt zu entlasten. Auf diese Weise stiegen die Ausgabenlast für die Rentenversicherungen und der Bedarf an Staatszuschüssen. Demographische Rahmenbedingungen hatten noch keine nennenswerten negativen Effekte auf die Rentenfinanzen. Vielmehr waren die schwierigen wirtschaftlichen Bedingungen im Transformationsprozess und die institutionelle Gestaltung der Rentensysteme die wesentlichen Gründe für die Finanzierungsprobleme der Rentenversicherungen.

In Bezug auf die institutionellen Rahmenbedingungen zeigte sich ein ausgeprägter Unterschied in der Rentenpolitik der beiden Länder. Während die polnische Regierung vor allem in den frühen 1990er Jahren bemüht war, die Rentner möglichst gut zu stellen, versuchte die ungarische Regierung bereits zu diesem Zeitpunkt, die Ausgaben für die Renten zu senken. Deutlich wurde dieser Gegensatz vor allem in der Gestaltung der Rentenformeln. Angesichts einer steigenden Ausgabenlast schwenkte auch die polnische Regierung in der ersten Hälfte der 1990er Jahr auf eine striktere Rentenpolitik ein.

Vor dem Hintergrund des Transformationsprozesses ist es bemerkenswert, dass die Rentner nicht zu den Verlierern des Transformationsprozesses gezählt werden können. Vielmehr stellte sich heraus, dass sie im Laufe der 1990er Jahre im Vergleich zu anderen Bevölkerungsgruppen relativ besser gestellt wurden. Dies bestätigte sich anhand der Analysen auf der Mikro- und der Makro-Ebene. Auf Makro-Ebene war eine Verdrängung anderer Sozialausgaben des Staates durch die Rentenausgaben zu beobachten. Markante Resultate der Verteilungsanalyse sind erstens eine relative Verbesserung der Einkommensposition von Alten und Personen mit einem Renteneinkommen gegenüber anderen Alters- und Bevölkerungsgruppen und zweitens eine abnehmende Einkommensungleichheit und Einkommensarmut der Rentner und Alten zwischen Ende 1980er und Mitte 1990er Jahre. Allerdings sind die Verbesserungen nur relativ zu anderen Gruppen in der Gesellschaft zu sehen. Für Ungarn konnte gezeigt werden, dass die durchschnittlichen Rentenleistungen so gering waren, dass mit ihnen häufig nur die lebenswichtigen Bedürfnisse gedeckt werden konnten.

Im Laufe der 1990er Jahre setzt sich die Auffassung durch, dass das Alterssicherungssystem reformiert werden musste, weil es unter anderem teuer und langfristig nicht zu finanzieren war sowie andere Sozialausgaben verdrängte. Darüber hinaus setzte es Anreize zur Frühverrentung und genoss wenig Vertrauen bei den Versicherten, weil es als ungerecht und instabil empfunden wurde. Dies machte eine Reform des Rentensystems nicht nur nötig, sondern auch (politisch) möglich. Bis Ende der 1990er Jahre nahmen die Regierungen beider Länder jedoch vornehmlich partielle Änderungen in der Rentengesetzgebung vor, die allerdings eher aus der Not zur Ausgabensenkung geboren wurden oder auf politisches Kalkül zurückgingen.

Die Reformen der Alterssicherungen in beiden Ländern Ende der 1990er Jahre bedeuteten dagegen radikale Systemumstellungen. Die Notwendigkeit der Umgestaltung der Rentensysteme in Polen und Ungarn fiel ausgerechnet in eine Zeit, als sich die (Teil-) Privatisierung und Kapitaldeckung der Rentensysteme zu einer Mode-Erscheinung entwickelten. In diesen Sog gerieten beide Transformationsstaaten. Ungarn im Jahr 1998 und Polen im Jahr 1999 waren die ersten Transformationsländer Mittel- und Osteuropas, die einen Teil ihrer gesetzlichen Altervorsorge privatisierten und auf Kapitaldeckung umstellten. Auf Basis dieser Reformgesetzgebung wurden die langfristigen Prognosen der Rentenfinanzen erstellt. Sie bilden die Grundlage zur Beantwortung der Frage dieser Studie, ob die Rentensysteme in Polen und Ungarn den derzeitigen und zukünftigen Herausforderungen gewachsen sind. Die Ergebnisse der Studie lassen es zweifelhaft erscheinen, ob sich Polen und Ungarn für einen geeigneten Weg in ihrer Rentenpolitik entschieden haben.

Unzweifelhaft sind die unmittelbaren Auswirkungen des Transformationsprozesses auf die staatlichen Rentensysteme in Polen und Ungarn gewichtiger und spürbarer als die Einflüsse der Europäischen Union im Laufe des Beitrittsprozesses. Aber auch der vorwiegend indirekte Einfluss der EU ist nicht zu unterschätzen. Während die Anforderungen und Nachwirkungen des Transformationsprozesses allmählich abklingen werden, wird die EU-Mitgliedschaft für beide Länder die politische und wirtschaftliche Zukunft maßgeblich mitbestimmen. Auch die Rentensysteme werden den Leitbildern der EU unterworfen sein. Insbesondere die Absicht der baldigen Teilnahme an der Europäischen Wirtschafts- und Währungsunion (EWWU) wird die Regierungen in Polen und Ungarn zwingen, das Staats- und das Haushaltsdefizit möglichst gering zu halten. Da staatliche Rentenleistungen einen bedeutenden Anteil am Bruttoinlandsprodukt und an den Staatsausgaben haben, wird der Druck zur Ausgabenreduzierung besonders auf die staatlichen Rentenversicherungen steigen. Gleichzeitig werden beide Länder zunehmend in den wirtschaftlichen, rechtlichen, politischen und auch sozialen Koordinierungsprozess der EU einbezogen. Da die gemeinsame Sozialpolitik in der EU in den letzten Jahren an Bedeutung gewonnen hat und im Fall der Ratifizierung der EU-Verfassung voraussichtlich noch weiter zunehmen wird, müssen auch die Neumitglieder den sozialen Koordinierungsprozess vermehrt berücksichtigen und ihre Wirtschaft- und Sozialpolitiken entsprechend abstimmen. Es ist abzusehen, dass EU-weit vereinbarte bzw. festgelegte soziale Kriterien die beiden Staaten dazu veranlassen können, ihre Alterssicherungssysteme zu überdenken. Denn sobald die Rentensysteme nach den drei Rahmenprinzipien der „Methode der offenen Koordinierung" bewertet werden, fällt das Urteil über die Rentensysteme in Polen und Ungarn nicht positiv aus. Erstens soll auch bei fortschreitender Alterung der Bevölkerungen die langfristige finanzielle Stabilität der Rentensysteme und der Staatshaushalte nicht gefährdet sein (Prinzip der Nachhaltigkeit). Zweitens sollen die staatlichen Rentensysteme ihren sozialen Zielen gerecht werden, indem sie angemessene und verlässliche Rentenleistungen bieten (Prinzip der Angemessenheit und Verlässlichkeit). Drittens sollen die Rentensysteme so gestaltet sein, dass sie auch bei veränderten demographischen, gesellschaftlichen und wirtschaftlichen Rahmenbedingungen die anderen beiden Ziele erfüllen. Unzweifelhaft handelt es sich hierbei um hohe Idealanforderungen, die wahrscheinlich kaum ein Staat vollkommen erfüllen kann. In Polen und Ungarn deutet allerdings vieles darauf hin, dass die Abweichungen von den Zielgrößen zu groß werden.

Es sei als erstes das Kriterium der finanziellen Nachhaltigkeit betrachtet. Wie im Detail gezeigt wurde, ist eine finanzielle Entlastung des Staates unter den derzeitigen Voraussetzungen fraglich, obwohl die institutionellen Regelungen der neuen Alterssicherungssysteme in Polen und Ungarn auf eine deutliche Absenkung des Leistungsniveaus aus der gesetzlichen Rentenversicherung schließen lassen. Isoliert betrachtet werden die Reformen der Alterssicherung in Polen den Prognosen der OECD und von Chłoń-Domińczak zufolge die finanzielle Belastung der Sozialversicherung und somit des Staatsbudgets langfristig senken. In Ungarn gibt es unterschiedliche Erwartungen. Während die OECD in ihrer Projektion von steigenden Belastungen ausgeht, erwartet die ungarische Regierung eine finanzielle Entlastung des Staates von Rentenausgaben.

Die angestrebte Entlastung der staatlichen Rentenversicherungen kann nicht ohne Auswirkungen auf die Versicherten bleiben. Im Prinzip sind die Reformen so langfristig angelegt worden, dass der Großteil der Bürger Zeit genug hat, um die entstehende Vorsorgelücke durch Eigenvorsorge zumindest ein stückweit oder im Idealfall (d.h. bei günstigen Kapitalmarkt- und Wirtschaftsentwicklungen und einer guten Anlagestrategie) ganz zu decken. Doch nicht alle Bürger werden in der Lage sein, zusätzlich vorzusorgen. Sie werden sich vorwiegend auf die staatliche Rente verlassen müssen. Da Risikogruppen wie Langzeitarbeitslose, (allein erziehende) Frauen und Personen mit brüchiger Erwerbsbiographie in der Regel keine Eigenvorsorge treffen können und nur geringe Ansprüche aus der gesetzlichen Rentenversicherung erwerben, ist anzunehmen, dass diese Gruppen auf andere staatliche Transferleistungen angewiesen sein werden. An dieser Stelle wird deutlich, dass Rentensysteme nicht isoliert, sondern im Zusammenhang mit anderen Sozialausgaben des Staates betrachtet werden müssen. Denn Leistungen für Personen mit zu geringem oder gar keinem Rentenanspruch müssen durch Steuern finanziert werden, sodass es schlussendlich nicht zu der angestrebten Entlastung des Staatshaushalts kommt.

Auch die Konsistenz der Gestaltung der Rentensysteme spielt eine herausragende Rolle. Da die staatlichen Rentensysteme im Wesentlichen nur in der Alterssicherung reformiert wurden, ohne die Rückwirkungen der Reformen auf andere Sozialbereiche des Staates zu berücksichtigen, ergibt sich die Gefahr eines Ungleichgewichts im gesamten Sozialschutzsystem. Eine mögliche Folge ist, dass die Erwerbsunfähigkeitsrente für Personen mit geringen oder keinen Ansprüchen aus der Alterssicherung attraktiv wird. Eine „Flucht in die Invalidenrente" könnte beispielsweise für die oben genannten Risikogruppen ein Weg aus einer Zukunft in Altersarmut sein. Ein Effekt hiervor wäre eine Verschiebung der finanziellen Lasten innerhalb des Rentensystems von den Alters- zu den Invalidenrenten. Die Erfahrungen aus der Zeit des Transformationsprozesses lehren jedoch, dass es nicht nur kurzfristig sondern auch langfristig problematisch ist, wenn die Invaliditätsrente zweckentfremdet wird. Ein ganzes Bündel von Maßnahmen wird erforderlich sein, um eine solche Entwicklung zu verhindern. Dazu gehören neben einer allgemein positiven Wirtschafts- und Arbeitsmarktentwicklung auch die Verschärfung und Kontrolle der Kriterien für den Bezug einer Invalidenrente. Darüber hinaus muss bei vorübergehender oder nur leichter Beschränkung der Arbeitsfähigkeit die Rückkehr auf den offiziellen Arbeitsmarkt durch Rehabilitationsprogramme und berufsbezogene Weiterbildung gefördert werden. Allgemein muss es der Regierung gelingen, die Erwerbsbeteiligung der Menschen zu fördern, damit ein zunehmender Anteil an Personen eine ausreichend hohe Altersrente auf Basis eigener Beiträge erwirbt und darüber hinaus in der Lage ist, freiwillig und individuell vorzusorgen.

Auch die Rentenreformen an sich bedingten höhere Staatsausgaben. Ein Argument der Befürworter der Teilprivatisierung der Alterssicherungssysteme war, dass durch die Teilprivatisierung der Staat langfristig finanziell entlastet wird. Vertretbar sind die kurz- bis mittelfristigen Übergangskosten, weil sie in der Regel unvermeidbar sind. Aber auch langfristig scheint die Argumentation vor dem Hintergrund der vorangegangenen Analyse nicht haltbar sein. Es ist somit nicht verwunderlich, dass nach der anfänglichen Euphorie über das Gelingen der Umsetzung von umfangreichen Rentenreformen in Polen und Ungarn allmählich Ernüchterung einkehrt, denn vieles deutet darauf hin, dass sich für den Staat und die Gesellschaft mehrfache Belastungen ergeben, die schlussendlich nicht alleine finanzielle oder materielle, sondern auch soziale Auswirkungen haben. Erstens müssen die Umstellungskosten aus dem Staatshaushalt finanziert werden. Die Gegenfinanzierung hierzu kann in erster

Linie über eine zusätzliche Kreditaufnahme des Staates und/oder mehr oder minder offensichtliche Steuererhöhungen erfolgen. Ersteres belastet die folgenden Generationen letzteres die gegenwärtige. Die Verwendung von Privatisierungserlösen wird immer weniger möglich, da der Privatisierungsprozess in beiden Ländern bereits weit vorangeschritten ist. Die Erhöhung von Beiträgen zur Sozialversicherung ist angesichts bereits vergleichsweise hoher Sozialversicherungsbeiträge ein kaum gangbarer Weg. Ganz im Gegenteil sind beide Länder bemüht, die Sozialabgabenlast zu reduzieren, um auf diesem Weg die Arbeitskosten zu senken. Darüber hinaus ist in Polen zu beachten, dass eine Erhöhung der Sozialversicherungsbeiträge im umlagefinanzierten NDC-System zwar kurzfristig höhere Einnahmen des Rentenfonds bedeuten. Langfristig allerdings entstehen aufgrund der strengen Kopplung von Beiträgen und Leistungen in Zukunft höhere Rentenansprüche. Zweitens entstehen dem Staat zusätzliche Leistungsverpflichtungen sobald ein höherer Bedarfs an steuerfinanzierten Sozialleistungen entsteht. Es ist deshalb zu vermuten, dass die Finanzierung der Rentensysteme bzw. die finanzielle Absicherung der Alten in Polen und Ungarn in zunehmendem Maße über Steuern erfolgt. Diese Entwicklung wiederum liegt im internationalen Trend[608].

Ungünstig ist mit Blick auf die Alterssicherungsreformen, dass ausgerechnet in die Zeit des EU-Beitritts und den ersten Jahren der EU-Mitgliedschaft in Polen und Ungarn die größten Lasten der Übergangskosten der Systemumstellung auftreten werden. Die fiskalisch disziplinierende Wirkungen der Beurteilung der EU-Kommission und anderen EU-Institutionen über die wirtschaftliche Konvergenz und die Maastricht-Kriterien erschweren es den Regierungen, den Weg über ein höheres Haushaltsdefizit oder eine höhere Verschuldung zu gehen. Gegebenenfalls wird es darauf hinaus laufen, dass die Rentenleistungen weiter reduziert werden, die Steuern und/oder Sozialabgaben angehoben oder andere staatliche Aufgaben beschnitten werden, um den EU-Anforderungen gerecht zu werden. Jede dieser Ausweichmöglichkeiten hat offensichtlich mehr negative als positive Effekte. Allerdings hat die Aussetzung des Stabilitäts- und Wachstumspakts auf Druck und zugunsten Deutschlands und Frankreichs Ende 2003 vor Augen geführt, dass die EU-Kriterien großzügig auslegbar sind. Allerdings verfügen weder Polen noch Ungarn aufgrund der ökonomischen Schwäche über ein vergleichbares Druckpotential wie die beiden

---

[608] Eine zunehmende Steuerfinanzierung des Rentensystems bewirkte zum Beispiel in Deutschland die Einführung der so genannten „Ökosteuer" im Jahr 1999. Das Steueraufkommen aus der „Ökosteuer" soll primär dafür verwendet werden, den Rentenbeitragssatz zu der gesetzlichen Rentenversicherung zu senken bzw. zu stabilisieren (Bundesministerium der Finanzen 2002). Im EU-15-Durchschnitt stieg der Anteil der (steuerfinanzierten) Staatszuschüsse an den Einnahmen der Rentenversicherungen zwischen 1990 und 1996 von 28,8 Prozent auf 31,4 Prozent. Im Gegenzug sank der Anteil der Sozialversicherungsbeiträge an den Einnahmen der Rentenversicherungen von 65 Prozent im Jahr 1990 auf 63,5 Prozent im Jahr 1996 (EU-Kommission 2000a, S. 4).

westlichen EU-Staaten, sodass sie vermutlich zu einer strikteren Einhaltung von EU-Vorgaben gezwungen sein werden.

Häufig wird auch das Argument vorgebracht, dass sich der Staat aus Wirtschaft und Gesellschaft als regulierende und umverteilende Instanz zurückziehen sollte, um somit den Bürgern mehr Freiheit für Wahlentscheidungen zu ermöglichen. Bei genauer Betrachtung stellt sich dieses Argument allerdings im Zusammenhang mit dem polnischen und dem ungarischen Rentensystem als problematisch heraus. Man muss sich in Erinnerung rufen, dass das kapitalfundierte Element in der gesetzlichen Rentenversicherung *verpflichtend* für den Großteil der Versicherten eingeführt wurde. In diesem Sinn kann nicht von Wahlfreiheit gesprochen werden. Die einzige Wahl, die den Versicherten blieb, ist die Wahl des privaten Versicherungsgebers.

Bezüglich der Kapitaldeckung ist ein weiterer - häufig vernachlässigter - Kritikpunkt zu nennen, der vor allem die Frage nach der Angemessenheit von Rentenleistungen betrifft. Die Kapitalfundierung eines Teils der staatlichen Altersrente wird es mit sich bringen, dass es voraussichtlich in hohem Maße davon abhängen wird, wann die Menschen in den Ruhestand überwechseln und wie geschickt die Beiträge von den privaten Versicherungsgebern auf dem Kapitalmarkt angelegt werden. Langfristig und im Durchschnitt betrachtet mag es sein, dass auf dem Kapitalmarkt höhere Renditen erwirtschaftet werden (können). Allerdings wird es Gewinner und Verlierer geben. Erwerbspersonen, die in Zeiten positiver Entwicklungen auf dem Kapitalmarkt ihre Beiträge zur Privatvorsorge geleistet haben und im Idealfall in Zeiten positiver Kapitalmarktentwicklungen auch in Rente gehen, werden vermutlich von der Teilprivatisierung profitieren. Doch es wird auch Zeiten geben, in denen der Kapitalmarkt negative Renditen hervorbringt, die schlussendlich die Renten schmälern. Da derzeit in Polen und Ungarn ein Großteil der Anlagen in (festverzinsliche) Staatsanleihen investiert ist, wird dieser Effekt noch abgemildert. Mittelfristig werden Anlagen in Aktien jedoch eine zunehmend große Rolle spielen, so dass mit der Volatilität des Kapitalmarkts auch die Volatilität der Renditen der Privatrentenfonds steigt. Daran schließt sich die These, dass es entscheidend auf die Anlagestrategie der Versicherungsgeber ankommt, wie sicher und hoch eine Rente ist. Die Renditen können zudem durch hohe Verwaltungskosten oder fehlerhafte Anlagen der Privatrentenfonds aufgezehrt werden. Kurzum: Identische Beitragszahlungen bei identischen Erwerbsverläufen werden in Zukunft in aller Wahrscheinlichkeit zum Teil sehr unterschiedliche Leistungen hervorbringen. Infolge dessen werden die Einkommensdifferenzen der Rentner und Alten in Zukunft steigen. In diesem Sinn kann weder von einer zunehmenden Verlässlichkeit der Renten noch von einem starken Zusammenhang von eingezahlten Beiträgen und später zu erwartenden Leistungen gesprochen werden. Besonders ein verpflichtendes Rentensystem sollte den Versicherten jedoch eine verlässliche Lebensplanung erlauben.

Daran wird die Gefahr zunehmender sozialer Probleme erkennbar, die sich ergeben, wenn eine steigende Zahl von Personen keine oder keine ausreichenden eigenen Rentenansprüche erwerben, die Rentenleistungen als ungerecht empfunden werden und/oder das Einkommen vieler Alte im Ruhestand auf oder sogar unter ein Mindestsicherungsniveau sinkt. Infolgedessen droht das Vertrauen der Bürger in die staatliche Rentenversicherung zu schwinden. Sofern sich das Misstrauen in Beitragsflucht zum Beispiel mittels Schwarzarbeit ausdrückt, wird das negativ auf die Rentenfinanzen zurückwirken.

Abschließend ist die Frage zu klären, ob die Rentensysteme in Polen und Ungarn in ihrer derzeitigen Form den langfristigen Herausforderungen aus finanzieller und sozialer Sicht standhalten. Die Reformgesetzgebungen in Polen und Ungarn ließen bereits darauf schließen, dass insbesondere die zukünftigen Rentner materiell zurückstecken müssen. Hinsichtlich der erwarteten Veränderung der Bevölkerungsstrukturen in beiden Staaten war ein Argument der Befürworter der Teilprivatisierung, dass die Kapitaldeckung das demographische Problem (weitgehend) umgehe. Dies allerdings ist ein Trugschluss, da auch der Kapitalmarkt in erheblichem Ausmaß von der demographischen Lage in einem Land abhängt. Aufgrund der voraussichtlich beschleunigten Alterung der polnischen Bevölkerung werden wahrscheinlich auch die Renditen der Kapitalanlagen sinken. Zu rechtfertigen ist die Teilprivatisierung der Alterssicherung in Polen und Ungarn mit dem Argument der Risiko-Diversifikation, jedoch nicht mit dem Verweis, dass kapitalfundierte Renten gegenüber demographischen Veränderungen immun sind. Zudem wird ebenso wie die umlagefinanzierte Rentenversicherung die kapitalfundierte Zusatzrentenversicherung auch von den allgemeinen wirtschaftlichen Entwicklungen betroffen sein. Die Auswirkungen von gesellschaftlichen Wandlungsprozessen, die mit einem steigender Anteil an Teilzeitbeschäftigung bei rückläufiger Vollzeitbeschäftigung, brüchigen Erwerbsbiographien und häufigem Arbeitsplatzwechsel auch über nationale Grenzen hinweg sowie geringere Geburtenraten einher gehen, sind weitgehend unabhängig von der Frage, ob die Rentensysteme auf Umlagefinanzierung oder Kapitalfundierung beruhen. Entscheidend sind die Bestimmungen der Rentengesetzgebung, die im Einzelnen in dieser Studie nicht untersucht werden konnten. Hierzu bedarf es einer sozialrechtlichen Analyse.

Für den polnischen Rentner machen sich die Folgen der Alterung gleich auf zweifache Weise bemerkbar: Erstens sinken aufgrund des „demographischen Faktors" in der Rentenformel der staatlichen Rentenversicherung bei steigender ferneren Lebenserwartung die individuellen Rentenansprüche. Zweitens werden eventuell die Renditen aus den Kapitalanlagen in der obligatorischen Privatrente sinken. Ob sich das reformierte Alterssicherungssystem in Polen bewähren wird, kann vor diesem Hintergrund derzeit weder ausgeschlossen noch bekräftigt werden. Vieles deutet jedoch darauf hin, dass das polnische Rentensystem in seiner derzeitigen Form noch an einigen Stellen Anpassungsbedarf hat, um langfristig stabil und ausgewogen zu sein.

Die Meinung darüber, ob die Reformen in Ungarn dem Ziel der langfristigen Ausgabenreduzierung dienen bzw. sozial tragfähig sind, gehen auseinander. Folgt man den Annahmen und den Prognosen der Regierung, scheint dem drastischen Anstieg der staatlichen Alterssicherungsausgaben aufgrund der Alterung der Bevölkerung durch die Reform vorgebeugt worden zu sein. Dennoch bleiben viele Fragen offen. Beispielsweise darf nicht übersehen werden, dass einige Personen nicht die erforderlichen Kriterien für den Bezug einer staatlichen Rente erfüllen. Grund hierfür sind die Verschärfung der Berechtigungskriterien (z.B. eine Mindestbeitragszeit von 20 Jahren zur gesetzlichen Rentenversicherung, um einen Rentenanspruch zu erwerben) in Kombination mit der relativ geringen Erwerbsbeteiligung der Menschen in den vergangenen Jahren. Da die Betroffenen nicht ihrem Schicksal überlassen werden können und auch nicht immer die Familie zur Unterstützung bereit steht, müssen andere staatliche Transferzahlungen die Verarmung der Altenbevölkerung verhindern. Da die Mindestrente gegenwärtig zu gering ist, um den Menschen ein angemessenes Auskommen zu ermöglichen, sind weitere Transferzahlungen oder eine Anhebung der Mindestrente notwenig, um Altersarmut zu verhindern.

Zusammenfassend muss hinter jedes einzelne Kriterium der EU ein „zweifelhaft" und bezüglich der Frage, ob die Rentensysteme für die Zukunft gerüstet sind, ohne die finanzielle Nachhaltigkeit oder die soziale Angemessenheit zu gefährden, sogar ein „sehr zweifelhaft" vermerkt werden. Denn es ist zu bezweifeln, ob die von der polnischen und der ungarischen Regierung jeweils gewählte Reformstrategie eine geeignete Lösung für die aufkommenden Probleme in der sozialen Sicherung der Alten, Arbeitsunfähigen und Hinterbliebenen darstellt. Sofern eine relative Ausgabensenkung tatsächlich gelingt, wie es beispielsweise in den polnischen Prognosen angenommen wird, muss hinterfragt werden, ob zukünftige Rentner noch auf angemessene Renten vertrauen können. In Ungarn ist das Gros der Rentenleistungen bereits heute sehr niedrig, sodass bereits jetzt nicht immer von Angemessenheit gesprochen werden kann. Derzeit ist eher zu vermuten, dass es zu einer Verschiebung der finanziellen Lasten zwischen den einzelnen Rentenkategorien sowie zwischen dem beitragsfinanzierten Rentensystem und steuerfinanzierten Sozialleistungen kommen wird. Von finanzieller Nachhaltigkeit kann somit nicht gesprochen werden. Die institutionellen Faktoren der reformierten Systeme deuten derweil auf die Ge-

fahr hin, dass die neuen Rentensysteme zu einer Zunahme von Armut und Ungleichheit bei den Rentnern führen. Angesichts dessen ist eine Prüfung und Überarbeitung der bestehenden Regelungen und der aktuellen Regierungspolitik notwendig.

Nachdem die wesentlichen Defizite der derzeitigen Rentensysteme erläutert wurden, muss die Frage beantwortet werden, wie die beiden Länder den drei oben genannten Zielen gerecht werden können. Um diese Frage zu klären, ist es sinnvoll auf
das Schema zur Beurteilung von Rentensystemen zurückzukommen. Vier Ansatz-
punkte stehen den Regierungen zur Verfügung. Demographische Rahmenbedingungen sind offensichtlich kurzfristig in nur sehr geringem Maß zu beeinflussen. Allenfalls ist eine Förderung der Einwanderung von (jungen und gut ausgebildeten) Arbeitskräften möglich. Allerdings ist ein Ausmaß an Nettoimmigration zur Kompensation der rapide gesunkenen Geburtenraten in der Vergangenheit notwendig, die
gesellschaftspolitisch problematisch ist. Darüber hinaus ist zu beachten, dass der
Großteil der westlichen Nationen um Arbeitskräfte konkurrieren wird, da sie ebenfalls vor dem Problem der zunehmenden Alterung ihrer Gesellschaften stehen. Angesichts der wirtschaftlichen und sozialen Rückständigkeit der neuen EU-Mitglieder
ist im Zweifel davon auszugehen, dass die westlichen EU-Länder attraktivere Ange-
bote für Arbeitskräfte haben. Noch allerdings sind in den meisten „alten" EU-
Staaten relativ strikte Zuwanderungsregelungen in Kraft. Mit zunehmendem demographischen Problemdruck ist hier jedoch ein Umdenken anzunehmen.

Zweiter Ansatzpunkt ist die Beeinflussung von gesellschaftlichen Rahmenbedingungen. Sofern hierbei eine politische Lenkung überhaupt möglich ist, wird sich diese vermutlich mit einer erheblichen zeitlichen Verzögerung (positiv) für die Rentensysteme auswirken. Beispielsweise kann eine Regierung versuchen, Anreize für höhere Geburtenraten oder eine höhere Beteiligung der Menschen am Erwerbsleben
zu setzen. Zur Förderung der Geburtenrate könnten die Regierungen zum Beispiel
mehr Kinderbetreuungsstätten zur Verfügung stellen oder die staatlichen Leistungen
für Familien mit Kindern erheblich aufstocken. Die Erfolge solcher Maßnahmen
sind jedoch unsicher. Eine höhere Erwerbsbeteiligung der Frauen könnte durch die
Erleichterung der Vereinbarkeit von Familie und Beruf erreicht werden, falls das
Ziel der höheren Geburtenraten nicht aus dem Auge verloren werden soll. Ein sinnvoller Ansatz der Erhöhung der Erwerbsquote älterer Menschen ist ein gesellschaftlicher Wandel hinsichtlich der Akzeptanz der und Bereitschaft für die Frühverrentung. Sofern auch die institutionellen und wirtschaftlichen Rahmenbedingungen diesen Einstellungswandel unterstützen, könnte das tatsächliche Rentenalter angehoben
werden. Insgesamt ist jedoch anzunehmen, dass sich viele gesellschaftliche Wertvorstellungen weniger durch die Politik als durch unplanbare und nicht regulierbare

Einflüsse wandeln. In diesem Fall wird es Aufgabe der Regierung sein, auf die veränderten gesellschaftlichen Rahmenbedingungen zu reagieren.

Institutionelle Reformen sind die unmittelbar wirkenden Mittel, die Regierungen zur Hand haben. Grundsätzlich muss gefragt werden, ob die derzeitigen Rentensysteme mit der teilprivatisierten Altersrentenversicherung in Polen und Ungarn beibehalten werden sollen. Selbst vor dem Hintergrund der Einschätzung, dass sich die Teilprivatisierung der Altersrentensysteme in beiden Ländern wahrscheinlich nicht als sinnvolle Reformstrategie herausstellen wird, ist eine vollständige Kehrtwende mit dem Ziel der Abschaffung des teilprivatisierten Bestandteils nicht zweckmäßig. Vermutlich wäre der Vertrauensverlust in die Rentensysteme und den Staat durch eine nochmalige Umkehr größer als der mögliche Nutzen. Darüber hinaus wäre eine nochmalige Radikalumstellung mit hohen Kosten verbunden, die vermutlich zu einer weiteren Leistungssenkung und/oder höheren Steuern- und/oder Sozialabgaben führen. Nicht übersehen werden darf, dass eine unbeständige Rentenpolitik tendenziell ungerechte Leistungen für unterschiedliche Generationen und Versichertengruppen hervorbringt. Mit Blick auf die Sicherung des Vertrauens der Bevölkerung in die Rentensysteme und die unvermeidbaren Kosten einer erneuten Systemumstellung, ist es deshalb zu empfehlen, das derzeitige Rentensystem in seinen Grundzügen beizubehalten.

Dessen ungeachtet sind in dieser Studie einige Merkmale der Rentensysteme herausgearbeitet worden, die einer Überarbeitung bedürfen. Primär muss es darum gehen zu verhindern, dass es zu einer Verschiebung von Altersrenten zu Invalidenrenten oder anderen Sozialtransfers kommt, weil die Bürger kein Vertrauen in die Altersrenten haben beziehungsweise nur geringe oder sogar überhaupt keine Leistungen im Alter erwarten können. In Polen bestehen beispielsweise Anreize für Personen mit geringen Löhnen, eine Invalidenrente zu beantragen, da sie im Durchschnitt höher ist als der gesetzliche Mindestlohn.

Während das Ziel klar ist, scheint der Weg dorthin schwierig. Es wäre deshalb vermessen, an dieser Stelle eine exakte Wegkarte zu zeichnen. Möglich ist jedoch, einige wichtige Anhaltspunkte auf dem Weg zum Ziel zu geben. Im Endeffekt obliegt es nationalen Werturteilen und Präferenzen, auf welchem Weg das Ziel erreicht werden soll. Zu begrüßen sind in beiden Ländern einige Verbesserungen in der Renten- und Steuergesetzgebung, die den Weg für die ersten Schritte ebnen.

In Ungarn ist die Abschaffung der degressiven Anrechnung von Beitragszeiten und Löhnen auf die späteren Leistungen in der Rentenformel eine positive Entwicklung. Der stärkere Zusammenhang von Beiträgen und Rentenanwartschaften schafft Anreize, eine offizielle Beschäftigung aufzunehmen und die tatsächliche Lohnhöhe anzugeben. Ähnliche Wirkungen soll das NDC-System in Polen entfalten. Positiv zu beurteilen ist die Abschaffung der Frührente in Polen. In Zukunft wird es jedoch aufgrund der Anforderungen der EU hinsichtlich der Gleichbehandlung der Geschlechter und angesichts der steigenden ferneren Lebenserwartung der Menschen notwendig sein, das gesetzliche Rentenalter von Frauen und Männern möglichst auf dem Niveau der Männer von 65 Jahren anzugleichen. Aus politischen Gründen wird es gegebenenfalls zu einer Kompromisslösung kommen, indem das gesetzliche Rentenalter für Männer leicht auf 62 oder 63 Jahre abgesenkt und das der Frauen auf das entsprechende Alter angehoben wird. Eine zu begrüßende institutionelle Maßnahme der ungarischen Regierung ist die Anhebung des gesetzlichen Rentenalters auf 62 Jahre für Männer und Frauen. Langfristig wird eine Anhebung des Rentenalters in Polen und Ungarn für beide Geschlechter auf mindestens 65 Jahre und stärkere Anreize für eine längere Lebensarbeitszeit auch über das gesetzliche Rentenalter hinaus erforderlich sein. Die Wirkungen von höheren gesetzlichen Altersgrenzen verpuffen jedoch, wenn der Arbeitsmarkt keinen Bedarf an Arbeitskräften hat.

In Ungarn muss eine Lösung des Problems des niedrigen Rentenniveaus gefunden werden. Dieses Problem wurde daran deutlich, dass die durchschnittliche Rente nur knapp über dem Existenzminimum eines Ein-Personen-Rentnerhaushalts lag. Die Mindestrente stellte sogar nur einen Bruchteil des Existenzminimums dar. Eine weitere Absenkung aufgrund der Teilprivatisierung der Altersrente wird für einen zunehmenden Teil von Alten ein Leben nahe oder in der Armut bedeuten. Das wird in zunehmendem Maße steuerfinanzierte Sozialtransfers notwendig machen oder soziale Spannungen hervorrufen. Als einen ersten Schritt hat die Regierung einen Teil der Hinterbliebenenrenten angehoben. Ob diese Maßnahmen ausreichen werden, ist zweifelhaft. Bisher hat die Regierung auf die Gewährung von Sonderleistungen an Bedürftige zurückgegriffen. Um den Alten tatsächliche soziale *Sicherheit* zu gewähren, ist eine stetigere Rentenpolitik notwendig. Es darf folglich nicht nur eine finanzielle Nachhaltigkeit, sondern es muss auch um eine politische Nachhaltigkeit angestrebt werden.

Im Zusammenhang mit der Frage der Verlässlichkeit und des Vertrauens in das Rentensystem müssen auch dringend die Regelungen zur Besteuerung von Renten in Ungarn geklärt werden, damit sich Rentner und Versicherte auf die Neuerungen einstellen können. Derzeit ist nur bekannt, dass die Besteuerung ab 2013 von einer vorgelagerten auf eine nachgelagerte Besteuerung umgestellt werden soll. Unklar sind die Art und das Ausmaß der Besteuerung sowie die Übergangsregelungen.

Polen ist es anzuraten, die gesetzliche Rentenversicherung für selbständige Landwirte (KRUS) zu reformieren. Es ist beispielsweise nicht nachzuvollziehen, warum gut verdienenden Großlandwirten gegenüber anderen Selbständigen und Arbeitnehmern privilegiert werden, indem sie nur geringe Sozialbeiträge zahlen und vorwiegend steuerfinanzierte Rentenleistungen erhalten. Die EU-Mitgliedschaft wird voraussichtlich einen spürbaren Druck auf die polnische Regierung ausüben, um sie zu einschneidenden Reformen in der Landwirtschaft und im Endeffekt auch im KRUS-System zu veranlassen.

Es zeigte sich, dass institutionelle Rahmenbedingungen von der Regierungspolitik relativ gut zu beeinflussen sind. Allerdings zeigte sich auch, dass weder die Wirkungsweisen noch der Zeitpunkt möglicher Auswirkungen im Vorhinein zu bestimmen sind. Am wirkungsvollsten und schnellsten wirken sich Veränderungen der ökonomischen Rahmenbedingungen auf die Rentensysteme aus. Aufgrund der zunehmenden internationalen Vernetzung der Volkswirtschaften („Globalisierung") und der nicht voraussehbaren Reaktionen der Wirtschaftssubjekte auf Reformen ist auch die wirtschaftliche Entwicklung von einer Regierung nicht genau zu lenken. Allerdings kann eine Regierung in erheblichem Maße dazu beitragen, positive Erwartungen bei den Wirtschaftssubjekten hinsichtlich der Zukunft der nationalen Volkswirtschaft zu wecken und günstige Rahmenbedingungen zu schaffen. Sofern es den beiden Ländern nicht gelingt, ein stabiles Wirtschaftswachstum bei einem hohen Beschäftigungsstand und niedriger Arbeitslosigkeit zu erreichen, werden auch unter der Annahme, dass beide Rentensysteme gut konzipiert sind, die Staaten nicht in der Lage sein, die Einnahmen und Ausgaben in Ausgleich zu halten ohne die Beschäftigten übermäßig durch Steuern und Abgaben zu belasten oder die Rentenleistungen drastisch reduzieren zu müssen.

Die empirische Analyse hat verdeutlicht, wie wichtig die wirtschaftlichen Entwicklungen für die Finanzierung der Rentensysteme sind. Ein kräftiges Wirtschaftswachstum bei moderaten Inflationsraten trägt zur Ausgabenentlastung bei, weil somit unter anderem auch das Umverteilungspotential zwischen aktiver und passiver Bevölkerung vergrößert wird. Der Beitritt zur Europäischen Union bietet Polen und Ungarn erhebliche Chancen für eine positive wirtschaftliche Entwicklung, die die Regierungen in den beiden Ländern nutzen müssen. Ein kräftiges Wirtschaftswachstum bietet Raum für Reformen. Diese Reformen müssen neben den Rentensystemen an den Struktur- und Haushaltspolitiken ansetzen. Die Maßnahmen werden mit Sicherheit schmerzvoll sein. Wenn die Regierungen in Polen und Ungarn jedoch das Ziel erreichen wollen, ihren Bürgern langfristig einen angemessenen Lebensstandard im Ruhestand bieten zu können ohne die finanzielle Stabilität der staatlichen Rentensysteme zu gefährden, sollten sie das demographische „Zeitfenster" nutzen. Dieses Zeitfenster wird so lange offen stehen, bis die beschleunigte Alterung der Bevölkerung schätzungsweise in den 2030er Jahren einsetzt und solange der EU-Beitritt einen wirtschaftlichen Aufholprozess ermöglicht, der wahrscheinlich mit einem kräftigen Wirtschaftswachstum verbunden ist. Der EU-Beitritt bietet somit Herausforderungen und Chancen für die Rentenpolitiken in Polen und Ungarn. Aus der Erfahrung heraus scheint es jedoch wahrscheinlicher, dass Chancen eher Reformen behindern als fördern, sofern der „Leidensdruck" sinkt. Doch ohne den Leidensdruck und trotz vielfacher Versuchungen zu einer populären Rentenpolitik muss es möglich sein, die Rentensysteme für die Zukunft zu wappnen.

In Zukunft wird es sowohl in Ungarn als auch in Polen darum gehen, möglichst viele Menschen auf den offiziellen Arbeitsmarkt zu bringen und insbesondere die Erwerbstätigkeit älterer Menschen und von Frauen zu fördern. Angesichts der allgemein positiven Wirtschaftsaussichten und derzeit niedrigen Arbeitslosenquoten in Ungarn bieten sich günstige Ausgangsbedingungen zur Umsetzung dieser Politik. In Polen müssen zunächst allgemein günstige wirtschaftliche Rahmenbedingungen herbeigeführt werden, um einen Bedarf an Arbeitskräften zu schaffen. Sofern es zu keiner Besserung auf den Arbeitsmärkten beider Länder kommt, wird der Anreiz zur Gewährung von Frührenten anhalten oder sogar steigen.

Insgesamt wurde deutlich, wie eminent wichtig der EU-Beitritt für die zukünftige Entwicklung der gesetzlichen Rentensysteme in Polen und Ungarn sein wird. Denn die EU-Mitgliedschaft wirkt über alle vier Einflussfaktoren auf die Rentensysteme. Die demographischen Rahmenbedingungen sind von möglichen Wanderungsbewegungen – vor allem von Ost nach West – betroffen. Das allgemeine gesellschaftliche Umfeld bestimmt sich unter anderem über die Angleichprozesse der ehemals abgeschotteten Staaten in einem Ostblock an westeuropäische Wertvorstellungen und Verhaltensweisen. Die institutionellen Rahmenbedingungen werden offensichtlich durch EU-weite soziale Mindestanforderungen und Koordinierungsprozesse beeinflusst und geprägt. Viertens wird die zunehmende wirtschaftliche Integration in den EU-Binnenmarkt das Entwicklungspotential der Volkswirtschaften Polens und Ungarns erheblich befördern. Doch nur sofern die Regierungen in Polen und Ungarn die Chancen zur Anpassung an die neuen Rahmenbedingungen nutzen und den Integrationsprozess durch wirtschaftliche und institutionelle Reformen fördern, können die Rentensysteme beider Länder in Zukunft angemessene, finanzierbare und für die Bürger verlässliche Rentenleistungen hervorbringen. Dies wäre ein entscheidender Erfolg nicht nur für die Länder sondern auch für ganz Europa. Denn damit wären sie auch gleichzeitig stabile und verlässliche Partner in der Europäischen Union und könnten somit zum Gelingen einer europaweiten Region von Wohlstand, Freiheit und (sozialer) Sicherheit einen erheblichen Beitrag leisten.

6 Literatur

Ahrens, Ulrike (1998), Alterssicherung in Portugal. Eine institutionelle, theoretische und empirische Analyse, Berlin.

Alber, Jens (2001), Hat sich der Wohlfahrtstaat als soziale Ordnung bewährt?, ZeS-Arbeitspapier Nr. 4/2001, Bremen.

Alonso, Fidel Ferreras/Reinhard, Hans-Joachim (1998), The Chilean Pension System: Myth and Reality, in: Pieters, Danny (Hrsg.), International Impact upon Social Security, EISS Yearbook 1998, Den Haag.

Andel, Norbert (1998), Finanzwissenschaft, 4. völlig überarbeitete Auflage, Tübingen.

Andrietti, Vincenzo (2001), Übertragbarkeit von Zusatzrentenansprüchen in der Europäischen Union, in: Internationale Revue für Soziale Sicherheit, Band 54, 2-3/2001.

Atkinson, Anthony B./Micklewright, John (1992), Economic transformation in Eastern Europe and the distribution of income, Cambridge.

Atkinson, Paul (2001), The Fiscal Impact of Population Change: Diskussion, Diskussionsbeitrag zum Vortrag von Lee, Ronald D./ Edwards, Ryan D., „The Fiscal Impact of Population Change" auf der Konferenz der Federal Reserve Bank of Boston „Seismic Shifts: The Economic Impact of Demographic Change" im Juni 2001.

Augusztinovics, Maria (1999a), Pension systems and reforms - Britain, Hungary, Italy, Poland, Sweden, European Journal of Social Security, Vol.1, Issue 4.

Augusztinovics, Maria (1999b), Pension Systems and Reforms in the Transition Economies, Economic Survey of Europe Nr. 3, United Nations Economic Commission for Europe, Genua.

Augusztinovics, Maria (1999c), Globalization and the European Social Security Model, in: Pieters, Danny (Hrsg.), International Impact upon Social Security, EISS Yearbook 1998, Den Haag.

Augusztinovics, Maria (2001), European Pension Systems – The real challenge of the 21 century, unveröffentlichtes Manuskript, präsentiert auf dem Kongress des European Institute of Social Security über "European Social Security and Global Politics", 27-29 September 2001, Bergen.

Augusztinovics, Maria et. al. (2002), The Hungarian Pension System Before and After the 1998 Reform, in: Fultz Elaine (Hrsg.), Pension Reform in Centrals and Eastern Europe Volume 1 – Restructuring with Privatisation: Case Studies of Hungary and Poland, Budapest.

Balcerowicz, Leszek (2000), Poland's Transformation, in: IMF Finance & Development, September 2000, Volume 37, No. 3 (http://www.imf.org/external/pubs/ft/fandd/2000/09/balcerow.htm).

Barr, Nicholas (Hrsg.) (1994), Labour Markets and Social Policy in Central and Eastern Europe – The Transition and Beyond, Veröffentlichung in Zusammenarbeit von Weltbank und der London School of Economics and Political Science, Oxford.

Barr, Nicholas (1998), The Economics of the Welfare State, Oxford.

Barr, Nicholas (2000), Reforming Pensions: Myth, Truths and Policy Choices, IMF Working Paper (WP/00/139), Washington D.C..

Barr, Nicholas (2002), Protection of rights under private benefit plans, Arbeitspapier präsentiert auf der ISSA-Konferenz „Strengthening the security of social security" vom 10. bis 12. September 2002, Vancouver.

Bäcker, Gerhard/Koch, Angelika (2003), Die Jungen als Verlierer? Alterssicherung und Generationengerechtigkeit, in: WSI-Mitteilungen 2/2003, Hans-Böckler-Stiftung, S. 111-117.

Batt, Judy/Lewis, Paul G./White, Stephen (Hrsg) (1993), Developments in East European Politics, London.

Behrendt, Christina (2002), Ziele und Instrumente der „offenen Koordinierung" – Erarbeitung der Indikatoren aus der Sicht der Wissenschaft, in: Verband Deutscher Rentenversicherungsträger (Hrsg.), Offene Koordinierung der Alterssicherung in der Europäischen Union – Internationale Tagung am 9. und 10. November 2001 in Berlin, DRV Schriften Band 34, Frankfurt am Main.

Benz, Benjamin (2000), Wettbewerb mittels wirtschaftlicher Integration und sozialer Segregation – Die Europäische Union vor der Osterweiterung, in: Benz, Benjamin/Boeckh, Jürgen/Huster, Ernst-Ulrich (Hrsg.), Sozialraum Europa – Ökonomische und politische Transformation in Ost und West, Opladen.

Benz, Benjamin/Boeckh, Jürgen/Huster, Ernst-Ulrich (2000), Neustrukturierung des Sozialraums Europa, in: Ebd. (Hrsg.), Sozialraum Europa – Ökonomische und politische Transformation in Ost und West, Opladen.

Berghman, Jos/ Cantillon, Bea/Marx, Ive (1993), The future of social security in Europe, in: Berghman, Jos/Cantillon, Bea (Hrsg.), The European Face of Social Security – Essays in honour of Herman Deleek, Aldershot.

Berthold, Norbert/Neumann, Michael (2001), Sozialsysteme im Wettbewerb – das Ende der Umverteilung?, Wirtschaftswissenschaftliche Beiträge des Lehrstuhls für Volkswirtschaftslehre, Wirtschaftsordnung und Sozialpolitik Nr. 41, Würzburg.

Berthold, Norbert/Stettes, Oliver (2000), Globalisierung und Strukturwandel – droht das Ende des Sozialstaats?, Wirtschaftswissenschaftliche Beiträge des Lehrstuhls für Volkswirtschaftslehre, Wirtschaftsordnung und Sozialpolitik Nr. 35, Würzburg.

Bialas, Jolanta Perek/ Chłoń-Domińczak, Agnieszka/Ruzik, Anna (2001), Public Participation and the Pension Policy Process: The Citizen and Pension Reform, PEN-REF Project: Case Study Poland.

BfA (Bundesversicherungsanstalt für Angestellte) (2001), Zwischenstaatliche Regelungen mit Ungarn, BfA-Information Nr. 44 (03/01), Berlin.

Blacker, Coit D.(1991), The Collapse of Soviet Power in Europe, in: Foreign Affairs Vol. 70 No. 1.

Boeckh, Jürgen (2000), Wohin treibt Osteuropa? Ökonomische und sozialpolitische Entwicklungen nach dem Ende der Systemkonkurrenz, in: Benz, Benjamin/Boeckh, Jürgen/Huster, Ernst-Ulrich (Hrsg.), Sozialraum Europa – Ökonomische und politische Transformation in Ost und West, Opladen.

Borbély, Szilvia (2001), The Social Security System in Hungary and Some of the Problems Relating to Adhesion, in: Belgian Review of Social Security, Special Issue, Volume 43, Federal Ministry of Labour Health and Social Affairs, Brüssel.

Borowczyk, Ewa (2002), Guarantees brought by the compulsory open pension funds in Poland, Arbeitspapier präsentiert auf der „Europäischen Regionaltagung Neue und erneuerte Gestaltung des Sozialschutzes in Europa" der Internationalen Vereinigung für Soziale Sicherheit (ISSA/IVSS), Budapest, 13. bis 15. November 2002.

Bosco, Alessandra (1996), Die europäische Dimension des sozialen Schutzes und die Aussichten für die Zukunft, in: Bosco, Allessandra/Hutsebaut, Martin, Sozialer Schutz in Europa: Veränderungen und Herausforderungen, Marburg.

Bouget, Denis (1998), The Maastricht Treaty and social quality: a divorce? in: Beck, Wolfgang/Maesen, Laurent van der/Walker, Alan (Hrsg), The Social Quality of Europe, Bristol.

Boxberger, Gerald (1997), Sozialpolitik und Transformationsprozesse – Kosten der polnischen Transformation und ihre Minderung über staatliche Sozialpolitik und Selbsthilfeinitiativen, Europäische Hochschulschriften Reihe V, Band 2193, Frankfurt am Main.

Braithwaite, Jeanine/Grootaert, Christiaan/ Milanovic, Branko (2000), Policy Recommendations and General Conclusions, in: Braithwaite, Jeanine/Grootaert, Christiaan/ Milanovic, Branko, Poverty and Social Assistance in Transition Countries, New York.

Brall, Natalie/Bruno-Latocha, Gesa/Lohmann, Albert (2003), Abschlussbericht der Besteuerungskommission – Kritik und Löungsvorschlag, in: Verband Deutscher Rentenversicherungsträger (Hrsg.), Deutsche Rentenversicherung, 58. Jahrgang, 8/2003, Frankfurt am Main.

Brandsma, Andries (2000), The Economic Implication of EU Enlargement to Eastern Europe, in: Hoffmann, Lutz (Hrsg.), Erweiterung der EU, Jahrestagung des Vereins für Socialpolitik –

Gesellschaft für Wirtschafts- und Sozialwissenschaften vom 28. September bis 1. Oktober 1999 in Mainz, Schriften des Vereins für Socialpolitik, Neue Folge Band 274, Berlin.

Briet, Raoul (2002), Die „offene Koordinierung" im Bereich der Alterssicherung, in: DRV-Schriften Band 34, Hrsg. vom Verband Deutscher Rentenversicherungsträger in Zusammenarbeit mit dem Bundesministerium für Arbeit und Sozialordnung und dem Max-Planck-Insitut für ausländisches und internationales Sozialrecht, Frankfurt am Main.

Brok, Elmar (1997), Die Bedeutung der europäischen Sozialpolitik für Integration und Erweiterung der Europäischen Union, in: Schmähl, Winfried/Rische, Herbert, Europäische Sozialpolitik, Baden-Baden 1997.

Brown, James F. (1994), Hopes and Shadows - Eastern Europe after Communism, Harlow.

Brücker, Herbert (2000), Konvergenz oder Divergenz? Wachstumstheoretische Überlegungen zur wirtschaftlichen Entwicklung in den Transformationsländern Mittel- und Osteuropas, in: Nutzinger, Hans G. (Hrsg.), Osterweiterung und Transformationskrisen, Berlin.

Brüggemann, Axel/Linne, Thomas (2001), Konjunkturschwäche erreicht auch Mittel- und Osteuropa – Problemfall Polen, in: Wirtschaft im Wandel, Institut für Weltwirtschaft Halle (IWH), 12/2001, 7. Jahrgang, Halle.

Bruno-Latocha, Gesa (2001), Markt und Staat in der Alterssicherung im Lichte der Ökonomie – Ein Beitrag zur interdisziplinären Verständigung, in: DRV-Schriften „Volkswirtschaft und Alterssicherung", 56. Jahrgang, Heft 10-11, Frankfurt am Main.

Brusis, Martin (1998), Residual or European welfare model? Central and Eastern Europe at the crossroads – Introduction, in: Central and Eastern Europe on the Way into the European Union: Welfare State Reforms in the Czech Republic, Hungary, Poland and Slovakia, CAP (Centrum für angewandte Politikforschung) Working Paper, München.

Brusis, Martin (1999), Obstacles of Eastern Enlargement, CAP (Centrum für angewandte Politikforschung)/Bertelsmann Research Group on Policy, München.

Brusis, Martin (2000a), European Integration and National Identity in East-Central Europe. Prospective Member roles in an Enlarged European Union, Arbeitspapier im Rahmen des Projektes „Issues and Consequences of the EU Eastern enlargement" in Zusammenarbeit der Bertelsmann Stiftung und der Bertelsmann Forschungsgruppe Politik, München.

Brusis, Martin (2000), Internal Problems of the European Union That Might Obstruct an Enlargement Towards the East, in: Tang, Helena (Hrsg.), Winners and Losers of EU Integration – Policy Issues for Central and Eastern Europe, The World Bank, Washington D.C..

Brusis, Martin (2002), Optionen zur Verankerung von Solidarität in einer erweiterten Europäischen Union, CAP (Centrum für angewandte Politikforschung) Working Paper, erstellt im Kontext eines Projektes „Folgefragen der EU-Osterweiterung" der Bertelsmann Stiftung und der Bertelsmann Forschungsgruppe Politik, München.

Brusis, Martin/Emmanouilidis, Janis A./Hofbeck, Christoph (2003), EU 25+ - Eine Bestandsaufnahme nach dem Europäischen Rat von Kopenhagen, CAP (Centrum für angewandte Politikforschung) Working Paper, erstellt im Kontext eines Projektes „Folgefragen der EU-Osterweiterung" der Bertelsmann Stiftung und der Bertelsmann Forschungsgruppe Politik, München.

Bryant, Christopher G.A./Mokrzycki, Edmund (1994), Introduction: theorizing the chances in East-Central Europe, in: Bryant, Christopher G.A./Mokrzycki, Edmund (Hrsg.), The new great transformation? - Change and continuity in East-Central Europe, London.

Bucerius, Angelika (2003a), The Argentinean Pension System - prior and after the reform, in: Revista de Economía y Estadística, Universidad Nacional de Córdoba, Facultad de Ciencias Económicas, Volume XXXIX-XLI, Jahrgang 2001-2003, Córdoba.

Bucerius, Angelika (2003b), Alterssicherung in der Europäischen Union – Perspektiven der Finanzierung, Herausgegeben von Hauser, Richard/Döring, Diether, Düsseldorf.

Bucerius, Angelika/Meißner, Matthias (2004), Fortschritte in die Vergangenheit – EU-Osterweiterung und Familienpolitik in Polen und Ungarn, in: ZESAR 3/2004, Wiesbaden.

Budapester Zeitung Online (2001), SZDSZ zur Lage des Landes: Die politischen Umstände verzweifeln!, 6. Februar 2001 (www.budapester.hu).

Budapester Zeitung Online (2001), Renten: Neue Reform in Sicht?, 17. April 2001.

Budapester Zeitung Online (2001), Orbáns Mittwochmorgen-Gespräch: Klare Verhältnisse bei den Renten, 24. April 2001.

Budapester Zeitung Online (2001), Private Rentenkassen: Vor einer neuen Rentenreform?, 24. April 2001.

Budapester Zeitung Online (2001), Rentenreform: Gerät das Pensionsalter ins Schwanken?, 24. April 2001.

Budapester Zeitung Online (2001), Orbán über die Pensionen: Neues System für die Rente, 3. Juli 2001.

Budapester Zeitung Online (2001), BZ-Interview mit GKI-Direktor László Akar: 2002: Sieben Prozent Inflation, 13. August 2001.

Budapester Zeitung Online (2001), Recht: Die Entsendungsproblematik, 29. Oktober 2001.

Bundesministerium für Gesundheit und Soziale Sicherung (2003), Nachhaltigkeit in der Finanzierung der Sozialen Sicherungssysteme – Bericht der Kommission, Berlin.

Bundesministerium für Finanzen (2001), Wirtschaftslage und Reformprozess in den EU-Beitrittskandidaten Ende 2000/Anfang 2001, Berlin.

Bundesministerium der Finanzen (2002), Die Öko-Steuer – Ein Plus für Arbeit und Umwelt, Berlin.

Bundeszentrale für Politische Bildung (1995), Europäische Union, Informationen zur Politischen Bildung Nr. 213, Neudruck 1995, Bonn.

Burda, Michael C. (2000), Mehr Arbeitslose – Der Preis für die Osterweiterung? Zur Auswirkung der EU-Erweiterung auf die europäischen Arbeitsmärkte im Osten und Westen, in: Hoffmann, Lutz (Hrsg.), Erweiterung der EU, Jahrestagung des Vereins für Socialpolitik – Gesellschaft für Wirtschafts- und Sozialwissenschaften vom 28. September bis 1. Oktober 1999 in Mainz, Schriften des Vereins für Socialpolitik Neue Folge Band 274, Berlin.

Burns, Andrew/Cekota, Jaromir (2002), Coping with population ageing in Hungary, OECD Economic Department Working Papers No. 338, Paris 2002.

Capucaha, Luis Antunes (1999), Sozialhilfe, in: Consensus-Programme, Veränderungen und Wahlmöglichkeiten im Hinblick auf die soziale Absicherung – Die Erfahrungen in Mittel- und Osteuropa, Projekt in Zusammenarbeit des Consensus-Programmes im Rahmen von PHARE der Europäischen Union, Band 2, York.

Cangiano, Marco/Cottarelli, Carlo/Cubeddu, Luis (1998), Pension Developments and Reforms in Transition Economies, IMF Working Paper (WP/98/51), Oktober 1998.

CIA (*Central Intelligence Agency*) (2003), The World Factbook Online.

Chassard, Yves/Quintin, Odile (1993), Towards a convergence of policies, in: Berghman, Jos/Cantillon, Bea (Hrsg.), The European Face of Social Security – Essays in honour of Herman Deleek, Aldershot.

Chłoń-Domińczak, Agnieszka (2002), the Polish Pension Reform of 1999, in: Fultz Elaine (Hrsg.), Pension Reform in Centrals and Eastern Europe Volume 1 – Restructuring with Privatisation: Case Studies of Hungary and Poland, Budapest.

Cichon, Michael (1994), Finanzierung der sozialen Sicherheit in Mittel- und Osteuropa: Absicherung des politischen und wirtschaftlichen Wandels, in: International Social Security Administration (ISSA) (Hrsg.), Umstrukturierung der Sozialen Sicherheit in Mittel- und Osteuropa – Trends, Politiken, Optionen, Genf.

Clasen, Jochen (1999), Schutz bei Arbeitslosigkeit, in: Consensus-Programme, Veränderungen und Wahlmöglichkeiten im Hinblick auf die soziale Absicherung – Die Erfahrungen in Mittel- und Osteuropa, Projekt in Zusammenarbeit des Consensus-Programmes im Rahmen von PHARE der Europäischen Union, Band 1, York.

Clement, Herbert et. al. (2001), Osteuropa im Aufholprozess – Wirtschaftslage und Reformprozesse in Mittel- und Osteuropa sowie den GUS-Ländern im Jahr 2000, Osteuropa-Institut Working Paper Nr. 232, München.

Clement, Herbert et. al. (2002), Wachstum in schwierigem Umfeld – Wirtschaftslage und Reformprozesse in Ostmittel- und Südosteuropa sowie der Ukraine 2001/2002, Osteuropa-Institut Working Paper Nr. 242, München.

Council of Europe (2001), Recent demographic developments in Europe – 2001 Edition: Country Reports, Straßburg.

Council of Europe (2002), Recent demographic developments in Europe – 2002 Edition: Country Reports, Straßburg.

Cruijsen, Harry/Eding, Harold/Gjaltema, Taeke (2002), Demographic consequences of enlargement of the European Union with the 12 Candidate Countries, Statistics Nederlands Division of Social and Spatial Statistics – Projectgroup European Demography, Voorburg.

Csaba, László (2000), Between Transition and EU Accession: Hungary at the Millenium, in: Europe-Asia Studies, Volume 52, No. 5, Glasgow.

Czepulis-Rutkowska, Zofia (2002), Minimum pension guarantees – The national experience of Poland, Working Paper prepared for the International Social Security Association (ISSA) seminar for "Social Security Actuaries and statisticians: Actuarial Aspects of Pension Reform, 3-5 July 2002, Moskau.

Czúcz, Ottó (1993), Soziale Folgen der raschen wirtschaftlichen und gesellschaftlichen Umwandlung und Methoden zur Früherkennung sozialer Spannungen – das Beispiel Ungarn, in: Maydell, Bernd von/Nußberger, Angelika (Hrsg.), Transformation von Systemen sozialer Sicherheit in Mittel- und Osteuropa – Bestandsaufnahme und kritische Analyse aus dem Blickwinkel der Rechtswissenschaft, Schriftenreihe für Internationales und Vergleichendes Sozialrecht, Berlin.

Czúcz, Ottó (2000a), Landesbericht Republik Ungarn, in: Maydell, Bernd von/Nußberger, Angelika (Hrsg.), Transformation von Systemen sozialer Sicherheit in Mittel- und Osteuropa – Bestandsaufnahme und kritische Analyse aus dem Blickwinkel der Rechtswissenschaft, Schriftenreihe für Internationales und Vergleichendes Sozialrecht, Berlin.

Czúcz, Ottó (2000b), The Standards of the International Labour Organisation (ILO) and the European Council (EC) and their Impact on the Development of the Social Protection System of the Member States, in: Pieters, Danny (Hrsg.) (2000), International Impact upon Social Security, EISS Yearbook 1998, Den Haag.

Czúcz, Ottó (2002), Transformation of old-age security in Hungary, in: Horstmann, Sabine/Schmähl, Winfried (Hrsg.), Transformation of Pension Systems in Central and Eastern Europe, Cheltenham.

Dang, Thai Than/Antolin, Pablo/Oxley, Howard (2001), Fiscal Implications of Ageing: Projections of Age-related spending, OECD Economic Outlook No. 69, Paris.

Davis, Philip E. (1998), Policy implementation issues in reforming pension systems, European Bank for Reconstruction and Development, Working Paper 31, London.

Deacon, Bob/ Hulse, Michelle/ Stubbs, Paul (1997), Global Social Policy – International organizations and the future of welfare, London.

Deacon, Bob (2000), Eastern European welfare states: the impact of the politics of globalization, in: Alber, Jens/Standing, Guy (Hrsg.), Journal of European Social Policy – Special Issue: Europe in a Comparative Global Context, Volume 10, No. 2, London.

Deakin, Simon (1998), Systeme der sozialen Sicherheit: Nivellierung nach unten oder Mindestnormen?, in: Bosco, Allessandra/Hutsebaut, Martin, Sozialer Schutz in Europa: Veränderungen und Herausforderungen, Marburg.

Deutsche Bank Research (1999), Pensionsfonds für Europa, Deutsche Bank Research Wirtschaftspolitik – Sonderbericht, Frankfurt am Main.

Deutsche Bank Research (2001a), Monitor EU-Erweiterung Mittel- und Osteuropa, Deutsche Bank Research Economics, Trends & Prognosen Emerging Markets Nr. 4 (14. Mai 2001), Frankfurt am Main.

Deutsche Bank Research (2001b), EU Enlargement Monitor – Central and Eastern Europe, Deutsche Bank Research Economics, Trends & Prognosen Emerging Markets No. 5 (August 29, 2001), Frankfurt am Main.

Deutsche Bank Research (2001c), Monitor EU-Erweiterung Mittel- und Osteuropa, Deutsche Bank Research Economics, Trends & Prognosen Emerging Markets Nr. 5 (15. September 2002), Frankfurt am Main.

Deutsche Bank Research (2001d), Monitor EU-Erweiterung Mittel- und Osteuropa, Deutsche Bank Research Economics, Trends & Prognosen Emerging Markets Nr. 6 (3. Dezember 2001), Frankfurt am Main.

Deutsche Bank Research (2002a), Monitor EU-Erweiterung Mittel- und Osteuropa, Deutsche Bank Research Economics, Trends & Prognosen Emerging Markets Nr. 7 (26. März 2002), Frankfurt am Main.

Deutsche Bank Research (2002b), Monitor EU-Erweiterung Mittel- und Osteuropa, Deutsche Bank Research Economics, Trends & Prognosen Emerging Markets Nr. 8 (24. Juni 2002), Frankfurt am Main.

Deutsche Bank Research (2002c), Monitor EU-Erweiterung Mittel- und Osteuropa, Deutsche Bank Research Economics, Trends & Prognosen Emerging Markets Nr. 9 (27. September 2002), Frankfurt am Main.

Deutsche Bank Research (2002d), Monitor EU-Erweiterung Mittel- und Osteuropa, Deutsche Bank Research Economics, Trends & Prognosen Emerging Markets Nr. 10 (17. Dezember 2002), Frankfurt am Main.

Deutsche Bank Research (2003a), EU-Monitor, Deutsche Bank Research Economics, Wirtschaft und Politik Nr. 3 (25. Juni 2003), Frankfurt am Main.

Deutsche Bank Research (2003b), Deutsches Wachstumspotenzial: Vor demographischer Herausforderung, Themen International: Aktuelle Themen - Demographie Spezial Nr. 277 (14. Juli 2003), Frankfurt am Main.

Deutsche Bank Research Online (2003a), Länder-Monitoring - Country Infobase Poland: Key economic indicators (www.dbresearch.de), Aktualisierung vom 3. September 2003.

Deutsche Bank Research Online (2003b), Länder-Monitoring - Country Infobase Hungary: Key economic indicators (www.dbresearch.de), Aktualisierung vom 3. September 2003.

DIW (*Deutsches Institut für Wirtschaftsforschung*) (2001a), EU-Osterweiterung: Abschottung oder regulierte Öffnung? Zu den Übergangsfristen für die Arbeitnehmerfreizügigkeit, Wochenbericht 31/2001, 68. Jahrgang, Berlin.

DIW (2001b), EU-Osterweiterung finanzierbar – Reformdruck wächst – Szenarien für den EU-Haushalt 2007-2013, Wochenbericht 36/2001, 68. Jahrgang, Berlin.

Devetzi, Stamatia (1999), Vergleich der Systeme, in: Sonderausgabe der DRV-Schriften „Rentenversicherung im internationalen Vergleich", Band 15, Frankfurt am Main.

Dezséri, K./Meisel, S./Rácz, M. (2000), Winners and Losers of EU Integration in Central and Eastern Europe: Country Reports: Hungary, in: Tang, Helena (Hrsg.), Winners and Losers of EU Integration – Policy Issues for Central and Eastern Europe, The World Bank, Washington D.C..

Dicke, Hugo (1998), Ökonomische Einflussfaktoren auf die Sozialpolitik der EU, Gesprächskreis Arbeit und Soziales der Friedrich-Ebert-Stiftung, Bonn.

Dlugolecka, Malgorzata/ Wresniewska, Ewa (2000), Poverty and welfare trends in Poland over the 1990s, Unicef Country Paper, Background paper prepared for the Social Monitor 2002, Florenz.

Döring, Diether (1998), Die Formen der Altersvorsorge in der Europäischen Union und die Aspekte des sozioökonomischen Wandels, in: Bosco, Alessandra/Hutsebaut, Martin (Hrsg.), Sozialer Schutz in Europa – Veränderungen und Herausforderungen, Marburg.

Döring, Diether (2000), Die Alterssicherung in der EU und Veränderungen in der Erwerbstätigkeit, in: Schneider, Helmar (Hrsg.), Europas Zukunft als Sozialstaat – Herausforderungen der Integration, Schriften des Instituts für Wirtschaftsforschung Halle, Band 4, Baden-Baden.

Doyle, Peter/Kuijs, Louis/Jian, Guorong (2001), Real Convergence to EU Income Levels: Central Europe from 1990 to the Long Term, IMF Working Paper (WP/01/146), Washington D.C..

Dresdner Bank (1999), EUROPAnorama 1999: Mit dem Euro ins nächste Jahrtausend, Trends Spezial Wirtschaftsanalysen, Frankfurt am Main.

Dresdner Bank (2000a), Herausforderung EU-Erweiterung – Wachstumschancen nutzen – Reformen vorantreiben, Trends Spezial Wirtschaftsanalysen, Frankfurt am Main.

Dresdner Bank (2000b), Privatisierung in Osteuropa – Lehren aus der ersten Dekade der Transformation, in: Trends Wirtschaftsanalysen, Frankfurt am Main, S. 19 - 23.

Dresdner Bank (2001), Die Märkte für Altersvorsorgeprodukte in Europa, Trends Spezial Wirtschaftsanalysen, Frankfurt am Main.

Dresdner Bank (2003), Wirtschafts- und Finanzmarktprognosen 2003 bis 2007, Emerging Markets Aktuell, Frankfurt am Main.

Dünn, Sylvia/Fasshauer, Stephan (2003), Die Reform der gesetzlichen Rentenversicherung – Aktuelle Optionen, in: Verband Deutscher Rentenversicherungsträger (Hrsg.), Deutsche Rentenversicherung, 58. Jahrgang, 8/2003, Frankfurt am Main, S. 444-464.

East, Roger/Pontin, Jolyon (Hrsg.) (1997), Revolution and Change in Central and Eastern Europe, London.

Eichenhofer, Eberhard (1996), Das Sozialrecht in der Rechtssprechung des Europäischen Gerichtshofs – Zur Genealogie der Thematisierung des Sozialrechts durch den EuGH, ZeS-Arbeitspapier Nr. 9/96, Bremen.

Eichenhofer, Eberhard (2000), Die Rolle des Sozialrechts im Transformationsprozess, in: Maydell, Bernd von/Nußberger, Angelika (Hrsg.), Transformation von Systemen sozialer Sicherheit in Mittel- und Osteuropa – Bestandsaufnahme und kritische Analyse aus dem Blickwinkel der Rechtswissenschaft, Schriftenreihe für Internationales und Vergleichendes Sozialrecht, Berlin.

EIROnline (European Industrial Relations Observatory Online) (2003a), 2002 Annual Review for Hungary (www.eiro.eurofound.ie).

EIROnline (European Industrial Relations Observatory Online) (2003b), 2002 Annual Review for Poland (www.eiro.eurofound.ie).

Eisen, Roland (2000a), (Partial) Privatization Social Security: The Chilean Model – A Lesson to Follow?, in Center for Financial Studies (CFS) Working Papers, No. 2000/13, Frankfurt am Main.

Esping-Andersen, Gosta (1998), Do the spending and finance structures matter?, in: Beck, Wolfgang/ Maesen, Laurent van der/Walker, Alan (Hrsg), The Social Quality of Europe, Bristol.

EU-Kommission (1993), Grünbuch über die Europäische Sozialpolitik – Weichenstellung für die Europäische Union, KOM (1993) 551 endg..

EU-Kommission (1994), Europäische Sozialpolitik – Ein zukunftsweisender Weg für die Union: Weißbuch, KOM (1994) 333 endg..

EU-Kommission (1995), Weißbuch – Vorbereitung der assoziierten Staaten Mittel- und Osteuropas auf die Integration in den Binnenmarkt der Union, KOM (1995) 163 endg..

EU-Kommission (1996), Soziale Sicherheit in Europa; Amt für amtliche Veröffentlichungen der Europäischen Gemeinschaften, Luxemburg.

EU-Kommission (1997a), Stellungnahme der Kommission zum Antrag Polens auf Beitritt zur Europaeischen Union, KOM (1997) 2002 endg..

EU-Kommission (1997b), Stellungnahme der Kommission zum Antrag Ungarns auf Beitritt zur Europaeischen Union, KOM (1997) 2001 endg..

EU-Kommission (1997c) Council Regulation (EC) No 1467/97 of 7 July 1997 on speeding up and clarifying the implementation of the excessive deficit procedure, Official Journal L 209, 02/08/1997, S. 0006 – 0011.

EU-Kommission (1998a), Regelmäßiger Bericht der Kommission über Polens Fortschritte auf dem Weg zum Beitritt, KOM (1998) 701 endg..

EU-Kommission (1998b), Regelmäßiger Bericht der Kommission über Ungarns Forschritte auf dem Weg zum Beitritt, KOM (1998) 700 endg..

EU-Kommission (1998c), Central and Eastern Eurobarometer – Public Opinion and the European Union (10 Countries' Survey, Report Nr. 8, GD Information, Kommunikation, Kultur und Audiovisuelles, Brüssel.

EU-Kommission (1999a), Regelmäßiger Bericht 1999 der Kommission über die Fortschritte Ungarns auf dem Weg zum Beitritt, KOM (1999) 0505 endg..

EU-Kommission (1999b), Verordnung (EG) Nr. 1260/1999 des Rates vom 21. Juni 1999 mit allgemeinen Bestimmungen über die Strukturfonds (Amtsblatt L 161 vom 26.6.1999).

EU-Kommission (2000a), Finanzierung der sozialen Sicherung, MISSOC-Info, Luxemburg.

EU-Kommission (2000b), Europäische Beschäftigungs- und Sozialpolitik – Politik für Menschen, Amt für amtliche Veröffentlichung der Europäischen Gemeinschaft, Luxemburg.

EU-Kommission (2000c), Regelmäßiger Bericht 1999 der Kommission über die Fortschritte Polens auf dem Weg zum Beitritt, KOM (2000)0509 endg..

EU-Kommission (2000d), Regelmäßiger Bericht 2000 der Kommission über die Fortschritte Polens auf dem Weg zum Beitritt, KOM (2000)0709 endg..

EU-Kommission (2000e), Regelmäßiger Bericht 2000 der Kommission über die Fortschritte Ungarns auf dem Weg zum Beitritt, KOM (2000)0705 endg..

EU-Kommission (2000f), Die Erweiterung vorbereiten, Sondernummer: Der Europäische Soziale Dialog: Mitteilungsblatt der Europäischen Kommission – GD Beschäftigung und soziale Angelegenheiten.

EU-Kommission (2000g), PHARE-Review 2000 – Den Beitritt verstärkt vorbereiten: Mitteilung von Herrn Verheugen, C (2000) 3103/2.

EU-Kommission (2000h), Institutionen, Politiken und Erweiterung der Europäischen Union – Glossar, GD Bildung und Kultur, Brüssel.

EU-Kommission (2000i), A brief guide to ESF fort he future member states – European Union assistance for employment and human resources, GD Beschäftigung und Soziales, Luxemburg.

EU-Kommission (2000j), Die Beschäftigungs- und Sozialpolitik in der EU 1999-2001: Arbeit – Zusammenhalt – Produktivität, GD Beschäftigung und Soziales, Luxemburg.

EU-Kommission (2001a), Alterssicherung in Europa; MISSOC-Info, Amt für amtliche Veröffentlichungen der Europäischen Gemeinschaften, Luxemburg Juni 2001.

EU-Kommission (2001b), Budgetary challenges posed by ageing populations: the impact on public spending on pensions, health and long-term care for the elderly and possible indicators of the long-term sustainability of public finances, Economic Policy Committee, Brüssel.

EU-Kommission (2001c), Verordnung (EG) Nr. 1447/2001 des Rates vom 28. Juni 2001 zur Änderung der Verordnung (EG) Nr. 1260/1999 mit allgemeinen Bestimmungen über die Strukturfonds Amtsblatt Nr. L 198 vom 21/07/2001 S. 0001 – 0002.

EU-Kommission (2001d), SAPARD Annual Report Year 2001 - Report from the Comission to the European Parliament, The Council, The Economic and Social Committee and The Committee of the Regions.

EU-Kommission (2001e), Employment in Europe 2001: Recent Trends and Prospects, GD Employment and Social Affairs.

EU-Kommission (2001f), MISSOC Online: Gegenseitiges Informationssystem zur Sozialen Sicherheit in den Mitgliedstaaten der Europäischen Union, Stand vom 1. Januar 2001, Generaldirektion Beschäftigung, Arbeitsbeziehungen und soziale Angelegenheiten.

EU-Kommission (2001g), The Impact of Eastern Enlargement on Employment and Labour Marktes in the EU Member States – Final Report, GD Beschäftigung und Soziales.

EU-Kommission (2001h), Progress towards meeting economic criteria for accession: the assessment from the 2001 Regular Report, Enlargement Papers No. 6, Directory General for Economic and Financial Affairs, Brüssel.

EU-Kommission (2001i), Die Europäische Union-Erweiterung – Eine historische Gelegenheit, GD Erweiterung, Interinstitutionelle Beziehungen und Informationsabteilung, Brüssel.

EU-Kommission (2001j), Eurobarometer – Public Opinion in the European Union 2000, Report Nr. 54, GD Presse und Kommunikation, Brüssel.

EU-Kommission (2001k), Angemessene und zukunftssichere Renten – Ein Bericht des Ausschusses für Sozialschutz über die zukünftige Entwicklung des Sozialschutes, Brüssel.

EU-Kommission (2001l), Employment in Europe 2002: Recent Trends and Prospects, GD Employment and Social Affairs.

EU-Kommission (2001m), Budgetary challenges posed by ageing populations: the impact on public spending on pensions, health and long-term care for the elderly and possible indicators of the long-term sustainability of public finances, Economic Policy Committee, Brüssel.

EU-Kommission (2001n), Regelmäßiger Bericht 2001 über die Fortschritte Polens auf dem Weg zum Beitritt, SEK(2001) 1752, Brüssel.

EU-Kommission (2001o), Regelmäßiger Bericht 2001 über die Fortschritte Ungarns auf dem Weg zum Beitritt, SEK(2001) 1748, Brüssel.

EU-Kommission (2001p), Bericht über Indikatoren im Bereich Armut und soziale Ausgrenzung des Ausschusses für Sozialschutz, Brüssel.

EU-Kommission (2002a), Reform challenges facing public pension systems: the impact of certain parametric reforms on pension expenditure, Economic Policy Committee, Brüssel, Juli 2002.

EU-Kommission (2002b), Strategiepapier und Bericht der Europäischen Kommission über die Fortschritte Polens auf dem Weg zum Beitritt, SEK (2002) 1408; KOM (2002) 0700 endg.,.

EU-Kommission (2002c), Strategiepapier und Bericht der Europäischen Kommission über die Fortschritte Ungarns auf dem Weg zum Beitritt, SEK (2002) 1404; KOM (2002) 0700 endg..

EU-Kommission (2002d), Strategiepapier und Bericht der Europäischen Kommission über die Fortschritte jedes Bewerberlandes auf dem Weg zum Beitritt SEK (2002) 1400 – 1412; KOM (2002) 0700 endg,.

EU-Kommission (2002e), Study on the social protection systems of the 13 CC – Synthesis Report, Internationale Konferenz zum Thema „Modernisierung der sozialen Schutzsysteme in den Zutrittsländern: neue Möglichkeiten und Herausforderungen für die Europäische Union" (5. bis 6. Dezember 2002), Brüssel.

EU-Kommission (2002f), Mitteilung der Kommission: Erste Stufe der Anhörung der Sozialpartner zur Portabilität ergänzender Rentenansprüche, SEK (2002) 597.

EU-Kommission (2002g), Der Erweiterungsprozess der Europäischen Union und die drei Instrumente zur Vorbereitung des Beitritts: Phare, ISPA, Sapard, Brüssel.

EU-Kommission (2002h), MISSOC Online: Gegenseitiges Informationssystem zur Sozialen Sicherheit in den Mitgliedstaaten der Europäischen Union, Stand vom 1. Januar 2002, Generaldirektion Beschäftigung, Arbeitsbeziehungen und soziale Angelegenheiten (Referat V/E/2), (http://europa.eu.int/comm/employment_social/missoc/index_de.html).

EU-Kommission (2002i), Evaluation of the 2002 pre-accession economic programmes of candidate countries, Directorate General for Economic Affairs, Enlargement Papers, No. 14/ November 2002.

EU-Kommission (2002j), Economic forecasts for the candidate countries – Autumn 2002, Directorate General for Economic Affairs, Enlargement Papers, No. 12/ November 2002.

EU-Kommission (2002a), Reform challenges facing public pension systems: the impact of certain parametric reforms on pension expenditure, Economic Policy Committee, Brüssel.

EU-Kommission (2003a), Gemeinsamer Bericht der Kommission und des Rates über angemessene und nachhaltige Renten (http://europa.eu.int/comm/employment_social/soc-prot/ pensions/2003jpr_de.pdf), Brüssel.

EU-Kommission (2003b), Umfassender Monitoringnericht über die Vorbereitung Polens auf die Mitgliedschaft (http://europa.eu.int/comm/enlargement/report_2003/pdf/ mr_pl_final_de. pdf), Brüssel.

EU-Kommission (2003c), Umfassender Monitoringbericht über die Vorbereitung Ungarns auf die Mitgliedschaft in der Europäischen Union (http://europa.eu.int/comm/enlargement/-report_2003/pdf/cmr_hu_final_de.pdf), Brüssel.

EU-Kommission Online, Phare, (http://europa.eu.int/comm/enlargement/pas/-phare/index.htm).

EU-Kommission Online, Sapard, (http://europa.eu.int/comm/enlargement/pas/sapard.htm).

EU-Kommission Online, The Stability and Growth Pact (SGP) (http://europa.eu.int/comm/economy_finance/about/activities/sgp/sgp_en.htm).

Europäische Kommission/ Weltgesundheitsorganisation (WHO – *World Health Organization*) 2000, Highlights on Health in Hungary, Dänemark.

Europäische Kommission/ Weltgesundheitsorganisation (WHO) (2001), Highlights on Health in Poland, Dänemark.

Europäische Kommission/ Weltgesundheitsorganisation (WHO) (2002), Health Status Overview for Countries of Central and Eastern Europe that are Candidates for Accession to the European Union, Dänemark.

Eureport Social (2001), Europäischer Gerichtshof: Unionsbürgerschaft begründet Anspruch auf beitragsunabhängige Sozialleistungen, 9-10/2001, 9. Jahrgang, S. 13.

EUROPA-Online, Die Europäische Union im Überblick (http://europa.eu.int/abc/-index_de.htm).

EUROPA-Online, Nachrichten der Europäischen Union (http://europa.eu.int/news/-index_de.htm).

Europäischen Parlament (1999), Die Sozialen Aspekte der Erweiterung der Europäischen Union, Arbeitsgruppe des Generalsekretariats Task-Force „Erweiterung", Themenpapier Nr. 39, Luxemburg.

Europäischen Parlament (2000), Ungarn und die Erweiterung der Europäischen Union (Dritte Aktualisierung), Arbeitsgruppe des Generalsekretariats Task-Force „Erweiterung", Themenpapier Nr. 2, PE 167.296/rév.3, Luxemburg

Eurostat (1997), ESSOS-Handbuch 1996, Amt für amtliche Veröffentlichungen der Europäischen Gemeinschaften, Luxemburg.

Eurostat (1999), Beschäftigung und Arbeitsmarkt in den Ländern Mitteleuropas, Pressemitteilung Nr. 96/99, 27 September 1999.

Eurostat (2000), Blühender Handel zwischen EU und Ungarn, Statistik kurz gefasst, Thema 6, 14/2000, Luxemburg.

Eurostat (2001a), Europäische Sozialstatistik – Bevölkerung – Ausgabe 2001, Office for Official Publications of the European Community, Luxemburg.

Eurostat (2001b), Europäische Sozialstatistik – Sozialschutz - Ausgaben und Einnahmen 1980-1999 – Ausgabe 2001, Office for Official Publications of the European Community, Luxemburg.

Eurostat (2001c), Erste Ergebnisse der Erhebung von Bevölkerungsdaten für 2000 in Europa, Statistik kurz gefasst, Thema 3, 15/2001, Luxemburg.

Eurostat (2001d), Das BIP der Kandidatenländer – Jährliches BIP, Wachstumsraten und Hauptaggregate, Statistik kurz gefasst, Thema 2, 28/2001, Luxemburg.

Eurostat (2001e), EU-Handel mit Polen Expandiert, Statistik kurz gefasst, Thema 6, 9/2001, Luxemburg.

Eurostat (2001f), Die erweiterte EU – Ein Handelsriese, Statistik kurz gefasst, Thema 6, 5/2001, Luxemburg.

Eurostat (2001g), Wertschöpfung, Beschäftigung, Verdienste und Arbeitsproduktivität in den Beitrittskandidaten, Statistik kurz gefasst, Thema 2, 13/2001, Luxemburg.

Eurostat (2001h), Beschäftigung und Arbeitsmarkt in den Ländern Mitteleuropas 2/2001, Luxemburg.

Eurostat (2001i), EU-Erweiterung – Schlüsselzahlen über die Bewerberländern, Pressemitteilung Nr. 129/2001.

Eurostat (2001j), Die demographischen Folgen der Aufnahme von zwölf Beitrittsländern für die EU, Statistik kurz gefasst, Thema 3, 12/2001, Luxemburg.

Eurostat (2002a), Sozialschutz – Die Rentenausgaben lagen 1999 bei 12,7 % des BIP der EU, Pressemitteilung Nr. 50/2002, 25. April 2002, Luxemburg.

Eurostat (2002b), Der Sozialschutz: Rentenausgaben, Statistik kurz gefasst, Thema 3, 6/2002.

Eurostat (2002c), Erste Bevölkerungsschätzungen, Eurostat Pressemitteilung Nr. 7/2002, 11 Januar 2002, Luxemburg.

Eurostat (2002d), Statistisches Jahrbuch 2002, Luxemburg.

Eurostat (2002e), Wanderung lässt EU-Bevölkerung weiter wachsen, Statistik kurz gefasst, Thema 3, 7/2002, Luxemburg.

Eurostat (2002f), Arbeitskräfteerhebung – Wichtige Ergebnisse 2001 - Kandidatenländer, Statistik kurz gefasst, Thema 3, 20/2002, Luxemburg.

Eurostat (2003a), Nettofinanzierungssaldo des Staates in Prozent des BIP, Eurostat Strukturindikatoren Online, Aktualisierung vom 11. Juli 2003 - Version 2.00, Luxemburg.

Eurostat (2003b), Europäische Sozialstatistik – Sozialschutz - Ausgaben und Einnahmen 1991-2000, Ausgabe 2003, Office for Official Publications of the European Community, Luxemburg.

Eurostat (2003c), Konsolidierter Bruttoschuldenstand des Staates in Prozent des BIP, Eurostat Strukturindikatoren Online, Aktualisierung vom 11. Juli 2003 - Version 2.00, Luxemburg.

Eurostat (2003d), Effektives durchschnittliches Austrittsalter aus dem Berufsleben, Strukturindikatoren Online, Veröffentlichung und letzte Aktualisierung: 14. März 2003, Luxemburg.

Euzéby, Alain (2000), European Integration and Disparities in Social Protection Systems, in: Pieters, Danny (Hrsg.), International Impact upon Social Security, EISS Yearbook 1998, Den Haag.

Fasshauer, Stephan (2001), Grundfragen der Finanzierung der Alterssicherung: Umlageverfahren vs. Kapitaldeckungsverfahren, in: DRV-Schriften „Volkswirtschaft und Alterssicherung", 56. Jahrgang, Heft 10-11, Frankfurt am Main.

Fassmann, Heinz/Münz, Rainer (2002), EU Enlargement and future East-West Migration in Europe, in: International Organization for Migration (Hrsg.), New Challenges for Migration Policy in Central and Eastern Europe, 2002 Review.

Fehn, Rainer (2001), Institutioneller Wettbewerb und Soziale Sicherungssysteme in Europa, Online-Ausgabe: Wirtschaftswissenschaftliche Beiträge des Lehrstuhls für Volkswirtschaftslehre, Wirtschaftsordnung und Sozialpolitik, Nr. 45, Würzburg.

Ferge, Zsuzsa (1992), Social Policy Regimes and Social Structure – Hypotheses about the Prospects of Social Policy in Central and Eastern Europe, in: Ferge, Zsuzsa/Kolberg, Jon Eivind (Hrsg.), Social Policy in a Changing Europe, Frankfurt am Main.

Ferge, Zsuzsa (1994), Zur Reform der Sozialpolitik in den posttotalitären Ländern: Anmerkungen zu verschiedenen Reformstrategien, in: International Social Security Administration (ISSA) (Hrsg.), Umstrukturierung der Sozialen Sicherheit in Mittel- und Osteuropa – Trends, Politiken, Optionen, Genf.

Ferge, Zsuzsa (1998), A central European perspective on the social quality of Europe, in: Beck, Wolfgang/Maesen, Laurent van der/Walker, Alan (Hrsg), The Social Quality of Europe, Bristol.

Ferge, Zsuzsa (2000), The Vision of Supernational Agencies about Social Security, in: Pieters, Danny (Hrsg.), International Impact upon Social Security, EISS Yearbook 1998, Den Haag.

Ferge, Zsuzsa (2001), Beunruhigende Ruhe in der ungarischen Sozialpolitik, in: Internationale Revue für Soziale Sicherheit, Band 54, 2-3/2001, Bern.

Ferge, Zsuzsa/ Tausz, Katalin/ Darvas, Agnes (2002), Combating Poverty and Social Exclusion Volume 1 – A Case Study of Hungary, International Labour Office – Central and Eastern European Team, Budapest.

Financial Times Deutschland (2001), Polen drückt EU-Prognose für Beitrittsländer, 22. November 2001

Financial Times Deutschland (2001), Ungarn sieht sich als Boomregion in Europa – Minister zieht Vergleich mit Irland, 16. Februar 2001.

Fischer, Alexander (1992), Chruschtschows Aufstieg, in: Informationen zur Politischen Bildung, Die Sowjetunion 1953-1991, Heft 236, 3. Quartal 1992, Bonn.

Fischer, Klemens H. (2001), Der Vertrag von Nizza – Text und Kommentar, Baden-Baden.

Fischer, Stanley/Sahay, Ratna/Végh, Carlos A. (1998), How Far Is Eastern Europe from Brussels?, IMF Working Paper (WP/98/53), April 1998.

Florek, Ludwig (1993), Entwicklungsgeschichte sozialer Sicherheit aus östlicher Sicht – das Beispiel Polen, in: Maydell von, Bernd/Hohnerlein, Eva-Maria (Hrsg.), Die Umgestaltung der Systeme sozialer Sicherheit in den Staaten Mittel- und Osteuropas – Fragen und Lösungsansätze, Colloquium des Max-Planck-Instituts für ausländisches und internationales Sozialrecht in München/Tutzing vom 9. bis 12. Februar 1993, Schriftenreihe für Internationales und Vergleichendes Sozialrecht Band 13, Berlin.

Florek, Ludwig (2000a), Landesbericht Republik Polen (II), in: Maydell, Bernd von/Nußberger, Angelika (Hrsg.), Transformation von Systemen sozialer Sicherheit in Mittel- und Osteuropa – Bestandsaufnahme und kritische Analyse aus dem Blickwinkel der Rechtswissenschaft, Schriftenreihe für Internationales und Vergleichendes Sozialrecht, Berlin.

Florek, Ludwik (2002b), EU-Enlargement as challenge and chance for the EU, Vortrag präsentiert auf der EISS-Tagung „EU-Enlargement and Social Security" in Jena vom 3. bis 5. Oktober 2002, Jena.

Frankfurter Allgemeine Zeitung (2001), Straßburg sorgt sich um Grenzgänger – Das Parlament will Benachteiligung bei Renten und Steuern beseitigen, 16. Januar 2001.

Frankfurter Allgemeine Zeitung (2001), Ost-Erweiterung der EU bringt allen Beteiligten Vorteile, 22. Juni 2001.

Frankfurter Allgemeine Zeitung (2001), Beitrittsländer: Keine Massenwanderungen in die EU – Polen, Slowenen und Tschechen lehnen Fristen für Arbeitnehmerfreizügigkeit ab, 6. Oktober 2001.

Frankfurter Allgemeine Zeitung (2001), „Mit nichts kann man so gut Politik betreiben wie mit Angst" – Die Furcht vor Zuwanderung nach der EU-Ost-Erweiterung ist nicht begründet, 19. April 2001.

Frankfurter Allgemeine Zeitung (2001), Eine dunkle irische Wolke schwebt über dem Gipfel – Wie Perssons Wunsch nach einem festen Erweiterungstermin zu einem Erinnerungsposten schrumpfte, 15. Juni 2001.

Frankfurter Allgemeine Zeitung (2001), Skepsis gegenüber einer „Euroisierung" der Beitrittsländer – Vorzeitige Euro-Einführung könnte die Anpassung erschweren, 8. Juni 2001.

Frankfurter Allgemeine Zeitung (2001), Der Euro und die Ost-Erweiterung, 28. März 2001.

Frankfurter Allgemeine Zeitung (2001), Vor EU-Beitritt muss Osteuropa Stabilität zeigen – Der große Finanzministerrat verabredet in Malmö Stufenplan für mehr Konvergenz, 23. April 2001.

Frankfurter Allgemeine Zeitung (2001), Bei ihrer Aufholjagd zeigen die Osteuropäer Schwachstellen – Inflation, Arbeitslosigkeit und Etatdefizite aber hohes Wachstum, 28. April 2001.

Frankfurter Allgemeine Zeitung (2001), Beitrittskandidaten koordinieren weiteres Vorgehen – die „Luxemburg-Gruppe" widmet sich in Prag der Frage der Freizügigkeit der Arbeitnehmer, 23. Mai 2001.

Frankfurter Allgemeine Zeitung (2001), Eine Mentalität des „Alles oder nichts" – In Polen gibt es vor allem unter den Bauern viele EU-Gegner, 23. Mai 2001.

Frankfurter Allgemeine Zeitung (2001), Beitrittskandidaten zur EU holen auf, 23. Oktober 2001.

Frankfurter Allgemeine Zeitung (2001), Ungarn und Zypern sind jetzt Spitzenreiter – In den EU-Beitrittskriterien fällt Warschau weiter zurück – „Große Lösung" wahrscheinlich, 28. Juni 2001.

Frankfurter Allgemeine Zeitung (2001), Mit Humankapital in den Wettbewerb – Strategien der Transformationsländer, 27. November 2001.

Frankfurter Allgemeine Zeitung (2001), Osteuropas Wirtschaft schwächelt, 16. November 2001.

Frankfurter Allgemeine Zeitung (2001), Ein Göteborger Geschenk mit zwei ungedeckten Schecks – Der Beitritt zur EU liegt noch in weiter Ferne, 18. Juni 2001.

Frankfurter Allgemeine Zeitung (2001), Wirtschaftsschwäche erfasst auch Osteuropa, 23. Oktober 2001.

Frankfurter Allgemeine Zeitung (2001), Ungarn trotzt der Konjunkturflaute – Erste Zweifel am Investitionsstandort, 10. September 2001.

Frankfurter Allgemeine Zeitung (2001), Standort Ungarn verliert an Attraktivität, 10. September 2001.

Frankfurter Allgemeine Zeitung (2001), Ungarns Regierung will das Wachstumstimulieren, 1. Oktober 2001.

Frankfurter Allgemeine Zeitung (2001), Orbán erwartet bei EU-Beitrittsverhandlungen kaum noch Schwierigkeiten, 11. September 2001.

Frankfurter Allgemeine Zeitung (2001), Ungarn will EU-Beitritt 2002 besiegeln, 12. September 2001.

Frankfurter Allgemeine Zeitung (2001), In Ungarn ist der graue Markt alltäglich, 12. September 2001.

Frankfurter Allgemeine Zeitung (2001), Ungarn drängt in die Währungsunion, Prag wartet ab, 3. Dezember 2001.

Frankfurter Allgemeine Zeitung (2001), Zuversicht über baldigen EU-Beitritt Polens, 4. September 2001.

Frankfurter Allgemeine Zeitung (2001), Nicht um jeden Preis – Wie beweglich ist Polens EU-Politik?, 4. September 2001.

Frankfurter Allgemeine Zeitung (2001), Polens Finanzminister warnt vor einer Finanzkrise – Arbeitnehmer des öffentlichen Dienstes sollen auf Lohnerhöhung verzichten, 15. August 2001.

Frankfurter Allgemeine Zeitung (2001), Polen entdeckt riesige Haushaltslücke, 29. August 2001.

Frankfurter Allgemeine Zeitung (2001), Mit Populisten und ehemaligen Kommunisten, 22. Oktober 2001.

Frankfurter Allgemeine Zeitung (2002), Ost-Erweiterung soll bis 2006 rund 40 Milliarden Euro kosten, 29. Januar 2002.

Frankfurter Allgemeine Zeitung (2002), Auf dem Weg zur Volksabstimmung, 30. Dezember 2002.

Frankfurter Allgemeine Zeitung (2002), Die EU kann von den Beitrittsländern lernen – Polen und Ungarn gehen mit Pensionsfonds mit gutem Beispiel voran, 18. März 2002.

Frankfurter Allgemeine Zeitung (2002), Polnische Beitrittsverhandlungen kommen nicht voran, 7. Oktober 2002.

Frankfurter Allgemeine Zeitung (2002), Der Konvergenzzug fährt nur noch mit gedrosseltem Tempo, 16. Oktober 2002.

Frankfurter Allgemeine Zeitung (2002), EU-Industrie fordert strenge Prüfung der Beitrittskandidaten, 14. Mai 2002.

Frankfurter Allgemeine Zeitung (2002), Viel Vorschußlorbeer für die EU-Beitrittskandidaten, 9. Oktober 2002.

Frankfurter Allgemeine Zeitung (2002), Starke Binnenkonjunktur stützt Ostmitteleuropas Wachstum – Für 2003 und 2004 zusätzlicher Schub durch anspringende Weltkonjunktur erwartet – Polen Schlusslicht, 28. Januar 2002.

Frankfurter Allgemeine Zeitung (2002), Freihandelszone oder vertiefter Binnenmarkt? – Was wird aus der EU-Erweiterung?, 18. Juni 2002.

Frankfurter Allgemeine Zeitung (2002), Die Tschechische Republik ist auf direktem Weg in die EU, Polen hat noch Rückstand, 6. Februar 2002.

Frankfurter Allgemeine Zeitung (2002), Angst vor der Zweiklassengesellschaft – Die ostmitteleuropäischen Kandidatenländer wollen nicht stückweise Mitglieder der EU werden, 8. Februar 2002.

Frankfurter Allgemeine Zeitung (2002), Erweiterung auf brüchigem Fundament, 14. Februar 2002.

Frankfurter Allgemeine Zeitung (2002), Im Jahr vor ihrem EU-Beitritt befinden sich einige Konvergenzländer im Rückwärtsgang, 28. Februar 2002.

Frankfurter Allgemeine Zeitung (2002), Konjunkturschwäche hemmt Privatisierungseifer in Osteuropa, 15. Mai 2002.

Frankfurter Allgemeine Zeitung (2002), Slowenien, Ungarn und Estland führen den Wettlauf um den EU-Beitritt an, 6. Juni 2002.

Frankfurter Allgemeine Zeitung (2002), Die Ungarn haben Brüssel fest im Blick, 4. April 2002.

Frankfurter Allgemeine Zeitung (2002), Konservativer Staubsauger – Ungarns Ministerpräsident Orbán hat seine Konkurrenten auf der Rechten ausgespielt, 5. April 2002.

Frankfurter Allgemeine Zeitung (2002), Hitze ohne Feuer – Keine Schicksalswahl in Ungarn, 8. April 2002.

Frankfurter Allgemeine Zeitung (2002), Ungarn vor einem Regierungswechsel – Sozialisten bei Parlamentswahlen in Führung, 9. April 2002.

Frankfurter Allgemeine Zeitung (2002), Pendelschwung in Ungarn, 9. April 2002.

Frankfurter Allgemeine Zeitung (2002), Wahlausgang erfreut Ungarns Börse, 10. April 2002.

Frankfurter Allgemeine Zeitung (2002), Ungarns Sozialisten umwerben Investoren – Neue Regierung kündigt Steuersenkungen und transparente Politik an, 23. April 2002.

Frankfurter Allgemeine Zeitung (2002), Zuverlässiger Bewerben in zentraler Lage bietet noch Plätze für Konzernleistung – Die Ungarn fühlen sich gut auf den Beitritt zur Europäischen Union vorbereitet – Haushaltsführung in der Kritik, 25. März 2002.

Frankfurter Allgemeine Zeitung (2002), Die Beitrittskandidaten können ihre Aufnahme in die EU kaum erwarten – Doch die bisherigen Mitgliedsländer sorgen sich um verstärkte Einwanderung und höhere Agrarsubventionen, 10. Juni 2002.

Frankfurter Allgemeine Zeitung (2002), Zweifel am Beitritt Polens, 11. Februar 2002.

Frankfurter Allgemeine Zeitung (2002), Polen: Das Geld der EU fest eingeplant – Wenig Europa-Begeisterung in Polen, 4. Februar 2002.

Frankfurter Allgemeine Zeitung (2002), Polen startet Notprogramm, 31. Januar 2002.

Frankfurter Allgemeine Zeitung (2002), EZB-Ratsmitglied Welteke warnt Polen – Unabhängigkeit der Notenbanken in den EU-Beitrittsländern wahren, 27. Mai 2002.

Frankfurter Allgemeine Zeitung (2002), In Ungarn eine sozialistisch-liberale Regierungskoalition, 22. April 2002.

Frankfurter Allgemeine Zeitung (2002), Medgyessy zum ungarischen Ministerpräsidenten gewählt – Neue Regierung verspricht Steuersenkungen, 28. Mai 2002.

Frankfurter Allgemeine Zeitung (2002), Medgyessy verspricht „gläserne Taschen", 14. Mai 2002.

Frankfurter Allgemeine Zeitung (2002), Der Standort Ungarn verliert an Glanz, 13. Mai 2002.

Frankfurter Allgemeine Zeitung (2002), Ungarns Regierung erhöht die Ausgaben, 3. Juni 2002.

Frankfurter Allgemeine Zeitung (2002), „Ungarn am besten vorbereitet" – Ministerpräsident Medgyessy rechnet mit EU-Beitritt 2004, 31. Oktober 2002.

Frankfurter Allgemeine Zeitung (2002), Ungarns Euro-Beitritt ist gefährdet, 7. Oktober 2002.

Frankfurter Allgemeine Zeitung (2002), Ungarns EU-Beitritt bereitet Unternehmern Kopfzerbrechen, 16. Oktober 2002.

Frankfurter Allgemeine Zeitung (2003), Polens Wirtschaft erholt sich langsam, 28. Juni 2003.

Frankfurter Allgemeine Zeitung (2003), Ein Beispiel für Deutschland und Frankreich – Ungarn wendet ein drastisches Sparpaket an, 20. September 2003.

Frankfurter Allgemeine Zeitung (2003), Schuldenproblem in Polen wächst, 13. September 2003.

Frankfurter Allgemeine Zeitung (2003), Für die Beitrittsländer ist der Stabilitätspakt eine Zwangsjacke, 26. Februar 2003.

Frankfurter Allgemeine Zeitung (2003), Ungarn fällt im Feld der EU-Beitrittskandidaten merklich zurück, 2. Juli 2003.

Frankfurter Allgemeine Zeitung (2003), Ungarns Etat- und Leistungsbilanzdefizit steigt ungebremst weiter, 22. Januar 2003.

Frankfurter Allgemeine Zeitung (2003), Die Haushaltskonsolidierung in Ungarn verzögert sich, 30. Juli 2003.

Frankfurter Allgemeine Zeitung (2003), Regierung in Polen auseinander gebrochen, 3. März 2003.

Frankfurter Allgemeine Zeitung (2003), Im Namen des EU-Beitritts – Das Ende der polnischen Regierung, 3. März 2003.

Frankfurter Allgemeine Zeitung (2003), Kein Beitrittskandidat ist fit für die Europäische Union, 5. November 2003.

Frankfurter Allgemeine Zeitung (2004), Warnung vor einer Zentralisierung der Sozialpolitik, 24. Juni 2004.

Frankfurter Allgemeine Zeitung am Sonntag (2002), Her mit dem Euro, so schnell wie möglich! – Die EU-Beitrittsländer wollen die neue Währung. Und haben Angst, ausgetrickst zu werden, 9. Juni 2002.

Fritzler, Marc/Unser, Günther (1998), Die Europäische Union, Bundeszentrale für Politische Bildung, Bonn.

Fuchs, Olaf (2000), Systemwechsel in der gesetzlichen Rentenversicherung keine Lösung zur Entschärfung des intergenerationalen Verteilungskonflikts, in: Wirtschaft im Wandel, Institut für Wirtschaftsforschung Halle (IWH), 16/2000, 6. Jahrgang, Halle.

Fuest, Winfried/Kroker, Rolf (2001), Nachgelagerte Besteuerung – eine unpopuläre jedoch systemgerechte Reformlösung, in: Sozialer Fortschritt, Jahrgang 50/2001, Heft 4, Berlin.

Fultz, Elaine (2002a), Pension Reform in Hungary and Poland: A Comparative Overview, in: Ebd. (Hrsg.), Pension Reform in Centrals and Eastern Europe Volume 1 – Restructuring with Privatisation: Case Studies of Hungary and Poland, International Labour Office – Central and Eastern European Team, Budapest.

Fultz, Elaine (2002b), A Comparative Overview of Disability Pension Reforms in the Czech Republic, Estonia, and Poland, in: Fultz, Elaine/Ruck, Markus (Hrsg.), Reforming Worker Protections: Disability Pensions in Transformation, International Labour Office – Central and Eastern European Team, Budapest.

Fultz, Elaine (2002c), Wie leistungsfähig, gerecht und sicher sind die Reformen des Sozialschutzes in Mitteleuropa?, Working Paper präsentiert auf der „Europäischen Regionaltagung Neue und erneuerte Gestaltung des Sozialschutzes in Europa" der Internationalen Vereinigung für Soziale Sicherheit (ISSA/IVSS), Budapest, 13. bis 15. November 2002.

Gabellieri, Bruno (2002), How to improve synergies between the different formulas for social protection in Europe?, Arbeitspapier präsentiert auf dem ISSA-Regionaltreffen (Europa) „New and revised approaches to social protection in Europe" vom 13. bis 15. November 2002, Budapest.

Gábos, András/Szivós, Peter (2001), Poverty and income situation of families with children: in: Szivós, Peter/Tóth, István György (Hrsg.), Ten years – Monitor Report, Budapest.

Gál, Róbert I. et. al. (2003), Country Study Hungary, in: in GVG (Gesellschafts- für Versicherungswissenschaft und -gestaltung) (Hrsg.), Social Protection in the Candidate Countries – Country Studies Bulgaria, Hungary, Romania, Slovenia, Band 42, Köln.

Gedeon, Péter (2000), Pension Reform in Hungary, Institut für Wirtschaftsforschung Halle, 5/2000, Halle an der Saale.

Gesell, Rainer/ Müller, Katharina/ Süß, Dirk (1998), Social Security Reform and Privatisation in Poland – Parallel Projects or Integrated Agenda?, Working Paper No. 8/98, Frankfurt/Oder.

Gnoth, Werner (2001), Zur Stabilität der ungarischen Banken, in: Wirtschaft im Wandel, Institut für Wirtschaftsforschung Halle (IWH), 9/2001, 7. Jahrgang, Halle an der Saale.

Gohr, Antonia (2001), Maastricht als Herausforderung und Chance – Die Auswirkungen der europäischen Integration auf den italienischen Wohlfahrtsstaat, ZeS-Arbeitspapier Nr. 8/01, Bremen.

Gora, Marek/Wagner, Gert G. (2001), Pension Reforms in Germany and Poland – Two Diverse Cases of „Security Through Diversity", DIW-Material Research Notes, No. 8, Berlin.

Götting, Ulrike (1993), Welfare Development in Post-Communist Bulgaria, Czechoslovakia, and Hungary. A Review of Problems and Responses (1989-1992), ZeS-Arbeitspapier Nr. 6/93, Bremen.

Götting, Ulrike (1994), Destruction, Adjustment, and Innovation: Social Policy Transformation in Eastern Central Europe, ZeS-Arbeitspapier Nr. 2/94, Bremen.

Golinowska, Stanislawa /Zukowski, Maciej (2002), Transformation of old-age security in Poland, in: Horstmann, Sabine/Schmähl, Winfried (Hrsg.), Transformation of Pension Systems in Central and Eastern Europe, Cheltenham.

Golinowska, Stanislawa/Pietka, Katarzyna/Sowada, Christoph/Zukowski, Maciej (2003), Country Study: Poland, in GVG (Gesellschafts- für Versicherungswissenschaft und -gestaltung) (Hrsg.), Social Protection in the Candidate Countries – Country Studies Czech Republic, Slovak Republic, Poland, Band 41, Köln.

Grootaert, Christiaan (1997), Poverty and Social Transfers in Hungary, The World Bank Policy Research Working Paper No. 1770, Washington D.C..

Gruat, Jean-Victor (2000), Adequacy and Social Security Principles in Pension Reform, OECD-Ageing Working Papers „Maintaining Prosperity In An Ageing Society: the OECD study on the policy implications of ageing", AWP 3.1., präsentiert auf einem gemeinsamen Workshop von ILO und OECD in Zusammenarbeit mit der ISSA vom 15. bis 17. Dezember 1997 in Paris, Paris.

Gough, Ian (1998), Social aspects of the European model and its economic consequences, in: Beck, Wolfgang/Maesen, Laurent van der/Walker, Alan (Hrsg), The Social Quality of Europe, Bristol.

GUS (Główny Urząd Statystyczny – Polnisches Statistikamt) (2000), Concise Statistical Yearbook of Poland 2000 Online (fragments), (http://www.stat.gov.pl/english/index.htm).

GUS (2001), Concise Statistical Yearbook of Poland 2001 Online (fragments), (www.stat.gov.pl/-english/index.htm).

GUS (2002), Statistical Yearbook of Poland 2002 – CD-Rom-Version.

GUS-Online, Population in Poland: Tabelle 1: "Size and structure of population by age groups in 1989-2001. As of December 31", Tabelle 2: "Size of population, vital statistics and migration in 1946-2001", Tabelle 3: "Population development and changes in age structure in 1950-2001", Tabelle 4: "Marriages contracted and dissolved in selected years 1970-2001", Tabelle 5: "Births in 1970-2001", Tabelle 6: "Live births by order in 1960-2001", Tabelle 7: "Female fertility in 1960-2001" (http://www.stat.gov.pl/english/index.htm).

GVG (Gesellschaft für Versicherungswissenschaft und -gestaltung) (Hrsg.) (1994), Soziale Sicherung in West-, Mittel- und Osteuropa, Baden-Baden.

GVG (2001), Perspektiven für die soziale Sicherung, Informationsdienst 283, Köln.

GVG (2003a), Die GVG zur Straffung der offenen Methode der Koordinierung im Bereich Sozialschutz – Stellungnahme zur Mitteilung der Kommission vom 27. Mai 2003, KOM (2003) 261 endgültig: Stärkung der sozialen Dimension der Lissabonner Strategie: Straffung der offenen Koordinierung im Bereich Sozialschutz, GVG Informationsdienst Nr. 293, Köln.

GVG (2003b), Sozialpolitische Beratung in Osteuropa – Einblicke in die Beratungspraxis am Beispiel des TACIS-Projektes „Governance of Social Security, Band 39, Berlin.

Haffner, Friedrich (1993), Ökonomische Rahmenbedingungen der Systeme sozialer Sicherheit in Ostmittel- und Osteuropa, in: Maydell, Bernd von/Nußberger, Angelika (Hrsg.), Transformation von Systemen sozialer Sicherheit in Mittel- und Osteuropa – Bestandsaufnahme und kritische Analyse aus dem Blickwinkel der Rechtswissenschaft, Schriftenreihe für Internationales und Vergleichendes Sozialrecht, Berlin.

Hajdú, József (1999), Hungary, in: Pieters, Danny (Hrsg.), Social Protection in the Czech Republic, Estonia, Hungary, Poland and Slovenia: A brief description, The European Institute of Social Security.

Hall, John /Quaisser, Wolfgang (2002), Toward Agenda 2007: Preparing the EU for Eastern Enlargement, Osteuropa-Institut Working Paper Nr. 240, München.

Handelsblatt (2003), „Wir sind Bürger Polens und ab heute auch Europas!" – Premier Miller feiert Zustimmung zum EU-Beitritt, 10. Juni 2003.

Handelsblatt (2003), Ungarns Beitritt erfolgt unter Protest, 11. April 2003.

Handelsblatt (2003), Ungarn kurbelt mit Staatsausgaben die inländische Nachfrage künstlich an, 6. Februar 2003.

Handelsblatt (2003), Polens Premier Miller kündigt Koalition auf, 3. März 2003.

Handelsblatt (2003), EU-Kommission will Stabilitätspakt renovieren, 3. Dezember 2003.

Handelsblatt (2003), Polens Notenbankchef will frühen Euro-Beitritt – Widerspruch zur Haltung der Regierung in Warschau, 2. Juli 2003.

Hartl, Jan/Vecerník, Jiri (1992), Economy, Policy and Welfare in Transition, in: Ferge, Zsuzsa/Kolberg, Jon Eivind (Hrsg.), Social Policy in a Changing Europe, European Centre of Social Welfare Policy and Research, Frankfurt am Main.

Hauser, Richard (1991), Probleme der vergleichenden Analyse von Systemen sozialer Sicherung – Drei Beispiele aus dem Bereich der Alterssicherung, in: Thiemeyer, T. (Hrsg.), Theoretische Grundlagen der Sozialpolitik II, Schriften des Vereins für Socialpolitik, Neue Folge Band 205, Berlin.

Hauser, Richard (1993), Approaches to comparative social policy analysis, in: Berghman, Jos/ Cantillon, Bea (Hrsg.), The European Face of Social Security – Essays in honour of Herman Deleek, Aldershot.

Hauser, Richard (1995), Stand und Entwicklungstendenzen der Annäherung der sozialen Sicherung in der Europäischen Union: Das Beispiel Alterssicherung, in: Schmähl, Winfried/ Rische, Herbert (Hrsg.), Internationalisierung von Wirtschaft und Politik – Handlungsspielräume der nationalen Sozialpolitik, Baden-Baden.

Hauser, Richard (1996), Ziele und Möglichkeiten einer Sozialen Grundsicherung, Schriftenreihe Dialog Sozial, Baden-Baden.

Hauser, Richard (1997), Adequacy and Poverty among the Retired, OECD-Ageing Working Papers „Maintaining Prosperity In An Ageing Society: the OECD study on the policy implications of ageing", AWP 3.2., präsentiert auf einem gemeinsamen Workshop von ILO und OECD in Zusammenarbeit mit der ISSA vom 15. bis 17. Dezember 1997 in Paris, Paris.

Hauser, Richard (2002), Aktuelle Herausforderungen für die Alterssicherungssysteme der Mitgliedstaaten der Europäischen Union, in: DRV-Schriften Band 34, Hrsg. vom Verband Deutscher Rentenversicherungsträger in Zusammenarbeit mit dem Bundesministerium für Arbeit und Sozialordnung und dem Max-Planck-Insitut für ausländisches und internationales Sozialrecht, Frankfurt am Main.

Hauser, Richard (2003), Zukunft des Sozialstaats, in: DRV-Schriften, 58. Jahrgang, Heft 8, Frankfurt am Main.

Hauser, Richard/Becker, Irene (2001), Lebenslagen in Deutschland – Der erste Armuts- und Reichtumsbericht der Bundesregierung – Forschungsprojekt "Einkommensverteilung im Querschnitt und im Zeitablauf 1973-1998", Bundesministerium für Arbeit und Sozialordnung (Hrsg.), Bonn.

Hausmann, Pierre (1993), The impact of social security in the European Community, in: Berghman, Jos/Cantillon, Bea (Hrsg.), The European Face of Social Security – Essays in honour of Herman Deleek, Aldershot.

Heine, Wolfgang (2000), Sozialrecht und soziale Sicherheit im Prozess der deutschen Vereinigung – Erfahrungspotentiale für Transformationsprozesse in den Staaten Mittel- und Osteuropas, in: Maydell, Bernd von/Nußberger, Angelika (Hrsg.), Transformation von Systemen sozialer Sicherheit in Mittel- und Osteuropa – Bestandsaufnahme und kritische Analyse aus dem

Blickwinkel der Rechtswissenschaft, Schriftenreihe für Internationales und Vergleichendes Sozialrecht, Berlin.

Heinrich, Ralph P./Koop, Michael J. et.al. (1996), Sozialpolitik im Transformationsprozess Mittel- und Osteuropas, Kieler Studien 273, Tübingen.

Heise, Arne (1998), Europäische Sozialpolitik – Eine Einschätzung aus gewerkschaftlicher Sicht, Gesprächkreis Arbeit und Soziales der Friedrich Ebert-Stiftung (2. Auflage), Bonn.

Henderson, Jeffrey et. al. (2001), Economic Governance and Poverty in Hungary, Manchester Business School Working Paper No. 438.

Heubeck, Klaus (1992), Modelling the effects of rules and regulations: pay-as-you-go and funded systems, in: Mortensen, Jørgen (Hrsg.), The Future of Pensions in the European Community, London.

Hölscher, Jens (2001), Income Distribution and Convergence in the Transition Process, Luxemburg Income Studies Working Paper No. 275, Luxemburg.

Holzmann, Robert (1997), Fiscal Alternatives of Moving from Unfunded to Funded Pension Schemes, OECD-Ageing Working Papers „Maintaining Prosperity In An Ageing Socity: the OECD study on the policy implication of ageing, AWP 5.2, Paris.

Hoós, János (2002), Impact of Globalisation on Social Security Systems in Hungary, Budapest.

Horstmann, Sabine/Schmähl, Winfried (2002a), Transformation of Pension Schemes in Comparative Perspective – Economic, demographic and institutional background, in: Ebd. (Hrsg.), Transformation of Pension Systems in Central and Eastern Europe, Cheltenham.

Horstmann, Sabine/Schmähl, Winfried (2002b), Transformation of Pension Schemes in Comparative Perspective – The development of pension systems, in: Ebd. (Hrsg.), Transformation of Pension Systems in Central and Eastern Europe, Cheltenham.

Horstmann, Sabine/Schmähl, Winfried (2002c), Transformation of Pension Schemes in Comparative Perspective – Explaining Reforms, in: Ebd. (Hrsg.), Transformation of Pension Systems in Central and Eastern Europe, Cheltenham.

Huster, Ernst-Ulrich (2000), Sozialraum Europa: von der Einheit zur Spaltung, in: Benz, Benjamin/Boeckh, Jürgen/Huster, Ernst-Ulrich (Hrsg.), Sozialraum Europa – Ökonomische und politische Transformation in Ost und West, Opladen.

Hutsebaut, Martin (1998), Die Rentensysteme, in: in: Bosco, Allessandra/Hutsebaut, Martin (Hrsg.), Sozialer Schutz in Europa: Veränderungen und Herausforderungen, Marburg.

HypoVereinsbank (2001), Age Wave – Zur Demographieanfälligkeit von Aktienmärkten, Policy Brief 4/2001.

HWWA (Hamburgisches Welt-Wirtschafts-Archiv) (2001), INFO 7/2001.

Igl, Gerhard (1993), Der sachliche Anwendungsbereich von Systemen sozialer Sicherheit, in: Maydell, Bernd von/Nußberger, Angelika (Hrsg.), Transformation von Systemen sozialer Sicherheit in Mittel- und Osteuropa – Bestandsaufnahme und kritische Analyse aus dem Blickwinkel der Rechtswissenschaft, Schriftenreihe für Internationales und Vergleichendes Sozialrecht, Berlin.

Inotai, András (2000), Winners and Losers of EU Integration in Central and Eastern Europe: Cross-Country Reports: The Czech Republic, Hungary, Poland, the Slovak Republic, and Slovenia, in: Tang, Helena (Hrsg.), Winners and Losers of EU Integration – Policy Issues for Central and Eastern Europe, The World Bank, Washington D.C..

ILO (*International Labour Organisation*) (1997), ILO-LABORSTA Online – International Labour Office database on labour statistics operated by the ILO Bureau of Statistics.

ILO (2000a), Social Protection and the Informal Sector in Central and Eastern Europe, Subregional Trade Union Seminar in Zagreb vom 5. bis 7. Oktober 2000, Budapest.

ILO (2000b), Pension Reform in Central and Eastern Europe: An Update on the Restructuring of National Pension Schemes in Selected Countries, ILO-Central and Eastern European Team, Report No. 25, Budapest.

ILO (2002a), Poland - 2002 Article IV Consultation Concluding Statement of the IMF Mission, March 14, 2002.

ILO (2002b), Key Indicators of the Labour Market 2001-2002, Genf.

ILO (2002c), Woman and men in the informal economy: A statistical picture, Genf.

ISSA (*International Social Security Association*) (1998), Restructuring Public Pension Programs – based on an issue brief by Larry Thomson, Summary prepared for the Stockholm Initiative project "The Social Security Reform Debate: In Search of a New Consensus", Genf.

IWF (*Internationaler Währungsfond*) (2000), Hungary: Selected Isssues and Statistical Appendix – Managing Medium-term Fiscal Challenges in Hungary, Washington D.C..

IWF (2002a), Republic of Poland: Selected Issues and Statistical Appendix, IMF Country Report No. 02/128, Washington D.C..

IWF (2002b), Republic of Poland: 2002 Article IV Consultation – Staff Report; Staff Statement; Public Information Notice on the Executive Board Discussion; and Statement by the Executive Board Discussion; and Statement by the Executive Director for the Republic of Poland, IMF Country Report No. 02/127, Washington D.C..

IWF (2002c), Hungary: Selected Isssues and Statistical Appendix, Country Report No. 02/109, Washington D.C..

IWF (2002d), Republic of Poland: Selected Isssues and Statistical Appendix, Country Report No. 02/128, Washington D.C..

Jonczyk, Jan (1993), Sozialrechtsvergleichung und Umgestaltung der Systeme sozialer Sicherheit in Mittel- und Osteuropa, in: Maydell von, Bernd/Hohnerlein, Eva-Maria (Hrsg.), Die Umgestaltung der Systeme sozialer Sicherheit in den Staaten Mittel- und Osteuropas – Fragen und Lösungsansätze, Schriftenreihe für Internationales und Vergleichendes Sozialrecht, Berlin.

Jonczyk, Jan (1994), Die Umgestaltung der Systeme des Sozialschutzes in Mittel- und Osteuropa, in: International Social Security Administration (ISSA) (Hrsg.), Umstrukturierung der Sozialen Sicherheit in Mittel- und Osteuropa – Trends, Politiken, Optionen, Genf.

Joppe, Christian (1995), East German Dissidents and the Revolution of 1989 – Social Movement in a Leninist Regime, New York.

Jorens, Yves (2000), Der Beitrag der Europäischen Gemeinschaft, in: Maydell, Bernd von/Nußberger, Angelika (Hrsg.), Transformation von Systemen sozialer Sicherheit in Mittel- und Osteuropa – Bestandsaufnahme und kritische Analyse aus dem Blickwinkel der Rechtswissenschaft, Schriftenreihe für Internationales und Vergleichendes Sozialrecht, Berlin.

Karasińska-Fendler, Maria et.al. (2000), Winners and Losers of EU Integration in Central and Eastern Europe: Country Reports: Poland, in: Tang, Helena (Hrsg.), Winners and Losers of EU Integration – Policy Issues for Central and Eastern Europe, The World Bank, Washington D.C..

Kavan, Zdenek/Wheaton, Bernard (1992), Velvet Revolution: Czechoslovakia 1988-1991.

Keane, Michael P./Prasad, Eswar S. (2002), Changes in the Structure of Earnings During the Polish Transition, IMF Working Paper WP/02/135, Washington D.C..

Köhler, Peter A. (1993), Historischer Kontext und Entwicklungsgeschichte von Systemen sozialer Sicherheit, in: Maydell von, Bernd/Hohnerlein, Eva-Maria (Hrsg.), Die Umgestaltung der Systeme sozialer Sicherheit in den Staaten Mittel- und Osteuropas – Fragen und Lösungsansätze, Schriftenreihe für Internationales und Vergleichendes Sozialrecht, Berlin.

Kohler, Wilhelm (2000), Wer gewinnt, wer verliert durch die Osterweiterung der EU?, in: Hoffmann, Lutz (Hrsg.), Erweiterung der EU, Jahrestagung des Vereins für Socialpolitik – Gesellschaft für Wirtschafts- und Sozialwissenschaften vom 28. September bis 1. Oktober 1999 in Mainz, Schriften des Vereins für Socialpolitik Neue Folge Band 274, Berlin.

Keane, Michael P./Prasad, Eswar S. (2000), Inequality, Transfers and Growth: New Evidence from the Economic Transition in Poland, IMF Working Paper No. 117.

Knogler, Michael (2001), Die Arbeitsmärkte der Beitrittskandidaten vor dem Hintergrund der EU-Osterweiterung: Gutachten erstellt im Auftrag des Bundesministeriums für Finanzen, Osteuropa-Institut Working Paper Nr. 228, München.

Knogler, Michael (2002), Arbeitsmarktpolitische Herausforderungen in den Ländern der EU-Beitrittskandidaten, Osteuropa-Institut Working Paper Nr. 235, München.

Knogler, Michael/ Vincentz, Volkhart (2003), Szenarien der mittelfristigen Konvergenz der EU-Beitrittsländer Polen, Slowakische Republik und Ungarn, Osteuropa-Institut Working Paper Nr. 244, München.

KNUiFE (*Komisja Nadzoru Ubezpieczeń i Fundusz Emerytalnych* – Kontrollkommission der Versicherungs- und Rentenfonds in Polen) (2002a), Quarterly Bulletin No. 3/2002.

KNUiFE (2002b), Monthly Data February 2002; (http://www.knuife.gov.pl/english/-pensions/data/index.html):

KNUiFE (2003), Insurance and Pension Funds Yearbook 2002: Part II. Open Pension Funds Market, Warschau.

Kopits, George (1994), Soziale Sicherheit in Volkswirtschaften im Übergang, in: International Social Security Administration (ISSA) (Hrsg.), Umstrukturierung der Sozialen Sicherheit in Mittel- und Osteuropa – Trends, Politiken, Optionen, Genf.

Kornai, János (1992), The Post-socialist Transition and the State: Reflections in the Light of Hungarian Fiscal Problems, Ely Lecture, American Economic Review, Papers and Proceedings, Vol. 82, No. 2.

Kornai, János (1994), Lasting growth as top priority: macroeconomic tensions and government economic policy in Hungary, European Bank for Reconstruction and Development, Working Paper No. 15, London.

Kornai, János (2000), The Interaction between Politics and the Economy in the Period of Post-Socialist Transition, Focus Group.

Kraus, Ulrike (1999), Ungarn, in: Sonderausgabe der DRV-Schriften „Rentenversicherung im internationalen Vergleich", Band 15, Frankfurt am Main.

Kreps, David M. (1994), Mikroökonomische Theorie, Landsberg/Lech.

KSH (*Központi Statisztikai Hivatal* – Zentrales Statistikamt Ungarn) 2002a, Statistical Yearbook 2001, Budapest

KSH (2002b), Demographic Yearbook 2001 – with CD-Rom, Budapest.

KSH (2002c), Yearbook of Welfare Statistics 2001, Budapest.

Lampert, Heinz (1996), Lehrbuch der Sozialpolitik, 4. überarbeitete Auflage, Berlin.

Langelüddeke, Anne/Michaelis, Klaus (2001), Europäische Dimension der Rentenversicherung, in: Die Angestellten Versicherung (DAngVers 7/01) – Zeitschrift der Bundesversicherungsanstalt für Angestellte (BfA), Jahrgang 48.

Lankes, Hans Peter (2000), Obstacles on the way to accession: The investment challenge, in: Hoffmann, Lutz (Hrsg.), Erweiterung der EU, Jahrestagung des Vereins für Socialpolitik – Gesellschaft für Wirtschafts- und Sozialwissenschaften vom 28. September bis 1. Oktober 1999 in Mainz, Schriften des Vereins für Socialpolitik Neue Folge Band 274, Berlin.

Leipold, Helmut (2000), Die Osterweiterung als Prüfstein für die Reformfähigkeit der EU, in: Nutzinger, Hans G., Osterweiterung und Transformationskrisen, Berlin.

Leibfried, Stephan (1994), The Social Dimension of the European Union. En Route to Positively Joint Sovereignty?, ZeS-Arbeitspapier Nr. 11/94, Bremen.

Leienbach, Volker (2000), Zehn Jahre Transformationsprozess in Mittel- und Osteuropa. Eine Bestandsaufnahme, in: Maydell, Bernd von/Nußberger, Angelika (Hrsg.), Transformation von Systemen sozialer Sicherheit in Mittel- und Osteuropa – Bestandsaufnahme und kritische Analyse aus dem Blickwinkel der Rechtswissenschaft, Schriftenreihe für Internationales und Vergleichendes Sozialrecht, Berlin.

Leibfried, Stephan (1997), Der Wohlfahrtsstaat zwischen „Integration" und „Desintegration": Europäische Union, nationale Sozialpolitiken und „Globalisierung", ZeS-Arbeitspapier Nr. 15/1997, Bremen.

Leibfried, Stephan/Pierson, Paul, European Social Policy, ZeS-Arbeitspapier Nr. 15/99, Bremen.

Leinert, Johannes/Wagner, Gert G., (2001), Theorie und Empirie steigender Lebenserwartung, Nachreservierung und „Umverteilung" in der privaten Rentenversicherung, in: Deutscher

Verein für Versicherungswissenschaft (Hrsg.), Zeitschrift für die Gesamte Versicherungswirtschaft, Nr. 1/2001, Berlin.

Leitner, Sigrid (2001), Sex and gender discrimination within EU pension systems, in: Journal of European Social Policy, Volume 11, Nr. 2, London.

Leven, Bozena (1994), The Status of Women and Poland's Transition to a Market Economy, in: Aslanbeigui, Nahid/Pressman, Steven/Summerfield, Gale (Hrsg.), Women in the Age of Economic Transformation – Gender impact of reforms in post-socialist and developing countries, London.

Lippert, Barbara (1998), Erweiterung der Europäischen Union – Chancen und Risiken, in: Bundeszentrale für Politische Bildung (Hrsg.), Europa an der Schwelle zum 21. Jahrhundert, Reform und Zukunft der Europäischen Union, herausgegeben in Zusammenarbeit mit dem Institut für Europäische Politik, Bonn.

Linz, Juan J./Stepan, Alfred (1996), Problems of Democratic Transition and Consolidation, London.

Lodahl, Maria/Schrooten, Mechtild (1998), Renten im Transformationsprozess: Zur Lage in Polen, Ungarn, Tschechien und der Slowakei, DIW-Diskussionspapiere Nr. 158, Berlin.

Lukás, Éva (2002), Hungary in the Process of Transition – The Field of Social Security, Arbeitspapier für die EISS-Tagung in Jena vom 3. bis 5. Oktober 2002.

Luckhaus, Linda/Ward, Sue (1998), Gleiche Rentenansprüche für Männer und Frauen: eine realistische Perspektive?, in: Bosco, Allessandra/Hutsebaut, Martin (Hrsg.), Sozialer Schutz in Europa: Veränderungen und Herausforderungen, Marburg.

Mackiewicz et.al. (2001), Public Financ in Poland 1989-2001: Case study of transformation, Warschau.

Maćkow, Jerzy (1999), Die Voraussetzungen demokratischer Entwicklung in Mittel-, Nordost-, Südost- und Osteuropa, in: Aus Politik und Zeitgeschichte, Band 3-4/1999, 15. Januar 1999.

Mankiw, Gregory N. (1998), Makroökonomik, 3. überarbeitete und erweiterte Auflage, Stuttgart.

Marè, Mauro/Pennisi, Giuseppe (2002), Financial Constraints and Policy Options: The Pension Reform Process in Italy and its Relevance to Transition European Economies, OECD Working Paper, Juni 2002.

Martin, Andrew (1997), What does Globalization Have to Do with the Erosion of Welfare States? Sorting Out the Issues, ZeS-Arbeitspapier Nr. 1/1997, Bremen.

Maydell von, Bernd (1993a), Einführung, in: Maydell von, Bernd/Hohnerlein, Eva-Maria (Hrsg.), Die Umgestaltung der Systeme sozialer Sicherheit in den Staaten Mittel- und Osteuropas – Fragen und Lösungsansätze, Colloquium des Max-Planck-Instituts für ausländisches und internationales Sozialrecht in München/Tutzing vom 9. bis 12. Februar 1993, Schriftenreihe für Internationales und Vergleichendes Sozialrecht Band 13, Berlin.

Maydell von, Bernd (1993b), Perspektiven für den Transformationsprozess, in: Maydell von, Bernd/Hohnerlein, Eva-Maria (Hrsg.), Die Umgestaltung der Systeme sozialer Sicherheit in den Staaten Mittel- und Osteuropas – Fragen und Lösungsansätze, Schriftenreihe für Internationales und Vergleichendes Sozialrecht, Duncker&Humblot, Berlin.

Maydell von, Bernd (1993c), Social security in Eastern Europe, in: Berghman, Jos/Cantillon, Bea (Hrsg.), The European Face of Social Security – Essays in honour of Herman Deleek, Aldershot.

Maydell, Bernd von/ Schulte, Bernd (2001), Zwischen Freizügigkeit und Abschottung – Das Sozialsystem Deutschlands kann die EU-Osterweiterung verkraften, in: Frankfurter Rundschau vom 23. Mai 2001.

Mayer, Tilman (2000), Politisch-demographische Fragen zur Gesellschaftspolitik – Das System, nicht Symptome kurieren, in: Aus Politik und Zeitgeschichte, Beilage zur Wochenzeitung „Das Parlament", B 35-36/2000, Bonn.

Mayhew, Alan (2001), The Economic Outlook: European Integration and Economic Management: the Economic Conditions for Accession to the EU, in: Mayhew, Alan/Wallace, Helen (Hrsg.), Poland: A Partnership Profile, OEOS Policy Paper 4/01, Brighton.

Mayhew, Alan/Wallace, Helen (2001), Overview, in: Ebd. (Hrsg.), Poland: A Partnership Profile, OEOS Policy Paper 4/01, Brighton.

Mech; Cezary (2001), Pension Funds in Poland – experience and prospects, Präsentation auf dem 10. Jahrestreffen der Europäischen Bank für Wiederaufbau und Entwicklung in London vom 22. bis 22. April 2001.

Mehrländer, Ursula/ König, Peter (1998), Vorbemerkung, in: Dieke, Hugo, Ökonomische Einflussfaktoren auf die Sozialpolitik der EU, Gesprächskreis Arbeit und Soziales der Friedrich-Ebert-Stiftung, Forschungsinstitut der Friedrich-Ebert-Stiftung (Hrsg.), 2. Auflage, Bonn.

Meierkord, Jürgen/ Sailer, Markus (1994), Technical cooperation in the reform of social policy in Central and Eastern Europe, in: International Social Security Administration (Hrsg.), Restructuring social security in Central and Eastern Europe – A guide to recent developments, policy issues and options, Genf.

Mesa-Lago, Carmelo (2003), Mythos und Realität von Rentenreformen: der lateinamerikanische Beweis, in: DRV-Schriften, 58. Jahrgang, Heft 1-2, Frankfurt am Main.

Meulders, Danièle/Plasman, Robert (1998), European economic policies and social quality, in: Beck, Wolfgang/Maesen, Laurent van der/Walker, Alan (Hrsg), The Social Quality of Europe, Bristol.

Micklewright, John (2000), Education, Inequality and Transition, Innocenti Working Papers, Economic and Social Policy Series no. 74, Florenz.

Milanovic, Branko (1998), Income, Inequality, and Poverty during the Transition from Planned to Market Economy, World Bank Regional and Sectoral Studies, Washington D.C..

Milanovic, Branko (2000), The Transition Economies in the Study: How Similar and Different They Are, in: Braithwaite, Jeanine/Grootaert, Christiaan/ Milanovic, Branko, Poverty and Social Assistance in Transition Countries, New York.

Millard, Frances (1997), The Influence of the Catholic Hierarchy in Poland, 1989-96, in: Journal of European Social Policy, Volume 7, No. 2, London.

Mortensen, Jørgen (1992), Demography, public budgets, balance of payment and retirement provision, in: Ebd. (Hrsg.), The Future of Pensions in the European Community, London.

Müller, K./Ryll, A./Wagener, H. J. (Hrsg.) (1999), Transformation of Social Security: Pensions in Central-Eastern Europe, Heidelberg.

Müller, Katharina (1999), The Political Economy of Pension Reform in Central-Eastern Europe, Cheltenham.

Müller, Katharina (2000a), Ten Years After: Pension Reforms in Central and Eastern Europe and the Former Soviet Union, Frankfurt Insitute for Transformation Discussion Papers, No. 2/2000.

Müller, Katharina (2000b), Pension Privatization in Latin America, Journal of International Development, J. Int. Dev. 12.

Müller, Katharina (2001a), The Making of Pension Privatisation in Latin America and Eastern Europe – A Cross-Regional Comparison, unveröffentlichtes Manuskript für den II-ASA/Welbank-workshop in Laxenburg/Österreich.

Müller, Katharina (2001b), Die Politische Ökonomie der Rentenreformen in Osteuropa, in: Internationale Revue für Soziale Sicherheit, Band 54, Nr. 2-3/2001.

Müller, Katharina (2002a), Public-Private Interaction in Structural Pension Reform, erscheint demnächst in: OECD Private Pension Series, Frankfurt an der Oder.

Müller, Katharina (2002b), Ten Years After: Pension Reforms in Central and Eastern Europe & the Former Soviet Union, FIT-Discussion Papers No. 2/00, Frankfurt an der Oder.

Musiolek, Bettina (2002), Decent Work in the Informal Sector: CEE/CIS Region, ILO-Working Paper on the Informal Economy 2002/7, Genf.

Nagel, Günter S. (2000), Der Einfluss Internationaler Organisationen auf den Transformationsprozess: Der Beitrag des Europarats, in: Maydell, Bernd von/Nußberger, Angelika (Hrsg.), Transformation von Systemen sozialer Sicherheit in Mittel- und Osteuropa – Bestandsaufnahme und kritische Analyse aus dem Blickwinkel der Rechtswissenschaft, Schriftenreihe für Internationales und Vergleichendes Sozialrecht, Berlin.

NBP (*National Bank of Poland*) (2002), Annual Report 2001, (http://www.nbp.pl/publikacje/-pdf/rocznik2001_en.pdf), Warschau.

NBP (2003), Annual Report 2001 (http://www.nbp.pl/publikacje/pdf/rocznik2002_en.pdf).

Nesporova, Alena (2002), Unemployment in the Transition Economies, in: UNECE Economic Survey of Europe No. 2.

Nitis, Sotirios (1998), Alterssicherung in Griechenland. Eine institutionelle, theoretische und empirische Analyse, Berlin.

Normand, Charles (1999), Die Gesundheitsversorgung, in: Consensus-Programme, Veränderungen und Wahlmöglichkeiten im Hinblick auf die soziale Absicherung – Die Erfahrungen in Mittel- und Osteuropa, Projekt in Zusammenarbeit des Consensus-Programmes im Rahmen von PHARE der Europäischen Union, Band 1, York.

Nußberger, Angelika (2000), Rahmenvorgaben zur Entwicklung des Sozialrechts in den Transformationsstaaten, in: Maydell, Bernd von/Nußberger, Angelika (Hrsg.), Transformation von Systemen sozialer Sicherheit in Mittel- und Osteuropa – Bestandsaufnahme und kritische Analyse aus dem Blickwinkel der Rechtswissenschaft, Schriftenreihe für Internationales und Vergleichendes Sozialrecht, Berlin.

Ohndorf, Wolfgang (2002), Die „offene Koordinierung" als Handlungsinstrument auf Europäischer Ebene – Einführung, in: DRV-Schriften Band 34, Hrsg. vom Verband Deutscher Rentenversicherungsträger in Zusammenarbeit mit dem Bundesministerium für Arbeit und Sozialordnung und dem Max-Planck-Institut für ausländisches und internationales Sozialrecht, Frankfurt am Main.

OECD (*Organisation for Economic Cooperation and Development*) (1998), Maintaining prosperity in an ageing society, OECD Policy Brief (www.oecd.org/publications/Pol_brief/), Juni 1998, Paris.

OECD (2000a), Economic Survey of Hungary 2000, OECD Policy Brief.

OECD (2000b), Reforms for an Ageing Society, Paris.

OECD (2000c), OECD Tables and Figures on Ageing, erstellt für NBER-Konferenz des Kieler Instituts „Coping with the Pension Crisis – Where does Europe stand?" vom 20. bis 21. März 2000 in Berlin, Paris.

OECD (2001a), Social Expenditure Database: 1980/1998 - 2001 Edition.

OECD (2001b), Migration Policies and EU Enlargement – The Case of Central and Eastern Europe – International Migration, Paris.

OECD (2001c), Survey of Investment Regulation of Pension Funds, OECD Working Paper, Paris.

OECD (2002a), OECD in Figures – Statistics on the Member Countries, OECD Observer 2002/Supplement 1.

OECD (2002b), OECD Employment Outlook, Paris.

OECD (2003), Labour Market Statistics Online, Update: 15. Juni 2003, (http://www1.oecd.org/-scripts/cde/members/LFSDATAAuthenticate.asp).

ONYF (*Országos Nyugdíjbiztosítási Foigazgatóság* – Rentenversicherungsanstalt Ungarn) (2000), Statistical Almanac of the Central Administration of National Pension Insurance 1999, Budapest.

ONYF (2001a), Introduction to the Hungarian Pension System: Regulations, Benefits, Organisation, Budapest.

ONYF (2001b), Central Administration of National Pension Insurance – Statistical Yearbook 2000, Budapest.

ONYF (2002a), Information on the major benefit regulations and organisational structure of the pension insurance system in Hungary, Budapest.

ONYF (2002b), Central Administration of National Pension Insurance – Statistical Yearbook 2001, Budapest.

ONYF (2002c), Statistical Almanac of the Central Administration of National Pension Insurance 2001, Budapest.

Orenstein, Mitchell A. (2000), How Politics and Institutions Affect Pension Reform in Three Postcommunist Countries, Policy Research Working Paper, The World Bank, Washington.

Orlowski, Witold M. (1998), Poland and the European Union: conditions for the Real Convergence, RESEARCH bulletin Volume 7, No. 4.

Orlowski, Witold M. (2002), Forecasts of the economic growth in OECD and Central and Eastern European countries – 2000-2040, RESEARCH bulletin Volume 11, No. 1.

Orszag, Peter R./Stiglitz, Joseph E. (1999), Rethinking Pension Reform: Ten Myths about Social Security Systems, Working Paper presented at the conference on „New Ideas About Old Age Security (14.-15. September 1999), Weltbank, Washington D.C..

Osborne, Stephen P./ Kaposvari, Aniko (1997), Towards a civil society? Exploring its meaning in the context of post-communist Hungary, in: Journal of European Social Policy, London.

Pakaslahti, Johannes (2000), The Social Dimension of the European Union – Studies on the Impact of Integration, University of Helsinki – Department of Social Policy Research Report 3/2000, Helsinki.

Palacios, Robert/Rocha, Roberto (1997), The Hungarian Pension System in Transition, Weltbank, Washington D.C..

Palme, Joakim (1999), Kurzfristige Geldleistungen, in: Consensus-Programme, Veränderungen und Wahlmöglichkeiten im Hinblick auf die soziale Absicherung – Die Erfahrungen in Mittel- und Osteuropa, Projekt in Zusammenarbeit des Consensus-Programmes im Rahmen von PHARE der Europäischen Union, Band 2, York.

Pascall, Gillian/Manning, Nick (2000), Gender and social policy: comparing welfare states in Central and Eastern Europe and the former Soviet Union, in: Journal of European Social Policy, Volume 10, Nr. 3, London.

Pawelzig, Jürgen (1993), Einige Überlegungen zur Veränderung des personellen Anwendungsbereichs von Systemen der sozialen Sicherheit in den marktwirtschaftlichen Transformationsprozessen, in: Maydell von, Bernd/Hohnerlein, Eva-Maria (Hrsg.), Die Umgestaltung der Systeme sozialer Sicherheit in den Staaten Mittel- und Osteuropas – Fragen und Lösungsansätze, Schriftenreihe für Internationales und Vergleichendes Sozialrecht, Duncker&Humblot, Berlin.

Pieters, Danny (1994), Social security cooperation: Some personal considerations, in: International Social Security Association (ISSA) (Hrsg.), Restructuring social security in Central and Eastern Europe – A guide to recent developments, policy issues and options, Genf.

Pieters, Danny (1998a), Sozialversicherungsbeiträge und Steuern: eine Frage der Koordinierung?, in: Bosco, Allessandra/Hutsebaut, Martin (Hrsg.), Sozialer Schutz in Europa: Veränderungen und Herausforderungen, Marburg.

Pieters, Danny (1998b), Qualitative European social security legislation, in: Beck, Wolfgang/ Maesen, Laurent van der/Walker, Alan (Hrsg), The Social Quality of Europe, Bristol.

Pieters, Danny (1999), Poland, in: Ebd., Social Protection in the Czech Republic, Estonia, Hungary, Poland and Slovenia: A bried description, The European Institute of Social Security (EISS), Den Haag.

Pitschas, Rainer (1993), Institutionell-organisatorische Grundfragen der Transformation sozialer Sicherungssysteme in Mittel- und Osteuropa, in: Maydell von, Bernd/Hohnerlein, Eva-Maria (Hrsg.), Die Umgestaltung der Systeme sozialer Sicherheit in den Staaten Mittel- und Osteuropas – Fragen und Lösungsansätze, Schriftenreihe für Internationales und Vergleichendes Sozialrecht, Berlin.

Platzer, Hans-Wolfgang (1998), Sozial- und Beschäftigungspolitik – Herausforderungen und Aufgaben für die Europäische Union, in: Bundeszentrale für politische Bildung (Hrsg.), Europa an der Schwelle zum 21. Jahrhundert – Reform und Zukunft der Europäischen Union, Bonn.

Polkowski, Andreas (2001), Die mittel- und osteuropäischen Länder auf dem Weg in die EU, in: Wirtschaftsdienst-Zeitschrift für Wirtschaftspolitik des Hamburgischen Welt-Wirtschafts-Archivs (HWWA), 81. Jahrgang, Baden-Baden.

Polnisches Finanzministerium (2003), Annual Macroeconomic Review, Issue 2, Department of Financial Policy, Analysis and Statistics, Warschau.

PSZÁF (*Pénzügyi Szervezetek Állami Felügyelete* – Ungarisches Amt zur Finanzüberwachung) (2001), Detailed study on the 2000 development of the supervised sectors, Budapest.

PSZÁF (*Pénzügyi Szervezetek Állami Felügyelete* – Ungarisches Amt zur Finanzüberwachung) (2002), 2001 Annual Report, Budapest.

Queisser, Monika (1998a), Pension Reform: Lessons from Latin America, OECD Development Centre Policy Brief No. 15, Paris.

Queisser, Monika (1998b), The Second-Generation Pension Reforms in Latin America, OECD Development Centre, Paris.

Queisser, Monika (2000), Der Einfluss internationaler Organisationen auf den Transformationsprozess, in: Maydell, Bernd von/Nußberger, Angelika (Hrsg.), Transformation von Systemen sozialer Sicherheit in Mittel- und Osteuropa – Bestandsaufnahme und kritische Analyse aus dem Blickwinkel der Rechtswissenschaft, Schriftenreihe für Internationales und Vergleichendes Sozialrecht, Berlin.

Quaisser, Wolfgang (2001), Kosten und Nutzen der Osterweiterung unter besonderer Berücksichtigung von verteilungspolitischen Problemen, Osteuropa-Institut Working Paper Nr. 230, München.

Quaisser, Wolfgang (2003), Ökonomische Indikatoren zur Beitrittsfähigkeit der MOE-Länder – eine vergleichende Bewertung, Osteuropa-Institut Working Paper Nr. 245, München.

Rahn, Monika (2001), Harmonisierung der Alterssicherungssysteme aus deutscher und europäischer Sicht, Deutsche Rentenversicherung 8-9/2001, Frankfurt am Main.

Rapacki, Ryszard (2001), Public Expenditures in Poland: Major Trends, Challenges and Policy Concerns, Prepared for the UN DESA Workshop on "Financial Management and Accountability in the Face of Globalisation", (28. bis 30. November 2001), Rom.

Ray, Jean-Claude (1993), An introductory note on measuring the adequacy of social security, in: Berghman, Jos/Cantillon, Bea (Hrsg.), The European Face of Social Security – Essays in honour of Herman Deleek, Aldershot.

Rehfeld, Uwe G. (2001), Die Rentenversicherung aus ökonomischer Sicht, in: DRV-Schriften „Volkswirtschaft und Alterssicherung", 56. Jahrgang, Heft 10-11, Frankfurt am Main.

Rice, Condoleezza/Zelikow, Philip (1995), Germany Unified and Europe Transformed – A Study in Statecraft, Cambridge.

Richter, Wolfram/Wiegard, Wolfang (2001), Umverteilungsbedingte Wanderung bedrängen den Wohlfahrtsstaat und senken das Sozialprodukt, in: Frankfurter Allgemeine Zeitung vom 8. Mai 2001.

Ricke, Wolfgang (1999), Arbeitsunfälle und Berufskrankheiten, in: Consensus-Programme, Veränderungen und Wahlmöglichkeiten im Hinblick auf die soziale Absicherung – Die Erfahrungen in Mittel- und Osteuropa, Projekt in Zusammenarbeit des Consensus-Programmes im Rahmen von PHARE der Europäischen Union, Band 2, York.

Ringler, Jochen C.K. (1997), Die Europäische Sozialunion, Beiträge zum Europäischen Wirtschaftsrecht Band 6, herausgegeben im Auftrag des Instituts für Europäisches Wirtschaftsrecht der Universität Erlangen-Nürnberg durch Blomeyer, Wolfgang/ Schachtschneider, Karl Albert (Hrsg.), Berlin.

Rocha, Roberto/Vittas, Dimitri (2001), The Hungarian Pension Reform: A Preliminary Assessment of the first years of implementation, World Bank Working Paper, Washington D.C..

apRoberts, Lucy/Concialdi, Pierre (1998), Die zukünftige Rentenfinanzierung: welche Quellen können welche Renten erzeugen?, in: Bosco, Allessandra/Hutsebaut, Martin (Hrsg.), Sozialer Schutz in Europa: Veränderungen und Herausforderungen, Marburg.

Rogers, Paul P. (1988), Insurance in Socialist East Europe, New York.

Rutkowski, Michal (2000), Social Security: Is It a Different Issue for Accession Countries, Arbeitspapier präsentiert auf Konferenz „Economic and Social Dimensions of EU Enlargement" am 16. November 2000 in Brüssel.

Rys, Vladimir (2001a), Sozialschutz in Mittel- und Osteuropa: Eine Bilanz nach zehn Jahren, in: Internationale Revue für Soziale Sicherheit, Band 54, 2-3/2001.

Rys, Vladimir (2001b), Der Beitritt der Reformländer Mitteleuropas zur Europäischen Union, in: Internationale Revue für Soziale Sicherheit, Band 54, 2-3/2001.

Salt, John (2001), Current Trends in International Migration in Europe, Council of Europe CDMG (2001) 33.

Samuelson, Paul A./Nordhaus, William, D. (1998), Volkswirtschaftslehre – Übersetzung der 15. Auflage mit einem Vorwort von Carl Christian von Weizäcker, Wien.

SAPRI (*Structural Adjustment Participatory Review Initiative*) (2001), The Hungarian SAPRI studies – Final Report: Socio-Economic Impact of Structural Adjustment in Hungary, Budapest.

Schmähl, Winfried (1992), The future development of old-age security, in: Mortensen, Jørgen (Hrsg.), The Future of Pensions in the European Community, London.

Schmähl, Winfried (1993), Grundfragen der Gestaltung der Finanzierung sozialer Sicherheit im Transformationsprozess ehemals sozialistischer Volkswirtschaften, in: Maydell, Bernd von/Nußberger, Angelika (Hrsg.), Transformation von Systemen sozialer Sicherheit in Mittel- und Osteuropa – Bestandsaufnahme und kritische Analyse aus dem Blickwinkel der Rechtswissenschaft, Schriftenreihe für Internationales und Vergleichendes Sozialrecht, Berlin.

Schmähl, Winfried (1997a), Europäische Sozialpolitik und sozialpolitische Bedeutung der europäischen Integration, in: Schmähl, Winfried/Rische, Herbert, Europäische Sozialpolitik, Baden-Baden 1997.

Schmähl, Winfried (1997b), Financing of Social Security – Two Papers on the Instruments and Methods of Financing Social Insurance Schemes, ZeS-Arbeitspapier Nr. 21/97, Bremen.

Schmähl, Winfried (1999a), Steigende Lebenserwartung und soziale Sicherung – Tendenzen, Auswirkungen und Reaktionen, ZeS-Arbeitspapier Nr. 4/99, Bremen.

Schmähl, Winfried (1999b), Rentensysteme, in: Consensus-Programme, Veränderungen und Wahlmöglichkeiten im Hinblick auf die soziale Absicherung – Die Erfahrungen in Mittel- und Osteuropa, Projekt in Zusammenarbeit des Consensus-Programmes im Rahmen von PHARE der Europäischen Union, Band 1, York.

Schmähl, Winfried (2002a), Die „offene Koordinierung" im Bereich der Alterssicherung aus wirtschaftswissenschaftlicher Sicht, in: Verband Deutscher Rentenversicherungsträger (Hrsg.), Offene Koordinierung der Alterssicherung in der Europäischen Union – Internationale Tagung am 9. und 10. November 2001 in Berlin, DRV Schriften Band 34, Frankfurt am Main.

Schmähl, Winfried (2002b), Transformation of Pension Schemes in Comparative Perspective – Introduction: Design of the analysis, its methodological approach and basic decisions in designing pension schemes, in: Horstmann, Sabine/Schmähl, Winfried (Hrsg.), Transformation of Pension Systems in Central and Eastern Europe, Cheltenham.

Schmidt, Manfred G. (1998), Sozialpolitik im demokratischen und im autokratischen Staat, ZeS-Arbeitspapier 14/89, Bremen.

Schmidt, Manfred G. (1999), Grundzüge der Sozialpolitik in der DDR, ZeS-Arbeitspapier Nr. 18/99, Bremen.

Schneider, Friedrich (1999), Ist Schwarzarbeit ein Volkssport geworden? Ein internationaler Vergleich des Ausmaßes der Schwarzarbeit von 1970 bis 1997, unveröffentlichtes Exemplar: Erscheint im Tagungsband „Der Sozialstaat zwischen Markt und Hedonismus" der Katholischen Universität Eichstädt (Hrsg.: Siegfried Lamneck, 1999)

Schneider, Hilmar (Hrsg.) (2000), Europas Zukunft als Sozialstaat – Herausforderungen der Integration, Schriften des Instituts für Wirtschaftsforschung Halle, Band 4, Baden-Baden.

Schönfelder, Bruno (1987), Sozialpolitik in den sozialistischen Ländern, Die sozialistischen Staaten Band 2, München.

Schrooten, Mechtild/ Smeeding, Thimothy M./ Wagner, Gert G. (1998), Old-Age Security Reforms in Central-Eastern Europe: The Cases of Czech Republic, Slovak, Hungary and Poland, Maxwell School of Citizenship and Public Affairs Working Paper No. 189, Syracuse University, New York.

Schubert, Ludwig (1997), Wachstum, Beschäftigung und Konvergenz – Die wirtschaftliche Grundlage der Sozialpolitik in der europäischen Gemeinschaft: eine Synthese, in: Schmähl, Winfried/Rische, Herbert, Europäische Sozialpolitik, Baden-Baden 1997.

Schulte, Bernd (1993), Leistungsarten und Leistungsformen, in: Maydell von, Bernd/Hohnerlein, Eva-Maria (Hrsg.), Die Umgestaltung der Systeme sozialer Sicherheit in den Staaten Mittel- und Osteuropas – Fragen und Lösungsansätze, Colloquium des Max-Planck-Instituts für ausländisches und internationales Sozialrecht in München/Tutzing vom 9. bis 12. Februar 1993, Schriftenreihe für Internationales und Vergleichendes Sozialrecht Band 13, Berlin.

Schulte, Bernd (1998), Juridical Instruments of the European Union and the European Communities, in: Beck, Wolfgang/Maesen, Laurent van der/Walker, Alan (Hrsg), The Social Quality of Europe, Bristol.

Schulte, Bernd (2000), Die Rolle des Europäischen Gemeinschaftsrechts im Transformationsprozess – Am Beispiel der sozialrechtlichen Koordinierung, in: Maydell, Bernd von/Nußberger, Angelika (Hrsg.), Transformation von Systemen sozialer Sicherheit in Mittel- und Osteuropa – Bestandsaufnahme und kritische Analyse aus dem Blickwinkel der Rechtswissenschaft, Schriftenreihe für Internationales und Vergleichendes Sozialrecht, Berlin.

Schulte, Bernd (2002a), Sozialpolitik und europäische Integration – Nach dem Euro und vor der Erweiterung (Erster Teil), Zeitschrift für Sozialhilfe und Sozialgesetzbuch ZFSH/SGB 6/2002.

Schulte, Bernd (2002b), Sozialpolitik und europäische Integration – Nach dem Euro und vor der Erweiterung (Zweiter Teil), Zeitschrift für Sozialhilfe und Sozialgesetzbuch ZFSH /SGB 7/2002.

Schulz-Weidner, Wolfgang (1999), Chile, in: Sonderausgabe der DRV-Schriften „Rentenversicherung im internationalen Vergleich", Band 15, Frankfurt am Main.

Schwarze, Jürgen (2002), Europäische Verfassungsperspektiven nach Nizza, in: Neue Juristische Wochenschrift 14/2002, 55. Jahrgang.

Simonovits, András (2000a), Partial Privatization of a Pension System: Lessons from Hungary, Working Paper, Budapest.

Simonovits, András (2000b), Introduction to Pension Models, Institute of Economics Working Paper, Budapest.

Simonovits, András (2002), The Hungarian Pension System: The Permanent Reform, Working Paper, Budapest.

Sinn, Hans-Werner/Werding, Martin (2000), Rentenniveausenkung und Teilkapitaldeckung – ifo Empfehlung zur Konsolidierung des Umlageverfahrens, in: Ifo-Schnelldienst 18/2000, 53. Jahrgang, München.

Sinn, Hans-Werner/Werding, Martin (2001), Zuwanderung nach der EU-Osterweiterung: Wo liegen die Probleme, in: Ifo-Schnelldienst 8/2001, 54. Jahrgang, München.

Sinn, Hans-Werner (2002), Wer keinen Nachwuchs hat, muss zahlen, in: Financial Times Deutschland, 27. Dezember 2002, S. 30.

Spéder, Zsolt (2000), Hungary: Getting Better and Becoming Dissimilar, in: Stanovnik, Tine/Stropnik, Nada/Prinz, Christopher (Hrsg.), Economic Well-Being of the Elderly – A Comparison Across Five European Countries, Aldershot.

Smeeding, Timothy, M. (2001), Income Distribution, Poverty and Social Policy in OECD Countries, Arbeitspapier für den Workshop „Outcomes, Problems and Perspective of Welfare State Regimes" in Frankfurt am Main, Luxemburg Income Study, Luxemburg.

Social Security Association Online (1994), Social Security Programs Throughout the World, Official Website of the Social Security Administration/USA (www.ssa.gov).

Social Security Association Online (1999), Social Security Programs Throughout the World, Official Website of the Social Security Administration/USA (www.ssa.gov).

Sokoll, Günther (2000), Der Einfluss Internationaler Organisationen auf den Transformationsprozess, in: Maydell, Bernd von/Nußberger, Angelika (Hrsg.), Transformation von Systemen sozialer Sicherheit in Mittel- und Osteuropa – Bestandsaufnahme und kritische Analyse aus dem Blickwinkel der Rechtswissenschaft, Schriftenreihe für Internationales und Vergleichendes Sozialrecht, Berlin.

Stańko, Dariusz (2003), Polish pension funds: Does the system work? Cost, efficiency and performance measurement issues, Working Paper prepared for the 4th International Social Security Association (ISSA) International Research Conference on Social Security "Social security in a long life society", 5-7 May 2003 in Antwerpen.

Stanovnik, Tine et. al. (2000), Introduction and Comparative Summary, in: Stanovnik, Tina/Stropnik, Nada/ Prinz, Christopher (Hrsg.), Economic Well-Being of the Elderly – A Comparison Across Five European Countries, Aldershot.

Standing, Guy (2000), Globalisation and Flexibility: Dancing around Pensions, International Labour Organization (ILO), Genf.

Stanovnik, Tine et. al. (2000), Introduction and Comparative Summary, in: Stanovnik, Tine/Stropnik, Nada/Prinz, Christopher (Hrsg.), Economic Well-Being of the Elderly – A Comparison Across Five European Countries, Aldershot.

Stanovnik, Tine (2002), Retirement Incomes and Economic Well-Being in Central and Eastern Europe, OECD-Arbeitspapier im Rahmen der Konferenz „Practical Lessons in Pension Reform: Sharing the Experience of Transition and OECD Countries" in Zusammenarbeit von der OECD, des Polnischen Ministeriums für Arbeit und Sozialpolitik und dem Niederländischen Außenministerium in Warschau vom 27. bis 28. Mai 2002.

Statistisches Bundesamt (2002), Statistisches Jahrbuch für das Ausland 2002, Wiesbaden.

Steinherr, Alfred (2000), Welche Reformen der EU erzwingt die Osterweiterung?, in: Hoffmann, Lutz (Hrsg.), Erweiterung der EU, Jahrestagung des Vereins für Socialpolitik – Gesellschaft für Wirtschafts- und Sozialwissenschaften vom 28. September bis 1. Oktober 1999 in Mainz, Schriften des Vereins für Socialpolitik Neue Folge Band 274, Berlin.

Steinmeyer, Heinz-Dietrich (1997), Akteure, Instrumente und Maßnahmen europäischer Sozialpolitik – Ein Überblick; in: Schmähl, Winfried/Riche, Herbert, Europäische Sozialpolitik, Baden-Baden.

Stokes, Gale (1997), Three Eras of Political Change in Eastern Europe, Oxford.

Strunk, Stefan et.al. (1994), Die Sozialversicherung in Mittel- und Osteuropa, in: Gesellschaft für Versicherungswissenschaft und -gestaltung (Hrsg.), Soziale Sicherung in West-, Mittel- und Osteuropa, Baden-Baden.

Sturm, Peter (1992), Population ageing and old-age income maintenance: basic facts and problems, in: Mortensen, Jørgen (Hrsg.), The Future of Pensions in the European Community, London.

Swedish Ministry of Finance/National Insurance Board (2001), Memorandum: Country Fiche of Sweden, Stockholm, November 2001.

Szulc, Adam (2000), Poland: Transition Gainers with an Uncertain Future, in: Stanovnik, Tine/Stropnik, Nada/Prinz, Christopher (Hrsg.), Economic Well-Being of the Elderly – A Comparison Across Five European Countries, Aldershot.

SZCSM (*Szociális és Családügyi Minisztérium* – Ministerium für Soziales und Familie in Ungarn) 2000, Informationen über das Rentensystem, Budapest.

Suzor, Virginie (1999), Familienleistungen, in: Consensus-Programme, Veränderungen und Wahlmöglichkeiten im Hinblick auf die soziale Absicherung – Die Erfahrungen in Mittel- und Osteuropa, Projekt in Zusammenarbeit des Consensus-Programmes im Rahmen von PHARE der Europäischen Union, Band 2, York.

Szczerbiak, Aleks (2001), The Political Outlook and the European Issue, in: Mayhew, Alan/Wallace, Helen (Hrsg.), Poland: A Partnership Profile, OEOS Policy Paper 4/01, Brighton.

Szurgacz, Herbert (2000), Landesbericht Republik Polen (I), in: Maydell, Bernd von/Nußberger, Angelika (Hrsg.), Transformation von Systemen sozialer Sicherheit in Mittel- und Osteuropa – Bestandsaufnahme und kritische Analyse aus dem Blickwinkel der Rechtswissenschaft, Schriftenreihe für Internationales und Vergleichendes Sozialrecht, Berlin.

Tang, Helena (2000), Winners and Losers of EU-Integration – Policy Issues for Central and Eastern Europe, The World Bank, Washington D.C..

Tegtmeier, Werner (1997), Zur Finanzierung und Finanzierbarkeit sozialer Sicherung bei veränderten Rahmenbedingungen, ZeS-Arbeitspapier Nr. 11/97, Bremen.

Terwey, Franz (2003), Sozialversicherung und Europäische Integration, in: DRV-Schriften, 58. Jahrgang, Heft 6-7, Frankfurt am Main.

Tismaneaunu, V. (Hrsg.) (1999), The Revolutions of 1989, London.

Tomeš, Igor (2000), Ten Years of Social Reform in Countries of Central and Eastern Europe, in: Maydell, Bernd von/Nußberger, Angelika (Hrsg.), Transformation von Systemen sozialer Sicherheit in Mittel- und Osteuropa – Bestandsaufnahme und kritische Analyse aus dem Blickwinkel der Rechtswissenschaft, Schriftenreihe für Internationales und Vergleichendes Sozialrecht, Berlin.

UN (*United Nations*) (2002a), Economic Survey of Europe 2002.

UN (2002b), UN World Population Prospects (2001 Revision, Panel 2).

UN (2003), UN World Population Prospects (2002 Revision, Panel 2).

UNFE (*Urząd Nadzoru Nad Funduszami Emerytalnym* – Superintendency of Pension Funds) (2000) Quarterly Bulletin No. 4/2000.

UNFE (2001a), Quarterly Bulletin No. 1/2001.

UNFE (2001b), Quarterly Bulletin No. 2/2001.

UNFE (2001c), Quarterly Bulletin No. 3/2001.

UNFE (2001d), Quarterly Bulletin No. 4/2001.

Ungarisches Ministerium für Soziales und Familie Online (2000), Informationen über das Rentensystem, Budapest.

UNICE (*Union des Industries de la Communauté européenne*) (2002), Ensuring EU Enlargement is a success, UNICE Enlargement Position Paper.

Unicef (*United Nations Children's Fund*) (1993), Central and Eastern Europe in Transition: Public Policy and Social Conditions, Regional Monitoring Report No.1, Florenz.

Unicef (1999a), Women in Transition, The MONEE Project CEE/CIS/Baltics, Regional Monitoring Report No. 6 - 1999, Florenz.

Unicef (1999b), After the Fall – The human impact of ten years of transition, The MONEE Project, Florenz.

Unicef (2000a), Trends and Indicators on Child and Family Well-Being in Poland, Background paper prepared for the Regional Monitoring Report No. 8: A Decade of Transition (2001), Florenz.

Unicef (2000b), Poverty and Welfare trends over the 1990s in Hungary, Background paper prepared for the Regional Monitoring Report No. 8: A Decade of Transition (2001), Florenz.

Unicef (2001a), Poverty and Welfare trends in Hungary over the 1990s, Social Monitor Hungary 2000, Country Paper, Florenz.

Unicef (2001b), A Decade of Transition, The MONEE Project CEE/CIS/Baltics, Regional Monitoring Report No. 8 - 2001, Florenz.

Unicef (2001c), Poverty and Welfare trends in Poland over the 1990s, Background paper prepared for the Social Monitor (2002), Country Paper, Florenz.

Unicef (2001d), TransMONEE database 2001, Economic and Social Policy Programme, Innocenti Research Centre, Florenz.

Unicef (2002), Social Monitor 2002, Florenz.

Uscinska, Gertruda (2001), The Social Security System in Poland, in: Belgian Review of Social Security, Special Issue 2001, Volume 43, Federal Ministry of Labour Health and Social Affairs, Brüssel.

Večerník, Jiří (1996), Incomes in Central Europe: Distributions, Patterns and Perceptions, in: Journal of European Social Policy, Volume 6, No. 2.

VDR *(Verband Deutscher Rentenversicherungsträger)* (1998), Prognos-Gutachten 1998 – Auswirkungen veränderter ökonomischer und rechtlicher Rahmenbedingungen auf die gesetzliche Rentenversicherung in Deutschland, DRV-Schriften, Band 9, Frankfurt am Main.

VDR (Hrsg.) (2002), Offene Koordinierung der Alterssicherung in der Europäischen Union – Internationale Tagung am 9. und 10. November 2001 in Berlin, DRV-Schriften Band 34, Herausgegeben vom Verband Deutscher Rentenversicherungsträger in Zusammenarbeit mit dem Bundesministerium für Arbeit und Sozialordnung und dem Max-Planck-Institut für ausländisches und internationales Sozialrecht, Frankfurt am Main.

Venturinie, Patrick (1998), Podiumsdiskussion: Die Zukunft des Sozialschutzes in Europa: Wettbewerb oder Solidarität?, in: Bosco, Allessandra/Hutsebaut, Martin, Sozialer Schutz in Europa: Veränderungen und Herausforderungen, Marburg.

Verband der Versicherungskassen (1998), Die Zukunft der sozialen Sicherheit, Stockholmer Konferenz vom 29. Juni bis 1. Juli 1998, Konferenz in Zusammenarbeit der Internationalen Vereinigung für Soziale Sicherheit (ISSA) und der Interamerikanischen Konferenz für Soziale Sicherheit (CISS), Stockholm.

Verheugen, Günter (2001a), Wirtschaftliche Perspektiven der EU-Erweiterung – Die Europäische Union wird zum größten Binnenmarkt der Welt – Die F.A.Z.-Lecture 2001, in Frankfurter Allgemeine Zeitung vom 10. Oktober 2001.

Verheugen, Günter (2001b), Challenges and Perspectives of EU Enlargement, in: CESifo Forum, Volume 2, No. 2.

Vincentz, Volkhart (2002), Entwicklungen und Tendenzen der Finanzsysteme in Osteuropa, Osteuropa-Institut Working Paper Nr. 237, München.

Vittas, Dimitri (1997), The Argentine Pension Reform and its Relevance for Eastern Europe, World Bank Working Paper, Washington D.C..

Vogel, Dita, Fiskalische Effekte der Zuwanderung im sozialen Sicherungssystem. Eine theoretische Analyse verschiedener Migrations-, Familien- und Einkommensverläufe, ZeS-Arbeitspapier Nr. 1/96, Bremen.

Voirin, Michel (1994), Social security in Central and Eastern Europe: Continuity and change, in: International Social Security Association, Restructuring social security in Central and Eastern Europe – A guide to recent developments, policy issues and options, Genf.

Vobruba, Georg (1998), Social policy for Europe, in: Beck, Wolfgang/Maesen, Laurent van der/Walker, Alan (Hrsg), The Social Quality of Europe, Bristol.

Walwei, Ulrich (1997), Sozialpolitisch relevante Auswirkungen der vier Grundfreiheiten des europäischen Binnenmarktes auf den Arbeitsmarkt, in: Schmähl, Winfried/Rische, Herbert, Europäische Sozialpolitik, Baden-Baden 1997.

Wagner, Hans-Jürgen (2000), Rückkehr nach Europa, in: Brückner, Herbert et.al. (Hrsg.), Osterweiterung und Transformationsrisiken, Schriften des Vereins für Socialpolitik, Berlin.

Wagner, Nancy (2002), The Demographic Shock and Hungary's Pension System, in: IWF (Internationaler Währungsfond), Hungary: Selected Isssues and Statistical Appendix, Country Report No. 02/109, Washington D.C..

Wadensjö, Eskil (2003), Arbeitsmarkt und Alterssicherung im internationalen Kontext, in: Verband Deutscher Rentenversicherungsträger (Hrsg.), Arbeitsmarkt und Alterssicherung - Jahrestagung 2002 des Forschungsnetzwerkes Alterssicherung (FNA) am 5. und 6. Dezember 2002 in Dresden, DRV-Schriften, Frankfurt am Main.

Weber, Axel/Leienbach, Volker/Dohle, Anne (1994), Die Sozialversicherung in den Mitgliedstaaten der Europäischen Gemeinschaft, in: Gesellschaft für Versicherungswissenschaft und -gestaltung (Hrsg.), Soziale Sicherung in West-, Mittel- und Osteuropa, Baden-Baden.

Weidenfeld, Werner/Wessels, Wolfgang (Hrsg.) (1997), Europa von A-Z – Taschenbuch der europäischen Integration, 6. Auflage, Institut für Europäische Politik, Bonn.

Weltbank (1992), Hungary – Reform of Social Policy and Expenditures, World Bank Country Study, Washington D.C..

Weltbank (2001), The scope of protection in retirement income systems, World Bank Pension Reform Primer, Washington D.C..

Weltbank (2002), World Bank Development Indicators 2001.

Weltbank (2003a) World Bank Development Indicators 2002.

Weltbank (2003b), Toward a Fiscal Framework for Growth – A Public Expenditure and Institutional Review, Poverty Reduction and Economic Management Unit – Europe and Central Asia Region, Report No. 25033-POL.

Whiteford, Peter (2002), Security, effectiveness, equity: Developments in social protection in OECD European countries, Arbeitspapier präsentiert auf dem ISSA-Regionaltreffen (Europa) „New and revised approaches to social protection in Europe" vom 13. bis 15. November 2002, Budapest.

Wirtschaftskammern Österreich (2003), Die EU-Beitrittsländer: Ein statistisches Portrait (Stand: Juni 2003), (www.wko.at), Wien.

Woycicka, Irena/Ruzik, Anna/Zalewska, Hanna (2002), Disability Protection in Poland, in: Fultz, Elaine/Ruck, Markus (Hrsg.), Reforming Worker Protections: Disability Pensions in Transformation, International Labour Office – Central and Eastern European Team, Budapest.

Wrede, Matthias (2000), Für eine einkommensunabhängige beitragsfinanzierte Grundsicherung, in: HWWA (Hamburgisches Welt-Wirtschafts-Archiv) Wirtschaftsdienst - Zeitschrift für Wirtschaftspolitik, 80. Jahrgang, Baden-Baden.

Zienkowski, Leszek (2000), Economic effects of transformation, RESEARCH bulletin Volume 9, No. 1.

ZUS (*Zakładu Ubezpieczeń Społecznych* – Sozialversicherungsanstalt Polen) (2002), Sozialversicherung in Polen: Informationen Fakten, Büro für Europäische Integration der Sozialversicherungsanstalt, Warschau.

ZUS-Online (2003), Statystyka (in der aktualisierten Version vom 25. Juni 2003), Departament Statystyki (http://www.zus.pl/statys/stat_tyt.htm).

Zukowski, Maciej (1993), Ökonomische Rahmenbedingungen von Systemen sozialer Sicherheit in den Staaten Mittel- und Osteuropas, in: Maydell, Bernd von/Nußberger, Angelika (Hrsg.), Transformation von Systemen sozialer Sicherheit in Mittel- und Osteuropa – Bestandsaufnahme und kritische Analyse aus dem Blickwinkel der Rechtswissenschaft, Schriftenreihe für Internationales und Vergleichendes Sozialrecht, Berlin.

Zukowski, Maciej (1994), Mindestsicherung in Polen, in: International Social Security Administration (ISSA) (Hrsg.), Umstrukturierung der Sozialen Sicherheit in Mittel- und Osteuropa – Trends, Politiken, Optionen, Genf.

Zukowski, Maciej (1995), Das Alterssicherungssystem in Polen – Geschichte, gegenwärtige Lage, Umgestaltung, ZeS-Arbeitspapier Nr. 8/95, Bremen.